AF551579

BERND HARTMANN

Die da und wir hier

Biografie eines Betroffenen

BAND 2:

Politische Allmacht und privater Alltag

BERLINER FAMILIENGESCHICHTEN
ANIKKÄNBRÖ & KNETEMELK

Berliner Familiengeschichten: 1
Bernd Hartmann. Die da und wir hier. Biografie eines Betroffenen.
Anikkänbrö & Knetemelk. Berlin.
Bände 1 & 2:
ISBN 978 3 941936 30 0

Band 1: Kindheit und Jugend im Weltkrieg und im Kalten Krieg.
ISBN 978 3 941936 31 7

Band 2: Politische Allmacht und privater Alltag.
ISBN 978 3 941936 32 4

Bibliografische Information der Deutschen Nationalbibliothek:
Die Deutsche Nationalbibliothek verzeichnet diese Publikation in der Deutschen Nationalbibliografie; detaillierte bibliografische Daten sind im Internet über dnb.dnb.de abrufbar.

Ungekürzte Ausgabe
1. Auflage 2021

Anikkänbrö & Knetemelk. Berlin. http://k500.de

ISBN 978 3 941936 32 4

Manuskript & Lektorat: Luise Mirow
Satz: Carsten Brandes
Schrift: ITC Mendoza
Illustrationen: Bernd Hartmann
Umschlagfotos: Vorderseite: IMAGO/photothek, Archiv Bernd Hartmann (8);
Rückseite: IMAGO/Votos-Roland Owsnitzki; Buchrücken: IMAGO/Everett Collection
Druck & Bindung: BoD Norderstedt
Printed in Germany

114 H B402
ISBN 978 3 941936 32 4

39
Adenauers zweite Halbzeit

Am 1. Oktober 1956 hätte Adenauer als bundesdeutscher Regierungschef sein Bergfest feiern können. Sieben Jahre war er nun im Amt (seit dem 15. September 1949) und sieben Jahre (bis zum 15. Oktober 1963) sollte er es noch bekleiden, was jedoch niemand ahnte, so dass es logischerweise in Bonn und Rhöndorf zu keinem Jubelfest kam. Wenn überhaupt, dann gab es 1956 etwas ganz anderes zu feiern, nämlich die Wende in Moskau.

Vom 14. bis zum 25. Februar fand hier der 20. Parteitag der KPdSU statt, an dem 3000 Delegierte teilnahmen, auch Abordnungen anderer kommunistischer Parteien, auch der SED. Und hier nun hielt Nikita Chruschtschow, der aus den Diadochenkämpfen gegen Malenkow, Bulganin und andere als Sieger hervorgegangen und nun der starke Mann im Kreml war, eine Geheimrede, die den Zuhörern den Atem verschlug. Er rechnete mit Stalin ab. War dieser am 5. März 1953 den biologischen Tod gestorben, so folgte drei Jahre später sein politischer Tod. Chruschtschow stürzte den großen Stalin einfach vom Sockel. Er ging mit seinem Vorgänger scharf ins Gericht, kritisierte dessen rücksichtslose Alleinherrschaft, den Personenkult, die Schauprozesse, die Säuberungen und die Massenmorde an Millionen angeblicher Verräter. Er verurteilte die Verkrustungen und Erstarrungen des Systems, das sich immer weiter von den Idealen des Leninismus entfernt habe. Auch sprach er sich ausdrücklich für die friedliche Koexistenz aus. Zwar seien Sozialismus und Kapitalismus Todfeinde, aber im Atomzeitalter könne der Kampf der Systeme nicht mehr durch Kriege entschieden werden. Der Sozialsozialismus müsse seinen Sieg durch wirtschaftliche Überlegenheit und durch den Gewinn der Volksmassen in allen Ländern der Erde sicherstellen. In den Sechzigerjahren, so prophezeite Chruschtschow, werde der Lebensstandard in der Sowjetunion über dem der USA liegen, was die SED-Führung postwendend hinsichtlich der Wirtschaft der DDR und der BRD nachplapperte. Wirklich begannen nach dem 20. Parteitag einige Reformen in der Sowjetunion.

Die Arbeitslager, in denen unter Stalin 14 Millionen Menschen eingekerkert waren, wurden fast vollständig aufgelöst, die Wirtschaft durch das Prinzip der materiellen Anreize belebt, der private Konsum, wenn auch bescheiden, gesteigert, die Zensur der Kultur – vorübergehend – gelockert. In dieser kurzen Phase des *Tauwetters* (so der Titel eines Romans von Ilja Ehrenburg) setzte sich Chruschtschow sogar persönlich dafür ein, dass Alexander Solschenizyns kritische Erzählung *Ein Tag im Leben des Iwan Denissowitsch*, die über das Leben und Leiden in einem stalinistischen Straflager berichtet und eigene Erfahrungen des Autors einbezieht, 1962 veröffentlicht werden durfte.

Mitte der Fünfzigerjahre herrschte auch außenpolitisch eine gewisse Entspannung, die sich schon vor dem 20. Parteitag angebahnt hatte. Beispiel dafür sind der Waffenstillstand in Korea und der Staatsvertrag zwischen Österreich und den vier Besatzungsmächten, die sich zurückziehen, während sich die Alpenrepublik (nach Schweizer Vorbild) für dauerhaft neutral erklärt. Zu nennen ist hier auch das Gipfeltreffen der Regierungschefs der USA, der SU, Englands und Frankreichs, wo viel gelächelt, aber nichts beschlossen wird. Immerhin, man redet wenigstens miteinander. Ebenso gehört Adenauers Moskaureise in diesen Zusammenhang. Gerne hätten die Sowjets die österreichische Lösung auf Deutschland übertragen – deutsche Einheit und deutsche Neutralität als Junktim –, aber ein solches Risiko (Neutralität ohne die schützende Westbindung) scheuten der Kanzler, sein Kabinett, der Bundestag und die Mehrheit der Wähler.

Chruschtschows Parteitagsrede war zwar *geheim*, aber 3000 Zuhörer können nicht auf Dauer schweigen, und so sickerte durch, was der mächtige Parteichef gesagt hatte. So wie Stalins Tod in der DDR Hoffnung geweckt hatte und zum 17. Juni führte, so kam es nach Stalins politischem Tod im Herbst 1956 in Polen und Ungarn zu Reformversuchen und dann sogar zu Unruhen und Aufständen, die aber wie drei Jahre zuvor in der DDR mit Waffengewalt niedergeschlagen wurden. Dagegen hatten die Ostdeutschen ihre Lektion gelernt und blieben diesmal ruhig. Die Polen und die Ungarn hofften auf westliche Hilfe, die Ungarn baten sogar darum, aber vergeblich. Durch Budapest rollten russische Panzer, keine amerikanischen. Die Westmächte respektierten – wie damals an der deutsch-deutschen Grenze – den heiligen Eisernen Vorhang. Und die Zahl der Opfer war im Herbst 1956 viel höher als am 17. Juni: 25000 Ungarn und 7000 Russen.

Adenauers zweite Halbzeit, die in diesen Wochen begann, unterscheidet sich sehr von seiner ersten. In den ersten sieben Jahren hatte er alle seine Ziele erreicht. Oder doch fast alle, die Einheit nämlich nicht, aber die stand auf seiner Agenda auch nicht ganz oben. Nun ändert sich seine Politik, er gestaltet nicht mehr, er verwaltet nur noch. Das Erreichte soll gesichert werden, mehr nicht. Zwar kam es erst im März 1957 zur Unterzeichnung der Römischen Verträge, die die Montanunion zur Europäischen Wirtschaftsgemeinschaft (EWG) mit gemeinsamem Markt weiterentwickelten und eine gemeinsame Nutzung der Kernenergie regelten, aber dieser Schritt lag in der Logik des längst eingeschlagenen europäischen Weges, und im Übrigen waren EWG und Euratom bereits im Juni '56 auf der Konferenz von Messina geplant worden.

Wie fast alle deutschen Kanzler war auch Adenauer in erster Linie Außenpolitiker. Wie Bismarck, der die Einkreisung des jungen Reiches befürchtete und unter dem *Albtraum der Bündnisse* litt, war er auf Sicherheit bedacht. Nur keine Experimente, das heißt, Schutz vor dem Osten um jeden Preis. Deshalb die konsequent betriebene Politik der Westbindung, vor allem Versöhnung mit Frankreich und Freundschaft mit der Schutzmacht USA. Wie wichtig Adenauer die Außenpolitik nahm, zeigt sich daran, dass er von 1951 bis 1955 sein eigener Außenminister war, bis er das Amt mit dem gefügigen Heinrich von Brentano besetzte.

In der Innenpolitik, in der es vor allem um Wiederaufbau und Wohlstand ging, verließ er sich auf Ludwig Erhard. Soziale Marktwirtschaft und Wirtschaftswunder waren dann auch – mehr als die Außenpolitik – die entscheidenden Ursachen für die zunehmenden Erfolge der Union. Um sich die SPD vom Leibe zu halten, musste sich die Union ein soziales Profil geben. Und so beschloss der Bundestag 1950 den sozialen Wohnungsbau und das Versorgungsgesetz für Kriegsbeschädigte und Kriegshinterbliebene, 1951 die Mitbestimmung in der Schwerindustrie, 1952 das Bundesentschädigungsgesetz für NS-Verfolgte und – mit Wirkung vom 1. Januar 1957 – die Einführung der dynamischen Rente, die an die allgemeine Lohnentwicklung gebunden wurde. Dem Ausland und betroffenen Ausländern gegenüber war die Bundesrepublik zu Wiedergutmachungsleistungen bereit und konnte dadurch in der Welt Anerkennung und Wertschätzung zurückgewinnen. Von besonderer Bedeutung war dabei die Unterstützung des jungen Staates Israel (zusammen mit 3,5 Milliarden DM).

Die Ernte seiner ersten Halbzeit, der sieben fetten Jahre, um es biblisch zu sagen, konnte Adenauer bei der Bundestagswahl 1957 einfahren. Mit dem Werbeslogan *Keine Experimente* traf er genau die Stimmungslage der konservativen, kommunismusallergischen und ängstlichen (also auf wirtschaftliche und politische Sicherheit bedachten) Bevölkerungsmehrheit, und prompt errang er für seine Union den größten Wahlsieg aller Zeiten, nämlich 50,2%. Dieser mit der Person des Kanzlers verbundenen Kontinuität und der Verlässlichkeit bundesdeutscher Politik standen in anderen Ländern wichtige Veränderungen an der Spitze des Staates gegenüber. In England löste 1957 MacMillan seinen Vorgänger Eden ab, in dem immer wieder von Regierungswechseln erschütterten Frankreich wurde de Gaulle 1958 Ministerpräsident und dank der Verfassung der neu geschaffenen 5. Republik ihr mit besonderen Machtbefugnissen ausgestatteter Präsident. Im gleichen Jahr '58 verdrängte Chruschtschow den Ministerpräsidenten Bulganin aus dem Amt und vereinigte nun in seiner Person das Amt des Partei- und Regierungschefs, leitete also Partei und Staat, was er drei Jahre zuvor am Diktator Stalin lauthals kritisiert hatte. Er fühlte sich stark und wollte die Macht- und Imponierpolitik Stalins fortsetzen. Dabei kamen ihm seine russischen Ingenieure zu Hilfe, denen es am 4. Oktober 1957 gelang, erstmals in der Geschichte der Menschheit einen künstlichen Satelliten, genannt Sputnik, auf eine Erdumlaufbahn zu bringen. Um ein bisschen zu kalauern: Im Umgang mit funktionierenden Satelliten hatten die Sowjets ja seit Langem ihre Erfahrungen gemacht. Der Sputnik, der Trabant, der Weggefährte, war für die

Sowjets ein Triumph, für die Amerikaner ein Schock. Hatten die Russen 1953 durch ihre erste H-Bombe im Bereich der Nuklearwaffen mit den USA gleichgezogen, so demonstrierten sie jetzt in der Weltraum- und Raketentechnik ihre Überlegenheit. Das war nicht nur eine Prestigeniederlage für die USA, viel schlimmer, Nordamerika lag nun in Reichweite sowjetischer Interkontinentalraketen mit Atomsprengköpfen, war also nicht mehr unverwundbar. Mit Feuereifer machten sich die USA an die Aufholjagd und entwickelten aufwendige Programme zur Förderung von Wissenschaft, Technik und Bildung. Von ganz oben (in der Spitzentechnologie) bis ganz unten (in der Vorschulerziehung) reichten die Bemühungen. Es galt, die Bildungsreserven auszuschöpfen und die Kinder aus allen sozialen Schichten frühzeitig und intensiv zu fördern. Ein Ausläufer dieser Bildungspolitik hat auch uns hier erreicht – in Form der spielerischen Lernsendung *Sesamstraße*.

Aber der Sputnik-Triumph war doch nur ein sehr partieller Erfolg. Was den Lebensstandard anbetraf, hinkte die Sowjetunion nach wie vor weit hinter den USA hinterher und ebenso das sozialistische Osteuropa dem marktwirtschaftlichen Westeuropa. Dieses Gefälle zeigte sich besonders eklatant bei einem Vergleich zwischen Westberlin und Ostberlin. In der unter Viermächtestatut stehenden Stadt konnte man mühelos in beiden Richtungen die Sektorengrenze passieren. Jeder DDR-Bürger hatte die Möglichkeit, die Angebote im Kaufhaus Central am Alexanderplatz mit denen des KaDeWe am Wittenbergplatz zu vergleichen. Mehr noch, er konnte sich in Westberlin als politischer Flüchtling registrieren lassen und nach kurzem Aufenthalt im Notaufnahmelager Marienfelde nach Westdeutschland ausgeflogen werden. Die Westsektoren waren das Schaufenster des kapitalistischen Westens, und hier gab es nicht nur mehr und bessere Waren, sondern auch mehr Freiheit. Welche der beiden Verlockungen bei der Nutzung des Schlupfloches Westberlin überwog, sei dahingestellt, hing wohl auch vor allem von der persönlichen Situation ab. Politisch von größter Bedeutung war es, dass der kontinuierliche Flüchtlingsstrom im Konkurrenzkampf der Systeme eine tagtägliche ideologische Niederlage für den Staatssozialismus im Osten war, und für die DDR zusätzlich eine wirtschaftliche Katastrophe.

Was nutzt Chruschtschow seine stolze Alleinherrschaft, was nutzt ihm der Sputnik, wenn er sich in Ostberlin mit einer offenen Wunde plagen muss? *Stell dir vor, es ist Sozialismus, und alle gehen weg.* Das kann er nicht hinnehmen, er muss in Berlin etwas tun. Aber was? Der starke Mann im Kreml, der Herr über Partei und Staat muss Stärke zeigen. Hinzu kommt ein weiteres Problem, das ihn belastet. Die USA, die NATO und die Bundeswehr (zumal Verteidigungsminister Strauß) planen, die junge deutsche Armee mit Atomwaffen auszustatten. Das kann Chruschtschow nicht akzeptieren. Wie 1952, als die Wiederbewaffnung der BRD bevorstand, greift die SU ein. Damals hatte Stalin ein Geschäft angeboten: Deutsche Einheit und dafür deutsche Neutralität. Aber jetzt, 1958, bietet der Kreml nichts an, jetzt fordert Chruschtschow und droht.

Zunächst deutet er seine Pläne am 10. November auf einer Massenkundgebung im Moskauer Sportpalast nur an. Sein Angriffsziel ist Westberlin. Das dortige Besatzungsregime der drei Westalliierten sei überholt und nicht mehr gerechtfertigt. Die Anwesenheit der sogenannten Schutzmächte werde nur dazu missbraucht, ungehindert Wühlarbeit gegen die sozialistischen Staaten zu inszenieren. Es sei also höchste Zeit, zu einer Normalisierung der Lage zu kommen, wobei der Begriff Normalisierung nichts anderes meint als den eigenen Vorteil, in diesem Falle also den Abzug der amerikanischen, britischen und französischen Truppen. Der wiederholte Bruch des Potsdamer Abkommens seitens der Westmächte (zum Beispiel die Gründung der Bundesrepublik und deren Aufrüstung) habe dieses ungültig gemacht, so dass die Stationierung der westlichen Truppen ihre rechtliche Grundlage verloren habe.

Am 27. November präzisiert Chruschtschow in gleichlautenden Noten an die drei Westmächte und an die Bundesregierung seine Vorstellungen und gibt seiner Forderung einen offiziellen Charakter. Der Umfang der Botschaft – 13 DIN-A4-Seiten – macht deutlich, wie ernst die Drohung gemeint ist. Nach der einseitigen Kündigung der von den Alliierten geschlossenen Verträge folgen die Vorschläge zur künftigen Behandlung Westberlins: Die drei Westsektoren sollen zu einer selbstständigen politischen Einheit werden, zu einer sogenannten Freien Stadt. Den Westberlinern steht es frei, darüber zu entscheiden, in welcher politischen und wirtschaftlichen Ordnung sie leben wollen. Die vier Mächte und die beiden deutschen Staaten sollen den Status der freien Stadt achten und garantieren. Gerne dürfen die Vereinten Nationen sich an der Absicherung dieses Status beteiligen.

Mit der DDR sollen Verhandlungen geführt werden über den Modus eines ungehinderten Verkehrs zwischen Westberlin und der Außenwelt. Unabdingbar ist, dass die freie Stadt Westberlin sich verpflichtet, auf ihrem Territorium keine Wühlarbeit gegen die DDR und andere sozialistische Staaten zu dulden.

Die Vorschläge sind im Konjunktiv abgefasst, stellen also nur eine Möglichkeit dar, scheinen also keine unbedingten Forderungen zu sein, sie sind es aber doch. Denn plötzlich verwandeln sich die scheinbar unverbindlichen Anregungen in ein Ultimatum. Für die geplante Umgestaltung setzt Chruschtschow eine Frist von einem halben Jahr und droht: *Sollte die genannte Frist nicht zur Erreichung einer entsprechenden Übereinkunft ausgenutzt werden, so wird die Sowjetunion durch ein Abkommen mit der DDR die geplanten Maßnahmen verwirklichen. Dabei ist daran gedacht, dass die DDR, wie auch jeder andere selbstständige Staat, in vollem Umfang für die ihr Gebiet angehenden Fragen zuständig sein muss, das heißt, dass sie ihre Souveränität zu Lande, zu Wasser und in der Luft ausüben muss.*

Es ist offensichtlich, dass Chruschtschow das Problem Westberlin aus der Welt schaffen will, indem er die rechtlichen Grundlagen, die den Status, die Sicherheit, ja die Existenz der Stadt gewährleisten, annulliert, obgleich die einseitige Kündigung von Verträgen nach internationalem Recht gar nicht möglich ist. Er will das Schaufenster und das Schlupfloch Westberlin dichtmachen, die Grenzkontrollen der DDR überlassen, die dann ihr Flüchtlingsproblem selber lösen kann und dadurch außerdem – wie auch durch die vorausgehenden Vier-plus-zwei-Verhandlungen – aufgewertet und zumindest indirekt diplomatisch anerkannt wird. Da eine sogenannte freie, also isolierte Stadt, auch wenn man ihr die Entscheidung über ihre politische und wirtschaftliche Ordnung überlässt, auf Dauer nicht lebensfähig ist, müsste sie irgendwann der DDR in den Schoß fallen. Ein fauler Trick, leicht durchschaubar, der sich auch daran zeigt, dass die freie Stadt jede Art von Wühlarbeit unterbinden müsse. Da dieser Begriff nicht definiert ist, ähnlich wie die

Boykotthetze in der DDR-Verfassung, und folglich alles und jedes dazu erklärt werden kann, erhält die DDR das Recht, unter fadenscheinigen Vorwänden in die inneren Angelegenheiten Westberlins einzugreifen.

Während die Westmächte noch um eine gemeinsame Antwort auf das Ultimatum ringen, antworten die betroffenen Menschen auf ihre Weise, überzeugend und unmissverständlich. Zehn Tage nach dem Ultimatum, also am 7. Dezember 1958, finden im Westteil der Stadt die Wahlen zum Abgeordnetenhaus statt. Schon die Wahlbeteiligung ist ein beeindruckendes Votum: 92,9%, bis heute deutscher Rekord bei Landtagswahlen. Auffällig ist es, dass sich die Wähler um die beiden großen Parteien scharen, die kleinen, auch die FDP, scheitern an der Fünfprozentklausel. Die in Westberlin immer noch kandidierende SED, die als einzige Partei für eine freie Stadt wirbt, bekommt ganze 1,9%. Damit wird Chruschtschow und Ulbricht deutlich gemacht, wie die Westberliner denken und was sie auf keinen Fall wollen.

Anders als die direkt betroffene Westberliner Bevölkerung taten sich die verantwortlichen Politiker des Westens schwer mit ihrer Antwort an die Sowjets. Sie korrespondieren und konferieren und können sich nicht einigen. Während die USA, die NATO und Adenauer für eine harte Reaktion sind, will de Gaulle erst einmal geduldig abwarten und MacMillan um des lieben Friedens willen die DDR anerkennen, was er Adenauer jedoch verheimlicht. Dass die deutsche Teilung dann endgültig besiegelt wäre, störte den Premierminister nicht, im Gegenteil, Freund eines einigen und starken Deutschlands war England, ganz im Sinne der uralten Balance-of-power-Theorie, ohnehin nicht. Immerhin einigten sich die drei Westmächte auf eine Ablehnung des Ultimatums und ließen Verhandlungsbereitschaft erkennen. Das halbe Jahr bis zum Ablauf des Ultimatums nutzten beide Seiten dazu, immer neue Deutschlandpläne in die Welt zu setzen, wie es ja auch in den Jahren zuvor schon üblich war: 1954 Eden-Plan, dann immer neue Konföderationspläne der DDR, 1957 der Rapacki-Plan, in dem der polnische Außenminister eine atomwaffenfreie Zone in Mitteleuropa vorschlug, zu der Polen, die ČSR, die DDR und die BRD gehören sollten. Anfang Januar

1959 präsentierte Chruschtschow den Entwurf eines Friedensvertrags zwischen den Siegermächten und den beiden deutschen Staaten. Im März traten die Bundesregierung sowie die SPD und die FDP mit eigenen Deutschlandplänen hervor, im Mai folgte der amerikanische Außenminister Herter. Auch wenn diese Pläne von der Gegenseite stets verworfen werden, haben sie doch ein Gutes, man feindet sich nur diplomatisch an, aber nicht militärisch.

Die vier Mächte bequemen sich sogar zu einer Außenministerkonferenz von Mai bis August '59, zu der die BRD und die DDR Berater entsenden. Der Osten sieht darin eine Aufwertung der DDR und der Westen ist erleichtert, dass durch die sich hinziehende Konferenz die Frist des Ultimatums verstreicht, ohne dass Chruschtschow etwas Unangenehmes unternimmt. Der Hardliner gibt sich versöhnlich und nimmt die Einladung Präsident Eisenhowers an. Auf dem Landgut Camp David verbringen die beiden hohen Herren harmonische Tage und lassen offen, wer der siegreiche David und wer der dumme Goliath ist. Zu konkreten Beschlüssen kommt man nicht.

Ein solches Vieraugengespräch wiederholt sich Anfang Juni 1961 in Wien, wo Chruschtschow den neuen und, wie er meint, nachgiebigen und unerfahrenen Kennedy testet. Aber der junge, charmante Demokrat ist genauso entschlossen wie sein republikanischer Vorgänger, was er sechs Wochen später noch einmal eindeutig zum Ausdruck bringt. Am 25. Juli nennt er die drei Grundsätze hinsichtlich Westberlins, die sogenannten *Three Essentials*. Erstens das Recht der drei Westalliierten auf Anwesenheit in Westberlin, zweitens das Recht auf ungehinderten Zugang, drittens das Recht der Westberliner, ihr Leben selbst zu bestimmen. Dabei bezieht sich Kennedy also nur auf den Westteil der Stadt, den Ostsektor erwähnt er nicht. Was die Sowjets und die SED dort tun, geht ihn nichts an und interessiert ihn nicht.

Wieder wird, man kennt das ja schon, der Eiserne Vorhang als unantastbares Tabu angesehen. Damit fühlt der Osten sich ermuntert, in seinem Machtbereich alles unternehmen zu können, was den Flüchtlingsstrom stoppt, wenn nur die drei *Essentials* beachtet würden. Und die Flüchtlinge musste man aufhalten. Deren Zahl hatte inzwischen aus DDR-Sicht eine unerträgliche Höhe erreicht.

Bis August hatten im Laufe des Jahres '61 bereits 155000 Menschen die DDR verlassen, vier Fünftel von ihnen über Berlin. *Uns läuft unser Kapital weg,* jammerte der bekannteste DDR-Kommentator Eduard von Schnitzler. Seit Wochen lag Ulbricht dem großen Bruder Nikita in den Ohren und buhlte um Erlaubnis, drastische Gegenmaßnahmen ergreifen zu dürfen.

Anfang August war es dann soweit. Vom 3. bis 5. August tagen die Parteiführer der Staaten des Warschauer Paktes und beschließen, der DDR vorzuschlagen (als ob das nicht ohnehin ihr sehnlichster Wunsch wäre), an der Westberliner Grenze *der Wühlarbeit gegen die Länder des sozialistischen Lagers den Weg zu verlegen und um das Gebiet Westberlins eine verlässliche Bewachung und wirksame Kontrolle zu gewährleisten.* So hört sich der geplante Bau der Mauer im Politikerjargon an. Nicht die Sowjetunion, nicht die DDR hat entschieden, sondern der gesamte Warschauer Pakt. Und man hört nichts von konkreten Details, von Stacheldraht, Selbstschussanlagen und Schießbefehl, sondern nur von abstrakten Zielen wie Bewachung und Kontrolle. Was der Osten vorhatte, wurde vom Westen zwar nicht ausdrücklich gebilligt, aber auf geheimen diplomatischen Kanälen signalisierte man Duldsamkeit, wenn nur die Essentials nicht tangiert werden.

Zwei Monate vorher hatte Ulbricht noch das Gegenteil von dem behauptet, was er eigentlich im Schilde führte. Auf einer Pressekonferenz am 15. Juni sagte er: *Ich verstehe Ihre Frage so, dass es in Westdeutschland Menschen gibt, die wünschen, dass wir die Bauarbeiter der Hauptstadt der DDR dazu mobilisieren, eine Mauer zu errichten. Mir ist nicht bekannt, dass eine solche Absicht besteht. Die Bauarbeiter unserer Hauptstadt beschäftigen sich hauptsächlich mit Wohnungsbau, und ihre Arbeit wird dafür voll eingesetzt. Niemand hat die Absicht, eine Mauer zu errichten.*

Zunächst wurde auch keine Mauer errichtet. Erst einmal, in der Nacht vom 12. auf den 13. August, zwischen 1 und 2 Uhr, sperren Einheiten der NVA, Grenzpolizisten, gewöhnliche Polizisten und Betriebskampfgruppen mithilfe von Stacheldrahtrollen die Grenze zwischen dem Ostsektor und den drei Westsektoren, ebenso die Grenze zwischen Westberlin und dem brandenburgischen Umland.

Die etwa 80 Übergänge werden auf ein Dutzend reduziert. Passieren dürfen nur noch, gegen Vorlage ihres Passes, Bundesbürger und Westberliner, Letztere aber nur noch eine gute Woche. Der die Grenzen querende S- und U-Bahnverkehr wird eingestellt beziehungsweise nach der Nachtruhe am Morgen des 13. August gar nicht erst wieder aufgenommen. Die provisorische Absperrung aus uniformiertem Personal und Stacheldraht wird in den folgenden Wochen immer mehr perfektioniert, und nun wird wirklich die Mauer gebaut und – bautechnisch betrachtet – von Jahr zu Jahr verbessert.

Eingemauert war nun zwar Westberlin, aber die Gefangenen waren die DDR-Bürger. Sie konnten ihr Land nicht mehr in Richtung Westberlin oder Westdeutschland verlassen. Der Mann, der das ganze Unternehmen geleitet hat, war ein gewisser Erich Honecker. Unter seiner Führung ist der Überraschungsschlag generalstabsmäßig vorbereitet worden. Alles ist genau bedacht, auch der Termin. Der 13. August ist ein Sonntag. Die Berliner schlafen noch, als der Stacheldraht ausgerollt wird, auch die 32000 Grenzgänger, die in Ostberlin billig wohnen und in Westberlin gut verdienen, nämlich gute harte D-Mark, über die sich die SED seit Jahren ärgert. Außerdem wohnen 25% der Studenten der Westberliner Hochschulen im Ostteil der Stadt und 12000 Ostberliner Schüler ziehen die Schulen im Westen den östlichen vor. Alle diese Menschen, Arbeitnehmer, Studenten und Schüler, sind jetzt gefangen und müssen mit harten Strafen rechnen, das heißt, der SED-Staat steckt sie, wie es offiziell heißt, *in die Produktion*, also in die Fabriken.

Der Sonntag wurde auch deshalb, wie allgemein üblich bei Diktatoren und Diktaturen, ausgewählt, weil an Feiertagen die demokratischen Politiker des Westens außer Dienst und außer Reichweite sind. Kennedy segelt auf dem Atlantik, MacMillan jagt Moorhühner in Schottland und de Gaulle erholt sich auf seinem Landsitz. Ob sie wollen würden oder nicht, sie können nichts tun, weil sie nichts wissen und ihre Berater und Mitarbeiter nicht zur Stelle sind.

Erst einmal reagieren nur die Berliner, und zwar auf beiden Seiten der bedrohlichen Grenze. Die Menschen sind entsetzt und empört, sie rotten sich zusammen, schreien und versuchen – zumindest von westlicher Seite – gegen die makabren Hindernisse vorzugehen, so dass die Westberliner Polizei sie von unüberlegten Handlungen abhalten muss, um ein Blutvergießen zu vermeiden. Denn mit den bewaffneten DDR-Mannen ist sicher nicht zu spaßen. Es ist schon paradox, dass die westliche Polizei die Mauer verteidigen muss.

Den eingesperrten Menschen der DDR bleibt nur eins, wenn sie rüber wollen, sie müssen in diesen ersten Stunden und Tagen, solange die Lage noch ungeordnet und unübersichtlich ist, an einer günstigen Stelle *rübermachen*, über Ruinengrundstücke, über Friedhöfe, durch leerstehende Fabrikanlagen oder schwimmend – es ist ja bestes Badewetter – durch die Wassergrenze, die Havel, die Spree, die Kanäle und Seen, immerhin 15 Kilometer von insgesamt 150 Kilometern Grenze. Andere springen aus dem Fenster in die Freiheit und in die bereitgehaltenen Sprungtücher der Westberliner Feuerwehr, sofern die Baufluchtlinie der Häuser, wie in der Bernauer Straße, die Grenze bildet. Wer hier die Hand aus dem Fenster streckte, war mit den Fingern im Westen, warum sollte er nicht mit dem ganzen Körper den Fingern folgen? Aber dann werden diese Häuser geräumt, die Fenster zugemauert und später ganze Blocks abgerissen, sogar eine grenznahe Kirche, die auch noch *Versöhnungskirche* hieß, und Friedhöfe planiert, um auf dem so gewonnenen Gelände ein breites Schussfeld vor der Mauer zu schaffen.

Oder, wer weg will, tut das, was der junge Polizist Conrad Schumann wagte, der die Grenze und den Stacheldraht bewachen musste und dem die Leute im Westen ansahen, dass er sich in seiner Uniform alles andere als wohl fühlte, und den sie ermunterten: *Hau doch drüben ab und komm her!* Und der dann wirklich Anlauf nahm und wie ein Hürdenläufer über die Drahtrolle setzte, und das in voller Montur mit Helm und Flinte.

Oder wie ein Freund meines Freundes Werner es machte, der im Ostsektor eine Freundin und fast schon Verlobte hatte.

Der fuhr gleich Sonntag rüber zu ihr, als Westberliner das noch durften, hatte den Ausweis seiner Schwester bei sich, schnappte sich die Geliebte, die als Erstes – sicher ist sicher – den Perso ihrer angehenden Schwägerin auswendig lernen musste, also Geburtsdatum, Geburtsort, Körpergröße und so weiter. In dem Gewühl am Bahnhof Friedrichstraße war es kein Problem, dass zwei junge Leute mit zwei westlichen Pässen in den Westen wollten. Also Happy End für die beiden.

Aber nicht jede Flucht endete glücklich. Einige stürzten sich beim Sprung in die Freiheit zu Tode, andere ertranken. Am 24. August, elf Tage nach Beginn des Mauerbaus, fielen die ersten Todesschüsse. DDR-Grenzer erschossen einen Flüchtling, der durch den Humboldthafen – nahe dem heutigen Hauptbahnhof – schwimmend das rettende westliche Ufer erreichen wollte. Insgesamt kamen in Berlin 80 Personen bei Fluchtversuchen ums Leben, darunter fünf Frauen. 60 wurden erschossen, 20 verunglückten beziehungsweise ertranken. Sehr viel höher lag die Zahl der im Bereich der Grenzanlagen Festgenommenen, nämlich über 3000, die dann zu hohen Haftstrafen verurteilt wurden. Trotz der brutalen Abschreckung suchten Tausende weiterhin ihr Heil in der Flucht, zunehmend statt in Berlin an der etwas durchlässigeren Grenze zwischen DDR und BRD, 1962 fast 17000, 1963 fast 13000. Da die Westberliner Polizei den Flüchtlingen, die von Ostgrenzern beschossen wurden, Feuerschutz gab, kamen bei derartigen Feuergefechten hüben und drüben einige Männer ums Leben, die dann auf der einen oder anderen Seite als Märtyrer verehrt wurden.

Wie aber standen die verantwortlichen Politiker zum Bau der Mauer? Zunächst einmal waren beide Seiten vorsichtig. Keine der Mächte wollte, dass im Zeitalter der Atomwaffen aus der Krise ein Krieg wird. Deshalb tat der Osten alles, die Rechte des Westens (auch und gerade Westberlins) nicht zu verletzen. Und die Westmächte waren's zufrieden, dass ihre Essentials nicht angetastet wurden. Man vermied alles, was die kritische Situation verschärfen konnte. Lediglich das SED-Regime meldete sich mit kuriosen Anschuldigungen lautstark zu Wort. In den staatlich gesteuerten Zeitungen konnten die DDR-Bürger nicht nur lesen, was sie ohnehin wussten, dass nämlich die Grenze ihres Staates, soweit sie deutsch-deutsch war, für sie geschlossen war, sie bekamen auch die offizielle Erklärung geliefert. Dabei war die SED allerdings nicht so ehrlich, den wahren Grund zu offenbaren, dass die Fluchtbewegung und das wirtschaftliche Ausbluten der DDR beendet werden sollten, nein, als Vorwand führte man vielmehr an, dass ein Angriff des Westens unmittelbar bevorgestanden hätte und die Grenze gegen diese Aggression geschützt werden musste. Die Mauer bekam dann auch den offiziellen Namen *antifaschistischer Schutzwall*. Darüber hinaus polemisierten die Medien gegen Menschenhandel, Verschleppung und Abwerbung seitens westlicher Organisationen, gaben also zu, dass es um das Problem der Abwanderung ostdeutscher Arbeitskräfte ging. Die These vom drohenden Angriffskrieg findet sich noch 20 Jahre später in Honeckers Autobiografie *Aus meinem Leben*. Der Architekt der Mauer schreibt da: *Konnten wir die Hände in den Schoß legen, wenn Westberlin als »Brückenkopf« des Kalten Krieges ausgebaut wurde und seine »Störfunktion« immer ungehemmter wahrnahm? Hätte das Volk der DDR, hätten die friedliebenden Völker Europas und der Welt es uns verziehen, wenn wir die Aggressoren nachgerade durch Tatenlosigkeit ermuntert hätten? Am Ende des Zweiten Weltkrieges hatten wir geschworen, alles daran zu setzen, dass von deutschem Boden niemals mehr ein Krieg ausgeht. Wir waren gewillt, diese Verpflichtung unter allen Umständen einzulösen.* So einfach war das. Die Mauer hat den Weltfrieden gerettet. Nicht ohne Eigenlob schließt Honecker das Kapitel über den Mauerbau mit der Bemerkung, dass es ihn immer mit Genugtuung erfülle, *wenn Sachkenner und realistisch denkende Politiker der westlichen Welt unsere Einschätzung teilen, welche förderliche Wirkung für Frieden und Entspannung von den Maßnahmen des 13. August 1961 ausgegangen ist.*

Fünf Wochen nach diesem denkwürdigen Tag, am 17. September, sollte der 4. Deutsche Bundestag gewählt werden. Der CDU-Kanzler und sein Herausforderer, der Berliner Bürgermeister, steckten mitten im Wahlkampf, als sie von den Maßnahmen der DDR überrascht wurden. Der Bundesnachrichtendienst hatte für das laufende Wochenende keine besonderen Vorkommnisse vorhergesagt. Brandt flog sofort in seine Stadt und nahm Kontakt mit den drei westlichen Stadtkommandanten auf, die aber ohne Rücksprache mit ihren Regierungen nichts zu unternehmen wagten. Brandt war maßlos enttäuscht und sagte nach Verlassen der Sitzung zu einem Mitarbeiter: *Diese Scheißer schicken nun wenigstens Patrouillen an die Sektorengrenze, damit die Berliner nicht denken, sie sind schon alleine.* Erst zwei Tage später, am 15. August, bringen sie eine lahme und zahme Protestnote zustande. Mehr nicht. Brandts Kommentar: *Impotente Protestiererei.* Er selber spricht Sonntagabend vor dem Berliner Abgeordnetenhaus. Er befand sich in einer Zwickmühle. Einerseits war er empört wie alle Berliner, andererseits musste er seine aufgebrachten Mitbürger von unüberlegten Übergriffen abhalten, also die Westberliner Polizei anweisen, die Mauer zu schützen. Zu einem zweiten 17. Juni konnte der Bürgermeister seine Berliner nicht aufrufen, obgleich einige – meist jugendliche – Heißsporne das erwarteten. Aber die Folgen wären unabsehbar gewesen.

Brandt fand in seiner Rede scharfe Worte, sprach von *Sperrwand eines Konzentrationslagers*, forderte die Rücknahme der Maßnahmen und verlangte von den Alliierten, ihre Truppen zu verstärken. Er fürchtete, dass der Westen eine *Appeasement*-Politik betreiben könnte wie 1938 im Umgang mit Hitler und dass diese Nachgiebigkeit Chruschtschow und Ulbricht zu immer neuen Rechtsbrüchen veranlassen würde.

Kennedy sah das ganz anders. Er war geradezu erleichtert und glaubte, dass nun, da durch die Mauer klare Verhältnisse geschaffen seien, der Frieden gerettet sei, und er kam damit der oben zitierten Einschätzung Honeckers sehr nahe. Ob er zuvor den Sowjets grünes Licht signalisiert hat – Mauer ja, wenn nur die Essentials bleiben – geben die bis heute bekannten Quellen nicht eindeutig her. Überliefert ist aber, was der Präsident, allerdings in kleinstem Kreis, sagte: *Warum hätte Chruschtschow eine Mauer bauen lassen wollen, wenn er wirklich die Absicht hätte, Westberlin einzunehmen? Wenn er die ganze Stadt besetzte, bräuchte er keine Mauer. Das ist ein Ausweg aus einer Zwangslage. Es ist keine besonders angenehme Lösung, aber eine Mauer ist verdammt viel besser als ein Krieg … Das ist das Ende der Berlinkrise. Die andere Seite ist in Panik geraten – nicht wir. Wir werden jetzt nichts tun, weil es außer Krieg keine Alternative gibt. Es ist vorbei, sie werden Berlin nicht überrennen.*

Wenn Kennedy schon nichts Dramatisches unternehmen wollte, dann MacMillan und de Gaulle doch erst recht nicht, zumal ihnen, auch wenn sie es nicht laut sagten, sondern das Gegenteil gebetsmühlenartig wiederholten *(Die Mauer muss weg)*, ein geteiltes Deutschland angenehmer als ein einiges war, wie es ja auch François Mauriac, der spätere Literaturnobelpreisträger und Biograf de Gaulles, in einem Bonmot zum Ausdruck brachte: *Ich liebe Deutschland so sehr, dass ich lieber zwei davon habe.*

Mehr als Protestnoten an die Sowjets kriegen die drei Westmächte nicht zustande, und erst jetzt, als Chruschtschow erkennt, wie vorsichtig die Gegenseite agiert, wird aus dem Stacheldrahtverhau die militärisch perfekte Mauer, wie wir sie 28 Jahre lang gekannt haben.

Anders als ihre Schutzmächte denken und fühlen ihre Schützlinge, die Berliner. Sie sind doppelt empört – über den Handstreich des Ostens und über die Passivität des Westens. Die BILD-Zeitung, die die Meinung der Menschen wiedergibt, aber auch steuert, schreibt am Mittwoch, dem 16. August, in großen Lettern: *Der Osten handelt, was tut der Westen? Der Westen tut nichts.* Am Abend desselben Tages kommen fast 300 000 Berliner zur Großkundgebung vor dem Rathaus Schöneberg, dem Amtssitz des Bürgermeisters, zusammen. Der macht ihnen Mut und berichtet, dass er und was er dem amerikanischen Präsidenten geschrieben hat. Ein solcher Brief ist diplomatisch unüblich und unprotokollarisch, ein Bürgermeister kann sich nicht einfach an den Präsidenten der USA, an den mächtigsten Mann der Welt, wenden, zumal er nicht mit Kritik, Vorschlägen und Ratschlägen spart. Er schreibt: *Die Entwicklung hat den Widerstandswillen der Westberliner Bevölkerung nicht verändert, aber sie war geeignet, Zweifel in die Reaktionsfähigkeit und Entschlossenheit der drei Mächte zu wecken ... Die politisch-psychologische Gefahr sehe ich in doppelter Hinsicht: 1. Untätigkeit und eine Defensive könnten eine Vertrauenskrise zu den Westmächten hervorrufen. 2. Untätigkeit und reine Defensive könnten zu einem übersteigerten Selbstbewusstsein des Ostberliner Regimes führen ... Dann könnten wir statt der Fluchtbewegung nach Berlin den Beginn einer Flucht aus Berlin erleben.*

Brandt hatte mit seinen Worten den Berlinern aus dem Herzen gesprochen und sie jubelten ihrem Bürgermeister zu. Der Empfänger des telegrafisch übermittelten Briefes war verärgert, sowohl über die dreiste Form als auch über den aggressiven Inhalt. Pikiert äußerte er: *Dieser Bastard in Berlin will die Grenztragödie als Wahlkampfmunition verwenden, und zwar auf Kosten Amerikas.* Aber der Hinweis auf eine drohende Vertrauenskrise gab ihm doch zu denken und er reagierte postwendend auf Brandts Brief, und das sehr höflich und verständnisvoll: *Ich verstehe völlig die tiefe Beunruhigung und Sorge, die Anlass Ihres Schreibens waren.* Er wiederholt seine Schutzgarantie und beteuert: *Westberlin ist heutzutage wichtiger denn je und seine Mission, für die Freiheit einzustehen, ist niemals so wichtig wie heute gewesen.* Deshalb will Kennedy militärische Stärke demonstrieren. *Nach sorgfältiger Überlegung habe ich beschlossen, dass die beste kurzfristige Reaktion eine wesentliche Verstärkung der westlichen Garnisonen ist. Die Bedeutung dieser Verstärkung ist symbolischer Natur, aber nicht nur symbolisch.*

Eine symbolische Geste dem Osten gegenüber ist es aber auch, dass die USA ihre Truppen in Europa nicht verstärken, sondern nur innerhalb Deutschlands verlegen, aus dem Frankfurter Raum nach Berlin. Genauso wichtig wie der Brief, der übrigens mit *warmherzigen Grüßen* schließt, ist die Auswahl der Briefträger. Zur Übergabe seines Antwortschreibens schickt Kennedy seinen Vizepräsidenten Johnson und den in Berlin sehr populären Vater der Luftbrücke, Lucius D. Clay, in die geteilte Stadt.

Das ist ein Zeichen, wie wichtig dem Präsidenten Berlin ist, und mit entsprechender Begeisterung werden die beiden hohen Gäste empfangen. Die Vertrauenskrise ist abgewendet, zumal Clay wenig später als Sonderbeauftragter für mehrere Monate nach Berlin beordert wird. Vom 19. bis zum 21. August sind Johnson und Clay in Berlin und begrüßen die 1500 Soldaten, die auf dem Landwege gekommen sind und auf diese Weise demonstrativ klarstellen, dass die Verbindung zwischen Westdeutschland und Westberlin intakt ist und nicht in Frage steht.

Erst am 22. August, anderthalb Wochen nach der Grenzschließung, findet Adenauer den Weg nach Berlin und wird angesichts seiner Verspätung sehr reserviert empfangen. Sein scheinbares Desinteresse versucht er damit zu rechtfertigen, dass er durch eine frühere Anwesenheit die angespannte Lage nur noch zusätzlich verschärft hätte. Stattdessen setzte er seinen Wahlkampf unbeirrt fort und bezeichnete seinen Herausforderer als *Brandt alias Frahm*, eine doppelte Diffamierung, die auf Brandts uneheliche Geburt und auf seinen *Nom de guerre* anspielte, den er im norwegischen Exil im Kampf gegen Nazideutschland angenommen hatte, aber eben doch, was viele ihm verübelten, gegen Deutschland. Und diesen Nationalisten redete Adenauer nach dem Mund.

Dann kam der Wahltag, und die SPD machte sich Hoffnungen. Sie hatte sich modernisiert und zwei Jahre zuvor auf dem Parteitag in Godesberg unter dem maßgeblichen Einfluss Herbert Wehners ein neues Programm verabschiedet. Sie hatte sich von ihrer klassenkämpferischen Tradition gelöst, wollte nicht länger als pure Arbeiterpartei gelten und sich mit der proletarischen Wählerklientel begnügen, sondern die Interessen *aller* Arbeitnehmer vertreten. Auch glaubte und hoffte sie, bei den Jungwählern und den Frauen anzukommen, und sah – nicht zu Unrecht – in Akademikern, Intellektuellen und Künstlern ein bedeutendes Sympathisantenpotential.

Das Godesberger Programm bekannte sich zur sozialen Marktwirtschaft und zur Westbindung einschließlich der NATO-Mitgliedschaft. In gewisser Weise schloss man sich damit der politischen Weichenstellung Adenauers und Erhards an, so dass nun zwischen den beiden Volksparteien kein grundsätzlicher Unterschied mehr bestand und sich die SPD nur noch dadurch profilieren konnte, dass sie hier und da andere Akzente setzte. Aber würde diese taktische Rechnung aufgehen? Würden die Wähler nicht doch, statt sich der gewandelten SPD zuzuwenden, lieber dem bewährten Original die Treue halten? Zudem waren Adenauer und Erhard verlässliche und väterliche alte Herren, Brandt dagegen ein unbeschriebenes Blatt. Zwar hatte er als Berliner Bürgermeister über Jahre eine gute Figur gemacht und während der vergangenen Berlinkrisen, zumal in den letzten Wochen, staatsmännische Fähigkeiten bewiesen, aber würden das die Wähler honorieren?

Brandt verkörperte einen neuen Typ Politiker, er wirkte jung und dynamisch und unterschied sich wohltuend von seinen sozialdemokratischen Vorgängern, die sich um das Kanzleramt beworben hatten, von dem rechthaberischen Kurt Schumacher und dem biederen Erich Ollenhauer. Willy Brandt gehörte einer neuen Generation an, obgleich er mit knapp 48 auch nicht mehr der Jüngste war, aber seine Ausstrahlung und seine Innovationsbereitschaft machten ihn dem legendären John F. Kennedy ähnlich. Wenn noch nicht die Gegenwart, so gehörte ihm die Zukunft.

Adenauer hatte im Vorfeld der Wahlen das übliche Glück. Sein programmatischer Antikommunismus wurde stets bestätigt durch die Ereignisse unmittelbar vor dem Urnengang. 1949 waren die

Sowjets dabei, den undemokratischen Vasallenstaat DDR ins Leben zu rufen, 1953 hatten sie den Arbeiteraufstand niedergeschlagen, 1956/57 die Polen und Ungarn mit aller Gewalt diszipliniert und nun, 1961, den Bau der Mauer zu verantworten. Die Sowjets arbeiteten Adenauer, wenn auch unabsichtlich, jedes Mal in die Hände und er profitierte jedes Mal von diesem Timing, auch dieses Mal, am 17. September. Zwar verlor er Wähler, aber er gewann die Wahl. Die Stimmen für die CDU gingen von den triumphalen 50,2% im Jahre 1957 auf 45,4% zurück, doch das reichte dicke, um mit der FDP eine bürgerliche Koalition zu bilden. Willy Brandt verlor die Wahl, auch wenn er Stimmen gewann und die SPD sich von 31,8% auf 36,2% steigerte. Die Partei behielt ihre angestammte Rolle als Opposition und Brandt blieb Bürgermeister.

Aber so langsam neigte sich die Ära Adenauer ihrem Ende zu. Die FDP hatte sich im Wahlkampf gegen den ausgebrannten alten Herrn als Kanzler ausgesprochen und wollte nur unter dem wirtschaftsliberalen Erhard eine Koalition mit der Union eingehen. Sie fühlte sich stark, hatte sie doch ihren Stimmenanteil von 7,7% auf 12,8% fast verdoppelt. Die CDU machte in Treue und Dankbarkeit und hielt zu Adenauer. Es half nichts, dass man sich in den Sachfragen schnell einigte. Die Amtsfrage blieb offen. Und die Verhandlungen zogen sich hin, über Wochen. Dann endlich fällt die FDP um, kann aber während des Umfallens noch halbwegs das Gesicht wahren. Adenauer darf nur noch befristet im Amt bleiben und muss es vor Ablauf der Legislaturperiode seinem Vizekanzler Erhard überlassen. Am 7. November wird er vom Bundestag zum Kanzler gewählt, doch die abgegebenen Stimmen machen die Stimmung deutlich, die im Hohen Haus und wohl auch in der Öffentlichkeit vorherrscht. Zwar verfügt die Koalition über 309 Abgeordnete, aber für Adenauer entscheiden sich nur 258, nur 8 mehr als notwendig.

Was nun folgte, war eine Zeit der Stagnation, eine Zeit ohne Fantasie und Impulse. Der Bundesbürger hatte sich längst an Adenauer als Dauerzustand gewöhnt, und die Menschen in der DDR mussten sich – notgedrungen – an die Mauer gewöhnen. Sie konnten ja nicht die Mauer abwählen, wie es in den westlichen Demokratien jedes Volk mit seiner Regierung konnte.

40

Zwei private Kapitel – Erstens: Vom Jungen zum Jüngling

Was unterscheidet die beiden, den Jungen und den Jüngling? Wann und wodurch wird der eine zum anderen? Gibt es eine exakte Definition, einen verbindlichen Stichtag?

Die sogenannten Ur- und Naturvölker machen es sich einfach, die haben ihre Initiationsriten. Da werden die jungen Leute zu gegebener Zeit ausgiebig unterwiesen, überprüft und dann in feierlicher Form in die Welt der Erwachsenen eingeführt. Das heißt, nun kommen alle erdenklichen Rechte und Pflichten auf sie zu, als Jungmannen dürfen oder müssen sie wie die gestandenen Männer arbeiten, jagen, kämpfen, heiraten und sogar mitreden.

In den hochzivilisierten Gesellschaften verläuft dieser Übergang viel komplizierter und zieht sich über lange Zeit hin. Er besteht aus einer ganzen Reihe von Veränderungen und Fortschritten, die zum Teil mit offiziellen Zertifikaten bescheinigt und festlich begangen werden. Zu nennen sind hier die Konfirmation, der Eintritt in die Lehre oder in die Oberstufe des Gymnasiums mit abschließendem Abitur und anschließendem Studium. Zu nennen sind die ersten selbstständigen Reisen, mit Freunden oder alleine, auf jeden Fall aber ohne elterliche Obhut. Zu diesem Reifungsprozess gehört auch die mehr oder weniger erfolgreiche Annäherung, die mehr oder weniger intensive Annäherung an das andere Geschlecht. Und dann der außerhalb der Schule vollzogene Erwerb von Fertigkeiten, der nichtsdestoweniger in Händen pädagogisch geschulter Experten liegt, die als Trainer in Vereinen, als Tanzlehrer in Tanzschulen oder etwas später als Fahrlehrer in den Fahrschulen fungieren.

Beginnen wir mit dem *Konfer*, wie wir den Konfirmandenunterricht nannten und der für mich im Sommer 1951 anfing. Wir waren noch Kinder und wurden im ersten Jahr nicht vom Pfarrer, sondern von einer kirchlichen Hilfskraft, wahrscheinlich dem Küster, unterwiesen. Der hatte wenig Autorität und wir wenig Interesse. Eine ungute Kombination. Er hielt uns bei Laune, indem er spannende Geschichten aus dem Alten und Neuen Testament erzählte. Solange das Wetter es zuließ, erfüllte er uns den Wunsch, draußen auf dem Rasen des Kirchengartens die Stunde zu verleben.

Er saß dann, an eine Kiefer gelehnt, vor uns, wir im Halbkreis um ihn herum. Einigen gelang es im Laufe der langen Stunde, an ihm vorbei in seinen Rücken zu rutschen, um aus dieser strategisch günstigen Position die Konferkameraden mit Kienäpfeln zu bewerfen, was manchmal sogar den armen Küster in Mitleidenschaft zog. Er bestrafte uns prompt, und zwar alle, ob schuldig oder unschuldig, mit Auswendiglernen von Kirchenliedern, die bekanntlich sowohl lang als auch langweilig sind, also wenig Handlung bieten, aber eine Fülle abstrakter Sachverhalte auflisten. Die ersten zwei, drei Strophen, die im Allgemeinen etwas eingängiger sind, pflegte ich artig zu lernen. Was aber die hinteren anbelangte, so hoffte ich, mit diesen nicht ranzukommen. Aber nicht immer ging die Rechnung auf, und dann musste ich die siebente Strophe aufsagen. Was nun? Ich spitzte die Ohren, bekam von einem Mitstreiter, der das Gesangbuch heimlich aufgeschlagen hatte, die erste Zeile vorgesagt, rasselte diese selbstbewusst herunter, wartete auf Nachschub, was aber aus unerfindlichen Gründen ausblieb, so dass mir getreu der Maxime: *Hilf dir selbst, so hilft dir Gott!*, nichts anderes übrig blieb, als auf eigene Faust einen Ausweg zu suchen. Und der bestand darin, dass ich mir einfach einen passenden Reim einfallen ließ und dann – nach einer kurzen schöpferischen Pause – auch noch eine dritte Zeile zustande brachte. Aber bevor ich mit der vierten Zeile zu einem poetischen Ergebnis kam, verstrich doch eine verdächtig lange Zeit.

Der Küster roch Lunte, kam mir auf meine kreativen Schliche und schrie entsetzt auf. Diese rücksichtslose Verfälschung eines amtlichen Liedes war schlimmer als die biedere Faulheit meiner Kameraden. Das war ein Sakrileg, eine respektlose Blasphemie. Es heißt: *Das Wort sie sollen lassen stahn*, und da wagt es ein kleiner Konfirmand, drauflos zureimen, wie ihm der Schnabel gewachsen ist. Der Küster fühlte sich persönlich beleidigt und das umso mehr, als die Gruppe, die den Betrug inzwischen mitbekommen hatte, erst kicherte und dann lauthals lachte. Mein Ansehen bei den anderen nahm schlagartig zu, aber bei dem Küster war ich unten durch. Ich sehnte mich also nach dem zweiten Jahr, in dem der Pastor persönlich den Konfirmandenunterricht zu leiten pflegte.

Er war eine Respektperson, auch ohne Talar. Er war groß und kräftig und gekrönt von einem Charakterkopf. Er hatte mich bereits getauft und sorgte nun für die weitere Entwicklung meines Seelenheils. Seine Kirche – im wahrsten Sinne des Possessivpronomens – war, da er von Anfang an in ihr amtierte, die Ernst-Moritz-Arndt-Kirche, die als geistliches Zentrum der Onkel-Tom-Siedlung geplant und errichtet worden war, und zwar am Südausgang des U-Bahnhofs – so wie die Gastwirtschaft an dessen Nordausgang als Zentrum der Geselligkeit. Das Gotteshaus war im Bauhausstil gehalten, rechteckig und funktional. Fertiggestellt wurde es in den frühen Dreißigerjahren, es war die einzige Kirche, die in Berlin während der Nazizeit geweiht wurde. (Ob ihr der Patriot Ernst Moritz Arndt als Patron und Namensgeber von Anfang an zugeordnet war, oder ob das erst in der Hitler-Zeit geschah, war nicht zu ermitteln.)

Unser Pastor begann seinen Unterricht damit, dass er uns seine Kirche zeigte. An der Holzdecke des lichtdurchfluteten Schiffes gab es bunte Deckengemälde zu bewundern, die er uns gleich doppelt erläuterte, das heißt, er kennzeichnete die einzelnen biblischen Gestalten und er erzählte von der Entstehung der Bilder, was nicht ohne einen allmorgendlichen Konkurrenzkampf möglich gewesen war, weil die Maler, die zum Anrühren ihrer Farben Milch und Quark brauchten, in dem einzigen Lebensmittelgeschäft der Ladenstraße, die sich rechts und links des U-Bahnhofs hinzog, den Hausfrauen die Molkereiprodukte vor der Nase wegschnappten. Vor allem für die jungen Mütter sei das ein Ärgernis gewesen, so dass der angehende Gemeindepfarrer sich um einen für alle Beteiligten annehmbaren Kompromiss bemühen musste.

Der Pfarrer war ein Causeur, er konnte interessant erzählen und das, zumindest in meiner Erinnerung, wesentlich besser über alltägliche als über biblische Episoden. Da war nicht nur die Milchgeschichte, da gab es auch eine Kugelgeschichte. Als junger Mann, wahrscheinlich als Freiwilliger mit Notabitur, war er in den Ersten Weltkrieg gezogen und hatte diesen mit Glück und Gnade überlebt. Während eines Sturmangriffs passierte es. Eine Kugel kam geflogen, wie Uhland sagte und sang, direkt auf das Herz des jungen Freiwilligen zu, präziser kann eine Kugel ihr Ziel gar nicht anstreben. Mühelos riss sie ein Loch in die Uniformjacke, aber dann, dann war Schluss. Sie kam beim besten Willen nicht weiter, sie blieb vorzeitig stecken, und zwar mitten im Neuen Testament. Das hatte unser junger Soldat immer bei sich getragen und während der Gefechtspausen darin gelesen und Trost gesucht. Und nun hatte das Neue Testament ihm das Leben gerettet. Wenn das kein Wink des Himmels war.

Nach dem Krieg kam etwas anderes als ein Theologiestudium gar nicht in Frage und nach der pastoralen Lehrzeit als Vikar und einigen wechselnden Stellen wurde die Ernst-Moritz-Arndt-Kirche zur endgültigen beruflichen Heimat. Unser freiwilliger Patriot war also Berufstheologe geworden, aber doch Patriot geblieben. Er orientierte sich politisch nach rechts und schloss sich den sogenannten Deutschen Christen an, die sich als SA Christi verstanden, während umgekehrt in der Nachbargemeinde Dahlem Pastor Niemöller als einer der führenden Köpfe des *Pfarrernotbundes* und der *Bekennenden Kirche* gegen die Nazis predigte.

Aber von den Deutschen Christen war nach dem Weltkrieg nicht mehr die Rede. Eine neue Zeit machte die alten Sünden vergessen. Zwar sprachen wir im Konfer über Gott und die Welt, aber nicht über die Schuld der Deutschen am Schicksal Europas und an ihrem eigenen. Zeitgeschichte war tabu. Takt und Höflichkeit verlangten es einfach, nicht in Erinnerung zu behalten, dass der Pastor zwölf Jahre lang sozusagen einen braunen Talar getragen hatte. So schön er uns die Deckengemälde erklärte, auf Ernst Moritz Arndt und seinen militanten Nationalismus *(Der Gott, der Eisen wachsen ließ, der wollte keine Knechte)* ging er nicht ein, und den Kirchturm mit seinen markanten Logos zeigte er uns nicht, noch viel weniger deutete und kritisierte er diese. Dabei wäre es nötig gewesen, denn hoch oben, quasi an Stelle eines Wetterhahnes, stellten sich ein preußischer (oder deutscher) Adler und ein preußisches (oder deutsches) Eisernes Kreuz zur Schau und bedurften eigentlich der Interpretation. Über der Kirche prangten zwei propagandistische Symbole, unübersehbar, aber auch unbeachtet. Bis heute. Dass die alliierten Siegermächte so tolerant und nachlässig waren, die preußisch-deutschen Markenzeichen unbehelligt zu lassen, wundert mich heute noch, damals aber habe ich das alles gar nicht zur Kenntnis genommen, weil ich auch nicht darauf aufmerksam gemacht wurde, nicht von den Lehrern, nicht von den Eltern und eben auch nicht vom Pfarrer, dem verantwortlichen Hausherrn.

Das Bündnis von Kirche und Staat, Religion und Politik, Neuem Testament und Uniform war auch nach dem Kriege noch so selbstverständlich, dass man kein Wort darüber verlor, geschweige denn, diese Zusammenhänge zu hinterfragen wagte.

Am 3. Mai 1953 wurde ich eingesegnet. Ich hatte von meinen Eltern einen dunkelblauen Anzug bekommen und von unserem Pfarrer einen Konfirmationsspruch: *Gnade sei mit euch und Friede von Gott, unserem Vater, und dem Herrn Jesus Christus!* Mit diesem Segenswunsch beginnt Paulus seinen Ersten Brief an die Korinther. Mehr kann kein Mensch erhoffen als Gnade und Friede und mehr kann niemand für seinen weiteren Lebensweg wünschen. Der Vers kommt mir aus dem Herzen, auch wenn ich ihn nicht selbst ausgewählt hatte und damals auch gar nicht so recht zur Kenntnis nahm. Heute liebe ich ihn. Es ist mein Spruch, nicht nur, weil er mir vom Pastor verpasst wurde, sondern weil er zu mir passt. Wer gerne liest und erst recht, wer gerne schreibt, für den ist die mit einem Segenswunsch verbundene Brieferöffnung ein literarischer Auftrag.

Auf meinem Weg in die Welt der Erwachsenen war ich mit der Einsegnung ein gutes Stück vorangekommen. Ich war jetzt religionsmündig, ich gehörte voll und ganz zur Gemeinde und ich durfte das Abendmahl nehmen. Im Herbst des gleichen Jahres setzte sich meine Integration in die Gesellschaft fort. Ich trat, wie schon erwähnt, in den Turn- und Sportverein Zehlendorf 1888 ein, und ich besuchte eine Tanzschule.

Nach den großen Ferien machte in der Klasse das Gerücht die Runde, dass die Tanzschule Apitsch einen Mengenrabatt gewähre, wenn eine ausreichend große Gruppe antanzen würde, um sich in die Kunst des Gesellschaftstanzes einweisen zu lassen. Meine älteren und reiferen Mitschüler und erst recht die Mitschülerinnen waren begeistert, ihren ohnehin vorhandenen Tanzwunsch mit einem geschäftlichen Vorteil verbinden zu können. Ich kleiner (wenn auch hoch aufgeschossener) Junge hatte nicht die geringste Lust dazu, wurde aber bekniet, doch bitte, bitte mitzumachen, um die Gruppe auf die vorgeschriebene Teilnehmerzahl zu bringen. Auch meine Eltern redeten mir zu, vor allem mein Vater, der mich darüber aufklärte, dass Tanzen zu den Kulturtechniken gehöre, dass es bei entsprechenden gesellschaftlichen Anlässen die Höflichkeit verlange, die Damen zu betanzen, dass ein Nichttänzer ein Eckensitzer oder Außenseiter, ja ein unzivilisierter Analphabet sei, dass sich aber umgekehrt einem guten und gefragten Tänzer die besten Möglichkeiten böten, interessante Bekanntschaften zu machen und sogar förderliche Beziehungen anzubahnen. Also ließ ich mich breitschlagen und lernte Tanzen.

Aber die erste Tanzstunde war noch keine Tanzstunde. Am Beginn stand Benimm. Noch wurde das männliche Jungvolk nicht einfach auf das andere Geschlecht losgelassen, dies Risiko erschien den Tanzlehrern dann doch zu groß. Erst mussten die Jungbullen gebändigt, gezähmt, erzogen und dressiert werden. Die Halbstarken, wie wir damals hießen, und die Backfische wurden in getrennten Lehrveranstaltungen mit den abendländischen Umgangsformen vertraut gemacht, um uns zu jungen Herren und jungen Damen zu machen.

Ort des Geschehens war eine Villa in der Nähe des S-Bahnhofs Zehlendorf. Die gesamte Beletage war den Belangen der Tanzschule vorbehalten, die als Familienbetrieb geführt wurde, während sich das Privatleben der Apitschs in den oberen Stockwerken abspielte. Unsere erste Stunde fand im sogenannten Saal statt. Wir mussten an der Längsseite, den Fenstern gegenüber, Aufstellung nehmen, und als Erstes wurde uns beigebracht, wie man richtig steht *(nämlich aufrecht und ohne sich an die Rückenwand zu lehnen)*, wo man die Hände lässt *(auf keinen Fall in den Hosentaschen)*, wo man den Bauch lässt *(leicht eingezogen)* und wie man die Beine stellt *(nicht über Kreuz, aber auch nicht breit auseinander gespreizt, sondern ungezwungen-elegant in der Standbein-Spielbein-Pose der antiken Statuen)*.

Auf das Hinstellen folgte das Vorstellen. Die Instruktionen gab der Seniorchef. Er konnte noch auf die bewährten Erfahrungen des 19. Jahrhunderts zurückgreifen, seine steifen Bewegungen vermittelten Würde und sein weißes Haar Weisheit und Lebenserfahrung. Er schritt beziehungsweise schlich die Front ab, musterte uns, um uns dann endlich das Vorstellen vorzumachen:

Meine Herren, Sie stellen die Füße nebeneinander, ohne dass sie sich berühren, mit einer Handbreite Abstand, und – das ist besonders wichtig für die zivile Vorstellung – parallel. Im rechten Winkel stehen die Füße auf dem Kasernenhof, aber da sind wir ja nicht. Dann führen Sie den rechten Fuß einen kleinen Schritt nach vorn, ich sage bewusst führen, das bedeutet, Sie machen keinen sportlichen Schritt mit Anheben des Knies, sondern der Fuß hält Tuchfühlung mit dem Boden, und das ausgestreckte Bein bleibt relativ geradlinig. Der Oberkörper verharrt in aufrechter Haltung, aufrecht halten Sie auch Ihr Haupt (er gebrauchte wirklich das Wort »*Haupt*«), *der Blick ist geradeaus nach vorn gerichtet, er ist fest, nicht starr. Nun bringen Sie den linken Fuß, die Sohle ganz knapp über dem Parkett, aber ohne zu schlurfen, schräg nach halblinks nach vorne, verlagern das Gewicht auf eben diesen linken Fuß, ziehen sodann den rechten Fuß, aber ohne Bodenberührung, an den linken heran, aber bitte, ohne die Hacken zusammenzuschlagen, stehen einen Augenblick aufrecht in Augenhöhe Ihres Gegenübers und nennen dann, gut vernehmlich, Ihren Namen. Erst daran anschließend verneigen Sie sich und nehmen wieder die aufrechte Haltung ein, können auch zur klassischen Standbein-Spielbein-Pose zurückkehren. Auf keinen Fall dürfen Sie Ihren Namen aussprechen, während Sie sich verneigen und unverständlich in Richtung Fußspitzen murmeln, die wissen nämlich, wie Sie heißen, ha, ha, ha.* Ein bisschen Humor oder was Familie Apitsch dafür hielt, gehörte also mit zu der hier zelebrierten Kulturkunde.

Gelehrt wurde uns nicht nur das Stehen und Vorstellen, sondern auch das Sitzen. Die Sitzung zum Thema Sitzen fand im Clubraum statt, wo es von Sitzangelegenheiten nur so wimmelte. *Setzen Sie sich!*, hieß es nun und nachdem wir in fehlerhafterweise Platz genommen hatten, begann Herr Apitsch Senior seinen Vortrag: *Sitzen ist kein bequemes Ausruhen, man lümmelt sich nicht im Sessel oder auf dem Sofa, nein, auch beim Sitzen gilt es, Haltung zu bewahren. Bleiben Sie aufrecht, lehnen Sie sich nicht an. Denken Sie immer daran, dass der Stuhl eigentlich ein Hocker ist, die Lehne dient nur der Zierde und hat keinerlei praktische Funktion. Die Beine strecken Sie nicht von sich, sondern winkeln sie an, und bitte, nicht übereinander schlagen. Noch verwerflicher ist es, die Hosenbeine hochzuziehen, um die Bügelfalte zu schonen. Meine Herren, was passiert denn dann? Sie entblößen Ihre Waden und zeigen Ihre muskulösen Unterschenkel. Igitt, igitt! Wir sind doch nicht auf dem Sportplatz oder im Strandbad Wannsee. Gewiss, die Damen dürfen ihre Waden präsentieren, aber wir nicht. Und warum? Aus ästhetischen Gründen. Die Waden der Damen sind einfach schöner als unsere und deshalb präsentabel.*

Wo Sie nun gerade sitzen, und zwar »gerade« sitzen, wie ich sehe, was erwartet man jetzt von Ihnen? Sie müssen sich unterhalten. Reden ist zwar Silber und Schweigen Gold, aber Schweigen in Gesellschaft ist unhöflich. Die Tanzpausen, die mein Sohn später ab und zu einlegen wird, die Tanzpausen dienen der Konversation. Sie müssen Ihre Tanzpartnerin unterhalten, unterhaltsam unterhalten, nicht mit Themen, für die sich Herren interessieren, Sport zum Beispiel oder Politik. Politik auf keinen Fall, das führt nur zum Streit. Und ein Tanzlokal ist kein Wahllokal. Also bitte. Die Damen interessieren sich für Alltäglichkeiten, für Mode, für Kochrezepte, für Schauspieler. Machen Sie sich also in diesen Bereichen sachkundig.

Bevor ich Sie für heute gehen lasse, möchte ich Sie gehen sehen. Nicht schlendern, nicht marschieren, nicht humpeln, nicht mit raumgreifenden Schritten ausschreiten, aber auch nicht tippeln. Gehen Sie normal und natürlich, immer den goldenen Mittelweg wählen. Auf dem Weg in die Garderobe bilden Sie kleine Gruppen, damit ich Sie korrigieren kann. Und dort helfen Sie sich gegenseitig in den Mantel, so wie Sie später den Damen behilflich sein müssen.

In der Garderobe mussten wir dann die letzte Unterrichtseinheit über uns ergehen lassen. *Nein, nein! Nicht so hoch halten. Sie sollen helfen und das Anziehen nicht erschweren. Also noch mal. Erst unterstützen Sie sich beim Ausziehen und dann beim Anziehen. Ja, das sieht jetzt schon viel besser aus.*

Wir waren entlassen. Wir hatten einiges gelernt, ganz zum Schluss noch den angemessenen Händedruck. Gefordert war dabei kein tiefer Diener, aber doch die Andeutung einer Verbeugung.

Was wir nicht gelernt hatten, war der Handkuss. Der gehört doch auch zum guten Benehmen. Na, vielleicht würde sein Sohn das in Gegenwart der Damen in den Tanzpausen nachholen. Wäre ja eigentlich auch logisch.

Wenige Tage später die erste wirkliche Tanzstunde. Unsere Lerngruppe war immer, den ganzen Winter über, am Sonnabendnachmittag dran. Mein Vater hatte währenddessen Stubenarrest und saß in Filzpantoffeln am Ofen, denn seine schwarzen Schuhe und seinen Mantel, den in ein vornehmes Dunkelblau gefärbten Militärmantel, hatte ich mit Beschlag belegt. Die Leihgaben waren mir etwas zu groß, während umgekehrt mein Konfirmationsanzug dazu tendierte, mir zu klein zu werden. Damit meine Füße sich in den Schuhen nicht verloren und haltlos hin und her rutschten, wurden diese an den Spitzen mit Zeitungspapier ausgestopft.

Nun war ich einsatzbereit und zog los. Durch die ruhigen Villenstraßen strömten die jungen Leute der Lehranstalt entgegen, alle dunkel gekleidet, als gäbe es jemanden zu betrauern, und sorgfältig frisiert, die Mädchen dauerlockig und die Jungen zuckerwasserglatt. Diese gaben sich selbstbewusst und männlich, indem sie marschierten wie ihre Väter zehn Jahre zuvor. Jene balancierten auf ihren hohen Absätzen, leckten sich die geschminkten Lippen und rochen nach Drogerie. Kurz vor vier waren alle in der Garderobe versammelt, woselbst ein schweißtreibendes Gedränge herrschte. Man entledigte sich ja nicht nur seines Mantels, sondern versuchte auch, sich vor dem Spiegel einen Platz zu erkämpfen, um Haare und gegebenenfalls Krawatte oder Lippen in Ordnung zu bringen.

Dann wurden wir in den Saal gebeten. Dort hatte der junge Herr Apitsch das Kommando. Als Erstes mussten wir beweisen, was wir bei seinem Vater gelernt hatten und nahmen Aufstellung zur Vorstellung. Die Mädchen wurden vor den Fenstern aufgereiht, die Jungen gegenüber an die Wand gestellt. Man musterte sich.

Die Mädchen aus meiner Klasse lagen außerhalb meines Interesses, denn sie waren seit Langem bekannt, viel älter als ich und genügten nicht meinen ästhetischen Ansprüchen (so unberechtigt diese auch sein mochten). Die anderen Mädchen waren von unterschiedlicher Qualität. Aber alle kleine Damen und halbe Erwachsene. Ich fragte mich, was ich, der Knabe im Konfirmationsanzug, hier eigentlich verloren hatte.

Beim Vorstellen (vortreten, verbeugen oder knicksen, Namen nennen, zurücktreten ins Glied) brachte kaum jemand den Namen verständlich heraus. Den jungen Apitsch kümmerte das nicht, er war schließlich für das Tanzen zuständig. Und das machte er uns erst einmal vor. Nachdem er den Plattenspieler auf Touren gebracht hatte, schwebte und drehte er gemeinsam mit seiner Gemahlin übers Parkett.

Es war ein langsamer Walzer, und den sollten wir heute erlernen. Ohne Musik führte der Tanzlehrer, noch immer in den Armen seiner Frau, gemeinsam mit dieser langsam und gut sichtbar die Schrittfolge vor, wobei wir Jungen auf seine Beine, die Mädchen auf die der Gemahlin zu achten hatten. Auch zeigte er uns, wie die vier Arme eines tanzenden Paares sich zu arrangieren hatten.

Während die meisten von uns schon – aber nur im übertragenen Sinne – mit den Hufen scharrten, und endlich aktiv werden wollten, gab es eine erneute Verzögerung. Der Meister sorgte für ein retardierendes Moment und sagte: *Vor dem Tanz, meine Herren, haben die Götter das Auffordern gestellt, und das will gelernt sein. Das Einsetzen der Musik ist eine Art Startschuss, aber rennen Sie bitte nicht wie ein Sprinter auf die von Ihnen Erwählte zu, waren Sie Contenance, schreiten Sie gemessenen Schrittes auf Ihr Ziel zu. Versuchen Sie, statt sich zu übereilen, lieber Blickkontakt herzustellen und durch ein Lächeln Ihr Interesse, ja Ihren Anspruch zu bekunden. Dann, am Ziel Ihrer Wünsche angelangt, verneigen Sie sich, ähnlich wie bei der eben geübten Vorstellung, und sprechen Sie das Zauberwort aus: »Darf ich bitten?«*

Sie, meine Damen, haben es wesentlich einfacher. Sie müssen sich nicht bemühen, Sie müssen nur warten. Das erscheint zwar wie eine Benachteiligung, denn Sie können nicht wählen. Doch der Wahlfreiheit der Herren entspricht Ihr Recht, dem werbenden Herrn einen Korb zu geben. Sie haben gleichsam ein Vetorecht. Aber die gesellschaftlichen Usancen verlangen, dass Sie nach einem Korb keinem anderen Herrn den Tanzwunsch erfüllen. Ich bitte Sie deshalb, in unserem Hause auf Ihr Korbrecht zu verzichten, um einen vollzähligen Lehrbetrieb zu gewährleisten. Sie wollen doch schließlich alle das Tanzen erlernen und nicht am Rande herumstehen. Und nun zur Sache!

Schon ließ sich das Grammofon vernehmen, es war, wie nicht anders zu erwarten, wieder ein langsamer Walzer. Schnell dagegen, geradezu hektisch – ganz wider die soeben erfolgte Abmahnung – stürzten die jungen Männer los. Da aber die Kandidatinnen den Interessenten nicht direkt gegenüberstanden, sondern meist weit entfernt am anderen Ende des Saals, entstand ein Tohuwabohu aus sich kreuzenden, diagonalen Linien. Es kam zu unvermeidlichen Kollisionen und dann vor einigen wenigen auserkorenen Damen zu einer Ansammlung von sich verneigenden Kerlen, während die meisten Mädchen wie Mauerblümchen an der Wand standen, einsam und alleine, bescheiden und gesenkten Hauptes, und darauf warteten, dass die unterlegenen Sprinter sich ihnen zuwandten. Da ich von Anfang an kein Interesse hatte, mich an diesem Glücksspiel zu beteiligen, blieb ich geduldig an meinem Platz stehen, bis ich endlich dorthin schlenderte, wo der letzte Rest der Aufforderung harrte. Sodann walzten wir alle mehr oder weniger gekonnt durch den Saal getreu dem Prinzip von *trial and error* und *learning by doing*. Als die Musik plötzlich unterbrochen wurde, atmete ich auf, weil ich hoffte, dass für heute die Tanztortur endlich vorüber sei. Aber mitnichten. Der Tanzmeister klatsche vielmehr vernehmlich in die Hände und befahl mit durchdringender Stimme: *Fünf Minuten Konversation!*

Was nun? Die junge Dame an meiner Seite war mir weder bekannt, noch wollte ich sie näher kennenlernen. Wozu und worüber also reden? Aber es musste ja sein. Viel fiel mir nicht ein, und ich beschränkte mich auf das Naheliegende. Da wir zufällig am Fenster standen, lobte ich die Vorhänge und dehnte nach der Zustimmung meiner Partnerin das Lob auf die gesamte Inneneinrichtung der Tanzvilla aus, bewunderte auch den Humor und das rhetorische Geschick der Herren Apitsch, wodurch uns das schwierige Studium des Benehmens und Tanzens erleichtert wurde.

Die amtliche Beendigung der Konversation wurde mit der Aufforderung verbunden, die Partnerinnen zu wechseln und von neuem aufzufordern. *Aber, meine Herren, denken Sie daran, es ist für heute der letzte Tanz, und der ist mit Rechten und Pflichten verbunden. Denn anschließend dürfen oder müssen Sie, wie Sie wollen, Ihre Dame nach Hause geleiten oder zumindest zum Bahnhof oder zur Bushaltestelle.* Die Musik setzte ein, der Konkurrenzkampf begann, auch die Mädchen zweiter und dritter Wahl wurden schließlich an den Mann gebracht, und wir drehten eine Runde nach der anderen. Erleichterung meinerseits, als endlich wirklich Schluss war.

Doch vor dem Freigang mussten wir noch einen Ratschlag über uns ergehen lassen: *Üben Sie! Übung macht den Meister. Tanzen Sie zu Hause vor dem Garderobenspiegel. Wiederholen Sie Tag für Tag, was Sie hier gelernt haben. Die Tanzschritte müssen Ihnen in Fleisch und Blut übergehen.* Der Tanzmeister verabschiedete sich per Handschlag, wie es der Pastor nach dem Gottesdienst zu tun pflegte. Wir halfen der Dame, für die wir zuständig waren, in den Mantel, verließen paarweise die Villa, quälten uns noch einmal durch die Mühen der Konversation, bis wir uns endlich verabschieden durften.

Ich war frei. Eine Woche keine Tanzstunde! So sorgfältig ich meine Schulaufgaben erledigte, so sorglos ging ich mit den Tanzschulaufgaben um. Von wegen üben. Ich machte nicht einen Walzerschritt. Doch der nächste Samstag war so sicher wie das Amen in der Kirche und dann ging die Tanzpflicht weiter, Woche für Woche, den ganzen Winter über, mehr als ein Dutzend Mal. In jeder Stunde kam ein neuer Tanz dazu, und die alten wurden wiederholt. Auf den langsamen Walzer folgte der Wiener Walzer, dann der Foxtrott, dann der Slowfox, dann der Tango. Es kamen noch einige weitere, die mir entfallen sind.

Da sich der Herr Apitsch als modern und aufgeschlossen zeigen wollte, nahm er amerikanische Tänze wie Boogie-Woogie und Blues ins Programm, schließlich lebten wir im amerikanischen Sektor und hatten den USA dankbar für die Luftbrücke zu sein. Angesichts der Vielzahl von Tänzen fiel es mir, wenn die Musik begann, schwer, den jeweiligen Tanz zu identifizieren. Jetzt rächte es sich, dass ich den Musikunterricht in der Schule nie ernst genommen hatte, so dass Melodie und Rhythmus für mich böhmische Dörfer waren. Ich musste also, bevor ich loslegen konnte, durch verstohlenes Beobachten der sich bereits in Tätigkeit befindlichen Paare herauskriegen, was die Musik von mir verlangte. Ich machte, ich gebe es zu, keine gute Figur. Das übrigens schon, wenn ich nach der Aufforderung die Ausgangsstellung einnahm. Ob der ausgestreckte linke Arm oder der um die Dame gelegte rechte, beide waren zu lang, genauer: die Ärmel waren zu kurz, sie rutschten hoch bis zum Ellbogen. Aber nicht nur der Konfirmationsanzug hatte seine Mängel, noch schlimmer war es mit den Schuhen. Die hatten längst ihre besten Tage hinter sich und waren inzwischen mehrfach besohlt und mit neuen Hartgummiabsätzen versehen worden. Drehte ich nun beschwingt meine Runden, dann war es nicht zu vermeiden, dass ich auf dem Parkett schwarze Kondensstreifen hinterließ. Das war peinlich und sogar Sachbeschädigung und musste mein Geheimnis bleiben. Ich zog mich also in die Mitte des Saales zurück und bewegte mich sparsam und vorsichtig, während die geübten Paare auf der Außenbahn schwungvoll vorbeijagten.

Im Laufe der Stunden wurden wir auch mit Gepflogenheiten wie Abklatschen und Damenwahl vertraut gemacht, die letztlich dem Zweck dienen, Aufschluss zu geben über die Beliebtheit beim anderen Geschlecht, wenn nicht gar Beziehungen anzubahnen. Auch hier kann ich leider nicht mit Erfolgserlebnissen aufwarten. Weder waren die Mädchen hinter mir her, noch wagte ich es, aus einem gekonnt tanzenden Paar die Dame herauszuklatschen, damit sie sich dann mit mir abquälte.

Wenn wir am Sonnabendnachmittag die Tanzvilla betraten, begrüßte die ältere Frau Apitsch, hinter einer Art Theke sitzend, jeden Neuankömmling mit Handschlag, einige sogar mit Namen. Letzteres war aber keine besondere Ehre, im Gegenteil, es war eine Ermahnung beziehungsweise Mahnung, denn namentlich bekannt waren Frau Apitsch nur die Ratenzahler, die stets die stereotype Floskel zu hören kriegten: *Guten Tag, Herr Bartsch, wie viel zahlen Sie heute?* Mein Klassenkamerad Martin Bartsch hatte keine Eltern mehr, lebte von einem kümmerlichen Waisengeld und sparte sich das Tanzen vom Munde ab. Die mahnende Begrüßung vor versammelter Mannschaft muss ihm gewiss peinlich gewesen sein, weshalb er die fällige Rate vorzeitig und außerhalb des offiziellen Tanztermins bezahlen wollte. Er fuhr, nachdem er sein Waisengeld von der Post abgeholt hatte, sofort mit dem Rad vor der Villa vor, wo sich aber leider gerade eine andere Tanzgruppe versammelte. Als der arme Martin – in Cordhose und Pullover – die Diele betrat, begegnete ihm auf dem Weg zum Saal, seinem Arbeitsplatz, der junge Herr Apitsch, musterte Martin, wollte nicht glauben, was er sah, fiel fast in Ohnmacht und stieß empört und atemlos hervor: *Aber Herr Bartsch! In welchem Aufzug!* Martins Entschuldigung und Begründung für seine textile Entgleisung, dass er nämlich nicht zum Tanzen, sondern zum Zahlen gekommen sei, wurden angenommen, er durfte seine finanzielle Pflicht erfüllen, musste die heiligen Hallen aber möglichst schnell wieder verlassen.

Ob Martin genauso unter der Ära Apitsch gelitten hat wie ich, hat er mir nie verraten. Immerhin war er drei Jahre älter als ich und entsprechend reifer und sah im Tanzunterricht vielleicht eine bequeme und günstige Gelegenheit, mit Mädchen in Kontakt zu kommen. Ich aber sehnte mich nach dem Abschlussball, nicht weil er der Höhepunkt der Tanzübungen war, sondern ihr Ende.

An den Festakt, der im Festsaal des Zehlendorfer Rathauses stattfand, habe ich kaum noch Erinnerungen. Was einen nicht reizt, das merkt man sich nicht. Die meisten von uns hatten sich zu Paaren zusammengefunden, der Rest wurde vom Hause Apitsch von Amts wegen dazu gemacht. Von meiner Tanz- und Tischdame weiß ich nur noch, dass ich nichts an ihr fand (und sie wohl auch nicht an mir). Sie war, wie die meisten jungen Damen, in Begleitung ihrer Eltern erschienen, die sich die feierliche Freisprechung ihrer Tochter in Sachen Tanzfertigkeit nicht entgehen lassen wollten, was für mich den Vorteil hatte, dass ich die Tochter nicht nach Hause bringen musste. Die Zeit zog sich hin, schließlich musste ich nicht eine Tanzstunde, sondern eine ganze Ballnacht über mich ergehen lassen. Ich erfüllte meine tänzerischen Pflichten, beteiligte mich am Tischgespräch, wenn auch in vornehmer Zurückhaltung, trank zwei, drei Glas Weißwein und blickte verstohlen auf die Uhr. Als Mitternacht nahte, machte man sich auf den Heimweg, die Mädchen mit ihren Eltern oder ihren männlichen Begleitern. Ich stand allein auf der Rathaustreppe, blickte in die schwarze Nacht und atmete tief durch. Was für ein Glücksgefühl! Etwas Unangenehmes lag hinter mir und vor mir eine neue Zeit. Gerade hatte der Frühling begonnen, gestern war der 21. März. Ich genoss die milde Luft und eilte beschwingt nach Hause, beschwingter als zuvor auf dem Parkett. Vor mir erstreckte sich eine Zukunft mit schulischen Erfolgen, mit sportlichen Erfolgen, vielleicht mit einer ersten selbstständigen Reise und einer ersten festen Freundin.

In diesen Jahren, Mitte der Fünfzigerjahre, als ich mich vom Jungen zum Jüngling entwickelte, wurde ich von einer Leistungsideologie beherrscht, die kennzeichnend war für das ganze deutsche

Volk. In beiden Staaten machte man sich nach dem verheerenden Krieg an den Wiederaufbau, jede Familie versuchte es, zu einem auskömmlichen Lebensstandard zu bringen, und Ludwig Erhard versprach ja auch in dem Titel seiner Propagandaschrift *Wohlstand für alle*. Allerdings und selbstverständlich beschränkte sich dieser ökonomische Imperativ auf den Geltungsbereich der Marktwirtschaft. Bonn und Ostberlin bemühten sich gleichermaßen um Anerkennung und Wertschätzung in der einen beziehungsweise der anderen Welthälfte, und schon bald zahlte sich die deutsche Strebsamkeit hüben wie drüben aus. Wirtschaftlich gesehen ging es dem DDR-Volk besser als den anderen Ostvolknationen, besser sogar als den siegreichen Russen. Und die BRD hatte ohnehin ihr vielfach bewundertes Wirtschaftswunder. Kein Wunder, dass die beiden deutschen Staaten als Musterschüler der Amerikaner und der Sowjets galten.

Zum Musterschüler wurde auch ich und das mit genau den gleichen Methoden, mit einer gewissen Naturbegabung, mit Fleiß und Strebsamkeit und mit der Erfüllung der in mich gesetzten Erwartungen. Wie die Deutschen in ihrer Gesamtheit wollte ich durch Erfolge mein Selbstwertgefühl und mein Ansehen steigern. Als Klassen-Benjamin, als schlaksiger, ungelenker Leptosome, als ängstliches Einzelkind spielte ich unter meinen Kameraden nur eine Nebenrolle und musste versuchen, meine Defizite zu kompensieren, sowohl in der Schule als auch im Sport.

Ein bisschen eitel und ehrgeizig war ich schon immer – aber wer ist das nicht? – , doch nun betrieb ich mein Leistungsstreben mit Systematik, Einsatz, Ausdauer und taktischem Geschick und teilweise durch eine gewisse Akzentverlagerung. Da ich ein schlechter Turner und kein besonders guter Fußballer war, suchte ich, wie bereits berichtet, meinen Ausweg im Laufen und als nur durchschnittlich begabter Sprinter wich ich auf die längeren Strecken aus und trainierte so hart und so lange, bis ich vorne war. Da ich in meiner Klasse aufgrund meiner bescheidenen Schüchternheit nicht sonderlich beachtet wurde, wollte ich mich wenigstens durch schulische Leistungen hervortun.

Und wirklich machte sich mein Ehrgeiz schon bald – und das in doppeltem Sinne – bezahlt. Erstens produzierte ich in den Klassenarbeiten Einsen und Zweien am Fließband und zweitens wurden diese zu Hause mit 1 Mark oder 50 Pfennig honoriert. Ob ein solcher finanzieller Ansporn pädagogisch sinnvoll ist, sei dahingestellt. Schwachen Schülern wird das Ausbleiben der Belohnung, noch dazu in Verbindung mit blauen Briefen, den letzten Rest von Mut und Motivation rauben, aber mich beflügelte dieses Junktim von Leistung und Lohn, und so konnte es nicht ausbleiben, dass ich zum Primus wurde.

Die Psychologie unterscheidet extrinsische und intrinsische Motivation. Man kann von außen, durch Lob, Lohn oder Strafe, dazu veranlasst werden, Leistungen zu erbringen, man kann aber auch von innen, aus sich selbst heraus, Freude an der Bewältigung einer Aufgabe entwickeln, weil das vorliegende Problem einen interessiert. Beide Formen der Motivation trieben mich an, die Pflicht genauso wie die Neigung. Oft kam der Appetit beim Essen. Während ich eine Hausaufgabe pflichtbewusst erledigte, stellten sich plötzlich Neugier und Interesse ein. Und das in allen Fächern. Was ich sollte, wollte ich auch, und was mich forderte, machte mir Spaß.

Mit einem besonders geschickten Trick motivierte uns unser Mathelehrer. Der stellte uns neben der normalen Hausaufgabe noch eine sogenannte Knobelaufgabe. Die war freiwillig. Aber für die guten Mathematiker war es Ehrensache, diese Aufgabe zu lösen, und wenn man den ganzen Nachmittag damit zubrachte. Man war mit Stolz erfüllt, wenn man abends am Ziel war, und der Stolz nahm noch zu, wenn sich am nächsten Morgen herausstellte, dass nur zwei oder drei andere auch erfolgreich waren. Dass ich in den Naturwissenschaften auf Zwei, in Chemie sogar auf Eins stand, habe ich schon erzählt, aber bei dem gestrengen Doktor Arndt auf einen grünen Zweig zu kommen, erschien mir unmöglich.

In den Deutschaufsätzen vergab er nie eine Zwei, aber vielleicht konnte ich mein Glück in Geschichte versuchen. Als wir uns in der 12. Klasse der Gegenwart näherten, stellte Doktor Arndt zu seinem Leidwesen und Entsetzen fest, dass wir, was Antike und Mittelalter anbelangt, alles vergessen hatten. Er beraumte also vor jeder Stunde eine Fünfminutenwiederholung an. Hierbei konnte ich ohne viel Mühe zu leichten Lorbeeren kommen. Da die Wiederholung chronologisch vonstattenging, brauchte ich am Vorabend nur einen kurzen Blick ins alte Buch zu werfen, und schon war ich am nächsten Morgen der bestinformierte Mediävist, kam auch gar nicht mehr mit der eigentlichen Hausaufgabe ran, zum Beispiel Bismarck, und hatte zudem meine Zwei sicher. Noch einfacher war es mir, in den drei Fächern unseres Klassenlehrers zu guten Noten zu kommen. Da er den Ehrgeiz und die Eitelkeit besaß, wenigstens einen Schüler seiner etwas unterschätzten und verachteten Aufbauklasse mit Auszeichnung durchs Abitur zu bringen, wozu sieben Zweien nötig waren, protegierte er seinen Primus, so dass ich in Englisch, Erdkunde und Leibesübungen auf gute Noten abonniert war. Zwar war ich, rein sprachlich gesehen, kein begabter Anglist, aber ich war so clever, die Technik des Interpretierens, die wir im Deutschunterricht erlernten, auf die englischen Klassenarbeiten anzuwenden und den Nacherzählungen einen Kommentar anzuhängen – was damals noch nicht üblich war – und Herrn Friedrich damit derart zu verblüffen, dass es nur so Einsen hagelte. Vielleicht war ich ein *Streber*, aber die Klasse nahm mir meinen Ehrgeiz und Eifer nicht übel. Im Gegenteil. Leistung wurde bewundert und stand hoch im Kurs, Leistung war einfach *in* in der Nachkriegszeit.

Einige Beispiele mögen das belegen. Wer Skat oder Fußball spielt, will natürlich gewinnen, doch die Skatspieler meiner Klasse begnügten sich nicht mit einem gemütlichen Spielchen am Abend, sondern organisierten großangelegte Turniere mit Triumphen und Blamagen. Wir waren genau ein Dutzend, spielten in drei Verergruppen, trafen uns jeden Mittwoch privat und reihum, gaben den Veranstaltungen einen offiziellen und vornehmen Charakter, indem der jeweilige Gastgeber eine Flasche Wein zur Verfügung und auf den Tisch stellte. Es gab eine Oberliga, eine Mittelliga und eine Unterliga. Die Sieger des Abends stiegen auf, die Verlierer stiegen ab und der Erste der Oberliga trug für eine Woche den stolzen Titel Klassenmeister. Die Ergebnisse wurden Donnerstagfrüh am Kartenständer öffentlich ausgehängt und konnten von jedermann, ob Skatfan oder Skatlaie, zur Kenntnis genommen werden. Auch die Mädchen zeigten ein gewisses Interesse, vor allem aber Herr Albrecht. Der studierte zu Beginn seiner Stunde die Tabellen mit ihrem Auf und Ab, erwartete einen Zusammenhang zwischen mathematischen und skatlichen Leistungen, fühlte sich meistens bestätigt, nannte Namen und nickte mit dem Kopf, gab sich aber überrascht, ja, empört, wenn seine Rechnung nicht aufging: *Was, Hartmann, Sie sind gestern aus der Oberliga in die Mittelliga abgestiegen, das muss aber anders werden!* Genauso verblüfft war er, wenn ein schwacher Mathematiker in die Oberliga aufstieg: *Nanu, Sie, Zacharias, ganz oben? Gratuliere! Aber nun müssen Sie auch in der Mathematik etwas mehr leisten, das Zeug dazu haben Sie doch, wie man sieht.*

Die für die Fünfzigerjahre typische Hochschätzung von Leistung und Erfolg kam in unserer Klasse auch dadurch zum Ausdruck, dass die knappe Hälfte, aber nur Jungen, den – allerdings etwas ironisch gemeinten – Streberverein gründeten. Angestrebt wurde eine intensivere Beteiligung am Unterricht. Man musste so oft wie möglich rankommen, nur das zählte, die Qualität der Antwort wurde nicht bewertet. Nach der letzten Stunde wurde abgerechnet. Den Maßstab setzte der mit den meisten Äußerungen, die Differenz nach unten wurde finanziell geahndet. War der Tagessieger insgesamt fünfzehnmal rangenommen worden, ein anderer aber nur zwölfmal, dann musste er 3 Pfennig in die Streberkasse zahlen. Der Streberverein belebte den Unterricht. Kaum hatte ein Lehrer die Klasse betreten, rissen sämtliche Streber die Arme hoch, und schrien: *Hausaufgabe!*, um so zu einem Streberpunkt zu kommen. Im Verlauf des mündlichen Unterrichts kam es oft zu unsinnigen oder gar falschen Antworten, egal, auf jeden Fall waren die Vereinsmitglieder aufmerksam, schon allein, weil alle die Meldeliste führten, als Grundlage der Tagesabrechnung. Es kam sogar vor, dass der eine oder andere übereifrige Streber sich gegen Ende der Stunde meldete, rankam und sagte: *Herr Sowieso, Sie haben noch nicht die Hausaufgabe gestellt.* Die Streberkasse wurde vom Verwalter des Klassenschrankes, über den er die Schlüsselgewalt hatte, in Obhut genommen und in eben diesem verwahrt. Doch die Nichtstreber, die sich über uns ärgerten und uns als Schleimer, Schleicher und Verräter einschätzten, verschafften sich nach einiger Zeit, sei es mit Gewalt oder mit einem Dietrich, Zugang zum Klassenschrank und plünderten die Streberkasse. Das war dann leider das Ende des Strebervereins.

Angesagt war ein ausgeprägter Leistungswille auch, wenn unsere Klasse sich im Sport mit anderen zu messen hatte. Im Fußball hatten wir nicht viel zu bestellen, aber als es die besten Leichtathleten zu ermitteln galt, machten der Sprinter Werner, der Handballer Jürgen und ich als Mittelstreckler im Laufen, Stoßen und Werfen die Siege unter uns aus.

Noch gut in Erinnerung ist mir der im Sommer 1955 vom Berliner Senat durchgeführte Tag des Schulsports. Da gab es schulfrei und sämtliche Berliner Schüler – Westberliner Schüler wohlgemerkt – versammelten sich im Olympiastadion, die große Masse als Zuschauer und einige wenige als Teilnehmer. Den Abschluss und Höhepunkt bildete der Zwanzigmal-eine-halbe-Runde-Staffellauf, zu dem alle zwölf Westberliner Bezirke mit ihrer Auswahlmannschaft antraten. Der für die Aufstellung der Zehlendorfer Staffel verantwortliche Sportlehrer hatte entschieden, dass unsere Schnellsten zuerst eingesetzt wurden, damit wir nicht im dichten Pulk laufen und wechseln mussten und uns gegenseitig behinderten, sondern frei vorneweg stürmen konnten. Die Rechnung ging auf. Die Asse von Z88 setzten sich sofort an die Spitze. Als ich – als dritter oder vierter Läufer – den Stab bekam, waren wir an erster Stelle, und als ich ihn übergab ebenso. Das Stadion tobte. Damals gab es noch keine Einzelsitze, sondern durchgehende Bänke, und dort fanden, mit ihren schmalen Hüften, viel mehr Kinder Platz als im Normalfall erwachsene Zuschauer. Also schrien sich über 100 000 Fans fast zehn Minuten lang die Kehle heiser, alle feuerten ihren Bezirk an, und uns da unten im Inneren dieses Hexenkessels lief es heiß und kalt über den Rücken. Nie wieder habe ich so viel Beifall erlebt, auch nicht beim Berlin-Marathon, wo uns zwar eine Million Menschen am Straßenrand bejubelten, aber doch verteilt über 42 Kilometer. Gewonnen haben wir damals leider nicht. Als unsere schwächeren Läufer unterwegs waren, fielen wir zurück. Wir wurden zwar nicht ganz nach hinten durchgereicht, aber am Ende waren wir eben doch nur Dritter.

Im Herbst widerfuhr mir die Ehre, in die Hockeyauswahl der Schule aufgenommen zu werden. Im aristokratischen Villenbezirk Zehlendorf mit seinen vier oder fünf vornehmen Hockeyvereinen war es logisch, dass unser Gymnasium über mehrere gute Spieler verfügte. Aber nur über zehn, und die sprachen sich für mich als elften Mann aus. Der beste Mittelstreckler war die beste Ersatzlösung. Ich sollte auf der Rechtsaußenposition den gegnerischen Verteidiger auf mich ziehen, ihn mit meiner immensen Ausdauer in Grund und Boden laufen, er musste mir schließlich immer auf den Fersen bleiben und mich, wie es so pikant heißt, decken, damit ich nicht frei zum Schuss kommen würde. Dass ich gar nicht schießen konnte, wusste von den anderen niemand. Ich hatte zwar vorher mit zwei Klassenkameraden, Wolfgang und Wolfdieter, den Umgang mit dem krummen Schläger und der kleinen Kugel geübt, es aber doch nicht zu besonderer Fertigkeit gebracht. Immerhin habe ich meinen Gegenspieler außer Gefecht gesetzt, bin gegen Ende des Spiels sogar einmal in den gegnerischen Schusskreis vorgestoßen, bekam sogar eine Chance zum Schuss, traf sogar den Ball, aber nicht das Tor. Nun, das war auch nicht nötig, wir haben auch so haushoch gewonnen, nicht zuletzt deshalb, weil, wie ich mir damals einbildete, ich Teile der gegnerischen Abwehr erst ermüdete und mürbe machte und endlich ganz ausschaltete.

Doch damit nicht genug des Leistungskultes. Mein vielschichtiges Leistungsstreben wurde noch erweitert durch politische Initiativen. Gerhard, Martin und ich kamen plötzlich auf die Idee, der CDU beizutreten. Gerade in Berlin mit seinen politischen Problemen, so glaubten wir, müsse man sich politisch engagieren. Warum wir eher rebellischen Primaner uns für die konservative Union entschieden, muss ich erklären. Dass Gerhard, der Unternehmersohn, diesen Schritt tat, hat ja eine gewisse Logik, und Martin, das Waisenkind mit der Waisenrente, hatte wahrscheinlich den Ehrgeiz, sich emporzuarbeiten und in gutbürgerlichen Kreisen heimisch zu werden. Und ich war amphoter. Den Begriff hatte ich in meinem Lieblingsfach Chemie aufgeschnappt. Man versteht darunter, dass bestimmte Substanzen in saurem Milieu basisch, und in basischem Milieu sauer reagieren. Diese Abweichung von der Umgebung faszinierte mich und ich nahm den chemischen Prozess psychologisch und persönlich. Schon immer war ich als Einzelkind ein bisschen anders als die anderen und nun hatte ich für meine Neigung zur Abweichung eine naturwissenschaftliche Rechtfertigung gefunden. Seit in

Berlin seit 1955 Otto Suhr (SPD) Bürgermeister war, konnte ich unmöglich Sozialdemokrat sein, auch wenn ich mit sozialen und sozialistischen Vorstellungen sympathisierte. Unter einem roten Bürgermeister konnte ich nur schwarz sein. An dieser amphoteren Logik gab es nichts zu rütteln.

Als wir drei Jungmitglieder das erste Mal auf einer Parteiversammlung aufkreuzten, erregte das allgemeine Verwunderung und Bewunderung. Das hatte es noch nie gegeben, dass junge Menschen, ohne angeworben zu sein, einfach so in die Partei kamen. Das sprach doch für den Idealismus und die politische Reife der modernen Jugend. Viel geleistet haben wir allerdings nicht, weder haben wir die Parteiversammlungen durch unsere Redebeiträge belebt, noch haben wir Funktionen übernommen, wenn man davon absieht, dass wir aus gegebenen Anlässen Informationsmaterial in die Zehlendorfer Briefkästen stopften. Von unserem Kleeblatt ist nur Gerhard der Union auf Dauer treu geblieben und hat dort ein bisschen Karriere gemacht.

Auch als ich Primaner und Primus war, Mittelstreckenass und Christdemokrat, blieb die Reiherbeize meine eigentliche soziale Heimat. Unsere alte Clique radelte und badete nach wie vor gemeinsam, wir feierten unsere Geburtstage zusammen, spielten Fußball und gingen auf Reisen. Doch oft suchte ich auch eigene und andere Wege. Ich entsinne mich noch genau, wie ich es an dem ersten milden, sonnigen Frühlingstag des Jahres vorzog, einsam und alleine in den Grunewald zu wandern, um die aufblühende Natur zu begrüßen. Ich war Romantiker, Individualist, Naturfreund und peripatetischer Pubertätsphilosoph.

Einmal auf meinen waldlichen Streifzügen machte ich einen höchst seltsamen Fund. Am Rande einer Lichtung, die im Sommer als Picknickplatz genutzt wurde, lag eine Flasche im Gras, was an sich nichts Besonderes ist, aber, nun kommt es: In ihr lag eine tote Maus. Sie muss sich durch den Flaschenhals hineingezwängt haben und sich mit dem Restalkohol vergiftet haben oder, weil sie nicht mehr herauskam, verhungert sein. Ich weiß nicht, warum ich diesen Fund nicht vergessen habe. Über ein halbes Jahrhundert ist vergangen und noch immer sehe ich die arme kleine Kreatur in ihrem

Glassarg. Warum hat sich dieser Anblick in meiner Erinnerung festgesetzt? Sehe ich mich bis heute intellektuell herausgefordert? Geht es hier um ein Symbol, das nach Entschlüsselung verlangt? War so unser Leben, vor allem das isolierte Inselleben der Westberliner? Treiben uns Neugier und Strebsamkeit und Fehleinschätzung in Situationen, aus denen es kein Zurück in die Freiheit gibt? Ist die Flasche als industrielles Massenprodukt ein Symbol des technologischen Geschicks der Menschheit, die an und in ihren eigenen Leistungen am Ende verenden wird? Ich liebte und liebe es bis heute, das Grübeln und die mehr symbolische als naturwissenschaftliche Entschlüsselung der Wirklichkeit.

Dann das Abitur. Ehe man sich versah, war es da. Zuerst das schriftliche. Wir hatten vier Arbeiten zu schreiben, in Deutsch, Mathematik, Englisch und wahlweise einer Naturwissenschaft oder in Französisch. Alle bereiteten wir uns intensiv vor und waren im Unterricht besonders aufmerksam, weil wir hofften, dass uns die Lehrer, um sich nicht mit unwissenden Schülern zu blamieren, den einen oder anderen Fingerzeig hinsichtlich der Themen und Aufgaben geben würden.

Wie meine beiden Parteifreunde Martin und Gerhard wählte ich Chemie als viertes Fach. Wir trafen uns zum Pauken und ahnten oder wussten gar, dass irgendeine chemische Substanz zum Thema werden würde, über deren Eigenschaften, Herstellung, Nutzung und weitere Verarbeitung wir uns auszulassen hätten. Teils aus Spaß am Spiel, teils um bei unserem Lehrer Herrn Albrecht den Anschein zu erwecken, als wüssten wir mehr als er, einigten wir uns darauf, die gegebene Substanz, gleichgültig welche, zum Ausgangspunkt bei der Herstellung von Kunststoffen zu machen, denen wir den wohlklingenden Namen *Plexophyll* gaben. Außerdem verabredeten wir uns, um unseren Kenntnissen zusätzliche Autorität und Plausibilität zu geben, auf den Zusatz: *Besonders in den USA*. In der Abiturklausur mussten wir uns mit Ammoniak beschäftigen, verwiesen auf seinen unangenehmen Geruch, schilderten seine synthetische Herstellung durch das Haber-Bosch-Verfahren, behandelten die Weiterverarbeitung zu Sprengstoff, Kunstdünger und Kunststoff, nämlich zu *Plexophyll* – und das *besonders in den USA*. Fleißig, wie wir gelernt hatten, konnte der Erfolg nicht ausbleiben, Martin und Gerhart erhielten ihre Zwei und ich meine übliche Chemieeins. Das *Plexophyll* ging anstandslos durch die Prüfung, denn wenn drei vorzügliche Chemieschüler identische Kenntnisse zeigen, dann muss ja alles in Ordnung sein und stimmen – und in den USA ist schließlich alles möglich. Auch die anderen Arbeiten erbrachten aus meiner Sicht die erwarteten Ergebnisse. Die Mathematikaufgaben erwiesen sich als lösbar, im Englischen wurden wir mit einer uns nicht ganz unbekannten Kurzgeschichte konfrontiert, was uns das Nacherzählen erleichterte und mir die übliche Kommentierung. Im Deutschaufsatz mussten wir uns über Thomas Manns Novelle *Mario und der Zauberer* verbreiten. Die dort behandelten historisch-politischen Probleme, nämlich der italienische Faschismus, kamen meinen Interessen entgegen und verhalfen mir zu einer bei Dr. Arndt an sich seltenen Drei. Noch heute habe ich den ersten Satz meiner Arbeit in Erinnerung: *Nicht zufällig spielt Thomas Manns »Mario und der Zauberer« in Italien.*

Als schwierige Hürde erwies sich das Turnabitur. Um von der mündlichen Prüfung befreit zu werden, brauchte ich neben sechs Zweien in den wissenschaftlichen Fächern auch noch eine unwissenschaftliche Zwei, um auf die vorgeschriebene Zahl von sieben guten (oder sehr guten) Noten zu kommen. Im Sommer hatte ich im leichtathletischen Vierkampf (100 Meter, Weitsprung, Kugelstoßen, 1000 Meter) eine sichere Eins errungen. Ich war Zweiter der ganzen Schule geworden, hinter meinem Klassenkameraden Jürgen, dem vielseitig talentierten Handballer, aber noch vor meinem Banknachbarn und Vereinskameraden Werner, dem Berliner 100-Meter-Jugendmeister, der Schuldritter wurde. Besonders gepunktet habe ich im 1000-Meter-Lauf, als ich weit vor der Konkurrenz im Alleingang meine zweieinhalb Runden drehte und nach 2:46 Minuten ins Ziel kam.

Und nun das ungeliebte Turnen. Schlechter als Drei durfte meine Note nicht ausfallen, um die Durchschnittszwei zu retten. Gerettet hat mich unser Klassenlehrer Friedrich, der ja unbedingt auch in seiner Aufbauklasse einen vom mündlichen Abitur befreiten Zögling vorweisen wollte. Er beförderte mich mit geschickter Hilfestellung über Reck, Barren und Bock und gab mir im Basketball, was es auch zu benoten galt, eine sehr subjektive und mithin wohlwollende Note, so dass die sportliche Rechnung in der Summe aufging.

Gerettet hat unser Klassenlehrer auch noch andere aus der Klasse, bei denen es nicht wie bei mir um die Befreiung von der mündlichen Prüfung als besondere Auszeichnung ging, sondern um das Bestehen des Abiturs überhaupt. Damals wurden die Noten der schriftlichen Arbeiten noch bis zum *Mündlichen* geheim gehalten. Keiner erfuhr, ob er abweichend von seiner Vorzensur geschrieben hatte, ob er also in diesem Fach geprüft werden musste. Hätte er es gewusst, dann hätte er sich gezielt vorbereiten können. Und da half Friedrich. In einer Sportstunde ließ er die Liste mit den Noten der Klausuren in der Lehrerkabine auf dem Tisch liegen, zog sich mit uns in die entgegengesetzte Ecke der Halle zu irgendwelchen gymnastischen Übungen zurück und übersah es geflissentlich, dass je zwei oder drei von uns sich verdrückten, in die Kabine schlichen, sich schlau machten und schnell zurückkehrten, um auch anderen die Möglichkeit zu einer eiligen Einblicknahme zu geben. Diese gnädig gewährte Indiskretion zahlte sich aus. Alle konnten sich zielführend präparieren und kamen mit mindestens ausreichenden Noten durchs Mündliche.

Prüfungstag war der 8. März. Vier Tage vorher war ich 18 geworden. Da aber meine Befreiung schon vorher feststand, habe ich mein Abitur eigentlich schon mit 17 Jährchen gemacht. Während die anderen an jedem 8. März auf ihre Aufgaben warteten, diese erhielten, sich eine halbe Stunde damit abquälten und dann vor versammeltem Lehrerkollegium Rede und Antwort standen, hatte ich schulfrei, aber doch nicht völlig. Auch ich bekam eine Aufgabe, nämlich die, ein geeignetes Restaurant ausfindig zu machen, in dem wir am kommenden Sonnabend unsere amtlich bescheinigte Reife feiern könnten. Zu diesem Fest waren auch unsere Lehrer geladen, die uns gratulierten, während wir uns im Gegenzug bei ihnen bedankten. Herr Albrecht fiel fast in Ohnmacht, als wir ihm unsere Erfindung des *Plexophyll* beichteten, und hielt es für unpassend, ja unreif, mit der Reifeprüfung derartige Scherze zu treiben.

Die logische Konsequenz des Abiturs ist das Studium. Wie schwierig die Wahl des richtigen Faches ist, war mir ja schon aus Goethes *Faust* bekannt. Nun gibt es aber inzwischen noch wesentlich mehr akademische Möglichkeiten, auch laufen einem im Alltag allerlei studierte Berufe über den Weg, Ärzte und Apotheker, Pastoren und Juristen, und nicht zu vergessen die vertrauten Studienräte. Das fehlende Latinum schränkte meine Wahlfreiheit ein, umgekehrt präjudizierte meine Eins in Chemie meine Entscheidung. Ich studierte also Chemie auf Lehramt, dazu Biologie. An der Freien Universität Berlin. Mühelos mit dem Fahrrad in zehn Minuten zu erreichen.

Mit mehreren Klassenkameraden blieb ich weiterhin befreundet. Jeden Sonnabend Punkt elf trafen wir uns zum Minigolfspielen, was damals gerade in Mode gekommen war. Der ehrgeizige Siegeswille, der einst unsere Skatabende ausgezeichnet hatte, lebte auf anderem Terrain fort.

Finanziert habe ich dieses Hobby mit dem Geld, das ich unmittelbar davor beim Saubermachen unseres Hauses verdient hatte. Da meine Mutter berufstätig war und auch sonnabends arbeiten musste, da meinem bürgerlich-konservativen Vater eine solche Tätigkeit nicht zuzumuten war und er im Übrigen oft in Westdeutschland beschäftigt war, da meine Großmutter inzwischen Mitte 80 war, blieb ich als Einziger übrig, den man zur Reinigung des Hauses heranziehen konnte, so dass ich Sonnabend für Sonnabend zwischen Frühstück und Minigolf mit Staubsauger, Besen, Schrubber und Scheuerlappen durch unsere drei Etagen tobte. Ich war glücklich und dankbar, dass ich über meine 30 Mark Taschengeld im Monat hinaus noch ein kleines Zubrot zum Verspielen verdiente.

Nach wie vor liebte ich die schöne Literatur, sowohl das Lesen als auch das Schreiben, aber sie war mir so heilig, dass ich mit ihr nicht mein tägliches Brot verdienen wollte. Deutschlehrer wollte ich deshalb auf keinen Fall werden, zumal ich ohne Latinum sowieso nicht Germanistik studieren konnte. Der Sprache und dem Schreiben waren auch Wolfgang und Martin zugetan. Wolfgang war seit dem Abitur Volontär beim Sender *Freies Berlin* und wollte Redakteur werden, und Martin hatte nach zwei Semestern Chemie seine Liebe zum Journalismus entdeckt und studierte Publizistik, Geschichte und Politik. Alle drei dilettierten wir ein bisschen mit Gedichten und Kurzgeschichten, die wir uns gegenseitig vorlasen. Um unserem poetischen Ehrgeiz eine organisatorische Struktur zu geben, gründeten wir einen Verein: LITERARITAS 57. Wie seinerzeit der Hörnerfamilie, der aber Martin und Wolfgang gar nicht angehörten, gaben wir uns eine Satzung. Die Präambel lautete: *Wir fördern uns selbst.* Die drei *Urgründer*, wie wir uns stolz bezeichneten, teilten die Posten des Vorstandes (Erster und Zweiter Vorsitzender, Geschäftsführer) unter uns auf. Neue Mitglieder, die es aber nie gab, waren willkommen. *Grundbedingung zur Aufnahme* war jedoch die *aktive Liebe zur Kunst.* In Verkennung unserer literarischen Erfolge lautete einer der Paragrafen: *Die Mitglieder verpflichten sich, ihre schöngeistigen Werke vor einer eventuellen Veröffentlichung dem Verein vorzulegen. Unter dem Gesichtspunkt der gegenseitigen Förderung hat dieser Paragraf großzügig ausgelegt zu werden.* Weiterhin spornten wir uns gegenseitig zu Fleiß und Produktivität an: *Die Mitglieder verpflichten sich, zu jeder Sitzung ein Manuskript vorzulegen oder einen dialektischen Gedanken zur Diskussion zu stellen.* Da wir auf eine gewisse Selbstironie nicht verzichten wollten, sah der letzte Paragraf vor: *Der Entwurf eines Vereinswappens wird dem Wappenausschuss, bestehend aus dem Vorstand, überwiesen.* Zu einem Logo haben wir es aber nie gebracht.

Jeder literarisch Gebildete wird erkennen, dass wir uns an der von Hans Werner Richter begründeten *Gruppe 47* orientierten, die zwar nur zehn Jahre älter war als unser Verein, die aber hinsichtlich der Teilnehmerzahl, Erfolge und des Bekanntheitsgrades von uns nicht ganz erreicht wurde. Immerhin haben wir alle im späteren Berufsleben im Bereich der Medien beziehungsweise der Literatur eine berufliche Heimat gefunden. Wolfgang fasste Fuß beim SFB und moderierte später die *Abendschau*, Martin beim *Tagesspiegel* und ich wurde dann doch noch Deutschlehrer.

Als Wolfgang innerhalb des SFB vom Rundfunk zum Fernsehen wechseln wollte, sah er sich genötigt, um auf der Mattscheibe ein besseres Bild zu machen, sich seine abstehenden Ohren durch eine kosmetische Operation anlegen zu lassen. Während er in der Klinik genas (ich weiß nicht, ob dieses Verb überhaupt passend ist), während er also in der Klinik lag, schwärmte er für eine der Schwestern und verlieh seinen geheimen Gefühlen und ihrem äußeren Eindruck in einem erotischen Elaborat weitschweifigen Ausdruck und legte dieses nach seiner Entlassung dem Verein als Pflichtgedicht vor. Er fand aber keine Gnade bei Martin und mir, wir bewerteten das Werk als zu banal und trivial und verurteilten ihn zur Lieferung einer poetischen Alternative, was er dann auch gehorsam befolgte.

Selbst auf die Gefahr hin, mich zu wiederholen, muss ich erzählen, wie sehr die Menschen nach dem mörderischen Weltkrieg und während des Kalten Krieges von der Leistungsliebe erfüllt waren. Man wollte es wieder zu etwas bringen – und es denen da drüben zeigen. Wir im Westen sind wieder wer, und warum? Weil Freiheit und Marktwirtschaft dem Sozialismus überlegen sind. Leistung war selbstverständlich und wurde nicht auf seine ideologischen Grundlagen hin hinterfragt.

Das galt auch für meine Freunde aus der Reiherbeize. Sie beendeten in den Fünfzigerjahren ihren Schulbesuch, ergriffen einen Lehrberuf und schlossen die Lehre mit Erfolg ab. Kalle war nun Tischler, Henry Bäcker und Konni Mechaniker. Aber sie wollten höher hinaus. Geselle zu sein, reichte ihnen nicht. Henry machte den Anfang.

Der hatte genug vom Backen und Frühaufstehen und beschloss, nie mehr in seinem Leben ein Brot anzufassen, außer zum Verzehr, meldete sich zur Bundeswehr, wurde – kein Wunder nach seinen Krumme-Lanke-Erfahrungen – Kampfschwimmer in einer Eliteeinheit der Bundesmarine, diente zwölf Jahre und bekam dann die Gelegenheit, das etwas abgespeckte Bundeswehr-Abitur abzulegen, so dass er an der Pädagogischen Hochschule Kiel studieren konnte und Volksschullehrer wurde. Kalle und Konni warteten noch etwas, bevor sie (Kalle bereits als doppelter Familienvater) in den Siebzigerjahren mit Erfolg einen Meisterkurs absolvierten. Als Tischlermeister machte Kalle sich selbstständig und übernahm im Wedding einen eigenen Betrieb, während Konni mit seinen technologischen Kenntnissen und Fähigkeiten Berufsschullehrer wurde.

Erfolge und Karriere gehörten quasi zum Alltag. Das war in der Schule so, in der Lehre, im Studium, im Beruf und auch, so paradox es erscheinen mag, in der Freizeit.

Spiel und Sport dienten nicht dem Zeitvertreib, dem Vergnügen und der Erholung, zumindest nicht in erster Linie. Man spielte vielmehr, um seinen Ehrgeiz zu befriedigen und zu gewinnen, die Skat- und Minigolfturniere hatte ich ja bereits erwähnt. Und erst recht war man im *richtigen* Sport auf Sieg programmiert. Dass man regelmäßig und intensiv zu trainieren hatte, stand außer Frage, sich dabei zu quälen, nahm man anstandslos in Kauf. Konni boxte im schwarzen Z88-Hemd und kam zu einigen Triumphen, Henry wurde als Torwart mit der Mannschaft von Hertha Zehlendorf Berliner Jugendmeister im Fußball, und ich stand meinen Freunden nicht nach.

In der Leichtathletik werden seit eh und je zwei Jahrgänge zu einer Altersgruppe zusammengefasst. Die 17- und 18-Jährigen bilden die sogenannte Jugend A und kämpfen unter sich die regionalen und deutschen Jugendmeisterschaften aus. 1955, als ich 17 war, verzichtete ich auf die Teilnahme an der Einzelmeisterschaft über 1000 Meter, weil wir Zehlendorfer uns ganz auf die *Olympische Staffel* konzentrierten. In diesem Wettbewerb müssen die vier Läufer unterschiedliche Distanzen bewältigen, nämlich 400, 200, 200, 800 Meter. Gerade für kleinere Vereine ist diese gemischte Staffel attraktiv, weil sie meist nur zwei gute Sprinter oder Mittelstreckler haben, aber nicht – wie die Großvereine – gleich mehrere, wie sie für eine Viermal-100-, Viermal-400- oder Dreimal-1000-Meter-Staffel benötigt werden. Dass der Deutsche Leichtathletikverband die Olympische Staffel später aus dem Meisterschaftsprogramm gestrichen hat, ist in meinen Augen ungerecht und ein großer Fehler. Aber was tut man nicht alles zugunsten der Großen und zum Nachteil der Kleinen.

Die Rechnung unserer Vereinsfunktionäre und unsers Trainers Kurt Maidorn ging auf. Mit Jens als 400-Meter-Läufer, Uwe und Werner als Sprinter und mir als Schlussläufer war die Staffel ausgeglichen besetzt. Wir gewannen, wenn auch knapp. Werner, mein Klassenkamerad, der in diesem Jahr zum zweiten Mal Berliner Jugendmeister über 100 Meter wurde, schickte mich mit ausreichendem Vorsprung auf die Strecke, so dass der ein Jahr ältere 1000-Meter-Meister mich nicht mehr einholen konnte. Mit 3:41,5 Minuten waren wir dürftige drei Zehntel Sekunden schneller als die Staffel des *Tegeler Forsts*.

Als Berliner Jugendmeister nahmen wir im August an den Deutschen Jugendmeisterschaften in Frankfurt teil und schieden im Vorlauf aus. Wir schworen uns, es im nächsten Jahr besser zu machen. Wir waren ja noch jung, nur Werner musste durch einen anderen Sprinter ersetzt werden.

Typisch für die prüden Jahre, in denen ich Schüler war, ist die Episode, die sich an unseren Start in Frankfurt anschloss. Wir Teilnehmer hatten durchlaufende Startnummern erhalten, unser Sprinter Uwe zufälligerweise die 175. Das führte zu allerlei lästerlichen Bemerkungen, und wir konnten ja umso rücksichtsloser spotten, als die alberne Unterstellung der Homosexualität, die der $175 St.G.B. damals noch unter Strafe stellte, jeder Grundlage entbehrte. Dennoch hatte die Sache Folgen. Als in Uwes Nachbarschaft ein Junge Opfer eines Giftmordes wurde, kam unser Staffelkamerad in Verdacht. Der Täter oder die Täterin hatte für den Jungen ein als Geschenk verpacktes, mit tödlichem Pflanzenschutzmittel E605 versetztes Tortenstück an die Gartenpforte gehängt. Der arme Junge hatte den an ihn adressierten Kuchen gegessen und verstarb. Die Kripo tappte im Dunkeln, unterstellte einen homosexuellen Hintergrund und nahm Uwe ins Visier und Verhör. Es kostete größte Mühe, ihn mithilfe von Alibis, Zeugen im Allgemeinen und jungen Mädchen im Besonderen aus dem Verdacht zu befreien.

Den Winter durch, von 1955 auf 1956, führte ich, wenn ich so sagen darf, ein Doppelleben. Ich trainierte für das Abitur und für die Deutschen Meisterschaften, und beides fast täglich, bei Wind und Wetter, will sagen: bei jedem Wetter. Regen, Schnee, Glatteis, Kälte und Sturm hielten mich nicht ab, durchs Fischtal und um die Krumme Lanke zu rennen. Das wurde nach dem Abitur nicht anders, nun studierte und trainierte ich, dieses mehr als jenes, schließlich wollte ich unbedingt Berliner Einzelmeister und Deutscher Staffelmeister werden.

Mein schärfster Konkurrent war Peter Schamp vom BTSV. Bei den Berliner Waldlaufmeisterschaften am 8. April 1956, die in den Dachsbergen im Grunewald durchgeführt wurden, war er mir deutlich überlegen. Kurz vor dem Ziel war eine tiefe, sandige Schlucht zu durchqueren, und hier trennte sich die Spreu vom Weizen. Eine

Spitzengruppe von zehn, zwölf Jungen stürzte sich den unwegsamen Abhang hinunter, aber nachdem wir uns mit letzter Kraft den Gegenhang hinauf gequält hatten, waren Peter und ich alleine an der Spitze, der Rest war auf der Strecke geblieben. Und nun, auf den letzten 100 Metern, erwies Peter sich als der bessere Endspurter, nahm mir fast 10 Meter ab und degradierte mich zum Berliner Jugendwaldlaufvizemeister.

Auch bei unserem ersten Zusammentreffen auf der Aschenbahn konnte Peter mich bezwingen. Auf der Zielgeraden kämpfte er sich an mir vorbei und siegte knapp. Er hatte für die 1000 Meter 2:37,0 Minuten gebraucht und ich 2:37,4. Vier Zehntel war er schneller. Wieder, wie im Walde, hatte er durch den besseren Endspurt das Rennen für sich entschieden.

Was war zu tun? Unser Trainer Kurt Maidorn war gefordert. An meiner Grundschnelligkeit und Spurtfähigkeit war wenig zu bessern. Also musste ich meine Taktik ändern. Auf einen Endspurt durfte ich es nicht wieder ankommen lassen, ich musste das Rennen schon vorher gewinnen, nicht auf den letzten 100 Metern, sondern auf den letzten 300. Und so bildete mich Kurt Maidorn zum Chef der Gegengeraden aus. Dort sollte ich zu einem langgezogenen Spurt ansetzen, dem Gegner den Schneid abkaufen, an die Spitze stürmen und mit deutlichem Vorsprung in die letzte Kurve und die Zielgerade einbiegen. Immer wieder lief ich im Training diese 300 Meter, mit hohem Tempo, mit kurzen Pausen, quasi als zigfache Generalprobe für den Ernstfall.

Ende Juni war es soweit, die Stunde der Wahrheit stand vor der Tür. Innerhalb von fünf Tagen hatte ich vier Rennen zu bestreiten. An einem Mittwoch, es war der 27. Juni, nahm ich an den Berliner Hochschulmeisterschaften teil. Als unbedarftes Erstsemester musste ich mich gegen die Elite der Berliner Studenten behaupten und wurde – Zweiter. Es war mein erster akademischer Erfolg. Ich schlug sogar den späteren Olympiateilnehmer Jörg Balke, der damals noch studierte und erst später Polizist wurde und unter Profibedingungen trainieren konnte. In der Zeitung konnte ich dann mit Genugtuung lesen: *Eine erstaunliche Vorstellung geben zwei 17-jährige Jugendliche von Zehlendorf 88, die in der Schule beide eine Klasse übersprungen haben und daher schon Studenten sind. Jens Müller (TU) imponierte mit 22,4 beim 200-Meter-Sieg, während sein Vereinskamerad Hartmann (Freie Universität) im 800-Meter-Lauf Zweiter hinter dem BSCer Stichnote in 1:56,9 wurde.*

Am folgenden Tag begannen die Berliner Jugendmeisterschaften. Peter Schamp gewann den einen 1000-Meter-Vorlauf und ich den anderen, ohne dass wir uns dabei voll verausgabten. Ich kam auf 2:41,2 und konzentrierte mich auf den Endlauf. Es war ein sonniger Freitagabend. Peter und ich begrüßten uns höflich, aber kühl und reserviert wie zwei Kontrahenten vor einem Duell auf Leben und Tod. Peter hatte von meiner 800-Meter-Zeit bei den Hochschulmeisterschaften erfahren und hatte, wenn nicht Angst, so doch Respekt vor mir. Der Lauf begann langsam. Keiner wollte vorneweg laufen und für die anderen den Fahrtwind zur Seite schieben. Nach einer Runde setzte sich Peter an die Spitze, aber nicht etwa, um endlich für Tempo zu sorgen, sondern um das Feld zu bremsen, hoffte er doch, auf diese Weise reichlich Reserven für seinen Endspurt zu behalten. Aber dann eingangs der Gegengeraden, 300 Meter vor dem Ziel, scherte ich aus der Mitte des Feldes aus, wo ich mich bisher geschont hatte, trat zwar nicht plötzlich an, was zu viel Kraft gekostet hätte, sondern beschleunigte nur langsam aber sicher und absolvierte meinen so oft trainierten 300-Meter-Tempolauf, stürmte an dem noch immer bummelnden Peter vorbei, und ehe er sich versah, hatte ich die letzte Kurve erreicht und hatte dann eingangs der Zielgeraden so viel Kapital an Vorsprung angesammelt, dass er resignierte. Einsam und unangefochten eilte ich dem Feld voran und erreichte das Ziel in 2:34,7 Minuten, meiner persönlichen Bestzeit. Mit einer Verspätung von 4,5 Sekunden beendete Peter das Rennen, über 30 Meter hatten uns am Schluss getrennt. Ich war Berliner Jugendmeister! Was für ein Gefühl. Aber streng genommen hatte ich nur die Westberliner Meisterschaft gewonnen. Was sportlich im Ostteil der Stadt geschah, interessierte uns nicht. Wie schnell der dortige Jugendmeister war, habe ich nie erfahren. Es gab zwar noch nicht die Betonmauer, aber doch eine ideologische.

Zwei Tage später holte ich mir meinen zweiten Meistertitel. In der Olympischen Staffel waren wir Zehlendorfer haushohe Favoriten. Mit Jens, der den Titel über 400 Meter errungen hatte, und mit Peter

Siewert (für Werner) und Uwe, die Zweiter und Dritter über 100 Meter geworden waren, und mir als Mittelstreckenmeister bildeten wir die Crème de la Crème der Berliner Jugendläufer und waren unschlagbar. Wir gewannen in 3:37,3 Minuten, mit einem Vorsprung von fast 50 Metern. In Deutschland, genauer gesagt in der Bundesrepublik, standen wir mit dieser Zeit in der Bestenliste an erster Stelle, aber Papier ist geduldig, unseren ersten Platz mussten wir in der Praxis und auf der Aschenbahn bei den Deutschen Jugendmeisterschaften in Paderborn erst noch bestätigen.

Aber vorher sollte ich noch an den Deutschen Hochschulmeisterschaften teilnehmen, in Erlangen, in der Dreimal-1000-Meter-Staffel. Ich hatte zu starten, hielt mich im Vorderfeld, kam auf inoffizielle 2:32 und übergab den Stab als Fünfter an Volker, der zwei Jahre vor mir an *meiner* Schadowschule das Abitur abgelegt hatte. Er blieb in der Spitzengruppe und erleichterte damit unserem Schlussläufer Olaf Lawrenz die Arbeit. Olaf zählte damals zu den besten deutschen Mittelstrecklern, nicht nur unter den Studenten, hatte in Erlangen bereits die beiden Einzelrennen über 800 und 1500 Meter gewonnen und schickte sich nun an, seinen dritten Titel zu holen. Und ich profitierte davon. Ich war, fast noch ein Kind, Deutscher Studentenmeister geworden.

Was die Olympische Staffel anbelangt, so hatte der Deutsche Leichtathletikverband (DLV) eine Neuregelung beschlossen, die 1956 in Kraft trat. Die Staffel wurde umgedreht, nicht – wie bisher – der 400-Meter-Läufer, sondern der 800-Meter-Läufer sollte beginnen. Für uns Zehlendorfer war das von Vorteil, denn nun wurde Jens, der ja auch ein hervorragender Sprinter war, unser Schlussläufer und würde, so hofften wir, eher als ich Dauerläufer den Endspurt auf der Zielgerade zu unseren Gunsten entscheiden können.

Traditionell bildet die Olympische Staffel den Abschlusswettbewerb der Jugendmeisterschaften. Aber vor den Endlauf haben die Götter den Vorlauf gesetzt. Mittags um zwölf hatten wir anzutreten. Wir unterstrichen unsere Favoritenrolle und gewannen den Vorlauf in 3:41, versuchten aber zugleich, mit unseren Kräften hauszuhalten, denn schon vier Stunden später stand ja die Entscheidung an. Wir nahmen ein frugales Mittagsmahl ein, wir durften ja weder überhungert noch überfressen an den Start gehen, legten uns in dem ruhig gelegenen Landgasthof, den der Verein spendiert hatte, zur Mittagsruhe hin, fanden aber, aufgeregt wie wir waren, keinen Schlaf. Rechtzeitig waren wir im Stadion, liefen uns ein, und dann hieß es: *Auf die Plätze! Fertig! Los!* (oder besser: *Knall!*).

Das Feld blieb eng beisammen, ich sicherte mir einen Platz in der Spitzengruppe, übergab als Dritter den Stab an Peter, und er und Uwe rannten und wechselten so perfekt, dass Jens bereits als Erster in die letzte Runde ging. Wir drei anderen verfolgten vom Innenraum aus, gespannt und begeistert, wie Jens den Vorsprung sogar noch ausbaute und den Sieg sicherstellte. Die Jungen aus Neumünster, die Zweite wurden, waren genau eine Sekunde und glatte acht Meter zurück. Unsere Zeit (3:40,9) war deutlich schlechter als bei den Berliner Meisterschaften, aber zwei Rennen innerhalb von vier Stunden fordern vor allem von den Mittelstrecklern ihren Preis (und ihre Zeit). Dann liegen wir uns in den Armen und können unser Glück kaum fassen. Stolz mischt sich unter die Freude und wir registrieren mit Genugtuung, dass unser Trainingsfleiß sich ausgezahlt hat. WIR SIND DEUTSCHER JUGENDMEISTER!

Und das wird entsprechend belohnt. Zur Freude am Sieg kommt das ganze Drum und Dran und das aufwendige Brimborium bei der Siegerehrung. Sportfunktionäre sind konservativ und auf hergebrachte Formen bedacht. Bei Meisterschaften soll es feierlich zugehen, Fahnen und Fanfaren dürfen nicht fehlen, und die Sieger müssen angemessen geehrt werden. Nach dem Fanfarensignal versammeln wir uns auf dem Siegerpodest, seriöse Herren verabreichen uns einen Händedruck, übergeben uns die Urkunden und – das Wichtigste – die Goldmedaille oder genauer: die vergoldete fünfmal siebeneinhalb Zentimeter große Plakette, auf der zwei eilfertige Läufer abgebildet sind und sich eine Fülle von Informationen tummeln: *Paderborn / 10.-12. Aug.1956 / DLV / Deutsche Leichtathletik Jugend-Meisterschaften.* Eingestanzt in die glatte Rückseite ist, worin unser persönlicher Triumph besteht: SIEGER OLYMPISCHE STAFFEL.

Doch damit nicht genug der Ehre. Wir Zehlendorfer dürfen uns auch noch aktiv an der Abschlusszeremonie beteiligen. Nachdem man die blau-gelbe DLV-Fahne eingeholt hat, drückt man uns die vier Ecken derselben in die Hand, und wir transportieren das wertvolle Tuch, angeführt von einem Kampfrichter, quer über den grünen und abgenutzten Rasen des Stadions bis vor die Ehrentribüne, wo uns einige Herren die Fahne abnehmen und akkurat zusammenfalten.

Am späten Abend versammelten sich die Berliner Jugendsportler, von denen wir als Einzige einen Sieg davongetragen hatten, vor dem Reisebus und warteten. Die verantwortlichen Betreuer waren so chevaleresk, dafür zu sorgen, dass die Mädchen zuerst einstiegen. Ich griff mir die Erstbeste heraus und bat sie, mir neben sich einen Platz freizuhalten, den ich dann auch alsbald einnahm. Sie gehörte zur Mädchenmannschaft des Olympischen Sportclubs Schöneberg, passte also insofern zum Namen unserer siegreichen Staffel. So zuvorkommend war sie auch als nächtliche Nachbarin. Als der Bus losfuhr und das Licht ausging, lagen wir uns sofort in den Armen und wechselten mehr Küsse als Worte. Ihre persönlichen Daten, also Name, Adresse und Alter, wurden mir erst bekannt, als wir an der Grenze den NVA-Soldaten die Ausweise zeigen mussten und wir uns auch gegenseitig Einblick in die amtlichen Dokumente gewährten. Dann setzten wir die Fahrt durch die dunkle DDR-Nacht fort und kamen uns so nahe, wie man sich in einem vollbesetzten öffentlichen Bus nur kommen kann. Aber in Berlin trennten wir uns, ohne uns zu verabreden. Wahrscheinlich war sie mir und vielleicht auch ich ihr nicht attraktiv genug.

Damit bin ich unversehens beim Thema Nummer eins, Mädchen, Frauen und Freundinnen. Mit Rücksicht auf mich selber und auf die tangierten Jungfrauen will ich Diskretion walten lassen und schweigen, schließlich soll mein Buch von der großen Politik und ihrem Einfluss auf mein für die damalige Zeit typisches Privatleben und auf meinen Bildungsgang erzählen, aber nicht von den intimen Abenteuern, die ohnehin nicht allzu üppig waren und außer den Beteiligten keinen etwas angehen. Erwähnen will ich nur, dass meine Beziehung zum anderen Geschlecht irgendwie widersprüchlich war. Was die Liebe anbelangt, hatte ich den gleichen Ehrgeiz, die gleiche Eitelkeit, das gleiche Leistungsstreben wie in der Schule, im Sport und im Studium. Ich wollte also eine dauerhafte Verbindung eingehen und eine feste Freundin haben, weil das quasi zum guten

Ton gehörte. Ohne Partnerin war man kein richtiger Jungmann oder Jüngling, sondern nur ein unreifer, pubertierender Junge, fast noch ein Kind. Einerseits! Andererseits musste die Freundin so beeindruckend sein, dass man mit ihr Eindruck machte. Sie musste eine Schönheit sein, die erobert zu haben eine Leistung war, die bei den Kameraden Bewunderung und Neid erweckte. Schönheiten sind jedoch rar und machen sich rar und man musste zufrieden sein, wenn man ein Mädchen aus dem ästhetischen Durchschnitt abbekam.

Und so schwankte ich zwischen Bindungen zweiter Klasse, die ich immer nur als Provisorium ansah und peu à peu wieder einschlafen ließ, und ehrgeizigen Bemühungen um anspruchsvolle Eroberungen. Ich war also sowohl Verwalter vorübergehender Bestände als auch auf der Jagd nach edlem Wild. Kurz: Das die Wirtschaftswunderzeit prägende Leistungsprinzip und Besitzstreben bestimmte auch mein Liebesleben.

Der Einfachheit halber rekrutierte ich meine Bestände aus den Mädchen des Vereins. Dabei kam mir zugute, dass unser Trainer und seine Braut, die die Mädchen des Z88 betreute – auch der Einfachheit halber – gegen den Widerstand der sich moralisch gebenden Bedenkenträger unter den Vereinsfunktionären durchgesetzt hatten, dass Mädchen und Jungen an den gleichen Abenden trainierten und nicht mehr wie bisher zeitlich getrennt.

Da war es dann nicht schwer, die eine oder andere Sprinterin oder Springerin abends nach Hause zu begleiten, mit ihr einen Umweg durchs Fischtal zu vereinbaren, auf einer laternenfernen Bank eine Rast einzulegen und so weiter. Man verabredete sich dann zum gemeinsamen Baden und besuchte die Tanzabende des Vereins, wo man, je nach der Geschwindigkeit der Musik, offen oder eng tanzte und sich somit als das outete, was man war, also als Paar. Aber damit genug der Andeutungen.

Stattdessen will ich auf mein Lieblingsthema zurückkommen, die Leistung. Leistung war damals ihr, nämlich der Deutschen, Lebenselixier, und das im doppelten Sinne. Leistung förderte das Selbstwertgefühl (nach dem verlorenen Krieg) und Leistung war die Grundlage des wachsenden Wohlstands.

Wichtigste Spielart der Leistung war folglich die Arbeit, die Schaffung wirtschaftlicher Werte. Dagegen waren Schüler und Studenten, so fleißig sie lernen mochten, nicht wirklich produktiv. Sie sammeln Wissen an, aber dafür lässt sich nichts kaufen. Sie kosten, aber sie bringen nichts ein. Sie sind eine Investition in die Zukunft, mehr nicht. Und der Staat und die Eltern müssen dafür aufkommen.

Um mit meinen Freunden aus der Reiherbeize, die ja wenigstens ihr bescheidenes Lehrgeld erhielten, bei unseren Freizeitunternehmungen mithalten zu können, musste ich sehen, dass ich irgendwie mein Taschengeld aufbesserte. Von meinem Einsatz als studentische Putzkraft im elterlichen Hause hatte ich schon erzählt. Doch bereits als Schüler verdiente ich mir einiges dazu, indem ich Nachhilfeunterricht erteilte. Als guter Mathematiker (Mathe war ja immer das wichtigste Problemfach) wurde ich oft und gerne zu Rate gezogen. Da ich zudem über die pädagogische Tugend der Geduld verfügte und nicht müde wurde, die immer gleichen Formeln anschaulich zu erläutern und nutzbringend anzuwenden, erwiesen sich meine Bemühungen als erfolgreich und folglich ertragreich, das heißt, ich wurde gut bezahlt. Nur sägte ich leider den lukrativen Ast, auf dem ich saß, dank meiner nützlichen Hilfe selber ab, denn kaum hatte sich mein Schützling von Fünf auf Drei verbessert, war ich entlassen. Ein anderer Nachteil dieses Jobs bestand darin, dass man sich mehrmals die Woche eine volle Stunde mit den immer gleichen Problemen abgeben musste, die einen nun wirklich nicht forderten, sondern einfach nur langweilten.

Interessanter war es da schon, dass ich im Sommer 1955 beim Film arbeiten durfte. Den Job hatte mir mein Vater besorgt, und zwar bei der Gesellschaft, bei der auch er beschäftigt war und die einen Kinderfilm mit dem Titel *Zehn kleine Negerlein* drehen wollte. Zu den Vorarbeiten gehörte es, dass zehn geeignete Kinderdarsteller gefunden werden mussten. Die Firma veranstaltete also ein in der Presse groß angekündigtes Mulattenkindercasting, zu dem Dutzende von ledigen Müttern strömten, die für ihre süßen Kleinen eine Starkarriere oder wenigstens eine ansehnliche Gage erträumten. Sie waren alle acht, neun Jahre alt, also 1945/46 von farbigen GIs gezeugt und 1946/47 von weißen Mädchen geboren worden,

Letzteres meist zu einem Zeitpunkt, als die leidenschaftlichen Väter wieder in den Staaten waren. Dass ein amerikanischer Soldat seine arme Berliner Freundin heiratete, war eine seltene Ausnahme und wurde dann in den Boulevardblättern bildreich dokumentiert, schließlich durfte in der Zeit des beginnenden Kalten Krieges keine Gelegenheit ausgelassen werden, die fürsorgliche Liebe der Amerikaner zu den Deutschen – auch im privaten Bereich – überzeugend und anschaulich darzustellen. Da konnte man dann das glückliche Paar betrachten und beneiden, sie im strahlend weißen Hochzeitskleid und er in Uniform und in der Regel auch ein Weißer. Noch heute werden im Alliierten-Museum in Dahlem ein paar dieser Eheromanzen zur Schau gestellt, während die Masse der unehelichen Schicksale ignoriert wird.

Genau mit diesen Früchtchen hatte ich es aber 1955 zu tun. Im Riemeisterfenn, einem Schilfgebiet nördlich der Krummen Lanke, das inzwischen längst unter Naturschutz steht, war aus mehreren Reethütten ein Negerkral errichtet worden, wo die meisten Szenen des Films spielten. Aber die zehn kleinen Negerlein sollten auch in der Krummen Lanke plantschen, und hierbei war ich nun als Rettungsschwimmer engagiert. Ich sollte sicherstellen, dass es den kleinen Schauspielern beim Baden nicht ebenso ergeht wie den Negerlein in dem bekannten Kinderleid, in dem sie peu à peu immer weniger werden: Da waren's nur noch neun, da waren's nur noch acht, nur noch sieben, sechs, fünf und so weiter. Ich erfüllte meine Aufgabe, hatte viel Spaß dabei und erhielt eine großzügige Aufwandsentschädigung, die mir mein Vater offiziell und höchstpersönlich auszahlte.

Ein halbes Jahr später, mitten im kalten Winter, ging ich einer ganz anders gearteten Tätigkeit nach. Uns hatten sibirische Verhältnisse heimgesucht, und die Berliner Stadtreinigung sah sich außerstande, allein mit ihrem Stammpersonal des meteorologischen Abfalls Herr zu werden. Die Bevölkerung wurde aufgerufen, mit Hand anzulegen. Wer irgend konnte, sollte sich am nächsten Sonntag früh um sechs in der Straßenfegerzentrale seines Bezirks einstellen und dann gegen eine angemessene Vergütung zum Wohle der Allgemeinheit schippen und fegen. Unsere Klasse fühlte sich angesprochen, bis auf die Mädchen und die Aristokratensöhnchen machten alle mit. Aber das – trotz der amtlichen Aufforderung durch die Stadt Berlin – mit schlechtem Gewissen und mit Angst vor den Zurechtweisungen durch unseren Schulleiter, einen kleinen, schwächlichen Herrn, der seine körperliche Unbedeutendheit durch autoritäre Amtsführung und Überbewertung alles Geistigen auszugleichen versuchte. Alles, was mit dem Körper zu tun hatte, war ihm zuwider, so zum Beispiel der Sport, den er, wenn es nach ihm gegangen wäre, am liebsten aus dem Lehrplan gestrichen hätte. Erst recht verachtete er jede Form körperlicher Arbeit. Bauern, Handwerker und Fabrikarbeiter waren für ihn Menschen zweiter Klasse. Seine Gymnasiasten hatten sich voll und ganz den Wissenschaften zu widmen und alle körperlichen Aktivitäten, ob Sport im Verein oder Jobs in der Freizeit, tunlichst zu vermeiden. Er konnte es nicht untersagen, machte aber keinen Hehl daraus, dass solche Subjekte auf seiner Anstalt fehl am Platz waren.

In dem BSR-Depot, wo sich die Profis mit Schülern und Arbeitslosen zu einem gemischten Rendezvous versammelt hatten, gab es heißen Tee, und dann mussten wir hinaus in Dunkelheit und Kälte und wurden an unsere Einsatzorte gebracht, und da wollten es der dumme Zufalle und das böse Schicksal, dass ich zu der Gruppe gehörte, die direkt vor der Direktorenvilla zu arbeiten hatte, zwar nicht in, aber vor der Höhle des Löwen. Wenn nur der *Giftzwerg* uns nicht erwischte! Wir maskierten uns mit Pudelmütze und Schal noch viel perfekter, als wir es wegen der Kälte sowieso schon getan hatten, und schufteten mit Schaufel, Schneeschieber und Besen möglichst mit dem Rücken zur Dienstvilla, in der sich unser Klassenzimmer befand. Denn wegen Platzmangel im benachbarten Schulgebäude waren drei der vier 13. Klassen in die Direktorenvilla umgesiedelt worden. Die edlen Gemächer der Beletage waren zu profanen Klassenräumen umfunktioniert worden, und der Schulleiter und seine Gemahlin mussten mit dem oberen Stockwerk vorliebnehmen. Unten war ihnen nur die Küche verblieben, von der wir Schüler durch eine geschlossene Tür getrennt waren. Dort hantierte die Frau Direktor, und Tag für Tag rochen wir am späten Vormittag den Braten. Nicht selten lief uns das Wasser im Munde zusammen, so dass wir noch mehr Heimweh empfanden, als man es gewöhnlich in der letzten Schulstunde hat. Erst recht heute wollten wir möglichst schnell weg und arbeiteten eifriger als unsere Vorarbeiter. Erst als wir uns so weit vorgearbeitet hatten, dass die Gefahr außer Sichtweite war, atmeten wir auf und schippten gemächlicher.

So viel zu meinen Nebenjobs während der Schulzeit. Etwas anders gestaltete sich das Geldverdienen nach Beginn des Studiums. Mit meinen Eltern war nach einer Finanzkonferenz festgelegt worden, dass ich aus Kostengründen in Berlin studiere, bei freier Kost und Logis zu Hause wohnen bleibe und nach wie vor meine 30 Mark Taschengeld erhalte. Für die Studiengebühren, die notwendigen Fachbücher und meine Reisen sollte ich jedoch selber aufkommen und mir in den Semesterferien Arbeit suchen.

Neben der Mensa befand sich das Vermittlungsbüro für Werkstudenten. Frühmorgens stellte man sich in die Schlange, und Punkt sieben begann die Verteilung der Jobs. Die Sekretärin las vor, was anlag. Die Ersten hatten noch eine gewisse Auswahl, aber die meisten Angebote bestanden in langweiliger Knochenarbeit. Die anspruchsvolleren Aufträge gingen an die Konkurrenz, an die Studenten der Technischen Universität, die in der TUSMA organisiert waren *(Telefoniere und Studenten machen alles!)* und ja auch wirklich über handwerkliches und technisches Geschick verfügten, während wir Geisteswissenschaftler, Juristen und Soziologen von der Freien Universität, die wir unter dem Namen *Heinzelmännchen* firmierten, mit unseren jeweils zwei linken Händen nur zum Auf- und Abladen geeignet waren. Höchst selten wurde eine attraktive Tätigkeit angeboten. Zum Beispiel wurde einmal ein Trauzeuge gesucht, der nicht nur im Standesamt, sondern auch beim anschließenden Festessen zugegen sein sollte – und das alles gegen Bezahlung nach Werkstudententarif. Voraussetzung war ein schwarzer Anzug, über den die meisten Studenten nicht verfügten, auch ich nicht, dessen einzige Garderobe für besondere Anlässe mein im doppelten Sinne unpassender Konfirmationsanzug war. Ein anderes Mal, während uns im Büro die Arbeit zugewiesen wurde, kam ein Anruf, auf den die Sekretärin ablehnend reagierte: *Nein, tut uns leid, einen solchen Auftrag dürfen wir nicht annehmen. Da müssen Sie sich an eine Detektei wenden*. Und zu uns Wartenden sagte sie, nachdem sie den Hörer aufgelegt hatte: *Da wollte einer seine Frau überwachen lassen.*

Im August 1956 radelten Martin, einst Klassenkamerad und inzwischen Kommilitone, und ich zu unserem Jungfernjob. Wir waren zu einem Holzhof in Tempelhof beordert, wo wir – was sonst? – einen Laster entladen mussten und dann damit beschäftigt wurden, Bretter und Bohlen von da, wo sie gerade waren, dorthin zu schleppen, wo sie eigentlich sein sollten. Die Arbeiter waren freundlich und hilfsbereit, sie brachten den armen Studenten gegenüber ein Gefühl auf, das aus Mitleid und Respekt bestand. Sie zeigten uns, wie man eine Bohle schultert, oder gerade nicht schultert, also auf die Schulter legt, sondern auf den abgespreizten Oberarm, und wie man mit der nach vorne ausgestreckten Hand die Last im Gleichgewicht hält. Das war wirklich die bequemste und schmerzfreieste Art des Transportes.

Wir machten Bekanntschaft mit der Arbeitswelt und lernten so manches, was Klassenzimmer und Hörsaal nicht vermitteln konnten. Das Verhältnis zwischen Arbeitern und Studenten war damals noch ausgesprochen gut, das änderte sich erst zehn Jahre später mit der Studentenbewegung, als die jungen Leute das Proletariat aufklären wollten. Noch aber unterwiesen und unterstützten uns die Arbeiter bei der Arbeit und waren stolz darauf, dass sie mehr konnten und wussten. Was die Studenten ab Mitte der Sechzigerjahre taten, empfanden sie als Besserwisserei und Einmischung und Bevormundung.

Wir erhielten Tag für Tag wie Tagelöhner unseren Lohn, 1,30 pro Stunde, Heinzelmännchentarif, also 10 Mark pro Tag. Als unser Arbeitsverhältnis auf dem Holzhof zu Ende war, weil wir nicht mehr gebraucht wurden, stellten wir uns wieder in die Warteschlange im Vermittlungsbüro und ließen uns andere Transportarbeiten zuweisen. Auf diese Weise kamen wir herum in Berlin und waren dankbar, wenn das eintönige und anstrengende Auf- und Abladen eine gewisse Abwechslung erfuhr, so zum Beispiel, als ich beim Discounter EDEKA vom Hofdienst in den Innendienst versetzt wurde und im warmen und überwindigen Laden Waren in die Regal einräumen durfte. Oder als ich die verkorkten Weinflaschen mit Stanniolkappen zu versehen hatte. Da stand ich dann bequem und locker im Magazin, stülpte die Hüllen über den Flaschenhals und steckte die Flasche in die genau für diesen Zweck konstruierte Maschine, um das Stanniol fest an das Glas zu pressen. Anstrengend war diese Arbeit nicht, aber auch nicht anregend. Je öfter ich auf die Uhr schaute, desto weniger kamen die Zeiger und die Zeit voran – was ja auch logisch ist. Es war, wie gespottet wurde, nur Frauenarbeit, für die ich nur abgestellt worden sei, weil die zuständige Kollegin Urlaub habe oder krank sei.

Richtige Männerarbeit hatte ich aber zu verrichten, als ich so vermessen war, bei einer Spedition anzuheuern. Du wirst ja nicht gleich Klaviere schleppen müssen, sagte ich mir und stellte mich dem Team kräftiger Männer als die von ihrem Chef eingestellte Hilfskraft vor.

Sie musterten mich skeptisch, sagten aber nichts, sondern machten sich nur ihre Gedanken. Sie sahen natürlich genau, dass ich nicht die Figur eines Kleiderschranks hatte und noch viel weniger einen solchen zu transportieren in der Lage war. Aber da ich nun mal da war, musste ich mit. Wir fuhren zu unserem Ziel, stiegen dort in den vierten Stock empor und wurden von dem die Wohnung wechselnden Ehepaar mit Freundlichkeit und Besorgnis empfangen: *Gehen Sie bitte mit diesem und diesem Stück besonders fürsorglich um, die sind noch von …*

Wir sind vom Fach, unterbrach der Oberpacker die alten Herrschaften und schob sie vorsichtig zur Seite. Dann machten die Männer sich daran, die Schränke, Tische und Betten mit geeigneten Werkzeugen und geübten Griffen in ihre Einzelteile zu zerlegen, die ich an die Wände stellen oder irgendwo stapeln musste. *Und nun ab nach unten!*, befahl der Boss, und zu mir sagte er: *Du nimmst die Bücherkisten!* Vielleicht sah er in diesem Auftrag eine Art Möbelpackerironie, denn schließlich musste ich als angehender Akademiker an den Umgang mit Büchern gewöhnt sein. *Orje, zeich ihm, wie man den Kasten uff'n Ast nimmt!* Der angesprochene Georg stellte sich neben mich: *Also, Arme lang, Hände neben die Hinterbacken und nach hinten uffhalten. Wir heben dir denn die Kiste inne Hände und denn schiebste los.* Gesagt, getan. Aber ich war überfordert, denn Bücher sind mehr als schwer. *Ich kann die Kiste nicht halten. Wenn Sie loslassen, knallen die Bücher auf den Boden. Ich glaube, ich nehme lieber die Stühle.* Das war eine Art Erpressung meinerseits. Die Packer brummten unwirsch und unverständlich, aber es blieb ihnen nichts anderes übrig, als die von mir intendierte Arbeitsteilung zu akzeptieren. Sie übernahmen die Bücher und bugsierten die Sofas und sperrigen Schrank- und Bettelemente durch das verwinkelte Treppenhaus nach unten und überließen mir die Ziertische, Blumenpyramiden und Stühle. Aber, wie es oftmals typisch ist für kraftvolle Männer, waren sie gutmütig und mir nicht im Geringsten böse, zumal ich meinen guten Willen bekundete, indem ich beim Weg nach oben zwei Stufen auf einmal nahm – Kondition hatte ich ja – und somit Eile und Eifer bezeugte. Dann fuhren wir zur Zieladresse und dort wiederholte sich die Schlepperei in umgekehrter Richtung. Die Fahrten führten uns kreuz und quer durch Berlin, für mich war das Ganze eine von ein bisschen Arbeit unterbrochene Sightseeingtour. Zur Mittagszeit wussten die Möbelmänner eine richtig gemütliche Fresskneipe anzusteuern, sie kannten Berlin besser als jeder Taxifahrer. Bestellt wurde Blut- und Leberwurst mit Stampfkartoffeln und Sauerkraut und mir rieten sie: *Dit musste ooch nehmen, dit macht jroß und stark.* Dabei schlugen sie mir mit ihren Pranken auf die Schultern, um durch diese männliche Geste die Richtigkeit ihres Ratschlags zu beweisen. Da ich als eine Art Lehrling und Leichtmatrose durch meine immerhin vorhandene Einsatzbereitschaft die Sympathie meiner Kollegen gewann, blieb ich über eine Woche in Diensten der Spedition und lernte das Möbelpacken, die Stadt Berlin und ihre besten Eckkneipen kennen.

Der nächsten Transporttätigkeit ging ich in den vorlesungsfreien Tagen kurz vor dem Weihnachtsfest 1957 nach. Für einen *Lesezirkel* fuhr ich mit Fahrrad und Anhänger durch Berlin, um bei den Kunden die aus einem Dutzend Zeitschriften bestehenden Leseproben umzutauschen. Der Abonnent gab die X Wochen alten Exemplare zurück, bekam die eine Woche jüngeren Illustrierten und zahlte, je nach Alter derselben, eine gestaffelte Gebühr, die ich kassierte. In die Wartezimmer der Ärzte und Zahnärzte lieferte ich die brandneuen Sammlungen – und dafür mussten die Herren anständig berappen. Die bürgerliche Mittelschicht bekam die immer noch relativ aktuellen Zeitschriften, während die Rentner in den Kreuzberger und Neuköllner Hinterhöfen mit den zerlesenen, bekleckerten und zerfledderten Blättern vorliebnehmen musste, die über ein halbes Jahr alt waren und in denen sämtliche Kreuzworträtsel längst gelöst waren. Für dieses historische Altpapier waren aber nur noch wenige Groschen zu entrichten. Das Verleihsystem war nach logistischen Prinzipien ausgeklügelt, zu jeder Mappe gehörte eine Karteikarte mit der entsprechenden Altersangabe, und ich hatte darauf zu achten, dass ich die richtige Mappe an den richtigen Mann brachte. Das Wetter bestand aus Schnee und Regen, und die Fahrt durch den seifigen Matsch war alles andere als ein Vergnügen. Aber immerhin profitierte ich davon, dass die Menschen in der Weihnachtszeit warmherzig und spendabel sind und mir ein kleines Trinkgeld zukommen ließen, wobei ich die Erfahrung machte, dass die Ärmsten der Armen die Edelsten und Großzügigsten waren – oder sie entschuldigten sich wenigstens.

Ich erinnere mich noch genau an einen alten Mann, den ich nach längerem Suchen endlich im dritten Stock eines dritten Hinterhofs gefunden hatte. Er war grauhaarig, unrasiert und ärmlich gekleidet, er hatte mich offensichtlich schon ungeduldig erwartet, denn als er auf mein Klingeln die Tür öffnete, hatte er die alte Mappe bereits in der Hand. Er bedankte sich für die Aprilillustrierten, zahlte, und zwar einen Groschen mehr als nötig. *Ich kann Ihnen nur 10 Pfennig geben,* sagte er, *Sie sind ja nicht der, der immer kommt und der ein richtiges Trinkgeld verdient.* Ich hatte ob dieses Obolus ein schlechtes Gewissen, aber ablehnen konnte ich das Opfer natürlich nicht. Ein schlechtes Gewissen hätte ich erst recht aus einem anderen Grund haben müssen. Denn da ich inzwischen Germanistik studierte, hätte ich mich als Freund anspruchsvoller Literatur und als zukünftiger Deutschlehrer eigentlich schämen müssen, die triviale und illustrierte Volksverdummung unters Volk zu bringen und meine literarische Seele quasi zu verkaufen. Aber ich schämte mich nicht. Denn: Pecunia non olet.

Vom nächsten Sommer an änderte sich mein Arbeitsleben. Das hatte ich Rolf zu verdanken, der ebenfalls in der Onkel-Tom-Siedlung wohnte und Stammgast der gleichen Badestelle war wie die Reiherbeizenclique. Er finanzierte sein Volkswirtschaftsstudium bei der Verkaufsniederlassung der Firma Englebert-Reifen und vermittelte mich an seinen Arbeitgeber. Die Firma bestand aus einem Generalvertreter, der sich aber fast nie sehen ließ, dem Büroleiter, einer Sekretärin, dem Lagerverwalter und einem Verkaufsfahrer. Alle zwei Wochen kam ein Laster – manchmal sogar mit Anhänger – und lieferte aus dem Aachener Werk die georderten Reifen. Unsere Aufgabe war es, die Laster zu entladen und die Ware in die Regale einzuordnen.

Ich war also nach wie vor Transportarbeiter, aber die Reifen musste man nicht schleppen, die konnte man, was ja in der Natur der Sache liegt, mühelos kullern, auch die fast mannshohen Busreifen. Rolf und ich machten eine Art Transportsport daraus, die schweren Reifen mit einer Hand durch die Gänge zu rollen.

Jeden zweiten Montag waren Rolli und ich zur Stelle, mussten Vorlesungen schwänzen, wurden aber ob unserer Hilfsbereitschaft und Zuverlässigkeit reichlich entlohnt. Zwar konnte es der Büroleiter nicht verantworten, uns mehr als den schon bald auf 2,50 gestiegenen Heinzelmännchenstundenlohn zu zahlen, aber er schrieb uns mehr Stunden gut, als wir in Wahrheit gearbeitet hatten.

Die Belegschaft bildete eine richtige Familie und wir gehörten dazu. Wenn Not am Mann war, kamen Rolli und ich wie gerufen. Den Namen Rolli hatte Rolf schon im Kindergarten erhalten, nicht erst dank seines Nebenjobs, aber jetzt hatte sich das Nomen als Omen bewährt. Es konnte vorkommen, dass wir zu Hause angerufen wurden, weil der Lagerverwalter wissen wollte, in welchem Regal wir eine bestimmte Sorte Reifen deponiert hatten. Oder wir riefen am 1. April mit verstellter Stimme an, gaben uns als Firma Reifen-Müller oder Appelhaus aus, die aber nicht mit Obst, sondern Autozubehör handelte, und fragten, wie viele Reifen von der und der Dimension im Lager und bis wann lieferbar seien. Unser freundlicher Freund und Mitarbeiter schaute in die Lagerkartei, rannte zur Sicherheit auch noch ins Lager, verglich die theoretische Zahl der Reifen mit der praktischen, die sogar übereinstimmten, und setzte uns darüber in Kenntnis. Als wir *April, April* in den Hörer riefen, erkannte er unsere Stimmen und hatte genug Humor, mit uns um die Wette zu lachen.

Über die Routinetätigkeit hinaus fungierten wir auch als Angestellte des Kalten Krieges. Zum einen mussten wir unsere Schutzmächte, und das waren in unserem Sektor die Amerikaner, mit Reifen für ihre Militärfahrzeuge ausstatten. Zum anderen mussten wir ein zweites Lager unterhalten und die dort gelagerten Reifen, damit sie nicht zu alt und staubig werden, alle halbe Jahre auswechseln. Aus Angst vor einer neuen Blockade hatte der Senat nämlich die Westberliner Wirtschaft beauftragt, Vorräte für mindestens ein halbes Jahr zu horten, egal ob dauerhafte Lebensmittel, Kleidung, Kohle oder Öl, Seife, Rasierklingen oder technische Ausrüstungen und eben auch Reifen. Unsere Firma war so entgegenkommend, den Tag des großen Austausches von unserem Stundenplan abhängig zu machen, also den Wochentag zu wählen, an dem wir nicht oder kaum schwänzen mussten. Umgekehrt stellten wir unseren Stundenplan dem Jobkalender entsprechend zusammen. Da jeden zweiten Montag der große Laster kam, belegten wir an diesem Tag nur noch Abendveranstaltungen.

Wenn wir mit unserer Ladung zu den Amis in die ehemalige Gardeschützenkaserne in Lichterfelde fuhren, hätten wir uns am Tor vor den kritischen Posten eigentlich ausweisen müssen, was wir aber nicht wussten und folglich ohne Papiere waren, weshalb wir uns hinter den Reifen verkrochen und quasi als Konterbande in das hochgesicherte Militärareal geschmuggelt wurden. Die Heimfahrt nach getaner Arbeit war noch problematischer, denn der Wagen war jetzt so gut wie leer. Zum Glück aber fand sich ein bisschen Gerümpel aus alten Kartons und Säcken, womit wir uns so perfekt wie möglich bedeckten.

Manchmal wuchs unserem Fahrer die Arbeit über den Kopf, dann mussten Rolli oder ich mit der eiligen Lieferung im Taxi durch Berlin jagen. Einmal hatte ich sogar, bequem und vornehm in meinem blauen Kittel in der Taxe sitzend, einen Kranz zu einer Beerdigung zu bringen. Offenbar war ein hochgeschätzter Geschäftspartner verstorben und das rechtzeitige Eintreffen des üppigen Kranzes von größter Wichtigkeit. Vorbei an dem Heer der schwarzen Trauergäste schleppte ich in meinem unpassenden Outfit das gewichtige Stück Richtung Kapelle und war einen bösen Augenblick lang in Versuchung, in Anlehnung an meinen eintrainierten Umgang mit runden Lasten, den Kranz wie einen Reifen zu rollen. Zum Glück konnte ich mich beherrschen, und ehe ich mich versah, erbarmte sich das Friedhofspersonal meiner, sei es aus christlicher Hilfsbereitschaft, sei es aus ästhetischen Gründen. Jedenfalls war den standesgemäß kostümierten und sowohl grimmig als auch traurig dreinschauenden Totengräbern daran gelegen, den taktlos gekleideten Kranzlieferanten möglichst schnell vom Gottesacker zu kriegen.

Eine interessante Abwechslung erfuhr mein Jobben, als ich im Frühjahr 1957 einen großen Teil der Semesterferien mal wieder beim Film aushelfen durfte. Wieder hatte mir mein Vater die Arbeit besorgt und wieder bei einem Märchenfilm. *Aufruhr im Schlaraffenland* war der Titel des Streifens, der die jungen Zuschauer darüber belehren sollte, dass Wohlstand und Überfluss nicht glücklich machen. Es war eine Art Anti-Wirtschaftswunderfilm, der nicht zufällig in Westberlin entstand, wo das westdeutsche Wirtschaftswunder noch nicht so recht angekommen war. Die Blockade lag erst acht Jahre zurück, die Insellage erschwerte den wirtschaftlichen Aufschwung und die meisten Firmen von Weltgeltung hatten die Stadt Richtung Bundesrepublik verlassen.

Ob die ideologischen Motive des Drehbuchs ihren Ursprung im Neid der Zukurzgekommenen hatten oder ob die Absicht in einem moralinsauren Aufruf zur Bescheidenheit lag, sei dahingestellt. Jedenfalls spielt der Film in einem Land, in dem Faulheit, Fettlebe und Langeweile vorherrschen und die Menschen deshalb ihres Lebens nicht froh werden.

Mein Job war der eines Hilfsrequisiteurs. Normalerweise teilen sich zwei Requisiteure die Arbeit. Der eine kauft die im Film mitspielenden Requisiten möglichst günstig und geschmackvoll ein, der andere, der sogenannte Innenrequisiteur, holt die für die jeweiligen Szenen benötigten Utensilien aus dem Fundus, stellt zum Beispiel die Biedermeiermöbel bereit, sorgt für die Bilder an der Wand, deckt den Tisch und füllt die Blumenvasen und Obstschalen. Um Kosten zu sparen, hatte die Märchenfilmfirma auf den Innenrequisiteur verzichtet und dessen Aufgaben dem Sohn des Filmgeschäftsführers überlassen. Da es im Schlaraffenland Konsumgüter im Überfluss gab, häuften sich diese in den Regalen des Fundus, und ich musste genau darauf achten, wann welche Szene gedreht wurde und welche Gegenstände ich dann bereitzuhalten hatte.

Den Mittelpunkt des Geschehens bildete der Marktplatz, wo ein Brunnen stand, der, solange die Kamera lief, Rotwein in das Becken spritzte, Rotwein allerdings, der nur gefärbtes Wasser war. Um den Brunnen herum hingen Wurstketten, und die Vorgärten vor den zierlichen Fachwerkhäusern waren von Staketenzäunen aus Zuckerstangen eingefasst. Vom Himmel regnete es Schokolade. Die hatten wir zuvor in der Weise hergestellt, dass wir kleine Holzstückchen in Kübeln mit brauner Farbe badeten und dann trocknen ließen. Während der Dreharbeiten standen die Bühnenarbeiter und ich auf dem Schnürboden über dem Atelier und warfen die hölzerne Pseudoschokolade mit vollen Händen auf die Schauspieler, die ihre Arme sehnsüchtig nach oben streckten und trotz der von den Wurfgeschossen verursachten Schmerzen gute, ja dankbare und fröhliche Miene zum bösen Spiel machen mussten. Auch die Wurstketten am Brunnen erwiesen sich nicht als bekömmlich. Da die Würste über Wochen als Dekoration gedient hatten und erst am letzten Drehtag von den Einwohnern des Schlaraffenlands gierig und begeistert vertilgt werden sollten, waren sie längst verdorben, derart verdorben, dass die Schauspieler und Komparsen sich ihrerseits den Magen verdarben und sich, da die Toiletten überfüllt waren, an allen Ecken und Enden wie seekranke Luxusliner-Passagiere von ihrer inneren Last befreiten. Besser erging es meinen Vereinskameraden, die ich nach Ende der Dreharbeiten mit den Zuckerstangen der Gartenzäune versorgte. Wir drehten beim Warmlaufen unsere Runden auf dem Rasen und jeder leckte an seinem Lolli und nahm den Rest mit nach Hause.

Da kein Kinderfilm ohne Tiere auskommt, hatten die Filmemacher aus dem Zoo ein Kamel ausgeliehen, das sich an dem Milchreisgebirge, von dem das Schlaraffenland eingeschlossen war, satt fressen sollte. Das störrische und undankbare Tier tat aber genau das Gegenteil, das heißt, aus Angst oder Unmut warf es seinen Dung ins Atelier. Die der Ästhetik verpflichteten Kunstschaffenden waren pikiert, sie blickten entsetzt zur Seite und schwiegen. Als Erster fand einer der Beleuchter, die oben auf der Galerie ihre Scheinwerfer auf das Filmgeschehen richten und Muße haben, alles genau zu beobachten, und bekannt für ihre treffenden Kommentare sind, als Erster fand einer der Beleuchter die Sprache zurück und sagte in die lediglich vom Klatschen des Kots unterbrochene Stille hinein: *Kieck ma, Ede, ick habs ja immer jesacht, 'n Kamel scheißt doch mehr als ne Nachtijall.* Alles lachte befreit auf.

Das Happy End des Films bestand darin, dass ich gut bezahlt wurde und dass im Film selber die Kinder unter Führung der Prinzessin durch ihren Aufruhr das Land zurück zu einem normalen Leben bringen.

Mit meinen Dreharbeiten beim Reifenrollen und beim Film verdiente ich genug Geld, um in den Semesterferien kreuz und quer durch Deutschland und Europa zu reisen. Umgekehrt brachten einige dieser Reisen aber auch einiges ein. 1956 schuftete ich in England in der Landwirtschaft – picking up potatoes – und 1957 war ich in Südfrankreich in der Weinlese beschäftigt. Aber von meinen Reisen will ich erst im nächsten Kapitel erzählen, denn dieses ist sowieso schon umfänglich genug.

41

Zwei private Kapitel – Zweitens: Wechseljahre

In der zweiten Hälfte der Fünfzigerjahre kam ich in die Wechseljahre. Vieles änderte sich und vieles änderte ich. Ich wechselte von der Oberschule auf die Hochschule und nach einigen Semestern die Studienfächer. Ich wechselte den Sportverein und die Freundinnen, sei es, dass sie mir nicht mehr so recht gefielen oder ich ihnen. Ich wechselte den Standpunkt und den Standort, das heißt, ich fühlte mich in der CDU nicht mehr wohl und verließ sie, und ich fand Gefallen daran, die Insel Berlin für kürzere oder längere Zeit zu verlassen und auf Reisen zu gehen. Und ich distanzierte mich mehr und mehr von meinem Vater und kam meiner Mutter immer näher.

Beginnen will ich mit meinen Reisen, wie Ende des letzten Kapitels bereits angedeutet. Das Reisen war zur großen Mode der Deutschen geworden und sie wurden in der zweiten Jahrhunderthälfte zu inoffiziellen Reiseweltmeistern. Hatten sie in zwei Weltkriegen versucht, die Welt zu erobern, so wollten sie jetzt als willkommene Gäste möglichst viele Länder besuchen. Das Reisen war eine Fortsetzung der Eroberung mit anderen Mitteln. Statt in Panzern kamen sie in Bussen, statt in Kübelwagen aus Wolfsburg mit den ihnen schon in den Dreißigerjahren versprochenen – und damals angesparten – Volkswagen. Und geschossen wurde nicht mehr mit Kanonen, sondern mit Kameras. Zweifellos ein segensreicher Fortschritt.

Hitler hatte ein ganzes Volk in Bewegung gesetzt, endlose Strecken mussten zurückgelegt werden und Millionen blieben auf der Strecke. Die Soldaten marschierten, und viele von ihnen marschierten in den Tod, die Zivilbevölkerung wurde evakuiert, die Ostdeutschen flüchteten. Es waren erzwungene Ortswechsel, keine freiwilligen Reisen in touristischem Sinne. Das holten wir jetzt nach und verstanden den Tourismus als eine Art Wiedergutmachung. Wo die uniformierten Deutschen einst erobert, zerstört und geplündert hatten, da zahlten die betuchten Touristen aus der Bundesrepublik mit harter D-Mark und waren willkommen.

Und ich? Ich lag voll im Trend. Ich war kriegsbedingt weit herumgekommen, von Berlin nach Pommern evakuiert, von Pommern nach Holstein geflüchtet, von dort schwarz über die grüne Grenze zurück nach Berlin. Nun endlich wollte ich friedlich und freiwillig reisen. Zunächst musste ich mich mit Norddeutschland begnügen.

Die ersten Fahrten waren Gruppenreisen. Ich war noch auf der Volksschule, da fuhren wir mit Sportlehrer Freudenreich zum Skifahren nach Braunlage, wo ich mich auf geliehenen Brettern so ungeschickt wie möglich anstellte. Dann nahm ich an einer vom Jugendamt Zehlendorf durchgeführten Erholungsreise teil, die uns in ein Zeltlager auf Sylt führte, dorthin, wo sich heute die Schickimickielite tummelt. Als Unterprimaner unternahmen wir mit unserem Klassenlehrer Friedrich eine Bildungsreise nach Amrum, Helgoland, Cuxhaven und Hamburg. Schon vorher, im Sommer 1954, war ich im Interzonenbus zu meinen Verwandten nach Ratzeburg gefahren und genoss es – oft alleine – durch die lauenburgische Landschaft zu wandern und zu radeln. Zwei Wochen später kam meine Mutter nach und verstand sich prächtig mit Tante Lieschen und ihren Kindern.

Gemeinsam besichtigten und bewunderten wir Lübeck mit seinen backsteinroten Kirchen, Patrizierhäusern und Stadttoren. Oder wir fuhren mit unsren Gastgebern nach Travemünde und drängelten uns in einem einzigen Strandkorb. Hier in Travemünde war es auch, wo ich meine ersten Schritte als Einzelwanderer wagte, mit täglichem Ortswechsel und Übernachtung in einer Jugendherberge. Während Tante Lieschen mit meiner Mutter und ihren Kindern nach Ratzeburg zurückkehrte, suchte ich die Travemünder Herberge auf, die sich auf der anderen Seite der Trave, auf dem Priwall, befand, aber nichts anderes als ein Zeltlager war. Hier gab es eine dünne, aber immerhin warme Suppe, und am nächsten Morgen zahlte ich meine 50 Pfennig Schlafgebühr und bekam den ersten Stempel in meinem später reich gefüllten DJH-Ausweis: 7.8.1954. Ich sah mir die Travemünder Lorenzkirche an und pilgerte dann, rechts die Ostsee im Blick, die Küste entlang nach Norden.

Und genau hier, am Strand mit den aufgereihten Findlingen, wo Morten Schwarzkopf, der Verehrer Toni Buddenbrooks, auf den Steinen saß, genau hier sollte ich, fast auf den Tag genau, am 2. August 1970, meine Christa kennenlernen, oder genauer: zunächst nur ansprechen, als ich mit Kalle und seinem Sohn Sven hier badete. Natürlich ahnte ich damals, im August '54, noch nichts von der literarischen und persönlichen Wichtigkeit dieses locus amoenus, ahnte noch nichts von meiner späteren Thomas-Mann-und Lübeck-Verehrung, wusste als 16-Jähriger noch nicht, dass ich hier als 32-Jähriger – also genau doppelt so alt – die Frau fürs Leben zu erobern beginnen würde, Christa Mann, die jedoch mit der Literatursippe nicht verwandt ist.

Ich wanderte hoch oben auf der Steilküste, ließ die Ostsee nicht aus den Augen, erreichte Niendorf und Timmendorf, kam vorbei am dortigen Ostseegymnasium, wo ich elf Jahre später als Referendar meine Lehrerlehre beginnen sollte. An einem einzigen Tag hatte sich mir meine Zukunft angedeutet, und das gleich doppelt, als

Hinweis auf mein Eheleben und auf mein Berufsleben, aber doch bis zur Unkenntlichkeit verschleiert.

Wie Perlen sind die Badeorte an der Küste aufgereiht, Scharbeutz, Haffkrug, Sierksdorf. Irgendwann ließ ich sie rechts liegen und bog nach links ab ins Landesinnere. Die Landstraße Richtung Eutin war kaum befahren, es gab ja erst wenige Autos. Ich war allein auf weiter Flur, als mir plötzlich ein Mann entgegenkam, der mir Angst und Schrecken einjagte. Er war nicht groß und kräftig, mitnichten, er war höchstens mittelgroß und eher schmächtig, aber mit seinen schwarzen Haaren und seinem Schnauzbart sah er aus wie – Adolf Hitler. Der war zwar offiziell schon neun Jahre tot, aber vielleicht war er ja gar nicht tot, sondern untergetaucht und jetzt plötzlich in Holstein wieder aufgetaucht. Gewiss konnte ich mich irren, und wenn nicht, was konnte Hitler gegen mich haben? Ich versuchte, Ruhe zu bewahren, schlug mich nicht fluchtartig in die Büsche und rannte querfeldein davon, nein, ich schritt ruhig fürbass, und mein Mut wurde belohnt, ich kam unbehelligt an dem Mann vorbei, ich ignorierte ihn einfach wie er mich. Es ist doch seltsam, wie sehr uns Kindern Hitler noch präsent war, wie angsteinflößend er als Gespenst durch unsere Fantasie geisterte. Gegen Abend erreichte ich Eutin, die Rosenstadt, wie sie sich werbewirksam nennt, weil sie die Parks, die Plätze und das Straßenbegleitgrün mit eben diesen Blumen schmückt. Ich stieg in der Jugendherberge ab und verbrachte den Abend damit, meinen Durst, meinen Hunger und meine Neugier zu stillen. Auch am nächsten Tag widmete ich mich noch den Sehenswürdigkeiten, bis ich am Abend mit der Bahn zurück nach Ratzeburg fuhr. Die Kurzreise war zu Ende, meine erste eigene, eigenmächtige, eigenverantwortliche Fahrt.

Im nächsten Sommer plante ich mit den Reiherbeizenfreunden Detlev und Konrad eine richtig große Ferientour, mindestens zwei Wochen wollten wir weg und unterwegs sein. Aus dem flachen Norden zog es uns nach Süddeutschland, dorthin, wo es richtig hohe Berge gibt, mit zerklüfteten nackten Felswänden und Burgruinen auf den Gipfeln, wollten raus aus der Großstadt mit ihren eintönigen Straßenschluchten, und sehnten uns nach kleinen mittelalterlichen Städten mit schmalen Gassen und überragenden Kirchen, mit

Fachwerkhäusern, mit Stadtmauern und Stadttoren. Und unsere romantischen Träume wurden erfüllt. Wir wanderten bergauf und bergab im Schwarzwald, am Rheinfall von Schaffhausen, der aber unsere Erwartungen etwas enttäuschte. Für mich persönlich hatte diese Fahrt aber noch eine ganz anders geartete Enttäuschung im Gefolge. Da ich drei Wochen nicht trainierte, sackte meine Form ab und bei den Deutschen Jugendmeisterschaften in Frankfurt blieb ich, wie bereits erwähnt, hinter meinen Möglichkeiten zurück und brachte die Staffel um die Teilnahme am Endlauf.

Als Student wollte ich endlich mal ins Ausland reisen. Ich fühlte mich als Europäer. Unsere Nachbarn waren nicht länger unsere Kriegsgegner, wir alle bildeten vielmehr eine Völkerfamilie mit ein und derselben, wenn auch leider blutigen Geschichte. Eigentlich waren wir eine Kulturgemeinschaft, in der alle Nationen sich gegenseitig anregten, ob in der Kunst, der Musik, der Literatur, der Philosophie und was weiß ich. Eigentlich bestand unsere Vergangenheit nicht so sehr aus der Geschichte getrennter Staaten, sondern aus den gemeinsamen geistesgeschichtlichen Epochen, aus Romanik und Gotik, aus Renaissance und Barock und so weiter und so fort. Diskutierte ich mit meinen Eltern oder Freunden darüber, ob man sich in erster Linie als Berliner, Deutscher oder Europäer sehen sollte, dann stand mein geopolitisches Ranking eindeutig fest. Mehr Pazifist als Patriot, war ich zuallererst Europäer, geprägt von der abendländischen Kultur, die keine Staatsgrenzen kennt. An zweiter Stelle stand Berlin, hier stand meine Wiege, hier lernte ich laufen und sprechen, hier lernte ich vom Berliner Jargon bis zum Berliner Humor, wie man das Leben meistert. Berlin ist meine Heimat im eigentlichen Sinne mit anheimelndem Stallgeruch und Freundessolidarität. Bei aller Liebe zur deutschen Sprache und Dichtung, die aber zum gemeinsamen Haus Europa gehören, bildete ich mir ein, Deutscher nur im Nebenberuf zu sein. Deutsch ist meine Staatsbürgerschaft, mein Reisepass, die Eigenschaft *deutsch* sagt lediglich etwas aus über meine juristische Zuordnung.

Im Sommer 1956 beschlossen Klaus Dietrich, genannt Ditsches, und ich, in den Semesterferien nach England zu fahren. Ditsches war der Freund unseres Trainers Kurt Maidorn – oder genauer: Er war sein Gefolgsmann. Wie Kurt aus Sachsen stammend, folgte er ihm als *R.f.* (also als *Republikflüchtling*) nach Westberlin, studierte dort wie sein Vorbild Medizin und trieb ebenfalls Leichtathletik. Kurt war schnell und lief über 200 und 400 Meter gute Zeiten, Ditsches war langsam und wich auf die Mittelstrecken aus und machte, da auch hier seine Grundschnelligkeit nicht ausreichte, die Langstrecken zu seiner Disziplin. Wahrscheinlich wäre er, wenn auch hier die Erfolge ausgeblieben wären, Geher geworden, um nur ja wie Kurt ein Leichtathlet zu sein.

Beim gemeinsamen Auslaufen nach getrenntem Training erzählte Ditsches vom *Agricultural Students Camp* bei Lincoln in Mittelengland, wo man von Aachen aus umsonst hinfahren würde, gutes Geld verdienen und anschließend eine Woche durch die Insel trampen könnte, bis es Ende Oktober von London aus zurück nach Deutschland ginge. Ditsches reizte an dem Projekt, dass sein im Ausland quasi schwarz verdientes Geld nicht von seinem deutschen Stipendium abgezogen wurde, ich war begeistert von einer Auslandsreise als solcher.

Nicht so meine Eltern. Schließlich war der Krieg noch nicht sehr lange vorbei und die Engländer bis vor Kurzem unsere erklärten Feinde. Ditsches musste in der Reiherbeize vorsprechen, und da sowohl er selber als auch das Programm einen vertrauenserweckenden Eindruck machten, durfte ich mit.

Es ging dann auch alles nach Plan. Ab Mitte September kampierten wir im Agricultural Camp, mussten jeden Morgen auf den Kartoffelacker und arbeiteten hier fünf Wochen lang von morgens bis abends. Die von einem Traktor gezogene Maschine wühlte die Kartoffeln aus der Erde und wir sammelten auf der uns zugewiesenen Strecke von circa 20 Yards Länge die verstreut herumliegenden Erdäpfel mit beiden Händen in einen Drahtkorb, den wir auf einen Hänger entleerten, wieder füllten, entleerten, entleerten und füllten und so ohn‘ Unterlass. Mal schuftete man gebückt, mal krabbelte man zur Erholung und zur Abwechslung auf den Knien, immer der Erde zugewandt und ohne aufzublicken, wie ein Tier. Vergessen war der aufrechte Gang, außer beim Entleeren des Korbs. Ehe man seine Strecke bewältigt hatte, nahte von hinten schon wieder der Trecker wie ein feindliches Raubtier, ungeduldig, lautstark und drohend.

Zusammen mit uns Studenten arbeiteten die hauptamtlichen Knechte des Gutsherrn, plauderten mit uns und machten uns vertraut mit den meteorologischen Volksweisheiten der Engländer *(Sunshine at seven, rain at eleven)*. Dazu kamen noch ein paar irische Fremdarbeiter, die sich unzufrieden mit der Entlohnung zeigten *(Mutsch munni, but nutt inuff)*.

Unterkunft und Verpflegung in dem Barackenlager bewegten sich am unteren Rande des Zumutbaren. Wir schliefen in riesigen Räumen und mussten es uns zwischen Stroh und Militärdecken halbwegs bequem machen. Zu essen gab es morgens Weißbrot mit Marmelade und abends Weißbrot mit Suppe. Da ich – unabhängig von deren Qualität – wenn nicht Appetit, so doch Hunger hatte und mich deshalb beim Koch immer wieder um Nachschlag bemühte, fiel ihm schon bald auf, dass ausgerechnet der Dünnste am meisten vertilgte. Er erklärte sich mein Interesse an seinem Menu aber nicht mit seinen von mir bewunderten Kochkünsten, sondern behauptete: *He has a worm.*

Als Lunchpaket für die Mittagspause gab es zwei Paar belegte Weißbrotscheiben mit einer Scheibe Käse und einem Weißkohlblatt als Aufschnitt. Dennoch genossen wir das Mittagsmahl, weniger wegen des Essens als wegen der erholsamen Unterbrechung der Arbeit. Bevor wir nach dem Abendbrot müde und früh zur Ruhe gingen, tranken wir in der Kantine noch ein echt englisches Ale, das – anders als das deutsche Bier – nicht geduldig und liebevoll gezapft wird, sondern einfach aus dem Fass ins Glas läuft und entsprechend schmeckt. Mit dem Ale im Glas drängten wir uns um das Fernsehgerät, wobei mir auffiel, dass die Werbung mehr Zeit in Anspruch nahm als das eigentliche Programm.

Auf dem Kartoffelfeld ließ sich zwei-, dreimal pro Tag der Gutsherr Mister Theaker blicken, war standesgemäß gekleidet in Reitstiefeln und kariertem Sakko mit Lederellenbogen und überprüfte, ob wir akkurat sammelten und keine, auch keine noch so kleine seiner wertvollen Hackfrüchte liegen ließen. Überprüft wurde auch die Kollekte, die nach dem sonntäglichen Kirchgang eingesammelt wurde, der zwar nicht gefordert, aber erwünscht war. Am zweiten Sonntag ergänzte der Gutsherr die Predigt des Geistlichen durch einen eigenen Vortrag, in dem er uns mit dem mehr oder weniger offiziellen Klingelbeuteltarif vertraut machte. Einleitend empörte er sich darüber, dass sich das letzte Mal Pennys in dem Obolus befunden hätten, obgleich nicht einmal kleine Kinder sich mit einem derart dürftigen Opfer begnügen dürften. Kinder haben, je nach Alter, von alters her 3, 4, 5 Schilling zu spenden, Erwachsene je nach Einkommen entsprechend mehr, ein Gott wohlgefälliges Opfer fange überhaupt erst beim Pfund Sterling an. Über die genaue Höhe des Gutsherrentarifs schwieg sich Herr Theaker aber aus. Seine Ausführungen richteten sich offensichtlich gegen uns geizige Studenten.

Aber nicht nur wegen dieser Kritik nahm unser Interesse am Gottesdienst sehr schnell ab – kennst du einen, kennst du alle. Und so zogen wir es vor, die folgenden Wochenenden zu kurzen Trips in die nähere Umgebung zu nutzen.

Ende Oktober ging die Kartoffelkampagne zu Ende. Wir wurden, verglichen mit dem Heinzelmännchentarif, reichlich entlohnt und machten uns über Stratford und Oxford auf den Weg nach London. Wir übernachteten in Jugendherbergen und fuhren per Anhalter. Gerne nahmen die englischen Autofahrer ein, zwei Begleiter mit, schon um während der Fahrt Gesellschaft zu haben. Natürlich konnte man nicht immer mit deutschfreundlichen Briten rechnen. Um unangenehmen Begegnungen aus dem Wege zu gehen, wenn wir uns erst im Auto outeten, gaben wir uns schon beim Winken auf dem Highway als Deutsche zu erkennen, indem wir unseren Rucksack mit einem schwarz-rot-goldenen Wimpel versahen. Das schreckte aber die Engländer nicht ab, sie sind halt faire Sportler, nach dem Schlusspfiff ist der Kampf vorbei, und dann sind Kameradschaft und Versöhnung angesagt. Während der Fahrt unterhielten wir uns angeregt und machten Small Talk oder Conversation. Wir erzählten, was wir in England erlebt hatten, und der jeweilige Gastgeber ergänzte oder korrigierte unsere Eindrücke. Einmal ließ ein Fahrer die Bemerkung fallen, dass sein Bruder im Krieg gefallen sei, er sagte es beiläufig und ohne Vorwurf, eher versöhnlich. Wir waren keine Gegner, auch nicht die Söhne der alten Kriegsgegner, sondern Gäste in seinem Fahrzeug in einer besseren Zeit.

In Stratford erwiesen wir Shakespeare unsere Reverenz, in Oxford bestaunten wir die Architektur der Universität, aber unser Ziel war London. Dort fragten wir uns zur Jugendherberge Earlscourt durch und stießen auf zwei junge Männer, die uns dringend von besagter Herberge abrieten, weil sie wahrscheinlich wie üblich überfüllt sei. *Kommt doch zu uns,* luden sie uns ein, *wir haben genug Platz in unserer Wohnung, und abends nach der Arbeit können wir gemeinsam etwas unternehmen.* Die beiden Freunde teilten sich eine mittelgroße Wohnung, Ditsches und ich erhielten das Gästezimmer, morgens verließen wir gleichzeitig das Haus, die beiden Londoner fuhren ins Büro und Ditsches und ich in die City oder auch mal nach Windsor. Die Sehenswürdigkeiten, die wir abarbeiteten, muss ich nicht aufzählen, die kennt man. Abends trafen wir uns mit unseren Gastgebern und machten das nächtliche London unsicher. Die Unterkunft wollten sich die beiden gastfreundlichen Gastgeber partout nicht bezahlen lassen, und wir mussten dankbar sein, wenn wir bei unseren Streifzügen durch Pubs und Inns wenigstens für die Getränke aufkommen durften.

Eine besondere Attraktion war für unsere Freunde der in diesem Oktober abgehaltene Autosalon und den wollten sie uns unbedingt zeigen. Nun bin ich bei Gott kein Autofan, und mich interessierte das neugierige Interesse der Briten an den lackierten und verchromten Schlitten viel mehr als die Fahrzeuge selber. Um jedes Auto bildeten sich Trauben von jungen Männern und deren Augen glänzten genauso wie die polierten Stoßstangen. Auch unsere Freunde waren hin und weg. Aber plötzlich wollten sie weg. Sie mahnten zur Eile und verließen in panischer Hektik das Gebäude. Anlass war die Nationalhymne, die Punkt Mitternacht zelebriert wurde. Bei aller Vaterlandsliebe, drei Minuten ehrfürchtig stramm zu stehen, erschien unseren modernen Fellows dann doch allzu unnütz und zeitraubend, dann lieber fünf vor zwölf nach Hause.

Bevor wir London verließen, erwarb ich zwei hochwertige englische Wollpullover, einen robusten und einen eleganten, dazu eine schottisch-karierte Krawatte und ein Geschenk für die Eltern, Geld genug hatte ich ja. Auch unseren Gastgebern kauften wir irgendwas mehr oder weniger Brauchbares.

Und dann ging es per Bahn und Schiff und Bahn ab nach Aachen und weiter per Anhalter. Auf einem Rastplatz bei Köln erwischten wir einen Autotransporter. Die beiden Fernfahrer waren so freundlich, uns für ein paar Mark nach Berlin mitzunehmen, aber nicht in der Fahrerkabine, sondern in einem der fabrikneuen Autos, wo wir es uns bequem machten und lange vor dem späteren Eigentümer dem Wagen zu seiner Jungfernfahrt verhalfen. Wir erlebten also die Fortsetzung des Londoner Autosalons unter ganz anderen Bedingungen.

Nach knapp zwei Monaten waren wir wieder zu Hause. Wir hatten England und die Engländer kennen und schätzen gelernt und etwas für die Idee Europa getan. Ich freute mich schon auf die nächste Reise im kommenden Frühling, als seien die Semesterferien wichtiger als die Semester.

Anfang März 1957, vor meiner Beteiligung am *Aufruhr im Schlaraffenland,* fuhren Martin und ich nach Italien, um das Land unserer Sehnsucht, wo die Zitronen blühn und die Goldorangen glühn, kennenzulernen. Wir bummelten per Anhalter durch Deutschland und machten uns dann die *Primavera Siciliana* zunutze, ein Angebot der Italienischen Bahn, das uns für 70 Mark eine Fahrt von Innsbruck nach Taormina und zurück ermöglichte. Zwischendurch hielten wir in Florenz, Rom und Neapel inne, ohne aber diese großartigen Städte angemessen zu würdigen. In Erinnerung ist mir eigentlich nur das südländische Flair, die Lebhaftigkeit der Italiener, die Verwandlung des deutschen Winters in den mediterranen Sommer und die unbefangene Natürlichkeit der jungen neapolitanischen Mütter, die auf Brunnenrändern und Parkbänken saßen und ihre Babys stillten. Um das Geld für die Übernachtung zu sparen, stiegen wir abends in die Bahn und schliefen im Zug. In Taormina angekommen, schlug uns die sonnige Hitze entgegen. Auf dem Bahnhofsvorplatz hatte ein betagter Sizilianer seinen mit Apfelsinen beladenen Eselskarren geparkt und schwatzte uns, wenn man so sagen darf, denn er konnte nicht Deutsch und wir nicht Italienisch sprechen, mit großen Gesten ein Kilo Orangen auf, deren Preis weit über dem in normalen Läden üblichen lag. Wir aber fühlten uns durch diesen Handel in Sizilien angekommen.

Unsere Hauptbeschäftigung war Sparen. Wir wohnten in der billigen Jugendherberge, ernährten uns von Brot, Käse und Obst, tranken mit Leitungswasser verdünnten Landwein und verzichteten darauf, für teures Geld kreuz und quer durch Sizilien zu fahren. Stattdessen lagen wir am Strand, schwitzten in der Sonne und erfrischten uns im Meer. Ab und zu wanderten wir ein wenig, mal die Küste entlang, mal ins Landesinnere. Durch die dem Ätna vorgelagerten Hügel und Berge strebten wir dem schneebedeckten Vulkan zu, der zum Greifen nahe schien und doch unerreichbar war. Da Martin noch knapper bei Kasse war als ich, sparte er sich den Besuch des antiken Theaters und leistete sich lieber eine Pizza. Aber ich wollte mir das berühmte Kulturdenkmal nicht entgehen lassen, und wirklich war es ein Erlebnis, auf den uralten Steinrängen zu sitzen und über die Szene hinweg in die Ferne zu blicken, auf eine Kulisse, die nur Natur war, gekrönt von dem von leichten Wölkchen gekrönten Ätna. Ohne es damals schon zu wissen, im Laufe meines Lebens sollte diese Art Theaterbesuch, ob in Griechenland oder Kleinasien, in Italien oder Frankreich, zu meinen liebsten Reiseerlebnissen werden. Die kühlen Abendstunden benutzten Martin und ich zu einem Bummel durch das damals noch nicht gänzlich vom Tourismus geprägte Taormina und erfreuten uns daran, wenn ein junger Italiener, eine abschüssige Gasse hinabeilend, vielleicht auf dem Wege zu seiner Liebsten, aus tiefstem Herzen und tiefster Lunge ein altes Volkslied sang. Es war einfach romantisch und wir gönnten uns in einem preiswerten Ristorante eine Portion Spaghetti. Je bescheidener wir leben mussten, desto schöner war die Reise.

Durch glückliche Zufälle und Beziehungen kam ich im Sommer an die Adresse eines südfranzösischen Weingutbesitzers, der für die Lese im September Hilfskräfte brauchte. Mein einstiger Staffelkamerad Jens und dessen einstiger Klassenkamerad Hartmut waren sofort von der Idee eines solchen Reiseabenteuers begeistert. Ich korrespondierte mit Monsieur Albin Pouget und erfuhr, dass wir willkommen seien und bei freier Unterkunft und Verpflegung einen Tageslohn von umgerechnet 10 Mark erhalten würden. Das war nicht viel, deckte aber die Reisekosten.

Ende August brachen wir auf. Es gab aber ein kleines Problem. Wir waren drei Mann, verfügten aber nur über einen Motorroller und einen Führerschein, beide im Besitz von Jens. Folglich mussten Hartmut und ich losen, wer auf welcher Teilstrecke Sozius und wer Tramper zu sein hatte. Von Berlin bis Straßburg musste ich per

Anhalter fahren, von Straßburg bis Béziers Hartmut. Eigentlich war das Trampen angenehmer, denn bei aller Unsicherheit, ob man mitgenommen wird – saß man erst einmal im Auto, dann kam man viel schneller und bequemer voran als mit dem Roller.

Unsere Französischkenntnisse waren nicht die besten. Schon bei unserem ersten Mittagsmahl wurden Jens und ich Opfer unserer linguistischen Defizite. Der kleine Landgasthof, in dem wir einkehrten, weil wir ihn ob seiner Dürftigkeit für preiswerter hielten, war derart einfach und bescheiden, dass es nicht einmal eine Speisekarte gab. Die Wirtin, die zugleich Köchin und Kellnerin war, machte uns also mündlich mit dem Programm ihrer Küche bekannt, das aber mit echt französischer Eloquenz und Eilfertigkeit, so dass wir nichts, aber auch gar nichts mitbekamen und um eine langsamere Wiederholung baten. Nun glaubten wir, wenigstens die eine oder andere Silbe zu verstehen. Wir hörten aus ihrem Wortschwall so etwas wie *Boulette* heraus. Das klang verlockend, denn es erschien uns sowohl bekannt als auch kostengünstig, und wir bestellten. Serviert wurden zwei Poulets. Die fraßen zwar ein Loch in unsere Reisekasse, aber sie schmeckten immerhin.

Über Belfort, Lyon, Avignon und Nîmes erreichten wir Béziers. Auf unserer Fahrt haben uns vor allem zwei Brücken beeindruckt, die halbe Brücke von Avignon und der Pont du Gard, der altrömische Aquädukt. In der Jugendherberge von Béziers erwartete uns Hartmut bereits sehnsüchtig. Sofort fuhr Jens erst mich und dann ihn zu dem sechs Kilometer entfernten Weingut. Der Patron begrüßte uns höflich, aber distanziert, schließlich war er der Patron. Er stellte uns seinem Verwalter vor und seinen vier Kindern, die zwischen 10 und 15 Jahre alt waren, zwei Mädchen, zwei Jungen. Dann wurden wir in unser Schlafgemach geführt, eine Kammer mit einem kleinen Fenster. Der Raum war zur Hälfte mit Stroh ausgelegt und im Übrigen mit einem Tisch und ein paar Stühlen möbliert, die zum Ablegen des Gepäcks und zum Sitzen dienen konnten. Die karge Einrichtung, besonders das Stroh und die auf demselben ausgebreiteten Decken erinnerten mich an das englische Kartoffelcamp. Auch die riesigen ebenen Weinfelder ließen mich mit ihren sich endlos hinziehenden Reihen von Büschen eher an einen Kartoffelacker denken. Die steilen Weinberge an den Ufern von Rhein und

Mosel mit ihren ruinierten oder renovierten Burgen nehmen sich jedenfalls romantischer aus. Dennoch hoffte ich, dass die Arbeit mit den süßen Trauben poetischer sein müsste als das prosaische Kartoffelnsammeln.

Nachdem wir von unserem Apartment Kenntnis genommen und Besitz ergriffen hatten, stieg Herr Pouget mit uns hinab auf den Hof, wo er uns mit den für uns vorgesehenen sanitären Anlagen vertraut machte. Er zeigte uns den Brunnen, an dem wir uns waschen, rasieren und die Zähne putzen konnten, verriet aber nicht, wo sich die Toilette befinde. Auf meine diesbezügliche Frage antwortete er mit großer Geste. Er streckte seinen rechten Arm aus, beschrieb mit diesem einen ausladenden Halbkreis in Richtung auf sein Weinfeld und er sagte: *Voilà*. Und dann lud er uns zum Abendessen ein. Nachdem wir am Brunnen ausgiebig Toilette gemacht und in unserer Kammer unsere relativ ansehnlichste Kleidung angelegt hatten, betraten wir das schlossartige Herrenhaus und wenig später den Speisesaal.

Wir waren zusammen zu zehnt, Familie Pouget, der Verwalter und wir drei Studenten. Wir wurden nach durchdachtem Plan an der Tafel platziert und tafelten nach Art altfranzösischer Aristokraten. Madame Pouget dirigierte das Personal, das ununterbrochen neues Geschirr und Besteck für die immer neuen Gänge bereitstellte, während der Hausherr höchstpersönlich die Verantwortung für den Wein übernahm. Das Tischgespräch nahm dank der Redseligkeit der Kinder und unseres mitleiderregenden Ringens um die richtigen Worte einen vergnüglichen Verlauf. Aber kaum waren die Kinder zu Bett geschickt, war Schluss mit lustig. Der Patron hielt uns einen ernsthaften Vortrag, den er sicher vorbereitet und mehr oder weniger auswendig gelernt hatte. *Meine Herren, Sie als Akademiker und wir als Grundbesitzer gehören den höheren Ständen an und auf diesem Niveau begegnen wir uns heute Abend. Aber nur heute Abend. Ab morgen sind Sie Landarbeiter – genau wie die spanischen Hilfskräfte, die in den nächsten Tagen hier eintreffen werden. Dann gehören Sie zu denen, ohne Rücksicht auf Ihre Herkunft und Zukunft. Privilegien können Sie nicht erwarten, das wäre ungerecht. Gleiche Arbeit, gleicher Lohn, gleiche Verpflegung. Also Egalité. Wie die Spanier bekommen Sie pro Arbeitstag drei Liter Wein als Deputat, den müssen sie natürlich nicht Abend für Abend trinken. Was Sie nicht schaffen, lassen Sie sich von meinem Herrn Verwalter gutschreiben, der im Übrigen Ihr Ansprechpartner und direkter Vorgesetzter ist. Und damit: Gute Nacht.*

Da die Trauben noch nicht ihre volle Reife erreicht hatten, wurden wir erst einmal mit Vorbereitungsarbeiten beschäftigt. Zwischen den Weinstöcken mussten wir alle acht Reihen einen Gang freischneiden, auf dem später die Bottiche mit den Reben an den Fahrweg transportiert werden sollten. Bewaffnet mit Sichel, Schere und Harke, machten wir uns an die Arbeit und befreiten unseren zukünftigen Arbeitsweg von Unkraut und hinderlichen Fußangeln.

Dann endlich war es soweit, die Weinlese begann. Früh am Morgen rollten, aus Béziers kommend, offene Lastwagen mit Hausfrauen, Schulkindern und Arbeitslosen auf den Hof, zu ihnen gesellten sich die Spanier, die auf einer Wiese neben dem Weingut zelteten, und dann zog eine lange, buntgekleidete Menschenschlange in Kompaniestärke zu dem Weinfeld, das als Erstes abgeerntet werden sollte. Die Leute sangen und schwenkten ihre Körbe, in denen sich die Tagesverpflegung und die Rebenscheren befanden. Sie waren so fröhlich, als ginge es auf einen Ausflug und nicht an die Arbeit.

Der Verwalter teilte uns in Elfergruppen ein. Die Frauen und Mädchen bekamen ihre Reihen zugewiesen, pro Team vier rechts, vier links neben dem von uns freigeschnittenen Mittelgang, auf dem die Bottiche platziert wurden, in die die Leserinnen ihre Körbe zu entleeren hatten. Damit die Kübel mehr Reben fassten, wurden diese von einem weiteren Helfer mit einem Holzstampfer zusammengedrückt. Diese Kübel hatten rechts und links eine Art Ast, unter den zwei lange Stangen geschoben wurden. Zwischen diese beiden parallelen Deichseln traten vorne und hinten die zwei Träger, hoben den gefüllten Bottich auf Kommando des Vordermanns an und schleppten ihre Last an den Fahrweg. Für diese Arbeit waren Hartmut und ich ausersehen – ich war also mal wieder zum Transportarbeiter geworden – , während Jens, der von uns dreien der Athletischste war, zusammen mit einem Spanier die Trauben aus dem Bottich in den Rebentransportwagen kippen musste. Der Stampfer, unsere Nummer elf, der 11-jährige Sohn des Patrons, war zugleich so etwas wie ein Kontrolleur. Solange die Reben noch in der Nähe des Fahrwegs geschnitten wurden, hatten Hartmut und ich nur kurze Strecken zurückzulegen und konnten uns die meiste Zeit erholen. Je weiter sich unser Team aber in das Feld vorarbeitete, desto länger wurde unser Weg. Wir schafften es kaum, die vollen Kübel zur Straße und die leeren zurück ins Feld zu bringen. Wenn es an Letzteren mangelte, schrie Jean mit seiner hellen Vorstimmbruchstimme im Kommandoton: *Bernard, comporte vide!*, womit einerseits ich und andererseits ein leerer Bottich gemeint war.

Die gefüllten Hänger wurden zum Hof gefahren, wo die blau-violette Masse erst ausgepresst und der Saft dann entweder zum Gären gebracht wurde – oder gerade auch nicht. Mit desinfizierenden Chemikalien, zum Beispiel Schwefelverbindungen, wurde der Saft als Saft konserviert und als gesunder Traubensaft auf den Markt gebracht, vor allem auf den deutschen.

Beim Traubenschneiden gab es den schönen alten Volksbrauch, dass die Nachlässigkeit einer Leserin bestraft (oder unter Umständen auch belohnt) werden konnte. Hatte ein Mädchen eine Rebe mit mehr als sieben Beeren übersehen und hängen lassen, dann durfte der Träger, der diese Achtlosigkeit entdeckte, das arme (oder unter Umständen auch das glückliche) Mädchen küssen. Entweder ließen sich die jungen Damen unserer Gruppe nichts zu Schulden kommen oder wir hatten gar keine attraktiven Mädchen in unserer Elf, jedenfalls sind Hartmut und ich in den ganzen drei Wochen Weinlese nicht ein einziges Mal in den Genuss solch völkerverbindender Zärtlichkeit gekommen.

Mehrmals am Tag erschien der Patron, um sich nach dem Fortgang der Arbeit und unserem Befinden zu erkundigen, und stellte die immer gleiche stereotype Frage, die er auch gleich selbst beantwortete, ohne auf unsere Antwort zu warten: *Comment ça va? Ça va bien. Bon! Allez!* (Wie geht es? Es geht gut. Gut! Geht [wieder an eure Arbeit]).

Nach Feierabend gab es ein warmes Essen, sogar mit Fleischbeilage, aber doch nur von drittrangiger Qualität, also Innereien, Sehnen und Knorpel. Dann, solange es noch hell war, durften wir unter Anleitung des Verwalters mit den drei älteren Pouget-Kindern auf dem Hof Boule spielen. Wir gehörten also doch – anders als die spanischen Hilfsarbeiter – ein bisschen zur Familie. Zwar speisten wir nicht gemeinsam, aber wir gaben uns zusammen mit dem Nachwuchs der französischen Nationalleidenschaft hin. Wir deutschen Studenten hatten die blanken Metallkugeln noch nie in Händen gehalten und stellten uns prompt entsprechend ungeschickt an. Es fehlte uns an Zielgenauigkeit, während Jean und seine beiden älteren Schwestern die großen Kugeln stets in die Nähe der kleinen brachten. Eine Woche lang verloren wir Abend für Abend, aber dann hatten wir den Dreh raus und erwiesen uns als ebenbürtig, so dass es zu spannenden Wettkämpfen kam. Als wir aber sogar geschickter spielten und Frankreich gegen Deutschland verlor, verloren unsere Gegner die Lust an der Sache und die abendlichen Turniere schliefen ein. Wir zogen uns mit unserem Deputatwein zurück, tranken uns müde und gingen früh ins Bett beziehungsweise ins Stroh.

Nach einigen Tagen hörten wir von dem Plan, dass am kommenden Sonntag, aber nur für den Fall, dass es regnete, ein gemeinsames Schneckensammeln und Schneckenessen anberaumt werden sollte. Das war sicher ein hochherziges, alle Sozialschranken überspringendes Angebot. Aber große Lust dazu hatten wir nicht, eher Abneigung und Ekel, denn gebrühte Mollusken oder gar Froschschenkel, die auch zur Debatte standen, waren alles andere als verlockend. Wir hofften auf Sonne und Trockenheit, und unsere meteorologischen Wünsche wurden zum Glück auch erfüllt. Statt an besagtem Sonntag im nassen Gras Weinbergschnecken zu suchen, verbrachten wir den freien Tag am und im wenige Kilometer entfernten Mittelmeer. Am Abend gingen wir in Béziers aus, promenierten auf dem von hin und her schlendernden Jugendlichen beiderlei Geschlechts überfüllten Boulevard, bevor wir hungrig und durstig in ein Restaurant einkehrten, wo wir Speise und Trank mit dem verglichen, was das Weingut zu bieten hatte. Als es ans Zahlen ging, wollte Hartmut mit seinen Französischkenntnissen brillieren und sagte: *Payer, s' il vous plaît!,* wurde von der Kellnerin aber missverstanden, die uns drei Flaschen Selter brachte. Schließlich klingen *payer* und *perrier* ja auch zum Verwechseln ähnlich.

Als unsere Zeit zur Neige ging, empfanden wir fast so etwas wie Wehmut. Mit den Leserinnen unserer Gruppe und mit den Kindern des Patrons hatten wir freundschaftliche Beziehungen angeknüpft, mit der ältesten Tochter, die immerhin schon 15 Jahre alt war, hatte Hartmut sogar im Rahmen des Schicklichen und Möglichen vorsichtige Flirtversuche gewagt. Der Verwalter, der sich weniger distanziert als der Gutsherr verhielt, erwies sich als freundlicher, gesprächiger und sogar hilfsbereiter Kollege. Als wir mit ihm jedoch über den nicht aufgebrachten Deputatwein, den wir ja nicht mitnehmen konnten, verhandelten, erwies er sich als resoluter Geschäftsmann. Da wir froh sein mussten, mitten in der Landweinregion überhaupt einen Abnehmer zu finden, konnte er den Preis bestimmen und wir mussten mit 50 Pfennig pro Liter zufrieden sein.

Am letzten Lesetag wurde gefeiert. Der letzte Wagen wurde mit Weinranken und Spätsommerblumen geschmückt und im Triumphzug vom Feld auf den Hof gefahren, begleitet von allen, die hier drei Wochen lang gearbeitet hatten. Die Frauen und Mädchen, froh und farbenfroh, tänzelten ihres Weges, und die Träger und Stampfer trugen ihre Arbeitsgeräte wie Hellebarden auf ihren Schultern. Der Zug erinnerte an die alten Landknechtsheere oder die Bauernhaufen aus dem Bauernkrieg, aber zum Glück viel friedlicher und fröhlicher. Auf dem Hof gab es Imbiss und Wein, Musik und Tanz. Aber wegen der vielen Kinder musste schon früh Schluss gemacht werden, und dann lag der Hof wieder so ruhig in der Abenddämmerung wie am Tag unserer Ankunft.

Am nächsten Morgen galt es, Abschied zu nehmen. Die Kinder und wir versprachen uns, in Zukunft fleißig zu korrespondieren. Der Verwalter zahlte uns im Namen des Patrons unseren Lohn aus, und der Gutsherr gab sich zum Abschied jovial. Er verehrte uns – für unsere Eltern und für Weihnachten – je eine Flasche seines besonders edlen Hausweins, den er neben seinem massenweisen Landwein erzeugte.

Und dann brachen wir auf. Jetzt musste ich per Anhalter fahren und Hartmut saß hinten bei Jens auf dem Motorroller. In Paris wollten wir uns wieder treffen. Mein erstes Ziel war Carcassonne. Ich bewanderte und bewunderte die befestigte Stadt mit ihren Mauern, Türmen, Toren und Kirchen und übernachtete in einem ehemaligen Kloster, dessen Kirche inzwischen zum Schlafsaal der Jugendherberge umgewidmet worden war. Bett stand an Bett, und wenn man vor dem Einschlafen nach oben schaute, sah man über sich den gemalten Sternenhimmel. Über Limoges und Orléans erreichte ich Paris und die Freunde. Da ich später noch ein halbes Dutzend Mal in Paris war, kann ich mich beim besten Willen nicht mehr daran erinnern, welche der vielen Sehenswürdigkeiten, die wir systematisch abklapperten, mich am meisten beeindruckten. Zu oft war ich im Louvre, in Notre Dame oder in Versailles, und mal hat mich dieses, mal jenes Ziel ganz besonders fasziniert. Kurz vor der französisch-deutschen Grenze, ich glaube in Metz, wechselten Harmut und ich mal wieder und den Rest der Reise bewältigte ich zusammen mit Jens. Als wir wieder in Berlin waren, stand das Wintersemester vor der Tür.

Der wichtigste Wechsel in meinem jungen Leben war der meiner Studienfächer. Auf dem Gymnasium hatten es mir die Naturwissenschaften angetan, ich war ein guter Chemiker, Biologe und Physiker, aber nur in der Theorie. Das praktische Arbeiten lag mir nicht und wurde in der Schule auch gar nicht gefordert. Aber nun musste ich nicht nur Vorlesungen hören, fleißig mitschreiben und mir den Stoff einprägen, jetzt musste ich als angehender Chemiker ins Labor und Analysen kochen und als angehender Biologe über dem Mikroskop sitzen und das Gesehene in akkuraten Zeichnungen festhalten. Meinen ersten Praxisschock erlebte ich im *kleinen botanischen Anfängerpraktikum* im Sommersemester 1956. Wir mussten mit einer Rasierklinge von den unterschiedlichsten Pflanzen mikroskopische Schnitte herstellen, so wie man Scheiben von einer Wurst abschneidet, aber viel, viel dünner. Gefordert waren durchsichtige Blättchen, die unter den Linsen des Mikroskops auf dem Objektträger zu platzieren waren und die man nach scharfer Einstellung des Geräts zeichnerisch zu protokollieren hatte. Da Geschicklichkeit nicht meine Stärke ist, fielen schon meine Schnitte sehr plump aus und meine Zeichnungen erst recht. Die von mir aufs Papier gebrachten Pflanzenzellen mit ihren je nach Art und Gattung symmetrischen oder asymmetrischen Zellwänden hatten mit der Wirklichkeit wenig zu tun, ich malte, wie meine Fantasie es wollte, aber nicht so, wie der liebe Gott die Pflanzen geschaffen hatte. Den Unterschied zwischen Zeichnung und Zelle bemerkte natürlich auch der Professor, der durch die Reihen seiner Studenten schritt und einen kurzen Blick erst durchs Mikroskop und dann einen kritischen auf die Skizze warf. Mich forderte er zu mehr Präzision beim Schneiden und Zeichnen auf, woran ich mich im weiteren Verlauf des Semesters auch zu halten versuchte, so dass ich das Praktikum mit Erfolg abschloss und meinen Schein bekam. Aber so richtig wohl fühlte ich mich nicht im Fach Biologie, zumal ich einen regelrechten Horror davor hatte, irgendwann einmal auch ein zoologisches Praktikum absolvieren zu müssen mit der Verpflichtung, dann tote weiße Mäuse zu sezieren und dann zu skizzieren.

Auch das chemische Praktikum im Wintersemester 1956/57 machte mich nicht glücklich. Tag für Tag stand man im weißen Kittel im Labor und sollte herauskriegen, aus welchen Substanzen das Pülverchen bestand, das einem der Assistent ausgehändigt hatte. Nach einem streng vorgeschriebenen Trennungsgang musste man die rätselhafte Masse in ihre Einzelteile zerlegen, also durch Zugabe von Wasser in lösliche und unlösliche Anteile aufgliedern und die beiden Hälften dann getrennt weiterbehandeln, nämlich kochen, filtern und mit anderen Chemikalien in Verbindung bringen und auf die Reaktionen achten, die sich einstellten, etwa eine Veränderung der Färbung, aus der sich dann ableiten ließ, welche Metallionen sich in dem geheimnisvollen Pulver verbargen. Und in diesem Stile weiter, erst Trennung, dann Bestimmung. Wenn man sich seiner Sache sicher glaubte, teilte man dem Assistenten die Ergebnisse mit und bekam im Idealfall einen Stempel für erfolgreiche Analyse und eine neue Probe für eine erneute Untersuchung.

Ich fand die vorgeschriebenen Trennungsgänge langwierig und langweilig, umständlich und pedantisch und wollte schlauer und schneller sein als das chemische Regelbuch. Als Individualist und Egozentriker wollte ich es anders machen als alle anderen und den Weg der Analyse abkürzen, indem ich einfach auf gut Glück vermutete, was ich da vor mir hatte und gezielt auf diese oder jene Verbindung prüfte. Oft wurde mein Rätselraten bestätigt und ich bekam meinen Schein, aber ich musste mir doch eingestehen, dass mein Stochern im Nebel völlig unwissenschaftlich war. Mit Fantasie und Intuition war im Labor kein Blumentopf zu gewinnen, hier waren – wie bei den Zeichnungen im botanischen Praktikum – Akkuratesse,

Korrektheit und Ordnung gefragt. Aber all die Eigenschaften, die ich hatte und liebte, waren kontraproduktiv, ja sie waren verwerflich und verboten. Ich war hier fehl am Platz. Die Naturwissenschaften waren nichts für mich. Die Materie gehorchte mir nicht. Der Geist war mir lieber. Meine Heimat war die Literatur, das Lesen, das Schreiben, das Interpretieren, der Umgang mit Büchern. Doch der Entschluss, von den Naturwissenschaften zu den Geisteswissenschaften zu wechseln, fiel mir nicht leicht. Die Macht der Gewohnheit, die Scheu vor dem Latinum, das ich hätte nachholen müssen, vielleicht auch so etwas wie preußisches Pflichtbewusstsein, hielten mich bei der botanischen Stange. Obgleich mir klar war, wohin ich gehörte und wohin nicht, blieb ich auch in meinem dritten Semester, im Sommer 1957, den Naturwissenschaften treu.

Ich will nicht behaupten, dass Karin Schuld hatte, aber sie förderte mein Festhalten an den einmal gewählten Studienfächern. Karin gehörte zu den Vereinsmädchen, mit denen ich saisonweise befreundet war, und sie war eben 1957 dran. Sie war keine Schönheit, mit der man Eindruck machen konnte und dem eigenen Selbstwertgefühl auf die Sprünge half. Aber sie war die Tochter des Vereinsvorsitzenden, eines praktischen Arztes, und dass ich mit ihr ging, verschaffte doch einiges Ansehen. Sie hatte sich, wie ihr Vater, der Medizin zugewandt, und da die Anatomie und die biologischen Institute dicht beieinander lagen, konnten wir ohne langen Anlauf unsere Freistunden miteinander verbringen. Mehr noch, wir studierten sogar gemeinsam. Aus Zuneigung zu Karin und aus wissenschaftlicher Neugier begleitete ich meine Freundin in ihre Vorlesungen und belegte sogar ganz offiziell die *Systematische Anatomie, Teil eins*. Da saßen wir dann in dem nach Vorbild eines griechischen Theaters angelegten Halbrund und verfolgten die Aufführung auf der Bühne. Der Professor, ein kleiner, agiler, adliger Herr, betrat, gefolgt von seinen im Gänsemarsch angeordneten Assistenten, den Saal, ignorierte scheinbar das lautstarke Trampeln und Klopfen der ihn verehrenden Studenten und stellte sich hinter den gut sichtbar aufgebahrten Leichnam. Die Vorlesung erwies sich als eine Vorführung. Der Professor machte uns mit den lateinischen Namen und mit der Funktion der menschlichen Muskeln bekannt, griff in die präparierte und konservierte Leiche, holte die erstarrten Muskeln hervor und hielt sie zur Veranschaulichung ins Publikum, bevor er sie den Assistenten zurückgab, die sie wieder fein säuberlich in die Mumie einpassten.

Anschließend gingen Karin und ich in den nahe gelegenen Botanischen Garten, den Biologie- und Medizinstudenten gratis besuchen durften, und erholten uns zwischen den leuchtenden und duftenden Sommerblumen von den makabren Eindrücken im Anatomischen Institut, oder wir gingen zu unser geschützt gelegenen Lieblingsbank und warteten, bis es Zeit für die Mensa war.

Mein letztes naturwissenschaftliches Semester hatte also durchaus seine Annehmlichkeiten. Dennoch rückten die Geisteswissenschaften unaufhaltsam näher, und im Wintersemester begann ich, sozusagen fremdzugehen. Ich belegte zwar noch und besuchte sogar einige biologische und chemische Vorlesungen, konzentrierte mich aber auf ganz andere Lehrveranstaltungen. Ich ging zu Gollwitzer, der in die evangelische Theologie einführte, zu Weischedels Geschichte der Philosophie, ich saß bei Altheim, der über die Völkerwanderung und bei Wolffheim, der über den deutschen Entwicklungsroman las. Am 18. April 1958 war mein Wechsel zur philosophischen Fakultät, Fachrichtung Germanistik, perfekt und wurde im Studienbuch mit Stempel und Unterschrift amtlich vermerkt. Zwei Jahre hatte ich das Falsche studiert, da ich aber 1947 eine Klasse übersprungen hatte und als Berliner keinen Wehrdienst leisten musste, hatte ich, verglichen mit meinen bundesdeutschen Kommilitonen, dennoch keinen Zeitverlust zu beklagen. Zeitaufwendig aber war das Pauken für das Latinum, das Voraussetzung für das Studium der Germanistik und Geschichte war. Gemeinsam mit meinem einstigen Klassenkamerad Martin, der von der Chemie zur Publizistik und Geschichte übergewechselt war, ging ich an die Arbeit. Wir besuchten ein von der Universität angebotenes Lateinseminar und einen Lateinkurs der Volkshochschule Zehlendorf, den ein pensionierter Studienrat durchführte und der vor allem von Gymnasiasten besucht wurde, die kurz vor dem Sitzenbleiben standen. Aus dem Vokabellernen machten wir uns einen Sport, fragten uns gegenseitig ab, vergaben Plus- und Minuspunkte und brachten es schon bald zu einem ansehnlichen Wortschatz. Nach gut einem

Jahr hatten wir den Mut und das Selbstvertrauen, uns zur Prüfung zu melden, die wir am 24. November (dem 14. Geburtstag meiner späteren Frau Christa) in der Beethovenschule in Lankwitz ablegten. Bevor der Prüfer uns den Text aushändigte, las er ihn uns in klangvollem Latein vor. Es ging um den Tod Hannibals. Anschließend mussten wir in einen größeren Raum wechseln, in dem wir so weit voneinander entfernt saßen, dass wir nicht abschreiben konnten. Auf dem gemächlichen Gang durch die Gänge fragte mich Martin, was denn nun eigentlich *venenum* sei, und ich konnte ihm mit *Gift* aushelfen. Eine Woche später bekamen wir die Ergebnisse unserer Klausur zu hören und das Zeugnis über die Ergänzungsprüfung im Lateinischen in Verbindung mit einem Händedruck in die Hände gedrückt. Martin war zufrieden mit seiner Vier und ich stolz auf meine Zwei.

Wie meine Eltern den Wechsel meiner Studienfächer aufnahmen, weiß ich nicht mehr. An ernsthafte Auseinandersetzungen erinnere ich mich jedenfalls nicht. Dass mein Studium sich in die Länge zog und folglich teurer wurde, wurmte sie sicher, aber andererseits waren sie zufrieden, dass mein Berufswunsch sich nicht geändert hatte. Immer noch strebte ich das höhere Lehramt an, nur mit anderen Fächern. Sicher war meinen Eltern ein Studium, das Freude und Erfolge mit sich brachte, lieber als eines, durch das ich mich mit Mühe und Abneigung quälte. Die Hauptsache aber war, dass ich auf dem Wege war, der erste Akademiker der Familie zu werden.

Obgleich mein Zweitstudium meinen Interessen und Fähigkeiten entgegenkam und mir wirklich Spaß machte, ließ ich es behutsam angehen und hielt mich erst einmal zurück, das heißt, ich hielt es so wie im Sport. Ich wartete ab und lief im Mittelfeld mit. Das Studium war lang und der entscheidende Endspurt in weiter Ferne. Im Wesentlichen erfüllte ich meine Pflichten, besuchte die Vorlesungen und Proseminare und machte die vorgeschriebenen Scheine.

Die Freie Universität war gerade zehn Jahre alt und vieles war noch recht provisorisch. Die meisten Institute befanden sich in altehrwürdigen Villen. Die historischen Vorlesungen wurden in einem Schlauch aus drei Zimmern gehalten, deren Zwischenwände herausgenommen waren. Die Germanisten wohnten im 2. und 3. Geschoss über dem von der Universität vereinnahmten Verwaltungsgebäude. Der umfassende Bestand der Bücher war in einer Vielzahl von Zimmern untergebracht, so dass das Studium der Literatur einen privaten und gemütlichen Charakter annahm. Da die Institute weit voneinander entfernt lagen, mussten die Studenten im Eilschritt durch Dahlem marschieren, wenn sie nach einer literaturwissenschaftlichen Vorlesung rechtzeitig die historische erreichen wollten. Da reichte die segensreiche *Cum-Tempore-Regelung* kaum aus, das heißt, der auf jeweils Viertel nach gelegte Beginn der Lehrveranstaltung. Als privilegiert konnte man die Studenten ansehen, die mit dem Rade unterwegs waren und ihr Ziel nicht nur pünktlich erreichten, sondern sogar noch in den Genuss eines Sitzplatzes kamen.

Die Freie Universität, Kind des Kalten Krieges, geplant als freiheitliche Alternative zur marxistischen Humboldt-Universität im Ostteil der Stadt, musste aus politischen Gründen alles tun, um ihre Existenzberechtigung und wissenschaftliche Reputation unter Beweis zu stellen, und möglichst viele möglichst angesehene Professoren gewinnen. Und das glückte auch. Der Neuhistoriker Hans Herzfeld und die Germanisten de Boor, Emrich und der junge, aufstrebende Killy hatten Rang und Namen, waren sie doch durch bahnbrechende Monografien oder Standardwerke hervorgetreten. Sie alle hatten Autorität und kultivierten ihren jeweils ganz eigenen professoralen Charakter, indem sie ihre Vorlesungen zu rhetorischen Ereignissen machten. Der grazile, agile Hans Herzfeld las nicht, sondern sprach frei, aber er sprach so, wie er schrieb, nämlich in endlos langen Sätzen, die dennoch durchaus verständlich waren, die sich aber kaum mitschreiben ließen. Der kompakte Helmut de Boor mit Kugelkopf, Glatze und leuchtend blauen Augen sah eher wie ein Verwaltungsbeamter aus, aber wenn er hinter dem Pult im Auditorium Maximum Aufstellung genommen hatte, um über die militärischen und erotischen Eroberungen der Artusepen oder über die platonische Hohe Minne zu sprechen, dann entfachte er ein regelrechtes Feuerwerk, ließ uns teilhaben am mittelalterlichen Leben und teilte uns das in einen Schüttelreim gekleidete Geheimnis mit: *Selbst im Hohen Minnesang sind doch stets die Sinne mang.* Auch der Neugermanist Wilhelm Emrich füllte das Audimax, er humpelte zum Podium und präsentierte sein Wissen kühl und sachlich, ganz ohne Scherz, Satire und Ironie, dazu war ihm sein Stoff zu ernst und zu wichtig und überhaupt die Literatur zu heilig. Seine Ausführungen glichen einem Nachruf und forderten Respekt ein und alles, was Emrich sagte, hatte endgültige Gültigkeit. Dagegen war der Karriere-Newcomer Walther Killy kein Beamtentyp, sondern ein Schauspieler, der seine Auftritte zelebrierte und seine Sätze als Kunstwerke präsentierte.

Die Vorlesungen dieser Herren waren die Highlights, in den Proseminaren wurde das handwerkliche Rüstzeug erworben. Ich lernte Gotisch, Althochdeutsch, Mittelhochdeutsch und bei den Historikern das Mittelalterlatein und die Entschlüsselung alter Handschriften. Ich nahm an einem Proseminar über die Stein-Hardenbergschen Reformen teil und schrieb eine Arbeit über den konservativen und reformfeindlichen Junker Friedrich August Ludwig von der Marwitz. Bei den Germanisten arbeitete ich gleichzeitig über Fontane und verfasste eine Seminararbeit über Effi Briest. Dass ich die Schauplätze der Fontane-Romane, das Havelland und das Oderbruch, wo von der Marwitz, wenn auch mit geändertem Namen, als Freiheitsheld in dem Erstling *Vor dem Sturm* auftritt, nicht besuchen konnte, ist mir gar nicht recht bewusst geworden. Es ging eben nicht und damit basta. Man hatte die Grenze, schon bevor sie zur Mauer wurde, verinnerlicht und akzeptiert.

Um die von den Professoren geleiteten Seminare nicht allzu sehr anschwellen zu lassen, mussten die ersten Semester mit den Proseminaren der Assistenten vorliebnehmen. Erst nach der sehr anspruchsvollen Hauptseminarprüfung konnte man unter Anleitung der Professoren so richtig zu studieren anfangen. Im Februar 1960, am Ende meines vierten Semesters, wagte ich mich an die Deutschprüfung, die aus einer Handvoll deftiger Klausuren bestand. Wir mussten gotische, althochdeutsche und mittelhochdeutsche Texte übersetzen und einige Wörter etymologisch und grammatisch analysieren. Dann hatten wir noch ein Gedicht aus dem 18. Jahrhundert nach allen Regeln der Kunst zu interpretieren und last but not least einen von Heinrich von Kleist konstruierten Satz, der sich über eine halbe DIN-A4-Seite erstreckte, syntaktisch zu zerpflücken. Da ich das weder in der Schule noch in einem Grammatikkurs der Universität gelernt hatte, war ich darauf angewiesen, von der in dem überfüllten Raum dicht neben mir sitzenden Kommilitonin abzuschreiben.

Insgesamt hatten sich 105 Mutige zu der Prüfung gemeldet, 35 bestanden. Ich stand vor dem schwarzen Brett mit den Ergebnissen, warf einen Blick auf die paar Namen der Glücklichen und entdeckte meinen eigenen. Was für ein Erfolg! Ein Drittel war durchgekommen, und ich gehörte dazu. Wenige Tage später hatte ich Geburtstag, ein besseres Geschenk konnte ich mir nicht denken.

Nach genau einem Jahr bestand ich auch auf Anhieb die historische Hauptseminarprüfung, ohne dass ich mich einer partiellen Nachprüfung stellen musste. Bei diesem Vorexamen mussten wir englische, französische und mittellateinische Texte übersetzen, um unter Beweis zu stellen, dass wir über die sprachlichen Voraussetzungen zum raum- und zeitübergreifenden Studium verfügten. Außerdem hatten wir in einem Kolloquium Rede und Antwort zu stehen in mehreren Spezialgebieten, die wir allerdings selber aussuchen durften. Unter anderem hatte ich mich auf den Stauferkaiser Friedrich II. vorbereitet, der mich mein Leben lang begleiten sollte. Doch davon später.

Als Hauptseminarist in meinen beiden Fächern konnte ich endlich mit dem Studium so richtig loslegen. In der Arbeitsgruppe eines renommierten Professors zu sitzen, das war doch etwas! Und es machte Spaß. Und es brachte Erfolge mit sich, die zählten, nämlich benotete Hauptseminarscheine. Da in den Seminaren gestandene Studenten saßen, die kurz vor dem Examen standen, und Neulinge wie ich, gab es natürlich ein deutliches Leistungsgefälle, aber Schritt für Schritt – System Langstreckenlauf – arbeitete ich mich nach vorn. Die ersten Scheine, die ich aber auch nur für eine Klausur oder ein Stundenprotokoll erhielt, wiesen lediglich ausreichende oder befriedigende Noten auf, doch dann, für Referate und längere Hausarbeiten hagelte es Zweien und Einsen.

Die Seminararbeiten, die ich handschriftlich verfasst hatte, diktierte ich meiner Mutter in die Schreibmaschine. Dabei kam es immer wieder vor, dass ich meine eigene Klaue nicht lesen konnte, und dann entzifferte meine Mutter den Text, vielleicht, weil sie mich besser kannte, als ich selber es vermochte. Ob sie erleichtert oder gar begeistert darüber war, dass ich zu den Geisteswissenschaften übergelaufen war, hat sie niemals ausdrücklich geäußert, obgleich ich doch nun genau das studierte, was sie interessierte und was auch sie sicher studiert hätte, wenn sie später geboren worden wäre und gelebt hätte. Sie mischte sich zwar nicht direkt in meine Seminararbeiten ein, aber unsere Gespräche regten mich doch an und führten zur selbstkritischen Überprüfung dessen, was ich schrieb.

Auch sonst unternahmen wir vieles gemeinsam. Wir gingen ins Theater oder in Museen, aber immer nur am Sonnabend, denn der Sonntag gehörte nach wie vor dem Skat mit der Ex-Kollegin meines Vaters. Ob er sich auch in der Woche mit ihr traf, weiß ich nicht. Zeit genug hätte er ja gehabt, wenn die Filmerei eine Pause einlegte. Ob meine Mutter eifersüchtig war oder ob sie viel mehr unter der Zeitvergeudung litt, die ihr Sonntag für Sonntag die Freiheit und die Freizeit beschnitt, darüber hüllte sie sich in Schweigen. Im Übrigen aber unterhielten wir uns oft und über alles, also über Gott und die Welt, wenngleich sie an jenen nicht glaubte und diese kaum kannte, da sie Deutschland niemals verlassen hatte. Wir sprachen über Kunst und Literatur, über Geschichte und Politik.

Mein Vater beteiligte sich so gut wie gar nicht an diesen Gesprächen, teils weil unsere Themen ihn nicht interessierten, teils weil wir ihn nicht einbezogen und einluden. Die Kontakte innerhalb der Familie waren eine Mischung aus Ursache, Wirkung und Rückwirkung. Weil er sich zu seiner eher oberflächlichen Ex-Kollegin hingezogen fühlte, bildeten meine Mutter und ich eine kulturorientierte Interessengemeinschaft, und weil er sich nicht recht ernst genommen und regelrecht ausgebootet fühlte, suchte er Zuflucht bei der kollegialen Ex-Kollegin, die ihm Verständnis und Anerkennung entgegenbrachte. Einen Ausweg aus dieser verqueren Situation und Konstellation suchte meine Mutter, indem sie im Urlaub verreiste und sich ein ruhiges und erholsames Ziel auswählte, zum Beispiel im Schwarzwald, im Bayerischen Wald oder im Fichtelgebirge, der sogenannten Rentnerschweiz.

Im Sommer 1958 nahm sie mich mit nach Neckarsteinach, einem Städtchen in der Nähe von Heidelberg. Wir wanderten den Neckar rauf und runter oder in die Nebentäler hinein und besuchten und besichtigten Heidelberg, Schwetzingen, Hirschhorn und Zwingenberg, und wir bestiegen und bewunderten die Burgen auf den Anhöhen neben dem Fluss.

Ich hatte schon im Voraus den Plan gefasst, nach der Heimkehr meiner Mutter noch ein paar Ferientage anzuhängen, neckaraufwärts bis Ludwigsburg zu wandern, um dort dann an den Deutschen Juniorenmeisterschaften der 19- und 20-Jährigen teilzunehmen. Um einigermaßen in Form zu bleiben, rannte ich in der Umgebung von Neckarsteinach die Berge hoch, am liebsten auf der anderen Seite des Flusses. Dort lag das kleine Burgstädtchen Dilsberg, und als ich vom Ufer zur Stadtmauer spurtete, zuletzt völlig außer Atem, da fragte mich ein altes Mütterchen, das den Berg herab humpelte, entsetzt und verängstigt, fast schon in Panik: *Ist etwas passiert?* Dass man aus purer Freude am Rennen rennt, konnte sie sich nicht vorstellen.

Bevor ich Ludwigsburg erreichte, machte ich Station in Wimpfen mit seiner Kaiserpfalz, in Heilbronn mit seiner malerischen Altstadt und in Marbach, wo ich in Schillers Geburtshaus dem größten deutschen Dramatiker meine Reverenz erwies, schließlich war ich ja seit einigen Monaten offizieller Germanist. In Ludwigsburg hatte ich nicht den erhofften Erfolg. Ohne Training auf der Aschenbahn ließ meine Tempohärte zu wünschen übrig und ich kam erst mit der zweiten Hälfte des Feldes ins Ziel. Bei den Berliner Juniorenmeisterschaften hatte ich über 1500 Meter in 4:01,6 Minuten den zweiten Platz errungen, hier nun wurde ich in 4:10,6 Minuten Zehnter. Mein dürftiges Abschneiden ärgerte mich.

Im nächsten Jahr wollte ich es besser machen, dafür den Winter durch hart trainieren und dann im Sommer so richtig loslegen. Und das glückte mir auch. Schon im Frühling wurde ich im Olympiastadion beim *Tag des Läufers* über 1000 Meter Zweiter hinter Olaf Lawrenz, aber vor Peter Kubicki, der später mehrfach Deutscher Meister auf den langen Strecken werden sollte. Im Sommer bei den Berliner Meisterschaften steigerte ich mich über 800 Meter auf 1:53,3 Minuten, und bei den Deutschen Hochschulmeisterschaften gewann unsere Staffel wie schon 1956 den Titel. Als die zahlreichen Athleten nach dem Wettkampf unter der Dusche standen und im

Adamskostüm quasi anonym waren, stellte ich mich dumm und fragte mit geheucheltem Interesse, wer denn die Dreimal-1000-Meter-Staffel gewonnen habe. *Die FU Berlin,* war die Antwort, *aber mit Lawrenz.* Damit hatten meine eigene Leistung und mein Anteil am Sieg ungewollt einen kräftigen Dämpfer erhalten.

Aber mein Ehrgeiz war geweckt. Ich bildete mir ein, dass mein Talent noch einige Reserven in petto hatte. In den Sechzigerjahren wollte ich an die Grenze meiner Möglichkeiten gehen und probieren, wie weit ich kommen würde. Da Kurt Maidorn nach seinem Examen die Übungsleitung im Verein aufgegeben hatte, trainierten wir Zehlendorfer alleine. Ich aber brauchte eine fachmännische Schulung und deshalb wechselte ich zum Sportclub Charlottenburg, dem damals führenden Berliner Läuferverein. Statt des gelben *Z* auf schwarzem Hemd trug ich jetzt das schwarze *C* auf einem weißen.

Doch bei diesem Wechsel blieb es nicht. Ich verließ die CDU. Ohnehin war ich dort nie aktiv gewesen, wenn man von der Verteilung des Propagandamaterials absieht. Auch bezweifelte ich mehr und mehr, ob die Partei christlich, demokratisch und eine Union war, wenn ich bedachte, dass sie unter Missachtung ihrer proklamierten Etiketteneigenschaften nur zu oft nicht ohne Intrigen innere Konflikte auskämpfte und in der politischen Praxis eher die Interessen der wirtschaftlich Starken vertrat als die der großen Mehrheit der kleinen Leute. Das C im Parteinamen überzeugte mich nicht und erschien mir wenig glaubwürdig. Die Zeit mit dem politischen C in der Brust war vorüber, als ich das sportliche C auf der Brust zu tragen begann und für den SCC in die Wettkämpfe zog.

Eine gewisse Wechselhaftigkeit gab es in diesen Jahren auch hinsichtlich meiner Freundinnen und Freunde. Bei den Mädchen waren die Beziehungen, wie schon erwähnt, entweder ihrerseits oder meinerseits nicht auf Dauer angelegt, weil mal ich ihren, mal sie meinen Erwartungen nicht entsprachen, so dass ein halbes Jahr Eros das Höchste der Gefühle war. Die Verbindungen zu den Freunden dauerten länger und sind zum Teil bis heute erhalten geblieben, aber die Freundschaft musste aufgeteilt werden, weil es zu viele unterschiedliche Cliquen gab. Da waren die Straßenfreunde, die Schulfreunde, die Sportfreunde, die Studienfreunde, die Strandfreunde, und mit allen war man oft und gerne zusammen, sei es, dass man gemeinsam die Freizeit verbrachte, sei es, dass man, so mit den Kommilitonen und Vereinskameraden, gemeinsam *arbeitete*, also paukte oder trainierte. Vielleicht war ich toleranter als die meisten meiner Freunde, die gerne in ihrem sozialen Umfeld blieben, während ich mich gleichermaßen im Kreise von Studenten wie von Arbeitern und Handwerkern wohl und heimisch fühlte. Wenn wir am Wochenende zum Tanzen gingen, dann suchten wir, je nach Clique, sehr unterschiedliche Lokalitäten mit sehr unterschiedlichen Tanztrends auf. Mit Henrys Fußballfreunden, die Maurer, Schlosser, Mechaniker oder – wie Henry selber – Bäcker waren, fuhr ich nach Neukölln ins *Casaleon*, wo Rock and Roll gespielt und getanzt wurde, und für meine akademischen Freunde war die *Eierschale* am Nordrand von Dahlem die angesagteste Tanzadresse, wo im Übrigen einer meiner früheren Klassenkameraden als Bierbringer jobbte. Hier wurde Jazz geboten, und man tanzte Dixieland und Boogie-Woogie. Die Tanzfläche war derart überfüllt, dass man die typischen raumgreifenden Bewegungen unmöglich ausführen konnte und sich die Tanzpartner deshalb annähernd regungslos gegenüberstanden und mit den Füßen nach dem von der Band vorgegebenen Rhythmus auf der Stelle traten und mit den ergriffenen Händen zwischen Brust und Brust eng bemessene kreisförmige Bewegungen vollführten, was als *Rühren* bezeichnet wurde und was ein Markenzeichen der *Schale* war, wie die Insider ihren Jazzkeller zu nennen pflegten. Im *Casaleon* und in der *Eierschale* standen die Stammgäste auf amerikanische Musik, aber die einen auf Rock und die anderen auf Jazz. Zwischen beiden Gästegruppen bestand ein Standesunterschied, man ging, je nach Bildung und Ausbildung, hierhin oder dorthin.

Aber auf die schichtenspezifischen Merkmale wurde seitens der jeweiligen Geschäftsführung natürlich nicht geachtet, nur dass Studenten in die *Eierschale* billiger kamen als andere Menschen. Geachtet wurde aber auf das Alter. Wer noch nicht 16 war, durfte gar nicht in die *Schale*, wer noch nicht 18 war, musste um 22 Uhr wieder raus und den zur Kontrolle an der Kasse hinterlegten Ausweis abholen. Um mit meiner zu jungen Kurzzeitfreundin dennoch einen ausgedehnten Tanzabend verbringen zu können, beschafften wir uns einen passenden Pass mit ausreichendem Alter. Die entstehenden Ähnlichkeiten zwischen der volljährigen Passbesitzerin und der fast noch minderjährigen Passvorweiserin waren rein zufällig, fielen aber im Dämmerlicht der *Eierschale* nicht auf und folglich auch nicht ins Gewicht. Der hilfreiche Ausweis stammte übrigens von Kalles vorübergehenden Verlobten.

Wie zahlreich und abwechslungsreich meine freundschaftlichen Kontakte waren, zeigte sich an meinen Reisen. Mal war ich mit diesem, mal mit jenem Freund unterwegs, mal in einer Gruppe. Klassenreisen führten mich in den Harz oder an die Nordsee, mit den Straßenfreunden Detlev und Konrad wanderte ich im Schwarzwald und am Bodensee, mit den Sportfreunden Ditsches beziehungsweise Jens und Harmut machte ich die englische Kartoffelkampagne und die französische Weinlese mit. Mein alter Klassenkamerad Martin und ich besuchten Sizilien, Werner und ich Süddeutschland und Südfrankreich.

Für uns Berliner war Reisen etwas ganz Besonderes. Der Bundesbürger konnte jedes Wochenende aus seiner Stadt zu einem Ausflug in die ländliche Umgebung aufbrechen, der Berliner konnte das nicht, denn eine ländliche Umgebung gab es nicht, weil das märkische Umland unzugänglich war. Wollte man in die Berge, in die Heide oder an die See, um einen weiten, freien Blick zu genießen und stundenlang und grenzenlos zu wandern, dann musste man zuvor ein paar hundert Kilometer durch die DDR fahren und penible oder gar schikanöse, auf jeden Fall zeitraubende Kontrollen über sich ergehen lassen.

Für mich war Reisen mehr als Tourismus. Es war, wenn ich ins Ausland fuhr, nach Hitler-Diktatur und Weltkrieg, ein Bekenntnis zu Europa und zur Völkerversöhnung, ganz allgemein aber auch ein Erlebnis von Weite und Freiheit, das über die Enge des Grunewalds hinausging. Aus diesem Grunde genoss ich die Sportreisen. Mit den Kameraden von Z88, der FU und des SCC nahm ich an Meisterschaften oder Vergleichskämpfen teil und bekam zugleich einen Eindruck von fast allen Bundesländern. Ich startete (von Nord nach Süd) in Lübeck, Hamburg, Lüneburg, Bremen, Hannover, Paderborn, Göttingen, Dortmund, Kassel, Köln, Marburg, Bonn, Gießen, Frankfurt, Darmstadt, Erlangen, Heidelberg, Karlsruhe, Ludwigsburg, Stuttgart und München.

Trotz meines Ehrgeizes im Studium und im Sport und des damit verbundenen zeitlichen Aufwandes wurde ich den alten Freunden aus Straße und Schule nicht untreu. Auch mit Werner, meinem einstigen Banknachbarn, blieb die Freundschaft erhalten, obgleich sein Studium ganz anders ausgerichtet war und er an der Technischen Universität Maschinenbau studierte. Wie in der Schule, wo wir voneinander abgeschrieben und uns hilfreich ergänzt hatten, pflegten wir eine für beide Teile vorteilhafte Interessengemeinschaft. Werner fand bei uns so etwas wie Familienanschluss, schaute gerne mal vorbei und unterhielt sich mit uns, was meine Mutter als Alternative zu den öden Skatabenden als angenehme Abwechslung empfand. Werner lebte alleine mit seiner Großmutter, seit sein Vater in Brasilien die Leitung des OSRAM-Werkes übernommen hatte und die Eltern Berlin verlassen hatten. Ich wiederum profitierte davon, dass Werner als Fan von Verbrennungsmotoren erst einen Roller und dann ein Auto besaß, so dass wir nicht nur bei unseren Freizeitunternehmungen in Berlin mobil waren, sondern auch gemeinsam verreisten. 1959 verlebten seine Eltern ihren Urlaub in Deutschland und mieteten sich am Starnberger See ein. Ich wurde für ein paar Tage dorthin eingeladen, denn von dort wollten Werner und ich anschließend den Alpenrand und den Bodensee entlang und später rheinabwärts durch Deutschland motorrollern. Das besagte Edelhotel war vornehm und der Aufenthalt angenehm. Ich erwanderte die liebliche Landschaft, während Werner – auch seine Schwester war erschienen – auf Familie machen musste. Ich pilgerte zu der Stelle, wo König Ludwig II. 1886 das Wasser aufsuchte und dort sowohl den Tod suchte als auch fand. Am Wochenende erschienen die deutschen OSRAM-Direktoren und trafen sich mit ihrem nach Sao Paulo versetzten Kollegen, konferierten oder erholten sich, und abends wurde in einem separaten Raum getafelt. Werners Vater lieh mir ein Sakko, das mir annähernd passte, so dass ich so einigermaßen der mehr oder weniger offiziell vorgegebenen Kleiderordnung genügte. Was gesprochen, gegessen und getrunken wurde, habe ich weitestgehend vergessen. Mit Sicherheit waren die Speisen und Getränke anspruchsvoller als die Gespräche. Mit Rücksicht auf die anders gearteten Interessen der Gattinnen wurden geschäftliche und wirtschaftliche Themen umgangen, um Meinungsverschiedenheiten zu vermeiden, war die Politik tabu, und auf Kunst und Literatur, Philosophie und Soziologie ließ man sich schon deshalb nicht ein, weil hier die Gefahr der Offenbarung von Unkenntnis viel zu groß war. Wer will sich schon blamieren? Also Small Talk. In Erinnerung habe ich nur noch den Ritus der Weinauswahl. Da ich von dieser Materie nicht das Geringste verstand, konnte ich den von großer Kennerschaft zeugenden Gebrauch eines speziellen Weinlateins nur verblüfft zur Kenntnis nehmen. Als der erwählte Wein dann serviert wurde, war ich aber etwas enttäuscht, als der der Tafel vorsitzende Topmanager nach dem Verkosten kein anderes Urteil zustande brachte, als kleinlaut anzumerken: *Er könnte ein ganz klein bisschen kühler sein.* Damit hatte er einerseits klargestellt, wer Chef im Ring war, sich andererseits aber als jovial und gnädig gezeigt. Der Wein wurde nicht in die Pfanne gehauen, und der Direktor hatte im doppelten Sinne von seiner sensiblen Zunge Zeugnis abgelegt. Wie immer, wenn ich mit der High Society in Berührung kam, fühlte ich mich unwohl, wehrte mich heimlich und machte mir meine ironischen, demokratischen und sozialistischen Gedanken.

Nachdem Werner und ich unsere Bildungsreise beendet hatten und heil in Berlin eingetrudelt waren, sah ich mich den Vorwürfen meines anderen Klassenfreundes ausgesetzt. Martin war befremdet über meine lange Abwesenheit, aber wohl weniger aus Eifersucht als aus Ärger über die vergeudete Zeit, die wir eigentlich für das gemeinsame Lateinlernen hätten nutzen sollen. Es ist eben nicht einfach, es allen Freunden recht zu machen.

Im folgenden Sommer entschied ich mich für eine völlig andere Reisebegleitung, nämlich für gar keine. Ich wanderte einsam und alleine. Von Bamberg ab bis Würzburg, bog nach Süden ab und besuchte so schöne Städte wie Creglingen, Rothenburg, Nördlingen und Augsburg. Meist hielt ich es so, dass ich einen Tag Strecke machte durch die freie Natur und mich am folgenden Tag in die Geschichte und Kultur der Städte vertiefte. Dabei machte ich die Erfahrung, dass man am genauesten hinschaut und am meisten sieht, wenn man alleine ist, vor allem dann, wenn man – wie ich – einen Malblock und Tuschkasten bei sich hat und an fotogenen Rastplätzen eine Pause einlegt. Entscheidend ist nicht, wie gut das Bild wird, entscheidend ist, wie viele Details man wahrnimmt und verinnerlicht. Neben den Malsachen begleitete mich das Nibelungenlied, das ich, natürlich auf Mittelhochdeutsch, mit Liebe las, wann immer sich die Gelegenheit ergab.

Was war inzwischen aus meinen Straßenfreunden geworden? Sie arbeiteten. Konrad lernte auf Mechaniker, Detlev hatte es vom Postassistentenanwärter zum Postassistenten gebracht, Henry plante seinen Wechsel von der Backstube zur Bundeswehr, Konrads großer Bruder Winfried und Kalle hatten ihre Ausbildung längst abgeschlossen, fühlten sich bereits als richtige Erwachsene und tendierten dazu, ihrem Leben so langsam eine gewisse Endgültigkeit zu geben. Kalle hatte sich bereits verlobt, wenn auch nur befristet, und Winfried fuhr ein eigenes Motorrad, das er selbst zusammengebaut hatte. Aber das sollte ihm zum Schicksal werden. Am 17. Juni 1958, zwischen 1 und 2 Uhr nachts, raste er in den Tod. Weil die Argentinische Allee wegen Bauarbeiten gesperrt war, musste er die vorgeschriebene Umleitung benutzen und durch eine mit Kopfsteinen gepflasterte Nebenstraße fahren, die auf beiden Seiten neben den Rinnsteinen einen schmalen Asphaltstreifen für die Radfahrer hatte. Hier balancierte Winfried mit hoher Geschwindigkeit entlang, kam mit der Fußraste an den Kantstein, überschlug sich mit seiner Maschine, flog etliche Meter durch die Luft, schlug auf die Steine auf und war auf der Stelle tot. Einen Helm hatte er nicht getragen.

Sein Tod hatte viele Ursachen. Zunächst war da der mit dem Wirtschaftswunder zusammenhängende sozioökonomische Druck, der die Deutschen, vor allem die Männer, aus Prestige- und Bequemlichkeitsgründen für die Motorisierung begeisterte. Wer immer es sich leisten konnte, steigerte sich vom Mopedfahrer zum Motorroller- oder Motorradfahrer und endlich zum Autofahrer mit immer anspruchsvolleren Modellen. Der Wohlstand ermöglichte die Motorisierung, zugleich förderte diese den Wirtschaftsaufschwung, war doch der Fahrzeugbau die Branche, die am schnellsten expandierte. Fahren war der Deutschen liebste Beschäftigung und sicherte Vollbeschäftigung. Der fahrbare Untersatz war in allseits bewunderter Wechselwirkung sowohl Ursache als auch Folge des Wohlstands. Wer nicht mitspielte, war schon fast ein Außenseiter. Unser Trainer Kurt Maidorn fuhr ein Moped, bis er – noch als Student – vom Schwiegervater einen Kleinwagen bekam. Werner verbesserte sich vom Roller zum Renault, Jens hatte einen Roller und Winfried sein Motorrad. Sein Bruder Konrad fing gleich mit einem Gebrauchtwagen an, weil seine Eltern ihm ein so gefährliches, ja todbringendes Fahrzeug, wie es ein motorisiertes Zweirad war, verboten.

Der Tod war ein unvermeidlicher Verkehrsteilnehmer, er gehörte zum Fahren dazu wie das normale Sterben zu jedem Leben. Und Winfried war eben begeisterter Motorradfahrer mit dem Lebensrisiko auf dem Sozius. Um das Fahren wenn nicht sicherer, so doch schneller zu machen, wurden die Hauptstraßen verbreitert und asphaltiert, schließlich forderten die Autobauer- und die Autofahrerlobby freie Fahrt für freie Bürger. Mit dem von der Kommunalpolitik zu verantwortenden Straßenbau steht die große Politik in ursächlichem Zusammenhang mit seinem tragischen Unfall. Nach dem Scheitern des Arbeiteraufstandes in der DDR hatte Bonn den 17. Juni zum *Tag der Deutschen Einheit* erklärt. Zum Ausgleich dafür, dass die Ostarbeiter sich nicht befreien konnten, bekamen die Arbeitnehmer im Westen einen freien Tag, den sie nach Kräften nutzten. Da man am 17. ausschlafen konnte, feierte man am 16. in die Nacht hinein, wie an einem Sonnabend, feierte die Nacht durch, war mobil und unterwegs und auf Achse, und dabei passiert eben das, was Winfried passiert ist. Genau fünf Jahre nach dem Aufstand in Ostberlin wurde er in Westberlin ein weiteres Todesopfer dieser Unruhen. Er ist nicht älter als 23 Jahre alt geworden.

Viele Zufälle kamen zusammen, Zufälle jedoch, die ihre logischen und kausalen Grundlagen und Zusammenhänge hatten: Die Motorradbegeisterung, der freie Tag, der Straßenbau, die Umleitung, die Fußraste und die freie Fahrt ohne lästigen Helm.

Winfrieds früher Tod ist auch ein Symbol dafür, allerdings das schlimmste Symbol, wie unsere Reiherbeizenclique auseinanderfiel. Ob wir wollten oder nicht, wir kamen kaum noch zusammen.

Weniger die auseinandergehenden Interesen und Bildungswege als vielmehr die fehlende Zeit schränkte unsere Kontakte ein. Wenn die Freunde Urlaub hatten, im Juli und Anfang August, dann steckte ich noch im Semester oder nahm an Meisterschaften oder anderen Wettkämpfen teil, war also unabkömmlich, so dass gemeinsame Reisen unmöglich waren. Man traf sich nur noch beim Baden oder abends in der Stammkneipe am Onkel-Tom-Bahnhof. Und da erzählte man sich dann, was des Erzählens wert war, Reiseerlebnisse, Sporterfolge oder Liebesaffären.

Vor, in oder nach seiner ersten Verlobungszeit geschah es, dass Kalle an eine amerikanische Offiziersgattin geriet. Er war einem Abenteuer nicht abgeneigt, und sie war von dem großen, kräftigen, blondgelockten Germanen so fasziniert, dass sie zu allen Schandtaten bereit war. Dem stand auch nichts im Wege, denn der alsbald zum Hahnrei zu befördernde Offizier war weit weg, befand er sich doch in dienstlicher Mission im fernen Westdeutschland. Die Offiziersgattin fand also nichts dabei, Kalle mit in die Offizierswohnung zu nehmen, wo die beiden sich gegenseitig die Sachen vom Leibe rissen und zur Sache kamen. Details sind mir nicht bekannt. Aber zu fortgeschrittener Nachtzeit nahte das Unheil. Unüberhörbar ließ sich das Geräusch eines sich im Türschloss drehenden Schlüssels vernehmen, und es stand außer Zweifel, dass der zugleich unerwartete und unerwünschte Hausherr leibhaftig vor der Tür stand, weil der Dienstplan überraschend geändert worden war. Ohne die Zeit mit Abschiedszärtlichkeiten zu vertun, machte sich Kalle an den Rückzug, wobei ihm nichts übrig blieb, als durchs Fenster in die Tiefe zu springen, und das ohne Rücksicht auf die Höhe, die aber zum Glück, da sich die Wohnung im Erdgeschoss befand, keine Gefahr für Leib und Leben bedeutete. Eine Begegnung mit einem entehrten, jähzornigen und bewaffneten Leutnant oder Hauptmann wäre jedenfalls wesentlich unangenehmer geworden. Der flüchtige Gast raffte also an Schuhwerk und Kleidung zusammen, was er in der Eile zu fassen bekam und sprang. Er hatte aber nicht die Hygienemanie der US-Amerikaner bedacht, die sich in ihrer übertriebenen Insektenphobie nur hinter Fliegengittern sicher fühlen. Im nächtlichen Dunkel bemerkte Kalle nicht, was ihm im Wege war, sonst hätte er das Fliegenfenster ja öffnen können, brach sich stattdessen Bahn wie ein Keiler im Unterholz und landete unversehrt im Freien, wo er sich hinter einer schützenden Hecke eilfertig ankleidete, soweit dies möglich war. Denn ihm fehlte ein wesentliches Teil und das hing, wie er sah, als entlarvendes Corpus Delicti in dem zerfetzten Netzwerk des Fliegenfensters, nämlich seine Unterhose. Jedes Abenteuer hat also seinen Preis.

Da Kalle sehr schnell das Weite suchte, entging ihm, was in der Offizierswohnung noch so alles vor sich ging, ob es der nymphomanen Dame noch rechtzeitig gelang, das Schlafzimmer wieder in Ordnung zu bringen, die Wäschereliquie zu entsorgen, sich schlafend zu stellen und eine plausible Erklärung für das demolierte Fenster zurechtzulegen – oder ob es lautstarke Vermutungen, Vorwürfe und Vorverurteilungen gab oder gar cholerische Formen von Selbstjustiz und Strafvollzug.

Die Moral der unmoralischen Geschichte kann aber nur lauten, dass die Harmonie und Liebe zwischen den Deutschen und Amerikanern nicht übertrieben werden darf.

Abschließen will ich das Kapitel über die Wechseljahre mit dem Jahre 1961. Da wurde die Mauer gebaut und die Ostdeutschen und die Westberliner bekamen den Kalten Krieg in verschärfter Form zu spüren.

Dabei hatte das Jahr noch ganz normal begonnen und mir persönlich sogar einige erfreuliche Erfolge und Erlebnisse beschert. Im Februar legte ich die historische Hauptseminarprüfung ab, in deren Mittelpunkt Kaiser Friedrich II. stand.

Aus Dankbarkeit ihm gegenüber unternahm ich eine Wallfahrt zu seinem Grab in Palermo. Diesmal brachte ich viel mehr Interesse und Verständnis für die Kunstschätze Siziliens auf als vier Jahre zuvor, als Martin und ich eigentlich nur zum Baden nach Taormina gefahren waren. Jetzt bestaunte ich die Palazzi von Palermo und vor allem die normannische Kathedrale mit den Sarkophagen der normannischen und staufischen Herrscher, und ich stieg hoch nach Monreale und entzifferte stundenlang die Mosaiken im Dom. Dann kreuzte ich kreuz und quer durch Sizilien und bewunderte die Multikultivielfalt mit den griechischen, römischen, islamisch-arabischen, christlich-normannischen und katholisch-barocken Zeugnissen aus zweieinhalb Jahrtausenden.

Als ich von Palermo ins Innere der Insel wanderte und die Schönheit der Einsamkeit genoss, ohne zu wissen, ob ich in der nahenden Nacht ein Dach über dem Kopf haben würde, kam ich an einem schlossartigen Weingut vorbei, ähnlich dem in Südfrankreich, wo ich vor ein paar Jahren gearbeitete hatte. Im Torbogen stand ein Landarbeiter und langweilte sich, er war der einzige Mensch auf dem Hof, denn es war Sonntag und er musste alleine die Stellung halten. Die Herrschaft lebte ohnehin in ihrem Palast in Palermo, und seine Mitknechte würden erst Montagfrüh aus dem benachbarten Dorf zur Arbeit zurückkehren. Er lud mich ein, hier zu übernachten, zeigte mir stolz das umfängliche Gut, das Herrenhaus von außen und die Ställe von innen, und sorgte fürs Abendessen, indem er ein paar Eier und Zwiebeln beschaffte. Eloquent wie alle Italiener, verwickelte er mich in ein Gespräch – trotz seiner fehlenden Deutsch- und meiner mangelhaften Italienischkenntnisse. Aber er war lernbegierig. Was immer uns bei unserem Rundgang begegnete, bezeichnete er mit dem italienischen Wort und verlangte von mir die deutsche Vokabel, so dass unser Dialog sich wie ein Wörterbuch ausnahm: *Cipolla - Zwiebel, Galina - Huhn, Pane - Brot* und so weiter und so fort, wobei er aus dem Hahn einen Ahn, aus dem Huhn ein Uhn und aus dem Hund einen Und machte.

Als es dämmerte, führte er mich in die Schlafkammer der Knechte, einen quadratischen Raum, an dessen Wänden alte Matratzen mit alten Mänteln als Zudecken herumlagen. Eine elektrische Lampe gab es nicht, obgleich ich zunächst den Eindruck hatte, denn ein von der Decke herabhängender Draht endete in einer Art *Lampenschirm*. Unter dem befand sich aber keine Birne, sondern ein Brot. Sinn dieser sinnreichen Einrichtung war es, den Ratten und Mäusen das Brot vorzuenthalten. Selbst wenn sie die Wand hoch, die Decke entlang und den Draht hinab gelangten, um den Rand des runden Blechdeckels von der Oberseite zur Unterseite herumzuturnen, glückte es ihnen nicht, unter den Deckel zu gelangen. Sie stürzten ab, und das Brot blieb uns Menschen erhalten.

Auf dem Steinfußboden entfachte mein Gastgeber ein Feuerchen, wobei das kleine Loch in der Wand, das eher einer Schießscharte als einem Fenster glich, als Rauchabzug diente. In einer Pfanne bereitete er Rührei, da ich aber allergisch gegen Eier bin, musste ich dankend verzichten und mich mit trocken Brot und ein paar Schlucken Wein zufriedengeben.

Als das Feuer erloschen war, legten wir uns zum Schlafe nieder. Sofort wurden Ratten und Mäuse aktiv, eilten auf der Suche nach Resten durch den Raum, versuchten auch, an das unter dem *Lampenschirm* hängende Brot zu kommen, scheiterten dabei und verursachten beim Aufschlagen auf dem Fußboden ein klatschendes Geräusch, das, je nach Lautstärke, darauf schließen ließ, ob eine Ratte oder eine Maus abgestürzt war. Da das Geziefer keine Rücksicht auf uns nahm und quer über uns rüber rannte, mummelte ich mich von Kopf bis Fuß in die muffigen Mäntel ein, fand kaum Schlaf und war heilfroh, als sich in dem kleinen Fensterloch die Morgendämmerung zeigte.

Plötzlich standen zehn, zwölf Knechte in der Kammer, in ihrer Kammer, begrüßten ihren Kollegen und auch mich, sahen jedoch makaber und furchterregend aus, denn alle fuchtelten mit Sensen und Sicheln, Messern und Scheren in der Luft herum. Aber das waren zum Glück keine Waffen, sondern Werkzeuge, mit denen sie die Weinstöcke beschneiden und von Unkraut befreien sollten. Da jeder Knecht ein anderes Feld bearbeiten sollte, trennten sie sich alsbald und gingen in verschiedene Richtungen auseinander.

Als mein Gastgeber und ich die ihm zugewiesene Arbeitsstelle erreichten, wurde erst einmal gefrühstückt. Er kratzte ein bisschen Reisig zusammen, machte Feuer und dann nahmen wir unser Morgenmahl ein, das wie das heilige Abendmahl aus Brot und Wein bestand. Wir steckten die Brotscheiben auf angespitzte Stöcke und toasteten sie über dem offenen Feuer. Mangels Marmelade gab es Wein, den wir auf das Warme Brot träufelten, und siehe da, es schmeckte sehr gut. Währenddessen gab sich mein sizilianischer Freund patriotisch und gebildet. Er zeigte auf eine Hügelkette am Horizont und sagte voller Begeisterung: *Garibaldi, Garibaldi, Garibaldi!* Hier in Sizilien war der Nationalheld zu seinem Siegeszug durch Italien aufgebrochen, war dann maßgeblich an der Einigung seines Vaterlandes beteiligt und über Generationen auch den kleinen Knechten in Erinnerung geblieben.

Als der Abschied nahte, ließ mein Gastgeber sein Interesse erkennen, mit mir in Zukunft zu korrespondieren. Aber Antonio Campo hatte Mühe, seinen Namen zu schreiben und erst recht die Anschrift. Ob er einen ganzen Brief zustande bringen könnte, war zu bezweifeln. Ich habe ihm mehrmals geschrieben, aber nie eine Antwort erhalten. Wahrscheinlich hatte er in seinem Bekanntenkreis niemanden gefunden, der ihm die Schreibarbeit abnehmen konnte, oder er schämte sich, solche blamable Bitte auszusprechen. Vielleicht auch war ihm das Porto für einen Auslandsbrief zu hoch, schließlich war er ein verdammt armer Schlucker. Ob es mir gelang, mich bei ihm für seine Gastfreundschaft finanziell zu bedanken, oder ob ihm das gegen die Ehre ging, weiß ich nicht mehr.

Ende März war ich wieder in Berlin und vor mir lagen die letzten Monate, in denen die geteilte Stadt noch nicht endgültig und hermetisch von sich selber getrennt war. Noch konnte man mühelos mit der S- oder U-Bahn von der einen Hälfte in die andere fahren, noch konnten Verwandte und Freunde in dieser oder jener Richtung ihre obligatorischen Geburtstags- oder Osterbesuche machen – und ahnten für die Zukunft nichts Böses. Die Wechselbesuche zwischen Zehlendorf und Oberschöneweide, wo die Familie meines Onkels wohnte, waren derart normal und langweilig, dass ich davon nichts mehr in Erinnerung habe. Da waren zwei andere Fahrten nach drüben schon etwas interessanter, nämlich mein Besuch im Brecht-Theater und mein Start im Walter-Ulbricht-Stadion (wenn es damals schon so hieß). Vom SCC hatte ich mich zu einem Wettkampf in Ostberlin melden lasen. Kein anderer aus dem Verein hatte an einem so kuriosen, ja exotischen Unternehmen Interesse, aber ich war neugierig und ehrgeizig genug, mich mit den dortigen Deutschen und den Soldaten der Roten Armee über 800 Meter zu messen. Nicht das Ergebnis – ich landete im Mittelfeld – war ein Erlebnis, sondern das ganze Drum und Dran. Es war mein erster Start in einem anderen Staat, auch wenn die DDR von der BRD nicht als ein solcher anerkannt wurde.

Etwa zur selben Zeit unternahm ich meinen Ausflug ins Theater am Schiffbauer Damm. Ich wollte die *Mutter Courage* sehen, die der Altmeister selber noch inszeniert hatte, und lernte, was politisches

Theater und Verfremdung bedeuten. Die Söhne der Courage und zuletzt sie alleine ziehen den Marketenderwagen über die Bühne, legen sich ins Zeug, marschieren wie die Landsknechte und kommen dennoch nicht voran, weil sich die Drehbühne in Gegenrichtung bewegt, und zwar mit genau gleicher Geschwindigkeit. Subjektiv, aus ihrer beschränkten Sicht, bewegen sie sich vorwärts, objektiv gesehen treten sie auf der Stelle. Das Publikum ist zunächst befremdet, es stutzt, es geht auf Distanz zu den Ereignissen und Personen, bemerkt den großen Irrtum der Marketenderin, bemerkt auch, dass sie ihren Irrtum nicht bemerkt, sondern glaubt und immer wieder beteuert, dass sie in und mit dem Krieg ihre Geschäfte machen kann, obgleich in Wahrheit ganz andere vom Krieg profitieren und nur die großen Herren auf Kosten der kleinen Leute die großen Gewinne einfahren. Auch nachdem der Krieg ihr alle ihre Kinder genommen hat, bleibt die Courage bei ihrem Irrtum und ihrer Illusion: *Hoffentlich zieh ich den Wagen allein. Es wird schon gehen, es ist nicht viel drinnen. Ich muss wieder in Handel kommen.* Der von Brecht belehrte, bekehrte, aufgeklärte Zuschauer teilt ihre Illusion nicht, er empfindet kein kritikloses Mitleid, er identifiziert sich nicht, sondern geht auf Distanz. Er erkennt, dass die *Mutter* durch eigene Schuld nicht mehr Mutter ist und dass ihr Verhalten kein Ausdruck von *Courage* ist, sondern pure Dummheit. Er weiß, dass die Welt grundlegend verändert werden muss.

Das Stück engagiert sich für die kleinen Leute, für das einfache Volk, es klärt auf über das Wesen von Krieg und Kapitalismus, ist ein Lehrstück im Dienste von Sozialismus und Humanität ... Aber dann baut die *Deutsche Demokratische Republik* die Mauer, sperrt ihre Bürger ein und erschießt jeden, der sie überwinden will, weil er im kapitalistischen Westen mehr Humanität erhofft als im real existierenden Sozialismus.

Einen Tag vor dem Mauerbau waren Werner und ich in seinem Renault zu einer Fahrt in die Camargue aufgebrochen, wo wir zelten und baden wollten. Unterwegs erfuhren wir von den Berliner Ereignissen, kehrten aber nicht um. In einem postlagernden Brief teilte mir meine Mutter einige Einzelheiten mit und berichtete auch über ihre traurige Geburtstagsfeier: *Wir hörten am 19. im Radio Vizepräsi-*

dent Johnson und Mr. Clay sowie unseren Bürgermeister. Onkel Willi ist nun leider nicht gekommen, weil es Herr Ulbricht für angezeigt hielt, zwischen West- und Ostberlin Mauern und Stacheldraht zu ziehen. Es ist so absurd und unbegreiflich, dass man den Kopf schütteln möchte, wäre es nicht so traurig. Es ist aber alles ruhig, im Westen jedenfalls, und wir hoffen und nehmen an, dass es auch so bleiben wird. Dass an den Sektorengrenzen auf beiden Seiten Panzer stehen, habt ihr wohl gelesen. Ich möchte nur gerne wissen, was man auf der anderen Seite des Brandenburger Tors zu all diesen Verrücktheiten sagt. Wie sich die Dinge weiter entwickeln werden, kann niemand sagen. Ihr könnt aber unbesorgt nach Berlin zurückkommen, und wir freuen uns schon, dass Du am 30. wieder bei uns bist …

Kaum waren Werner und ich zurück in Berlin, fuhr ich an die Grenze, wo sich die Sperranlagen am brutalsten und am erschreckendsten mitten durch die Menschen zogen, zur Bernauer Straße. Es war Abend, also Feierabend. Die Westberliner hatten Trittleitern mitgebracht, kletterten hoch und winkten und unterhielten sich über die Mauer hinweg, oder genauer, sie schrien sich an, weil die Ostberliner Verwandten an die 100 Meter Abstand vom *antifaschistischen Schutzwall* halten mussten. Als es dämmerte, verabschiedete man sich lautstark, wünschte sich eine gute Nacht und verabredete sich für den folgenden Tag: *Bis morjen. Wieda um sechse!* Dann klappten die einen ihre Leitern zusammen und die anderen verschwanden im Dunkel der DDR. Es war zum Heulen.

42
Adenauers Abschied und Erhards Entlassung

So unnatürlich, brutal und anormal eine Mauer mitten durch eine Stadt und ein Volk auch sein mag, in beiden Teilen Berlins und Deutschlands kehrten die Menschen alsbald notgedrungen zu einem halbwegs normalen Leben zurück. Was blieb den einfachen Leuten auch anderes übrig, als einfach nur zu leben und zu überleben? Der Alltag zog ein, und der Kriegsgott Mars zog sich aus Berlin zurück, um sich andere Betätigungsfelder zu suchen, zum Beispiel Kuba, Vietnam und Afrika. Die vier Alliierten, von den weltweiten Krisen und Konflikten mehr oder weniger direkt oder indirekt betroffen, waren froh, dass sie wenigstens das Deutschland- und Berlinproblem vom Tisch hatten. Die Stadt geteilt, das Land geteilt, klare und gesicherte Grenzen, alles korrekt geregelt, endlich Ruhe im Karton, und die Hände frei für andere Baustellen.

Zu mehr als Trostpflästerchen und Nadelstichen wollte sich die westliche Politik nicht aufraffen. Bonn erhöhte die Berlinhilfe und gewährte den Berlinern als Belohnung für ihr Ausharren auf ihrer Insel ein paar Steuererleichterungen, von den Betroffenen *Zitterprämie* genannt. Um die DDR zu ärgern, verfiel man in Westberlin auf teils minimale, teils banale Schikanen. Auf Anregung des DGB, der im Streik seine wirksamste Waffe sieht, wurde die Bevölkerung dazu veranlasst, die in den drei Westsektoren unter DDR-Regie verkehrenden S-Bahnen zu boykottieren. Ideologische Eiferer forderten, den Kommunisten Bert Brecht im Westen auf keinen Fall auf die Bühne zu bringen.

Westliche Politiker, egal welcher Couleur und welcher Nation, verurteilten die Mauer bei jeder sich bietenden Gelegenheit, aber diese Proteste erstarrten mehr und mehr zu Ritus und Routine. Politische Gäste wurden an die Mauer geführt, bestiegen die am Brandenburger Tor und Potsdamer Platz errichteten Aussichtsgerüste, verharrten einen Moment in traurigem Schweigen, machten ein mitleidiges Gesicht und sagten dann, was man von ihnen erwartete: *Die Mauer muss weg.* Vor allem für die auf Entwicklungshilfe bedachten Herren aus der Dritten Welt war ein solcher Auftritt eine Pflichtübung.

Auch die DDR-Politik entwickelte bestimmte Gepflogenheiten. Um den Menschen das Leben in ihrem Käfig etwas erträglicher zu machen, waren die Bonzen zu kleinen Zugeständnissen bereit. Der Lebensstandard wurde leicht angehoben und die Reisemöglichkeiten, aber nur innerhalb des Ostblocks, weiteten sich aus. Der Freie Deutsche Gewerkschaftsbund (seltsamerweise schmückte sich der ostdeutsche Verband mit dem Attribut *frei*) vermittelte Reisen an die Ostsee, ins Erzgebirge und für Auserwählte sogar ans Schwarze Meer. Nach geduldigem Warten kamen die DDR-Bürger in den Genuss motorisierter Mobilität durch den Erwerb eines Kleinwagens Marke Trabant. Ulbricht und Honecker schenkten ihren Untertanen also eine gewisse Bewegungsfreiheit in ihrem eigenen engen Nest.

Fassen wir zusammen: Die Mauer war für Ossis wie Wessis so etwas wie eine klimatische Gegebenheit. Man lebte mit ihr, man nahm sie hin, man war, weil das Unveränderliche nur allzu schnell aus dem Bewusstsein schwindet, auf dem Wege, sie zu vergessen, wäre es an der makabren Grenze nicht immer wieder zu geglückten oder gescheiterten Fluchtversuchen gekommen, über die die Medien triumphierend oder empört berichteten.

So zum Beispiel, als am 17. August 1962 der 18-jährige Peter Fechter bei dem Versuch, über die Mauer zu klettern, angeschossen wurde und die Mauerschützen ihn verbluten ließen. Einen gewissen Triumph empfand die westliche Öffentlichkeit, wenn ein LKW die Mauer durchbrach und die Flüchtlinge dem bis in den Westen gelangten Führerhaus entstiegen, oder wenn ein junger Mann aus Österreich mit seinem Sportcabriolet ohne Windschutzscheibe unter der Schranke durch in den Westen jagte – mit Braut und Schwiegermutter auf dem Rücksitz. Alle drei mussten nur rechtzeitig den Kopf einziehen, damit der nicht im Osten blieb. Noch spektakulärer war es, wenn ein ganzer Eisenbahnzug oder ein Spreedampfer die Grenze durchbrach. Einigen gelang die Flucht in selbstgebauten Ballons oder in Booten oder mithilfe eines Drahtseils, das von einem hohen Ostberliner Gebäude über die Mauer in den Westen führte. Viele entkamen ohne Rücksicht auf Dreck und Gestank durch die Kanalisation, andere durch künstlich angelegte Tunnel, die von einem Keller im Osten zu einem Keller im Westen führten. Dabei kam es im wortwörtlichen Sinne zu genau der Wühltätigkeit, über die sich – im übertragenen Sinne – die DDR-Propaganda vor dem Mauerbau immer erregt hatte.

Die Not der Flüchtlinge machte erfinderisch. Aber die besten Tricks gelangen im Allgemeinen nur ein Mal, so etwa die Sportwagenflucht, weil die Schranken sofort verstärkt wurden. Den Flüchtlingen wurde der Weg in den Westen auch dann verlegt, wenn ein Tunnel oder Abwasserkanal entdeckt oder verraten wurde, nicht zuletzt durch unbedachte Berichte der sensationsgierigen Boulevardblätter, aus denen die Grenztruppen ihre Schlüsse ziehen konnten. All diese Beispiele zeigen, wie risikobereit die Menschen in ihrer Sehnsucht nach Freiheit waren.

Im Laufe der Jahre änderten sich die Modalitäten der Flucht. Waren die Fluchthelfer ursprünglich vor allem idealistische, quasi ehrenamtlich tätige junge Männer, meist Studenten der Freien Universität, so wurde die Fluchthilfe später ein professionelles Geschäft mit festen Tarifen (zwischen 10 und 15 000 DM für eine Tour durch den Tunnel).

Aber zurück zur großen Politik. Die frühen Sechzigerjahre waren eine Zeit, in der die unangenehmen Ereignisse überwogen, die unsere arme Erde sogar an den Rand eines Weltkrieges führten. Schuld waren vor allem die spätkolonialen Probleme. Die Kolonialgebiete konnten nämlich nicht ohne Schwierigkeiten unabhängig werden, wie es die UNO-Charta im Artikel 73 eigentlich versprach. Denn nicht alle Kolonialmächte wollten ihre alten Besitzungen einfach preisgeben, und so erhoben sich Befreiungsbewegungen in Indochina und Algerien gegen Frankreich und in Angola und Mosambik gegen Portugal. In vielen Kolonien, die plötzlich in die Unabhängigkeit entlassen waren, kam es zu blutigen Auseinandersetzungen, weil die jungen, politisch unerfahrenen Staaten sich nicht auf eine verbindliche Verfassung einigen konnten, so dass es zwischen westlich orientierten und zum Sozialismus tendierenden Gruppen heftige Bürgerkriege gab, in die der Westen und die Sowjetunion direkt oder indirekt eingriffen. Wir Deutschen konnten froh sein, dass wir nach dem Verlust unserer Kolonien als Folge des verlorenen Ersten Weltkrieges mit all diesen Problemen nichts zu tun hatten. Besonders kompliziert war die Entwicklung in den ehemaligen französischen Kolonien, speziell in Vietnam. Nachdem die Franzosen nach dem Fall der Festung Dien Bien Phu endgültig besiegt worden waren, lag die Macht bei dem im Norden agierenden Kommunisten Ho Chi Min, der von Moskau – vor allem mit Waffen – unterstützt wurde, und bei den von den USA unterstützten Herrschern Südvietnams. Ziel des Westens war es, das schrittweise Vordringen des Weltkommunismus (bezeichnet als Dominotheorie zur Umschreibung für das langsame Umfallen wackeliger Staaten) zu verhindern. Auf die anfängliche Finanzhilfe der Amerikaner folgte die Entsendung sogenannter Militärberater, deren Zahl Kennedy zwischen 1961 und 1963 von 2000 auf 16000 erhöhte. Der Vietnamkrieg eskalierte, bis 1969 über eine halbe Million amerikanische Soldaten hier engagiert waren.

Auch Kuba bereitete den USA Unannehmlichkeiten. Die ehemals spanische Kolonie kam nach ihrer Unabhängigkeit um die Jahrhundertwende unter amerikanischen Einfluss. 1959 gelang es dem Rechtsanwalt Fidel Castro, mit seinen Revolutionären den von den USA gestützten Diktator Batista zu vertreiben. Als Ministerpräsident führte Fidel Castro sozialistische Reformen durch und näherte sich dem kommunistischen Lager. Die vom amerikanischen Geheimdienst geplante und geförderte, aber sehr dilettantisch durchgeführte Invasion von Exilkubanern in der Schweinebucht scheiterte und führte zu einer immer engeren Bindung Kubas an Moskau, sowohl wirtschaftlich als auch militärisch. Die Folge war, dass Chruschtschow auf Kuba Atomraketen installieren ließ, direkt vor der Haustür der USA. Amerika war schockiert und empört, obgleich die Sowjets nichts anderes getan hatten als die USA, die ebenfalls am Rande des großen Kontrahenten Raketenbasen unterhielten, zum Beispiel in der Türkei. Hatte Kennedy in Berlin jeden Konflikt vermeiden wollen, so ging er jetzt aufs Ganze. Er unterwarf Kuba einer Seeblockade, um keine weiteren Raketentransporte durchzulassen, und drohte mit militärischen Konsequenzen. Chruschtschow war so vernünftig, nachzugeben. Er ließ die Transportschiffe abdrehen, verhandelte und holte die bereits installierten Raketen zurück. Aber er konnte doch sein Gesicht wahren, was ja für einen Politiker von größter Wichtigkeit ist, denn die Amerikaner erklärten sich bereit, ihrerseits ihre Raketen aus der Türkei zurückzuziehen.

Die Welt konnte aufatmen, sie hatte im Oktober 1962 am Rande eines Weltkrieges, und das heißt: am Randes eines Atomkrieges gestanden. Die verantwortlichen Politiker hatten kalte Füße bekommen, als sie merkten, wie leicht aus dem Kalten Krieg ein heißer werden konnte. Das durfte nicht wieder vorkommen und man zog Konsequenzen. Zwischen Moskau und Washington wurde eine direkte Fernschreibverbindung hergestellt, der sogenannte heiße Draht, damit man im Falle einer Krise sofort Kontakt aufnehmen konnte, um einen Atomkrieg *aus Versehen* – nach einem Fehlalarm oder einer Fehleinschätzung der Lage durch untergeordnete Militärs – abzuwenden. Auch versuchte man, die Nukleargefahr einzudämmen, indem man über einen Atomteststopp verhandelte.

In Moskau vereinbarten die USA, die Sowjetunion und Großbritannien, keine Atomversuche im Kosmos, in der Atmosphäre und unter Wasser zu unternehmen, ausgenommen von dem Verbot waren allerdings unterirdische Tests. Eine weitere Schwäche des Vertrags bestand darin, dass zwar 103 Staaten diesem Abkommen beitraten, aber die beiden atomaren Newcomer Frankreich und China ihre Unterschrift verweigerten. Auch die Bundesrepublik tat sich schwer mit ihrer Unterschrift, aber aus ganz anderen Gründen als Frankreich und China. Während die DDR dem Vertrag zustimmte, wollte Bonn nicht zugleich mit Ostberlin unterschreiben und damit die DDR indirekt anerkennen und für voll nehmen. Bonn zierte sich und hatte plötzlich den Schwarzen Peter des atomaren Militarismus in Händen. Es blieb also gar nichts übrig, als neben der DDR die Unterschrift unter das Dokument zu setzen, aber nicht, ohne zu betonen, dass dies keine Anerkennung bedeute.

Kennedys – zumindest relativem – Triumph im Herbst ’62 stand zur genau gleichen Zeit die Krise des Kabinetts Adenauer gegenüber. Sowohl der rheinische Kanzler als auch sein bajuwarischer Verteidigungsminister Franz Josef Strauß liebäugelten mit eigenen Atomraketen. Nur mit der Bombe in der Hand könnte man den Sowjets Respekt abnötigen und in der Weltpolitik ein Wörtchen mitreden. Das linksliberale Nachrichtenmagazin *Der Spiegel* attackierte diesen Rüstungs- und Größenwahn und zog den Zorn des Wehrministers und seines Kanzlers auf sich. Das Maß war voll, als der *Spiegel* am 10. 10. 1962 ausführlich über die unter dem Code-Wort *Fallex 62* firmierende NATO-Stabsübung berichtete und der politischen und militärischen Führung der Bundeswehr den schlimmsten aller denkbaren Vorwürfe machte, nämlich den, dass die westdeutsche Armee – so der Titel des Artikels – nur *bedingt abwehrbereit* sei, was zugleich bedeutete, dass in dieser Einrichtung Steuergelder sinnlos vergeudet wurden. Die detaillierten Informationen stammten aus allgemein zugänglichen Quellen, zum Beispiel aus militärischen Fachzeitschriften. Die betroffenen Verantwortlichen beschuldigten den *Spiegel* aber des Landesverrats und anderer staatsfeindlicher Delikte, überreagierten und ließen Rudolf Augstein, den Herausgeber des *Spiegels*, sowie mehrere Redakteure festnehmen, den Chef des Magazins für dreieinhalb Monate. Strauß veranlasste das faschistische Franco-Spanien zur Beihilfe, was unter Einbeziehung von Interpol zur Verhaftung des Artikelschreibers Conrad Ahlers führte, dessen Urlaub unerwartet unfreundlich endete.

Gleichzeitig wurden im Zuge einer gründlichen Haussuchung die Redaktionsräume des *Spiegels* ausgeräumt und 20 Millionen Dokumente mitgenommen. Das renitente Magazin schien kampfunfähig. Aber andere Printmedien bewiesen eine unerwartete Solidarität mit ihrem Flaggschiff und Konkurrenten. *Der Spiegel* war also nicht mundtot zu kriegen, wurde anderswo gedruckt und konnte erscheinen. Die deutsche Öffentlichkeit zeigte sich empört. Große Teile der Jugend, besonders Studenten, auch Intellektuelle und Künstler sowie mündige Bürger, die der SPD und der FDP nahestanden, protestierten und demonstrierten und engagierten sich für die Pressefreiheit. Dieses Eintreten für eines der wichtigsten Verfassungsrechte ist nach 13 Jahren Bundesrepublik ein überzeugender Beweis für die demokratische Reife und Zivilcourage der Bundesbürger. Auch zeichnete sich während der *Spiegel*-Krise die Möglichkeit eines Bündnisses linker und liberaler Kräfte mit dem Ziel der Ablösung einer konservativ-christlichen Dauerherrschaft ab.

Adenauer spricht am 7.11. im Bundestag von einem *Abgrund an Landesverrat im Lande* und Strauß, der eigentliche Drahtzieher der Nacht- und Nebelaktion, leugnet seine Mittäter- und Mitwisserschaft, muss aber noch im November, da Lügen kurze Beine haben, diese eingestehen. Am 19.1. treten die fünf FDP-Minister, die während der *Spiegel*-Affäre kaltgestellt worden waren, unter Protest zurück. Mit einem Strauß wollten sie nicht mehr zusammenarbeiten. Erst als dieser sein Amt niederlegt, wird die Koalition zwischen Union und FDP erneuert, Adenauer muss aber garantieren, nur noch bis Herbst '63 Kanzler zu bleiben.

Es ist ein Rücktritt auf Raten, begleitet von mehr Peinlichkeiten als Erfolgen. Peinlich war es bereits, wie er 1959, als sich die Amtszeit des Bundespräsidenten Heuss ihrem Ende näherte, erst Interesse an diesem Amt bekundet, um als einflussreicher Präsident seine politische Karriere abzuschließen, dann aber auf seine Bewerbung verzichtet, als er bei genauer Lektüre des Grundgesetzes, an dessen Entstehung er ja maßgeblich mitgewirkt hatte, zu seinem Entsetzen bemerkt, dass er dann nichts mehr zu sagen hätte. Er müsse also als Kanzler weiterhin die Richtlinien der Politik bestimmen, weil, was er aber immer behauptet hat, die Lage noch nie so ernst war. Peinlich war auch, wie wir sahen, welch dilettantische – und noch dazu rechtswidrige – Rolle er während der *Spiegel*-Affäre spielte, ebenso die Unterwerfung unter die Terminerpressung der FDP. Als politisch ungeschickt muss man auch seinen heftigen Flirt mit dem französischen Präsidenten de Gaulle bezeichnen.

Sicher, die Aussöhnung mit Frankreich war etwas Großartiges, das Ende der alten Erbfeindschaft, die uns die Habsburger und Hohenzollern eingebrockt hatten, musste jeder vernünftige Mensch begrüßen, und entsprechend groß war die Begeisterung der Menschen, als de Gaulle im September 1962 die Bundesrepublik besuchte. Ebenso war es verständlich, dass Adenauer im Rahmen der von ihm von Anfang an angestrebten Westbindung vor allem die Zusammenarbeit mit dem starken Nachbarn jenseits des Rheins suchte und im deutsch-französischen Freundschaftsvertrag vom 22. Januar 1963 mit de Gaulle regelmäßige Treffen der Regierungschefs, Kontakte der Staatsminister und einen deutsch-französischen

Jugendaustausch vereinbarte. Aber diese Sonderfreundschaft innerhalb des westlichen Lagers machte die EWG-Partner und NATO-Verbündeten misstrauisch. Wollten die beiden alten Herren (der Deutsche 87, der Franzose 72 Jahre) das alte Frankenreich Karls des Großen zwischen Elbe und Pyrenäen auferstehen lassen und die Vorherrschaft in Europa antreten? Besonders die USA und England waren pikiert, dass sich die Bundesrepublik im Bündnis mit Frankreich als Großmacht aufspielte und die Rolle als unterlegener Kriegsgegner demonstrativ vergessen machen wollte.

Die Mehrheit der Deutschen war nüchterner und vernünftiger als ihr Kanzler und sah, dass nur die USA und nicht Frankreich die Bundesrepublik und Westberlin vor den Sowjets schützen konnten.

Entsprechend dankbar wurde Kennedy begrüßt, als er Deutschland im Juni '63 einen Besuch abstattete. Ein knappes Jahr zuvor war de Gaulle zwar auch begeistert empfangen worden, aber der Jubel dem amerikanischen Präsidenten gegenüber kannte keine Grenzen. Er war nach Europa gekommen, um angesichts der eigenmächtigen Politik de Gaulles die Einheit des Westens und besonders der NATO zu festigen. Er besuchte das zuverlässige England, natürlich auch Irland, die Heimat der Kennedys, das Kunstland Italien und dann eben die Bundesrepublik. Hier konnte er mit Befriedigung registrieren, wie beliebt er in Deutschland war und ganz besonders in Berlin. Und Adenauer konnte das auch merken. Acht Stunden hält sich der Gast am 26. Juni im freien Teil der geteilten Stadt auf, 52 Kilometer fährt er im offenen Wagen mit dem deutschen Kanzler und dem Berliner Bürgermeister durch die Stadt, überall säumen die Menschen die Straßen, fast 1,5 Millionen, das heißt, nur jeder Dritte stand nicht Spalier. Die Berliner wussten, was sie den USA verdanken. Höhepunkt des Tages war Kennedys Rede vom Balkon des Rathauses Schöneberg. Er war emotional aufgeladen durch die Begeisterung der Massen, durch das Vertrauen und die Dankbarkeit der Menschen und wohl auch durch die große Zahl Berliner, die hier versammelt waren, um ihm zuzuhören – 400000.

Erregt war der Präsident auch unter dem Eindruck, den die menschenfeindliche Mauer auf ihn gemacht hatte. Er löste sich von seinem Manuskript, er sprach frei und spontan, er schlug dem Osten gegenüber einen schärferen Ton an als ursprünglich vorgesehen. Er demonstrierte Stärke und erhielt entsprechenden Applaus. Allerdings war er wenig später bei seiner Rede im Audimax der Freien Universität wieder ganz Politiker und Diplomat und setzte sich für die Entspannung und Verhandlungen mit Moskau ein. Aber hier auf dem Balkon in Schöneberg war er Volkstribun. Er ließ sich zu antikommunistischen Ausfällen hinreißen und die Massen unter ihm ließen sich von ihm mitreißen. Er bezeichnete die Mauer als *die abscheulichste und die stärkste Demonstration des Versagens des kommunistischen Systems.* Aus dem Stegreif sprechend führte er aus: *Es gibt Leute, die sagen, dem Kommunismus gehört die Zukunft. Sie sollen nach Berlin kommen! Und es gibt wieder andere in Europa und in anderen Teilen der Welt, die behaupten, man könne mit den Kommunisten zusammenarbeiten. Auch sie sollen nach Berlin kommen!* Während die Berliner zustimmend jubelten, verfolgte Brandt die Rede mit ernstem Gesicht und ohne zwischendurch zu applaudieren.

Die Attacken des Präsidenten passten ihm nicht in den Kram. Nachdem die Mauer nun einmal stand, war der Berliner Bürgermeister und SPD-Kanzlerkandidat dabei, sich mit seinen Beratern, vor allem Egon Bahr, Gedanken über eine neue, flexible, praktikable, unideologische, humane Berlin- und Deutschlandpolitik zu machen. Und nun dieses aggressive Störfeuer aus Amerika, dem die aufgeheizten Massen mit ihren *Kennedy, Kennedy*-Rufen auch noch zustimmten. Skeptisch zeigten sich am Abend auch die Präsidentenberater, von denen einer ganz offen äußerte: *Herr Präsident, ich glaube, Sie sind zu weit gegangen.* Kennedy wusste um sein verführerisches Charisma und bekannte selbstkritisch: *Wenn ich sie aufgerufen hätte, die Mauer einzureißen, hätten sie es getan.*

Höhepunkt der Rede war der spontan formulierte Schlusssatz: *Alle – alle freien Menschen, wo immer sie leben mögen, sind Bürger dieser Stadt Westberlin, und deshalb bin ich als freier Mann stolz darauf, sagen zu können: »Ich bin ein Berliner.«* Die letzten vier Worte hatte Kennedy auf Deutsch gesprochen, und die waren ihm auch nicht plötzlich eingefallen, die waren vorbereitet, die hatte er sich in Lautschrift auf einem Extrazettel notiert und unmittelbar vor der Kundgebung, wie Brandt sich erinnert, in dessen Amtszimmer lachend eingeübt. Kennedy verstand es, die Menschen für sich einzunehmen, durch sein Aussehen, sein Auftreten, seine Ausdrucksweise. Die vier Worte gingen um die Welt, der berühmte Satz verliert aber etwas an Überzeugungskraft und Faszination, wenn man weiß, dass Kennedy zwei Tage vorher die Kölner jubeln ließ nach seinem Ausruf: *Kölle alaaf!*

Wie sehr ihn aber Berlin beeindruckt hatte, wird daran deutlich, dass er auf dem Rückflug zu einem Berater sagte: *In unserem ganzen Leben werden wir einen solchen Tag nicht wieder erleben.* Wie bald schon sein Leben zu Ende sein sollte, konnte er nicht ahnen. Kein halbes Jahr später – und der Präsident war tot. Am 22. November 1963 wurde er in Dallas ermordet, erschossen, während er wie in Berlin in einem offenen Wagen fuhr. Die Welt ist erschüttert, aber die Weltgeschichte geht weiter. Wenige Stunden nach Kennedys Tod tritt Vizepräsident Johnson, wie in der amerikanischen Verfassung vorgesehen, die Nachfolge an.

Nicht nur in den USA kommt es zum Personalwechsel an der Spitze der Regierung. In England führt seit Oktober '64 Harold Wilson das neue Labourkabinett, gleichzeitig wird in Moskau Nikita Chruschtschow gestürzt. Der Prestigeverlust während der Kubakrise, die Auseinandersetzungen mit den kommunistischen Kollegen in Peking und wirtschaftliche Probleme haben seine Position unhaltbar gemacht. Die Sowjetunion kehrt zur kollektiven Führung zurück mit Breschnew als Erstem Sekretär der KPdSU, Kosygin als Vorsitzendem des Ministerrats und Mikojan als Staatsoberhaupt.

Und in Bonn wird im Oktober '63 – wenige Wochen vor Kennedys Tod – Bundeskanzler Adenauer von Ludwig Erhard abgelöst. Seinen Rücktritt hatte der *Alte* schon ein Jahr zuvor als Folge der *Spiegel*-Krise und unter dem Druck der FDP angekündigt. Nun war es soweit. Aber während es für die Mehrheit der Christdemokraten und für die Freien Demokraten außer Frage stand, dass der erfolgreiche Wirtschaftsminister der neue Kanzler werden musste, hielt Adenauer ihn für ungeeignet. Er war ihm zu liberal und zu weich. Was ihn als einen guten Wirtschaftsminister auswies, würde ihn zu einem schlechten Kanzler machen. Das Wirtschaftswunder hatte er ermöglicht, weil er der Wirtschaft Freiheit gewährte, als Kanzler aber durfte er den Dingen nicht freien Lauf lassen, sondern musste die Zügel fest in der Hand halten. Ein nachgiebiger Kanzler ist kein guter Kanzler – genau das aber war Erhard, zu jovial, zu gutmütig, zu gemütlich, mit Wohlstandszigarre und Wohlstandskorpulenz. Er war das genaue Gegenteil des asketischen und energischen Adenauer. Und so kam es, wie dieser befürchtet hatte. Die Bundesrepublik erlebte ihre ersten Krisenjahre. Es waren zwar keine gravierenden Fehler, die Erhard machte, es zeigten sich vielmehr Entwicklungen, die außerhalb der Bonner Politik ihren Anfang nahmen.

Neben die Männer und Frauen, die das Wirtschaftswunder zuwege gebracht hatten, die mit ihrem Fleiß ihre Schuld oder Mitschuld samt schlechtem Gewissen verdrängt hatten, trat jetzt eine Generation, die die Vergangenheit aufarbeiten wollte. Wenn Erhard verkündet hatte: *Wir sind wieder wer*, oder: *Die Nachkriegszeit ist vorüber*, wenn er also einen Schlussstrich unter die Vergangenheit ziehen wollte, zeigte sich jetzt eine gegenteilige Tendenz.

Schriftsteller, Studenten, kritische Geister wollten wissen, wie es damals war. Der Eichmannprozess in Jerusalem (1961), mehr noch der Auschwitzprozess in Frankfurt (1963-65) erregten die Gemüter. Während der *Spiegel*-Krise hatten die Menschen erstmals gegen den Staat opponiert und nicht mehr wie bisher mit ihren Politikern nur immer gegen den Osten demonstriert. Jetzt, ab Mitte der Sechzigerjahre, begannen einige, vor allem Studenten, Kritik am eigenen System zu üben, am Kapitalismus, an der mangelhaften Ausstattung der überfüllten Universitäten und an deren autoritären Strukturen *(Unter den Talaren Muff aus tausend Jahren)*. 1964 war von Georg Picht das Buch *Die deutsche Bildungskatastrophe* erschienen und blieb nicht ohne Wirkung. Die Studenten machten mobil, sie streikten, sie demonstrierten, sie veranstalteten nach amerikanischem Vorbild *Sit-ins*.

Überall in der westlichen Welt kommt es zu Studentenunruhen, und immer geht es auch gegen den von den USA geführten Vietnamkrieg. Die Jugend der Welt war empört, weil die jungen Amerikaner als Wehrpflichtige betroffen waren und verheizt wurden. Auch die bundesdeutschen Studenten gingen aus Solidarität auf die Straße. Zu einer Hochburg der Unruhen wurde überraschenderweise Westberlin. Gerade Westberlin, das Pflegekind der Amerikaner. Hatten Studenten der von den USA einst mitfinanzierten Freien Universität sich in den frühen Sechzigerjahren als Fluchthelfer engagiert und Kennedy bei seinem Besuch zugejubelt wie alle anderen Berliner auch, so demonstrierten sie zwei Jahre später gegen den *american way of life* und erst recht gegen den *american way of war,* den Luftkrieg gegen Vietnam. Aus den Antikommunisten waren in wenigen Semestern Marxisten geworden. Natürlich waren die Demonstranten von 1965 nicht identisch mit den Fluchthelfern von 1962, vielmehr war es eine neue Generation von Studenten, die jetzt den Geist der Universität bestimmte. Im Audimax der FU, dem Henry-Ford-Bau, in dessen Mauern die Gelder des amerikanischen Millionärs beziehungsweise seiner Stiftung steckten, in eben diesem Henry-Ford-Bau wurde in endlosen *Sit-ins* Marxismus gelehrt.

Doch aus Amerika kamen nicht nur die Studentenunruhen, aus Amerika kam auch die Pille. Die Folge war ein viel ungezwungeneres Sexualverhalten. Die alten strengen Sitten verloren an Einfluss, überhaupt wurde jede Form von Autorität in Frage gestellt, ob in der Familie, der Schule, der Uni, der Arbeitswelt.

In den Fünfzigerjahren war das alltägliche Leben kaum anders als in den Zwanziger- und Dreißigerjahren (abgesehen von den wirtschaftlichen Krisen und der politischen Diktatur), es gab bestenfalls quantitative Unterschiede, das heißt, der Lebensstandard hatte sich etwas angehoben, mehr nicht. Die Fünfzigerjahre waren die Zeit des wirtschaftlichen Aufschwungs, die Sechzigerjahre brachten einen geistigen Aufbruch. Erst jetzt wurde Deutschland wirklich modern. Neue Musik (zum Beispiel die Beatles), neue Moden (der Minirock), neue Kunststile (die längst überfällige Akzeptanz der abstrakten Malerei, aber auch die innovative Popart), Drogen, lange Haare, das Leben in Wohngemeinschaften und so weiter, und so weiter.

Auch wollte man die Politik nicht länger allein den Politikern überlassen, sondern sich einmischen. Die evangelische Kirche sprach sich für eine Versöhnung mit Polen auf Kosten der Ostgebiete aus. Die Gewerkschaften protestierten (zusammen mit vielen anderen) gegen die Notstandsgesetze, die dem Staat in Krisenzeiten besondere Vollmachten zugestanden. Viele Schriftsteller (25 an der Zahl) setzten sich vor der Bundestagswahl 1965 für Brandt und die SPD ein, so dass Erhard sie als *Nichtskönner und Banausen* abtat und sagte: *Da hört der Dichter auf, da fängt der kleine Pinscher an.* Aber die SPD war nicht aufzuhalten, peu à peu tastete sie sich immer näher an die Macht im Staat heran. Hatte sie bei den ersten drei Wahlen nur um die 30% errungen, so kam sie 1961 auf 36% und 1965 auf knapp 40%. Über die Ursachen, das Godesberger Programm von 1959, hatten wir schon gesprochen. Unter Wehners Einfluss hatte sich die SPD neu aufgestellt. Aus der marxistischen, klassenkämpferischen Arbeiterpartei wurde eine Volkspartei, die alle Schichten ansprach und die Marktwirtschaft und die Westbindung als Basis der BRD anerkannte. Auch stellte der für einen Politiker jugendliche Willy Brandt nach dem unverbindlichen Schumacher und dem blassen Ollenhauer als Kanzlerkandidat eine attraktive Alternative dar.

Die Bonner CDU-Politik stagnierte, man war mit dem Westen fest verbunden und verwaltete das Erreichte. Die Frage, ob man sich enger an die USA anschließen sollte (so die sogenannten Atlantiker) oder an Frankreich (so die sogenannten Gaullisten) war der einzige Streitpunkt. Aber Ostpolitik fand nicht statt. Auf diesem Gebiet wurde nun von Berlin aus die SPD aktiv, natürlich nicht im Sinne einer Ostbindung, sondern durch eine Politik der kleinen Schritte (wie Brandt sagte) beziehungsweise durch eine Politik des Wandels durch Annäherung (wie es sein engster Mitarbeiter Egon Bahr formulierte), beide im Juli '63 während einer Tagung in der Evangelischen Akademie Tutzing am idyllischen Starnberger See.

Ihre Vorstellungen ähnelten den Ideen, die Kennedy einen Monat zuvor in seiner seriösen Rede – nach seinem populistischen Auftritt in Schöneberg – in der FU vorgetragen hatte: Die Einheit sei *weder rasch noch leicht zu erreichen.* Für die Zwischenzeit komme es darauf an, den Zusammenhang unter den Menschen aufrechtzuerhalten mittels aller Berührungspunkte und Verbindungsmöglichkeiten, die geschaffen werden können. Diese Gedanken von Kennedy, Brandt und Bahr wurden nun schrittweise in die Tat umgesetzt. Brandts Politik der kleinen Schritte hatte zwei Aspekte, dazu gehörte der lange Weg ins Bonner Bundeskanzleramt und der lange Weg zur Normalisierung des deutsch-deutschen Zusammenlebens.

Im Dezember '63, mehr als zwei Jahre nach dem Mauerbau, verhandelte der Westberliner Senat mit der DDR über die Möglichkeit, dass Westberliner zwischen Weihnachten und Neujahr den Ostteil der Stadt besuchen durften. Es war ein fragwürdiges und ungleiches Geschäft. Für menschliche Erleichterungen war der Westen bereit, politische Zugeständnisse zu machen. Die Abmachungen sind für die DDR ein Beweis ihrer These, dass Westberlin eine besondere politische Einheit ist und die DDR ein vollwertiger Staat, der völkerrechtlich verbindliche Verträge schließt. Dieses Geschäft (menschliche Erleichterungen gegen politische und finanzielle Zugeständnisse, später wird der Westen sogar für teures Geld politische Häftlinge freikaufen), dieses Geschäft wird die Beziehungen zur DDR kennzeichnen bis zu ihrem bitteren Ende.

Zwischen 1963 und 1966 kommt es zu vier Passierscheinabkommen. Das ermöglicht insgesamt 5 Millionen Tagesbesuche. Freunde und Verwandte nehmen wieder Kontakt auf, aber noch wächst nicht zusammen, was zusammengehört. Denn zu weiteren Vereinbarungen kommt es nicht. Die Bundesregierung besteht auf der Feststellung, dass der Vertrag nicht zwischen zwei Staaten geschlossen wird, genau das aber verlangt die DDR im Sinne ihrer Drei-Staaten-Theorie (DDR, BRD und *die besondere politische Einheit Westberlin*).

Zurück zur Ära Erhard. Sein größter Erfolg war sein Wahlsieg bei den Bundestagswahlen im September 1965. Die Union kam auf 47%, deutlich mehr als vier Jahre zuvor mit Adenauer. Aber dann bricht, gerade unter der Kanzlerschaft des einst so erfolgreichen Wirtschaftsministers, die Konjunktur ein und die Zahl der Arbeitslosen steigt auf 1 Million (Zahlen, über die wir heute glücklich wären). Damals empfand man die 1 Million als Katastrophe, und davon profitierte die rechtsorientierte NPD und zog mit über 5% der Stimmen in einige Landtage ein.

In den eigenen Reihen ist man mit Erhard unzufrieden und sucht nach Alternativen. Einziger Ausweg ist eine Große Koalition, und zu der kommt es auch. Schon einen Tag nach Erhards Rücktritt (am 30.11.1966) wird eine neue Regierung mit Kurt Georg Kiesinger (CDU) als Kanzler und Willy Brandt als Vizekanzler und Außenminister gebildet. Erstmals in der Geschichte der Bundesrepublik ist die SPD im Bund an der Regierung beteiligt. Eine neue Epoche bahnt sich an.

43
Ich werde ich

In den Zwanzigerjahren seines Lebens reift der Jüngling zum Manne. Er sucht sich nicht länger nur, er findet sich endlich auch. Jetzt weiß er, was er will, was er kann und wo er hingehört. Um die 30 herum nimmt er sich die Zeit, im schnellen Lauf seines Lebens innezuhalten, er blickt zurück und nach vorn, er zieht Bilanz und Konsequenzen. Er ergreift auf Dauer seinen Beruf oder folgt gar seiner Berufung. Jesus war etwa 30, als er vom biederen Handwerker zum weltbewegenden Religionsstifter wurde. Wilhelm II. wurde in seinem 30. Lebensjahr Kaiser, und der unbedarfte Soldat Hitler beschloss mit 30, Politiker zu werden. Goethe war Ende 20, als er nach Weimar kam, wo er zum Klassiker, Naturwissenschaftler und Minister wurde und fünfeinhalb Jahrzehnte ansässig blieb. Josef K. aus dem *Prozess* von Franz Kafka wird an seinem 30. Geburtstag verhaftet und gezwungen, sich mit seiner verkorksten Vergangenheit auseinanderzusetzen, ohne dass es ihm aber gelingt, sich den Weg in eine bessere Zukunft zu bahnen.

Weitere prominente Beispiele für die Weichenstellung am Ende des dritten Lebensjahrzehnts ließen sich anführen, worauf ich verzichte. Stattdessen will ich von mir selber erzählen. Mein Lebenslauf bildete keine Ausnahme von der soeben geschilderten Chronologie. Zwischen Abitur und Examen, und zwar umso intensiver, je näher Letzteres rückte, fragte ich nach dem Sinn des Lebens und suchte nach meiner philosophischen und politischen Heimat. Dass ein geisteswissenschaftliches Studium dabei hilfreich ist, liegt auf der Hand. Die von mir belegten Vorlesungen und Übungen in Literatur- und Geschichtswissenschaft und in Philosophie und Pädagogik hatten ja stets einen ethischen Hintergrund. Wie sehr mein eigenes Denken und Fühlen von den in der Universität behandelten Stoffen betroffen waren, habe ich mir aber kaum bewusst gemacht. Das *Tua res agitur* der schönen Literatur (*Deine eigene Sache wird hier verhandelt*) wurde von mir gar nicht so recht wahrgenommen.

Dazu ein Beispiel. Als ich mit knapp 20 Jahren im Wintersemester 1957/58 offiziell noch Naturwissenschaftler war, aber schon bei den Geisteswissenschaften sozusagen fremdging, war meine allererste literaturwissenschaftliche Vorlesung, die ich hörte, eine über den deutschen Entwicklungsroman. Im Mittelpunkt stand dabei immer ein naiver Knabe oder Jüngling, der sich sucht und auf Irrwege gerät, sich aber schrittweise entwickelt und bildet und endlich seinen Platz in der Welt findet. So Wolframs *Parsifal*, Grimmelshausens *Simplicius Simplicissimus*, Wielands *Agathon*, Goethes *Wilhelm Meister*", Kellers *Grüner Heinrich* und so weiter und so fort. Hier spielte sich in veränderter Form mein eigenes Leben ab, mein eigenes Schicksal. Mehr die zufälligen Angebote des Germanischen Seminars der Freien Universität als die gezielte Ausrichtung auf den deutschen Bildungs-, Entwicklungs- und Erziehungsroman meinerseits führten nichtsdestoweniger dazu, dass ich dieser Textsorte die Treue hielt. 1961 nahm ich an Emrichs Hauptseminar über *Wilhelm Meisters Lehrjahre* teil, und zwar mit *gutem Erfolg*. Das Thema des Referats, für das ich mich entschied, lautete *Werner und Wilhelm*. Auch ich hatte, wie Goethes Titelheld, einen Jugendfreund namens Werner – und das reizte mich. Über die Namensgleichheit hinaus waren die beiden Werner sich auch sonst ähnlich. Sie strebten eine konventionelle Karriere an, Wilhelms Freund wurde Kaufmann und meiner Ingenieur, während Wilhelm und ich der Literatur zuneigten. Wilhelm suchte sein Glück beim Theater, ich im Studium. Dass auch wir letztendlich einen Brotberuf ergriffen, Wilhelm Arzt und ich Lehrer wurde, steht auf einem anderen Blatt.

Die überfüllten Vorlesungen und Seminare der renommierten Professoren empfand ich als allzu anonym und unpersönlich. Man ging unter in der Masse der Kommilitonen. Statt Schüler von Emrich, de Boor oder Herzfeld zu werden, zog ich es deshalb vor, mich den jüngeren Lehrkräften anzuschließen, dem Historiker Dietrich, der Mittelaltergermanistin Roswitha Wisniewski und dem Neugermanisten Lämmert. Die überschaubaren Seminare hatten einen familiären Charakter, zwischen Professoren und Studenten bestand ein fast schon freundschaftliches Verhältnis. Als sich Dietrich Anfang der Sechzigerjahre ein Bein brach, wurden die zwei gewählten Seminarvertreter, deren einer ich war, mit Genesungsblumenstrauß zu ihm nach Hause geschickt und fachsimpelten mehrere Stunden zwischen seinen Bücherwänden und bei reichlich Rotwein. Als Lämmert 1963 ein *Agathon*-Seminar anbot, konnte ich mich mal wieder mit dem Bildungsroman beschäftigen und bekam für mein Referat über *Wielands Agathon und Goethes Wilhelm Meister*, den ich ja bereits gut kannte, eine Zwei plus.

Überhaupt häuften sich jetzt, gegen Ende des Studiums, meine guten Noten, wobei zu erwähnen ist, dass damals gute Noten wirklich nur für gute Leistungen vergeben wurden und es noch keine Gefälligkeitszweien für die pure Teilnahme gab, wie es später im Zuge der Studentenbewegung mancherorts üblich wurde. Gut, also objektiv gut, waren bei Professor Dietrich meine Referate über *Luthers Haltung zum Bauernkrieg* und über Wilhelm von Humboldt sowie bei Frau Professor Wisniewski meine Klausur über Otfried von Weißenburg.

Und dann der Höhepunkt meiner Erfolge!: Meine Seminararbeit über *Demut und Hochmut im Rolandslied* wurde mit *sehr gut* benotet. Als ich zu Frau Wisniewski in die Sprechstunde ging, um meine Arbeit abzuholen, lobte sie meine Leistung über den grünen Klee und machte mir – in Anlehnung an Schillers *Jungfrau* – das umwerfende Kompliment: *Sie sind ein Glanz in unserer Hütte.* Genauso stolz wie ich war meine Mutter, die diese Arbeit getippt hatte, und sie titulierte mich hinfort – auch in Anspielung auf mein wöchentliches Saubermachen – gern und scherzhaft als *Hüttenglanz.*

Bei allem Interesse, Einsatz und Erfolg, die mein Studium kenn- und auszeichneten, weltanschaulich geprägt wurde ich durch andere Einflüsse, und zwar durch die Kirche. Nicht durch die offizielle Amtskirche, die ja noch konservativer als die Familie, die Schule und die Universität war. Besuchte ich einmal, von meinem Vater zum Mitgehen überredet, die Ernst-Moritz-Arndt-Kirche, dann empfand ich die Predigt – bei Gott – alles andere als anregend. Hier konnte man keine Antworten auf die Fragen des Lebens bekommen.

Dass ich die Bekanntschaft mit dem mitreißenden Jugendpfarrer des Bistums Berlin machte, war reiner Zufall und einem jungen Mädchen zu verdanken. Nachdem ich Ende '59 meinen Sportverein Zehlendorf 88 verlassen hatte, konnte ich meine Freundinnen natürlich nicht länger unter den dortigen Sportfreundinnen auswählen und musste mich an andere Jagdreviere halten. Das waren im Winter die *Eierschale* und das *Riverboat* und im Sommer die Krumme Lanke und der Schlachtensee. Beim Baden kam man leicht ins Gespräch *(Können Sie bitte auf meine Sachen aufpassen, wenn ich im Wasser bin?)* und zudem ermöglichte die sparsam-spärliche Badebekleidung, anders als die kaschierenden Kleider, einen untrüglichen Überblick über die körperlichen Qualitäten und Quantitäten.

Im August 1960, kurz vor meiner Wandertour durch Süddeutschland, geriet ich an der Krummen Lanke an Gerti. Sie war Unterprimanerin und hatte ähnliche literarische und künstlerische Interessen wie ich. Während meiner Abwesenheit korrespondierten wir eifrig und ausführlich, und zwar postlagernd mit Rücksicht auf ihre strengen Eltern und meine unvorhersehbaren Unterkünfte. Als ich wieder in Berlin war, gingen wir zusammen, wie man so schön sagt, und besuchten gemeinsam Museen, Galerien, Theater, Schlösser und vor allem unseren Grunewald.

Mit Gerti war es aber völlig anders als mit all ihren Vorgängerinnen. Damals waren die Beziehungen begrenzt, weil entweder ich ihr oder sie mir nicht genug war. Gerti und ich dagegen mochten uns wirklich, aber leider nie gleichzeitig. Mal war sie richtig verliebt und mal ich, und wenn unserer beider Gefühle stagnierten, dann trennten wir uns, bis wir uns zufällig wieder begegneten und mit unserer Quartalspartnerschaft einen erneuten Versuch unternahmen. Im Winter 1961/62, als Gerti auf ihr Abitur zusteuerte, belegten wir auf ihren Vorschlag einen Kurs an der Zehlendorfer Volkshochschule, in dem es um deutsche Novellen ging und den Professor Emrichs Assistent Pestalozzi leitete. Anfang März bestand sie die Reifeprüfung.

Ihre Freundin Jenni hatte herausbekommen, dass die evangelische Kirche jedes Jahr zur Osterzeit für frischgebackene Abiturienten eine preiswerte Tessinreise durchführte. Der Hintergrundgedanke des verlockenden Angebots war, den angehenden Studenten das Theologiestudium schmackhaft zu machen und im Voraus zu belohnen, aber die Immatrikulation an der Kirchlichen Hochschule war nicht notwendige Bedingung der Teilnahme. Es durften auch

Laien mitfahren und so wurden Jenni und Gerti mitgenommen. Die Reiseleitung lag bei dem jungen Jugendpfarrer Klaus Duntze. Die Herberge befand sich ein paar Kilometer oberhalb des Modeorts Ascona, versteckt in den Bergen, ein idealer Ausgangspunkt für Wanderungen, Geländespiele und längere Ausflüge. Man feierte gemeinsam Ostern, man las die Bibel oder auch profane Bücher und sprach dann darüber, man trieb Sport, spielte Theater, tanzte und verliebte sich.

So auch Gerti. Unsere Quartalspartnerschaft verlangte nach einem gemeinsamen langen Winter ohnehin mal wieder nach einer Atempause. Also: Neuer Frühling – neues Glück. Gerti entschied sich für Rainer Albertz, den Sohn des damaligen Berliner Innensenators und späteren Bürgermeisters, und ich machte wieder mein Jagdrevier an den Gestaden der Krummen Lanke unsicher und wurde alsbald fündig.

Nichtsdestoweniger blieb die Partnerschaft zwischen Gerti und mir, wenn auch nur platonisch, weiterhin bestehen. Und das lag an Klaus Duntze. Der hatte aus den interessierten und intelligenteren Teilnehmern seiner Reisegruppe einen Gesprächskreis gebildet, in dem es um Theologie und Philosophie, Literatur und Politik ging. Wer einen Freund oder Bekannten hatte, der in den Kreis passen würde, war aufgefordert, ihn mitzubringen, und so stießen einige ältere Semester zu dem Abiturientenzirkel, zum Beispiel der Jurastudent Otto, der angehende Bibliothekar Heinz und ich.

Klaus Duntze war Schwabe. Er hatte seine konservative Heimat verlassen, weil ihm das unsichere Berlin mit seinen alternativen Lebensmöglichkeiten mehr zusagte. Hier bekleidete er als Jugendpfarrer zwar ein amtliches Amt in der Amtskirche, aber er war alles andere als ein angepasster Beamter. Er war vielmehr, um es kurz und knapp in fünf Buchstaben zu sagen, *links* – und er beeinflusste die ihm anvertrauten Schäfchen entsprechend, ohne dass seine Vorgesetzten es merkten. Für mich war er, obgleich nur wenig älter, ähnlich wie zuvor unser Trainer Kurt Maidorn eine Art Zusatz- und Ersatzvater. Mein leiblicher, wirklicher Vater wurde mir während meiner Studienzeit fremd und fremder, da er – ob nun biologisch oder nur ideologisch – mit seiner Ex-Kollegin fremdging, während meine Mutter und ich uns aufgrund gemeinsamer Interessen immer näherkamen, und mein Vater im Übrigen oft monatelang abwesend war, weil er in Westdeutschland mit Dreharbeiten zu tun hatte.

Während Kurt Maidorn als Sportlehrer mich in meinem Leistungsstreben bestärkte, hatte Klaus Duntze gegen dieses seine Vorbehalte. Nicht dass er grundsätzlich gegen Engagement und Ehrgeiz war, aber er stellte die Wohlstandsideologie und das Weltmachtstreben der westlichen Welt (wie auch das der Gegenseite) in Frage. Wo immer Autorität sich breitmachte, war er skeptisch. Er war schon 1962 ein Achtundsechziger.

Was mich an ihm besonders faszinierte und wovon ich auch im Studium profitierte, war seine Fähigkeit, zu interpretieren. Als Theologe kam er von der Exegese, der seit zwei oder gar drei Jahrtausenden von Christen beziehungsweise Juden gepflegten Bibelauslegung. Aber während die traditionelle Exegese, ob ausdrücklich eingestanden oder stillschweigend vorausgesetzt, von der Existenz eines allmächtigen Gottes ausgeht, stützte sich Klaus Duntze beim Interpretieren auf ganz andere Prämissen. Er suchte in jedem Text nach dem ihm innewohnenden humanen und sozialistischen Menschenbild und nach einer utopischen Moral. Wenn der Text das nicht hergab, las er gegen den Strich und setzte seine Philosophie gegen die des Textes.

Er war Opponent und liebte opponierende Literatur. So war es nur logisch, dass wir uns im Literaturkreis mit Autoren beschäftigten, die gegen den Strom schwammen und sich nicht in den Mainstream einordnen ließen, sondern Ärger machten.

Wir lasen Kleist, Heine, Benn, den DDR-Autor Erwin Strittmatter und Böll und Grass sowieso. Wir besuchten die Theateraufführungen, die das Publikum provozierten, Hochhuths *Stellvertreter*, Albees *Wer hat Angst vor Virginia Woolf?* und etwas später, als ich schon im Westen war, Handkes *Publikumsbeschimpfung*. Wir hatten eine sadistische und zugleich idealistische Freude daran, wenn ehrwürdige und inzwischen zweifelhafte Institutionen wie die katholische Kirche, die bürgerliche Ehe und der kulinarische Theaterbetrieb auf den Prüfstand kamen, ja, zum Abschuss freigegeben wurden. Aus den gleichen Gründen genossen wir die makabren Lieder von Georg

Kreisler und die aggressiven von Franz Josef Degenhardt und wir vergifteten im Geiste Tauben im Park und spielten mit den Schmuddelkindern.

Klaus Duntze verstand es, für seine alternativen Projekte bei seinen Oberen Gelder locker zu machen. So zum Beispiel führte er mit seinem erweiterten Literaturkreis in einem kirchlichen Heim in Wannsee ein Wochenendseminar über Heinrich von Kleist durch, zu dem als Referent der berühmte (und intellektuell und sicher auch finanziell sehr anspruchsvolle) Professor Emrich gewonnen werden konnte. Außerdem unternahmen wir, was für uns eingemauerte Insulaner ja sehr attraktiv war, mehrere Reisen, die, um die Finanzierung zu sichern, unter dem altmodischen Begriff *Rüstzeit* firmierten.

Um Himmelfahrt '63 herum waren wir eine Woche in der Wetterau und etliche Wochenenden verbrachten wir in Königslutter mit seinem gewaltigen romantischen Dom, immer untergebracht in kirchlichen Heimen. Stets stand Anregendes und Aufregendes auf dem Programm. Wir erkundeten die Umgebung und lernten die regionale Geschichte kennen. Abends wurde diskutiert, politisiert und getanzt, entweder nach der Musik der damals in Mode kommenden Beatles oder nach den speziell für junge Menschen gemachten Kirchenliedern, die mit eingängigen Schlagermelodien und schlichten Texten Anklang bei den Nachwuchschristen finden sollten. Die Lieder hatten so fromme Titel und Texte wie *Danke* (nämlich für die vielen Wohltaten, die Gott uns beschert) oder *Gott hat nur ein Wort, und das heißt »Jesus Christ«*. Wir empfanden diese sprachlich und musikalisch dürftigen Elaborate als billiges Anbiedern und degradierten sie deshalb zu dem, was sie waren, nämlich Schlagermelodien zum Tanzen. Als einige Kirchenoffizielle der Gemeinde uns besuchten und uns bei unserem fröhlichen Treiben erwischten, waren sie entsetzt und sprachen von Blasphemie. Klaus Duntze hatte Mühe, unsere Quasigastgeber umzustimmen, indem er den Spieß umdrehte und zu bedenken gab, ob nicht vielleicht die Verpackung der christlichen Lehre in profane Unterhaltungsmoden blasphemisch sei. Als ich spät abends, als wir wieder unter uns waren, hinsichtlich des Songs Gott hat nur ein Wort anmerkte, dann habe Gott aber nur einen sehr kleinen Wortschatz, schüttete Duni sich vor Lachen aus. Er lachte überhaupt gern, vor allem, wenn ein Witz Schwächen aufdeckte, Schwächen der Etablierten, Schwächen der Eliten, Schwächen der Mächtigen. Er stand auf Seiten der Elenden und Unterdrückten und sprach sich schon früh gegen die amerikanische Vietnam-Aggression aus.

Höhepunkt seiner Jugendarbeit war die letzte von ihm geleitete Tessinreise. Er hatte bei seinen Vorgesetzten durchgesetzt, dass er einige Studenten als Assistenten engagieren durfte, die zu reduzierten Kosten an der Reise teilnahmen. Wir Auserwählten gehörten alle seinem subversiven Literaturkreis an, die Juristen Otto und Oxi, der Bibliothekar Heinz und die zu seiner Freundin avancierte Jenni, der Mediziner Andi, Enkel des Bischofs Dibelius, und eben auch ich. Auf dem literarischen Programm standen neben der Bibel die Novellen aus Boccaccios *Decamerone* und Grimms Märchen, die wir interpretierten und inszenierten. Wir versorgten uns selbst und waren im Wechsel in der Küche beschäftigt, wir wanderten hinauf in die Berge und hinab an den Lago Maggiore. Unten in Ascona brüskierten wir die High Society, indem die Musikalischen aus unserer Gruppe mit ihren Gitarren und der eigenen Stimme Beatles-Songs zum Besten gaben, während wir anderen klingende Münzen in einen bereitgestellten Hut warfen, um die toleranten Passanten zu ähnlicher Freigebigkeit zu animieren.

Die Schweiz ist ein reiches und ordentliches Land und duldet es nicht, dass dieses Image durch Bettler in Zweifel gezogen wird, auch wenn sie ihren Einkünften durch eine musikalische Gegenleistung eine moralische und ökonomische Berechtigung zu geben versuchen. Es dauerte nicht lange, dann war die Polizei zur Stelle. Die Musikanten wurden festgenommen, abgeführt und auf die Wache gebracht und das eingespielte Geld konfisziert.

Klaus Duntze gelang es mit diplomatischem und argumentativem Geschick, seinen Schäfchen die Freiheit zurückzugewinnen, indem er glaubwürdig beteuerte, dass sie nicht gegen das Verbot der gewerblichen Bettelei verstoßen hätten, sondern sich nur einen musikalischen Scherz erlaubt hätten. Wir kamen auch um eine Geldstrafe herum, aber der in dem Hut angesammelte Obolus, der zum größten Teil von uns selbst stammte, wurde vom Schweizer Staat einbehalten.

Unsere Tagestouren führten uns ins nahe Italien, an die Südspitze des Lago Maggiore, ins schöne Verona und andere Orte. Auch die umliegenden Bergdörfer suchten wir auf. Eines von diesen, dessen Namen ich vergessen habe und das den Talschluss bildete, also am Ende einer Sackgasse lag, befand sich derart abseits von aller Welt, dass sich die Einwohner nur durch Inzucht vermehren konnten. Folglich fand sich auf den Grabsteinen des Friedhofs nur ein einziger Name, nämlich *Mazzi* – und auf den Dorfstraßen begegneten uns mehrere debile Menschen.

Umgekehrt kamen wir in Kontakt mit einem der bedeutendsten Religionswissenschaftler des 20. Jahrhunderts. Klaus Duntze hatte Karl Kerenyi, der hier lebte, eingeladen, und er kam sogar und wir sprachen mit ihm stundenlang über griechische Mythologie. Er war eine vitale Persönlichkeit und faszinierte uns durch seine Kenntnisse und Deutungen. Einzelheiten sind mir nicht mehr erinnerlich, aber noch heute sehe ich seinen Sohn vor mir, einen schüchternen und blassen jungen Mann, der still und bescheiden im Schatten seines großen Vaters saß; dieser hatte seinen Sohn sicher einmal zu seinem Ebenbild machen wollen und ihn Dionysos genannt. Aber Dionysos wurde kein Dionysos. Nicht immer verwirklicht sich die Spruchweisheit Nomen est Omen.

Unsere Clique bildete hier im Tessin eine Art Gelehrtenrepublik, aber kirchenfromm ging es nicht zu, auch wenn Klaus Duntze unserem Tagesablauf einen religiösen Charakter gab. Er hielt täglich einen kurzen Gottesdienst ab, erörterte mit uns theologische Fragen, las mit uns in der Bibel und feierte mit uns zu Ostern das Abendmahl, aber ganz anders, als man es gewohnt war. Man bekam keine sterile Oblate verabreicht, man nippte nicht schüchtern am Kelch, sondern erhielt eine richtige Stulle Weißbrot und nahm einen kräftigen Schluck Wein.

Wer Lust hatte, durfte im Rahmen der Morgenandacht eine *Laienpredigt* halten. Ich sprach über den weisen Salomon und behauptete, dass er eigentlich schon weise gewesen sei, als er Gott um Weisheit bat, denn ein solcher Wunsch ist doch bereits Ausdruck von Weisheit, so dass er um etwas bittet, was Gott ihm längst gegeben hatte. Im Gebet, so meine These, gehe es eigentlich darum, sich über sich selbst und seine Ziele klar zu werden. Das Gebet ist wie

Beichte, nur nicht nach hinten, sondern nach vorne gerichtet, nicht Bekenntnis von Schuld, sondern Bewusstsein von Hoffnung und Planung. An mir sei ein Theologe verloren gegangen, bedauerte Klaus Duntze, amüsierte sich aber auch über meine wortverspielten Tischgebete *Dona nobis panem! Amen.* Oder: *Vor dein Gericht, Herr Gott, muss alle Welt sich stellen.*

Nach dieser Tessinfahrt endete Dunis Zeit als Jugendpfarrer. Er wurde Gemeindepastor der Marthakirche in Kreuzberg, einem der klassischen Berliner Arbeiterbezirke. Die Martha der Bibel war die fleißige Hausarbeiterin, die Jesus bediente und versorgte, während ihre Schwester Maria die Hände in den Schoß legte und den Ausführungen des Herrn tatenlos zuhörte. Als Martha sich über diese Ungerechtigkeit beschwerte, bekam sie zu hören, dass Maria als Zuhörerin den besseren Teil gewählt habe, Hausarbeit also weniger wertvoll sei. Es ist nicht ohne Zynismus, eine Arbeiterkirche nach Martha zu benennen und dadurch dem Proletariat deutlich zu machen, dass, wer von seiner Hände Arbeit lebt, verglichen mit den geistlich und geistig Interessierten und Tätigen, zu den Menschen zweiter Klasse gehört. Dem Proletariat ziemt Bescheidenheit und deshalb muss es sich gefälligst mit einer Marthakirche begnügen, die noch dazu auf dem Hinterhof steht, wo die Quadratmeterpreise erheblich niedriger waren (und sind) als an der Straßenfront. Zwar nahmen die zwei Pastorenwohnungen die Beletage des Vorderhauses ein, aber um zur Kirche zu gelangen, musste man sich durch einen Torbogen nach hinten auf den Hof begeben. Ähnlich knauserig waren die Verantwortlichen um die Jahrhundertwende beim Bau der Volksschulen verfahren, auch Schulgebäude und Schulhof befanden sich in Kreuzberg auf dem billigen Hinterhof. Und in diesem Milieu residierte und amtierte hinfort der Gemeindepfarrer Klaus Duntze, bewohnte mit seiner Frau und seinen vier Söhnen eine gutbürgerliche Sechszimmerwohnung und musste hier heimisch werden. Hier traf sich auch weiterhin der Literaturkreis und hier ging so manche Feier, zum Beispiel Silvester, über die Bühne.

Für Duni war es ein gewaltiger Unterschied, dass er es plötzlich statt mit jungen Intellektuellen mit Arbeitern und Aussteigern, Hausbesetzern und Türken zu tun hatte. Er musste sich, über die engen Grenzen der Kirchgängerklientel hinaus, um Menschen kümmern, die mit der Kirche nichts am Hut hatten und oft nicht einmal auf dem Papier Christen waren. Auf dem Hinterhof um die Kirche herum entstand eine Art Sozialstation, wo Alte, Jugendliche und Kinder, Deutsche und Türken, Christen und deren Gegenteil sich trafen, unterhielten und spielten. Schon bald wurde die Kirche, ich meine jetzt das Kirchengebäude, revolutionär umgestaltet.

Der Pastor Duntze hatte zuerst seinen Amtsbruder und Kollegen, dann den Gemeindekirchenrat und die Gemeinde, endlich auch die kirchliche Verwaltungsspitze davon überzeugt, dass es sinnvoll und sozial sei, die Kirche zu halbieren, zur Hälfte zu *entweihen* und diese umgewidmete Hälfte profanen und humanen, vor allem kommunikativen Zwecken zuzuführen. Durch eine eingezogene Zwischendecke entstand ein oberes Stockwerk, das als Kirche erhalten blieb und nach wie vor dem Gottesdienst und anderen frommen Verrichtungen diente, und ein unteres Stockwerk, das der Jugend als Sporthalle, den Erwachsenen als Café und überhaupt als Treffpunkt für die Anwohner der umliegenden Straßen diente. Auch Türken, zuerst deren Kinder, stellten sich ein und wurden willkommen geheißen, ebenso allerlei alternatives Volk, wie zum Beispiel Wehrdienstverweigerer, die aus der Bundesrepublik, um der Ausbildung an der Waffe zu entgehen, ihren Wohnsitz nach Westberlin verlegt hatten, wo es keine Wehrpflicht gab. Die Marthakirche wurde ein Ort gelebter Toleranz und Duni konnte hier in die Tat umsetzen, was er uns, seinen *Jüngern*, bisher immer nur rein verbal gepredigt hatte. Aus seiner theoretischen Theologie wurde praktische Toleranz. Uns alle überzeugte das und machte uns noch linker, als wir ohnehin schon geworden waren.

Gerti gehörte nach wie vor zum Literaturkreis, auch wenn Duni sie 1964 – aus welchen Gründen auch immer – nicht für geeignet gehalten hatte, als Assistentin an der Tessinfahrt teilzunehmen. Ihre Beziehung zu Rainer Albertz war schon nach einem knappen Jahr in die Brüche gegangen. Er hatte sie verlassen und sie hatte Liebeskummer. Sie weinte sich bei mir aus – bei wem denn sonst? – und suchte Trost in meinen vertrauten Armen. Da meine letztsommerliche Krumme-Lanke-Liebe ihr übliches zeitliches Limit gefunden hatte, waren Gerti und ich frei für eine erneute Quartalsphase. Neu war, dass sie mir beim Training half. Nicht dass sie mit mir über die Aschenbahn tobte, das nicht, das konnte und wollte sie nicht, aber sie stand mit der Stoppuhr, die mir mein Vater geschenkt hatte, am Rande der Laufbahn, rief mir die Zwischenzeiten zu und stoppte die Endzeit. Da ich zum Training nicht immer extra zum SCC nach Charlottenburg ins Mommsenstadion fahren wollte, erledigte ich mein Pensum auf dem Zehlendorfer Bezirkssportplatz, denn der vereinseigene Platz von Z88 war mir nach meinem Austritt natürlich verwehrt. In Gertis Gegenwart erfüllte ich meine sportlichen Pflichten, und nach meinen schweißtreibenden Übungen und dem anschließenden Duschen gingen wir beide gemeinsam spazieren oder baden oder ins Kino und so verband ich die sportlichen Pflichten mit den zärtlichen Neigungen.

Nach wie vor spielte der Leistungssport für mich eine große Rolle. Schließlich war ich vom Z88 zum SCC gewechselt, um hier unter fachmännischer Anleitung die Grenzen meiner sportlichen Möglichkeiten auszutesten. In Wolfgang Meller fand ich einen Trainer, der pro forma noch Sportstudent war, aber de facto als hauptamtlicher Übungsleiter beim SCC längst seinen Beruf gefunden hatte. Er hielt viel von meinem Talent, förderte mich und nahm mich hart ran. Die Erfolge blieben nicht aus. Das erste SCC-Jahr, die Saison 1960, diente zwar noch der Eingewöhnung, aber ab 1961 gehörte ich zur Spitze der Berliner Mittelstreckler, mehr noch, bei den Norddeutschen Meisterschaften, an denen Athleten aus Niedersachsen, Schleswig-Holstein, Hamburg, Bremen und Berlin teilnahmen, wurde ich über 800 Meter Vierter. Hinter Olaf Lawrenz und seinem Bruder Jörg bog ich als Dritter in die Zielgerade ein, aber ein spurtstarker Kontrahent aus Lübeck überholte mich noch und brachte mich um den Podestplatz. Aber immerhin! Vierter aus ganz Norddeutschland!

1962 wollte ich es wissen. Es wurde – sportlich gesehen – mein bestes Jahr. Die Voraussetzungen wurden schon im Winter und Frühling geschaffen. Für die drei Wochen, die Wolfgang Meller im Skiurlaub war, hatte er mir einen Trainingsplan ausgearbeitet, den ich zufällig kürzlich gefunden habe. Unordentlich, wie ich bin, sorge ich niemals für Ordnung, werfe also nie etwas weg, sondern stecke alles im Moment nicht Gebrauchte wahllos in irgendwelche Pappkartons, zumal mir als Historiker alles Alte heilig ist, weil es ja irgendwann einmal als Quelle dienen könnte. Wenn ich dann später etwas Bestimmtes suche, was ich natürlich nicht finde, entdecke ich – quasi nebenbei – längst vergessene und verloren geglaubte Papiere, über die ich mich freue, wie kein ordentlicher Mensch es könnte, weil er vergleichbare Entdeckerfreuden nicht kennt.

So stieß ich auch auf Wolfgangs Trainingsplan, der mir für fast jeden Tag (es gab überhaupt nur einen einzigen Ruhetag pro Woche) ein detailliertes Arbeitspensum vorschrieb, mit genauen Angaben über die Anzahl und die Zeiten der zu laufenden Strecken. Groß im Kommen war damals das Intervalltraining, das heißt der Wechsel zwischen mehreren flotten Läufen und kurzem Erholungstrab, also zehnmal 600 Meter, oder fünfmal 200 (sehr schnell), oder zwanzigmal 200 Meter (etwas ruhiger), oder Steigerung der Distanzen, zum Beispiel dreimal 300, 400, 500 Meter oder zweimal 300, 400, 500 Meter. Einmal pro Woche war ein Tempolauf unter Wettkampfbedingungen zu absolvieren, über 2000 oder 3000 Meter. Lediglich am Sonntag durfte ich mich erholen: Zehn Kilometer ruhiges Traben durch den Grunewald. Ich bin ein bisschen ausführlicher auf den Trainingsplan eingegangen, damit der Leser erfährt, wie ernst wir damals zur Sache gingen.

Im Frühsommer 1962 trainierte ich nicht nur unter Wolfgangs Anleitung, sondern auch gemeinsam mit Olaf Lawrenz, mit dessen Hilfe ich ja schon zweimal Deutscher Hochschulmeister geworden war. Da Olaf als Sportstudent regelmäßig auf dem Zehlendorfer Sportplatz zu tun hatte, der inzwischen den Namen Ernst Reuters trug, bot es sich und er mir an, dass wir einmal pro Woche zu zweit liefen und uns gegenseitig anspornten. Das von Olaf vorgegebene Programm sah nur zwei oder drei Läufe vor, aber die hatten es in sich. Mehrfach legten wir sehr schnelle Sprints über 200 oder 300 Meter zurück, anschließend die gleiche Distanz etwas langsamer, was aber kaum zur Erholung reichte. Es galt, zu einem neuen Spurt anzusetzen, wenn man eigentlich noch gar nicht wieder in der Lage dazu war. Aber dies Tempowechseltraining ohne Erholung brachte einem für den Ernstfall des Wettkamps die notwendige Tempohärte.

Dieses Härtetraining zahlte sich aus. Im Laufe der Saison und in den Läufen der Saison blieben die Erfolge nicht aus. Die erste Probe aufs Exempel waren die Berliner Meisterschaften.

Am Start über 1500 Meter waren Klaus Lehmann, den ich in der Jugend noch geschlagen hatte, der aber inzwischen als Polizist quasi Profi und mir überlegen war, Olaf Lawrenz, einige weniger ernst zu nehmende Gegner und eben ich. Kurz vor dem Start äußerte ich Wolfgang Meller gegenüber, dass ich, da gegen Lehmann und Lawrenz ohne Chance, diese ziehen lassen wollte, um dann aus dem Hauptfeld heraus meinen dritten Platz zu erspurten. Dieser Taktik widersprach Wolfgang entschieden, ich sei in bester Verfassung, ich könne mit den beiden durchaus mithalten und das solle ich gefälligst tun. Er machte mir Mut, packte mich bei der Ehre, befahl wie ein General, und ich gehorchte. Nach dem Startschuss setzte sich Klaus sofort an die Spitze und lief wie ein Uhrwerk, Runde um Runde in genau 60 Sekunden. Olaf folgte ihm dicht auf den Fersen und ich Olaf, während der Rest schon bald zurückfiel.

Sport ist Psychologie. Die Leistungsfähigkeit ist eines, der Leistungswille ein anderes. Rennen werden im Kopf gewonnen. Als Klaus merkte, dass Olaf, den er für schwächer hielt, unbeirrt mithielt, da hielt er an seinem flotten Tempo fest. Umgekehrt hielt Olaf mit Klaus mit, solange ich mit ihm mithielt, denn wenn ich, der doch wohl nicht zur deutschen Spitzenklasse gehörte, an ihm dranblieb, konnte er erst recht an Klaus dranbleiben. Und ich selbst, mit der Erfahrung, dass ich bei dem Spezialtraining mit Olaf mitgehalten hatte, ließ mich auch jetzt nicht abschütteln, zumal mir mein Trainer Wolfgang Meller genau dieses befohlen hatte. Also zog Klaus Olaf und Olaf mich, beziehungsweise trieb ich Olaf und dieser Klaus. Als wir nach drei Runden und genau drei Minuten die Gegengerade erreichten, lagen nur noch 300 Meter vor uns. Doch nun zeigte sich, dass Klaus und Olaf zur Weltspitze zählten und ich leider nicht. Ich fiel zurück, während Klaus mit der Superzeit von 3:43 Minuten siegte und Olaf in 3:44 Zweiter wurde. Aber auch meine 3:50,3 konnten sich sehen lassen. Eine deutsche Spitzenzeit und persönliche Bestzeit. Gegenüber dem letzten Jahr hatte ich mich um fast 10 Sekunden verbessert. Als ich am nächsten Montag in die aktuelle deutsche Bestenliste schaute, fand ich mich an 10. Stelle und hatte mich außerdem für die Deutschen Meisterschaften qualifiziert. Wolfgang war fast so stolz wie ich, sowohl auf seinen Trainingserfolg als auch auf seine richtige taktische Anweisung. Noch 50 Jahre später, bei einem Ehemaligentreffen der alten SCCer, wo wir uns erstmals nach Jahrzehnten wiedersahen, erinnerte er sich an meine 3:50,3 und ich musste ihn nur um zwei Zehntel korrigieren, er hatte eine 3:50,1 im Gedächtnis.

Weitere Erfolge folgten, der Knoten war geplatzt. Die 1500 Meter deutlich unter 4 Minuten zu laufen, war kein Problem mehr. Bei den Berliner Studentenmeisterschaften beherrschte ich, weil Olaf auf die Teilnahme verzichtete, die Mittelstrecken. Bei den Deutschen Hochschulmeisterschaften in Bonn lief ich nur die Dreimal-1000-Meter-Staffel und verhalf als Schlussläufer der Freien Universität zu einem zweiten Platz. Dann die Norddeutschen Meisterschaften in Bremen; gegenüber dem Vorjahr verbesserte ich mich um einen Platz und wurde – diesmal über 1500 Meter – Dritter.

Höhepunkt der Saison sollten die Deutschen Meisterschaften werden. Hier würde ich zwar nicht vorne mitmischen können, aber ich wollte doch wenigstens in den Endlauf (und damit ins Fernsehen) kommen. Leider jedoch ging mein ehrgeiziger Wunsch nicht in Erfüllung. Ich wurde ein Opfer der Hamburger Verkehrsverhältnisse. Das Auto, mit dem wir von unserem Hotel zum Volksparkstadion fuhren, kam nur langsam voran und stand immer wieder im Stau. Auf den letzten Drücker erreichten wir unser Ziel und ich war zum Startschuss gerade noch rechtzeitig zur Stelle, da ich aber keine Zeit mehr zum Warmlaufen und zur vorbereitenden Gymnastik zur Verfügung hatte, fand ich nicht ins Rennen, kam über einen Platz im Mittelfeld nicht hinaus und verfehlte den Endlauf um einige Plätze und Sekunden. Im nächsten Jahr sollte alles besser werden, viel besser.

Ich brannte vor Ehrgeiz. Würde ich mich nur um 5 Sekunden verbessern (statt um 10, wie in dieser Saison), dann wäre ich ganz vorne dabei. Aber aus meinem Plan wurde nichts, und das aus drei Gründen. Schuld hatten der Winter, Bodo und die Uni.

Der Winter begann schon im November und dann blieb er uns über Monate treu beziehungsweise belästigte uns. Am Dienstag vor Bußtag fing es an zu schneien, und am Nachmittag rannte ich auf weißem Teppich durch den Grunewald, hinein in die lautlose unberührte Natur. Plötzlich stieß ich auf die frischen Spuren eines Rehs und nahm mir vor, ihnen zu folgen und dann mit dem Reh einen Wettlauf oder gar eine Verfolgungsjagd zu veranstalten. Ich trabte durch Hochwald und Unterholz und endlich stand das Tier vor mir, keine zehn Meter entfernt, und blickte mich neugierig an. Aber es war kein Reh, es war ein Hirsch, ein riesiges Exemplar, mit ausladendem Geweih. Wir waren beide verdutzt und warteten geduldig, was der andere tun würde. Aber nichts geschah. Wir musterten uns, teils ungläubig, teils verärgert. Was hatte ich in seinem Revier zu tun, mochte er sich fragen, und auch ich fand ihn hier fehl am Platz, denn von Hirschen im Grunewald war mir bis jetzt nichts bekannt. Da er in mir keinen bedrohlichen Konkurrenten sah, der ihm seine Rolle als Platzhirsch streitig machen wollte und er wohl auch dachte, dass der Klügere nachgibt, machte er plötzlich kehrt und verschwand mit riesigen Sätzen.

Der strenge Winter erschwerte das Training. Die Wege waren tief verschneit oder glatt oder beides; ein zügiges Laufen war kaum möglich. Außerdem war es so schneidend kalt, dass man nicht richtig durchatmen konnte. Ich brachte also weniger Kondition mit in den Frühling als im Vorjahr und als ich gehofft hatte. Und dieses Defizit war nicht mehr auszugleichen, so dass ich hinter den Leistungen der letzten Saison zurückblieb. Auch fehlte mir das Spezialtraining mit Olaf, der im Sommer ’63 kürzer trat, weil er sich auf sein Examen vorbereitete. Diesen Trainingsrückstand konnte auch Gerti nicht ausgleichen, die, wie schon erwähnt, in diesem Sommer mein Training hilfreich begleitete.

Den sportlichen Todesstoß versetzte mir aber der kometenhafte Aufstieg von Bodo Tümmler. Er war einige Jahre jünger als ich und ebenfalls vom Z88 zum SCC gewechselt. Wir waren fast Nachbarn, unser Haus in der Reiherbeize stand keine 100 Meter von seinem Elternhaus im Fischtal entfernt. Wir trainierten gemeinsam im Grunewald und freundeten uns an. 1962 war ich noch deutlich besser als er, aber schon 1963 war es umgekehrt. Zwar hatte auch er in dem harten Winter 1962/63 das Training einschränken müssen, aber ihm schadete das weniger als mir. Ich war ein Talent und konnte mit Fleiß zu Erfolgen kommen, er dagegen war ein großes Talent und ihm standen große Erfolge bevor. Das zeigte sich nun und lähmte mich. Auch würde er sich in den kommenden Jahren viel intensiver dem Leistungssport widmen können als ich, da er gerade erst mit dem Studium begann, während ich mich so langsam aufs Examen konzentrieren musste.

Leistung ist gleich Leistung, ob in der Schule, im Studium, im Sport oder im Beruf. Ehrgeiz und Einsatz sind übertragbar, oder, wie Karl Adam, der erfolgreiche Rudertrainer, den ich fünf Jahre später am Ratzeburger Gymnasium kennen lernen sollte, es immer wieder predigte: *Die Struktur der Leistung ist auf allen Gebieten gleich.* Was man durch den Leistungssport – beim Training und im Wettkampf – lernt, das nützt einem auch bei den Examensvorbereitungen und im Examen selbst. Man erledigt sein Pensum mit Disziplin und man geht in die Prüfungen wie in einen Wettkampf. Man weiß, dass man gut vorbereitet ist und dass man keine Angst zu haben braucht vor dem Startschuss und vor dem Thema des Examens. Ich habe Kommilitonen gekannt, die so nervös waren, dass sie nur mithilfe von Schlafmitteln in die Nachtruhe fanden, und die am nächsten Morgen nur mit Aufputschmitteln wieder in Gang kamen. Vor Beginn der Prüfungsklausur liefen sie im Flur wie aufgedreht auf und ab und litten zusätzlich darunter, dass sie nicht zur gewohnten Zigarette greifen konnten. Da waren wir Leistungssportler viel besser dran.

Dennoch kann man gegen Adams Transfertheorie von der Übertragbarkeit der Leistung einiges einwenden. Denn wenn man Sport und Studium gleich leistungsorientiert betreiben will, dann gibt es Probleme, weil man auf zwei Hochzeiten tanzen muss.

Der eine Leistungsbereich muss auf Kosten des anderen vernachlässigt werden. Man muss sich also entscheiden. Bodo war so talentiert und erfolgreich, dass er dem Leistungssport den Vorzug gab und das Studium für einige Semester auf das Notwendige beschränkte. Als Spitzensportler erhielt er die deutsche Sporthilfe, wovon er sehr gut leben konnte, und mit Wolfgang Meller hatte er einen Vieraugentrainer, der sich außerhalb der Vereinsarbeit am Vormittag allein mit Bodo beschäftigte. Ort des Wundertrainings war die große Rodelbahn am Rande des Grunewalds. Zunächst ging es dort steil abwärts, und weiter unten, wenn die Schlitten genug Fahrt hatten, wurde die Bahn flacher und flacher. Und diese etwa 400 Meter lange Strecke hetzte Wolfgang seinen Lieblingsschüler hinauf. Dabei sah Bodo sich in dreifacher Hinsicht einer zunehmenden Belastung ausgesetzt. Je länger die gelaufene Strecke wird, desto atemloser wird man, doch hier am Berg kam die immer steiler werdende Steigung als zusätzliche Schikane und Anstrengung hinzu, und dann sollte Bodo auch noch auf dem letzten und steilsten Stück zum Endspurt ansetzen. Diese wiederholte Tortur trug ihre Früchte.

Bodos größte Zeit und seine besten Zeiten kamen, als ich nach bestandenem Examen längst in Schleswig-Holstein war. Er wurde mehrfach Deutscher Meister, zweimal Europameister und 1968 in Mexiko Olympiadritter.

Parallel zu Bodos Aufstieg stagnierte meine sportliche Karriere. Ich trainierte weniger und studierte mehr. Es war mir wichtig, mich bei den Professoren in Szene zu setzen, bei denen ich mein Examen ablegen wollte. Ich besuchte ihre Seminare und engagierte mich dort, auch wenn ich die fürs Examen notwendigen Scheine längst zusammen hatte. Trotz dieser Schwerpunktverlagerung vom Laufen aufs Pauken lief ich immer noch vorne mit und wurde 1964 bei den Berliner Hallenmeisterschaften und dann im Sommer bei den richtigen Meisterschaften jeweils Dritter über 1500 Meter, auf der Bahn aber nur noch in 3:56,2 Minuten (statt der 3:50,3 zwei Jahre zuvor).

Im Hochschulsport zählte ich in Berlin noch immer zu den Besten und genoss die Studentenfahrten zu den Deutschen Hochschulmeisterschaften und zu den Vergleichskämpfen mit anderen Universitäten, zumal es bei diesen Veranstaltungen immer etwas lockerer zuging als bei den ernsthaften und ehrgeizigen Vereinswettkämpfen. Zweimal fuhren die Leichtathleten der FU sogar ins Ausland, im Sommer ’63 in die Schweiz und im Frühjahr ’64 nach Frankreich. Sowohl in Zürich als auch in Bellinzona (Tessin) gewann ich meine 1500 Meter.

Die Funktionäre der Eidgenössischen Technischen Hochschule, unsere Gastgeber, luden uns zu einem Bankett in einen Edelgasthof, gelegen in dem Villendorf Küßnacht, vor den Toren Zürichs. Sie wollten Großzügigkeit demonstrieren, aber auch Mitleid mit den im doppelten Sinne armen Berlinern, den sowohl in politischer als auch in wirtschaftlicher Hinsicht gehandikapten Insulanern und Halbstädtern. Die hohen Schweizer Herren und unsere Reiseleitung saßen an einer gesonderten Tafel auf einem Podest, erhoben sich reihum, ließen Trinksprüche hören und tranken sich zu. Wir, das einfache Fußvolk unten im Saal, mussten uns mit wortlosem Kauen begnügen.

Da plötzlich ritt mich der Teufel, mich packte der demokratische Ehrgeiz und Humor, und ich ergriff ungefragt das Wort, quasi im Namen der schweigenden Mehrheit. Ich stand auf und sagte, auch wir hier unten seien gehalten, uns zu äußern und unseren Dank für die freundliche Aufnahme zum Ausdruck zu bringen. Ich sang ein Loblied auf die Freundschaft zwischen Schweizern und Deutschen und zitierte Schillers Worte aus dem Tell: *Wir wollen sein ein einzig Volk von Brüdern.* Ich lobte das Schweizer Liebesleben und sprach von meiner Hoffnung, dass auch wir Berliner Gäste an demselben teilhaben dürften bei dem für den Abend vorgesehenen Sportlerball, wobei ich wiederum auf Schiller zurückgriff: *Es führt kein anderer Weg zur Küßnacht hin.* Den hohen Herren da oben behagte meine eigenmächtige Festrede nicht und einer von ihnen fasste seinen Unmut (wie unsere Reiseleiter mir später sagten) in die kritischen Worte (indem er nach typisch Schweizer Mundart das *-ch* hinten im Rachen bildete und in die Länge zog): *I-ch glaube, Ihr Kommilitone verwe-cheselt Küßna-cht am Zür-cher See und Küßna-cht am Vierwaldstädter See.* Die Freude am Wortspiel war dem seriösen und korrekten Schweizer nicht zu eigen.

Die Sportreise nach Frankreich kam auf etwas kuriose Weise zustande. In Le Mans fand seit Jahren ein Geländelauf für katholische Studenten statt, zu dem die einzelnen Universitäten jeweils eine zehn Mann starke Mannschaft meldeten. Ein Kommilitone, der mit der Uni Bonn (Bonn ist ja katholisch) daran teilgenommen hatte, machte uns auf diese Wettkampf- und Reisemöglichkeit aufmerksam und wir bewarben uns. Nun ist das preußische Berlin bekanntlich protestantisch und die meisten FU-Studenten ebenfalls, aber die Veranstalter hielten die *Freie Universität* für eine konfessionelle, also katholische Hochschule. Das Attribut *frei* interpretierten sie nicht politisch, vielmehr wussten sie einfach nicht, dass die FU ein Kind des Kalten Krieges war. Sie glaubten, die *Freie Universität* sei frei vom Staat, also keine staatliche, sondern eine klerikale Einrichtung. Wir wurden also freundlich eingeladen und profitierten von der weltpolitischen Krisensituation.

In Le Mans wurden wir privat untergebracht, natürlich in vornehmen Bürgerhäusern. Die Gastgeber ließen uns teilhaben am französischen Savoir-vivre und ich fühlte mich bei den reichhaltigen Mahlzeiten erinnert an die Tafelrunde am ersten Abend im Weingut der Familie Pouget. Wieder eine Unzahl von Gängen, wieder das flinke Kommen und Gehen, Aufdecken und Abdecken des Personals.

Am Sonntagmorgen mussten wir alle am Gottesdienst teilnehmen und in der Kathedrale nach Universitäten geordnet Platz nehmen. Das Alphabet wollte es, dass wir in der ersten Reihe saßen, unmittelbar vor den Brüsselern. Da der katholische Ritus uns ein Buch mit sieben Siegeln war, wussten wir nicht, wann es zu stehen, zu knien, zu beten, zu singen oder zu sitzen galt. Um uns nicht zu blamieren und ertappt zu werden bei unserem konfessionellen Fremdgehen, mussten wir uns so gut wie möglich den katholischen Gepflogenheiten anpassen, schielten schräg über die Schulter, was unsere belgischen Hintermänner machten und ahmten ihre Vorgaben mit leichter Verzögerung nach.

Am Nachmittag fand der Wettkampf statt. Nicht unbedingt auf der Bahn, aber im Walde war Hartmut Lehmann, genannt *Ete*, unser Bester. Die unwegsamen Waldwege, der an Hindernissen reiche Cross-Country-Lauf lagen ihm. Und er war nicht nur unser Bester, er erwies sich auch als der Beste überhaupt und gewann. Der Protestant aus Berlin hatte alle Katholiken hinter sich gelassen. Die lokale Presse feierte ihn am nächsten Tag im Sportteil unter der wortverspielten Überschrift: *Le Mans: L' Aleman Lehmann*. Unser Team hat in der Mannschaftswertung – zum Glück, muss man wohl sagen – nicht auch noch gewonnen und belegte, wie auch ich, nur einen mittleren Platz.

Auf dem Heimweg machten wir in Paris eine Pause und widmeten uns am Tag den Kunstwerken und nachts dem Nachtleben. Dann ging es in einem Rutsch zurück nach Berlin. Eine Unterbrechung gab es nur an der deutsch-deutschen Grenze. Von Frankreich nach Belgien, von Belgien nach Deutschland zu gelangen, war kein Problem, aber von Deutschland nach Deutschland eben doch.

Die DDR-Grenzsoldaten kontrollierten Gepäck und Papiere und dabei stießen sie auf einen Sachverhalt, der sie aufbrachte. Leo-Peter Müller hatte mehrere Jahre einen Bart getragen, aber seit Kurzem hatte er ein glattrasiertes Kinn. Nur auf seinem Passbild war der üppige Vollbart noch in voller Pracht vorhanden. Eine Übereinstimmung zwischen Leo und seinem Foto konnten die Kontrolleure beim besten Willen nicht erkennen und erst recht nicht bei schlechtem Willen, wie sie ihn als Grenzer haben mussten und hatten. Diesen Reisenden konnten sie so nicht passieren lassen. Pass und Person müssen identisch sein oder wieder identisch werden. Folglich verlangte der verantwortliche NVAler, Leo-Peter Müller müsse so lange in ihrer, der DDR Obhut verbleiben und seinen Bart sprießen lassen, bis dieser die alten Ausmaße erreicht hätte, nämlich die auf dem Ausweis. Wie ernst diese Anordnung gemeint war, konnten wir nicht feststellen. Ob hier Schikane oder Humor vorlag, war aus dem Pokerface des Grenzoffiziers nicht zu ersehen. Endlich ließ er, aus welchem Grunde auch immer, Gnade walten und genehmigte Leos Einreise. Ob ihm die Ausreise genehmigt würde, war noch völlig offen. Aber in Griebnitzsee an der Grenze zwischen der Deutschen Demokratischen Republik und der besonderen politischen Einheit Westberlin, gab es keine Probleme mehr. Wir waren zu Hause und wir hatten die Begeisterung für die besondere Laufdisziplin des Geländelaufs mit heimgebracht.

Einen solchen, beschlossen einige von uns, wollten wir in veränderter Form auch in Berlin durchführen, aber nicht exklusiv für Katholiken oder Vereinssportler, sondern für jedermann. Wer immer Lust hatte, sollte sich an dem Cross-Country-Lauf durch den Grunewald beteiligen dürfen. Damit war die Idee des Volkslaufs geboren, der sich in den folgenden Jahren immer größerer Beliebtheit erfreuen sollte.

Treibende Kraft unter den Organisatoren war Horst Milde, der später auch den Berlin-Marathon durchführen und zu einem der größten der Welt machen sollte. Da er die Strecke so legte, dass sie ohne Steigungen und Kopfsteinpflaster war, sollten in Berlin mehrfach Weltrekorde gelaufen werden. Von Horst stammte übrigens auch das Motto für unseren Cross-Country-Jedermanns-Lauf: *Dem echten Crosser kommt jede Mühsal gelegen.*

An den Vorbereitungen für den Volkslauf '64 habe ich mich kaum beteiligt, wie ich auch im Training zurücksteckte, denn mehr und mehr nahmen mich die Vorbereitungen auf mein Staatsexamen in Anspruch. Zuletzt trainierte ich nur noch am Wochenende, Sonnabendnachmittag Waldlauf mit den SSCern und Sonntagvormittag alleine an der Krummen Lanke. Die übrige Zeit paukte ich.

Tag für Tag radelte ich gegen neun zur Uni und arbeitete bis tief in die Nacht in den verschiedenen Bibliotheken, zuletzt im Germanischen Seminar, das alleine bis 22 Uhr geöffnet hatte. Zwischendurch legte ich ein kleines Mensamittagsmahl ein und gegen Abend eine kurze Klappstullenpause. Manchmal war ich so müde, dass ich im Lesesaal über meinen Büchern einzuschlafen drohte. Dann hielt ich mich dadurch wach, dass ich in die Abteilung mit den Nachschlagewerken ging und im Berliner Mundartenlexikon blätterte. Die kessen Komposita und Redewendungen waren derart fantasiereich und amüsant, dass ich lächeln und lachen musste und nach einer Viertelstunde wieder fit war. Um 22 Uhr machte ich mich auf den Heimweg. Da mein Rad ohne Licht war, musste ich es schieben, was mir notgedrungen zu einem willkommenen Spaziergang verhalf. Zu Hause, bevor ich ins Bett ging, überflog ich die im Laufe des Tages angefertigten Exzerpte und unterstrich das Wesentliche. Den Sonntag heiligte ich in gewisser Weise, indem ich das wissenschaftliche Arbeiten einschränkte und auf den morgendlichen Lauf am Nachmittag mit Konrad, Dieter oder Werner eine ausgiebige Wanderung durch den Grunewald folgen ließ. Aber schon am Abend ging ich wieder an meine Papiere und paukte mir das in der Woche aus den Fachbüchern Herausgeschriebene systematisch ein.

Mit Gerti war ich in Anbetracht meines prallen Terminkalenders nur noch selten zusammen, zumal sie meinen Freunden mit Vorbehalten, ja Vorurteilen begegnete. Konni, der Mechaniker, war ihr nicht gebildet genug, Kalle, der Tischler, ebenso, der angehende Ingenieur Werner war ihr zu konservativ und Dieter, der Jurastudent, zu reaktionär. Sie selber, die Zoologie studierte, hatte sich seit dem

Abitur immer weiter nach links entwickelt, überwarf sich mit ihren Eltern, zog in eine Wohngemeinschaft, fand unseren doch durchaus kritischen und progressiven Literaturkreis nicht revolutionär genug und verübelte mir, dass ich mich aufs Examen konzentrierte und mich nicht antikapitalistisch engagierte. Völlig unverständlich war ihr, dass ich an meiner Freundschaft mit meinen bürgerlichen Freunden festhielt. Geradezu zuwider war ihr der kleine Dietrich Arndt.

Dieter und ich kannten uns schon lange. Unsere Väter waren beide beim Film, seiner als Requisiteur, der meine, wie bereits berichtet, als Filmgeschäftsführer und Kassierer. Mit Dieter freundete ich mich an, nachdem ich gebeten worden war, ihm Nachhilfe in Mathematik und ähnlich schwierigen Fächern zu geben. Er hatte mit Erfolg die Oberschule Technischer Zweig abgeschlossen, wie die Mittelschule damals vollmundig und offiziell bezeichnet wurde (die alte Volksschule hieß Oberschule Praktischer Zweig, das Gymnasium Oberschule Wissenschaftlicher Zweig), und er strebte nun auf dem zweiten Bildungsweg das Abitur an, war aber dabei auf meine Hilfe angewiesen. Nach der Reifeprüfung und dem Beginn des Jurastudiums trat er sofort einer schlagenden Studentenverbindung bei.

Das hatte Gründe. Dieter war übermäßig klein, wie zum Beispiel auch Napoleon. Und wie dieser hatte er den Ehrgeiz, die Tatsache, dass er körperlich zu kurz gekommen war, irgendwie zu kompensieren. Er legte größten Wert auf äußere Formen und wollte sich bewähren durch korrektes und höfliches Benehmen, durch korrekte und adrette Kleidung, durch Kontakte zu den sogenannten Besseren, also der Oberschicht. Meine Eltern waren von all dem beeindruckt, vor allem mein Vater, denn ihr eigener Sohn ließ es leider an derartigen Bestrebungen mangeln. Dass Dieter stets in blankgeputzten Schuhen auftrat, dass er Maßanzüge trug (und wohl auch tragen musste), dass er sich bei Begrüßung und Verabschiedung ehrfürchtig verneigte und sich einer gehobenen Sprache befleißigte, war Grund genug, dass meine Eltern die Beziehung zu Dieter guthießen und mich zu dem besagten Nachhilfeunterricht überredeten. Auch bei den Saxo-Borussen suchte und fand der junge Mann die angestrebte Anerkennung. Der *Fuchs* Arndt (*Fuchs* hießen die frisch eingetretenen Studenten) wurde aufgrund der Übereinstimmung seines Namens mit dem des patriotischen Dichters aus Rügen schon bald nur noch *Ernst Moritz* genannt. Er wohnte zwar noch zu Hause, aber richtig zu Hause fühlte er sich nur in der Villa der Verbindung und mehrfach pro Woche ging er *aufs Haus*, wie – nicht zu verwechseln mit dem Aufsuchen ihres Arbeitsplatzes durch Schornsteinfeger und Dachdecker – der Besuch ihrer Heimstatt durch die korporierten Studenten bezeichnet wird. Ernst Moritz machte sich unersetzlich, indem er die Korrespondenz mit den in alle Welt verstreuten *alten Herren* übernahm, sie zu Verbindungsfesten einlud, über die jüngste Geschichte der Korporation unterrichtete und ihnen zum Geburtstag gratulierte. Diese verantwortliche Tätigkeit kostete zwar Zeit und zog das Studium in die Länge, aber seine Verbindungsbrüder unterstützten ihn auch, stellten die besten Repetitoren, dienten mit Insiderinformationen hinsichtlich der anstehenden Klausuren und standen ihm bei den Hausarbeiten mit Rat und Tat zur Seite. Im Übrigen konnte er sicher sein, dass die Verbindung ihm später zu besten Verbindungen verhelfen würde, was dann auch prompt geschah. Während ich auf ganz normalem Wege normaler Oberstudienrat wurde, brachte Dieter es bis zum Polizeidirektor.

Als Mitglied einer schlagenden Verbindung musste er sich selbstverständlich auch schlagen – und wollte es auch unbedingt. Schließlich ging es ihm darum, Mut zu beweisen und diesen nachträglich und immerwährend durch die Schmisse im Gesicht aller Welt zu demonstrieren. Auch diese akademischen Duelle waren eine wichtige Form der Kompensation. Aber der kleine Arndt hatte das Pech, dass er so klein war, dass seine Gegner ihm keine Narbe auf Stirn oder Wange verpassten, sondern ihm nur von oben auf den Hinterkopf schlugen, wo der stolze Schmiss alsbald unter der Haarpracht auf Nimmerwiedersehen verschwand. Wollte unser Freund ein *deutsches Gesicht* haben, also sichtbare Narben, dann war Abhilfe nötig und wurde auch gefunden. Da die Studenten bei ihren Mensuren standhaft stramm zu stehen haben wie eine deutsche Eiche und sich nicht wie die sportlichen Fechter auf der Planche bei Angriff und Verteidigung vorwärts und rückwärts bewegen, konnte man Dieter auf ein Brett zwischen ein paar Mauersteinen stellen, so dass er nun in Augenhöhe mit seinem Gegner focht und endlich zu seinen ersehnten und sichtbaren Wunden kam.

Obgleich es klar war, dass ich als Linker und als Leistungsläufer für eine schlagende Verbindung nicht zu gewinnen war, nahm ich Dieters Einladung an, als Gast an einem Kneipenabend seiner Saxo-Borussen teilzunehmen. Das nach den üblichen Regeln ablaufende gesellige Beisammensein mit reichlichem Biergenuss und lautstarkem Absingen der traditionellen Lieder sollte den sogenannten Wilden, also den nichtkorporierten studentischen Gästen, das Verbindungsleben schmackhaft machen und diese an diesem Abend der offenen Tür als neue Mitglieder anwerben.

Erinnerte mich die Lektüre von Thomas Manns *Tonio Kröger* immer an meine für mich unbefriedigende Tanzstundenzeit, so Heinrich Manns *Untertan* mit seiner satirischen Schilderung des Verbindungslebens an meine eigenen Erfahrungen mit den Saxo-Borussen. Junge, noch aktive Studenten und alte Herren saßen bunt gemischt an einer langen Tafel, an deren Spitze zwei Studenten in Wichs, einer Art Uniform, Platz genommen hatten und das Kommando führten. Sie bestimmten, wann die Unterhaltung unterbrochen *(colloquium ex)* und gesungen wurde, und zwar welches Lied aus dem als Kommersbuch bezeichneten Gesangbuch.

Da das Bier in Strömen floss, erst vom Fass in die Humpen, dann vom Humpen in die Kehlen und später auf den Tisch, mussten die Bücher vor den Bierlachen geschützt werden und verfügten deshalb an allen vier Ecken über kleine Messingknöpfe, die wie Stelzen wirkten und das Buch hoch und trocken hielten. War der Befehl zum Singen erteilt, dann wurde der Kommilitone an der *Bierorgel*, dem Klavier, sofort tätig und begleitete die im Singen und Saufen gleich aktiven Kehlen. In den Gesprächspausen prosteten die Studenten den ihnen besonders verbundenen alten Herren quer über den Tisch mit dem üblichen Trinkspruch zu: *Gestatten, alter Herr Sowieso, einen geziemenden Streifen auf dein ganz Spezielles!* Der geziemende Streifen bestand dann darin, den Humpen restlos, also *ex*, das heißt bis auf den Grund auszuleeren. Verfügte der alte Herr, eventuell bereits ein Greis, nicht mehr über die angemessene Trinkfestigkeit, dann begnügte er sich damit, statt einen geziemenden Streifen zu schlucken, an seinem Humpen zu nippen, versprach aber, das Leeren des Glases im Laufe der Nacht nachzuholen und bediente sich dabei der vorgesehenen Formulierung: *Komme nach, komme nach!*

Überhaupt war nicht nur das tapfere Mensurenschlagen, sondern auch der üppige Biergenuss Ausdruck akademischer Mannhaftigkeit. Mehr noch: Es galt nicht nur, möglichst viel Bier zu sich zu nehmen, sondern es auch möglichst lange bei sich zu behalten. Die Toilette aufzusuchen war ein Zeichen von Schwäche und mangelnder Selbstbeherrschung. Man schob diesen Gang so lange wie möglich hinaus. Dann aber stand es einem frei, ob man oben oder unten entsorgte. Für beide Varianten gab es entsprechende Porzellanbecken – in Höhe des Hauptes oder der Hüfte.

Als Dieter einmal die höhere Form der Befreiung wählte und dabei mit einem alten Herrn das gleiche Eckbecken benutzte, geriet der schwankende Altakademiker plötzlich in Panik und kommandierte laut, aber kaum verständlich: *Ernsch Morisch, Ernsch Morisch! Nisch schpülen! Mein Gebisch isch schoeben reingefallen.*

Der alte Herr, neben dem ich an der Tafel Platz gefunden hatte, war ein flotter Mediziner in den besten Jahren. Um eine politische Auseinandersetzung mit meinem höchstwahrscheinlich höchstkonservativen Nachbarn zu vermeiden, lenkte ich das Thema auf Sport und Kultur. Schon bald landeten wir bei Günter Grass und seiner *Blechtrommel*. Den Roman hatte der überarbeitete Arzt zwar nicht gelesen, verdammte ihn aber umso eifriger, wozu er sich berechtigt fühlte, weil seine literarisch interessierte Frau ihn über den Inhalt informiert hatte. Er empörte sich darüber, dass ein verkommener Zwerg zum Helden eines deutschen Romans gemacht wurde.

Ich wies meinen Zuhörer darauf hin, dass der dreijährige Oskar Matzerath durch seinen absichtlichen Sturz von der Kellertreppe zum Liliputaner wird, weil er sein Wachstum kurz entschlossen einstellt. Er will nicht hineinwachsen in eine von ihm verachtete Gesellschaft, er will Außenseiter sein und als Zwerg, gleichsam von unten, seine nationalistische, militaristische und faschistische Zeit distanziert und kritisch beschreiben.

Der Arzt hörte mir, aber stimmte mir nicht zu, vielleicht war ihm die braune Zeit weniger abstoßend als mir. Immerhin gab er zu, dass man in Fragen der Kunst und der Literatur unterschiedlicher Meinung sein könne. Und dann fragte er mich mit der markanten, ja militanten Stimme, die typisch ist für die preußischen Offiziere im

Kasino und die Korpsstudenten bei ihren Kneipen: *Gestatten Sie, dass ich meiner Frau von Ihrer Interpretation Mitteilung mache?* Ich gestattete.

Soviel zu meinem Gastspiel bei den Verbindungsbrüdern. Ich hatte einiges gelernt und das historische Gesetz bestätigt gefunden, dass soziale Gruppen, die einst progressive Vorreiter der Geschichte waren, wie zum Beispiel die deutschen Burschenschaften, im Laufe der Zeit nach hinten durchgereicht werden, vom Kopf ans Schwanzende des Volkes gelangen und von Vordenkern zu reaktionären Restauratoren längst überlebter Vorstellungen werden.

Gertis Abneigung gegen Dieter und seine geistige Heimat konnte ich in gewisser Weise verstehen, nicht aber, dass sie Konni nicht schätzte, denn der war auf einem guten geistigen Wege. Bevor ich durch meine Examensvorbereitungen zeitlich gebunden war, besuchten Konni und ich Kunstkurse an der Zehlendorfer Volkshochschule, und was ihn, den Mechaniker, noch mehr förderte, war seine Liebe zu einer doppelt so alten hochgebildeten Dame, einer Offizierswitwe, die er mit meiner Hilfe kennengelernt und erobert hatte.

Wie seine Zuneigung zur mütterlichen Weiblichkeit zu erklären ist, kann ich nur vermuten. Nach dem tödlichen Unfall seines Bruders und dem bald darauf durch Trauer und Gram verursachten Tod seines Vaters war er ganz an seine fürsorgliche Mutter gebunden und interessierte sich außer Haus mehr für mütterliche Frauen als für gleichaltrige Mädchen. Einmal kam er in der U-Bahn nach intensivem Blickkontrakt ins Gespräch mit einer seinen Altersvorstellungen entsprechenden Dame, begleitete sie nach Hause und begann ein Verhältnis. Ungeschickterweise war die Matrone aber so eitel, ihren jungen Freund ihrer Freundin vorzustellen, die gleich alt, aber attraktiver war.

Konni war sofort scharf auf sie, wusste aber nicht ihre Adresse, nicht ihren Namen. Von der Vorstellung war ihm nur eine sehr unklare akustische Erinnerung geblieben, irgendein einsilbiger Zischlaut, etwas zwischen *Schisch* und *Tschich*, *Zisch* und *Czisch*. Konni klagte mir seine Not, schwärmte von der Frau, in die er sich verliebt hatte und die unerreichbar schien. Ich half, denn Freunde müssen sich helfen. Als Germanist und Linguist ging ich systematisch im sprachwissenschaftlichen Sinne vor, schrieb alle mir denkbaren orthografischen Varianten auf einen Zettel und dann blätterten wir im Telefonbuch, bis wir auf die zwei, drei Lautkombinationen stießen, die als Einzige eine gewisse Wahrscheinlichkeit für sich hatten.

Nach wenigen Tagen konnte Konni stolz berichten, dass er am Ziel war. Wie Hofmannstahls *Rosenkavalier* hatte er für mehrere Jahre eine Geliebte, mit der er in seinem Auto Reisen unternahm, mit der er Theater, Konzerte, Museen und Galerien besuchte, die ihn zum Amateurkünstler ausbildete, und als geschickter Handwerker und Mechaniker schuf er höchst anmutige Objekte aus Metall, Holz oder Stein, von denen ich noch heute einige besitze.

Es verstand sich von selbst, dass das ungleiche Paar seine unbürgerliche Beziehung so gut und so lange wie möglich geheim hielt. Weder machte sie ihn mit ihren noch er sie mit seinen Bekannten bekannt. Dennoch wurde die Affäre ruchbar und stieß sowohl bei seiner streng katholischen Mutter als auch bei unserem biederen Freund Kalle, der inzwischen Ehemann und Vater war, auf Unverständnis und Ablehnung. Ich war der Einzige, der die Ehre und das Privileg hatte, mit dem Pärchen gemeinsame Abende verbringen zu dürfen, schließlich wären sie ohne meine linguistische Hilfe nie und nimmer zusammengekommen.

Wenn wir zu dritt ausgingen, legte sie Wert auf ein vornehmes Ambiente, während Konni und ich uns einen Spaß daraus machten, die Rolle zilleresker Kleinbürger oder gar Proletarier zu spielen. Als wir nach einem Theaterbesuch bei *Lutter und Wegner* einkehrten, dem Westberliner Plagiat des renommierten Weinlokals am Gendarmenmarkt, schieden sich die Geister. Die anspruchsvolle Dame studierte die Weinkarte, und wir beiden Männer bestellten uns jeder ein Bier, denn, so unser Argument, nach einem bitteren Pils schmecke der Wein umso süßer.

Unsere unkultivierte Geschmacklosigkeit erregte doppeltes Entsetzen, nämlich bei Irmgard und dem Kellner, es gelang uns aber, unser Renommee so halbwegs wiederherzustellen, indem wir zwischen den Bier- und Weingenuss einen reichhaltigen Käsegang einschoben, der unseren lädierten Geschmacksnerven zu angemessener Sensibilität verhalf. Alles in allem mochte Konnis Freundin mich als kenntnisreichen Geisteswissenschaftler und sah in mir eine Art Mentor meines und ihres Freundes, für dessen Weiterbildung wir gemeinsam sorgten.

Auch mit meinem eher amusischen Freund Werner absolvierte ich ein kulturelles Programm. Nach dem Abitur hatte er sich im Wesentlichen auf zwei Interessen konzentriert, auf Mädchen und Maschinen. Es war nur logisch, dass er Maschinenbau studierte.

Aber hier nun musste er sich, ob er wollte oder nicht, im Nebenfach einem geisteswissenschaftlichen Studium unterziehen. Die altberühmte Technische Hochschule Charlottenburg (gegründet 1879), war 1946 in die Technische Universität umgewandelt und umbenannt worden, mit der Maßgabe, neben den technischen Studiengängen ein umfassendes geisteswissenschaftliches Programm zu präsentieren mit den entsprechenden Lehrstühlen und Professoren.

Nicht viel anders war es drüben. An der Humboldtuniversität musste jeder Student neben seinem Fachstudium den wissenschaftlichen Marxismus bewältigen. Also hier Allgemeinbildung, drüben politische Bildung als Pflichtübung.

Werner entschied sich für Literatur und besuchte die Vorlesungen des auch als Lyriker bekannten Walter Höllerer. Einmal pro Woche nahm Werner mich in seinem Renault mit nach Charlottenburg, und wir ließen uns im Audimax der TU über den modernen europäischen Roman unterrichten. Es war das Jahr 1963, als ich im Sport bereits kürzer trat, aber noch nicht rund um die Uhr fürs Staatsexamen büffelte. Es war zugleich die Zeit, als Westberlin, die Halbstadt, die Frontstadt, die Inselstadt, mit kultureller Vielfalt kompensierte, was ihr an politischer und wirtschaftlicher Bedeutung fehlte.

Zum Abschluss dieses langen Kapitels möchte ich ein bisschen von unserer Familie erzählen. Beginnen will ich mit meiner Großmutter. Sie war nach wie vor fromm und rüstig, kochte und strickte und hielt tagsüber alleine die Stellung, weil mein Vater im Atelier, meine Mutter bei ihrem Eiergrossisten und ich in der Uni arbeiteten, also außer Haus waren. Sie verbrachte den Tag in der Küche am Herd oder im Wohnzimmer am Ofen. Schon früh am Abend zog sie sich in ihr Zimmer im obersten Stockwerk zurück. Sehr gerne, so lange bis sie einschlief, las sie auch, am liebsten die Bibel und die *kleine Zeitung*, wie sie die BZ nannte, ein vom Springerverlag herausgegebenes Blättchen von in jeder Hinsicht bescheidenem Format. In der Bibel hatte sie seit Jahrzehnten alles ihr wichtig Erscheinende farbig unterstrichen, und da ihr mal dieser, mal jener Satz der Markierung würdig war, bestand ihre Heilige Schrift aus lauter bunten Streifen. Je besser Oma die Bibel kannte, desto weniger Neues konnte sie darin entdecken, so dass sie es vorzog, das Boulevardblättchen mit seinen aktuellen Tageskleinigkeiten zu studieren. Hatten wir die BZ zu besorgen vergessen, dann bestand sie auf ihrem Recht auf diese Lektüre, als bestünde darin ihre Lebensgarantie.

Heute frage ich mich, ob meine Großmutter von uns im Haushalt ausgebeutet wurde oder ob sie als Altenteilerin ihr Gnadenbrot erhielt und eine Art Gnadenleben genoss. Darüber waren ihre beiden Söhne geteilter Meinung und stritten sich sogar. Onkel Kurt hielt meinen Eltern vor, dass sie der alten Frau, die auf die 90 zuging, die Last des Haushalts aufbürdeten, während mein Vater betonte, dass wir der einsamen armen Witwe, die nur eine kümmerliche Rente bezog, Kost und Logis, Kleidung und Familienanschluss, also die lebensnotwendige Nestwärme sicherten. Jeder der beiden Brüder glaubte, im Recht zu sein, und gerade dann streitet es sich ja am besten. Allerdings musste mein Onkel einen kleinlauten Rückzieher machen, als er sich mit seiner Frau überwarf oder weil er sich aus beruflichen Gründen von München nach Berlin umorientierte und bei uns um Unterkunft bat. Nun schlief er auf dem Sofa im Wohnzimmer, ging früh aus dem Hause, kam spät zurück und wollte nicht lästig fallen. Man kam miteinander aus, so gut es ging, und ich erlebte die für die Nachkriegszeit typische Mischung von Familiensolidarität und Familienstreit.

Als meine beiden Cousins, Onkel Kurts Söhne, mit ihren Damen Berlin besuchten, ohne aber auch noch bei uns zu übernachten, erlebten wir abwechslungsreiche Abende und Nächte. Jürgen, der Jüngere, war in festen Händen, also verlobt, Kurt, der Ältere, war es nicht, denn die vermögende Erbtochter der Holstenbrauerei Kiel durfte er nur unter der Bedingung ehelichen, dass er sein Jurastudium mit Erfolg abschloss, was ihm aber partout nicht gelingen wollte, obgleich er in Innsbruck, der Hochburg der vereinfachten oder gar verschenkten Examen immatrikuliert war. Seine Neben- und Lieblingstätigkeiten als sommerlicher Bergführer und winterlicher Skilehrer nahmen ihn allzu sehr in Anspruch.

Zu sechst, die beiden Paare, Werner und ich, besuchten wir die damals angesagten Tanzbars, die *Badewanne*, das *Resi* und den *Edensaloon*, saßen an der Bar der Bars, tranken und tanzten im Wechsel. Da hier vor allem Geschäftsleute und überhaupt sich wichtig nehmende Herren verkehrten, fühlte ich mich in und an der Bar etwas fehl am Platz. Werner unterhielt sich damit, dass er mit den Freundinnen meiner Cousins flirtete, während ich die übrigen Barhocker, also die Herren auf den Hockern der Bar, beobachtete.

Sie versuchten, Eindruck auf die Barhockerinnen zu machen, indem sie sichtbar und hörbar mit ihren Autoschlüsseln spielten. Da konnte ich leider nicht mithalten, ließ aber erkennen, dass auch ich mich als vollwertigen Verkehrsteilnehmer betrachtete, indem ich mit den beiden Fahrradklammern klapperte, die ich immer in meiner Jackettasche bei mir trug. Ich kokettierte also mit meiner sozialkritischen Ader.

Ein soziales Ereignis ganz anderer Art bahnte sich Ende 1963 an. Ost und West hatten nach langen und zähen Verhandlungen ein erstes Passierscheinabkommen vereinbart. Nun durften die Westberliner – über zwei Jahre nach dem Mauerbau – auf Antrag ihre Verwandten im anderen Teil der Stadt besuchen. Östliche Postbeamte wurden auf Westberliner Territorium hoheitlich tätig, worin die DDR eine rechtliche Aufwertung ihres in der westlichen Welt nicht für voll genommenen Staatswesens sah, während wir Westberliner überglücklich über die humanitären Zugeständnisse waren.

Zwei Wochen lang war die Mauer semipermeabel, durchlässig von West nach Ost. Gleich am ersten Tag, dem 18. Dezember, stellte ich mich in der Post in der Ladenstraße ein und an, stellte unseren Antrag, der drüben penibel geprüft wurde, und holte die Passierscheine am nächsten Tag ab. Wir konnten am ersten Weihnachtstag rüber, aber leider nur mein Vater und ich. Meine Mutter war schwer erkrankt und konnte die Strapazen der Reise nicht auf sich nehmen, und meine Großmutter war im Mai mit 90 Jahren verstorben.

Meine Mutter hatte mir im August '61 nach Südfrankreich geschrieben, wie sehr sie es bedauerte, dass die Mauer ihren Bruder daran hinderte, sie zu ihrem Geburtstag zu besuchen. Jetzt war sie nicht in der Lage, ihn nach über zwei Jahren endlich wiederzusehen.

Auch in Onkel Willis Familie hatte sich einiges geändert. Seine Frau, Tante Margit, war an einer verschleppten Blinddarmentzündung gestorben, und er selbst hatte vor Kurzem ein zweites Mal geheiratet. Eine Sächsin. Eine waschechte Sächsin, unüberhörbar. Fast hätten wir zur reibungslosen Bestreitung des Tischgesprächs einen Dolmetscher gebraucht.

Als mein Vater sich erkundigte, aus welcher Stadt sie stamme, bekam er zur Antwort: *Gomorschda*. Da die Auskunft seine geografischen Kenntnisse überstieg, wiederholte er seine Frage und erhielt die genau gleiche Information: *Gomorschda*. Auch der dritte Versuch führte zu keinem befriedigenden Ergebnis, so dass Gisela, meine älteste Cousine, sich endlich unserer erbarmte und den sächsischen Ortsnamen ins Hochdeutsche übersetzte: *Karl-Marx-Stadt*.

Überhaupt war Gisela pädagogisch sehr aktiv, sie hatte den Beruf der Erzieherin ergriffen und mehrere Jahre ausgeübt, hatte sich dann aber einem unverbesserlichen Rabauken gegenüber dazu hinreißen lassen, diesen in Form manueller Pädagogik zu züchtigen, ihm also eine Maulschelle zu verpassen. Das war in der sich fortschrittlich und menschenfreundlich gebenden DDR streng verboten und strafbar. Zwecks Reue und Besserung wurde Gisela zur Bewährung ein Jahr in die Produktion gesteckt und musste in einer Fabrik am Fließband arbeiten. Erst vor Kurzem war sie in ihren angestammten Beruf zurückgekehrt.

Auch mein Cousin Hans Jürgen war pädagogisch tätig. Als Sohn eines Bankangestellten gehörte er zur verachteten Klasse der Bourgeoisie und durfte deshalb keine höhere Schule besuchen und kein Abitur ablegen. Er wurde Buchhändler, erhielt aber nach einigen Berufsjahren die Möglichkeit, auf dem zweiten Bildungsweg, genannt *Arbeiter- und Bauernfakultät* – die Hochschulreife zu erwerben. Wie ich studierte er Deutsch und Geschichte, wurde jedoch nicht Lehrer, sondern ging als Museumspädagoge an das Museum für Deutsche Geschichte im ehemaligen Zeughaus Unter den Linden, wo er bis 1990 fest angestellt war.

Inge, das jüngste der drei Kinder meines Onkels, war beim Fernsehen, aber nicht so wie mein Vater beim Film, sondern sie arbeitete in einem Betrieb, der TV-Geräte, wie man drüben sagte, herstellte und vertrieb. Das war bis zur Wende ein krisensicherer Job, denn das Fernsehen war im Osten mindestens so beliebt wie im Westen, gab es den eingeengt lebenden DDR-Menschen doch die Möglichkeit, sich über die große weite Welt ein Bild zu machen, zumal man auch Westsendungen empfangen konnte. Denn in der Atmosphäre gab es keine Mauer.

Inges Freund Rudi hatte den großen Vorzug, einen Trabant zu besitzen und mit dem fuhr er uns Gäste aus dem Westen samt seiner angehenden Braut und Ehefrau von Oberschöneweide zum nahen Müggelsee und Müggelturm, holte in einer zweiten Tour den Rest der Familie nach, und dann erlebten wir in einem überfüllten Massenrestaurant, wie unsere östlichen Brüder und Schwestern ihre Freizeit verbrachten, eigentlich nicht sehr viel anders als wir.

Am späten Nachmittag verabschiedeten wir uns von meinen Verwandten mütterlicherseits und gaben unserer Hoffnung auf eine bessere Zukunft Ausdruck. Mein Vater hatte noch einen zweiten Besuch auf seinem Programm, er wollte auch noch zu Tante Mariechen, einer jüngeren Schwester seiner Mutter. Sie war mit einem ehemaligen Lokomotivführer verheiratet und wohnte in einem Vororthäuschen in Buch im äußersten Nordosten Berlins. Ich kannte das alte Ehepaar von früher nur sehr flüchtig, und ich konnte mit den Leuten, die sich hier aus Ost und West versammelt hatten, nur wenig anfangen.

Dann aber wurde ich Zeuge einer höchst traurigen Geschichte. Ein Liebespaar, verlobt sogar, war sich hier nach zweieinhalb Jahren wieder begegnet. Sie hatten die ganze Zeit über korrespondiert und sich die Treue gehalten und nun endlich waren sie für ein paar Stunden zusammen. Die beiden waren glücklich und traurig zugleich. Sie saßen, etwas abgesondert von den anderen, hielten sich bei den Händen und schwiegen mehr als sie sprachen. Noch heute sehe ich sie vor mir, das personifizierte Elend der deutschen Teilung. Ich weiß nicht mehr, wer von den beiden im Osten wohnte und wer aus dem Westen zu Besuch gekommen war, aber es ist für die Tragik der Trennung auch belanglos. Irgendwie fand ich, war ihr Schicksal noch schlimmer als der klassische Liebeskummer, wie wir ihn aus der Literatur von Werther und Lotte kennen. Da sind die beiden jungen Leute selber – oder doch wenigstens einer – für den Schmerz verantwortlich, aber hier ist die anonyme Politik schuld.

Verlässt der Junge das Mädchen oder das Mädchen den Jungen, dann ist Schluss, dann ist, zumindest auf der einen Seite, die Liebe verschwunden, und der Verlassene muss es hinnehmen und nach den Fehlern suchen, die er gemacht hat. Aber bei der traurigen Liebe von Buch lieben sich beide nach wie vor, vielleicht sogar mehr als vorher, weil die Trennung die Sehnsucht steigert.

Und solche Fälle gab es zu Tausenden, alle ohne Ausweg und Hoffnung. Was aus den beiden wurde, ist mir nicht bekannt. Natürlich hätte der Wessi in die DDR übersiedeln können, aber dann hätte die Liebe zur Liebe größer sein müssen als die Liebe zur Freiheit. Wer hätte schon, bei aller Liebe, das westliche Leben mit all seinen Annehmlichkeiten der dürftigen DDR-Existenz geopfert? Lieber hoffte man auf eine Ausreisegenehmigung im Rahmen der Familienzusammenführung oder auf die Änderung der politischen Verhältnisse. Aber das alles waren irreale Utopien. Die inhumane Grenze zwischen Deutschland und Deutschland, zwischen Geliebter und Geliebten (wenn sie es denn blieben) sollte noch über ein Vierteljahrhundert Bestand haben.

Die Passierscheintage haben mehr Trauer, Frust und Resignation bewirkt als Freude über das flüchtige Wiedersehen. Die Besuche machten es den Menschen erst so richtig deutlich, wie brutal, inhuman und unnatürlich die Teilung war. Das blieb auch so bei fünf weiteren Besuchsterminen, der letzte zu Pfingsten 1966.

Nachdem mein Vater und ich von unserem Weihnachtsbesuch im Osten in den Westen zurückgekehrt waren, ging unser Leben seinen gewohnten Gang. Alles war wie immer, nur dass meine Mutter nicht genesen wollte, ohne dass wir aber den Ernst der Lage wahrhaben wollten. Ohne schlechtes Gewissen fuhr ich nach Le Mans zu dem Geländelauf und mit Klaus Duntzes Reisegruppe an den Lago Maggiore. Als ich von dort zurückkam, lag meine Mutter im Krankenhaus. Sie war unheilbar krank und sollte unser Haus, ihr Haus, in der Reiherbeize nicht mehr wiedersehen. Über die Ursachen ihrer hoffnungslosen Erkrankung kann ich nur spekulieren. Hatte die Enttäuschung über das Verhältnis meines Vaters sie seelisch zerstört? Hatte sie sich bei ihrem Eierhändler mit den Überstunden bis in die Nacht überarbeitet? Hatte der Zigarettengenuss, mit dem sie sich zu trösten versuchte, ihre Gesundheit zerstört? War ihr früher Tod genetisch vorherbestimmt? Oder addierten sich die Ursachen und beschleunigten das unausweichliche Ende?

Damals hatten die Krankenhäuser die Besuchszeit noch auf eine Stunde täglich beschränkt. Jeden Nachmittag von zwei bis drei saßen mein Vater und ich am Bett meiner Mutter und wir hatten uns nur noch wenig zu sagen. Über unsere alles in allem doch glückliche Vergangenheit wollten wir nicht sprechen, weil das nach Bilanzziehen und Abschied ausgesehen hätte, und über die Zukunft konnten wir nicht reden, weil es für meine Mutter keine gab. Auch ihre Krankheit war kein Thema, weil wir sie leugneten. Unsere Gespräche hatten etwas Unehrliches, denn das Entscheidende schwiegen wir tot. Wir alle wussten um den nahen Tod meiner Mutter, sahen ihm aber nicht ins Auge. Mein Vater redete gegen die Appetitlosigkeit meiner Mutter an und kam ihr mit dem stereotypischen Ratschlag: *Du musst wieder zu Kräften kommen!* Als hätte die Sterbenskranke es in der Hand, ihr Schicksal mit eigenem guten Willen aus eigener Kraft zu wenden.

Ich dachte manchmal daran, falls ich mal mit meiner Mutter allein sein würde, von ihr ehrlich und offen Abschied zu nehmen, ihr für alles zu danken, was sie für mich getan hatte, und dass sie mir den Weg in die vielversprechende Zukunft ermöglicht hatte. Schließlich stand mein Examen vor der Tür, für das ich – außerhalb der Besuchszeiten – arbeitete. Aber mir fehlte der Mut zur Wahrheit, vielleicht hielt mich auch ein falsch verstandenes, verlogenes Taktgefühl zurück. So blieb es bei den aus Small Talk und Schweigen gemischten Besuchen.

Andere Besuche gab es kaum. Verwandte hatten wir nicht in Westberlin, Onkel Willi und die Seinen lebten auf der anderen Seite der unüberwindlichen Mauer, und die Ex-Kollegin meines Vaters wagte es – zum Glück – nicht, sich blicken zu lassen. Kurz nachdem er sein Examen bestanden hatte, begleitete Werner meinen Vater und mich ins Krankenhaus und brachte ein Usambaraveilchen mit.

Und dann kam Tante Lieschen, die Freundin aus Berliner Kindheits- und Jugendjahren, mit der meine Mutter (und auch ich) die letzten Kriegsjahre und die ersten Nachkriegsjahre verbracht hatten, die uns in Berlin und die wir in Ratzeburg besucht hatten, zuletzt noch im Sommer vor einem Jahr. Meine Mutter und ich verlebten dort ein paar glückliche Tage. Wir saßen mit den Verwandten zusammen, wir fuhren in unser geliebtes Lübeck, wir erfreuten uns der renovierten Stadt, die im Kriege so arg gelitten hatte. Auf dem Rückweg stieg ich in Pogeez, dem letzten Bahnhof vor Ratzeburg, aus dem Zug, um von dort aus an dem großen See entlang zu wandern. Meine Mutter fühlte sich zu müde für diese Strecke von circa zehn Kilometern und blieb im Zug. Ich trennte mich von ihr, ich verließ sie, ich verriet sie, ohne dass ich es damals so empfand.

Ein Jahr später war ich wieder in Lübeck. Ich hatte die SCC-Athleten zu den Norddeutschen Meisterschaften begleitet – nur als Schlachtenbummler, nicht als Aktiver – und nutzte diese Sportreise zu einem Abstecher nach Ratzeburg, wo ich Tante Lieschen davon in Kenntnis setzte, wie schlecht es inzwischen um meine Mutter stand.

Es vergingen nur wenige Tage, da war Tante Lieschen in Berlin und besuchte von nun an Tag für Tag, so wenige es noch waren, ihre lebenslange Freundin. Ihre Anwesenheit sagte alles. Ihr Besuch war ein Abschiedsbesuch. Sie hatte viele Menschen sterben sehen, viele hatte sie in ihren letzten Stunden und auf ihrem letzten Gang begleitet.

Man hatte meine Mutter aus ihrem Doppelzimmer in das Sterbezimmer verlegt. Nun gab es keine vorgeschriebenen Besuchszeiten mehr. Den letzten Tag verbrachten wir am Bett meiner Mutter und sahen, wie das Leben sie langsam verließ. Am Abend ging mein Vater nach Hause, weil er seiner angegriffenen Gesundheit eine durchwachte Nacht nicht zumuten wollte. Tante Lieschen und ich saßen regungslos und schweigend am Bett meiner Mutter, auch sie schwieg und bewegte sich nicht. Gegen Morgen, als es zu dämmern begann, schlief sie ein, einfach so, friedlich, ohne aufzubegehren. Ihre kurzen, flachen Atemzüge hörten auf. Sie war tot. Es war der 15. August, ihr wirklicher Geburtstag.

Tante Lieschen drückte meiner Mutter die Augen zu, und wir verharrten noch lange bei der ach so lieben Frau, der ich mein Leben und meine Lebensfreude verdanke. Dann gingen wir und informierten die Nachtschwester und machten uns auf den Weg in die Reiherbeize, die 28 Jahre lang ihre Heimat war, genau ihr halbes Leben.

Wir saßen zu dritt auf der Veranda und empfanden nichts als Trauer und Leere. Mit Mühe, quasi pflichtmäßig, frühstückten wir. Plötzlich schreckte uns die Klingel auf. Der Briefträger brachte einen eingeschriebenen Brief. Es war das Thema meiner Examensarbeit.

44

Examen und Erholung, Entschlüsse und Entscheidungen

Am 4. März 1938 wurde ich in Berlin geboren. Hier lernte ich laufen und sprechen. Mit diesen Worten begann mein Lebenslauf, den ich neben anderen Unterlagen beim Landesprüfungsamt einreichen musste, als ich mich zum Staatsexamen meldete. Mir gegenüber hinter seinem Schreibtisch saß der zuständige Beamte, begutachtete meine zwei Studienbücher, sortierte und prüfte meine Seminarscheine und vertiefte sich in meinen handgeschriebenen Bildungsgang. Nach den ersten beiden Sätzen unterbrach er die Lektüre und blickte mich verwundert an. So hatte noch nie ein Examenskandidat den Rechenschaftsbericht über sein bisheriges Leben angefangen.

Aber der verstörte Bildungsbeamte stellte mich nicht zur Rede, sondern las unbeirrt weiter, und da wurde ihm dann klar, dass es einen Zusammenhang gab zwischen den von mir hervorgehobenen Fähigkeiten des Laufens und Sprechens und dem, was ich in meinem späteren Leben für wichtig hielt. Ich hatte nämlich ausführlich beschrieben, dass mich die Sprache, das Lesen, das Schreiben und die Literatur zum einen und der Sport zum anderen mein Leben lang interessierten. Die Liebe zur Literatur und die Liebe zur Leistung, zum Beispiel zum Langstreckenlauf, waren Charaktereigenschaften, die mein Gegenüber zufriedenstellten, weil sie seinen Erwartungen von einem engagierten Deutschlehrer entsprachen.

Vor diesem amtlichen Besuch bei der Schulbehörde musste man in die Sprechstunde der Professoren gehen, die man zu seinen Prüfern auserwählt hatte, und sich mit ihnen über die Themenbereiche unterhalten, die Inhalt der Klausuren und der mündlichen Prüfungen sein sollten. In der mittelalterlichen und in der neueren Literatur und Geschichte waren jeweils drei Wahlgebiete festzulegen, im Ganzen also ein volles Dutzend.

Als Erstes, vor den übrigen Prüfungen, musste eine auf vier Monate befristete wissenschaftliche Hausarbeit angefertigt werden. Frau Professor Wisniewski war, eingedenk meiner *sehr guten* Seminararbeit über *Hochmut und Demut im deutschen Rolandslied*, einverstanden damit oder schlug es sogar von sich aus vor, mich über eben dieses Epos eine umfassende Untersuchung schreiben zu lassen.

Am 15. August 1964, dem Geburtstag und Todestag meiner Mutter, wurde mir das amtliche Thema zugestellt: *Die Struktur der Handlung im deutschen Rolandslied.* Die Aufgabenstellung gab mir die Möglichkeit, über die damalige Seminararbeit hinaus, weit auszuholen, also mit meinen literaturgeschichtlichen Kenntnissen zu prahlen, Schicksal und Charakter der großen epischen Helden zu kennzeichnen und zu vergleichen, *mein* Epos in den historischen Zusammenhang einzuordnen (christliche Mission, Kreuzzüge, Lehnswesen und so weiter), den philosophisch-theologischen Hintergrund zu beschreiben und die damals aktuellen Interpretationsmethoden zu berücksichtigen.

Es war in den Sechzigerjahren en vogue unter den tonangebenden Akademikern (vielleicht um den politischen beziehungsweise marxistischen Tendenzen der beginnenden Studentenbewegung auszuweichen oder gar entgegenzutreten), die formalen Aspekte der schönen Literatur herauszuarbeiten, also den Aufbau, die Gliederung, die Wiederholungen in Form der Leitmotive, die Gegensätze und Parallelen der Handlung in den Mittelpunkt der Analyse zu stellen. Kurz bevor Eberhard Lämmert als Professor nach Berlin kam, hatte er sein Buch über die *Bauformen des Erzählens* veröffentlicht, und auf seine Ansätze konnte ich mich bei der Darstellung der Struktur der Handlung des Rolandsliedes stützen.

Zu Lämmert ging ich auch in die Sprechstunde, um mit ihm die Themenbereiche meiner schriftlichen und mündlichen Prüfung in der neueren Germanistik festzulegen. Die meisten Kandidaten, ohne sie gleich als Dünnbrettbohrer oder Drückeberger zu bezeichnen, wählen, um ihre Vorbereitungen in Grenzen zu halten, einen Spezialdichter, der wenig geschrieben hat, weil er schon in jungen Jahren starb (wie Wolfgang Borchert), eine Epoche, die nur ein gutes Jahrzehnt andauerte (wie die Zeit des Sturm und Drang) und als literarische Gattung die Lyrik, weil Gedichte sehr oder wenigstens relativ kurz sind. Ich aber entschied mich für den Roman, genauer: für den Bildungsroman. Meine allererste Vorlesung hatte sich mit ihm beschäftigt, und dann hatte mich diese Romangattung nicht mehr losgelassen, ob nun in Vorlesungen oder Seminaren. Die Entwicklung vom Jungen zum Jüngling und dann zum Mann, der im Leben seinen Mann steht, hatte mich immer interessiert, zumal diese Thematik ja auch mit der eigenen Biografie zu tun hat.

Lämmert war begeistert über meinen Themenvorschlag, der aus dem Rahmen der üblichen Themenwünsche herausfiel, so dass wir über eine Stunde fachsimpelten – ohne Rücksicht auf die vor der Tür des Sprechzimmers wartenden Studenten zu nehmen. Als wir zum Schluss über den deutschen Entwicklungsroman im 20. Jahrhundert sprachen, waren wir uns einig, dass er von der Tradition seiner Vorgänger und Vorbilder erheblich abweicht. Hans Castorp in Thomas Manns *Zauberberg* verzichtet auf seine berufliche und familiäre Selbstverwirklichung und lebt sieben Jahre fern der Welt in einem Schweizer Lungensanatorium, bis ihn der Erste Weltkrieg holt. Auch *Felix Krull* entwickelt sich nicht zu einem nützlichen Glied der menschlichen Gesellschaft, sondern wird Hochstapler und lebt als charmanter Parasit auf Kosten anderer. Während Goethes *Wilhelm Meister* seinem Traum von der Schauspielerei abschwört und Arzt wird, entwickelt sich Felix Krull mehr und mehr zum Spieler. Auch Oskar Matzerath, der Antiheld aus Günter Grass' *Blechtrommel*, verweigert ein bieder-bürgerliches Leben und springt die Kellertreppe hinab in seine Außenseiterrolle. Vergnüglich plauderten Lämmert und ich über den satirischen Beigeschmack des modernen Bildungsromans, und am Ende des Gesprächs war klar, dass ich meinem Professor das Thema für meine Examensklausur gestellt hatte.

Auch meine Vorgespräche mit den beiden Professoren der Geschichte waren eine Rückbesinnung auf die Geschichte meines Studiums. Bei Berges kehrte ich zu Kaiser Friedrich II. zurück, meinem historischen Liebling, dem *Wunder der Welt*, dem Erneuerer und Veränderer. Ebenso hatte das zweite Thema, der Investiturstreit, einen historischen Umbruch zum Inhalt, und der historische Längsschnitt, die Geschichte Würzburgs, machte am Beispiel einer mittleren Region den Ablauf des deutschen Mittelalters deutlich. Auch bei dem Neuhistoriker Dietrich wählte ich neben anderen eine Thematik, die den Kreis meiner Studien abrundete. In meinem ersten Seminar war es um die Stein-Hardenbergschen Reformen gegangen, und nun wollte ich mich über diese prüfen lassen. Wieder hatte ich mich für eine Epoche entschieden, in der die Welt im Wandel war – und ganz besonders Preußen. Dass meine Interessen sich auf Reformen, Veränderungen, Verbesserungen richteten, und ich entsprechende Examensthemen auswählte, habe ich mir damals gar nicht bewusst gemacht. Heute ist mir klar, meine Themenwahl war ein Spiegel meiner selbst. Wenn schon kein aggressiver Revolutionär, so war ich doch ein vorsichtiger Reformer.

Das Examen als Ganzes verlief ganz nach Wunsch. Mit meiner Arbeit über Roland kam ich zügig voran und konnte sie rechtzeitig beenden und abgeben, schließlich verfügte ich bereits über die notwendigen Vorkenntnisse. Traurig war es nur, dass meine Mutter die wichtigste Arbeit meines Lebens nicht mehr kennenlernen und tippen durfte. Da ich während und wegen der Examensvorbereitungen und der Erkrankung meiner Mutter im Sommer '64 ohne Freundin war, stand mir keine weibliche Schreibkraft zur Seite, die das – mit Anmerkungen und Literaturangaben – fast 150 Seiten dicke Werk hätte tippen können. Als technischer Analphabet war ich selbst unfähig, mit der Schreibmaschine den umfänglichen Text in eine akkurate Form zu bringen. Zum Glück hatte Werner nach zwei Medizinstudentinnen inzwischen eine Sekretärin zur Freundin, die etwas sanfter und folgsamer als ihre Vorgängerinnen war und von ihm folglich auch geheiratet wurde. Tini war dann auch so freundlich, mir gegen eine bescheidene Vergütung zu Hilfe zu kommen.

Das halbe Jahr zwischen Beendigung beziehungsweise Abgabe der Hausarbeit und der letzten Prüfung – von Dezember '64 bis Mai '65 – saß ich, wie oben erwähnt, von morgens um neun bis abends um zehn in der Universität und lernte. Zwei schriftliche und zwei mündliche Prüfungen galt es zu bestehen.

Zunächst schrieb ich die beiden Klausuren, die mir auf den Leib geschrieben waren. Lämmert verlangte wirklich von mir, wie erhofft und erwartet, mich über die ironischen und satirischen Anspielungen auf den herkömmlichen Bildungsroman in Thomas Manns *Felix Krull* und *Zauberberg* auszulassen. Ich war fit auf die Minute wie in meinen besten Wettkämpfen.

Wenig später gab mir Dietrich die Gelegenheit, die politischen Ideale des Freiherrn von und zum Stein und seine Versuche der praktischen Umsetzung zu erläutern. Auch hier war ich in meinem Element – wie der Fisch im Wasser oder wie die Reiherbeizenclique in der Krummen Lanke. Meine Hausarbeit wie auch die beiden Klausuren wurden mit *sehr gut* beurteilt.

Jetzt nur noch die mündlichen Prüfungen. Am 26. März musste ich zur Deutschprüfung im Landesprüfungsamt antreten und Rede und Antwort stehen. Frau Professor Wisniewski und Herr Professor Lämmert waren sowohl wohlwollend als auch anspruchsvoll. Sie wollten nicht wissen, was ich wusste, denn das wussten sie ja, wissen wollten sie vielmehr, was ich mit meinem Wissen anfing, wie ich bei unserer literarischen *Tour d' Horizon* einzelne Werke interpretierte, Zusammenhänge herstellte und Vergleiche zog. Die Prüfung war kein Verhör, sondern ein Colloquium auf hohem Niveau. Die beiden entsprechend der Prüfungsordnung anwesenden Kultusbeamten staunten nur, der Protokollant kam kaum mit dem Mitschreiben mit, und der andere Herr hörte wortlos zu und wagte nicht, wahrscheinlich aus Angst, sich zu blamieren, in das literaturwissenschaftliche Gespräch mit störenden Fragen einzugreifen. Ob die Prüfungskommission sich noch in meiner Gegenwart ohne Umschweife auf eine Eins einigte, ob ich vor die Tür geschickt wurde und zu warten hatte, was die Beratung ergab, weiß ich nicht mehr. Gleichviel, ich hatte meine Eins, und das war viel wert.

Nicht sehr viel anders verlief am 6. Mai die Geschichtsprüfung – mit einer Ausnahme. Berges und Dietrich ließen mir freie Hand, ich konnte mich in meinen Spezialgebieten tummeln, und wieder wurde ich nicht hochnotpeinlich befragt, sondern die Professoren und ich harmonierten hinsichtlich der Tatsachen und der Deutungen. Jeder konnte erkennen, dass ich in der deutschen Geschichte zu Hause war. So weit, so gut – sogar sehr gut. Aber dann! Als die eigentliche Spielzeit abgelaufen war, bestand der Senatsbeamte darauf, seinerseits den Prüfling zu testen. Vielleicht wollte er sich den Professoren gegenüber wichtig tun, vielleicht wollte er als politischer Praktiker den Herren aus dem Elfenbeinturm zeigen, was wirklich wichtig ist. Jedenfalls wollte er wissen, wie gut ich über die politischen Tagesereignisse unterrichtet war. Natürlich schlecht, wie er sich denken konnte, denn in der Zeit der Prüfungsvorbereitungen hatte ich verständlicherweise keine Zeit, Zeitung zu lesen. Als Historiker interessierte mich der Lauf der Weltgeschichte und nicht die Trippelschritte der gegenwärtigen politischen Kaste, zu der sich der Herr wahrscheinlich selber rechnete. Sicherlich hatte ihm die Politik, also sein Parteibuch, zu Amt und Würden verholfen, so dass er aus purer Dankbarkeit der Politik gegenüber auch von mir politisches Interesse erwartete. Aber von den diversen – ohnehin ergebnislosen – Staatsbesuchen im Frühjahr '65 hatte ich keinen blassen Schimmer.

Mein diesbezügliches Desinteresse in Tateinheit mit konsequenter Unkenntnis wurde ernsthaft gerügt. Ein Geschichtslehrer müsse sich auch und gerade in der Zeitgeschichte auskennen. Vergangenheit und Gegenwart, Geschichte und Politik gehören zusammen, sie seien Geschwister, eine alte und eine jüngere Schwester, beiden müsse unsere Zuneigung gelten, und Aufgabe des Geschichtsunterrichts sei es, den Schülern neben der Vermittlung historischer Kenntnisse die aktuelle Politik schmackhaft zu machen. Ein Geschichtslehrer dürfe also nicht nur Geschichtslehrer sein. Wer im Staatsexamen im Fach Geschichte eine Eins anstrebe, der dürfe keine politischen Defizite aufweisen. Eine noch so sehr gute Geschichtsprüfung sei dann eben nur gut.

Eine Stunde lang hatte ich mich zwei Professoren gegenüber als sehr guter Historiker ausgewiesen, aber aufgrund meiner Schwächen in der kurzen Nachspielzeit wurde meine Eins qua Amtsentscheidung auf Zwei herabgestuft. Es kam sogar noch schlimmer wegen der sich daraus ergebenden Konsequenzen. Denn aus meiner stolzen Eins in Deutsch und der dummen Zwei in Geschichte machte die Behörde eine Zwei für das Staatsexamen als Ganzes, keine Eins minus oder Zwei plus, nein, eine runde, volle Zwei. Nun gut, mit dem *Gut* konnte ich leben, aber eine Eins wäre doch, wie ich in meiner gekränkten Eitelkeit meinte, angemessener und gerechter gewesen.

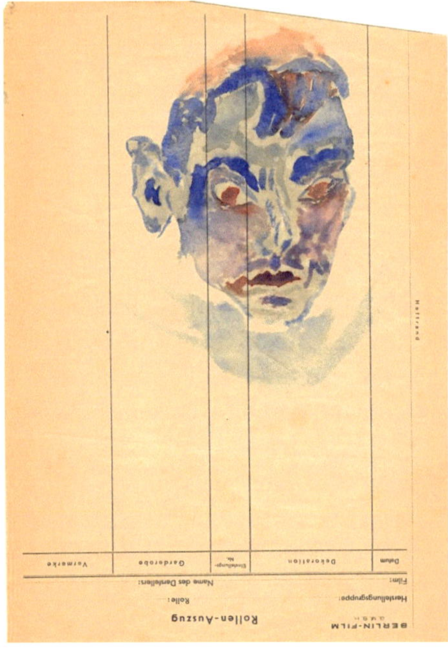

ABBILDUNG 09:

Bernd Hartmann. Selbstporträt aus dieser Zeit.

In den folgenden Tagen suchte ich meine Professoren auf, um mich zu bedanken und zu verabschieden. Aber Frau Professor Wisniewski und Herr Professor Lämmert wollten von Abschied nichts wissen. Beide boten mir an, bei ihr beziehungsweise ihm zu promovieren. Eine solche Offerte war ein Kompliment. Statt einer schulischen Karriere hätte ich eine akademische eingeschlagen. Das war Wasser auf meine Mühlen meines Ehrgeizes, und meines Geltungsstrebens. Und das nach der Kränkung in der Geschichtsprüfung! Ich hätte einen Doktorvater oder eine Doktormutter erhalten, und das war eine vielversprechende Lebensperspektive und berührte mich umso mehr, als ich meine Mutter verloren und zu meinem Vater nur ein unterkühltes Verhältnis hatte, und das wurde noch eisiger, als sich immer deutlicher abzeichnete, dass mein Vater seine Ex-Kollegin schon bald heiraten und ins Haus holen würde, in das Haus meiner Mutter, das inzwischen je zur Hälfte meinem Vater und mir gehörte.

Noch im Frühling '65, im Mai oder Juni, wurde die amtliche Eheschließung vollzogen. An Einzelheiten der Hochzeitsfeier, wenn es denn überhaupt eine richtige Feier war, erinnere ich mich nicht mehr, ich habe alles vergessen oder verdrängt, teils weil ich die Details belanglos fand, teils weil ich das Ganze nicht wahrhaben wollte. Ich bekam eine Stiefmutter und fühlte mich zu Hause nicht mehr zu Hause. Und deshalb war ich so oft und so lange wie möglich außer Haus.

Ich nahm jede Gelegenheit wahr, bei der Firma Englebert-Reifen Geld zu verdienen (in der Examensphase hatte ich ja Urlaub genommen), ich ließ das Zusammensein mit den Freunden aus Duntzes Literaturkreis wieder aufleben (was ich in den letzten Monaten notwendigerweise stark reduziert hatte) und ich unternahm eine Kurzreise nach Bayern, um meinen Freund Werner zu besuchen (der inzwischen in Ingolstadt lebte und dort am neuen Audi bastelte).

Ich wollte nicht nur weg von der Reiherbeize, ich wollte auch weg von Berlin. Also keine Promotion – so leid es mir tat. Vielleicht später, aber zunächst auf jeden Fall das Referendariat, egal wo. Erst einen sicheren Brotberuf ergreifen und dann vielleicht das Risiko einer akademischen Karriere eingehen. Aber nur in dieser Reihenfolge. Da die Freie Universität viel mehr Lehramtskandidaten durchs Staatsexamen schleuste, als die Berliner Gymnasien Referendarstellen vorhielten, kam man auf eine wer weiß wie lange Warteliste. Da half auch ein noch so gutes Examen nicht. Je nach Fächerkombination musste man Monate oder gar Jahre auf seine Einstellung warten, die Geisteswissenschaftler erheblich länger als die Naturwissenschaftler. Allerdings gab es Ausnahmen, nämlich soziale Härtefälle. Wer verheiratet war und Kinder hatte, was von Amts wegen offensichtlich und offiziell als soziale Härte galt, dem wollte man Arbeitslosigkeit und Armut nicht zumuten und brachte ihn sofort in Lohn und Brot.

Einer meiner Sportfreunde zählte zu dieser bevorrechtigten Gruppe. Alfred hatte nach dem Abitur nicht gleich mit dem Studium begonnen, denn sein Vater konnte oder wollte ihm ein solches nicht finanzieren. Der verhinderte Student schlug also die Beamtenlaufbahn ein, um nach Abschluss der Ausbildung zum Inspektor doch noch zu studieren.

Er ging nun seiner Beamtenarbeit nach und besuchte so oft wie möglich die Universität. Außerdem war er verheiratet und brachte es im Laufe seines Studiums auf vier oder fünf Kinder. Auch zur Leichtathletik blieb ihm ausreichend Zeit, weil er Arbeit, Studium und Sport miteinander in Einklang zu bringen verstand. Den Weg zur Arbeit nutzte er zum Training, er rannte frühmorgens zur Dienststelle, wo er sich kurz vor Dienstantritt duschte und umzog. Die Akten, die er zu bearbeiten hatte, und die er vor sich auf dem Schreibtisch ausbreitete, betrachtete er nur als Nebensache, Hauptsache war die Lektüre der Fachbücher, die aufgeschlagen in der herausgezogenen Schublade lagen. Betrat ein Vorgesetzter oder Mitarbeiter den Raum, dann schob der Student die Schublade zu und gab sich als eifriger Beamter. Alfred wollte – nicht anders als ich – Studienrat werden, und zwar mit den Fächern Englisch und Sport. Wie zwischen Arbeit und Studium stellte er zwischen seinem Hobby, der Leichtathletik, und seinem Studium eine harmonische Verbindung her, indem er als Sportstudent auch davon profitierte, dass er seinen morgendlichen Weg zur Arbeit zur Trainingsstrecke machte und sich so die notwendige Kondition aneignete.

Alfred führte also ein Vielfachleben, er war Beamter, Student, Leichtathlet, Gatte und Vater. Doch damit nicht genug. Er legte sich auch noch eine Freundin zu, die ihm die Studienstunden etwas angenehmer gestaltete. Dass er angesichts dieser Mehrfachbelastung kein glänzendes Examen ablegen konnte, lag auf der Hand. Aber sein *Ausreichend* reichte aus zur sofortigen Einstellung in den Schuldienst. Ein sozialer Härtefall eben, das heißt Familienvater. Von Alfreds weiterreichender Inanspruchnahme wusste die Schulbehörde allerdings nichts.

Aber mich mit meiner Zwei beziehungsweise Eins wollte man nicht. Ich war ein Normal- und kein Härtefall. Ich musste Berlin verlassen – und wollte es ja auch. Also ab in den Westen. Behufs dessen erkundigte ich mich bei den zuständigen Behörden der deutschen Bundesländer nach den Bedingungen der Möglichkeit einer Einstellung als Referendar und erhielt postwendend ermunternde Antworten. Ich entschied mich für Schleswig-Holstein und bewarb mich in Kiel. Käme ich an das Studienseminar Lübeck, worum ich bat, dann hätte ich bei meinen Ratzeburger Verwandten Familienanschluss und würde an den Wochenenden nicht einsam und verlassen in der Luft hängen.

Die schriftliche Bewerbung allein reichte aber nicht aus, ich musste mich auch noch persönlich vorstellen, und dazu bot sich in Verbindung mit dem Tag der Deutschen Einheit eine gute Möglichkeit. Der 17. Juni fiel 1965 auf einen Donnerstag, und da Konni und seine reise- und bildungsbeflissene Freundin gerne Spritztouren in den Westen unternahmen, verabredeten wir eine gemeinsame Kurzreise nach Ratzeburg. Das unternehmungslustige Paar stieg im ersten Haus am Platze ab, ich wohnte bei Tante Lieschen. Gemeinsam erkundeten wir die Lauenburgische Seenplatte, die Ostseeküste und Lübeck, und am Freitag setzte ich mich auf die Bahn, um in Kiel meinen im voraus abgesprochenen Termin wahrzunehmen.

Dort empfing mich ein hohes Tier, der zweite oder dritte Mann nach dem Kultusminister, Ministerialdirigent oder Ministerialdirektor, ein gestrenger Herr, der ob seines autoritären Auftretens und seiner spitzen Zunge gefürchtet war. Besonders liebte er es, die Geisteswissenschaftler einzuschüchtern und als überflüssig einzustufen, indem er sagte, mit Deutschlehrern könne man die *Musterbahn* pflastern – so hieß die Straße, an der das Lübecker Studienseminar lag. Mir gegenüber blieb er aber korrekt und höflich, vielleicht hatte ihm meine Eins im Fach Deutsch imponiert. Er bot mir sogar an, gleich nach den großen Ferien und nicht erst mit Beginn des Herbstsemesters im Oktober meinen Dienst anzutreten. Darauf war ich nicht vorbereitet und musste dem hohen Herrn einen Korb geben, denn ich hatte für den September mit Freunden eine Griechenlandreise verabredet, und auf die wollte ich nicht verzichten. An Widerspruch und Eigenwilligkeit nicht gewöhnt, schluckte und hustete der leitende Beamte, es gelang mir aber, den Verdacht, dass ich ein am Dienst desinteressierter Drückeberger sei und das Reisevergnügen der Schulpflicht vorziehe, zu zerstreuen, indem ich die wichtigsten Ziele der Rundreise nannte – Athen, Kap Sunion, Ägina, Peloponnes, Kreta, Rhodos und Athos – und mich dadurch als Kunst- und Kulturfreund auswies. Damit war ich exkulpiert.

Meine Bewerbung wurde endgültig positiv beschieden und ich zum 6. Oktober ins Studienseminar Lübeck einbestellt zwecks Ablegen meines Beamteneids als erster Amtshandlung. Bis dahin blieb mir noch ein gutes Vierteljahr zur absolut freien Verfügung – ein ganzer Sommer.

Wie verbrachte ich ihn? Zunächst einmal schob ich meine Exmatrikulation hinaus, um als studentisches Heinzelmännchen weiterhin zu jobben und Geld zu verdienen. An zwei, drei Abenden in der Woche trainierte ich, wenn auch nicht so ernsthaft und ehrgeizig wie früher.

Ich lief von der Reiherbeize quer durch den Grunewald – am Hundekehlesee vorbei und unter der Avus hindurch – zum Mommsenstadion, dem SCC-Domizil. Dort absolvierte ich mit den alten Kameraden das uns von Wolfgang Meller auferlegte Pflichtprogramm. Abschließend trabte ich wieder nach Hause. Wahrscheinlich hatte das Ein- und Auslaufen, zusammen weit über zehn Kilometer, einen größeren Trainingseffekt als das Intervalltraining auf der Aschenbahn. Gleichviel, so oder so, ich war immer noch schnell genug, um für einige Wettkämpfe in Berlin und im Westen nominiert zu werden.

Neidlos verfolgte ich Bodo Tümmlers beginnende Karriere sowie auch die Fortschritte einiger anderer, die ich früher noch geschlagen hatte – wie Peter Kubicki, Gerd Kopp und Horst Milde. Zusammen mit Bodo bildeten Gerd und Horst eine Dreimal-1000-Meter-Staffel, die mehrfach die deutsche Meisterschaft gewann.

Im Konjunktiv gesprochen: Hätte ich weiterhin intensiver trainiert und das Examen hinausgeschoben, dann wäre ich vielleicht in diese Staffel gerutscht und Dreimal-1000-Meter-Meister geworden. Wolfgang jedenfalls bedauerte, dass ich mein Talent nicht voll ausgereizt hatte.

Neben ihm gab es noch einen zweiten SCC-Trainer, der für die Langstreckler zuständig war und zum Beispiel Kubicki groß heraus brachte – der Uhrmachermeister und Meistertrainer Arthur Lemke.

In seinem Beruf und Nebenberuf hatte er es gleichermaßen mit Zeiten und Uhren zu tun. In seinem Laden reparierte und verkaufte er diese, auf dem Sportplatz hielt er sie in der Hand und verkündete seinen Schülern die Zwischenzeiten und stoppte die Endzeit. Und dann gab er Ratschläge. Jeden Abend nach Feierabend stand er an der Aschenbahn und verließ als Letzter das Stadion. Auch an jenem denkwürdigen 15. September 1965. Es war schon fast Mitternacht, als Arthur in die von aufgebrachten Fans der *Rolling Stones* überfüllte S-Bahn stieg. Die jungen Leute zeigten Respekt und machten dem alten Herrn ehrfürchtig Platz, das aber wohl vor allem deshalb, weil er seinen Schäferhund bei sich hatte.

Die Fans waren auf Krawall gestimmt, und das schon den ganzen Abend. Das Konzert in der Waldbühne, dem nach griechischem Vorbild angelegten Freilichttheater, war seit Langem ausverkauft. Über 20000 Menschen füllten die Ränge, aber Tausende ohne Eintrittskarten waren und warteten noch draußen, begehrten Einlass, wollten die Tore mit Gewalt öffnen und konnten nur dank der Schlagstöcke der Polizei daran gehindert werden. Dann sprang der Funke der Gewalt von außen nach innen über. Kaum hatte das Konzert begonnen, wurden die Fans zu Fanatikern, stürmten die Bühne, schlugen die Stones, die sie ja eigentlich verehrten und hören wollten, in die Flucht. Wieder musste die Polizei eingreifen, und nach dem Kommando *Knüppel frei!* war auch die Bühne alsbald wieder frei. Die Stones kehrten zurück und machten sich wieder an ihr Handwerk, doch nicht für lange. Die Halbstarken fühlten sich stark genug, die Bühne, die Stones und die Polizei erneut zu attackieren. Warum ihnen der Konflikt wichtiger als das Konzert war und wie groß der harte Kern der Randalierer war, konnten später weder Polizei noch Justiz und Presse ermitteln. Den Stones jedenfalls war diese Art Begeisterung unbekannt und unangenehm und sie brachen ihren Auftritt ab und selber alsbald auf. Nun aber ging die Randale erst richtig los, denn jetzt waren nicht nur die Randalierer aktiv, sondern die große Mehrheit der Anwesenden, die sich um ihr teuer bezahltes Konzert betrogen fühlten. Sie hatten nur ein paar Songs zu

Gehör bekommen – und schon sollte Schluss sein. Das wollte man sich nicht bieten lassen und fühlte sich berechtigt, handgreiflich zu werden. Ordner und Polizei waren nicht mehr Herr der Lage. Die entfesselte Masse ließ ihren Unmut an absolut wehrlosen Opfern aus, nämlich an den Sitzmöbeln der Waldbühne. Im Handumdrehen sind drei Viertel der Bänke aus ihrer Verankerung gerissen worden und ein Schaden von 300000 DM entstanden. Dann verließ die siegreiche Meute das Schlachtfeld und fuhr, nachdem sie ihr Mütchen gekühlt hatte, relativ friedlich Richtung Innenstadt nach Hause.

Mitreisender dieser unberechenbaren Kohorten wurde nun also Uhrmachermeister und Meistermacher Lemke. Und zunächst ging alles gut. Dann aber, wie er später erzählte, brachte just in seinem S-Bahn-Wagen ein junger Mann seine Verwunderung, Überraschung, Enttäuschung, ja Empörung über den friedlichen Zustand in der Bahn zum Ausdruck, indem er rief: *Mensch Leute, hier is ja noch allet heil!* Die pure Erwähnung dieser Tatsache wurde sofort als Befehl zu ihrer Veränderung verstanden. Die angesprochenen Leute machten sich über die Sitze und Haltestangen her und den Wagen zur Waldbühne. Die Fahrgäste verrichteten ganze Arbeit, zerstörten ihre Sitzplätze und trampelten triumphierend auf den Trümmern derselben herum.

Da man durch die Fenster an der Stirnseite der Wagen von einem in den anderen sehen konnte, bekamen die gewaltbereiten Nachbarn das muntere Treiben in der Keimzelle der aufflammenden Zerstörungswut mit und ließen sich nicht lumpen, dem dortigen Tun konsequent nachzueifern. Wie ein Lauffeuer verbreitete sich die Aggression durch den ganzen Zug. Was nicht niet- und nagelfest war, wurde demontiert und demoliert. Wählerisch war man nicht und erst recht nicht kritisch, so dass es nur eine Frage der Zeit war, wann irgendein Dummkopf an der Notbremse riss. Die Vollbremsung hatte zur Folge, dass die Fahrgäste auf ihren wackeligen Stehplätzen wie Dominosteine durcheinander fielen. Da sich die Türen nicht öffnen ließen, fühlten sich die Leute als Strafgefangene und um ihre Freiheit betrogen wie eine Stunde zuvor um ihr Konzert. Irgendwann ging es weiter und der Zug spuckte auf den Bahnhöfen im Zentrum seine rabiaten Fahrgäste aus. Eigentlich wurde seit dem

Mauerbau die unter DDR-Regie fahrende S-Bahn von den Westberlinern boykottiert, jetzt hatten die Fans sie benutzt und der *Reichsbahn* (so hieß sie noch immer) einen größeren Schaden zugefügt, als die Bestreikung erreicht hatte. Und das alles wegen eines verunglückten Konzerts. Aber das war nur der Anfang von dem, was alsbald noch kommen sollte. Die Randale im Zusammenhang mit den *Rolling Stones* war ein Pappenstiel im Vergleich mit den flying Stones während der von Jahr zu Jahr eskalierenden Demonstrationen.

Doch zurück zu mir. Wenn ich nichts Besseres zu tun hatte, zum Beispiel Geld zu verdienen, dann verbrachte ich die Zeit an der Krummen Lanke. An unserer Stammbadestelle stellte sich Tag für Tag ein repräsentativer Querschnitt der Westberliner Population ein. Da verlebten gutbürgerliche Familien ihren billigen Urlaub, da lagen Studenten herum und schwänzten oder genossen (ab August) guten Gewissens ihre Semesterferien, da ruhte sich (wovon eigentlich?) von morgens bis abends der ewige Student Rainer aus, da erholten sich arbeitsscheue und folglich arbeitslose junge Männer, sogar ein Kleinkrimineller, hinter dem die Polizei her war. Als sie zu Beginn des Sommers bei ihm klingelte, um seiner habhaft zu werden, war er nach hinten aus dem Fenster gesprungen und zur Krummen Lanke geflüchtet, wo er seit dem in der Schonung kampierte. Seine Kumpels versorgten ihn mit allem Lebensnotwendigen, verhalfen ihm also zu Kost und Logis, angefangen beim Schlafsack bis hin zu Klappstullen, Bier, Papier und anderen Toilettenartikeln. Jeden späten Morgen, also gegen halb elf, konnte man ihn im Wasser stehen sehen, wo er sich einseifte und die Zähne putzte. Hygiene muss sein, auch unter widrigen Bedingungen.

Die arbeitslosen Jungmannen waren aber nicht völlig inaktiv, schließlich waren sie Männer und betätigten sich als solche. Einer von ihnen hatte sich mit einer kurz vor dem Mauerbau aus der DDR geflüchteten Schülerin eingelassen, die ihre Osterlebnisse zu Papier gebracht hatte, und zwar so kritisch und antikommunistisch, dass sich sofort ein Westberliner Verleger fand, der die Jugendbiografie unter dem Titel *Die Kette um meinen Hals* auf den Markt brachte. Die junge Dame genoss das freie Leben im freien Westen und betätigte sich nicht nur literarisch, sondern auch erotisch und avancierte in der üblichen Zahl der Monate zur jungen Mutter. Zu dritt machte es sich die unverheiratete Kleinfamilie den Sommer über im Strandsand bequem, und zwar so bequem, dass sie sich nicht einmal die Mühe machte, die von dem Krabbelkind hinterlassenen Ausscheidungen zu entsorgen, was prompt auf das intolerante Unverständnis der bürgerlichen Badegäste stieß. Vor allem Kalle, der hier mit seiner Frau Lieselotte und seinen Kindern Sven und Beate seinen Heimaturlaub genoss, war empört und reagierte. Er schritt zur Tat und auf den arbeitslosen Jungvater zu. Er baute sich in voller Länge und Breite vor diesem auf und drohte: *Ich zähle jetzt bis zehn. Wenn du bis dahin die Scheiße deines Sohnes nicht weggebracht hast, dann packe ich dich bei den Schultern und drücke dich mit dem Gesicht in euren Dreck!* Das ängstliche Väterchen gehorchte sofort und schaufelte mit der Buddelschippe seines Sohnes den Kot seines Sohnes in den Buddeleimer seines Sohnes und verschwand damit oben in der Schonung. Kalle war auf der Stelle der Held der Badestelle und erfreute sich des gutbürgerlichen Beifalls.

Von solchen Episoden abgesehen, herrschte unter den sozial so unterschiedlichen Stammgästen ein ausgesprochen soziales Klima. Wollten die Eltern kleinerer Kinder für längere Zeit ins Wasser und die Krumme Lanke einmal rauf und runter schwimmen, dann gaben andere Badegäste auf die Kinder acht und bauten mit diesen Burgen und Kanäle. Der Ehrgeiz der Buddelkinder führte dazu, dass sie immer tiefer in den Strandsand vordrangen, bis sie eines Tages auf Knochen stießen. Menschenknochen, was die Medizinstudenten sofort ermittelten. Offenbar war hier gegen Ende des Krieges ein Soldat gefallen und begraben worden. Wir veranlassten die Beendigung der Buddeltätigkeit und informierten die Polizei. Am nächsten Tag wurde auf Veranlassung der zuständigen Stelle die Badestelle gesperrt und der Leichnam umgebettet. Auch 20 Jahre nach dem Krieg war der Krieg noch immer präsent. Aber der vergnügliche Badebetrieb ging schon am dritten Tage unvermindert weiter.

Eine teilweise Reduzierung des Strandlebens erfolgte jedoch, als der ewige Student Rainer einige Tage fehlte. Seit Mitte der Fünfzigerjahre war er ein Dauerbadegast, quasi Bademeister, zwischen April und Oktober war er zuverlässig zur Stelle. Wir hatten ihn anfangs auf Anfang 30 geschätzt und dabei blieb es. Auch nach zehn Jahren Badebekanntschaft galt er als gereifter Student, der die 30 kaum überschritten hatte. Doch nachdem nun zehn Jahre, also zwanzig Semester, ins Land gegangen waren, ohne dass Rainer sein Examen ablegte, zwar mehrfach das Studienfach wechselte, aber auch nach etlichen Neuanfängen nicht reüssierte, wollte man ihm nicht länger ein Stipendium bezahlen. Es gab nur einen Ausweg, der junge Mann wich nach München aus, um sich dort zu immatrikulieren.

Nun gewährten ihm die Bayern ein Stipendium, obgleich er dort weder studierte noch wohnte, sondern aus Heimweh nach der Krummen Lanke postwendend nach Zehlendorf zurückkehrte und das Stipendium unter Mithilfe einer Münchener Bank auf sein Berliner Konto überweisen ließ. Nach einer knappen Woche Abwesenheit wohnte er wieder bei seiner gewohnten Wirtin, fünf Minuten von seiner geliebten Krummen Lanke entfernt. Bequemer konnte er es nicht haben. Aber sein Domizil hatte ein ästhetisches Manko. Die alte Wirtin liebte ihren in die Jahre gekommenen Hund über alles und gönnte ihm sein Gnadenbrot, auch als sich seine Altersschwäche auf seinen analen Schließmuskel ausdehnte und die in ihren besten Jahren stubenreine Kreatur das gesamte Erdgeschoss des Hauses flächendeckend verunreinigte, was Rainer zu der Bemerkung veranlasste: *Ich wohne ein bisschen paradox. Anders als bei euch zu Hause üblich muss ich mir nicht, wenn ich das Haus betrete, sondern wenn ich es verlasse, die Füße abtreten.* Die sprichwörtliche Hundeliebe der Berliner kennt bekanntlich keine Grenzen.

Highlights für die Berliner Insulaner waren die von den drei westlichen Schutzmächten in ihren Sektoren durchgeführten Volksfeste. Die Amerikaner bauten in Zehlendorf im Stil von Filmkulissen – von Jahr zu Jahr wechselnd – eine Goldgräberstadt, ein Indianerdorf oder eine Wild-West-Attrappe à la *High Noon* auf, was bei den amerikanischen Soldaten und ihren Familien Heimweh schürte oder stillte, und was die Berliner mit dem mittleren Westen der Staaten vertraut machte. Fast jeden Abend wartete das *German-american Volksfest* mit einem Unterhaltungsprogramm auf. Hoch oben auf einer riesigen Bühne wurde Jazz, Rock, Folklore oder Ähnliches geboten. Einmal gab es sogar, ich weiß nicht mehr in welchem Jahr, einen Tanzwettbewerb. Ein Dutzend Rock 'n' Roll-Paare amerikanischer und deutscher Provenienz tobten sich auf der Bühne aus, verdrehten die Hüften, strampelten mit den Beinen, vollführten Luftsprünge und Salti. Die Jungmannen warfen ihre Mädchen weit von sich, aber nicht endgültig, denn im letzten Augenblick fingen sie ihre Partnerin gekonnt auf, so dass diese nicht zu Boden ging und dort k. o. liegen blieb.

Zwei Paare stellten sich als besonders akrobatisch heraus, ein amerikanisches und ein deutsches. Zwischen diesen beiden musste es sich entscheiden, wer den ersten Preis gewinnen sollte, der sage und schreibe in einem nagelneuen Volkswagen bestand. Die beiden Deutschen waren um eine Nuance besser, zumindest empfanden die deutschen Zuschauer das so, die unüberhörbar die Mehrheit im Publikum bildeten und ihren beiden Favoriten lautstark applaudierten. Die amerikanische Jury war anderer Meinung und sprach das Auto ihren Landsleuten zu, was einen Sturm der Entrüstung hervorrief, ja fast eine Revolution. Gewalt hing in der Luft, Patriotismus war zu spüren, und die frustrierten Fans schickten sich an, die Bühne zu stürmen. Handgreiflichkeiten standen unmittelbar bevor. Da wurde über Lautsprecher verkündet, die Jury werde sich zu erneuter Beratung zurückziehen. Damit war dem Volkszorn zunächst einmal Genüge getan, die Masse beruhigte sich und wartete ab. Die Entscheidung der Jury konnte dann gar nicht anders ausfallen, als sie ausfiel. Um des lieben Friedens willen unterwarf man sich der gewaltbereiten Mehrheit und revidierte das Urteil. Der ganze Vorgang schien somit Ausdruck von direkter und praktizierter Demokratie zu sein, obgleich in Wahrheit ein kleiner spontaner Volksaufstand zwei Volksgenossen einen Volkswagen erstritten hatte.

Dass aus dem deutsch-amerikanischen Volks- und Volksbrüderfest fast ein deutsch-amerikanischer Konflikt wurde, konnte jedenfalls verhindert werden. Ob und wenn wie die Amerikaner ihre um den Sieg gebrachten Tänzer trösteten und abfanden, wurde nicht bekannt. Überhaupt hat die Presse über diesen Zwischenfall nicht berichtet, schließlich passte er nicht in das politische Wunschbild. So gut und liebevoll, wie offiziell proklamiert, war die Beziehung zu den Amerikanern eben doch nicht immer. Und wenn es zur Liebe kam, dann war es oft falsche, sprich käufliche Liebe.

Eine beliebte Liebesadresse war das Strandbad Wannsee. Am Rand der weitläufigen Anlage, abgesondert von der Masse der unbescholtenen Badegäste, trafen sich die liebeshungrigen Amerikaner und die liebesbereiten Berlinerinnen, wurden handelseinig und verließen den Ort des Rendezvous, um andernorts zur vereinbarten Tat zu schreiten.

Es kam aber auch vor, dass die Geschäftspartner gleich an Ort und Stelle aktiv wurden. Auch wenn in eine Decke gehüllt, war angesichts der rhythmischen Bewegungen unübersehbar, was sich dort abspielte, so dass es unter den deutschen Besuchern zu Protest und Empörung kam, vor allem unter Familienvätern und Familienmüttern, die um das moralische Wohl ihrer Kinder bangten. Man informierte die Badeaufsicht, diese die Strandbaddirektion und diese die amerikanische Garnison.

Im Nu, auf jeden Fall eher, als die Liebe beendet war, war die Militärpolizei zur Stelle, und die furchteinflößenden Herren mit Gardemaß und Schlagstock walteten ihres Amtes. Die beiden Sünder wurden, so wie sie waren, als menschliches Bündel, ohne sie zu trennen, vorbei an den verwunderten Badegästen abtransportiert wie ein zusammengerollter Teppich, beide ihrer gerechten Bestrafung entgegen. Der Soldat hatte mit einer mehr oder minder harten Disziplinarstrafe zu rechnen und die junge Dame mit einem mehr oder minder langen geschäftsschädigenden Strandbadverbot.

Warum wir Reiherbeizianer, die wir doch die Krumme Lanke zum Baden bevorzugten, uns an den Wannsee verirrt hatten und Zeuge dieses bühnenreifen Vorfalls wurden, weiß ich nicht mehr. Vielleicht hatte einer von uns Besuch aus dem Westen, dem er das berühmte, auch im deutschen Liedgut verherrlichte Strandbad zeigen wollte. Der Wannsee, der Kudamm, das Olympiastadion und das Brandenburger Tor samt Mauer waren schließlich die wichtigsten Sehenswürdigkeiten, die Westberlin seinen Gästen zu bieten hatte.

Der August '65 war der letzte Monat, den ich in voller Länge in Berlin verbrachte. In Zukunft sollte ich meine Heimatstadt nur noch als Kurzzeiturlauber besuchen. Ab Oktober war ich in Schleswig-Holstein beruflich gebunden, und im September stand die große Griechenlandreise auf dem Programm, die wir zu viert seit

Langem geplant hatten. Mit von der Partie waren Andreas aus dem Duntze-Kreis, der Medizin studierte, dessen Schulfreund Branko und dessen Kommilitone Dieter, die sich beide an der Kirchlichen Hochschule den theologischen Studien widmeten. Wir alle jobbten im August, um unsere Reise zu finanzieren, Dieter als Aushilfsbusschaffner bei der BVG, Branko als Hilfsfriedhofsgärtner in Charlottenburg, wo sein Vater Gemeindepfarrer war, und Andreas und ich im Garten seines Großvaters, des Berliner Bischofs Otto Dibelius.

Die bischöfliche Residenz befand sich gegenüber der Dahlemer Jesus-Christus-Kirche, an der einst Pastor Niemöller amtiert und opponiert hatte. Der Garten, in dem wir für Ordnung zu sorgen hatten, war schon fast ein Park, und es gab viel zu mähen, zu jäten, zu beschneiden, zu graben, zu harken und zu hacken. Der Großvater war so großzügig, Andreas und mich nach Gutdünken schalten und walten zu lassen. Wenn er sich, selten genug, einmal blicken ließ, geschah das nicht, um uns Anweisungen zu geben oder uns zu kontrollieren, sondern um uns mit jovialer Freundlichkeit zu begrüßen.

Anfang September machten wir vier Freunde uns auf den Weg nach Süden. Von München aus fuhren wir im Liegewagen eines Studentenzuges nach Athen, wo wir am 3. oder 4. des Monats am frühen Abend eintrafen. Andreas und Branko hatten auf der Schule Griechisch gehabt und Dieter hatte als Theologiestudent sein Graecum nachholen müssen und mit ihrem klassischen Griechisch konnten sich die Drei im modernen Griechenland so einigermaßen verständlich machen. Wir fragten uns zu einer preiswerten Herberge durch, und dann machten wir uns auf zum Abendessen. Wir schnupperten in die diversen Garküchen hinein, bis wir die richtige gefunden hatten. Statt uns an der ohnehin unleserlichen Speisekarte zu orientieren, inspizierten wir die auf einem Kochtresen lauwarm gehaltenen Pfannengerichte, stellten auf gut Glück unser Menu zusammen und ließen es uns schmecken.

In den folgenden Tagen widmeten wir uns der uralten und zugleich lebhaften und lebensfrohen Stadt Athen. Als Erstes bestiegen wir die Akropolis, bewunderten die Propyläen und das Parthenon und verliebten uns in die Koren vor dem Erechtheion. Und dann ließen wir die stille Stunde des Pan auf uns wirken. Die Mittagshitze hatte die Touristen vertrieben. Die Luft und die Zeit schienen stillzustehen. Die Sonne brannte vom Himmel und leuchtete fast jeden Winkel aus, schützenden Schatten gab es kaum. Dort machten wir es uns bequem und schwiegen im Einvernehmen mit der Mittagsstille. Nur einmal wurden wir gestört, als eine deutsche Touristenfamilie im Gänsemarsch an uns vorbeizog, vorneweg der Vater, ausgestattet mit Strohhut, Kunstführer und Fotoapparat, wahrscheinlich ein Studienrat, höchstwahrscheinlich ein Altphilologe. Genau vor unserem Rastplatz drehte er sich zu seiner Gefolgschaft um und rief triumphierend: *Ich habe es euch ja vorher gesagt, der Tag wird hart,* so als hätten seine Kinder ihn gegen seine Einwände dazu überredet, über Mittag den aufgeheizten Tempelberg zu besuchen. Als die Mittagshitze in die Abendwärme überging, erkundeten wir jeden Winkel der Akropolis, und den Sonnenuntergang erlebten wir auf den Stufen des Tempels der Athena Nike. Unter uns lag die brodelnde Stadt, im Südwesten der Hafen Piräus, im Westen, im Gegenlicht, die ruhmreiche Insel Salamis.

Am nächsten Tag gingen wir ins Nationalmuseum und ließen uns beeindrucken von den Kunstwerken aus Griechenlands bester Zeit. Ich muss die Exponate nicht aufzählen, sie sind weltbekannt. Mich rührten am meisten die Grabstelen an, auf denen die Verstorbenen von den Lebenden Abschied nehmen. Anders als bei uns, die wir davon sprechen, dass der Tote von uns gegangen sei, bleibt nach griechischer Vorstellung der oder die Verstorbene zurück, ist auf den Stelen meist sitzend abgebildet, während die Überlebenden stehen und dem lieben Menschen, den sie verlieren, die Hand reichen, um dann davon zu gehen, in den Alltag, in die Pflichten, in die Lebensfreude, in die Zukunft. Das Leben geht weiter, und die Verwandten gehen auch, und die Verstorbenen bleiben zurück. Die Lebenden lassen die Toten im Stich, und ihr trauriger Gesichtsausdruck zeugt von ihrem Schuldgefühl und schlechten Gewissen. Ähnliches hatte ich beim Tod meiner Mutter empfunden, vor fast genau einem Jahr, und hier in Athen wurde ich daran erinnert.

Nicht nur die antike, auch die byzantinische Vergangenheit Athens interessierte uns. Wir besuchten Kirchen und Klöster, und dann machten wir uns mit der näheren Umgebung vertraut, fuhren im Bus zum Kap Sunion und auf einem Schiff zur Insel Ägina. An der Südostspitze der Halbinsel Attika standen wir im Poseidontempel und stellten uns vor, wie die heimkehrenden Seefahrer nach gefährlicher Fahrt dem Meeresgott dankten, wenn sie endlich sein weit über die Ägäis leuchtendes Heiligtum sahen. Auf Ägina wanderten wir zum Tempel der Aphaia und kamen erstmals mit der einfachen, bescheidenen und freundlichen Landbevölkerung in Kontakt und machten eine kuriose Beobachtung.

Seit Jahrtausenden hatten die Bauern ihr Trinkwasser in bauchigen Tonkrügen mit engem Hals zur Arbeit auf den Feldern mitgenommen und unter einem schattigen Ölbaum abgestellt. Wenn sie Durst und Hunger verspürten und eine kleine Pause einlegten, fanden sie stets, auch bei größter Hitze, erfrischendes Wasser vor. Denn die Krüge waren porös, unaufhörlich drang Wasser durch die Tonwand, verdunstete langsam und hielt dank der Verdunstungskälte den Krug und seinen Inhalt angenehm kühl. Eine geniale Erfindung. Aber seit Kurzem, schließlich wollten die schlichten Bauern modern erscheinen und mit der Zeit gehen, waren ihre Krüge aus Plastik. Die Hersteller gaben sich traditionsbewusst und patriotisch – und den Kunststoffkrügen die alte Form. Was als Fortschritt daher kam, war in Wahrheit von Nachteil. Zwar waren die progressiven Krüge leichter und unzerbrechlich, aber in ihnen heizte sich das am Morgen noch kühle Brunnenwasser im Laufe eines Sommertages auf eine Temperatur auf, die der des Urins nahekam und auch so schmeckte …

Wenn andere Menschen nach des Tages Mühen zur Ruhe gehen, leben die Athener erst richtig auf. Die Straßen und die Tavernen sind überfüllt. Vor allem vor dem alten Palast, dem heutigen Parlament, herrschte Massenandrang. Noch immer gab sich die uralte Polis politisch. Man demonstrierte. Aber nicht aggressiv, eher vergnügt und entspannt. Die Menschen standen in kleinen Gruppen auf dem Syntagma-Platz, dem Verfassungsplatz, der das Ausmaß von vier Fußballfeldern hat. Die Leute diskutierten und gestikulierten, achteten mehr auf ihre Kleingruppendebatte als auf die Worte des Hauptredners vor dem Palast. Zwischen den Menschentrauben gab es genug freien Raum für die Getränke- und Gebäckverkäufer, die sich ungehindert bewegen konnten und ihre Waren anpriesen. Dennoch war das Ganze mehr als ein Volksfest. Die Griechen, zumindest die links oder liberal eingestellten, hatten genug von der angloamerikanischen Abhängigkeit, in der sich das Land in wirtschaftlicher, politischer und militärischer Hinsicht befand. Der Kommunismus hatte seinen Schrecken verloren, die Mehrheit war inzwischen für sozialpolitische Reformen, für die Entmachtung der wirtschaftlich Mächtigen. 60% waren für eine Ablösung der konservativen Regierung und für den Chef der Zentrumsunion, George Papandreou. Für den setzten sich die Demonstranten immer wieder ein, skandierten seinen Namen, riefen ihn erst langsam, dann schneller und dann so schnell, dass sich die Stimmen überschlugen. Die weltweiten Unruhen hatten 1965 auch das kleine Griechenland erreicht.

Die Johnson-Administration, der Geheimdienst CIA und die von den USA beherrschte NATO verfolgten den Meinungsumschwung mit Unmut und Unbehagen. Athen wollte einen eigenen Weg gehen, neutral werden und sozialistisch, und das wollte Washington nicht dulden. Keine zwei Jahre später wird man die entsprechenden Konsequenzen ziehen und den Militärputsch der griechischen Obristen wohlwollend akzeptieren. Eine Diktatur in der NATO ist allemal besser als eine neutrale Demokratie.

Über Nacht setzten wir von Piräus aus nach Kreta über. Wir lagen in unseren Schlafsäcken an Deck und ließen uns von der schwankenden Fähre in den Schlaf wiegen. Über uns bewegte sich der Mond, einem Pendel gleich, gleichmäßig hin und her. Zusammen mit der Sonne erreichten wir Kreta, gingen in Heraklion von Bord und stiegen in der Jugendherberge ab. Wir schlenderten durch die Stadt, blickten verstohlen auf die ganz anderen Menschen, vor allem auf die alten, selbstbewussten Männer mit ihren schwarzen Stiefeln, Pumphosen und Hemden. Ihr Stolz äußerte sich in ihrem Nichtstun, wie Statuen standen sie reglos auf den Plätzen herum, oder sie saßen im ΚΑΦΕΝΙΟΝ und schauten gleichmütig auf ihre Tasse Kaffee und ihr Glas Wasser. Im Archäologischen Museum offenbarte sich uns die minoische Kultur, und wir freuten uns auf Knossos, das wir dann einen Tag später besuchten. Wir waren beeindruckt von den jahrtausendealten Resten des Palastes (wenn es denn keine Nekropole war) mit den einstmals weit über 1000

Räumen. Wir irrten durch die labyrinthische Anlage, verloren uns und fanden uns wieder und stritten dann sogleich über die Rechtmäßigkeit der von dem Ausgräber Sir Evans vorgenommenen Restaurierungsversuche.

In den nächsten Tagen wanderten wir quer durch Kreta südwärts und goutierten die Bewunderung der Dorfbewohner, wenn wir bei glühender Hitze, beladen mit unserem Rucksack, durch die Ortschaft marschierten. Machten wir in einer Taverne halt, dann drängten sich die Leute um unseren Tisch, fragten nach dem Woher und Wohin und beschrieben uns den weiteren Weg. Gegen Abend hielten wir Ausschau nach einem geeigneten Schlafplatz und dort begaben wir uns nach frugalem Abendessen zur Ruhe, unter uns die geschichtsträchtige Erde und über uns der ewige Himmel. Nach zwei, drei Tagen erreichten wir südlich von Pyrgos das Meer und machten vier Tage Urlaub vom Urlaub, das heißt, wir taten so gut wie nichts. Wir lagen mal am Strand, mal auf dem Wasser und nachts in unseren Schlafsäcken.

Abends, wenn die Temperaturen erträglich wurden, führten wir unsere privaten Olympischen Spiele durch, nutzten flache Steine zum Diskuswerfen, Bambusrohre zum Speerwurf und runde Steine zum Kugelstoßen (obgleich die alten Griechen diese Disziplin nicht kannten). Aber historisch korrekt bestand unser Weitsprung im Schlusssprung und die Laufstrecke in knapp 200 Metern, der klassischen Stadionlänge. Bei dem Strandwirt leisteten wir uns eine Art Vollpension, zum Frühstück Weißbrot mit reichlich Honig und Butter, zum Mittag erfrischenden Salat und abends einen undefinierbaren, aus unbekannten Zutaten bestehenden Gemüseeintopf.

Als nach zwei oder drei Tagen eine Gruppe Engländer eintraf, nahm uns der Wirt zur Seite, machte den Deutschen im Allgemeinen und uns jungen Studenten im Besonderen allerlei Komplimente und teilte uns unter dem Siegel der Verschwiegenheit mit, dass er den Engländern, die er nicht leiden konnte – obgleich doch die Deutschen im Weltkrieg Feinde und die Briten Verbündete und Befreier waren – wesentlich mehr an Kostgeld abverlangen werde als uns, nämlich 10 Drachmen statt 7 pro Tag und Person.

Unser nächstes Ziel war Phaistos, wo uns die puren Ausgrabungen ohne willkürliche und spekulative Ergänzungen viel besser gefielen als Sir Evans' Knossos. In Agia Galini nahmen wir Abschied von der Südküste und machten uns auf den Weg nach Rethymnon, vorbei am Berg Ida, dem Psiloritis, der mit knapp 2500 Metern Höhe der höchste Berg der Insel ist. Als wir uns der Nordküste näherten, lag die Hafenstadt Rethymnon unter uns in der Abendsonne. Nach dem üppigen Abendessen war es stockfinster, die Jugendherberge gar nicht vorhanden oder längst geschlossen und jedes passable Hotel überfüllt oder zu teuer. Was tun?

Wir fragten einen jungen Griechen, ob er in oder bei der Stadt nicht ein weiches, also sandiges Plätzchen kenne, wo wir unsere Schlafsäcke ausbreiten könnten. Er machte ein nachdenkliches Gesicht, dann lächelte er verschmitzt und forderte uns auf, ihm zu folgen. Er führte uns durch die schwach beleuchtete Stadt und dann durch einige absolut dunkle Straßen, bis er vor einem Tor Halt machte, über das er mit uns gemeinsam hinüberkletterte. Nach wenigen Schritten standen wir an dem von uns gewünschten Plätzchen, einem ausreichend großen Sandbett. Unser Cicerone wünschte uns eine gute Nacht und verschwand. Als wir am nächsten Morgen von der Sonne geweckt wurden, stellten wir fest, dass wir in der Sprunggrube des örtlichen Stadions übernachtet hatten und empfanden dankbare Freude über die erfindungsreiche griechische Gastfreundschaft.

Von Kreta setzten wir nach Rhodos über, wo wir uns den Luxus leisteten, die Insel mit einem Mietwagen zu erkunden. Dann kehrten wir nach Athen zurück, von wo wir, jeweils zu zweit, per Anhalter nach Saloniki fuhren. Das war der Ausgangspunkt für die letzte Etappe unserer Reise, für unseren Besuch bei den Athosmönchen. Östlich von Saloniki liegt die Halbinsel Chalkidiki, auslaufend in drei etwa 50 Kilometer lange Finger.

Auf dem östlichsten Finger, der Halbinsel Athos mit dem 2000 Meter hohen Berg Athos, befindet sich die gleichnamige von Griechenland relativ unabhängige Mönchsrepublik. Besuche sind möglich, aber nur für Männer. Frauen ist das Betreten der Republik bei Strafe verboten. Die Landbrücke im Norden der Halbinsel ist nur etwa 3 Kilometer breit, und hier hatte der Perserkönig Xerxes bei seinem Feldzug gegen die Griechen einen Kanal für seine Flotte bauen lassen, weil ihm das Umfahren des Südkaps wegen der vom Berg

Athos herabstürmenden Fallwinde zu gefährlich war. In der Nähe dieses inzwischen verlandeten Kanals liegt ein kleiner Hafenort, in dem sich die von Saloniki kommenden Touristen versammeln, um sich von einem Schiff in die heilige Republik bringen zu lassen. Die Fahrgäste bildeten eine gemischte Gesellschaft, Griechen, Amerikaner, Westeuropäer und einige Bundesbürger, darunter außer uns noch eine zweite Gruppe Studenten. Wir hatten uns aus Spaß am Spielen als der werktätigen Bevölkerung angehörig ausgegeben.

Während der Wartezeit und der Überfahrt unterhielten Andreas, Branko und Dieter sich auf der Grundlage ihres Graecums mit den griechischen Touristen und Schiffern, stellten neugierige Fragen und erhielten verständliche Antworten und faszinierten ob ihrer verbalen Gewandtheit die sprachlich defizitären Jungakademiker. Wir hatten unsere Jobs, die wir in Berlin zeitweise ausgeübt hatten, zu unseren Hauptberufen gemacht, der Medizinstudent und Johanniter-Sanitäter Andreas war nun Krankenpfleger, der Hilfsschaffner Dieter war Busfahrer, Branko war fest angestellter Friedhofsgärtner und Totengräber und ich Verkaufsfahrer. Die auf ihr Abitur und Studium stolzen Studenten fragten uns in einer Mischung aus Verwunderung und Bewunderung, wie es denn möglich sei, dass – mit Verlaub – so einfache Berufstätige wie wir so problemlos mit den Griechen sprechen konnten. Das sei doch keine Kunst, erwiderten wir. Wenn man zwei, drei Wochen im Lande sei, erlerne man die Landessprache automatisch, man müsse nur den Kontakt mit den Menschen suchen, offen und aufmerksam sein und ein gutes Gedächtnis haben. Das schichtenspezifische Weltbild der jungen Herren kam ins Wanken. Noch verblüffter waren sie, als wir im Verwaltungszentrum Karyes eine Aufenthaltsgenehmigung für eine volle Woche erhielten, während alle anderen Gäste sich mit einem Pass für drei Tage begnügen mussten. Sicher hatten wir den Bruder Passaussteller mit unserer Eloquenz beschwatzt. In Wahrheit verdankten wir unsere bevorzugte Behandlung dem Empfehlungsschreiben, das der Berliner Bischof seinem Enkel mitgegeben hatte.

Alle Klöster konnten wir trotz unseres ausgedehnten Aufenthalts unmöglich besuchen. Es gibt schließlich insgesamt 20 Hauptklöster, unter denen das Gebiet der Halbinsel restlos aufgeteilt ist und denen die kleineren Klöster und Einsiedeleien unterstellt sind. Wir waren vor allem zu Gast in den großen, reichen, prachtvoll ausgestatteten Klöstern, besuchten aber auch die Hütten der Einsiedler und die bescheidenen Kleinklöster, wenn sie am Rande unseres Rundweges lagen. Überall wurden wir gastfreundlich empfangen und dann – zumindest in den Hauptklöstern – im Gästehaus oder in klassischen Mönchszellen untergebracht. Wir nahmen an den gemeinsamen frugalen Mahlzeiten teil, in der sogenannten Trapeza, dem Speisesaal, der in Westeuropa *Refektorium* heißt. Die Apsis und die Seitenwände waren mit farbenprächtigen Fresken bemalt, die biblische Motive zeigten. Manchmal gingen wir in den frühmorgendlichen Gottesdienst. Wie die Mönche wurden wir lange vor Sonnenaufgang von der sogenannten Athos-Trommel geweckt, die von einem Mönch zum Klingen gebracht wurde, der mit einem Klöppel aus Holz in monotonem Rhythmus auf eine lange Stange aus Holz schlug.

Gerne unterhielten sich die Mönche in ihrer Mußezeit mit uns, zumal wir ihnen Neuigkeiten aus der großen weiten Welt in ihre Einsamkeit brachten. Auch religiöse Themen wurden besprochen, wobei deutlich wurde, dass die christlichen Konfessionen einer bestimmten Rangordnung unterlagen: orthodox, katholisch, evangelisch. Wir Protestanten galten schon fast als Heiden. Einmal ging die an sich segensreiche Gastfreundschaft jedoch über das Maß des Erwünschten hinaus. Ein Mönch, der für die Betreuung der Gäste zuständig war, kam in unsere Zelle und schwärmte von den Ikonen, die er besitze und die er gerne Andreas – nur ihm, nicht uns allen – zeigen wolle. Unser Freund wollte sich den frommen Kunstgenuss nicht entgehen lassen und folgte dem Bruder Kunstfreund, kam aber schon wenig später enttäuscht und verwirrt zurück.

Der Mönch besaß keine Sammlung von Ikonen, sondern nur eine einzige, und er hatte seine Liebe zur Kunst auf Andreas zu übertragen versucht, sich ihm liebevoll genähert und ihn in die Flucht geschlagen. Man soll nicht verallgemeinern, doch die Versuchung, dass in reinen Männergesellschaften die Männer selbst Subjekt und Objekt von Zärtlichkeit werden, ist sicher sehr groß.

Ganz anderer Art war die Begegnung mit einem Einsiedler. Der lebte bescheiden in einer Hütte aus Hausteinen und füllte seine Zeit mit der Erfüllung seiner frommen Pflichten aus und darüber hinaus damit, dass er Deutsch lernte. Warum er dieser an sich unnützen Übung nachging, war unklar. Er würde ja niemals nach Deutschland kommen, der Athos war für den Rest seines Lebens seine Heimat und seine Heimstatt, nie würde er sie verlassen. Hatte sich die unerfüllte Sehnsucht nach Liebe bei dem Ikonensammler auf Andreas gerichtet, so befriedigte der Einsiedler seine Sehnsucht in die Welt durch das Erlernen einer Fremdsprache. Das Lehrbuch vermittelte zugleich einen Eindruck vom Alltagsleben der Deutschen. Bezeichnend war der eine Satz, dessen Wortlaut ich bis heute nicht vergessen habe: *Der Zuckerbäcker hat ein Federbett.* So konnte der Einsiedler zugleich die für die deutsche Sprache typischen Komposita kennenlernen und erfahren, dass das Leben der Deutschen süß und bequem ist (Zuckerbäcker und Federbett).

Unsere Reise näherte sich dem Ende.

Es war die beeindruckendste, die ich je unternommen hatte. So weit nach Süden war ich noch nie vorgestoßen und noch nie in eine derart andere, fremde und doch freundliche Welt. Vom Athos fuhren wir zurück nach Saloniki. Der Zug nach München war am Abend in Athen gestartet, und kurz nach Mitternacht wollten wir zusteigen. Bis dahin war noch viel Zeit. Erst nahmen wir ein opulentes Abend- und Abschiedsessen ein und dann besuchten wir ein Kino. Der erste Film wurde in einem Saal gezeigt, der zweite, weil es inzwischen dunkel war, auf einem Hof. Aber dann mussten wir mitten in der Vorstellung zurück in den Saal. Denn es begann zu regnen, und das seit Wochen das erste Mal. Der Sommer war vorüber und der Herbst begann, als wir Griechenland verließen. In Deutschland hatte das schlechte Wetter längst die Macht ergriffen, es regnete, es stürmte und es war unangenehm kalt.

Anfang Oktober erreichten wir Berlin. In wenigen Tagen musste ich nach Schleswig-Holstein aufbrechen. Ich packte meinen Rucksack aus und ich packte meine beiden Koffer und verstaute alles, was für meine zukünftige berufliche und bürgerliche Existenz vonnöten war. (Der eine Koffer war von besonderem Wert, ihn hatte Romy Schneider in einem Film tragen müssen und mein Vater hatte ihn nach Abschluss der Dreharbeiten abgestaubt). Bis zu meiner Abreise blieben mir noch zwei, drei Tage! Ich nutzte sie, um von meinen Freunden Abschied zu nehmen und von meinem geliebten Grunewald. Leider hatten die Amerikaner ihn an diesem Tag mit Beschlag belegt, um ihr Herbstmanöver abzuhalten. Überall tummelten sich Soldaten zu Fuß, zu Jeep und zu Panzer. Mir blieb nichts übrig, als am Rande des Manövergebietes um dasselbe herumzulaufen, also erst an der Krummen Lanke und dann am Schlachtensee entlang und endlich auf der Havelchaussee nach Norden. Um wieder nach Hause zu gelangen, bog ich auf Höhe des Teufelssees nach rechts ab, um unter der Avusbrücke *Kleiner Stern* hindurch heimwärts zu laufen. Da ich den Wald wie meine Westentasche kannte und mir jeder Schleichweg vertraut war, kam ich zunächst unbemerkt voran, bis ich den Amerikanern doch noch in die Hände fiel und festgenommen wurde.

Zuerst hieß es *Hands up!*, dann wurde ich abgeführt. Ich musste vorangehen, und in kurzem Abstand, die Gewehre auf mich gerichtet, folgten mir ein halbes Dutzend Soldaten. Auch wenn ich wusste, dass die Waffen nur mit Platzpatronen geladen waren, hatte ich ein mulmiges Gefühl. Ziel unserer Wanderung war der Manöverstab. Als wir dort ankamen, dämmerte es bereits. Ich wurde von einem Major oder Oberst verhört, der wissen wollte, wer ich überhaupt sei, was ich hier zu suchen hätte und ob ich nicht woanders Sport treiben könne. Man wollte meinen Ausweis sehen und war entsetzt darüber, dass ich den nicht bei mir hatte. Die Frage, ob er, wenn er trainiere, seinen Pass mit sich führe, bejahte er. Dazu sei er verpflichtet und ich sei es erst recht, denn, so klärte er mich auf, laut Viermächtestatut müsse jeder Berliner jederzeit seine Personaldokumente bereithalten. Ich hatte mich also strafbar gemacht. Wir Westberliner hatten zwar nur einen *Behelfsmäßigen Personalausweis*, aber ohne den durften wir nicht die Wohnung verlassen und auf die Straße gehen.

Immerhin glaubte man mir meine Sportlerexistenz und ließ mich ungestraft laufen. Man erkundigte sich, wo ich zu Hause sei, und daraufhin entfalteten die Offiziere eine riesige Grunewaldkarte, um im Scheinwerferlicht ihres Jeeps meinen kürzesten Heimweg zu ermitteln. Ich wollte ihnen bei ihrem Kartenstudium zu Hilfe kommen, schließlich kannte ich den Wald besser als sie. Als ich mich aber dem Messtischblatt mit seinen militärischen Geheimnissen näherte, sprangen von allen Seiten ein paar Mann auf mich zu, rissen mich zurück, hielten mich fest und bewahrten die Karte vor meinem unerlaubten Einblick. Nur aus gebührendem Abstand durfte ich den Amerikanern den kürzesten Weg zur Avusbrücke und weiter nach Onkel Toms Hütte erläutern. Als wir uns einig waren, durfte ich mich in Trab setzen, nicht ohne einen Großteil des Weges von einigen Soldaten eskortiert zu werden, die, ob sie wollten oder nicht, das von mir angeschlagene Tempo mitmachen mussten. Endlich, als sie ihre Mission erfüllt glaubten, entließen sie mich und wünschten mir einen erfolgreichen Heimweg.

Am nächsten Tag fand sich in den Berliner Zeitungen ein Bericht über das Manöver, und zwar mit dem üblichen Tenor. Die Westberliner sollten sich unter dem Schutz der Schutzmächte sicher fühlen und Verständnis dafür haben, ja dankbar sein, wenn diese mit ihren Jeeps und Panzern die Grunewaldwege kaputt fuhren. Kampfziel dieses Manövers sei es gewesen, Spitzel, Saboteure, verdächtige Zivilisten und ähnliche Personenkreise aufzuspüren und aufzugreifen.

Jetzt wurde mir alles klar. In mir hatten die Soldaten ein solches Subjekt gesehen und geglaubt, einen guten Fang gemacht zu haben. Aber dann war ich, wenngleich verdächtig, doch nicht der Richtige.

Wenig später brach ich auf. Mein Vater brachte mich zum Bahnhof Zoo. Meine Berliner Zeit war zu Ende. Vor mir lagen Schleswig-Holstein und mein Referendariat.

45

Ein Kanzler mit Vergangenheit – und ein Vizekanzler mit Zukunft

Die große Koalition war ein Zweckbündnis, eine Vernunftehe, eine Verbindung auf Zeit. Nach drei Jahren wollte man sich wieder trennen. Die beiden Häuptlinge der Koalition konnten unterschiedlicher nicht sein. Kurt Georg Kiesinger, der Kanzler, war ein seriöser

Herr von Anfang 60, ein Akademiker mit Karrieregespür, ein vollmundiger Rhetoriker, weißhaarig und irgendwie weise wirkend, konservativ, bürgerlich, väterlich, volkstümlich, kurz: ein Bilderbuchchristdemokrat. Er gewann und genoss die Anerkennung durch das bürgerliche Establishment, er war eine Art *Mister Bundesrepublik,* passte sich an und passte in die Tradition von Adenauer und Erhard, auch wenn er Letzteren um sein Amt gebracht hatte. Die Ideologie war die alte, immer weitermachen wie bisher, Fortschritte in der Wirtschaft, aber ansonsten bloß keine Experimente.

Ganz anders der Vizekanzler. Willy Brandt war kein Bourgeois, er kam von unten, stammte aus einer Lübecker Arbeiterfamilie und war ein uneheliches Kind. Zugleich ein cleveres Bürschchen, ein *plietschen Jong,* wie man in seiner Holsteiner Heimat sagen würde, wobei das Wort *plietsch* sich von dem Begriff *politisch* herleitete. Und politisch interessiert war Herbert Frahm, wie Willy Brandt ursprünglich hieß, unter dem Einfluss seines sozialdemokratischen Großvaters von Kindesbeinen an.

Mit 16 schon trat er in die SPD ein, schloss sich aber schon bald, weil die SPD ihm nicht links genug war, der von der Mutterpartei abgespaltenen SAP an (Sozialistische Arbeiterpartei). Kurz nach dem Abitur (1932) muss er Deutschland verlassen und flüchtet vor den Nazis über Dänemark nach Norwegen. Als Journalist und Kurier arbeitet er für antifaschistische Organisationen und kommt in diesen Funktionen in Europa herum, berichtet über den Spanischen Bürgerkrieg und hält Kontakt mit französischen Sozialisten. Als die Wehrmacht Norwegen erobert, gerät er in deutsche Gefangenschaft, wird aber nicht erkannt und kann nach Schweden flüchten. Er erhält die norwegische Staatsbürgerschaft (das Naziregime hatte ihn bereits 1938 ausgebürgert). Nach Kriegsende arbeitet er in Deutschland als Korrespondent für norwegische Zeitungen, bis er 1947 Presseattaché an der norwegischen Militärmission in Berlin wird. Hier arbeitet er nach seiner Wiedereinbürgerung durch sein Heimatland Schleswig-Holstein für die SPD, wird Mitglied des Abgeordnetenhauses und – als Berliner Delegierter mit eingeschränkten Rechten – Mitglied des Bundestages. 1957 übernimmt er das Amt des Regierenden Bürgermeisters von (West-)Berlin, bis er 1966 als Außenminister und Vizekanzler in die Bundesregierung eintritt.

Schon zweimal war er von Berlin aus als Kanzlerkandidat der SPD in den Wahlkampf gezogen und konnte seiner in Godesberg 1959 modernisierten beziehungsweise verwestlichten Partei zu deutlichen Stimmengewinnen verhelfen. Aus den knapp 32% von 1957 hatte er 1961 gut 36% und 1965 weit über 39% gemacht, aber das bürgerliche Bündnis aus Christ- und Freidemokraten war nicht zu bezwingen. Erst die Erhard-Krise von 1966 eröffnete den Sozialdemokraten die Möglichkeit, endlich – nach 17 Jahren – in Bonn zu regieren oder doch wenigstens *mit* zu regieren.

Schon lange träumte der Taktiker Herbert Wehner von einer großen Koalition, in der die SPD als Juniorpartner ihre Regierungstauglichkeit beweisen und die Voraussetzungen für größere Zukunftsaufgaben schaffen konnte.

Die beiden neuen Galionsfiguren der Bonner Politik, Kanzler Kiesinger und Vizekanzler Brandt, kamen beide aus der Landespolitik, dieser war seit 1957 Berliner Bürgermeister, jener seit 1958 Ministerpräsident von Baden-Württemberg. Und nun sollten sich der vornehme Bürgersohn und das uneheliche Arbeiterkind drei Jahre lang vertragen, was gewiss nicht einfach war. Schließlich unterschieden sie sich nicht nur hinsichtlich ihrer Herkunft, auch ihre Biografie ist geradezu gegensätzlich.

Kiesinger studierte in den Weimarer Jahren Jura, wurde Anwalt und Mitglied der Zentrumspartei, Herbert Frahm orientierte sich nach links und trat der SPD und dann der SAP bei. In dem unseligen Jahr 1933 ging der eine ins Exil und der andere in die NSDAP – und das schon gleich nach der *Machtergreifung*. Dem einen passten die Nazis nicht und der andere passte sich an und wurde belohnt. Zwar engagierte er sich nicht politisch, aber das braune Parteibuch war seiner juristischen Karriere sicher von Nutzen. 1940 wurde der Mitläufer denn auch zum Mitarbeiter, als er für die Propagandaabteilung des Auswärtigen Amtes dienstverpflichtet wurde und es dort bis zum stellvertretenden Leiter der Rundfunkabteilung brachte. Von den Siegern wurde er 1945/46 interniert, aber nach etwa einem Jahr in einem gnädigen Gerichtsverfahren entlastet. Schnell fand er nun den Weg zur CDU Württemberg-Hohenzollern, wo ihm eine ähnlich steile Karriere glückte wie Willy Brandt in Berlin. Dennoch hing ihm seine braune Biografie weiterhin an. In den Augen vieler Deutscher und erst recht im Ausland war er ein Kanzler mit Vergangenheit, während Vizekanzler Brandt eine politische Zukunft vor sich hatte, die schließlich mit dem Friedensnobelpreis honoriert werden sollte.

Kiesinger wurde zwar halbwegs exkulpiert, als der Journalist Conrad Ahlers nach akribischem Aktenstudium herausbekam, dass übereifrige Nazis ihrem Parteigenossen Kurt Georg angekreidet hatten, dass er angeblich nicht antisemitisch genug war und antijüdische Aktionen bremste. Seine Prügel bekam Kiesinger aber trotzdem noch, und zwar ganz konkret, als er im November '68 während des CDU-Parteitages von der mit einem französischen Juden verheirateten Beate Klarsfeld geohrfeigt und als Nazi beschimpft wurde. Am gleichen Tag für ihre Handgreiflichkeiten zu einem Jahr Haft verurteilt, muss die resolute junge Dame dank einer Revision des Strafmaßes nur vier Monate absitzen.

Dass Conrad Ahlers im *Spiegel* zu Kiesingers Reinwaschung beitrug, ist nicht ohne politische Ironie. Denn genau dieser Ahlers, den der damalige Verteidigungsminister Strauß 1962 auf krummen Wegen in Spanien verhaften ließ, wurde nun Regierungssprecher der Großen Koalition, der auch Strauß nach ein paar Jahren Kabinettsabstinenz angehörte. So wurden alte Feinde zu Kollegen. Überhaupt ist die neue Regierung ein buntkariertes Kompromisskollegium. Nicht nur, dass sich die beiden Volksparteien über alle ideologischen Gegensätze hinweg zusammenraufen, es müssen auch Männer mit höchst unterschiedlicher Vergangenheit zusammenarbeiten.

Ein Ex-Nazi und ein Widerstandskämpfer stehen an der Spitze der Regierung, von ganz links kommt (außer Brandt, einst SAP) Herbert Wehner (einst KPD), und unverblümt rechts außen ist Strauß zu Hause, der sich hemmungslos für eine deutsche Atombewaffnung einsetzt.

Ein Beispiel für den bunten Pluralismus des Kabinetts war auch die Tatsache, dass zwischen all den gestandenen Männern – wie schon in den vorangegangenen Regierungen – eine Frau saß, Gesundheitsministerin Käte Strobel (SPD). Und dann ist noch Gustav Heinemann zu nennen, der Innenminister des 1. Kabinetts Adenauer war, sich mit diesem, weil er die deutsche Wiederbewaffnung ablehnte, überworfen hatte, auf Umwegen zur SPD fand und nun das Amt des Justizministers versah. In Anbetracht dieser Gegebenheiten war es logisch, dass Kiesinger bei seiner Wahl zum Kanzler längst nicht alle Stimmen bekam, mit denen er rein rechnerisch rechnen konnte. Nur 340 von 447 christlichen beziehungsweise sozialdemokratischen Abgeordneten stimmten für ihn und damit für die Große Koalition. Die Union wollte wie gewohnt regieren, egal mit wem, also akzeptierte man das ungewöhnliche Bündnis. Anders die Sozis, über 100 Volksvertreter sprachen sich gegen diese unnatürliche, nur aus taktischen Gründen gebildete Koalition mit einem Ex-Nazi als Kanzler und mit Atom- und *Spiegel*-Strauß als Finanzminister aus.

Eine der Ursachen – zumindest der Anlass – für das schnelle Zustandekommen der Großen Koalition waren der Aufstieg der neonazistischen Nationaldemokratischen Partei Deutschlands (NPD) und ihre Erfolge bei einigen Landtagswahlen, als unter Kanzler Erhard, dem einst so gefeierten Wirtschaftsminister, die bundesdeutsche Wirtschaft und der bundesdeutsche Haushalt in eine erste und ernste Krise gerieten. Nur durch einen raschen Aufschwung mit Vollbeschäftigung glaubte man, der NPD Herr werden zu können. Der katastrophale Automatismus der frühen Dreißigerjahre – schwache Wirtschaft, starke Nazis – durfte sich auf keinen Fall wiederholen. Die Förderung der Wirtschaft war also die wichtigste Agenda der Großen Koalition.

Paradox ist es jedoch, dass diese gegen die Neonazis gerichtete Regierung sage und schreibe vier Ex-Nazis in ihren Reihen hatte, so – außer Kiesinger – den Verteidigungsminister Schröder (CDU) sowie Wirtschaftsminister Schiller und Wohnungsbauminister Lauritzen (beide SPD). An dieser Großzügigkeit hinsichtlich der Vergangenheit zeigt sich, dass man 20 Jahre nach Kriegsende um Versöhnung, Vergebung, Vergessen und Verdrängen bemüht war. Die Rückkehr zur Normalität sollte dokumentiert werden und damit die innere Wiedervereinigung der Deutschen, zumindest der Westdeutschen.

Die Regierung stürzte sich also, wie von Kiesinger in seiner Regierungserklärung versprochen, auf die Wiederbelebung der Wirtschaft.

Die beiden Macher waren Schiller und Strauß. Der Zwang zum Erfolg verpflichtete sie zur Zusammenarbeit. Anders als der pastorale Erhard, der Sparsamkeit und Bescheidenheit predigte und auf die Selbstheilungskräfte der Wirtschaft vertraute, diese mithin sich selber überließ, gingen die beiden Neuen mit wirtschaftswissenschaftlichen Methoden gegen die Krise an.

Sie waren davon überzeugt, dass man die Wirtschaft mit staatlichen Maßnahmen planen und steuern könne. Schiller war Professor vom Fach und Strauß hatte sich in die Probleme der Ökonomie eingearbeitet, beide harmonierten in ihrem Glauben an das magische Viereck, das heißt an die Möglichkeit, die vier Idealziele Wirtschaftswachstum, Geldwertstabilität, Vollbeschäftigung und außenwirtschaftliches Gleichgewicht unter einen Hut zu bringen. Die Zauberworte waren *antizyklische Wirtschaftspolitik* und *Deficit-Spending.*

In Zeiten der Stagnation und Arbeitslosigkeit durfte nicht gespart werden (den Fehler hatte seinerzeit Heinrich Brüning gemacht), nein, im Gegenteil, in Krisenzeit galt es, über Kredite Gelder locker zu machen für Investitionen, in die Wege geleitet vor allem durch den Staat selber. So würden Aufträge und Arbeitsplätze geschaffen, der Konsum angeregt und die Steuereinnahmen gesteigert werden. Auch der Außenhandel würde davon profitieren und die deutsche Volkswirtschaft angekurbelt werden, zumal es 1966/67 keine Weltwirtschaftskrise wie um 1930 gab, sondern nur eine hausgemachte bundesdeutsche.

Dieser von Schiller und Strauß angeregte Engelskreis konnte aber nur funktionieren, wenn der Staat reichlich Aufträge vergibt, die Unternehmen Leute einstellen, die Leute im Glauben an den Aufschwung ihr Geld in den Konsum stecken und dadurch die Wirtschaft beleben. Wenn ihr tüchtig kauft, liebe Leute, schafft ihr euch selber Arbeit! Und wirklich, die Menschen machten mit. Sie glaubten an die Konjunktur und sie bewirkten sie. Alles Psychologie. Wenn man nur richtig glaubt, erfüllt sich der Glaube. Die Amerikaner nennen das *self fulfilling prophecy.* Die Arbeitslosigkeit wurde nicht nur behoben, es gab sogar eine Dreiviertelmillion offene Stellen, so dass in zunehmendem Umfang Gastarbeiter angeworben werden mussten.

Während das Volk in der Wirtschaft mitzog, gab es auf einem anderen Gebiet erheblichen Widerstand. Seit ihren Anfängen war die Bundesrepublik in ihren souveränen Rechten eingeschränkt. Die drei Westmächte hatten sich vorbehalten, unter bestimmten Bedingungen in Westdeutschland militärisch einzugreifen, so bei Unruhen, Aufständen, Naturkatastrophen, Großunfällen und anderen Gefahren.

Festgeschrieben war diese alliierte Oberhoheit im Deutschlandvertrag aus den Fünfzigerjahren. Wollte sich der Bonner Staat von diesen Fesseln freimachen, so musste er den westlichen Schutzmächten beziehungsweise Verbündeten garantieren, sich aus eigener Kraft, also mit eigenen bewaffneten Kräften – Bundesgrenzschutz und Bundeswehr – gegen jede Art von Notstand zur Wehr setzen zu können. Dazu waren bestimmte Notstandsgesetze nötig, die der Exekutive erlaubten, unter Einschränkung beziehungsweise Umgehung der Legislative, das heißt des Bundestages, schnell und durchgreifend zu handeln. Die Regierung wurde gestärkt, Volk und Volksvertretung geschwächt. Es war ein Kuhhandel. Um gegenüber dem westlichen Ausland die staatliche Souveränität zu erweitern, wurde die Volkssouveränität eingeschränkt.

Viele Grundrechte, die das Grundgesetz garantiert, wurden durch die geplanten Notstandsgesetze beschnitten. Die Verfassung musste also geändert werden, was nur mit einer Zweidrittelmehrheit des Bundestages möglich war. Gegen die SPD war das der CDU bisher nicht möglich gewesen, doch nun, in der Großen Koalition, war die SPD-Fraktion um des lieben Koalitionsfriedens willen und im Interesse der außenpolitischen Vorteile dazu bereit.

Aber was den Abgeordneten recht war, das war dem kleinen Sozi auf der Straße sowie den Gewerkschaften, den meisten Künstlern und Intellektuellen und erst recht den Studenten noch lange nicht billig. Schließlich hatte man noch in böser Erinnerung, wie die Bonner Regierung vor fünf Jahren mit der Presse und der Pressefreiheit umgesprungen war. Misstrauen gegen staatliche Stärke machte sich breit, man protestierte und demonstrierte, man machte die Straße zum Forum der politischen Opposition. Denn die offizielle Opposition im Bundestag, das kleine Häuflein von 49 FDP-Abgeordneten, kam offenbar ihrer Aufgabe, Kritik und Kontrolle zu üben, nicht energisch genug nach. An die Stelle der parlamentarischen Opposition musste eine außerparlamentarische Opposition treten, die sich kurz *APO* nannte. Die Ursachen für den Unmut lagen aber nicht nur in dem Zweifel an der Rechtmäßigkeit und Zweckmäßigkeit der Notstandsgesetze, vielmehr kamen viele Aversionen zusammen, die sich gegen die etablierte Politik richteten. Große Teile der Bevölkerung, und zwar vor allem die progressiven, wollten zeigen, dass sie kritische, selbstbewusste Demokraten waren und keine CDU-Untertanen. Erhards ökonomisch gemeinte Parole *Wir sind wieder wer* wurde umgedeutet zu einem politischen Anspruch. Mitte der Sechzigerjahre war die bundesdeutsche Gesellschaft, gemessen an ihrem Alter, in die Pubertät gekommen, vor allem die aufmüpfigen Schriftsteller, Künstler, Intellektuellen, Studenten und so weiter entwickelten eine eigene und andere Vorstellung von Staat und Gesellschaft.

Wie die Sturm-und-Drang-Bewegung des späten 18. Jahrhunderts, wie die Befreiungskriege gegen Napoleon, wie der Kampf des *Jungen Deutschlands* gegen den reaktionären *Deutschen Bund*, wie die Revolution von 1848, wie die *Jugendbewegung* um 1900 strebte man Veränderungen und Verbesserungen an. Vom Wirtschaftswunder und der Westversöhnung und Westbindung abgesehen, hatte der CDU-Staat wenig Neues und Kreatives hervorgebracht. Das lag sicher auch am Charakter des greisen Adenauer *(Keine Experimente!)* und des behäbigen Erhard *(Wohlstand für alle)*, deren Ziel in erster Linie darin bestand, der alleinseligmachenden Union die Macht als Selbstzweck und auf Dauer zu erhalten. Die Schwarzen tendierten zur Schwarz-Weiß-Malerei. Der Westen ist gut, der Osten schlecht und böse. Der im Gewande der sozialen Marktwirtschaft auftretende Kapitalismus ist human, der Sozialismus inhuman. Die BRD ist ein Paradies der Freiheit, die DDR ein KZ. Hier genießen die Menschen das Leben, drüben leiden sie – mit Ausnahme der Bonzen – Mangel und Not. Hier darf man wählen, drüben muss man der Einheitsliste zustimmen.

Dennoch ist im Westen nicht alles Gold, was glänzt. 20 Jahre konservatives Regieren ist gleichbedeutend mit dem Anhäufen von Unterlassungssünden. Die Bildung wird vernachlässigt, weder werden die Universitäten modernisiert noch vergrößert und vermehrt. Arbeiter- und Bauernkindern ist der Zugang zum Studium verschlossen, das heißt die Hochschulen sind rein bürgerliche Einrichtungen. Ein anderes bundesdeutsches Defizit zeigt sich in der Ignoranz gegenüber der NS-Vergangenheit.

Die deutsche Schuld wird sehr spät, halbherzig und dann sehr gnädig aufgearbeitet. Oft sind die Gerichtsurteile milde und bleiben hinter den Anträgen der Staatsanwälte zurück: Besonders Mediziner und Juristen sind quasi strafimmun, schließlich hackt eine Krähe der anderen kein Auge aus, siehe Rolf Hochhuths Stück *Juristen*, das dokumentiert, dass kein einziger deutscher Militärrichter nach dem Krieg zur Rechenschaft gezogen wurde, obgleich diese Herren an über 24000 Todesurteilen gegen deutsche Soldaten beteiligt waren. Immerhin aber zwang das Stück den baden-württembergischen Ministerpräsident und ehemaligen Marinerichter Filbinger 1978 zum Rücktritt. Überhaupt sind es die Schriftsteller, die sich mit der braunen Zeit auseinandersetzen, weniger die Politik, die Verwaltung und die Justiz.

Für das doppelte Deutschland ist es kennzeichnend, dass beide Staaten ihre Existenzgrundlage und ihre Existenzberechtigung aus ihrem jeweiligen Feindbild beziehen. Die DDR versteht sich als antifaschistisch, die BRD als antikommunistisch. Bonn orientiert sich an Washington und den Idealen der parlamentarischen Demokratie, Ostberlin an Moskau und den Idealen des Sozialismus. Bonn heißt das militärische Eingreifen der USA in Vietnam gut, und die ostdeutsche NVA beteiligt sich im August 1968 am Einmarsch der Sowjets und anderer Armeen des Warschauer Paktes in die ČSSR, um den Prager Frühling blutig zu beenden. Da für die Bundesrepublik der eigentliche und aktuelle Gegner der kommunistische Ostblock, besonders die SU und die DDR, ist, werden die Naziverbrechen und Naziverbrecher aus dem Bewusstsein und Gewissen gestrichen. Was geht uns der böse Nationalsozialismus an, wenn wir es im Augenblick doch mit dem bösen Sozialismus im Osten zu tun haben? Umgekehrt sieht die DDR in der BRD eine Fortsetzung des Faschismus mit anderen Mitteln. Aus dem Verdrängen der NS-Hypothek und dem Überlegenheitsgefühl gegenüber der DDR entwickelt die Bundesrepublik ein hohes Maß an Selbstgerechtigkeit. Der Staat da drüben ist gar kein richtiger Staat, weil völkerrechtlich nicht legitimiert. Bei uns herrscht das Volk, in der Zone wird es beherrscht, und zwar sowohl von den Sowjets als auch vom SED-Regime. Diesen Nichtstaat ohne gewählte Regierung kann man deshalb auch nicht demokratisch anerkennen. Er ist nach wie vor nichts weiter als die Sowjetische Besatzungszone. Der Begriff Deutsche Demokratische Republik ist der reine Etikettenschwindel, deshalb darf in der BRD die DDR nur als *„DDR“* (nämlich in Anführungszeichen) bezeichnet werden beziehungsweise als sogenannte DDR. Mit deren Funktionsträgern wollte man nichts zu tun haben, nicht mit ihnen sprechen, nicht verhandeln, nicht an einem Tisch sitzen und Verträge schließen. Bonn bestand auf seinem Alleinvertretungsanspruch, nur Bonn sah sich berechtigt, für das ganze deutsche Volk, auch für die Deutschen in der *Zone* zu sprechen.

Da die Zone kein legaler Staat war, gab es auch keine Staatsgrenze zur Bunderepublik, sondern nur die völkerrechtswidrige Demarkationslinie in Form der lebensgefährlichen Mauer. Deutschlandpolitisch stets um penible Sprachkorrektheit bemüht, unterlief der Bonner Administration dennoch der linguistische Lapsus, die an der Demarkationslinie zur *DDR* stationierte Schutztruppe als *Bundesgrenzschutz* zu bezeichnen statt, wie es dem verfassungs- und völkerrechtlichen Anspruch entsprochen hätte, als *Demarkationslinienschutz*.

So stolz die Bundesrepublik auf sich war, auf ihre freiheitlich-demokratische Grundordnung, auf ihr Wirtschaftswunder, auf ihre politische, wirtschaftliche, militärische und kulturelle Einbindung in die westliche Wertegemeinschaft, auf ihren Anspruch, der einzige legitime deutsche Staat zu sein, auf ihre Bewunderung durch die meisten Völker dieser Erde – im Laufe der Sechzigerjahre regte sich in der bundesdeutschen Bevölkerung immer mehr Unmut. Einige Ursachen hatten wir schon angesprochen: *Spiegel*-Affäre, Große Koalition, die damit verbundene Schwächung der Opposition, die von der parlamentarischen Übermacht durchgesetzten Notstandsgesetze. Die sich herausbildende außerparlamentarische Opposition (APO) war keine feste Organisation, sondern die Summe aller mit der Bonner Politik Unzufriedenen, vor allem Studenten, weshalb man das damalige Aufbegehren als Studentenbewegung bezeichnet. Zwei Ärgernisse waren es, die die Studenten erregten. Erstens die

Rückständigkeit der deutschen Universitäten, die Allmacht der Ordinarien, das Festhalten an alten Traditionen, die mangelhafte Ausstattung der Hochschulen, der Mangel an Lehrkräften, die überfüllten Hörsäle und so weiter.

Das zweite Ärgernis, das die Studenten aktivierte, war kein hochschulpolitisches, sondern ein politisches. Die christlich-konservative, marktwirtschaftlich-kapitalistische und antikommunistische Staatsideologie überzeugte die jungen Menschen nicht mehr. Die Affenliebe zu den USA wurde hinterfragt und in Frage gestellt. Die Elterngeneration war von Dankbarkeit erfüllt, *Marshallplan*, *Luftbrücke*, *Berlingarantie* und *NATO-Schutz* mögen als Stichworte reichen. Umgekehrt wurden *Marx*, *Moskau* und *Mauer* in einen Topf geworfen und in Bausch und Bogen verdammt.

Plötzlich aber wollten die Studenten wissen, was denn Marx wirklich gesagt hat, ob seine Analyse des Kapitalismus nicht vielleicht geeignet sei, die Krisen und Fehler der westlichen Welt zu erklären (zum Beispiel die bundesdeutsche Rezession von 1966), ebenso die Konjunkturschwankungen der westlichen Industriestaaten, das Elend der Dritten Welt, die soziale Ungleichheit und Ungerechtigkeit in den demokratischen Staaten, zumal die ungleichen Bildungschancen.

Gefragt wurde auch, ob das amerikanische Engagement in Vietnam wirklich der Freiheit und dem Wohl des vietnamesischen Volkes diente oder nicht vielmehr dem machtpolitischen und wirtschaftlichen Interesse Amerikas, ob nicht der nordvietnamesische Kommunist Ho Chi Minh den Hoffnungen der Vietnamesen viel eher entgegenkam als die von den Amerikanern unterstützen Diktatoren im Süden des geteilten Landes. Um den Dominoeffekt aufzuhalten, also das Umfallen (und in die Arme des Ostblocks Fallen) der Entwicklungsvölker, war Washington jedes militärische Mittel recht, so das Bombardement nordvietnamesischer Städte und der Einsatz von Napalm, um den Dschungel mit seinen nordvietnamesischen Nachschubwegen zu entlauben. Johnson, Kennedys Nachfolger, hatte 1969 über eine halbe Million Soldaten nach Vietnam beordert, ohne dass sie mit der südvietnamesischen Unabhängigkeitsbewegung und der nordvietnamesischen Armee (zusammen 200000 Mann) fertig werden konnten. Mit der Erfolglosigkeit des

Krieges nahm die Rücksichtslosigkeit der Kriegsführung zu, ebenso aber auch der inneramerikanische und der weltweite Protest. Lange hatte die bundesdeutsche Öffentlichkeit mehrheitlich auf amerikanischer Seite gestanden.

Der Grund für diese unkritische Parteinahme lag in der unbegründeten Gleichsetzung Deutschlands und Vietnams. Zwar waren beide Länder geteilt und insofern Opfer des Ost-West-Konflikts, aber in Vietnam wurde dieser Konflikt seit Jahren mit Waffen ausgefochten, während in Deutschland trotz aller ideologischer Feindschaft zum Glück Frieden herrschte. Ein weiterer Unterschied war der, dass die große Mehrheit der Deutschen, ob *Be-Er-Deler* oder *De-De-Erler,* die marktwirtschaftlich-parlamentarische Staatsform dem SED-Sozialismus vorzogen, während umgekehrt das vietnamesische Volk von der Herrschaft der Kolonialmacht Frankreich und von der Militärmacht USA ebenso wie von der Diktatur des einheimischen Großgrundbesitzerkapitalismus in der Südhälfte des Landes schon lange genug hatte und eher auf Ho Chi Minhs Kommunismus vertraute. Offiziell kämpften die USA für die freiheitlich-westlichen Ideale, faktisch und praktisch bekriegten sie das vietnamesische Volk im Bündnis mit den korrupten Diktatoren, für die einzig und allein die Tatsache sprach, dass sie gegen den Kommunismus und für den Kapitalismus waren.

Was die bundesdeutschen Studenten anbelangt, bezogen sie – und zwar von Monat zu Monat mehr – seit Mitte der Sechzigerjahre immer radikalere Positionen. Aus Amerikaanhänglichkeit und Antikommunismus wurden Antiamerikanismus und Karl-Marx-Bewunderung. Dieser lange verpönte deutsche Denker setzte das Ideal eines humanen Kommunismus gegen den real existierenden Kapitalismus (und auch gegen den real existierenden Sozialismus des Ostblocks). Lebensstandard und Lebensqualitäten der Massen ließen hier wie da zu wünschen übrig. Beispielsweise war es entlarvend, wie die herrschende Klasse der USA die Farbigen unterdrückte und ihre Weltmacht mit Waffen- und Wirtschaftsgewalt durchzusetzen versuchte – und zwar unter Einsatz der in der Armee überrepräsentierten Farbigen. Protest regte sich zuerst unter den amerikanischen Studenten, schließlich war gerade die Jugend bedroht vom Wehrdienst in Vietnam, einschließlich der großen Gefahr des Umbringens oder Umkommens. Es kam nicht nur zu Demonstrationen, es entwickelten sich auch neue Methoden der Opposition, Go-in, Sit-in, Teach-in. Es gab auch marxistische Professoren, die unter Berufung auf den Altmeister das kapitalistische System analysierten und verdammten. Ich nenne nur Herbert Marcuse, der im kalifornischen San Diego lehrte und kritisierte. Der revolutionäre Funke sprang schon bald über nach Westeuropa, auch nach Westdeutschland, auch nach Westberlin.

Hier war die Stimmung ohnehin aufgeladen. Der Generation der luftbrückegeprägten Altberliner stand eine junge Generation gegenüber, die eine kritisch-aggressive Position einnahm. Viele stammten aus der Bundesrepublik, wollten in Westberlin dem Wehrdienst entgehen oder studieren oder beides. Diese jungen Männer, aber auch Studentinnen, gingen auf die Straße, am liebsten auf den Kurfürstendamm und möglichst jedes Wochenende und zu jedem beliebigen Anlass. Man demonstrierte aber nicht nur, man provozierte auch. Wohl wissend, dass man die konservativen Normalbürger und auch Normalarbeiter nicht überzeugen konnte, wollte man sie wenigstens ärgern: *Bürger runter vom Balkon, unterstützt den Vietkong!* Gemeint waren die vietnamesischen Guerillakämpfer. Die Berliner reagierten auf ihre Art und schütteten von oben aus vollen Eimern Wasser auf die politischen Heißsporne.

Die Absichten der Demonstranten waren recht unterschiedlich, man suchte teils harmlose Happenings, teils militante Gewalt. Auf jeden Fall waren Demos etwas völlig Neues und beide Seiten, Polizisten wie Demonstranten, ungeübt in ihrem Geschäft. Die einen warfen Steine und die anderen betätigten den Schlagstock.

Die Bundesrepublik erlebte eine dritte Phase ihrer Entwicklung. Wie in Grimms Märchen folgten auf das Wirtschaftswunder und die Wiederbewaffnung die Straßenschlachten: Tischlein deck dich, Esel streck dich, Knüppel aus dem Sack, also Wohlstand, Wehrpflicht, Gummiknüppel. Kurz und ungut: Berlin ging über Stock und Stein.

Fast ist es eine historische Gesetzmäßigkeit, dass Protestbewegungen eskalieren, weil mal die eine, mal die andere Seite Gewaltanwendung für angebracht hält und dann die Gegenseite ihrerseits zu brutaleren Kampfmethoden übergeht. Als im Juni '67 der Schah von

Persien die Bundesrepublik und Westberlin besuchte, kam es zur Großdemonstration gegen diesen mächtigen Alleinherrscher, der sein Volk mit undemokratischer Gewalt (zum Beispiel Folter) unterdrückte, als erklärter und engagierter Antikommunist jedoch Günstling der USA war. Man kennt diese außenpolitische Maxime: Wenn er Diktator ist, so stört uns das nicht, Hauptsache, er ist gegen den Kommunismus. So wie der Schah Favorit der Amerikaner war, so seine schöne Gemahlin Favoritin der deutschen Regenbogen- und Boulevardpresse. Beides war Grund genug, die Studenten zu mobilisieren. Man wollte dem Kaiserpaar einen angemessenen, also ungnädigen Empfang bereiten.

Als die persische und deutsche Politprominenz vor der Deutschen Oper vorfuhr, erreichte die Ungnade ihren Höhepunkt. Es gab entsprechende Transparente und Sprechchöre zu sehen und zu hören *(Schah, Schah, Scharlatan)*, dazu Eier und Tomaten, von denen eine die Präsidentengattin Wilhelmine Lübke nur knapp verfehlte. Im Großen und Ganzen war die Polizei aber Herr der Lage.

Richtig brutal wurde es erst, als die persischen Schahfans, teils seine in Berlin lebenden Anhänger, teils seine mitgebrachten Leibwächter und Geheimpolizisten mit Stangen und Knüppeln auf die Studenten einprügelten, die völlig unbewaffnet waren, wenn man von ihren handlichen und wurfgerechten Lebensmitteln, die aber inzwischen verbraucht waren, absieht.

Die Polizei griff nicht ein, und wenn, dann zugunsten der *Jubelperser*. Ohnehin hatte die Polizeiführung geplant, den Demonstranten endlich mal eine Lektion zu erteilen. Sie sollten in die Flucht geschlagen werden und sich, wie nach dem Kommando *Knüppel frei!* nicht anders zu erwarten, blaue Beulen holen. Die Front löste sich auf, und die Auseinandersetzungen setzten sich in Nebenstraßen und Hinterhöfen fort.

Und dort erschoss dann der Kriminalobermeister Karl-Heinz Kurras den wehrlosen, auf dem Boden liegenden Studenten Benno Ohnesorg. Später vor Gericht gestellt, gab der Beamte vor, in Notwehr gehandelt zu haben – und wurde freigesprochen. Doch später stellte sich heraus, dass dieser Kurras für die Ostberliner Stasi gearbeitet hatte. Offenbar sollte er dafür sorgen, die allgemeine Unruhe in der *Frontstadt* Westberlin zusätzlich anzuheizen.

Während man sich in der Deutschen Oper des glücklichen Endes der *Zauberflöte* erfreute, gab es auf einem wenige 100 Meter entfernten Hinterhof einen astreinen Mord. Die Folgen waren absehbar. An den folgenden Tagen wurde überall demonstriert, über 100000 junge Menschen gingen auf die Straße und protestierten dagegen, wie der Staat mit seiner Jugend umging, die nichts anderes tat, als von ihrem demokratischen Demonstrationsrecht Gebrauch zu machen. Eine weitere Folge dieses 2. Juni war, dass die mitverantwortlichen Politiker, allerdings erst ein Vierteljahr später, von ihren Ämtern zurücktraten, der Regierende Bürgermeister Heinrich Albertz, der Innensenator sowie der Polizeipräsident. Albertz regierte die Stadt seit Brandts Wechsel ins Bonner Außenministerium und nun musste er wieder ganz bescheiden als einfacher Gemeindepfarrer arbeiten. Mit seinem Sohn hatte ich übrigens ein paar Jahre zuvor um die Biologiestudentin Gerti konkurriert, und auch hier trat Herr Albertz, diesmal der Junior, wie später sein Vater zurück.

Die Meinungsführerschaft innerhalb der APO, wenn man bei einer so heterogenen Gruppe überhaupt von einer einheitlichen politischen Linie sprechen kann, hatte unangefochten der SDS, der Sozialistische Deutsche Studentenbund. Der hatte sich über Jahre (gegründet bereits 1946) als artige Hochschulorganisation der SPD verstanden und bewährt und war nichts anderes als das hilfreiche Sprungbrett für zukünftige Parteikarrieren der Mitglieder. Aber während der Debatten um das Godesberger Reformprogramm hatte der SDS sein linkes Gewissen entdeckt, gab sich sozialistischer als die Sozialdemokratische Mutterpartei, ging zur SPD auf Distanz, diese dann auch zum SDS, der aus der Partei verbannt wurde und auch keine finanzielle Beihilfe mehr erhielt.

Man konnte sich nun so rücksichtslos rot gebärden wie man wollte; und so wie der SDS in der Studentenbewegung den Ton angab, so Rudi Dutschke innerhalb des SDS. Auf ihn hörte man. Er ging bei den Demonstrationen in der ersten Reihe, er war das Sprachrohr des Protestes und verfügte auch über ein solches, mit dem er sich Gehör verschaffte. 1940 nahe Luckenwalde geboren, verlebte er seine frühe Jugend in der DDR, wechselte dann nach Westberlin über und studierte die Fächer, in denen es um das Wesen des Menschen und der Gesellschaft geht, nämlich Theologie, Soziologie und

Politologie, und er forderte nun praktisch ein, was er theoretisch für richtig hielt. Deshalb sein demonstrativer Einsatz für eine bessere Welt.

Schon bald war er der Lieblingsfeind der nationalkonservativen Presse, vor allem der vom Verleger Springer, dem Mit-der-Wahrheit-Umspringer, herausgegebenen Blättern *Bild* und *Welt*. Insbesondere den Westberliner Medienmarkt beherrschte er, gehörten ihm doch auch die Traditionszeitungen *BZ* und *Morgenpost*. Die Intention seiner Printmedien bestand darin, die Stimmung der Normalberliner widerzuspiegeln und diese zugleich aufzuwiegeln. Die schweigende (und lesende) Mehrheit war gegen APO und SDS, gegen DDR und Sowjets, gegen Demonstrationen und Studenten, vor allem, wenn sie sich so kritischen Fächern wie Soziologie, Psychologie und Politologie widmeten.

So war die Stimmung in der aufgeregten Stadt, als die *Springer*-Kreatur Josef Bachmann, ein schlichter *Bild*-Leser und Hilfsarbeiter, am 11. April 1968, Gründonnerstag, auf dem Kurfürstendamm ein Attentat auf Rudi Dutschke verübte, wenige Schritte entfernt vom SDS-Büro. Der aufgehetzte junge Mann, der mit Beifall und Anerkennung rechnete, hatte sich in den Besitz einer Pistole gebracht, gab mehrere Schüsse auf den Studenten ab und verletzte ihn so schwer, dass Rudi nie mehr richtig genas und 1979 an den Folgen des feigen Überfalls starb. Diese Bluttat brachte die deutsche Studentenschaft noch mehr auf als der Mord an Benno Ohnesorg.

Die Ostertage über wurde bundesweit demonstriert, und die Auseinandersetzungen mit der Polizei verschärften sich, obgleich diese inzwischen gar nicht mehr der Hauptfeind war, sondern der eigentliche Gegner war Axel Cäsar Springer mit seinem Presseimperium und seiner von diesem inszenierten Hetzkampagne gegen jede Form studentischen Protestes. Der aggressive Ton seiner Blätter, so die Studenten, sei letztlich schuld an dem Mord an Benno Ohnesorg und an dem Mordversuch an Rudi Dutschke.

Was Springer zum mächtigsten Meinungsmacher machte, war die Tatsache, dass jede dritte deutsche Zeitung oder Zeitschrift (und in Berlin fast jede) aus seinem Konzern kam und er mit ihnen alle Schichten erreichte, die schlichten Gemüter *(Bild)* ebenso wie das konservative Bildungsbürgertum *(Welt)*.

Die logische Forderung lautete kurz und knapp: *Enteignet Springer!* Und sie stimmte in gewisser Weise überein mit dem Untersuchungsergebnis einer von der Bundesregierung eingesetzten Pressekommission, die Maßnahmen zum Abbau der Pressekonzentration verlangte, um den demokratischen Meinungspluralismus sicherzustellen. Und sogar Springer selbst gab seinen Kritikern indirekt recht, indem er Ende Juni einige seiner Blätter – allerdings nur Zeitschriften – verkaufte. Mit verbalen Forderungen gab sich der radikale Flügel der Studentenopposition aber nicht zufrieden, vielmehr wurde man handgreiflich und griff Redaktionen, Druckhäuser und Auslieferungsfahrzeuge an. Damit war, wenn auch nur von wenigen, ein erster Schritt in Richtung *Gewalt gegen Sachen* getan, dem schon bald *Gewalt gegen Personen* folgen sollte. Die Wut eskalierte. Ulrike Meinhof, verheiratet mit dem Herausgeber der radikalen (also konsequent-kritischen) Zeitschrift *konkret*, Mutter von Zwillingen und tonangebende Redakteurin beim Blatt ihres Mannes, gab die Parole aus, dass es an der Zeit sei, vom Protest zum Widerstand überzugehen, wobei zunächst noch offen blieb, welcher Art der Widerstand sein sollte.

Zu den politisch-sozialen Konflikten innerhalb eines Volkes oder Staates ist festzustellen, dass die konservative Seite es viel leichter hat als die progressive. Innerhalb des rückwärtsgewandten Lagers gibt es keinen Streit über unterschiedliche Ziele und Pläne, man ist sich vielmehr einig, dass alles so bleiben soll, wie es ist (und schon immer war). Die Linken dagegen sind sich nur einig in der Kritik am Bestehenden. Wie aber die Zukunft aussehen soll, da scheiden sich die Geister. Einige wollten schrittweise maßvolle Reformen und das auf der Grundlage von Gesetzen, die im Parlament verabschiedet werden, andere wollen radikale Änderungen, zum Beispiel die Enteignung der vermögenden Fabrik-, Bank- und Großgrundbesitzer, wobei keine Einigkeit darüber herrscht, ob mit oder ohne Entschädigung. Einige wollen friedlich vorgehen und die Mehrheit zuvor überzeugen, andere wollen auch ohne Zustimmung der Massen ihre Maßnahmen durchsetzen, und sei es mit Gewalt. Wenn das ausgebeutete Proletariat nicht weiß, was ihm guttut, dann muss es von den politischen Besserwissern eben zu seinem Glück gezwungen werden. In jeder progressiven Bewegung nistet also der Spaltpilz. Hier gab es nicht nur ein breites Spektrum unterschiedlicher Ziele und Methoden, diese waren auch in einem steten Wandel begriffen. Die zunächst korrekten Demonstrationen entwickelten sich – Folge der Wechselwirkung zwischen der Ungeschicklichkeit und Konfliktbereitschaft sowohl der Studenten als auch der Polizisten – zu immer ungemütlicheren Veranstaltungen. Und die Rädelsführer auf beiden Seiten, studentische Großsprecher, militante Polizeioffiziere und vor allem die Springerpresse, heizten die Stimmung tüchtig an.

Man kann sich vorstellen, wie die jungen Bereitschaftspolizisten reagierten, wenn Mitte der Woche die Polizeioberen vor die kasernierten Hundertschaften traten und ihnen süffisant verkündeten: *Na, Leute, habter am Wochenende schon wat vor, also mitter Braut durch'n Jrunewald loofen oder in't Strandbad Wannsee zum Baden? Is aber nich! Tut mir leid. Die Studenten haben wieda Arbeit für euch, am Sonntach is mal wieda Kudammdemo. Und da werdet ihr jebraucht. Dienst is Dienst. Also denn bis denn.*

Dass sich zwischen den uniformierten und den un-uniformierten Jünglingen alles andere als Sympathie entwickelte, liegt auf der Hand. Steinewerfer und Wasserwerfer wurden gleichermaßen aktiv.

Im Jahre '68, nach dem die Protestbewegung später benannt wurde, häuften sich deren Enttäuschungen und Niederlagen. Zunächst einmal ließen sich die Bundesbürger und die Berliner in ihrer großen Mehrheit nicht überzeugen und umstimmen, im Gegenteil, die Massen gingen mehr und mehr auf Distanz zu den jungen Utopisten und Idealisten, die es außenpolitisch, innenpolitisch und sozialpolitisch doch ach so gut meinten.

Während es der französischen Studentenbewegung gelang, sich mit der Arbeiterschaft zu verbünden und gemeinsam de Gaulle zu stürzen, herrschte zwischen dem deutschen Proletariat und den marxistischen Missionaren alles andere als Solidarität. Für die Arbeiter ist allein wichtig, dass Strauß und Schiller Vollbeschäftigung herstellten, nicht aber, was in dem Buch mit dem Titel *Kapital* geschrieben steht.

Eine bittere Niederlage für die APO ist auch die Annahme der Notstandsgesetze durch den Bundestag am 30. Mai – und das mit großer Mehrheit, trotz massiver Proteste und trotz der anhaltenden

Unruhen nach dem Dutschke-Attentat. Ein schmerzlicher Verlust für alle, die von einer besseren, friedlichen und gerechten Welt träumten, war die Ermordung des amerikanischen Bürgerrechtlers Martin Luther King im April '68 und zwei Monate später die Ermordung Robert Kennedys, der sich, so wie King für den Frieden zwischen Farbigen und Weißen in Amerika, für das Ende des Krieges und den Frieden in Vietnam eingesetzt hatte.

Eine weitere Hoffnung wird im August in der ČSSR zunichte gemacht. Dem Versuch Alexander Dubčeks, in seinem Land einen *Sozialismus mit menschlichem Antlitz,* also mit der Gewährung bürgerlicher Rechte und Freiheiten, in die Wege zu leiten, wird von den Panzern der Sowjets und anderer Ostblockstaaten ein blutiges Ende gesetzt. Ist damit nicht bewiesen, dass ein humaner Sozialismus eine irreale Utopie ist und dass der aggressive Sowjetkommunismus nur mit Gegengewalt aufzuhalten ist, dass also der amerikanische Einsatz in Vietnam durchaus berechtigt ist? Kurz: '68 häufte sich für die Achtundsechziger Frust über Frust. Also: Was nun und was tun?

Schon vor dem Unglücksjahr '68 hatte Rudi Dutschke sich klarmachen müssen, dass mit Demonstrationen und Provokationen, mit Go-ins und Sit-ins der bürgerlichen Gesellschaft nicht beizukommen war, dass auf der Straße und im Audimax keine Entscheidungen für eine bessere Welt zu erzwingen waren. Er riet deshalb den Genossen, den langen *Marsch durch die Institutionen* anzutreten, um dann, oben angekommen, in den Verwaltungen, Gerichten, Chefetagen und Parlamenten das zu verwirklichen, was man für richtig hielt. Und wirklich sind viele der jungen, heißblütigen Weltverbesserer genau diesen mühsamen Weg gegangen. Andere resignierten, kehrten der gescheiterten Revolution den Rücken, kehrten in den Alltag zurück und in die Hörsäle, studierten zu Ende und fanden Erfüllung in Arbeit und Ehe, lebten fast so bürgerlich wie ihre Eltern, bewahrten sich aber einen Rest linker Gesinnung und beruhigten ihr sozialistisches Gewissen, indem sie SPD wählten oder sogar auch noch eintraten und sich dann irgendwann mit Rudi Dutschkes Institutionsmarschierern vereinigten.

Einige wenige gelangten zu dem Ergebnis: Frust macht Lust auf Lust. Das Elend dieser Welt war ihnen schnuppe, von Weltverbesserung wollten sie nichts mehr wissen, ihnen ging es um ihr persönliches Glück und Vergnügen. *Was geht mich Vietnam an – ich habe Orgasmusschwierigkeiten,* bekannte Dieter Kunzelmann, den der SDS wegen seiner egozentrischen und anarchistischen Ideologie und Lebensweise aus seinen Reihen ausschloss.

Er lebte mit Gleichgesinnten in der Charlottenburger *Kommune I,* einer alternativen Wohngemeinschaft. Lebensfreude war der Sinne des Lebens, Genuss und Spaß bestimmten den Lebensstil der Kommunarden, am liebsten in Auseinandersetzung mit den bürgerlichen Normen und Lebensformen. *Antiautoritär* war die Maxime und *Provozieren* die Methode. Dass man auch die amtliche Politik durch den Kakao zog, war eher ein amüsantes Nebenprodukt. Die Politiker zu ärgern war wichtiger, als die Politik zu ändern.

Die Kommune I ging weit über das hinaus, was die junge Generation der Sechzigerjahre zu tun pflegte. Aber typisch für die große Mehrheit war, dass auch sie das Leben der Eltern nicht mehr akzeptierte. Wiederaufbau, Wirtschaftswunder und Wohlstand waren ein selbstverständliches Erbe und deshalb wenig geachtet. Ehrgeiz und Fleiß hatten nicht mehr den alten Stellenwert. Man wollte Spaß haben und diesen immer mehr steigern. Man gestattete sich freiere Formen der Liebe, schließlich gab es die Pille. Man berauschte sich an der mitreißenden Musik der Beatles, der Stones und anderer Gruppen, ebenso begeisterte man sich an den Protestsongs, mit denen man sich identifizieren konnte. Manch einer wagte sich an Drogen, um sich in eine bessere Scheinwelt hineinzusteigern. Die angestrebte Weltverbesserung der Achtundsechziger und die psychedelische Traumwelt der Hascher waren zwei Seiten derselben Medaille. Nur weg vom Hier und vom Jetzt – und immer gegen die Alten und gegen das Alte. *Trau keinem über 30!* Man kleidete sich salopp und provokant und die Mädchen verbanden Provokation mit Attraktivität, gingen ohne BH und liebten den Minirock (wie die Jünglinge auch).

Diese Generation, vor allem die Studierenden, war bereit zu Kritik und Protest – und folglich auch zu Demonstrationen. Die meisten waren ehrliche Gesinnungsdemonstranten, auch wenn sie anfangs nur mitmachten, weil andere Kommilitonen auch mitmachten. Ebenso spielte Neugier eine Rolle wie auch der Unterhaltungswert des allwöchentlichen Citywalks. In gewisser Weise war die

Demo die studentische Spielart des elterlichen Sonntagsspazierganges, Hand in Hand oder Arm in Arm mit der Partnerin. Zwar ließ man sich manchmal in der massenhypnotisch aufgeheizten Stimmung zu Gewalt hinreißen, griff zu den im Trottoir zur Verfügung stehenden Pflastersteinen und bedachte mit diesen die Scheiben der Kauf- und Bankhäuser, also der verhassten Konsum- und Kapitaltempel. Aber genauso schnell ließ man ab vom Demonstrieren, als die politischen Erfolge ausblieben und das eigene Examen näher rückte. Später schloss man sich anderen Bewegungen an, die sich für Gruppen engagierten, die von Not bedroht und/oder benachteiligt waren, wie Frauen, Kinder, gefährdete Tiere und Pflanzen oder Ausländer. Da das deutsche Proletariat das gut gemeinte Hilfsangebot einer revolutionären Veränderung dankbar abgelehnt hatte (also eigentlich undankbar), orientierte sich die nach wie vor ausgeprägte Nächstenliebe anderweitig. Engagierte Emanzen, ökologische Grüne, Dritte-Welt-Sympathisanten und Atomgegner, die gegen Atomkraftwerke und -waffen angingen, bestimmten die Siebziger- und Achtzigerjahre.

Einige wenige Achtundsechziger zogen aus der Erfolglosigkeit ihrer Aktivitäten die Konsequenz, ihre weltanschauliche Zukunft künftig in Klein- und Kleinstgruppen zu suchen, traten in die DKP ein, die in Westdeutschland gegründete Deutsche Kommunistische Partei, oder sie bildeten rote Zellen, marxistische oder leninistische Arbeitskreise, sie pflegten kultische Verehrung für Rosa Luxemburg oder Mao, Ho, Che, Fidel und andere exotische Volksführer, immer aber beschäftigte man sich letztlich mehr mit sich selbst als mit den Problemen der großen weiten Welt.

Eine winzige Gruppe, die kaum jemals mehr als zwei Dutzend aktive Mitglieder hatte, radikal und rechthaberisch, rücksichtslos und gewaltbereit war, wurde im Laufe der Siebzigerjahre immer brutaler und versetzte die Republik in Schrecken und Panik. Am Anfang war man, wie die gesamte Achtundsechzigerbewegung, kritisch eingestellt gegenüber dem Konsum-Kapitalismus, dem Vietnamkrieg und so weiter. Aber man wollte seine Gesinnung nicht nur auf Demonstrationen demonstrieren, sondern ein Zeichen setzen, wie das vietnamesische Volk unter den amerikanischen Bombenangriffen zu leiden hatte. Brennende Kaufhäuser sollten den Deutschen deutlich machen, was Feuer und Zerstörung für die einfachen Leute bedeutete. In diesem Sinne stiften Andreas Baader und Gudrun Ensslin am 2. April 1968 Brand in zwei Frankfurter Kaufhäusern. Schon zwei Tage später werden sie sowie zwei Mitstreiter festgenommen und ein halbes Jahr später zu drei Jahren Zuchthaus verurteilt, aber noch nicht eingesperrt. Nachdem der Bundesgerichtshof den Antrag auf Revision des Urteils verworfen hat, tauchen Baader und Ensslin in Berlin unter, wo sie in Verbindung mit der *konkret*-Journalistin Ulrike Meinhof treten. Fast genau zwei Jahre nach seiner Brandstiftung – am 4. April '70 – wird Baader abermals verhaftet, doch schon Mitte Mai wieder befreit. Unter dem Vorwand, mit der noch unverdächtigen Ulrike Meinhof ein sozialpolitisches Buch schreiben zu wollen und dazu die notwendigen Dokumente einsehen zu müssen, erbittet er eine sogenannte Ausführung. Und wirklich, er darf, wenn auch streng bewacht, in Berlin-Dahlem, im *Zentralinstitut für soziale Fragen,* seinen vermeintlichen Studien nachgehen. Generalstabsmäßig vorbereitet, unter Androhung und Anwendung von Gewalt, gelingt einer Handvoll Freundinnen und Freunden die Befreiung ihres Alphatiers. Dass dabei ein Mitarbeiter des Instituts lebensgefährlich verletzt wird, nimmt man gerne in Kauf. Die abgedriftete Linke tötet den Angestellten Linke.

Nach der Kaufhausbrandstiftung ist die Befreiungsaktion die zweite Gewalttat. Besitz und Benutzung von Waffen werden nun zur Methode. Um sich auf diesem Gebiet zu vervollkommnen, lässt sich die Gruppe in einem Palästinenser-Camp in Jordanien militärisch ausbilden. Wieder in Berlin, folgt die Probe aufs Exempel. Genau geplant, werden genau gleichzeitig drei Banken überfallen und ausgeraubt und über 200000 Mark erbeutet. Das Leben im Untergrund ist schließlich teuer, man muss nicht nur den Lebensunterhalt finanzieren, man braucht auch wechselnde Wohnungen, die Sympathisanten anmieten, man muss Waffen erwerben und man muss über schnelle Autos verfügen, die allerdings nicht gekauft, sondern gestohlen werden.

1971 gibt sich die Gruppe den Namen *Rote Armee Fraktion.* Das Logo zeigt vor einem roten Stern die klassische sowjetische Maschinenpistole Marke Kalaschnikow und vor dieser das Kürzel *RAF.* Die militant-kommunistische Intention ist nicht zu übersehen. Dass man damit beim deutschen Volk Anklang findet, war kaum zu erwarten. Diese Negativpropaganda zeigte vielmehr, dass die Selbsteinschätzung der RAF eine Mischung aus Enttäuschung (der Prophet gilt nichts im eigenen Land), Trotz und Gewaltbereitschaft war. Aus Frust wurde Lust am Blutvergießen. Das Leben, das der Feinde wie das eigene, wird als Mittel zum Zweck betrachtet und rücksichtslos als eine Art Verfügungsmasse zur Erreichung der angestrebten Ziele eingesetzt, zum Beispiel bei Bombenattentaten, gezielten Erschießungen und Geiselnahme zur Freipressung inhaftierter Genossen oder auch, bezogen auf das eigene Leben, bei Hungerstreiks gegen die Haftbedingungen

Wie ist der Weg in die verzweifelte Gewalt zu erklären? Wie ist es möglich, dass der anfängliche Idealismus und Traum von einer besseren Welt in wenigen Monaten zu purer Kriminalität wurde? Ursprünglich waren diese Leute doch alles andere als Verbrecher. Ihre kriminelle Zukunft war ihnen nicht in die Wiege gelegt. Ganz im Gegenteil, sie stammten aus gutbürgerlichem Hause, oft mit akademischem Hintergrund. Vater Baader (seit 1945 vermisst) war promovierter Historiker, Doktor Meinhof (gestorben 1940) leitete das Stadtmuseum Jena, Vater Ensslin war Pastor. Auffallend ist es und sicher kein Zufall, dass die führenden Köpfe der RAF hoch intelligent waren und – bis auf Baader – eine akademische Kariere vor sich hatten oder bereits begonnen hatten wie die vielbeachtete Journalistin Ulrike Meinhof oder der erfolgreiche Wirtschaftsanwalt Horst Mahler. Ulrike Meinhof und Gudrun Ensslin erhielten ein Stipendium der *Studienstiftung des deutschen Volkes.* Einige waren promoviert worden (Mahler, Meinhof), Jan Carl Raspe beendete sein Soziologiestudium mit einem *sehr gut* benoteten Diplom.

Gerieten die RAF-Leute in Haft, fanden sich immer wieder renommierte Anwälte, die nicht nur die Verteidigung übernahmen, sondern über das Maß des Erlaubten hinaus Hilfe leisteten, zum Beispiel Kassiber oder Waffen in ihren Aktentaschen transportierten. Horst Mahler wechselte sogar ganz offiziell die Fronten, wurde regelrechtes Mitglied der RAF, ging in den Untergrund und nahm im Sommer 1970 – als immerhin gestandener Mann von Mitte 30 – an der militärischen Ausbildung in dem bereits erwähnten Palästinenser-Camp teil. Trotz aller Vorsicht der untergetauchten RAFler und zahlreichen Ungeschicklichkeiten der Polizei kam es immer wieder zu Festnahmen. Mehr und mehr sahen sich die Untergrundkämpfer gezwungen, an ihre Sicherheit zu denken. Nach wie vor verübten sie Terroranschläge, um auf sich und auf die Missstände in der Welt aufmerksam zu machen, aber wichtigstes Ziel wurde es, nach den Verlusten durch Tod und Verhaftungen den Fortbestand der RAF sicherzustellen.

Aus der vermeintlichen Revolution wurde das Bemühen um den Erhalt der Revolutionäre. Die RAF wurde zum Selbstzweck. Man bemühte sich um neue Mitstreiter und um die Befreiung der Inhaftierten. Nachdem Mahler schon 1970 in Berlin dingfest gemacht worden war, verhaftet die Polizei im Juni 1972 in Frankfurt Baader, Meins und Raspe, wenige Tage später Ensslin in Hamburg und eine Woche später Meinhof in Hannover-Langenhagen. Da sie in mehreren streng gesicherten Haftanstalten sitzen, ist an eine gewaltsame Befreiung durch ein Kommandounternehmen wie seinerzeit in Berlin-Dahlem, als Baader aus dem *Zentralinstitut für Soziale Fragen* herausgeholt worden war, nicht zu denken.

Einzige Möglichkeit war die Freipressung durch Geiselnahme prominenter Juristen, Unternehmer und Politiker oder unbeteiligter einfacher Bürger. Und so wechseln Geiselnahmen, Freipressungen und Geiselmorde, Bombenanschläge, als *Hinrichtungen* deklarierte Attentate und unter Einsatz von Schusswaffen verübte Banküberfälle ab. Bis 1977, dem Jahr des *deutschen Herbstes*, finden 47 Menschen den Tod. Auch wenn vor allem Machteliten und Entscheidungsträger aus Wirtschaft, Politik und Justiz, einsatzbereite Polizisten, opferbereite Terroristen und nur wenige Normalbürger umkommen, macht sich bei vielen Menschen in Deutschland eine gewisse Panik breit. Diese aufgeheizte Stimmung ist in erster Linie auf das Zusammenwirken von RAF und *Bild* zurückzuführen. Beide wollen das Volk verunsichern und dadurch manipulieren. Die *Bild*-Zeitung heizt eine antisozialistische Grundstimmung an, und die RAF glaubt, durch das Schüren übertriebener Ängste die breiten Massen von der Unfähigkeit, Untauglichkeit, Verletzbarkeit und dem baldigen Zusammenbruch des pseudodemokratischen kapitalistischen Systems überzeugen zu können.

Doch vom weiteren Verlauf des Terrorismus später, schließlich befinden wir uns mit diesem Kapitel ja noch in der Zeit der Großen Koalition, also in den späten Sechzigerjahren. Mitten in diese Phase fällt das Jahr '68, nach dem dann die Aufbruchsstimmung benannt werden sollte, für die APO und Studentenbewegung verantwortlich zeichnen.

Ob die Achtundsechziger – wie die Achtundvierziger nach der Märzrevolution von 1848 – der nachfolgenden Zeit nachhaltige Impulse beschert haben, wird bis heute zwischen Progressiven und Konservativen ergebnislos diskutiert. Letztere sahen in den Unruhen der Sechzigerjahre ein Zeichen von politischer Unreife, die in Gewalt umschlagen musste, die ruhige Entwicklung der BRD bedrohte und bewährte Werte in Frage stellte, ja abschaffen wollte. Autorität jeder Art war out, so dass Tugenden wie Gehorsam, Fleiß, Ehrlichkeit, Pünktlichkeit, Höflichkeit als sogenannte Sekundärtugenden diffamiert und weder ernst genommen noch befolgt wurden. *Antiautoritär* wurde zum Modewort. Ehrfurcht (vor den Autoritäten in der Familie, der Schule, der Hochschule, der Arbeit, der Politik) und Ehrgeiz (also die Verinnerlichung von Leistungsstreben und Leistungsdruck) hatten keine Gültigkeit mehr. Und das alles ging vielen, vor allem den Älteren, gegen den Strich. Sie sahen Staat und Gesellschaft in Gefahr, Formen und Normen müssen anerkannt werden, sonst drohen Chaos und Krisen.

Umgekehrt sehen die Befürworter der Achtundsechzigerbewegung in dieser einen längst überfälligen Modernisierungsschub. Endlich sah sich der Staat zu Veränderungen gezwungen. Willy Brandt wird diese Reformnotwendigkeit auf die von Günter Grass geprägte Formel bringen *Mehr Demokratie wagen!*

Und wirklich kommt es in den verschiedensten Bereichen zu bemerkenswerten Fortschritten, zumindest zu Ansätzen, schon während der Großen Koalition und erst recht in der sozial-liberalen: Reformen in Hochschulen und Schulen, Mitbestimmung in der Arbeits- und Bildungswelt (auf Kosten der alten autoritären Strukturen), staatlich geförderte Maßnahmen zur Chancengleichheit, Modernisierung des Rechtswesens und nicht zuletzt eine neue, kreative, mutige Ostpolitik, die die Beziehungen zwischen den verfeindeten Blöcken zu normalisieren versuchte.

Auch und gerade im Privatleben der nachwachsenden Generation bewirkten die Vorstellungen der Achtundsechziger geradezu revolutionäre Veränderungen. Freiheit und Gleichheit werden nicht nur proklamiert, sondern gelebt. Ein an sich belangloses, aber bezeichnendes Beispiel ist die Tatsache, dass die Schwelle vom Siezen zum Duzen herabgesenkt wird.

Als Student und Referendar hielt man früher auf höfliche Distanz und *Sie,* jetzt werden auf den Demos die Kommilitonen zu Genossen – und bleiben es auch im grammatischen Sinne.

Auch in der Kleiderordnung geht es freier zu, Mädchen tragen Miniröcke und Frauen wagen es, auch im Beruf Hosen zu tragen, und Männer Pullover statt Anzug und Krawatte. In der Liebe ist es aus mit den alten Beschränkungen, man kommt schneller zur Sache, schließlich lebte unsere Generation in den wenigen glücklichen Jahren der Weltgeschichte, als es bereits die Pille, aber noch nicht AIDS gab. Übertrieben findet diese neue erotische Freiheit Ausdruck in dem Slogan *Wer zweimal mit derselben pennt, gehört schon zum Establishment.*

Der Mut zur Meinungsfreiheit, wesentliches Indiz einer demokratischen Gesellschaft, griff um sich und wurde selbstverständlich. Der Respekt vor Eltern, Lehrern, Chefs galt als schwächlich und ängstlich. Oft machte die Jugend, was sie wollte und setzte die Freuden der Freizeit über die Pflichten der Arbeit. Der Begriff *Leistung* war in Misskredit geraten, schließlich war Leistungsdruck Ausdruck von Ausbeutung und Kapitalismus.

Die Ideale der Achtundsechziger waren voller Widersprüche. Einerseits führte die antiautoritäre Erziehung, mit der schon im Kinderladen begonnen wurde, zu spontaner Lebensplanung sowie fehlender Verantwortungs- und Einsatzbereitschaft, andererseits hatte der Traum von der Chancengerechtigkeit das Ziel, die Kinder aus allen sozialen Schichten optimal zu bilden und ihnen so einen gesellschaftlichen Aufstieg zu ermöglichen.

Mein Freund Oli aus dem Duntze-Kreis, der fleißig Jura studierte und schon bald Professor werden sollte, vertrat in seinen Seminaren die Auffassung, dass sich als engagierter Linker nur ausgeben dürfte, wer besser als der Durchschnitt war.

Fazit: Wie man das Jahr '68 und was dazu gehört bewerten will, ist eine Sache der Gesinnung und insofern jedem selbst überlassen. Auf jeden Fall brachte diese Bewegung Gefahren *und* Fortschritte mit sich, wovon aber mehr, erregt bis heute die Gemüter.

46

Referendar, Rebell und Junggesell

Schweigend standen wir auf dem Bahnsteig, mein Vater, meine zwei Koffer und ich. Der eine war etwas Besonderes, kein eleganter Lederkoffer, kein Kunststoffkoffer, nein, er war aus dezentem grauen Stoff gearbeitet und hatte ein vornehmes Fischgrätenmuster. Was ihn ganz besonders auszeichnete, war aber die Tatsache, dass er einst in einem Romy-Schneider-Film mitgespielt hatte. Nach Beendigung der Dreharbeiten hatte mein Vater das gute Stück an sich gebracht, und nun gehörte es also mir und beinhaltete meine weißen Unter- und Oberhemden sowie zwei Anzüge, meine verbindliche Berufskleidung. Was einst Romy Schneider in Händen gehalten hatte, damit ging ich jetzt auf Reisen.

Der Abschied von meinem Vater war kühl und korrekt. Immerhin war er trotz der Trennung guter Laune, weil stolz, dass sein Sohn endlich in seinen akademischen Beruf einstieg. Und ich war erwartungsfroh, weil vor mir ein Leben in Freiheit lag ohne väterliche Bevormundung.

Dann rollte ich nach Ratzeburg, meiner Zwischenstation auf dem Weg ins Referendariat. Die erste Nacht in Schleswig-Holstein verbrachte ich im Haus meiner Verwandten, und am nächsten Morgen ging es weiter nach Lübeck ins dortige Studienseminar, das sich in einem Seitenflügel der Oberschule zum Dom (kurz *OzD*) befand. Peu à peu trudelten die jungen Damen und Herren ein, die im Laufe des Jahres ihre erste Staatsprüfung abgelegt hatten und nun auf die Gymnasiasten losgelassen werden sollten. Man stand herum, begrüßte sich mit Kopfnicken und wartete wortlos. Nur einige, die sich von Kiel oder Hamburg kannten, weil sie dort die gleichen Fächer studiert hatten, unterhielten sich leise und rätselten, welcher Schule man wohl zugewiesen werde. Die meisten hofften auf Lübeck und fürchteten die Abschiebung aufs Land an irgendein abgelegenes Kleinstadtgymnasium. Irgendwelche Vorinformationen über unsere zukünftige pädagogische Heimat hatte man uns nicht zukommen lassen. Wir mussten uns überraschen lassen.

Zur angesetzten Uhrzeit, irgendwann am späten Vormittag, trat der Seminarleiter ein, mehr noch, er trat auf und strahlte Autorität aus. Ein seriöser Herr, rank und schlank, weißhaarig und weise wirkend. Ihm ging der Ruf voraus, ein scharfer Hund zu sein, aber das war einmal, Henke war kein Henker mehr, sondern kurz vor der Pensionierung der milde Papa Henke. Anhand einer Liste überprüfte er unsere Anwesenheit, jeder von uns reagierte zustimmend auf die Nennung seines Namens. Dann erfolgte die Vereidigung.

Ich habe aber nicht mehr in Erinnerung, zu welchen staatsbürgerlichen Pflichten wir uns verpflichten mussten – was einen nicht interessiert, das prägt man sich nicht ein. Ich weiß auch nicht mehr, mit welcher Handbewegung und mit welchem religiösen Zusatz (wenn überhaupt) wir unseren Eid ablegten. Zu einem zweiten Durchgang wurden nun unsere Namen in Verbindung mit der jeweiligen Schule verlesen: *Herr A – Katharineum Lübeck, Fräulein B – Ernestinenschule Lübeck, Herr C – Alumnat Ratzeburg, Fräulein D – Burg auf Fehmarn … und schließlich Herr Hartmann – Ostseegymnasium Timmendorfer Strand.*

Aus Sicherheitsgründen wurde uns zusätzlich ein amtliches Zettelchen ausgehändigt, auf dem auch die wöchentlichen Pflichtveranstaltungen vermerkt waren, Henkes Plenarsitzung am Mittwoch, dazu Schulrecht, pädagogische Psychologie und die jeweiligen Fachsitzungen. Den auswärtig tätigen Referendaren wurde nahegelegt, wenn möglich zu diesen Nachmittagsveranstaltungen anzureisen. Dann wurden wir mit wohlwollenden Wünschen entlassen, die einen sollten sofort zu ihrer Lübecker Schule eilen, die anderen umgehend die Fahrt zu ihrer Kleinstadtschule antreten.

Das war bei mir mit Problemen verbunden, denn mein Gepäck stand noch in Ratzeburg und wollte erst noch abgeholt werden. Ich hatte nämlich angenommen, an eine Lübecker Schule zu kommen und in den ersten Tagen zwischen Ratzeburg und Lübeck zu pendeln, bis ich dort als möblierter Herr ein Zimmer gefunden hätte.

Ich fuhr also mit der Bahn nach Ratzeburg, holte meine Koffer, reiste über Lübeck nach Timmendorf und schleppte meine Habseligkeiten zum Ostseegymnasium, das ich am fortgeschrittenen Nachmittag erreichte. Hier aber herrschte gähnende Leere. Keine Lehrer, keine Schüler, nicht einmal die Schulsekretärin. Zum Glück stieß ich auf den Pedell. Der war, wie die meisten Hausmeister, sowohl mürrisch als auch hilfsbereit. Erst einmal tadelte er: *Heute ist, nein, war der erste Schultag nach den Herbstferien und da hätten Sie rechtzeitig um acht Ihren Dienst antreten müssen!*

Dass ich am Vormittag in Lübeck meinen Eid ablegen musste, interessierte ihn nicht, aber immerhin tröstete er mich damit, dass ich am Vormittag eh überflüssig gewesen wäre, denn Unterricht sei noch nicht erteilt worden wegen der am Morgen abgehaltenen Elternsprechstunden. Dann hieß der gute Mann mich in Timmendorf willkommen, sofern er dazu in seiner untergeordneten Funktion überhaupt befugt war, warnte mich vor einer teuren Hotelübernachtung, schickte mich stattdessen zum Leiter des dem Ostseegymnasium angeschlossenen Internats, der mich vielleicht für ein paar Nächte im Gästezimmer unterbringen würde, bis ich im Ort ein billiges Unterbringen gefunden hätte. Der Internatsleiter, ein Pastor, ließ es an christlicher Nächstenliebe nicht fehlen, indem er mir über das Schlafgemach hinaus das gastliche Angebot machte, in Zukunft mit den Alumnen an den Mittagsmahlzeiten – gegen ein bescheidenes Entgelt – teilzunehmen.

Am nächsten Morgen stellte ich mich überpünktlich in dem modernen Neubau des Ostseegymnasiums ein, stellte mich vor das Direktorzimmer und wartete auf den Chef. Der kam dann auch schon bald und bat mich in sein Dienstzimmer zum doppelten Vorstellungsgespräch, denn ich stellte nicht nur mich, sondern er auch sich vor. Er war Mathematiker und Physiker und nur stellvertretender Schulleiter des OSGs, also nur Studienrektor, denn der Oberstudiendirektor, sein Vorgesetzter und Vorgänger, hatte vor geraumer

Zeit den Freitod in der Ostsee gesucht und gefunden. Ein Schicksal, das natürlich kein gutes Omen war am ersten Schultag eines aufstrebenden Junglehrers.

Herr Hönicke, der augenblickliche Chef, versuchte einen energischen, ja, militärischen Eindruck zu machen, er befleißigte sich eines scharfen Casinotons, der auch haargenau zu seinem *deutschen Gesicht* passte, also seinem mit zahlreichen Schmissen dekorierten Antlitz. Diese akademischen Markenzeichen vermisste er offensichtlich bei mir, und um sein Urteil abzusichern, fragte er mit markanter Stimme, und das, bevor wir überhaupt schulische Themen besprachen: *Waren Sie aktiv?* Das hätte ihm gewiss gefallen und so tat ich ihm zunächst den Gefallen, mit *Ja* zu antworten, schob aber ehrlicherweise sogleich eine korrigierende Erläuterung nach: *Ja, ich habe im Sportclub Charlottenburg als Leichtathlet Leistungssport getrieben.* Er schluckte, wechselte das Thema und wandte sich organisatorischen Fragen zu.

Ich überreiche Ihnen hiermit Ihren Stundenplan, sagte er, gab sich amtlich und mir ein DIN-A5-Blatt. *Sie erteilen 18 Stunden eigenverantwortlichen Unterricht, darunter 3 Stunden Geschichte in einer Unterprima für einen erkrankten Kollegen. Um Sie nicht ganz alleine zu lassen, stellen wir Ihnen aus einer Parallelklasse eine bewährte Lehrkraft zur Seite, die Sie, soweit es deren Stundenplan zulässt, besuchen und beraten wird, während Sie in Ihren Freistunden bei Ihren Mentoren hospitieren und sich anregen lassen. Den Mittwoch haben wir Ihnen freigehalten, damit Sie Ihren Pflichten am Seminar nachkommen können.* Er machte eine Pause und fuhr fort, indem er auf meinen Stundenplan zeigte: *Wie Sie sehen, haben Sie schon seit einer Viertelstunde Deutsch in der Untertertia b. Machen Sie sich also schleunigst auf den Weg! Und im Übrigen: Viel Erfolg!*

Doch mit dem Erfolg war das so eine Sache, denn so, wie man mich vorab nicht darüber informiert hatte, an welcher Schule ich mein Referendariat beginnen sollte, hatte man mich auch nicht in Kenntnis gesetzt über die Klassen, die ich unterrichten sollte, über den Lehrplan und über die eingeführten Lehrbücher. Ich musste also ins kalte Wasser springen, getreu dem abgewandelten Überlebensimperativ: Schwimm Vogel – oder stirb! Und ich schwamm, und das im doppelten Sinne, das heißt, ich hielt mich über Wasser und ich improvisierte mit mehr oder weniger Glück und Erfolg.

Auf dem Weg vom Direktor zur Klasse hatte ich 50 Meter Zeit, meinen Auftritt zu planen. Wie sollte ich ohne Kenntnis des Lehrstoffs und ohne Lehrbuch unterrichten? Nichts einfacher als das. Ich ließ die Schüler kommen: Was habt Ihr im letzten Halbjahr behandelt und gelernt und was wollt Ihr noch wissen? Was habt Ihr im Lesebuch gelesen und was noch nicht? Wie wär‘s heute für den Anfang mit der kürzesten Erzählung aus Eurem Lesebuch?

Ich ließ mir ein Buch geben, suchte gemeinsam mit der Klasse nach der kürzesten Kurzgeschichte, ließ diese von einem Freiwilligen laut vortragen und dann von allen mit mäeutischer Methode interpretieren. Das hatte ich an der Uni und bei Duni ja jahrelang gelernt. Schüler, zumindest die gutwilligen, sind immer fasziniert und interessiert, wenn man aus einem Text mehr herausholt, als der oberflächliche Leser vermutet. Die Stunde ging schnell und glücklich vorüber, ähnlich erfolgreich brachte ich auch die anderen mit Tricks und Tücke über die Bühne.

Nachdem ich mich in der Schulbibliothek mit den für mich notwendigen Büchern versorgt hatte und gemeinsam mit den Alumnen Mittag gegessen hatte, stand am Nachmittag die Lehrerkonferenz auf dem Programm. Der Chef stellte mich dem Kollegium vor und mir meine Mentoren.

Einer von ihnen, gebürtiger Berliner und Gerhart-Hauptmann-Verehrer, meldete sich vor dem offiziellen Beginn der Sitzung zu Wort und legte ein Wort für mich ein. Mit 18 Stunden Unterricht, zusätzlichen Hospitationen bei den Mentoren, Vorbereitungen und Korrekturen sowie den Fahrten zum Studienseminar Lübeck sei der junge Referendar Hartmann be-, wenn nicht überlastet, und deshalb möge man seitens der Schule alles tun, mir das Leben zu erleichtern. Das war gut gemeint, fand auch allgemeine Zustimmung, hielt aber den Chef und das Kollegium nicht davon ab, mich mit dem Protokoll der anstehenden Konferenz zu beauftragen, und das mit dem scheinbar wohlwollenden und sinnvollen Argument, dass ich auf diese Weise die Kollegen am schnellsten mit Namen kennenlernen würde.

Im Laufe des Monats Oktober lebte ich mich im Ostseegymnasium, im Alumnat, in Timmendorf und im Lübecker Seminar ein. Die Schule war aus der Not der Nachkriegszeit, zumal der Flüchtlinge geboren. Die aus Pommern und Ostpreußen stammenden Oberschüler und Oberschullehrer erhielten in Timmendorf eine pädagogische Heimat.

Für die weit entfernt in Holstein untergekommenen Schülerinnen und Schüler wurde das Internat geschaffen, das jedoch zunehmend von Hamburger Jugendlichen benutzt wurde, meist Problemkindern vermögender Eltern, die ihre eigenwilligen Gören an der einsamen Ostseeküste vor den Versuchungen der Großstadt bewahren und streng erziehen lassen wollten. In den Klassenräumen und im Lehrerzimmer mischten sich Hochdeutsch, Plattdeutsch und allerlei ostdeutsche Dialekte. Ich befleißigte mich sowohl im Unterricht als auch im Umgang mit den Kollegen eines akkuraten Dudendeutschs, und zwar so perfekt, dass einer der Lehrer mich nach einem halben Jahr fragte, wo ich eigentlich herkomme, denn an meiner Aussprache sei das nun wirklich nicht zu erkennen.

Da meine Unterbringung im Internat nur vorübergehend war, bemühte ich mich beim Verkehrsamt um ein preiswertes Zimmer. Man verwies mich an eine Dame, die in der parallel zur vornehmen Strandallee verlaufenden Poststraße ein bescheidenes Giebelhäuschen bewohnte. Frau Faber lebte allein und sie lebte von der Vermietung der im hinteren Teil des Gartens errichteten Reihen-Bungalows – schmalen Wohnscheiben mit Terrasse, Wohnküche und rückwärtigem Schlafappendix mit Minibad. An der Seite der Bungalowkette befanden sich zwei separate Kleinräume, möbliert mit Tisch und Bett, Schrank und Stuhl. Dort zog ich ein und entrichtete knapp 100 Mark Monatsmiete. Die *großen* Wohneinheiten standen im Winterhalbjahr leer, wären mir auch zu teuer gewesen. Finanziell war ich nicht auf Rosen gebettet und musste sparsam, wenn nicht gar geizig leben. Die 400 Mark, die einem ledigen Referendar zustanden, waren durch Miete, Nahrung, Kleidung, Fahrgeld, Bücher und so weiter schnell aufgebraucht, auch wenn sich meine monatlichen Einkünfte dank meines Lehrauftrags auf 600 Mark erhöhten. Mein frugales Frühstück und Abendessen nahm ich auf meinem Zimmer ein, morgens Brot mit Margarine und Marmelade, abends Brot mit Margarine und Bohrwurst oder Streichkäse. Zu Mittag aß ich – wie gesagt – im Alumnat und entwickelte hier eine Tischtechnik, die mich als gut erzogen und bescheiden erscheinen ließ, mich aber dennoch in die Lage versetzte, mich ausreichend zu versorgen. Ich nahm nämlich beim ersten Nehmen weniger als die ausgehungerten Schüler, die an meinem Tisch saßen, war folglich als erster mit der ersten Runde fertig und konnte mich als erster an den Nachschlag machen.

Da das Alumnat als christliche Einrichtung am Freitag stets Fisch auf den Tisch brachte, blieb ich an diesem Tag der Tafel fern und suchte ein Restaurant auf. Groß war die Auswahl nicht. Außerhalb der Saison war Timmendorf wie ausgestorben, die meisten Hotels und Restaurants hatten geschlossen, die Geschäfte machten kaum Geschäfte. Die Stimmung eines Seebads im Winter lässt sich nur mit der volkstümlichen Redewendung vom leblosen Beinkleid kennzeichnen. Ich entschied mich, freitäglicher Stammgast im *Hotel zur Post* zu werden, das im Zentrum des Ortes lag, ganz am Anfang der Poststraße, während ich an deren Ende – nämlich Nr. 71 – wohnte. Immer bestellte ich Leber, obgleich ich Leber nicht mag, aber Leber war das preiswerteste Angebot auf der kurzen Speisekarte und deshalb nicht zu vermeiden.

Ein bisschen bemitleidete ich mich, dass ich gerade während der kurzen Tage bei Regen Nebel, Sturm und seltener Sonne hier an der Ostsee ansässig war und im Frühling, wenn das schöne Strandleben beginnt, an eine Lübecker Schule geschickt werden würde. Aber ich machte das Beste aus meinem Schicksal. Wann immer ich Zeit hatte – und die nahm ich mir fast jeden Nachmittag – wanderte ich, zum Beispiel ins ländliche Hinterland nach Klein-Timmendorf und Groß-Timmendorf oder rund um den Hemmelsdorfer See. Lieber jedoch marschierte ich oben auf dem Brodtener Steilufer bis Travemünde, wo ich vor gut elf Jahren meine Karriere als Einzelwanderer begann und wo ich in knapp fünf Jahren die Frau fürs Leben kennenlernen würde. Ich begann, den Herbst mit seinen eigenwilligen Launen zu lieben, mit seinen Stürmen, die das Meer an die Steilküste werfen, mit seinen stummen Nebeltagen, wenn man gerade noch die Hand vor Augen sieht, aber nicht viel mehr, wenn die auslaufenden Wellen sich heimlich ans Ufer schleichen und leise zum Schlaf niederlegen. Ich liebte den eintönigen Regen, der dafür sorgte, dass ich über viele Kilometer keinem einzigen Menschen begegnete. Und dann die blau-bunten Sonnentage, wenn der Herbst in den Gärten in Früchten blüht und wenn in den Wäldern die Blätter sich in rote und gelbe Blumen verwandeln. Zweimal die Woche joggte ich, schließlich wollte ich meine gute Kondition nicht so einfach preisgeben.

Alles in allem führte ich ein ungeselliges Junggesellenleben. Um mich mit ihnen anzufreunden, standen die Kollegen zu weit über mir und die Schüler zu weit unter mir, und die Referendare in Lübeck sah ich viel zu selten und dann immer nur in amtlicher und unpersönlicher Funktion. Private, menschliche Kontakte pflegte ich nur mit meinen alten Freunden. Fast jedes Wochenende war ich unterwegs, besuchte Henry und seine Familie in Eckernförde oder Andreas in Heide, der dort famulierte. Manchmal ließ ich mich bei meinen Verwandten in Ratzeburg blicken, umgekehrt bekam ich ab und zu Besuch aus Berlin. Oli hatte ein Sommerhaus in Haffkrug geerbt (drei Kilometer nördlich von Timmendorf) und dort verbrachte er auch im Winter so manches Wochenende und lud sich gerne Freunde ein.

Einmal hatte er seinen Bruder Thilo und Konni Balzer zu Besuch und prompt machten wir zu viert die Ostseeküste unsicher, aßen gut und tranken viel, besuchten das Kennenlerne-Café Keese in Niendorf oder das Casino Travemünde. Oli kannte den Laden bereits und machte uns mit den Feinheiten des Spielens vertraut. Wir hatten für 10 Mark fünf Chips erstanden, jeder von uns bekam also einen und Oli als unserer Roulette-Experte zwei. Der setzte leichtsinnig und risikofreudig und gegen jede Gewinnwahrscheinlichkeit auf Zahl und verlor sofort seinen gesamten Bestand an Spielmarken. Wir anderen waren vorsichtiger, wenn man auf Rot oder Schwarz setzt, ist die Gewinnchance immerhin fifty-fifty. Thilo und Konni waren zwar auch bald am Ende. Aber ich hatte Glück und Geduld, setzte selten, setzte stattdessen meistens aus, aber wenn ich setzte, kam immer die richtige Farbe. Mein Kapital verfünffachte sich, verzehnfachte, ja verfünfzehnfachte sich, aber als ich das erste Mal verlor, hörte ich auf. Aus 2 Mark hatte ich 28 gemacht, das war mehr, als ich an einem Tag in der Schule verdiente. Wie vorher von uns verabredet, sollte das erspielte Geld gemeinsam versoffen werden, was auch geschah.

Fortuna hat es an sich, Glücksspieler das erste Mal gewinnen zu lassen, um sie bei der Stange zu halten und zum Wiederkommen und Weiterspielen zu verführen. Entsprechend ging auch ich mit Freunden und Freundinnen immer mal wieder ins Casino Travemünde, nicht zuletzt, um den Zusammenhang zwischen Glück im Spiel und in der Liebe zu testen.

Summa summarum gesehen, verlebte ich in Timmendorf eine schöne Zeit. Es war, wenn ich so schreiben darf, ein regelrechter Postwinter. Ich wohnte in der Poststraße, ich aß einmal die Woche im *Hotel zur Post,* ich durcheilte die Poststraße auf meinem Schulweg jeden Tag in voller Länge, und das mindestens zweimal, und, last but not least, ich wartete ununterbrochen auf Post von meiner Freundin. Helga hatte ein halbes Jahr bei uns in der Reiherbeize zur Untermiete gewohnt. Mein Vater hatte ihr einige Zeit nach dem Tod meiner Mutter das Oberstübchen unseres Hauses überlassen. Helga und ich lebten höflich und neutral nebeneinander, bis, ja bis eine Wende eintrat.

Als mein Vater sich mit ihr aus irgendeinem Grund überwarf, den ich vergessen habe, denn Gründe konnten für meinen Vater gar nicht unbedeutend genug sein, da passierte es, dass seine Antipathie mir Helga sympathisch machte und entsprechend ich auch ihr sympathisch wurde. An einem Sonntag im Februar '65, als mein Vater seinen Mittagsschlaf hielt, unterhielten Helga und ich uns in der Küche so ausführlich wie nie zuvor, erregten uns gemeinsam über die grundlose Kündigung meines Vaters, gingen zum Flirten und dann zum Küssen über. Logischerweise hielten wir unsere Zuneigung geheim, und da heimliche Liebe die feurigste ist, brannten auch wir lichterloh. Leider musste Helga, um sich beruflich weiterzubilden, Berlin im Sommer verlassen, lebte erst in Frankfurt und dann in Düsseldorf, während es mich im Herbst nach Holstein verschlug. Selten genug sahen wir uns und das immer nur kurz. Umso länger waren unsere Briefe.

Ich habe bisher kaum von meinem pädagogischen Werdegang erzählt, obgleich die Ausbildung zu einem tauglichen Lehrer doch eigentlich im Mittelpunkt der zwei Referendarjahre stehen sollte. Aber mit Ausbildung war da nicht viel. Meine Mentoren waren liebe Menschen, ließen mich gerne hospitieren, kamen aber immer seltener zu mir in den Unterricht, und wenn, dann besprachen wir meine Stunde flüchtig und oberflächlich in der anschließenden Pause. Im Prinzip war ich mir selbst überlassen und entwickelte mich zu einem pädagogischen Selfmademan. Meine Lehrerbildung vollzog sich nach der Methode *Learning by Teaching*. Ich selber merkte an der Reaktion der Schüler am besten, was ich richtig und was ich falsch gemacht hatte. Die Klasse beurteilte mich gerechter und sachkundiger als die Mentoren vor Ort und später die Fachleiter des Lübecker Seminars. Die Schüler erwarten anschauliche und verständliche Informationen, faire Noten, maßvolle Strenge, sogar Strafen, wenn sie angebracht sind – all dies verbunden mit Humor, über den man als Berliner zum Glück ja verfügt.

In einer Mittelstufenklasse saß ein gewisser Cäsar, Aristokratensohn aus Hamburg, ein astreiner Angeber und als solcher bei den Klassenkameraden nicht sonderlich beliebt. Als er sich einmal während des Unterrichts nach hinten wandte und mit dem Hintermann schwatzte, rief ich ihn mit den Worten zur Ordnung: *Cäsar, dreh dich um, ich will mich auch mal ekeln.* Die Klasse jubelte.

Dem Seminarbetrieb in Lübeck konnte ich nicht so konsequent fernbleiben, wie es mir lieb gewesen wäre. Eigentlich hätte ich Dienstag- und Donnerstagnachmittag zu den Fachsitzungen in Geschichte und Deutsch anreisen müssen und am Mittwoch zu den Plenarsitzungen, aber das konnte – bei 18 Stunden Unterricht – niemand von mir verlangen. Je seltener ich also erschien, desto überlasteter erschien ich und desto dankbarer wurden meine seltenen Gastspiele begrüßt. Viel ist mir nicht in Erinnerung geblieben, sicher ein Zeichen dafür, dass die Unterweisungen kaum Spuren hinterließen und nicht von allzu großem Wert waren. Seminarleiter Henke verbrachte die Sitzungen damit, dass er mit den Lübecker Referendaren die Lehrprobentermine aushandelte und die anderen Lehramtskandidaten zum Zuhören und zur anschließenden Besprechung einlud. Die Zeit, die manchmal noch übrig blieb, nutzte Papa Henke zur Darbietung pädagogischer Anekdoten aus dem schulischen Alltag: *Stellen Sie sich vor, Sie wollen eine Übungsarbeit schreiben. Es ist ein heißer Sommertag, und die Fenster stehen weit offen. Und deshalb wollen die Schüler lieber hitzefrei haben, als getestet werden, und werfen ihre Bleistifte zum Fenster hinaus, um sich vor der Arbeit zu drücken. Nun, Herr Paul, was machen Sie dann? Sie müssen doch irgendwie reagieren, Sie können doch nicht klein beigeben. Also, Herr Paul, was machen Sie?*

Leider hat der Referendar Paul keine Patentlösung zur Rettung der Lehrerautorität parat. Aber Henke, der weiß weiter: *Sie schließen die Fenster mit den Worten: »Wenn ihr's lieber heiß haben wollt ... «. Und dann holen Sie, da ein Lehrer schlauer sein muss als seine Schüler, 40 Bleistifte aus Ihrer Tasche, verteilen diese und stellen die Aufgaben. So einfach kann Schule sein, Herr Paul!*

Der Fachleiter im Fach Deutsch nahm sein Fach und seine Sitzungen so wichtig, dass er nach Ablauf der Zeit nicht Schluss machte, sondern Halbzeit, und wir nach einigen Zigaretten- oder Toilettenminuten noch eine zusätzliche Stunde über uns ergehen lassen mussten. Das verzögerte meine Rückkehr nach Timmendorf und schmälerte meine Vorbereitungen, so dass ich es vorzog, auf die gut gemeinten Ratschläge des Herrn erst einmal zu verzichten.

Da besuchte ich lieber die von Frau Dr. Esau geleiteten Fachsitzungen in Geschichte, denn die Dame war wenigstens pünktlich, schließlich war sie Ostpreußin, also Preußin und den preußischen Sekundärtugenden verpflichtet. Unpreußisch war aber ihre Angewohnheit, einen ihrer Referendare zu ihrem Liebling zu küren und zu bevorzugen. Das hatte zur Folge, dass zu Beginn des Semesters zwischen den Kursteilnehmern ein harter Konkurrenzkampf ausgetragen wurde, wer ihr vor und nach der Sitzung aus dem oder in den Mantel helfen durfte, was aber von geringem Nutzen war, denn Frau Dr. Esau verteilte ihre Gunst nach ganz anderen Kriterien, nämlich aufgrund borussischer Affinität. Als Berliner und Kenner der Hohenzollerngeschichte hatte ich gute Startbedingungen, blieb aber dennoch zweiter Sieger. Unangefochtener Favorit wurde ein Deutschbalte, der, was die geografische Herkunft anbelangt, ihr viel näher stand als ich.

Als der Frühling nahte und das Schuljahr seinem Ende entgegenging, musste ich so langsam an meinen Umzug nach Lübeck denken. Der Sommer stand vor der Tür, und ich musste weg. Schade, sehr schade. Aber dann kam alles ganz anders. Ich musste, konnte, durfte bleiben. Der Schulleiter und meine Mentoren waren offenbar derart zufrieden mit mir und meiner pädagogischen Selfmademanmanier, dass an höherer Stelle der Wunsch vorgetragen wurde, meinen Lehrauftrag zu verlängern. Und diesem Wunsch wurde stattgegeben. Mehr noch! Ich wurde sogar mit einigen verantwortungsvollen Aufgaben betraut. Die Unterprima, die ich in Geschichte unterrichtet hatte, sollte ich behalten und als Oberprima aufs Abitur vorbereiten, ja, den Leuten sogar die Reifeprüfung abnehmen. Außerdem vertraute man mir eine Obersekunda an, deren Klassenlehrer ich bis zum Ende der 11. Klasse bleiben sollte.

Damals hatten die bundesdeutschen Kultusbehörden beschlossen, das Schuljahr nicht länger Ostern, sondern im Sommer enden zu lassen und diese terminliche Angleichung an das übrige Europa dadurch zu verwirklichen, dass man zwei Kurzschuljahre einführte, das erste von Ostern 1966 bis Anfang Dezember, das zweite dann bis zu den großen Ferien 1967. Das ganze erste Kurzschuljahr sollte ich in Timmendorf bleiben. Lübeck mit seinem Seminar war weiterhin weit, weit weg.

Umziehen musste ich vorerst nicht, wenn man davon absieht, dass ich mein Bungalowzimmerchen verlassen musste, das meine Wirtin für ihre Sommergäste brauchte, die natürlich mehr zahlten, als ich konnte und wollte. Sie holte mich also in ihr Giebelhaus und räumte mir dort ein Minimansardenzimmer ein. Mein kurzer Umzug beschränkte sich auf 20 Meter und 20 Minuten, mehr als drei-, viermal musste ich nicht gehen, dann waren meine Koffer mit Kleidung und ein paar Pappkartons mit Büchern und anderen Habseligkeiten am Ziel.

Bevor ich mit prolongiertem Lehrvertrag meine Arbeit in Timmendorf fortsetzte, genoss ich die Osterferien und fuhr mit meiner Freundin Helga nach Paris. Ich bin mir nicht sicher, ob ich so indiskret sein soll, von meinem abwechslungsreichen Liebesleben zu erzählen, das ich in den fünf Jahren zwischen meinem Amtseid im

Lübecker Studienseminar und meinem Jawort im Ratzeburger Dom führte. Aber Liebe gehört zum Leben und somit zu jeder Biografie. Mich interessierten damals Beruf, Politik und Liebe, ich war Referendar (nahm aber den Seminarbetrieb nicht ernst), ich war ein kleiner, kritischer Rebell (und monierte die Weltpolitik im Allgemeinen und die deutsche Bildungspolitik im Besonderen, von der ich ja persönlich betroffen war), und ich war Junggeselle (und suchte zärtliche Abenteuer, ohne mich ernsthaft und endgültig zu binden). Weder in Helga noch in ihren Nachfolgerinnen sah ich schon die Frau fürs Leben, teils weil ich, teils weil sie nicht wollten. Mir ging es einfach darum, noch ein paar Jahre frei zu sein und als Junggeselle ein Leben ohne familiäre Pflichten zu führen. In meinen unverbindlichen Amouren sah ich einen gerechten Ausgleich für das festgelegte Lehrerleben mit seinen Plänen, Aufgaben und Normen.

Ob Helga mich zum Ehemann haben wollte, weiß ich nicht. Gesagt hat sie jedenfalls nichts. Aber entsprechende Avancen zu äußern, ist ja auch nicht Sache der Frau. Dass sie der Reise nach Paris zustimmte, lässt allerdings vermuten, dass sie mit mir konkrete Zukunftspläne hatte.

Richtig ehelich ging es in Paris dann aber nicht zu. Das hatte zwei Gründe. Sie war ohne Pillen und ich ohne Kondome angereist. Wir amüsierten uns über das Bonmot, dass wir in Paris ohne Pariser leben und lieben mussten. Dass eine Drogerie oder Apotheke Abhilfe schaffen könnte, hielten wir für unwahrscheinlich; wir fürchteten, mit unseren Wünschen an den deutsch-französischen Sprachbarrieren zu scheitern, denn die Pariser werden den Pariser kaum als *Pariser* bezeichnen, genau wie die Berliner von den Berlinern nicht *Berliner* genannt werden.

Dass Helga und ich uns notgedrungen enthaltsam verhalten mussten, kam, schon aus Zeitgründen, unserem Besichtigungsprogramm zugute. Von früh bis spät waren wir auf den Beinen und auf Kulturtour. Was der Baedeker forderte, befolgten wir, Kirchen und Museen, Paläste und Parks, die berühmten Boulevards und die beschaulichen Bücherstände an der Seine, nichts ließen wir aus, auch Versailles versäumten wir nicht. Waren unsere Beine am Ende, dann setzten wir uns in ein Café und beobachteten, Hand und Händchen haltend, das vorbeiströmende Großstadtleben. Abends stiegen wir auf den Montmartre, wo sich die Maler als Märtyrer wähnen und vom Verkauf ihrer billigen Bilder ihr Dasein fristen. Um mit den Touristen ins Geschäft zu kommen, bieten sie nicht nur ihre vollendeten oder zumindest fertiggestellten Werke an, sondern auch ihre künstlerischen Dienste. Ein besonders dreister stellte Helga und mir seine Staffelei in den Weg und versuchte, wenn auch vergeblich, uns als Modell und Auftraggeber zu engagieren: *Madame - portrait? Monsieur - caricature?*

Dass der Mangel an Betätigung der Liebe auf Dauer nicht bekömmlich ist, ist eine Binsenweisheit, und so mussten auch Helga und ich entsprechendes Lehrgeld zahlen. Unsere Liebe kühlte ab und als wir wieder in Deutschland waren, sie in Düssel- und ich in Timmendorf, beschränkte sich unsere Beziehung - wie gehabt - auf das Hin und Her mehr oder weniger liebevoller Liebesbriefe. Und dann gaben eine Ungeschicklichkeit meinerseits und eine Empfindlichkeit ihrerseits unserer Liebe den Rest. Helga schrieb mir, dass sie in Zukunft in ihrem Wohnheim unter der und der Telefonnummer jeden Abend zu erreichen sei und wir uns dann durch das Hören unserer Stimmen näher sein könnten als durch einen papierenen Briefwechsel. Ich aber in meiner krankhaften Aversion, wenn nicht Allergie gegen alles Technische, ob Motoren, Maschinen oder Apparate, scheute davor zurück, auf der Post ein Ferngespräch anzumelden, den Schalterbeamten um die Herstellung der Verbindung zu bitten, in einer Zelle auf ein entsprechendes Zeichen zu warten und dann auf Befehl zu sprechen und zu hören. Das war mir zu aufwendig und zu kompliziert, und genau das schrieb ich Helga, fügte auch hinzu, dass die seit Jahrhunderten gepflegte Briefkultur viel aussagekräftiger sei als das unverbindliche spontane Geschwätz zwischen Muschel und Muschel. Helga war entsetzt, hielt meine allergiebedingte Argumentation für einen Vorwand, zweifelte meine Liebe an - und machte Schluss.

Ich war wieder solo und gab mich der Schule hin. Arbeit war reichlich vorhanden, und Abwechslung brachte der sonnige Sommer mehr als der zurückliegende graue triste Winter. Auch intensivierte sich der Kontakt zu den Mitmenschen meiner Umgebung. Es begann mit Nils Seidel, der mit Lehrauftrag ans Ostseegymnasium versetzt worden war und in meiner Klasse Mathematik und Physik unterrichtete. Wir freundeten uns an, fuhren jede Woche mit dem gleichen Missmut zu den Mittwochssitzungen nach Lübeck, wanderten fast jeden Tag – und das auf Kosten der notwendigen Unterrichtsvorbereitungen – durch den prangenden Frühsommer und pflegten Kameradschaft mit meiner Klasse, ohne dabei die für einen Lehrer übliche Autorität auszuspielen, spielten zusammen Fußball und Skat, Letzteres in der Bierstube des Hotels *Friedrichsruh*, das die Mutter eines meiner Schüler betrieb. Die Jungen waren bereits in einem trinkfesten Alter, doch entsprachen unsere gemeinsamen Aktivitäten bestimmt nicht den pädagogischen Vorstellungen des Studienseminars. Abweichend von den schulischen Normen, um nicht zu sagen, *antiautoritär*, war auch mein Zugeständnis an die Klasse, dass nicht nur ich ihre Arbeiten korrigierte, sondern auch sie mir ein Thema stellten, ich gleichzeitig mit ihnen schrieb und mein Aufsatz dann von einigen Eifrigen durchgesehen, kommentiert und benotet wurde. Über eine Drei bin ich dabei, wie ich mich erinnere, nie hinausgekommen.

Der Schulleiter bekam von meinem alternativen Umgang mit den Schülern nichts mit, merkte nur, dass der Unterricht in meiner Klasse problemlos funktionierte und war's zufrieden. Der Lehrkörper akzeptierte mich als vollwertigen und ebenbürtigen Kollegen, die Mentoren hielten es nicht mehr für nötig, zu hospitieren, aber wenn sie mich nicht im Unterricht besuchten, dann sollte ich sie wenigstens privat besuchen, wobei es zu einem ausgewogenen Austausch zwischen einem üppigen Strauß und einem üppigen Gastmahl kam.

Folgenreich war die Einladung eines Sportlehrers, dessen Tochter zu meiner Klasse gehörte. Mehrere Ehepaare saßen und aßen in der guten Stube, und dann wurde im Flur getanzt. Aus Höflichkeit tanzte jeder einmal mit jeder, und als ich mein Pensum erfüllt hatte, konzentrierte ich mich auf die einzige ledige Dame, Lehrerin aus Heiligenhafen und Schwägerin eines Mathematiklehrers. Ob ihre von Schwester und Schwager veranlasste Anwesenheit mit gewissen Absichten verbunden war, ist allerdings ungewiss. Immerhin aber erleichterten Gastgeber und Gäste dem ledigen Pärchen die Möglichkeit der Annäherung, indem sie diesem diskreterweise den Flur überließen und selber allesamt im Wohnzimmer blieben. So wurde der Korridor zu einer Art Chambre séparée, was wir auch entsprechend zu nutzen verstanden. Das Fräulein war klein und unscheinbar, weder eine ausgesprochene Schönheit, noch nach meinem Geschmack, aber sie glich ihr ästhetisches Manko durch eine voreilige Bereitschaft zu Zärtlichkeit aus. Zwar war der Flur eng, doch nicht so eng, dass man unbedingt eng tanzen musste, was wir aber dennoch taten. Dass wir uns küssten, bevor wir uns kannten, empfand sie als Vergnügen und ich als notwendige Kavalierspflicht, denn wenn sich nur eine Frau griffbereit präsentiert, darf man sie nicht enttäuschen und muss zugreifen. Höflichkeit ist wichtiger als Sympathie. Im Übrigen war ich nach dem Ende der Ära Helga erotisch motiviert, den Wonnemonat Mai und den baldigen Badesommer wollte ich keinesfalls einsam und allein verleben.

Über Wochen waren wir nun jedes Wochenende zusammen, am Meer, im Wald oder auf einer Wiese suchten wir eine abgelegene Stelle, wo wir uns niederlegten, ohne aber bis zur letzten Konsequenz in Stellung zu gehen, woraus das Fräulein, das ich bis zuletzt siezte, mit Recht langfristige, sprich standesamtliche Rechte abgeleitet hätte. Sicherheitshalber proklamierte ich zusätzlich mein unumstößliches Junggesellenprinzip, mich niemals länger als ein Jahr partnerschaftlich zu binden. In Wahrheit war ich, parallel zu meinen Abenteuern, stets auf der Suche nach der einen und endgültigen Frau, also nach der, wie es so schön heißt, Frau fürs Leben.

Es ist unser Schicksal, das Schicksal der einfachen Menschen, dass sie sich das Leben schwer machen und sich gegenseitig Leid und Kummer bereiten. Nicht allein die Willkür der Mächtigen, die große Politik und die große Wirtschaft unterdrücken und erpressen uns, nein, wir selber sorgen für unser Elend, und das vor allem auf dem Felde der Liebe. Wir lassen uns aufeinander ein und dann verlassen wir uns, leiden an schlechtem Gewissen oder Liebeskummer, während sich die Eliten an der Spitze der Gesellschaft ins Fäustchen lachen über unsere privaten Problemchen, die uns ablenken von den wirklich großen Problemen. Neid und Streit im Volk haben die Folge, dass die da oben unbehelligt bleiben und ihre angemaßten Vorrechte nicht in Frage gestellt oder gar angetastet werden. Ihr Wohlstand und Wohlleben gilt gar als Vorbild und die Underdogs träumen davon, durch Anpassung und Wohlverhalten auf dem Wege sozialer Mobilität den Eliten und Promis nahezukommen. Ein wirklicher Wandel der ungleichen und ungerechten Verteilung des vom Volk erwirtschafteten Bruttosozialprodukts und der politischen Macht kommt in der Weltgeschichte selten genug vor, das heißt Revolutionen sind die große Ausnahme, zumal in Deutschland, wo Disziplin, Gehorsam und Ehrfurcht anerkannte Tugenden sind und somit hier seit eh und je heimisch. 1848, 1918 und 1953 hatte das Volk von denen da oben genug, aber eigentlich nicht das Volk als geschlossene Solidargemeinschaft. Nur einige wenige wagten den Sprung auf die Barrikaden, 1953 waren es in erster Linie lediglich ein paar Tausend Arbeiter. Immer scheiterte die Revolution unter erheblichen Opfern, die etablierte Macht blieb im Sattel, 1953 sogar im doppelten Sinne, drüben mit sowjetischer Hilfe das SED-Regime, hüben das westlich orientierte Wirtschafts- und Parteiensystem. Der CDU-Staat konnte sich festigen, das Feindbild *DDR* stärkte die Position der Adenauer-Erhard-Administration (auch und besonders bei Wahlen). Obgleich man durch die enge Bindung an den Westen, zumal an die USA, die deutsche Teilung in Kauf genommen und sogar vertieft hatte, gab man sich in Sonntagsreden gesamtdeutsch und erklärte den 17. Juni zum *Tag der Deutschen Einheit*. Das Volk hatte frei, fuhr ins Grüne, ging baden – und die politische Kaste führte überall im Lande Gedenkveranstaltungen durch. Auch in Timmendorf. Ort der Aktion war das dortige Freilichttheater. Für patriotische Organisationen, Lokalpolitiker und Beamte (vor allem Lehrer) war das Erscheinen staatsbürgerliche Pflicht.

Das feierliche Bild wurde geprägt von den dekorierten und uniformierten Schützen. Im Halbkreis hatten sich die Herren paarweise um die Bühne herum aufgestellt. Jeder hielt eine Fahnenstange mit Fahne. Jede deutsche Region war vertreten, und die ostdeutschen, mitteldeutschen und westdeutschen Flaggen symbolisierten den Wunsch nach großdeutscher Einheit, getreu der Parole *Dreigeteilt – niemals!*

Die Reden waren nicht nur zahlreich, sondern auch lang. Die Sonne stieg höher und höher und die Temperatur auch. Da plötzlich fing einer der Schützen an zu schwanken, er war einer Ohnmacht nahe, und nicht nur er, auch seine Fahne bewegte sich bedenklich hin und her. Der Kamerad an seiner Seite war gefordert. Wen sollte er vor dem Fall ins grüne Gras bewahren, Mann oder Fahne? Klar, die Flagge ist mehr als der Mensch. Also ergriff der geistesgegenwärtige Schützenbruder mit der freien Hand die Fahnenstange und ließ den Kameraden rücklings zu Boden gehen. Der Hitzemärtyrer wurde allgemein bewundert und medizinisch versorgt und die Reden konnten nach kurzer Unterbrechung ihren geplanten Verlauf nehmen. Endlich, mit Blasmusik und Hymne, nahm das nationale Spektakel sein Ende.

Etwa zur gleichen Zeit ging ein anderer Mann zu Boden, doch dessen Sturz ins Gras war kein komischer, sondern ein tragischer Fall. Mein Mentor Miller erlitt auf dem Schulweg eine Herzattacke, sank angesichts des Ostseegymnasiums am Wegesrand nieder und wurde von mehreren Schülern, die ja wie gewohnt lieber aus dem Fenster als auf die Tafel guckten, bei seinem Unfall beobachtet. Man brachte den Oberstudienrat Miller ins Krankenzimmer, aber alle Belebungsversuche scheiterten.

Wenige Tage später gab es unterrichtsfrei und ein feierliches Begräbnis. Ein langer, schwarzer Trauerzug folgte dem Sarg. Die Gruft befand sich am Rande des Friedhofs, der an eine Kuhweide grenzte. Während die Trauergemeinde am Grabe Aufstellung nahm und dann den Worten des Geistlichen lauschte, kam langsam und gemessenen Schrittes quer über die Weide eine Kuhherde näher, in Schwarz und Weiß wie das Kollegium und die Schülerschaft, schweigsam und mit gesenktem Haupt. Das Verhalten der Tiere war nicht weniger angemessen als das der Menschen, und still und schweigend zerstreuten sich die einen und die anderen nach Abschluss der Zeremonie.

Das Leben ging weiter, wenn auch, was mich betrifft, mit einer kleinen Veränderung. Nach wie vor suchte ich jeden Freitag das *Hotel zur Post* auf, um mich meiner Leber zu widmen. Da plötzlich versuchte die Kellnerin, eine mütterliche Frau mittleren Alters, mit der ich seit Monaten nur immer die gleichen wortwörtlich identischen Worte gewechselt hatte *(Leber, Bier, Rechnung)*, ein persönliches Gespräch mit mir in Gang zu bringen. In Anbetracht meines regelmäßigen Besuchs und meines akkuraten Äußeren mit Anzug und

Aktentasche glaubte sie, mich beruflich einordnen zu können und fragte leutselig: *Na, haben Sie für diese Woche wieder Ihre Tour hinter sich?* Ich beantwortete die Frage mit einem wortkargen *Ja – ja,* ließ die freundliche Dame also in ihrem Irrtum, nahm aber ihr höfliches Interesse zum Anlass, meine Gaststättengewohnheit zu hinterfragen, und das mit dem Ergebnis, dass ich nicht länger als Vertreter erscheinen wollte, in Zukunft mein Stammlokal mied und stattdessen in dem von Jugendlichen geschätzten *Seepferdchen* jeden Freitag eine preiswerte Portion Pommes mit Currywurst bestellte. Ich fühlte mich an Berlin erinnert, wo die Currywurst ja erfunden worden war, und genoss während meiner Mahlzeiten eine Art Tischmusik, denn aus der Musicbox ertönten ohne Unterlass die besten und aktuellsten Songs der populärsten Gruppen. Ich wurde zum Fan und Kenner der Beatles, was den Vorteil hatte, dass ich als solcher meiner Klasse imponierte und ihr noch näher kam.

Unsere gemeinsamen Aktivitäten hatten wir mit Beginn der Badesaison um zwei Disziplinen erweitert, nämlich Baden und Boulen. Letztes hatte ich, wie erzählt, in Frankreich kennengelernt und nun an der Ostseeküste populär gemacht. Da wir keine Kugeln aus Metall zur Verfügung hatten, suchten wir, bevor das Spiel richtig losging, im Strandsand nach den passenden Steinen. Als Spielfeld diente der Strandstreifen vor der Brodtener Steilküste, wo oben auf der Höhe in einer Villa mit Meeresblick mein Schüler Rainer wohnte, der im Deutschunterricht besonders aktiv war und mit dem ich so manche Stunde im Zwiegespräch über Odyssee und Nibelungenlied bestritt, ohne dass der Rest der Klasse zu Wort kam, es wohl aber auch nicht wollte und sollte. Natürlich eine pädagogische Sünde – aber wer sollte mich korrigieren?

Je weiter der Sommer fortschritt, desto perfekter wurde unser Boulespiel und so war es nur logisch, dass wir für den letzten Schultag vor den großen Ferien einen entsprechenden Wettbewerb verabredeten. Und da stand dann den ganzen Tag in großen Buchstaben an der Tafel: *HEUTE UM DREI BEI RAINER: BUHL-MEISTERSCHAFT DER KLASSE OIIA.* Zu welchen Schlüssen die orthografische Eigenwilligkeit und Zweideutigkeit des Anschriebs die Kollegen veranlasste, die das zu lesen bekamen, weiß ich nicht, jedenfalls sprach mich niemand darauf an, was ich außerhalb der Schule mit meiner

Klasse so alles trieb. Es gab ja auch kaum noch Gelegenheit, mich zur Rede zu stellen, denn in den sechs Wochen Ferien, die vor uns lagen, gab es nicht den geringsten Kollegenkontakt.

Sommerzeit ist Reisezeit. Ich reiste zu meinen Freunden oder umgekehrt: ich beherbergte meine reisefreudigen Freunde mit Erlaubnis meiner freundlichen Wirtin in meiner Minimalmansarde in Timmendorf. Auf dem Rückweg von Eckernförde, wo ich Henry und seine Familie besucht hatte, machte ich in Heiligenhafen Station, um mit meiner ledigen Lehrerin in Kontakt zu bleiben und guten Willen zu zeigen. Wir lagen erst am Strand und dann in den Dünen, aber ich hütete mich, ihr irgendwelche Hoffnungen zu machen, vor allem gute, mied auch, als die Sonne sank und der Abend nahte, die Alternativfrage zu stellen, ob ich bei ihrer Familie übernachten oder bei ihr schlafen dürfe. Stattdessen fuhr ich zu später Stunde nach Timmendorf weiter und am nächsten Morgen nach Berlin.

In Lübeck musste ich umsteigen und wanderte wartend auf dem Bahnsteig auf und ab und inspizierte die Mitreisenden weiblichen Geschlechts. Ich platzierte mich, nachdem ich fündig geworden war, in der Nähe eines schönen Mädchens, das von Mutter und Schwester verabschiedet wurde. Beim Einsteigen ließ ich der attraktiven Lübeckerin selbstverständlich den Vortritt, nahm dann mit ihrer Zustimmung in ihrem Abteil Platz, suchte und fand das Gespräch mit ihr, lud sie in den Speisewagen ein und war am Ende der Fahrt so vertraut mit Edeltraut, dass wir übereinkamen, in Berlin gemeinsam im Grunewald zu wandern, in der Krummen Lanke zu baden oder abends auszugehen.

Edeltrauts Schönheit lehrte mich, dass es wesentlich attraktivere Frauen gab als meine ledige Lehrerin und ich bei diesen durchaus auch Chancen hatte, dass ich also weiterhin geduldig Ausschau halten sollte nach der Frau fürs Leben, die sowohl meinen ästhetischen wie meinen intellektuellen Ansprüchen genügte. Edeltraut selbst verkörperte noch nicht das Ziel meiner Wünsche, unsere Beziehung blieb oberflächlich, denn ich war irgendwie nicht ihr Typ – und sie war mir zu oberflächlich, Typ Modepuppe mit gefärbten Haaren, anspruchsvoller Kleidung und anspruchslosen Interessen. Als wir an der Krummen Lanke in der Sonne lagen, zog sie, statt mich zu küssen, einen Band Courths-Mahler aus der Badetasche und las. Das war enttäuschend. Bei all ihrer Schönheit, die mich anzog, ihr literarisches Niveau hielt meine Leidenschaft in Grenzen.

Ich wohnte in Berlin bei meinem Vater und meiner Stiefmutter, die es, nicht ganz zu Unrecht, sehr unhöflich fand, dass ich mein altes Zuhause nur noch als Hotel ansah, dort nur schlief und frühstückte und im Übrigen den ganzen Tag und die halbe Nacht unterwegs war. Ich traf meine Straßenfreunde, meine Studienfreunde, meine Sportfreunde und das Stammpersonal des Duntze-Kreises. Auch sprach ich bei Frau Professor Wisniewski und bei Professor Lämmert vor, schließlich spielte ich noch immer mit dem Gedanken, nach dem Referendariat zu promovieren. Etwas abschreckend war dann aber das Gespräch mit einem ehemaligen Kommilitonen, der im Rahmen von Lämmerts Konzept, die Kluft zwischen Gymnasium und Universität zu überbrücken, indem seine Doktoranden mit interessierten Primanern Proseminare durchführten, eine Assistentenstelle innehatte und nun klagte, dass seine Lehrtätigkeit ihn restlos in Anspruch nehme und seine Dissertation liegen bleibe.

Die zweite Ferienhälfte verbrachte ich wieder in Timmendorf, war ganz Gast wie tausend andere Touristen, badete bei jedem Wetter und war fast mehr im Meer als an Land. Konni kam und wohnte bei Oli in Haffkrug, Kalle und Familie kamen in einer Bungalow-Scheibe im Garten meiner Wirtin unter, und ab Anfang August – mit Beginn der Semesterferien – kampierten Andreas und Branko mit Erlaubnis meiner Wirtin in meiner Minimalmansarde. Ich schlief in meinem Bett und die beiden Gäste auf Luftmatratzen unter dem Tisch und auf der letzten freien Fläche zwischen den Möbeln. Nach der ersten Nacht, noch im Halbschlaf, richtete sich Andreas schwungvoll auf, stieß mit der Stirn an die Tischkante, störte uns anderen mit einem lauten Schrei im Schlaf, sank zurück auf sein Lager, war sofort hellwach und bereitete das Frühstück – und wir waren am und im Meer, bevor die Massen anrückten.

Am 9. August, einem Dienstag, endeten diese herrlichen großen Ferien. Am Mittwoch war Elternsprechtag, ich musste mich den Müttern und Vätern stellen, wurde aber zum Glück nicht attackiert, sondern wohlwollend behandelt. Am Donnerstag begann für die

Schüler der Unterricht, zuvor jedoch versammelten sie sich in der Aula und nahmen an dem vom Alumnatspastor geleiteten Gottesdienst teil. Er predigte relativ weltlich, indem er darauf hinwies, dass sich in wenigen Tagen ein historisches Datum jähren werde, das Anlass zum Erinnern und Nachdenken gebe. Wer einigermaßen gebildet war, glaubte, dass der Geistliche nun vom Mauerbau vor fünf Jahren und der grausamen DDR sprechen werde, aber nichts da, im Gegenteil, der Pastor würdigte im Gegenteil das Werk des atheistischen Staatsdichters der DDR, der vor zehn Jahren, am 14. August 1956, gestorben sei. Bert Brecht im konservativen Timmendorf mit lobenden Worten zum Inhalt einer Predigt zu machen, und das vor unbedarften Schülern, war schon ein starkes Stück, zeugte von Mut und stieß auf den Unmut des Kollegiums, nur ich bewunderte im Stillen diese Zivilcourage.

Da die Schule Mitte der Woche begonnen hatte, stand schon nach wenigen Tagen ein Wochenende vor der Tür. Am Sonnabendnachmittag schlenderte ich mit Handtuch und Badehose durch den Sand unterhalb der Brodtener Steilküste in Richtung Travemünde und hielt Ausschau nach einem sich solo sonnenden Mädchen, um meinen Bestand an passablen Partnerinnen zu erweitern. Bevor ich mich endgültig fürs ganze Leben festlegte, wollte ich die Auswahl auf eine breitere Grundlage stellen.

Kurz vor Travemünde, als die Steilküste schon fast zu Ende war, wurde ich endlich fündig. Birgit präsentierte ihre schlanke Gestalt im Bikini, ließ sich ansprechen, gab mir sogar von ihren *Zwetschgen* ab, sie stammte nämlich aus Schwaben. Sie war nicht so attraktiv und kokett wie Edeltraut, dafür aber klüger und gebildeter und bald auch zärtlicher. Sie war Lehrerin in Lübeck, sang in einem Kirchenchor und war literarisch und künstlerisch interessiert. Das alles reichte aber nicht aus, mich Edeltraut vergessen zu machen.

Ich muss mich selber kritisieren. Wie kann ich ihre Courths-Mahler-Lektüre als oberflächlich verurteilen und selber so oberflächlich sein, die äußere Schönheit allen anderen Eigenschaften vorzuziehen? Wie ist meine Hoch-, ja vielleicht Überschätzung der weiblichen Schönheit zu erklären? Vielleicht litt ich unter einer Art Nachholbedarf. Als Student war ich fast nie ohne Freundin, aber keine faszinierte mich so sehr, dass ich sie über alles liebte. Man hatte eine erotische Beziehung zu unterhalten, das war üblich, das machten alle, aber keine avancierte zur Frau fürs Leben. Glaubte ich endlich, die Richtige gefunden zu haben, dann erwiderte sie meine Gefühle nicht. In mir entwickelte sich die fast schon zwangsneurotische Sehnsucht, unbedingt eine absolute Schönheit zu erobern, was zur Folge hatte, dass ich den ästhetischen Durchschnitt nur als befristete Übergangslösung ansah. Es ging mir aber nicht allein darum, meinem anspruchsvollen Geschmack gerecht zu werden, mich trieben auch Eitelkeit und Geltungsbedürfnis um, eine blendende Frau an der Seite dient auch der eigenen Wertschätzung und der allgemeinen Anerkennung. Schönheit hat somit eine soziale Funktion, die schöne Partnerin erhöht meinen sozialen Rang, ähnlich wie sportliche, berufliche oder finanzielle Erfolge. Mehr noch, Schönheit hat auch eine biologische Funktion. Eine rassige, sportliche Figur, elegante Bewegungen, leuchtende Augen, ein sinnlicher Mund, üppige Brüste – all das ist Ausdruck innerer Werte. Offenbar hat die Natur es so eingerichtet, dass Mann und Frau intuitiv und instinktiv auf die Schönheit des anderen Geschlechts mit größtem Interesse reagieren, weil die ästhetische Qualität genetische Qualität verrät.

Nicht ohne Grund hat sich die Menschheit schon immer Gedanken über das Wesen des Schönen gemacht. Neben der Frage, was wahr und was gut sei, beschäftigten sich die Menschen, vor allem Künstler und Philosophen, mit dem Wesen der Schönheit, ob in der Natur oder in der Kunst. Man entwickelte eine spezielle philosophische Disziplin, die Ästhetik. Seit Mitte des 18. Jahrhunderts haben Baumgarten, Kant, Schiller, Hegel, um nur einige deutsche Autoren zu nennen, ausführliche Abhandlungen über das Wesen, die Funktion und die Wirkung der Schönheit verfasst. Nur der Mensch, nicht das Tier, empfindet Wohlgefallen am Schönen, an der sinnlichen Wahrnehmung der Harmonie, ausgehend von dem Glauben, dass Form und Inhalt, äußeres Erscheinungsbild und innere Eigenschaften miteinander korrespondieren. Das Schöne ist auch das Gute. Ein schönes Mädchen wird auch eine gute Mutter sein, und deshalb ist es natürlich und moralisch, schöne Mädchen den weniger schönen vorzuziehen.

Die Philosophie der Ästhetik unterscheidet zwischen dem Naturschönen und dem Kunstschönen, wobei das Kunstschöne das Naturschöne imitiert, und wir genießen dann die Kunst als Freude am Wiedererkennen des Naturoriginals. Typisch für die Menschen, nicht für die Tiere, ist es, der Natur an sich selber durch Kunstgriffe nachzuhelfen. Besonders die Frauen haben es hierin weit gebracht. Schminken, Pudern, Frisieren, Färben der Haare, Bräunen der Haut, Betonen der Figur durch entsprechende Textilien, Hervorheben bestimmter Körperteile durch aufreizende Farbgebung (Lippen, Brauen, Nägel), Behängen mit glänzenden Schmuckstücken, Tätowieren und Parfümieren verwandeln die von Natur aus schöne oder weniger schöne Frau zu einem verführerischen Kunstwerk. Mit meinem philosophischen Ausflug in die Ästhetik ist es mir hoffentlich geglückt, meine scheinbar etwas oberflächliche Vorliebe für schöne Mädchen oder Frauen zu erklären oder gar zu rechtfertigen.

Da meine ledige Lehrerin im fernen Heiligenhafen und Edeltraut im noch ferneren Berlin lebten, spezialisierte ich mich auf Birgit und erwanderte mit ihr an den Wochenenden die Gegend zwischen Lübeck und Timmendorf. Eines Tages, als ich von der Schule heimkam, empfing mich meine Wirtin an der Haustür, um mir zu sagen, dass auf meinem Zimmer eine junge Dame auf mich wartete.

Ich eilte die Treppe hinauf, ich sah die schöne Edeltraut vor mir, träumte von ihrem Überraschungsbesuch und war enttäuscht, als ich Birgit im Schneidersitz auf meinem Bett sitzen sah. Mit Mühe konnte ich mich freuen und meine Enttäuschung verbergen. Birgit hatte mir in einem schlichten Tonbecher einen schlichten Feldblumenstrauß mitgebracht, was ich als Ausdruck ihrer Zuneigung zu schätzen wusste. Fern ihrer Heimat und ihrer Familie fühlte sie sich hier im Norden etwas einsam und lud deshalb ihre kleine Schwester und ihren großen Bruder im September und Oktober nach Lübeck ein. Mich machte sie mit ihren Geschwistern bekannt, so dass ich mit der halben Familie vertraut wurde und auf dem besten Wege war, Teil derselben zu werden.

Die enge Beziehung zu meiner Klasse hielt an, neben Fußball, Boule und Skat stand jetzt auch Leichtathletik auf dem Programm. Wir trafen uns regelmäßig auf dem Sportplatz, um gemeinsam das Sportabzeichen zu erkämpfen. Am Ende des Sommers gab es eine erneute Boulemeisterschaft, diesmal verbunden mit einer anschließenden Party. Nach Abschluss des Wettbewerbs wurden am Strand Schollen gebraten, die der Hotelierssohn Fritz bei einem Niendorfer Fischer preiswert erworben hatte. Als Fischallergiker wurde ich irgendwie anderweitig abgefunden. Da Rainers Eltern verreist waren, stand die Villa oben auf dem Ufer zum Klassenfest zur Verfügung, an dem auch mein Mitreferendar Nils Seidel und Rainers Schwester Maria teilnahmen. Sie studierte in Hamburg Romanistik und Sport, verlebte ihre Semesterferien am abgelegenen Brodtener Ufer und langweilte sich. Sie war keine strahlende Schönheit, verfügte aber über eine sinnliche Ausstrahlung. Es kam zwischen uns nicht zur Liebe auf den ersten Blick, aber nach einigen Tänzen und Bieren hielten wir es für angebracht, hinaus in den das Haus umgebenden Baumgarten zu gehen, und dort nicht nur zu gehen, sondern auch im weichen Gras zu lagern. Die Frau hatte was. Ich weiß nicht was, aber irgendwie harmonierten wir, kamen uns näher und verabredeten uns immer wieder und immer öfter.

Doch nach wie vor standen Edeltraut und Birgit auf dem Programm. Letztere war aber dabei, sich zu verabschieden, nicht von mir, sondern von Lübeck. Da sie mit ihren Schülern nicht ganz klar kam, schmiss sie die Schule und schulte um. Mit Ende des Schuljahres ging sie zurück in ihre schwäbische Heimat, um in Ulm eine Ausbildung als Restauratorin zu beginnen. Sie vermittelte mir ihr Zimmer, das ich sofort nach ihrer Abreise bezog, als ich Anfang Dezember von Timmendorf nach Lübeck versetzt wurde.

So oft Edeltraut ihre Mutter besuchte, die zwischen Lübeck und Ratzeburg am Großen See ein Häuschen besaß, trafen wir uns. Auch von ihr erhielt ich ein kleines Geschenk, einen farbig emaillierten Kupferaschenbecher (obgleich sie doch wusste, dass ich nicht rauche). Was die Liebe anbelangt, verlebte ich also einen abwechslungsreichen Spätsommer und Frühherbst.

Unter meinen Lehrerkalendern, die ich nicht systematisch gesammelt habe, aber auch nicht ordnungsgemäß entsorgte, hat sich durch Zufall der von 1966 erhalten, und in diesem fand ich im Zusammenhang mit meiner Arbeit an den Memoiren unter dem 28. Oktober eine verräterische Eintragung: *Wer liebt mich am meisten?* Wahrscheinlich war ich davon ausgegangen, dass das Ausmaß der Liebe der Bereitschaft entspricht, sich mir ganz hinzugeben. Bisher hatte ich mich hier in Holstein zurückgehalten und es nicht bis zur letzten erotischen Konsequenz kommen lassen. Jetzt aber wollte ich doch Ernst machen mit der Liebe. Das Ende der Referendarausbildung nahte, bald würde ich als Assessor gutes Geld verdienen und eine Familie ernähren können. Ich war ehebereit für den Fall, dass die Richtige bereitstand. Und da hatte Maria die besten Karten.

Meine ledige Lehrerin war nur noch von historischer Bedeutung, Birgit war auf dem Sprung nach Süddeutschland, und Edeltraut war mir in ihrer kühlen Koketterie und in Berlin doppelt fern. Mit Maria aber war ich immer öfter zusammen, ihr Elternhaus und mein Zimmerchen waren keine Stunde Fußweg voneinander entfernt, außerdem durfte Maria das Auto ihrer Mutter benutzen, um mich in Timmendorf zu besuchen oder mit mir Ausflüge in die Umgebung zu machen.

Ich ging in ihrer Familie ein und aus, saß sonntags am Mittagstisch, sprach mit der Mutter über Gott und die Welt, aus taktischen Gründen jedoch sehr zurückhaltend, bereitete mich mit Rainer auf die kommenden Deutschstunden vor, beriet meine junge Romanistin bei ihrer Proseminararbeit über die Tragödie *Sophonisbe* von Corneille. Die Dame war sehr konservativ und noch katholischer, denn sie war Konvertitin und diese sind ja bekanntlich besonders intensiv in ihrem Glauben. Das elterliche Milieu färbte natürlich auf die Tochter ab, aber meine sich im Jahr '66 anbahnende Achtundsechzigergesinnung und Marias ultramontane Weltanschauung taten unserer Liebe keinen Abbruch, im Gegenteil, Gegensätze ziehen sich an. Wir hatten immer massenweise Gesprächsstoff, wenn wir nicht etwas Besseres miteinander vorhatten, und ließen oft das eine in das andere übergehen. Bevor die Diskussion in Streit ausarten konnte, küssten wir uns und waren somit zum Schweigen gezwungen.

Von meiner bisherigen Maxime, in der Schönheit die wichtigste Voraussetzung der Liebe zu sehen, nahm ich Abstand. Zärtlichkeit und Sinnlichkeit, die Liebe zur Natur und die damit verbundenen endlosen Spaziergänge und horizontalen Erholungspausen, das Interesse an Kunst, Musik und Literatur, wobei die unterschiedlichen Wertungen uns nicht störten, sondern anregten – das alles bekam jetzt einen höheren Stellenwert. So kam es, wie es kommen musste, wir kamen uns immer näher, so nahe, wie sich Mann und Frau nur kommen können. Nach einem Autoausflug zur Dorfkirche von Ratekau war es dann soweit. Wir fuhren zurück nach Timmendorf, suchten mein Zimmer auf und dort mein Bett, kosten und küssten, bis Maria plötzlich zu weinen begann. Ich fürchtete, dass sie Angst vor dem Verlust ihrer Unschuld hätte und diese weiterhin bewahren wollte. Ihre Tränen hatten aber eine ganz andere Ursache, schluchzend offenbarte sie mir ihr schlechtes Gewissen und legte eine Art Beichte ab: *Ich habe es schon mal gemacht.* Natürlich sagte ich nicht salopp: *Na und – ich doch auch,* ich gab mich auch nicht enttäuscht und entsetzt, sondern großmütig und tröstete sie mit den Worten, dass die Liebe mehr bedeutete als alle Vergangenheit. Sie trocknete ihre Tränen und lächelte und ich war doppelt glücklich, zum einen, weil sie mit ihrem reuevollen Bekenntnis andeutete, dass sie es hier und heute auch mit mir machen wolle, zum anderen, weil ihr fortgeschrittener biologischer Zustand die Gefahr ausschloss, dass Laken und Matratze blutiges Zeugnis unserer Liebe ablegen würden – sicher sehr zum Unwillen meiner Wirtin.

Zwei Stunden später, während wir uns ankleideten, legte Maria ein erneutes Bekenntnis ab und flüsterte: *Ich habe gewusst, dass es dazu kommt.* Klar. Denn die Männer wollten immer, das sagt noch gar nichts über die Realisierbarkeit ihres Vorhabens, nur wenn auch sie bereit ist, kommt es dazu. Es spricht also nicht für ein großes prophetisches Talent, wenn die Frau früher als der Mann über den Ablauf des Zusammenseins Bescheid weiß. Am späten Abend verließen wir, um meine Wirtin nicht zu provozieren, das Haus und kehrten in der *Muschel* ein, unserer Niendorfer Stammbar. Am nächsten Tag wiederholten wir unsere Liebe, jetzt schon am frühen Nachmittag, gleich nach dem Mittagessen bei ihren Eltern, denn für den Abend war schon seit längerer Zeit ein Konzertbesuch geplant.

Jetzt, beim Rückblick auf mein Leben, lese ich nach Jahrzehnten in meinem uralten Kalender unter Sonnabend, dem 5., und Sonntag, dem 6. November, zweimal drei Wörter: *Kirche, Bett, Bar* und *Bett, Konzert, Bar.* Bei meiner Kalenderlektüre entdeckte ich zugleich – nach über 40 Jahren – , dass der Zufall es gewollt hat, dass ich genau vier Jahre später, am 5. und 6. November 1970, im Rathaus und Dom zu Ratzeburg Christa Mann heiratete.

Anfang Dezember 1966 musste ich Timmendorf verlassen und bezog in Lübeck Birgits Zimmer, in dem mir in den nächsten Monaten Maria fast jeden Samstag und Sonntag, um es neutral und diskret auszudrücken, Gesellschaft leistete. Immer vollzog sich unser Beisammensein bei Kerzenschein. Maria hatte mir – wie auch Birgit und Edeltraut – ein kleines Geschenk gemacht, einen kleinen, aus dunklem Holz gefertigten Würfel, auf dessen Oberseite sich eine Öffnung für eine Kerze befand, und wenn meine Geliebte bei mir war, kam dieser Kerzenhalter stets zu Ehren. Die drei besagten Geschenke werden übrigens ein paar Jahre später noch einmal eine wichtige Rolle spielen. Wenn Maria aus Studiengründen unter Zeitdruck stand und am Wochenende nicht zu ihren Eltern fuhr, besuchte ich sie in Hamburg und übernachtete in einer preiswerten Pension. Wieder, wie in Timmendorf, wohnte ich in Lübeck unter dem Dach, diesmal in einer eindrucksvollen Villa vor dem Mühlentor, zehn Minuten entfernt vom Studienseminar und von der Oberschule zum Dom, meinen beiden Dienststellen.

Die schönen Tage vom Timmendorfer Strand waren vorüber, und ich verließ den Ort nicht heiterer. Jetzt war Schluss mit lustig, Schluss mit Lehrauftrag und eigenverantwortlichem Unterricht, Schluss mit Klassenkumpanei und mit einem Lehrerleben ohne Kontrolle und Kritik. Denn jetzt fing der Ernst des Lebens an. Ich hatte zwar weniger Stunden zu geben, aber die mussten perfekt vorbereitet sein, worüber die Mentoren mit Argusaugen und Luchsohren wachten. Mein Mentor in Geschichte war freundlich und hilfsbereit, förderte mich mit brauchbaren Tipps, statt mich mit Kritik zu entmutigen. Mein Deutschmentor dagegen war ein gelernter Zyniker, und da er aus pädagogischen Gründen seinen Zynismus nicht an seinen Schülern auslassen durfte, mussten seine Referendare herhalten. An meinem Unterricht ließ er kein gutes Haar und fasste seine Vorwürfe in dem Satz zusammen: *Ihre Vorbereitungen könnten etwas üppiger sein.* Das größte Lob, zu dem er sich jemals bereitfand, lautete: *Heute haben Sie ja nicht nur Mist gemacht.* Die Mentorenkontrolle wurde ergänzt, um nicht zu sagen verschärft, durch die Anwesenheit der Fachleiter aus dem Studienseminar. Unangemeldet waren sie plötzlich da, nahmen in der letzten Reihe

Platz und ließen dem armen Referendar das Herz in die Hose rutschen. Sie zückten ihre Merkhefte, schrieben ohne Unterbrechung mit, und je mehr Notizen sie sich machten, desto unsicherer wurde man. Nach der Stunde veranstalteten Fachleiter und Mentor ein Kreuzverhör und fragten im Wechsel: *Warum haben Sie …?* oder: *Warum haben Sie nicht …?* Die Hausaufgabe war ungeschickt gestellt, die Überprüfung zu nachlässig, der Einstieg in das Thema der Stunde nicht motivierend genug, das Tafelbild unübersichtlich und noch dazu unleserlich, der Methodenwechsel zu selten, der Lehrervortrag zu abstrakt und zu lang, die Verwertung der Schülerbeiträge ungenügend.

Unglücklicherweise lag eine meiner Deutschstunden am Sonnabend in der 5. Stunde – und immer dann kam Fachleiter Mandel. Anschließend saßen wir im Lehrerzimmer und Mandel monierte.

Ich war so frei, mich zu verteidigen, was den Fachleiter zu immer längeren Vorhaltungen veranlasste. Verstohlen schaute ich auf die Uhr, um zu überprüfen, ob ich den Mittagszug nach Hamburg noch erreichen würde, wo Maria auf mich wartete. Aber der Zug war weg und Mandel redete weiter. Es läutete und die 6. Stunde war zu Ende. Die Kollegen kamen, holten ihre Mäntel und verabschiedeten sich ins Wochenende, nur Mandel blieb. Auch die Putzfrauen, die dem Staub des Lehrerzimmers zu Leibe rückten und ungehemmt um unsere Füße herum fegten, konnten ihn nicht vertreiben. Sein Diensteifer kannte keine Grenzen, er dachte offenbar nicht an seine Frau, die mit dem Essen wartete, erst recht wusste er nichts von meiner Sehnsucht nach Hamburg. Erst als auch der zweite Zug weg war, konnte ich mich endlich auf den Weg machen.

Am nächsten Samstag dasselbe Spiel. Endlose Diskussionen, bestehend aus Angriffen und Verteidigung – und das auf Kosten meiner Zeit mit Maria. Mir reichte es und ich reagierte, das heißt: Ich reagierte nicht mehr auf Mandels Kritik. Ich zeigte mich einsichtig, gab den reumütigen Sünder, gab keine Widerworte mehr, so dass aus dem zeitraubenden Dialog ein Mandel-Monolog wurde und der gute Mann seine Liste der Vorwürfe schon bald abgearbeitet hatte, mich laufen ließ und ich sogar noch den Mittagszug erreichte.

Das alles war aber nur Training, der Wettkampf bestand in den amtlichen Lehrproben. Noch während meiner Timmendorfer Zeit war ich am unterrichtsfreien Mittwoch, dem Seminartag, mehrfach Zeuge dieser Vorführungsstunden. Da versammelten sich an der Rückwand der Klasse außer dem Fachleiter und Mentor auch alle Referendare mit dem gleichen Unterrichtsfach wie der Prüfling. Der hatte einen Lehrprobenentwurf zu verfassen und vor der Stunde an die Zuhörer zu verteilen. Anschließend traf man sich zur Be-, wenn nicht Verurteilung. Uns Historikern hatte Frau Doktor Esau, Ostpreußin und Preußin, in ihren Sitzungen immer wieder das Wesen der preußischen Prüfungsordnung für Verwaltungs-, Rechts- und Studienreferendare erläutert und gepriesen.

Wenn in einer Konferenz etwas zu bewerten war, zum Beispiel die Leistungen eines angehenden Juristen oder Lehrers während eines Prozesses oder einer Unterrichtsstunde, dann kam der Jüngste zuerst zu Wort, damit er unvoreingenommen und unbeeinflusst seine Meinung äußert. Und dann sind entsprechend dem Dienstalter die anderen Sitzungsteilnehmer an der Reihe, bis der Versammlungsleiter seine Entscheidung verkündet, die aber nicht einfach das arithmetische Mittel der bisherigen Einschätzungen war, vielmehr ist sein Urteil im Allgemeinen schärfer, kritischer und mehr oder weniger willkürlich.

So hielt man es auch in Lübeck. Erst die Erstsemester und zum Schluss die Fachleiter. Jeder von uns musste sein Votum abgeben, und das war nicht unproblematisch, denn man steckte in einer misslichen Zwickmühle. Den Kollegen wollte man schonend behandeln (schließlich würde er schon bald über mich den Stab brechen, wenn ich heute seine Stunde in die Pfanne haue), man musste ihn also loben, das Gelungene hervorheben, die Ungeschicklichkeiten verschweigen, aber andererseits durfte man dem Fachleiter nicht als unkritischer Kumpel erscheinen, der den Kollegen wider besseres Wissen besser beurteilt, als er es verdient. Man würde sich selber schaden, wenn man es an der gebührenden Urteilskraft fehlen ließe oder diese gar überhaupt nicht besitzt. Man musste also einen Mittelweg wählen, ein bisschen loben, ein bisschen weniger tadeln und so den Erwartungen beider Seiten gerecht werden, denen des Mitreferendars und denen des Fachleiters. Das eine tun, das andere nicht lassen und irgendwie zwischen Kameradschaft (dem Leidensgenossen gegenüber) und Anpassung (an die Machthaber der Seminarbürokratie) einen Kompromiss bewerkstelligen. Das ganze System war geeignet, das eingespielte Verhältnis von oben und unten (als Abbild der Gesamtgesellschaft) zu erkennen, zu erlernen, zu verinnerlichen und zum eigenen Nutzen (also der Karriere) zu nutzen.

Man musste den artigen Junglehrer spielen, der sich fleißig vorbereitete, und zwar besonders auf die Lehrproben. Zunächst verfasste man einen stilistisch anspruchsvollen und seitenlangen Lehrprobenentwurf, in dem man die Klasse charakterisierte, den Lehrstoff vorstellte, die Reihenfolge, in der man ihn behandeln wollte, darlegte und begründete und minutiös festlegte, was man nach 5, nach 10, nach 15 ... nach 45 Minuten bewältigt haben wollte. Auch machte man die Zuhörer (und Richter) der Veranstaltung mit dem geplanten Tafelbild und den Hausaufgaben bekannt.

Sehr viel Mühe verwendete ich auf die Abfassung der *Bemerkungen zur Klasse,* nannte die strebsamen Schüler Fritz und Franz aus der ersten Reihe, die mit ihren Wortbeiträgen stets den Unterricht fördern, während Emil sich zwar eifrig beteiligt, aber zum Schwadronieren neigt. Still beteiligt sind Heinz und Hans, die sich nie melden, aber über gute Kenntnisse verfügen und wenn man sie rannimmt, überzeugende Antworten geben. In der letzten Reihe sitzen die Störenfriede, die man, wie auch immer, disziplinieren muss, am besten durch separate Arbeitsaufträge. Vorne neben der Tür hat der Klassenclown seinen Platz, den man am ehesten ruhigstellt, indem er einfach ignoriert wird. Die Masse der Klasse ist ruhig und unauffällig, auch nicht sonderlich interessiert am Stoff und muss von der 25. bis 30. Minute durch Partnerarbeit aktiviert werden, deren Ergebnisse von der 30. bis zur 35. Minute eingefordert werden.

Diese Rollen und Typen gibt es in jeder Klasse, folglich – nur mit Änderung der Namen – war mein Text für jeden Lehrprobenentwurf verwendbar und kursierte alsbald als Muster unter den Lübecker Referendaren. Daran wird deutlich wie gut wir uns trotz der Konkurrenzsituation, in der wir uns befanden, halfen und verstanden.

Mit einigen schloss ich richtige Freundschaften, die über die normale Solidarität unter Kollegen hinausgingen. Als Herrmann (Sport, Biologie und Marathon) mitbekam, dass ich Mittelstreckler war, holte er mich in den Lübecker Leichtathletikverein *Phoenix*, mit dessen Läuferclique ich zwei-, dreimal die Woche trainierte, so dass ich im

Sommer '67 meinen zweiten sportlichen Frühling erlebte. Dietmar hatte mich, als ich noch in Timmendorf tätig war, nach der Seminarsitzung angesprochen, weil er mit Birgit, die im gleichen Kirchenchor wie er sang, über mich gesprochen hatte. Das war der Anfang einer Freundschaft, die weit über die Referendarzeit hinaus Bestand hatte. Politisch standen wir uns nahe, die Skepsis dem Seminar gegenüber teilten wir, als Deutschreferendare hatten wir es mit dem gleichen Mandel zu tun und statt uns intensiv vorzubereiten, wanderten wir stundenlang den Elbe-Lübeck-Kanal entlang.

Auch mit Nils Seidel, der wie ich inzwischen in Lübeck war, blieb ich befreundet. Den armen Nils hatten wir zum Referendarsprecher gewählt, was keiner werden wollte, weil das Amt mit Arbeit und Unannehmlichkeiten verbunden war. Er aber war so gutmütig, sich breitschlagen zu lassen. Seine Gutmütigkeit wird auch an einer Episode deutlich, die mit Dr. Lange verbunden war.

Dieser Herr war, mehr aus Pflicht als aus Neigung, für das Fach *Pädagogische Psychologie* zuständig, hielt seinen Kurs ohne eigenes Interesse an der Materie jeden Mittwochnachmittag und hatte den Spitznamen *Dr. Langeweile.* Die Referendare haben ihren Seminarautoritäten gegenüber halt die gleiche Einstellung wie Schüler zu ihren Lehrern. Da Dr. Lange genauso faul war wie wir Referendare und sich genauso ungern vorbereitete, machte er sich das Leben leicht, indem er uns Referendare Referate halten ließ. Ich hatte über die berühmte Internatsschule *Schulpforta* zu sprechen und zog mich aus der Affäre, indem ich ganz hinten, quasi unsichtbar für Dr. Lange, referierte. Ein Manuskript hatte ich nicht vorbereitet und mir stattdessen den Brockhausband *Sch* beschafft. Auf der Grundlage meiner historischen Kenntnisse und mithilfe der Ausführungen im Lexikon plauderte ich eine Viertelstunde und wurde dafür, dass ich – notgedrungen – frei gesprochen hatte, sogar noch gelobt.

Anschließend war Nils mit Makarenkow dran und hatte die clevere Idee, statt einen ausgearbeiteten Vortrag zu halten, einfach nur vorzulesen. *Keiner*, so begann er, *kann uns die Gedanken des großen russischen Pädagogen so anschaulich nahebringen wie er selber in seinem Buch »Der Weg ins Leben«*. Und Nils las und las und las. Wir waren begeistert und baten Dr. Lange am Ende der Stunde, dass Herr Seidel seine Lesung das nächste Mal fortsetzen dürfe, was beide gutmütig und großmütig akzeptierten. Da hielt dann unsere Begeisterung an und Dr. Lange und Nils ließen sich überzeugen, dass auch die übernächste und die überübernächste Sitzung Makarenkow gewidmet sein müssten. Das war unsererseits keine politische Demonstration für die sowjetische Pädagogik, das war nur der geglückte Versuch, diejenigen, die eigentlich im Laufe des Semesters noch hätten referieren müssen, von ihrer lästigen Pflicht zu befreien, zwar auf Kosten von Nils, der sich aber auch Entlastung verschaffte, indem er, Heiserkeit vorschützend, andere statt seiner vorzulesen bat. So ging es das ganze Kurzschuljahr hindurch – es war inzwischen das zweite – , bis die Älteren unter uns im Juni '67 ihre Assessorenprüfung, also das zweite Staatsexamen ablegten.

Auch wenn, wie gesagt, die Makarenkow-Episode alles andere als eine politische Demonstration war, so doch ein bisschen passiver Widerstand. Direkt wollte man den Seminarbetrieb nicht kritisieren und attackieren, sondern begnügte sich damit, sich, wo es ging, zu drücken und immer nur das Nötigste zu tun.

Allerdings gab es Ausnahmen. Anders als andere Fachleiter hatte Mandel es eingeführt, den Abschlusssemestern in Sondersitzungen die letzten pädagogischen Feinheiten zu vermitteln. Unsere unmittelbaren Vorgänger sind auf dieses Angebot dankbar eingegangen, erwiesen sich, um es auf tautologische Weise zu betonen, als angepasste Mitläufer, avancierten zu Mandels Elite-Lieblingen und bestanden ihre Prüfung fast alle mit Eins. Anders wir Jüngeren. An uns war die Studentenbewegung nicht spurlos vorübergegangen, wir leisteten uns schon mal eine eigene Meinung und äußerten diese sogar.

Einen Tag, nachdem Adenauer gestorben war, hielt Mandel es für angebracht, was nicht einmal die Historikerin Dr. Esau uns Geschichtsreferendaren zumutete, die Fachsitzung mit einer gefühlvollen Trauerpredigt und anschließender Laudatio auszufüllen: Was hat dieser Mann nicht alles geleistet! Er hat die Bundesrepublik geschaffen und geprägt, er hat die Demokratie in dem jungen Staat fest etabliert, er hat uns Wohlstand und Sicherheit geschenkt, er hat uns nach den Naziverbrechen und dem verlorenen Krieg unser Selbstvertrauen und Selbstbewusstsein zurückgegeben und uns zu einer geachteten Nation innerhalb der westlichen Wertegemeinschaft gemacht. Dietmar und ich blinzelten uns zu, meldeten uns zu Wort und meldeten im Wechsel Widerspruch an. Zu schnell habe Adenauer den Weg nach Westen beschritten und das nicht nur politisch und wirtschaftlich. Auch die Wiederbewaffnung habe er allzu eilig betrieben und sich zum Liebling der Amerikaner gemacht.

Die Ostzone hat er abgeschrieben, für ihn, den Rheinländer, lag hinter der Elbe nicht nur das ungeliebte und protestantische, also fast schon heidnische Preußen, sondern da begann seiner Meinung nach eigentlich bereits die endlose russische Steppe. Von demokratischer Fairness kann man bei seiner Politik kaum sprechen, was er wollte, setzte er mit List und Tücke durch, seine politischen Gegner setzte er Unterstellungen und Diffamierungen aus – man denke nur daran, wie er dem Lübecker Willy Brandt, wenn auch indirekt, seine uneheliche Geburt und seinen Widerstand im skandinavischen Exil zum Vorwurf machte. Als einen großen Deutschen könne man also Adenauer nicht bezeichnen.

Mandel wurde nicht wieder, er war verblüfft, ja, entsetzt: *So sehen Sie das? Ich bin sprachlos, ich begreife das nicht. Herr Paul, Herr Hartmann, ich hoffe, Sie stehen mit Ihrer Meinung allein. Die anderen, wie sehen die anderen das?*

Aber die anderen hielten zu uns, sie waren zwar vorsichtig und wollten es mit ihrem Fachleiter nicht verderben, aber sie nahmen doch, wenn auch mit diplomatischer Zurückhaltung, für uns beide Partei. Wir hätten zwar übertrieben, aber in der Sache nicht ganz unrecht.

Der Ausflug in die Politik zog die Seminarsitzung in die Länge. Da Mandel sein Pensum unbedingt bewältigen wollte – auf dem Programm standen die Behandlung des Konjunktivs in der Unterstufe und die Besprechung von Balladen in der Mittelstufe – setzte sich die Sitzung bis in die Abendstunden fort.

Ohnehin hatte Mandel die Angewohnheit, statt uns nach anderthalb Stunden laufen zu lassen, eine Halbzeitpause einzulegen. Dann standen wir vor der Tür, plauderten und rauchten oder plauderten nur. So auch an einem schönen Sonnentag im Wonnemonat Mai. Auf dem Bürgersteig vor dem Eingang zum Seminar hatte Mandel seinen Wagen geparkt, um den wir uns verärgert versammelt hatten. Als ein Streifenwagen um die Ecke bog und sich langsam näherte, passierte es. Es gab keinen verantwortlichen Urheber oder gar Rädelsführer, der die Initiative ergriff, vielmehr war es eine kollektive Intuition, die uns dazu verleitete, wild gestikulierend auf das ordnungswidrig abgestellte Auto hinzuweisen.

Das Ergebnis wurde uns eine Woche später bekannt. Da stürmte Mandel wutentbrannt in den Seminarraum und begann mit seiner Philippika gegen subalterne Polizeibeamte, die in ihrem pedantischen Übereifer nichts Besseres zu tun hätten, als ihm, Mandel, ein Mandat zu verpassen, ihm, der in Ausübung seiner Pflicht pünktlich zu seinen Referendaren kommen wollte und deshalb bis direkt vors Seminar gefahren sei. Und dafür wird man bestraft, ein hanebüchenes Unrecht! Dass wir, mit denen er es doch so gut meinte, die Schuldigen waren, erriet er nicht, sonst hätte er noch viel lauter und länger getobt – und mit anderer Zielrichtung. Dass er in seinem Amt genauso pflichteifrig war wie die Polizeibeamten, merkte er nicht. Er nahm seinen Job ernst, sehr ernst und glaubte allen Ernstes, uns studierten Germanisten grundlegende pädagogische Weisheiten vermitteln zu können und zu müssen. Deshalb seine Überstunden und seine permanenten Unterrichtsbesuche.

Immerhin war er fair und versuchte, uns gerecht zu beurteilen, was ihm sicher schwerfiel, nachdem er von seinem angepassten Elitekurs verwöhnt worden war und dessen Teilnehmer er mit Einsen überschüttet hatte. Wir nun steuerten mehrheitlich auf eine biedere Drei zu, die Note des fleißigen Durchschnitts beziehungsweise der renitenten Intelligenz, zu der, ohne überheblich sein zu wollen, Dietmar und ich uns rechneten.

Für mich kam aus einem weiteren Grunde nichts anderes als eine Drei in Frage. Nachdem ich 14 Monate lang eigenverantwortlich Unterricht erteilt hatte, selbstständig und ohne nennenswerte Eingriffe durch ältere Kollegen oder gar durch die Seminarexperten, und anschließend nur ein halbes Jahr in Lübeck gezielt ausgebildet worden war, konnte ich gar nicht als *sehr guter* oder auch nur *guter* Lehrer ins Schulleben entlassen werden. Denn wenn man sich selbst genauso gut fördern und ausbilden kann, wie es die amtlichen Kollegen vermögen, dann ist der ganze Seminarbetrieb überflüssig und das Seminarpersonal verliert seine Existenzberechtigung. Auf der anderen Seite durfte ich aber auch nicht durchfallen oder mit einer

Vier abgespeist werden, weil ich dann gegen das Land Schleswig-Holstein und seine Schulbürokratie hätte klagen können wegen Unterlassung der angemessenen Betreuung und Ausbildung eines Referendars, den man wegen Lehrermangels und zwecks Kostensparung mit Lehrauftrag in die Provinz geschickt hatte. Also die Note Drei. Im Übrigen war die Zensur ohne Bedeutung, denn Lehrer wurden angesichts der Bildungsexplosion dringend gebraucht, so dass jeder Bestandene auf eine Planstelle gesetzt wurde.

Bei meiner Examensarbeit handelte es sich um die Schilderung (beziehungsweise Rechtfertigung) eines Unterrichtsversuchs: *Wie behandle ich die Minnelyrik Walthers von der Vogelweide in einer Obersekunda, deren Schüler an einer Realschule die Mittlere Reife erworben haben? - Durchgeführt an der Oberschule zum Dom in Lübeck im Wintersemester 1966/67.* Die Klasse, in der ich unter der Fuchtel meines Mentors Deutsch unterrichtete, war eine Förderklasse aus Schülern, die erst später als normal den Weg aufs Gymnasium gefunden hatten. Nicht anders war es ja auch mir ergangen, der ich erst nach der 8. Klasse auf die Oberschule übergewechselt war. Das Thema ergab sich aus dem Lehrplan, der für die 11. Klasse mittelhochdeutsche Epik und Lyrik vorsah. Ich quälte mich also damit ab, die pubertierenden Knaben (die OzD war damals eine reine Jungenschule) für die mittelhochdeutsche Sprache und Lyrik zu begeistern, was nicht einfach war, mir aber doch so einigermaßen gelang.

Geschrieben wurde die Arbeit von Maria, zwar nicht so, wie ich ihre Arbeit über *Sophonisbe* geschrieben, nämlich verfasst hatte, sondern so, dass sie meine Arbeit tippte. Das war kein Liebesdienst, sondern nur noch ein Freundschaftsdienst. Denn inzwischen hatte Maria Schluss gemacht. Warum, weiß ich nicht. Und sie wollte und konnte es mir nicht sagen. Meinen Geburtstag, den 4. März, einen Sonnabend, hatten wir noch in perfektem Liebesglück verlebt, sie hatte sich mir, wie so oft, zum Geschenk gemacht. Während ich meinen Schülern die hohe Minne mit ihrer platonischen Enthaltsamkeit verständlich zu machen versuchte, genossen Maria und ich das pure Gegenteil. Seit Monaten waren wir ein Herz und ein Körper, und wenn wir nicht zusammen sein konnten, schrieben wir uns seitenlange Briefe, zwei, drei die Woche, und beteuerten uns in immer neuen stilistischen Varianten unsere Liebe. Wir waren sogar halb verlobt, aber eben nur halb, weil nur sie einen Ring trug, den wir gemeinsam ausgesucht hatten, ich aber weiterhin freie Hand hatte. Ihre Zärtlichkeit tröstete mich über meinen Referendarfrust hinweg. Dass ich mich von ihr geliebt wusste, stärkte mein Selbstwertgefühl in dem Maße, wie umgekehrt Fachleiter und Mentoren mich kritisierten und demütigten. Aber ich ließ mich nicht kleinkriegen, weil ich in Marias Armen wieder zu Kräften kam. Sie in Hamburg zu besuchen, sie in Lübeck zu empfangen, mit ihr auszugehen, zum Essen, zum Tanzen, in Museen, in Konzerte, bedeutete für uns beide ein unendliches Glück. Und diesem Glück wollten wir Dauer verleihen. Was dem im Wege stand, verdrängten wir. Dass sie katholisch war und bleiben wollte und ich ein dauerhafter Protestant, kümmerte uns nicht, und über die konfessionelle Ausrichtung unserer geplanten Kinder verloren wir kein Wort.

Aber dann war plötzlich Schluss. Anfang April nahm Maria an einem Skikurs für Sportstudenten teil und kam wie verwandelt, als eine ganz Andere, aus den Alpen zurück. Aus heiterem Himmel kündigte sie unsere Liebe auf. Sie hatte keinen anderen Mann kennengelernt, in den sie sich plötzlich verliebt hätte und der meine Nachfolge antreten sollte, nein, sie hatte in den Alpen nur Angst davor bekommen, sich mit Anfang 20 endgültig zu binden. Wahrscheinlich war sie sich darüber klar geworden, dass der ideologische Graben zwischen uns tiefer war, als wir bisher wahrhaben wollten.

Wir blieben Freunde, wie man so schön sagt, wir trafen uns nach wie vor, ich fuhr jeden Freitagabend nach Hamburg, um mit ihr zusammen Weizsäckers Philosophievorlesung für Hörer aller Fakultäten beizuwohnen, sie tippte meine Examensarbeit und meine Lehrprobenentwürfe und seit wir nicht mehr ins Bett gingen, diskutierten wir umso heftiger, wobei ich nicht länger mit Rücksicht auf unsere Liebe diplomatische und taktische Zurückhaltung übte und meine linke und progressive Position ihrer konservativ-katholischen rücksichtslos entgegensetzte. Sie kam mir mit Sedlmayrs *Verlust der Mitte*, einem rückwärtsgewandten Buch, aus dem Marias Mutter ihre kunsthistorischen Weisheiten bezog, ich konterte mit Willi Baumeisters *Das Unbekannte in der Kunst*. Was sie entartet fand, fand ich kreativ.

Natürlich litt ich unter wertherartigem Liebeskummer, aber – auch das natürlich – ohne Werthers blutige Konsequenzen zu ziehen. War auch mein Glück urplötzlich zerbrochen, so muss ich heute von Glück sagen, dass es so kam, denn unser Glück hätte nie und nimmer von Dauer sein können, bei den vielen Schranken, die uns trennten. Eine harmonische Ehe konnte aus unserer Affäre nicht werden. Nur wollte ich das nicht merken – und litt.

Gemerkt habe ich damals auch nicht die Ironie des Schicksals, die in der Parallele zwischen meinem Unterrichtsversuch und meinem Liebesleben bestand. In der Schule sprach ich von der Hohen Minne, der Sehnsucht ohne Erfüllung, und ich selber liebte inzwischen genauso sehnsüchtig und unerhört, also ohne erhört zu werden, wie die Minnesänger. Auch Maria merkte, wenn sie meine Arbeit tippte, nichts von diesem *Tua res agitur* der Literatur.

Ein Gutes aber hatte meine gescheiterte Liebe. Maria setzte Maßstäbe für die Zukunft. Nicht flüchtige Verhältnisse, aber Frauen von Dauer mussten mindestens ihr Niveau haben, hinsichtlich des Aussehens, der Intelligenz, der Bildung, der Zärtlichkeit, der Leidenschaft. Ich war wählerisch geworden. Auf kurze Abenteuer wollte ich nicht verzichten, sie aber nur als Zeitvertreib ansehen während des Fahndens nach der endgültig Richtigen.

Den Anfang machte Gunni. Nach einer Seminarsitzung hatten Dietmar und ich zwei Referendarinnen überredet, mit uns eine Abendwanderung den Elbe-Lübeck-Kanal entlang zu unternehmen. In dem zwei, drei Kilometer südlich gelegenen Dorf Genin kehrten wir in einem Landgasthof ein, und auf dem Rückweg widmete sich Dietmar der einen und ich mich der anderen. Gunni war weder schön noch hässlich; ihre Korpulenz ließ darauf schließen, dass sie ihrem Körper gern etwas Gutes zukommen ließ, sowohl beim Essen als auch beim Trinken, und, so hoffte ich, auch hinsichtlich anderer körperlicher Genüsse. Die Tatsachen, dass wir nicht ganz nüchtern waren und es bereits stockfinster war, begünstigten unser beider Vorhaben. Ich war nicht schüchtern und sie nicht prüde. In den folgenden Tagen waren wir täglich zusammen, teils im Seminar, teils auf unseren Wanderungen zu viert, und ein-, zweimal fuhren wir nach Timmendorf zum Baden. Dann hielt Gunni die Zeit für gekommen, mich mitzunehmen in ihre kleine Parterrewohnung mit separatem Eingang und mich zu fragen, ob ich sie liebe. Was meine Antwort zur Folge haben würde, lag auf der Hand. Ein Ja würde sofort in ihr Bett führen, ein Nein unsere Beziehung beenden. Ich stand vor der Wahl, zu lügen und zu genießen oder die Wahrheit zu sagen und wieder alleine zu sein. Ich endschied mich für die moralische Variante, zumal ich auf meine Bestände aus dem Vorjahr zurückgreifen konnte, die ich in der Ära Maria nicht ganz aus dem Auge verloren hatte.

Die schöne Edeltraut hatte sich zwar rar gemacht wie auch ich mich, aber was sagte das schon? Als ich, auf dem Gipfel meiner Liebeskummerkrise eines Abends auf dem Heimweg vom Seminar bemerkte, wie ihre Mutter mit Mühe einparkte und aus ihrem Volkswagen stieg, begrüßte ich sie höflich und erfuhr, dass ihre Tochter gerade im Lande sei. Das kam mir in meinem traurigen Zustand sehr gelegen und ich bekannte, dass ich sie gerne mal wieder sehen würde, ob und gegebenenfalls wann ich zu einem kurzen Besuch vorbeikommen dürfe. Die Mutter gab sich distanziert und suchte nach einer höflichen Form der Ablehnung, als der kleine Bruder vom Rücksitz aus krähte: *Sie ist verlobt, sie ist verlobt, sie ist verlobt …*

Kaum war mein Versuch, mich einzuladen, gescheitert, da lud die ledige Lehrerin aus Heiligenhafen sich bei mir ein. Unsere Beziehung war zwar fast zum Erliegen gekommen, lediglich zu Weihnachten und Ostern hatten wir uns freundliche, wenn auch lieblose Grüße übermittelt. Höchstwahrscheinlich wusste sie über ihren Timmendorfer Schwager, meinen damaligen Kollegen, dass ich mit der Schwester eines Schülers liiert war, denn in Kleinstädten bleibt ja nichts Zwischenmenschliches verborgen. Auf gleichem Wege war sie dann wohl auch davon in Kenntnis gesetzt worden, dass ich wieder frei sei. Da ihr bekannt war, dass die Referendare Ende des Semesters ihr Examen tafelnd und tanzend zu feiern pflegten, schlug sie vor, auf dieser Veranstaltung als meine Tischdame zu fungieren. Sie schloss ihre Selbsteinladung mit dem bürokratischen Kürzel *U.A.w.g.*. Mit ihr in aller Öffentlichkeit aufzutreten, mich zu ihr zu bekennen und den Eindruck einer ernsthaften Verbindung zu erwecken, widerstrebte mir. Also eine Absage, aber wie? Keine verlogenen Ausflüchte, sondern offen und ehrlich und zugleich kurz und bündig mit Bezug auf ihr Kürzel. Ich schrieb, ohne eine Begründung zu nennen, dass ich ihre Selbsteinladung nicht annehmen könne und dass ich ihr Kürzel *U.A.w.g.* nicht zu entschlüsseln vermöge, aber annehme, dass sie damit meine, trotz ihres Bemühens um Teilnahme an der Feier: *Unser Abstand wird größer.* Und das wurde er dann auch.

Blieb Birgit. Sie einzig und allein. Aber sie war weit weg im fernen Ulm und restaurierte. Je länger (seit Herbst) und je weiter (an der Donau) sie weg war, desto verlockender erschien sie mir. Doch ehe ich mich dazu durchrang, sie in ihrem Schwaben zu besuchen, hatte Dietmar bereits vollendete Tatsachen geschaffen. Da er keine Lust hatte, an einem normalen Gymnasium zu unterrichten, wohl weil er schlechte Erfahrungen mit pubertierenden Tertianern gemacht hatte, wollte er lieber mit jungen Erwachsenen arbeiten und diese auf dem zweiten Bildungsweg zum Abitur führen. In Mainz gab es ein solches Kolleg, und dort hatte er sich beworben. Da er also in die pfälzische Landeshauptstadt musste, fragte er Birgit, mit der er noch immer als ehemaliger Kirchenchorkollege korrespondierte, und auch mich, ob wir Anfang Juli, nach seinem Vorstellungsgespräch, zu dritt in Süddeutschland wandern könnten. Birgit hatte Urlaub und sagte zu und ich auch.

Im Mainzer Dom wollten wir uns treffen. Auf dem Lübecker Bahnhof erschien Dietmar dann aber ohne Gepäck und sagte, er könne nicht mitkommen. Vielleicht hatte sich sein Gesprächstermin verschoben, vielleicht wollte er ganz gezielt Birgit und mich alleine wandern lassen, uns quasi verkuppeln, weil er annahm, dass wir bestens zusammenpassten. So stand ich alleine in dem prachtvollen Gotteshaus, wartete; aber nicht lange, dann erschien Birgit und wir begrüßten uns liebevoll, jedoch nicht leidenschaftlicher, als es an dem heiligen Ort schicklich war. Schon bald, ohne uns lange um die Kunstschätze zu kümmern, verließen wir Dom und Stadt und holten in der Einsamkeit der Natur an Zärtlichkeit nach, was uns der spiritus loci des Doms verboten hatte. Gegen Abend fuhren wir mit der Bahn Richtung Odenwald und stiegen in einem romantisch anmutenden Städtchen aus. Dort fanden wir aber kein Hotel mit zwei Einzelzimmern, nach einem Doppelzimmer zu fragen, war

Birgit peinlich und genant, so dass wir mit einer Wiese vor der Stadt vorlieb nehmen mussten. Bei aller Einsamkeit, bei aller Dunkelheit, trotz bester Bedingungen – Birgit bestand auf Distanz. Am nächsten Tag wanderten wir bis Höchst, einem Kaff ohne sonderlichen Tourismus, so dass die Hotels so gut wie leer waren und wir zwei Einzelzimmer beziehen konnten. Nach dem Abendessen kam Birgit mit auf mein Zimmer, zeigte sich liebevoll, saß mit mir auf der Bettkannte, nur auf der Bettkante, und stellte hier genau die Frage, die ich vor wenigen Wochen von Gunni gehört hatte: *Liebst du mich?*

Die Antwort war nicht so einfach zu finden wie damals. Einerseits mochte ich sie, aber ich war nicht oder noch nicht für sie entflammt. Vielleicht sollte ich es versuchen. Was nicht ist, kann noch werden. Im letzten Jahr war Birgit zweimal zweite Siegerin geblieben, im Sommer hatte mich die schöne Edeltraut verblendet und im Herbst die verführerische Maria. Jetzt aber, da es mit beiden vorbei war, sollte Birgit vielleicht endlich ihre Chance bekommen. Vielleicht kommt, wie der Appetit beim Essen, die Liebe beim Lieben.

Also bejahte ich ihre Frage und durfte mit den Vorbereitungen für unser Liebesglück beginnen. Bevor wir aber richtig in Fahrt kamen, kam sie mir mit einer zweiten, der ersten nicht unähnlichen, aber viel konkreteren, Frage, nämlich: *Heiratest du mich, wenn ich ein Kind bekomme?* Natürlich machte ich ihr ein entsprechendes Versprechen, entschied mich aber umso entschiedener für einen rechtzeitigen Interruptus. Am nächsten Tag wanderten wir von Höchst nach Michelstadt, wo Birgit wie selbstverständlich, auf der Basis der geänderten Geschäftsbedingungen, mit mir ein Doppelzimmer bezog. Schon am nächsten Tag bekam sie ihre Tage, so dass unsere Nächte erheblich an Reiz verloren, wir aber auch eine gewisse Erleichterung empfanden. Die folgenden Tage machten wir sternförmige Touren in die Umgebung, nicht zuletzt schon des Namens wegen, nach Amorbach. Dann ging ihr Urlaub zur Neige und sie musste in Ulm zurück aufs Gerüst, um ihre Heiligen zu restaurieren, und ich wollte mal wieder bei meinem Vater vorbeischauen und meine Berliner Freunde treffen. Birgit und ich verabredeten, uns gegen Ende meiner Ferien in Ulm wiederzusehen, wobei ich berechnend genug war, genau zu berechnen, welche Woche ideal für die Liebe sei, nämlich ohne jede Gefahr für unliebsame Folgen. Als ich mich dann aber am Ziel meiner Reise am Ziel meiner Wünsche wähnte, rückte Birgit mit der Tatsache heraus, dass sie einen verkürzten Zyklusrhythmus habe, also während der Zeit meines Besuchs der Liebe entsagen müsse. Ich war maßlos enttäuscht. Mehr noch. Obgleich sie mir ihre Unschuld geopfert hatte, mich also doch wohl liebte, fühlte ich mich von ihr betrogen. Unsere Liebe stand auf Messers Schneide. Meine Hoffnung, dass unsere Liebe zur Liebe führe, konnte sich nicht erfüllen, weil der geplante Test ausfiel. Tagsüber war Birgit bei ihren Heiligen und ich unterwegs im Umland. Abends gingen wir zusammen essen und begnügten uns anschließend notgedrungen mit einigen platonischen Zärtlichkeiten. Als ich abreiste, nahmen wir nicht endgültig Abschied, trafen aber auch keine neue Verabredung. Es war wie vor gut einem Jahr mit Helga. Zwei banale Zufälle beziehungsweise zwei anomale Ausnahmen, damals meine kuriose Telefonallergie, jetzt Birgits kurioser Kalender, hatten einer vielversprechenden Beziehung einen irreparablen Schlag versetzt.

Du wirst dich wundern, lieber Leser, und erst recht du, liebe Leserin, vielleicht sogar unangenehm berührt sein, dass ich so ausführlich, ja indiskret, wenn nicht gar unschicklich detailliert mein Liebesleben während meiner Referendarzeit offenlege. Denn eigentlich geht das ja niemanden etwas an. Aber dennoch! Ich habe es getan und ich habe Gründe. Mein Buchtitel lautet: *Die da und wir hier.* Wir hier haben wenig zu sagen, auch in der Demokratie, wir sind Menschen zweiter Klasse, wir haben, wenn es hoch kommt, unser Auskommen. Macht und Einfluss besitzen wir nicht.

Verändern können wir gar nichts. Wenn es um Krieg und Frieden geht, wenn es um die Verteilung des Volksvermögens geht, das aber nicht das Vermögen des Volkes, sondern der Eliten ist, wenn es um gerechte Bildung und Ausbildung geht, dann sind die Menschen mehrheitlich nur passive Zuschauer oder gar Opfer. Einige wenige kommen hoch, bringen es zu Ansehen und Vermögen. Schlagerstars und Sportasse, ein paar ökonomische Glückspilze, vielleicht einige fleißige und begabte Studenten, die Karriere als Manager, Wissenschaftler, Medienmenschen und so weiter machen, aber das sind Ausnahmen, die vor allem dazu dienen, die Massen bei Laune und

Ruhe zu halten. Sieh da, sieh da, sagt sich der arme Schlucker, es ist doch möglich, die Schranken zwischen den Kasten, den Klassen, den Rassen zu überwinden, und wenn ich selbst es nicht schaffe, ist es meine eigene Schuld. Schließlich gibt es genügend Beispiele dafür, dass, wer nur will, auch nach oben aufsteigt. Und sie dienen der Rechtfertigung der Klassengesellschaft und dem Ruhigstellen der Massen. Bei Laune gehalten werden die Massen auch durch die Massenunterhaltung, den Massentourismus, die Massenmode und jeder Einzelne durch sein ganz privates, persönliches Glück. *Des kleinen Mannes Sonnenschein ist Liebe und besoffen sein,* sagt der Volksmund (auch wenn er für das Wort *Liebe* wesentlich deftigere Vokabeln benutzt).

Und damit bin ich bei der Rechtfertigung der indiskreten Schilderungen meiner Liebesabenteuer. Liebe lenkt ab und macht glücklich und lässt uns Unrecht und Ärger vergessen, mich zum Beispiel mein leidiges Referendardasein. Statt uns zu empören, Barrikaden zu bauen und zu besetzen, verlieben wir uns und suchen unsere Befriedigung im stillen Kämmerlein der Geliebten. Wenn Karl Marx sagt, dass die Menschen zu artigen Untertanen erzogen werden mithilfe der obrigkeitstreuen Religion und Kirche, die Religion also das beglückende und beruhigende Opium des Volkes sei, dann behaupte ich, dass Eros genau wie Opium wirkt. Und darum gehört die Liebe zu einer politischen wie auch persönlichen Biografie. Dass man dabei Leid bereitet und Leid erleidet, ist leider wahr und darf nicht verschwiegen werden.

47
Als Assessor nach Ratzeburg

Die logische und unausweichliche Drei, mit der meine Leistungen als Referendar bewertet wurden, habe ich bereits erwähnt. Wichtiger als die Note war uns mit feierlichem Händedruck und amtlicher Urkunde zu Assessoren beförderten Seminaristen aber etwas ganz anderes: In welche Stadt, an welches Gymnasium, würde man uns versetzen? Einige wären gerne in Lübeck geblieben, wo sie sich eingelebt hatten, die aus Schleswig-Holstein stammenden Landeskinder wollten am liebsten zurück in ihren Heimatort, und alle fürchteten, an die Westküste abgeschoben zu werden, in irgendeine graue Stadt am Meer, in die flache und platte Marsch, wo die Deiche die höchsten Erhebungen sind.

Die Entscheidung über unser topografisches Schicksal fiel in Kiel, das Kultusministerium bestimmte, wer in welche Stadt kam, und das ohne Rücksicht auf die eventuell geäußerten Wünsche der Kandidaten. Da diese Willkür beziehungsweise Rücksichtslosigkeit allgemein bekannt war, haben die meisten von uns sich auch gar nicht erst mit entsprechenden Bitten an die Kultusbehörde gewandt. Die Kieler Beamten entschieden allein nach Bedarf und Angebot – und Zufall. Braucht die Schule in X einen Lehrer mit der Fächerkombination Y und Z, dann wurde der Jungassessor mit eben diesen Fächern wahllos an eben diese Schule versetzt, am grünen Tisch, allein gemäß der statistischen Notwendigkeit.

Ich hatte Glück. Ich kam nach Ratzeburg. Vom dortigen Gymnasium ging im Sommer ’67 der Deutsch- und Geschichtslehrer Dr. Schlott in Pension, und in dessen freiwerdende Planstelle rückte ich mit den passenden Fächern ein und erhielt im Lehrerzimmer sein Schrankfach, das er, genau wie seine Stelle, zum Schuljahresende räumte. Ratzeburg entsprach meinen Wünschen. Nicht nur, dass es ein romantisches Städtchen in lieblicher Landschaft ist, hier wohnten auch meine Verwandten, so dass ich Familienanschluss hatte, und von hier aus konnte ich so schnell und bequem wie von keiner anderen Stadt im Lande Schleswig-Holstein nach Berlin gelangen. Damals gab es noch Kurswagen aus Kiel, die in Büchen dem Hamburg-Berlin-Zug angehängt wurden, so dass ich, ohne umsteigen zu müssen, vom Arbeitsort in meinen Heimatort fuhr.

In den großen Ferien war ich quasi heimatlos. Ich wohnte nicht mehr in Lübeck, noch nicht in Ratzeburg, und den Behörden galt ich als Berliner, der ich auch bleiben wollte, um der Bundeswehr zu entgehen. Da ich den Sommer auf Reisen verleben wollte, brauchte ich ohnehin keinen festen Wohnsitz. Meine Habseligkeiten – es waren noch immer nur zwei Koffer – stellte ich bei Tante Lieschen unter. Im Übrigen erledigte ich in Ratzeburg einige organisatorische Notwendigkeiten, das heißt, ich richtete für meine zukünftigen Dienstbezüge ein Konto bei der Kreissparkasse ein, ich sprach beim Schulleiter der Lauenburgischen Gelehrtenschule vor (das Ratzeburger Gymnasium führt wirklich bis heute diesen arroganten Namen) und versuchte, einen guten Eindruck zu machen.

Sodann bemühte ich mich um ein möbliertes Zimmer. Dabei kam mir Bärbel, Tante Lieschens jüngste Tochter, zu Hilfe. Sie wusste von einer Apothekerwitwe, die vermietete. Wenn auch nicht an jeden. Diese Dame war wählerisch. Aber probieren konnte ich es ja und stellte mich nach telefonischer Voranmeldung pünktlich und korrekt gekleidet und mit mittelüppigem Blumenstrauß zum Prüfungstermin ein. Die Villa der Frau Baier befand sich auf der Ostseite der Ratzeburger Seen, dem Gymnasium also gegenüber, war geräumig und von einem nicht allzu großen Garten umgeben. Das Gespräch begann damit, dass ich darüber in Kenntnis gesetzt wurde, welch vornehme Vormieter hier gewohnt hätten, alles Akademiker, alle im Staatsdienst. Lobend erwähnt wurden besonders zwei Juristen, von denen der eine irgendwo im Lande Landrat war und der andere inzwischen hier in Ratzeburg Bürgermeister. Frau Baier verhörte mich nicht gerade, inspizierte aber mein Benehmen und meine Kaffee-Tischsitten und wollte mich mithilfe von Smalltalk näher kennenlernen. Da sie geborene und geflüchtete Ostpreußin war und ich immerhin Preuße, erwarb ich ihr Wohlwollen und bestand. Mitte August bezog ich als möblierter Herr mein möbliertes Zimmer, und damit war ich Ratzeburger, wenn auch nur mit zweitem Wohnsitz.

Ratzeburg war im frühen Mittelalter eine slawische Siedlung, die auf einer Insel um eine Burg herum angelegt worden war. Dann kamen die Deutschen, missionierten, kolonisierten und okkupierten und errichteten auf dem Westufer ein nach dem Heiligen Georg benanntes Kloster und dann – unter Heinrich dem Löwen – an der Nordspitze der Insel einen Dom. Im Laufe der Zeit entstand am Fuße dieser Bischofskirche ein Marktflecken, der wuchs und wuchs und später die ganze Insel einnahm. Bald wurde nach Westen und dann nach Osten ein Damm geschüttet, so dass die Inselstadt keine Inselstadt mehr war, sondern eine Durchgangsstadt zwischen Holstein und Mecklenburg. Der Große Ratzeburger See im Norden, der sich über 10 Kilometer bis halb nach Lübeck erstreckt, und der Küchensee im Süden, der knapp 3 Kilometer lang ist und damit genug Raum für Ruderregatten bietet, waren durch die Dämme voneinander getrennt beziehungsweise nur noch durch schmale, überbrückte Kanäle verbunden. Zu Beginn des 20. Jahrhunderts kam nach Osten hin ein weiterer Damm für die Kleinbahn hinzu, und zwischen dem Großen See und dem Küchensee gab es nun einen dritten See. Und an dem wurde ich nun heimisch.

An der Uferstraße stand das Haus der Frau Baier. Mein Zimmer ging nach Westen, so dass ich am Schreibtisch beim Korrigieren die Nachmittagssonne und beim Aufblicken das Panorama der Altstadt mit dem alles überragenden Dom genießen konnte. Mein Schulweg über den Kleinbahndamm – inzwischen waren die Schienen allerdings abgebaut und eine Promenade geschaffen worden – nahm eine knappe halbe Stunde in Anspruch. Zeit genug, um mir vorbereitende Gedanken hinsichtlich meines Unterrichts zu machen. Mein Stundenplan war bunt gemischt, in fast jeder Klassenstufe hatte ich Unterricht zu erteilen, von Sexta bis Unterprima. Klassenlehrer war ich in einer 8. Klasse, also einer Untertertia, wie man damals noch zu sagen pflegte.

Als ich im August '67 meinen Dienst antrat, stand ich vor einem absoluten Neuanfang. Eine neue Schule, eine neue Bleibe und – von meinen Verwandten abgesehen – lauter neue Menschen. Ich war auf mich allein gestellt und musste versuchen, so schnell wie möglich heimisch zu werden und Freunde oder doch Bekannte zu finden. Auch erotisch war ich einsam und verlassen, denn die Bestände aus der Referendarzeit hatten ihren Reiz verloren oder sich zurückgezogen. Wie in der Schule musste ich auch in der Liebe ganz von vorne anfangen. Zunächst einmal ging die Schule vor und ich bemühte mich um Kontakte im Kollegium. Mit den Fachkollegen kam ich ohnehin bald ins Gespräch und dann auch mit den ledigen Lehrerinnen und Lehrern, die in Ratzeburgs führendem Speiselokal am Lehrerstammtisch ihr Mittagsmahl einnahmen. Die jüngeren Kollegen luden mich ein, an den einmal pro Woche stattfindenden Fußballabenden in der Schulturnhalle teilzunehmen. Auch während der von der Schule durchgeführten Theater- und Konzertfahrten nach Lübeck oder Hamburg kam man sich näher.

Wichtig war mir auch, das Umland kennenzulernen, sei es laufend, sei es radelnd. Mit dem beim örtlichen Fahrradhändler erworbenen Altrad war ich bei sonnigem Spätsommer- und Frühherbstwetter ganze Nachmittage unterwegs. Dies Rad hatte vor mir dem Austauschlehrer François gehört, der inzwischen wieder in Frankreich war und sein Rad in Ratzeburg zurückgelassen hatte genau wie die Sportlehrerin Rolli, die nicht so recht wusste, ob sie verlobt oder verlassen war. Sie war, wie auch ich, kontaktfreudig und kontaktbedürftig, und da sie, im Gegensatz zu mir, sowohl einen Führerschein als auch ein Auto besaß, fuhr sie des Öfteren mit mir nach Lübeck, wo wir ins Kino gingen, aber nicht in die angesagten Tanzlokale, wo man sich vielleicht allzu leicht nähergekommen wäre und umarmt hätte, schließlich fühlte sie sich noch ihrem François verpflichtet und ich meinem Geschmacksurteil, dem sie nicht so ganz gerecht wurde.

Ich suchte also weiter und stieß bei einem meiner vielen einsamen Spaziergänge mitten auf dem Kleinbahndamm auf eine junge Schweizerin, die in einer dem Dom angegliederten Fortbildungsschule wohnte und studierte. Ich sprach sie an, wurde nicht abgewiesen, verabredete mich mit ihr und wir statteten Lübeck etliche Besuche ab, wo wir Kirchen, Museen und Cafés aufsuchten. Ich stellte Lili sogar meiner Wirtin vor, aber von Dauer konnte meine Liebelei nicht sein, da meine Schöne schon bald in ihre Heimat zurückkehren würde.

Also weiter gefahndet! Auf der Rückreise von Eckernförde, wo ich Henry und seine Familie besucht hatte, traf ich auf eine junge Dame, die mit meiner Ex Maria bekannt oder verwandt war, und mit der mich Maria anlässlich eines Familienfestes bekannt gemacht hatte. Wir ließen uns aufeinander ein, verbrachten in Lübeck, wo sie wohnte und arbeitete, so manchen Abend, aber eigentlich war ich mit ihr nur zusammen, weil ich sie sowieso schon kannte und das Kennenlernen keiner Mühe mehr bedurfte. Unsere Liebe schlief also ein, bevor sie erwacht war.

Frau Baier bemerkte natürlich, wie es um mich stand, dass ich einerseits der vielleicht interessanteste Junggeselle Ratzeburgs war, andererseits aber keine feste Bindung einging. Sie bemühte sich zwar nicht darum, mein Liebesleben zu beleben, sorgte jedoch dafür, dass ich Anschluss an die örtliche High Society fand. Als der Ratzeburger Frauenarzt ein privates Karnevalfest plante, wurde auch das neben Frau Baier wohnende und mit ihr befreundete Ehepaar eingeladen. Sie, eine Grundschullehrerin, hatte große Lust, er, Studienrat an der Gelehrtenschule, hatte keine. Als sie bereits kostümiert, parfümiert und koloriert war, saß er noch immer im Fernsehsessel und weitete seine Unlust zu einer Absage aus. Sie war enttäuscht und entsetzt und hielt seine Lethargie für einen Affront dem Frauenarzt gegenüber. Warum sie zu Frau Baier herüberkam und dieser ihr Leid klagte, weiß ich nicht. Immerhin war meine Wirtin sofort mit Trost und Hilfe zur Hand, brachte ihren Mieter, nämlich mich, als Tischherrn und Tanzpartner ins Gespräch, und da ihr Vorschlag bei beiden betroffenen Personen auf Gegenliebe stieß, musste ich mich nur noch schnell angemessen stylen.

Der Frauenarzt hatte die geistvolle Idee gehabt, seine Karnevalsnacht unter das Motto Flower-Power zu stellen, was vor allem den Damen die Gelegenheit gab, sich farbenprächtig und fantasievoll zurechtzumachen, und was zugleich dem Geist der Zeit entsprach, denn die protestfreudige Jugend der späten Sechzigerjahre setzte bekanntlich auf die Macht der Blumen, der Liebe und des Andersseins. Wir waren in Zeitdruck und ich begnügte mich mit zwei oberflächlichen, aber zum Thema des Abends passenden Änderungen meines Outfits. Ich schlüpfte in meinen Sportpullover mit dem Aufdruck Freie Universität Berlin – diese war eine, wenn nicht die Hochburg der Studentenbewegung – und ich griff zu meiner knallrot eingebundenen Mao-Bibel, die ich mir an einer Art Halskette gut sichtbar vor die Brust hängte.

In der Villa des Frauenarztes hatten sich mindestens drei Dutzend Gäste eingefunden, vor allem Ärzte mit ihren Frauen, die fast alle wesentlich jünger und schöner als ihre Gatten waren, und das einfach deshalb, weil sie die zweiten Gemahlinnen waren. Vertreten waren auch einige Apotheker und andere Geschäftsleute sowie ein paar Kommunalpolitiker und Studienräte, die sich darüber wunderten, wie der junge Assessor in diese elitäre Versammlung geraten konnte. Ich wurde dem Frauenarzt und seiner Gemahlin als Ersatztanzpartner vorgestellt und erweckte sofort sein Interesse an meiner Mao-Bibel, die er zu gerne gelesen hätte und die ich ihm nach Ende der Veranstaltung leihweise überließ. Im Laufe der Nacht wurde viel gegessen, getrunken, getanzt, geplaudert und endlich auch politisiert. Alle waren einer Meinung, unterhielten sich aber trotzdem angeregt, nur ich fiel, wenn auch nicht aus der Rolle, so doch aus dem Rahmen.

Ich war ein Politikum und wurde zum gesuchten Gesprächspartner. Da keine der Damen ledig, also für mich verlockend war, stürzte ich mich nur zu gerne in die politischen Debatten. Die Situation war absurd. Die groß- und gutbürgerlichen Gäste nahmen das Motto des Abends zum Anlass, sich über die Flower-Power-Jugend, die Studentenbewegung, alles Alternative und überhaupt alles, was mit dem gerade beginnenden Jahr ’68 zusammenhing und später nach diesem benannt wurde, lustig zu machen, während ich die Ideale und Usancen der aufbegehrenden Jugend und der linksintellektuellen Kontrakultur verteidigte, ja propagierte. Ich war ein politischer Paradiesvogel und nutzte meine Narrenfreiheit dazu, mit Marx und Marcuse die Marktwirtschaft zu attackieren. Doch je ehrlicher und radikaler ich argumentierte, desto weniger glaubte man, dass ich es mit meinen Thesen ernst meinte, und hielt meine Kapitalismuskritik für einen kabarettistischen Spaß und eine Verspottung der linken Radikalinskis. Es war herrlich, ich konnte sagen, was ich wollte, ohne auch nur im Geringsten in den Ruch eines Verfassungsfeindes zu kommen. Dennoch! So ganz traute man mir nicht über den Weg, ein linker Lehrer aus Berlin, ausgebildet an der Freien Universität, war vielleicht doch nicht völlig ungefährlich für die Ratzeburger Idylle. Schließlich glauben die meisten Menschen nur allzu gerne den Verschwörungstheorien, in diesem Fall an die Unterwanderung der Provinz durch geschulte Ideologen aus Groß- und Universitätsstädten. Allerdings stand nicht die Politik im Mittelpunkt des Festes, sondern Tanzen und Flirten und Klatsch und Tratsch über die Abwesenden. Ich kümmerte mich um meine offizielle Tanzdame und verließ zusammen mit ihr erst gegen Morgen das Flower-Power-Vergnügen.

Wenig später versorgte Frau Baier mich schon wieder mit Kleinstadtkontakten. In ihrem Bekanntenkreis stand eine Hochzeit auf dem Programm. Eine nicht mehr ganz junge Ratzeburgerin schickte sich an, mit ihrem ebenfalls gereiften Kavalier aus Paris den Bund fürs Leben einzugehen, und dieser späte Entschluss hatte zur Folge, dass neben zahlreichen Verwandten auch die im Laufe des Lebens angesammelten Freunde geladen waren. Doch dabei überwogen die Damen, und an Männern mangelte es. Vor allem fehlte ein Tischherr für die Schwester des Bräutigams, und der musste des Französischen und des Tanzens mächtig sein. Wieder war meine Wirtin mit Rat und Tat zur Stelle, half der Brautfamilie aus ihrer personellen Verlegenheit und verhalf mir zu einer interessanten Einladung.

Gefeiert wurde im ersten Haus am Platze, man speiste und tanzte, man war glücklich und vergnügt, für mich aber war das Vergnügen mit Mühe und Arbeit verbunden.

Wieso? Sprechen Sie doch mal einen ganzen Abend lang Französisch, wenn Ihr Abitur mehr als zehn Jahre zurückliegt! Ist geistreiche Konversation als solche schon eine intellektuelle Anstrengung, so ist sie es umso mehr, wenn man nicht nur nach passenden Themen suchen muss, sondern auch nach den passenden Vokabeln. Das verlangt ein Höchstmaß an Konzentration. Da bedeutet das Tanzen, und sei es noch so hektisch und sportlich, eine willkommene Verschnaufpause.

Als sich die Tischordnung aufzulösen begann und meine Tischdame sich zu ihren Landsleuten gesellte, konnte ich mich den deutschen Gästen widmen und mich beim Gebrauch meiner Muttersprache von der frankophonen Mühsal erholen. Am meisten interessierte mich die Freundin der Braut, ledig, blond, schlank, also durchaus mit einigen attraktiven Eigenschaften ausgestattet. So war es mehr als logisch, dass wir uns für den nächsten Tag verabredeten und dann immer öfter und intensiver zusammen waren. Jette war in Ratzeburg aufgewachsen, in einer Mietwohnung mit Blick auf den Dom, hatte die Gelehrtenschule besucht und mit der mittleren Reife verlassen, lernte sodann auf Sekretärin und war inzwischen Chefsekretärin in einem Lübecker Industrieunternehmen. Vergeblich hatten ihre Lehrer ihr vom Abgehen abgeraten, aber Jettes Mutter war einfach nicht in der Lage, von ihrer Kriegswitwenrente zwei Kinder durchs Abitur zu füttern. Eigentlich hätte Jette gegen diese Benachteiligung aufbegehren müssen, aber ihre gutbürgerliche Erziehung, das schwarze Kleinstadtmilieu, das konservative Gymnasium, die autoritären, wenn auch jovialen und charmanten Chefs machten aus dem jungen Mädchen eine zu Anpassung und Genügsamkeit bereite Bundesbürgerin, Arbeitnehmerin, Kleinkonsumentin und CDU-Wählerin. Sie nahm ihr Leben als Schicksal und nahm widerspruchslos, ja dankbar hin, was sie war und was sie hatte.

Mein Bemühen, ihr an ihrer eigenen Biografie die Bildungsungerechtigkeit und die Klassenunterschiede der bundesdeutschen Gesellschaft deutlich zu machen und sie von der Notwendigkeit durchgreifender Reformen zu überzeugen, stieß auf taube Ohren. Wir stritten nicht, aber wir redeten aneinander vorbei.

Zum Beispiel auf ihrem Geburtstag. Sie hatte zwei Kolleginnen und mich zum Kaffee gebeten, und wir begnügten uns mit Small Talk. Als die Damen über das Personal ihrer Arbeitsstelle sprachen, die Mitarbeiterinnen durch den Kakao gezogen wurden und die Vorgesetzten ihr Fett weg bekamen, schwieg ich und langweilte mich und zeigte erst wieder Interesse, als es um die Jubiläumsfeier des Konzerns ging. Da hatten die Sekretärinnen gut aussehen und im Laufe des Tages Sekt, Kaffee, Cognac, Wasser und so weiter an den Mann bringen müssen, also den wirtschaftlich führenden Herren der Nation ihre halbvollen Tassen und Gläser füllen müssen. Sie selber mussten sich abstinent halten, durften auch nicht rauchen, bedienten sich aber aus einer Art Rache heimlich mit Zigaretten, die zu Dutzenden in den Tischcontainern steckten, und beschafften sich auf diese Weise einen mehrere Wochen reichenden Vorrat. Ich kritisierte diesen Mundraub, Diebstahl sei schließlich Diebstahl, gleichgültig in welcher Menge und aus welchem Anlass. Das konnte Jette nicht verstehen und wunderte sich maßlos, dass ich, gerade ich, der Sozialist, mich für die ökonomischen Belange des Konzerns und der Konzernherren einsetzte. Ich begründete jedoch meine Korrektheit mit dem marxistischen Hinweis, dass die Kapitalisten nicht in kleinem Rahmen bestohlen, sondern in großem Stil enteignet gehörten. Jette schüttelte nur den Kopf, politisch lagen wir weit auseinander, viel weiter jedenfalls als in erotischer Hinsicht. Und Letzteres war uns letztendlich wichtiger.

Sehr schnell, unabhängig von unserer weltanschaulichen Distanz, entwickelte sich Jette zu einer bequemen und pflegeleichten Geliebten, was dadurch begünstigt wurde, dass wir über zweieinhalb sturmfreie Quartiere verfügten, über ihr altes Mädchenzimmer (das jedoch nur, wenn ihre Mutter verreist war), über ihre Lübecker und über meine Ratzeburger Wohnung. Ja, lieber Leser, du hast richtig gelesen, ich war inzwischen aus meinem Zimmer in eine Wohnung umgezogen.

Im Mitteilungsbuch, das im Lehrerzimmer auslag und mit dessen Hilfe Direktor Drillmann sein Kollegium regierte, hatte ein amtliches Schreiben ausgelegen, das darüber informierte, dass irgendeine zuständige Behörde eine günstige Beamtenwohnung zur Vermietung anbot. Und günstig war das Angebot wirklich. Für zwei Zimmer, Küche, Bad und Flur waren gerade einmal 90 Mark monatlich zu bezahlen, und die Entfernung zur Schule betrug keine fünf Minuten. Ich hätte also jeden Tag eine Stunde mehr Freizeit oder Arbeitszeit zur Verfügung gehabt. Folglich bewarb ich mich, erhielt die Wohnung und wurde Frau Baier schon nach einem halben Jahr untreu. Sie war ein bisschen enttäuscht, zeigte aber volles Verständnis dafür, dass ich meinen Schulweg verkürzen wollte und da ich nun nicht mehr Untermieter, sondern Mieter war, meine Beziehung zu Jette, von der sie natürlich wusste, ungestört und eheähnlich ausleben konnte, eine Beziehung zudem, zu der es ohne sie, Frau Baier, gar nicht gekommen wäre.

Die Möblierung der Wohnung bereitete keine Probleme. Von allen Seiten wurden mir Sitz- und Liege-, Stau- und Schaumöbel angeboten, die sonst in Kürze dem Sperrmüll überantwortet worden wären und die sich dank meiner nun einer gewissen Gnadenfrist erfreuen konnten. Meine Verwandten steuerten einen Tisch und zwei unverwüstliche Stühle bei, die Familie von Jettes gerade verheirateten Freundin überließ mir ein Bett und Frau Baier einen Kleiderschrank und einen Schauschrank, also eine Musiktruhe mit dazugehörigem Fernsehgerät – eine aus der Mode gekommene, aber noch funktionstüchtige Kombination. Für meine Bücher baute ich aus ziegelroten Ziegelsteinen und Brettern ein Regal, wie es sonst nur arme Studenten haben. Auf Gardinen und Vorhänge verzichtete ich, denn in die Fenster des Wohn- und des Schlafzimmers konnte niemand hineinschauen, weil sie auf einen endlosen Acker wiesen, der je nach Jahreszeit und Art der Bestellung braun, weiß, grün, leuchtend gelb oder matt gelb war.

Unmittelbar vor meiner Einweihungsfeier im März '68 trennten sich meine Verwandten mir zuliebe von einem Altsofa, das nicht nur ausgeleiert und ausgefranst, sondern auch eines Beines verlustig gegangen war. Konni, der schon zwei Tage vor der Einweihungsparty angereist war, schleppte mit mir bei nächtlicher Dunkelheit das gute Stück – oder besser das ehemals gute Stück – von meinen Verwandten an seinen zukünftigen Bestimmungsort, wobei wir, erschöpft, wie wir alle paar Meter waren, immer wieder eine Pause einlegten und es uns auf der Ursache unserer Ermüdung bequem machten. Statt das fehlende vierte Bein zu ersetzen, entfernten wir das dritte, so dass die Couch hinten unter der Lehne ganz ohne Beine war. Nahm man Platz, dann rutschte man nach hinten mit dem Hintern, saß in einem tiefen Loch und streckte die Beine schräg nach oben.

Meinem unbürgerlichen Geschmack entsprechend, hatte ich die Blümchen- und Streifentapete der Vormieterfamilie weiß übertüncht und eine Wand pro Zimmer lila, rosa oder orange eingefärbt. In Vorbereitung auf mein Fest malte ich an sämtliche Wände schwarze, braune, goldgelbe, ovale, runde, quer- und hochformatige Bilderrahmen, die im Laufe der Party mit Landschaften, Porträts oder abstrakten Motiven ausgefüllt werden sollten, wozu ich ein paar Tuschkästen und Pinsel besorgt hatte. Eingeladen waren meine alten Freunde aus Berlin, einige neue Kollegen aus Ratzeburg, mein Referendarfreund Dietmar, im Gegenzug zu seinem Karnevalsfest das Frauenarztehepaar und natürlich meine Verwandten.

Jette, vom Arbeitseinsatz her wesentlich mehr Gastgeberin als ich Gastgeber, hatte ihrerseits Freunde und Bekannte dazu gebeten. Es wurde eine richtige Stehparty, denn Stehen war angesagt, weil es an Sitzen mangelte und weil man nur im Stehen seiner malerischen Kreativität an den zukünftigen Bildern gerecht werden konnte. Als die Gäste gingen, blieb eine Galerie zurück, in der ich zweieinhalb Jahre kampieren sollte.

Das erste Jahr gehörte Jette. Wir sahen uns mit einer geradezu pedantischen Regelmäßigkeit; jedes Wochenende war sie in Ratzeburg, jeden Mittwoch besuchte ich sie in Lübeck, so dass wir nur montags, dienstags und donnerstags abstinent leben mussten. Als korrekte Sekretärin führte sie akkurat Buch über unsere Besuche und Gegenbesuche, und eines Tages kurz vor Beginn der großen Ferien überraschte sie mich mit einer Flasche Sekt und der Mitteilung, dass wir in der bevorstehenden Nacht genau das 50. Mal zusammen sein würden.

Unser Leben war zur erotischen Routine geworden. Ob wir uns liebten – sie mich und ich sie – war eine doppelte Frage. Nun lässt sich über das Wesen der Liebe bekanntlich endlos philosophieren. Liebe und Arbeit sind sicher die wichtigsten Bereiche im Leben eines jeden Menschen, die Arbeit zwecks Sicherstellung des Lebensunterhalts und die Liebe zwecks Fortsetzung des Lebens in der folgenden Generation. Liebe und Arbeit sind also lebensnotwendig, aber während die Arbeit mit Mühe und Mühsal verbunden ist, verhilft uns die Liebe zu vollkommener Glückseligkeit. Aber doch nur die wahre Liebe, die vorbehaltlose Liebe, die Liebe ohne Wenn und Aber. Aber wann ist dieser Zustand erreicht? Wann handelt es sich nicht nur um eine subjektive und spontane Stimmung oder um einen rein körperlichen Genuss wie Essen und Trinken? Was Nicht-Liebe ist, lässt sich genau definieren, was Liebe ist, aber kaum. Wenn eine Beziehung als Notnagel fungiert, wenn man sich nur bindet, weil man nicht länger allein sein will und bisher nichts Besseres gefunden hat, wenn die messbaren Eigenschaften – als da sind Schönheit, Intelligenz, Bildung, Charme und Leidenschaft – zwischen befriedigend und genügend schwanken, dann kann von Liebe nicht die Rede sein. Mithilfe einer solchen Checkliste kann der Verstand vernünftig abwägen, aber das Herz bleibt außer Acht. Das kann sogar zu einer Ehe führen und sogar zu einer haltbaren, eben zu einer Vernunftehe. Und das hätte auch mir passieren können, aber noch nicht 1968. Hätte ich Jette zehn Jahre später kennengelernt, als frustrierter Altjunggeselle und gedemütigt nach einer erklecklichen Zahl von Körben und unglücklichen Verhältnissen, dann hätte sie vielleicht meinen inzwischen notgedrungen reduzierten Ansprüchen genügt. Dann, aber eben noch nicht 1968, als ich im besten Jägeralter war und noch voller Erwartungen.

Dass ich mich nicht endgültig an sie binden wollte, daraus machte ich Jette gegenüber keinen Hehl, war aber immerhin so rücksichtsvoll, nicht sie persönlich und die Summe ihrer Eigenschaften dafür verantwortlich zu machen, sondern meine Gewohnheit, eine Beziehung grundsätzlich nicht länger als ein Jahr aufrechtzuerhalten.

Ob sie mich liebte, weiß ich nicht, da ich aber als Akademiker und Beamter eine gute Partie war und eine Ehe mit mir folglich ein gutbürgerliches und auskömmliches Leben zur Folge gehabt hätte, scheute sie nicht davor zurück, soweit es weiblicherseits schicklich ist, um mich zu werben. Es begann mit Komplimenten. Ich sei, so behauptete sie, der erste Mann, der ihr zum Orgasmus verholfen habe (woraus ich gefälligst zu schließen hatte, dass wir ideal zusammen passten). Um ihre Bewunderung durch handfeste und standfeste Tatsachen zu veranschaulichen, holte sie aus ihrem Nähkästchen eine Zentimetermaßband, rückte mir damit zuleibe, wo ich am expansivsten bin, und teilte mir das Messergebnis mit, das, so ihre Interpretation, deutlich über den ihr aus eigener Erfahrung oder aus den Enthüllungen ihrer Freundinnen bekannten Zahlen lag. Und davon, ohne es ausdrücklich zu sagen, wollte sie natürlich zu gerne und auf Dauer profitieren. Sie tat auch alles, sich meinen Interessen anzupassen, besorgte Theater- und Konzertkarten, schlug Museums- und Galeriebesuche vor und begeisterte sich anscheinend für Waldwanderungen und Badeausflüge.

Nach einem knappen halben Jahr, so um das 50. Mal herum, an einem der Mittwochabende, zwischen Nachtisch und Vorspiel, legte sie eine Zeichnung auf den Tisch, genauer: den Grundriss *meiner* Wohnung. Und dann holte sie aus einer ausgedienten Keksdose die maßstabgerecht zugeschnittene Abbildung *ihrer* Möbel, Sofa und

Sessel, Stühle und Tische, dazu ein Doppelbett, und verteilte die Puzzleteile in meiner Wohnung, änderte wiederholt die Anordnung und forderte mich auf, an dem innenarchitektonischen Spielchen teilzunehmen. Ich sollte gar nicht auf den Gedanken kommen, darüber nachzudenken, *ob* ihre Möbel bei mir stehen könnten, sondern *wie*. Ich merkte die Absicht und war verstimmt, ließ mir aber nichts anmerken, sondern flüchtete mich in die sowohl diplomatische als auch vieldeutige Bemerkung: *Möglichkeiten gibt es viele.* Und dabei blieb es. Sie hoffte, dass ich über ihre Zukunftspläne nachdenken, und ich, dass sie darauf nicht so bald wieder zurückkommen würde.

Doch dann ein neuer Versuch. Kaum war ihre Mutter zu einem kurzen Verwandtenbesuch aufgebrochen, lud Jette mich ein, das nahende Wochenende mit ihr in der elterlichen Wohnung zu verbringen, und zwar unter Einbeziehung des elterlichen Schlafzimmers mit dem pietätvollerweise noch vorhandenen Doppelbett. Wieder ein Wink mit dem Zaunpfahl oder besser: mit dem Bettpfosten. Mir sollte das eheartige Ambiente schmackhaft gemacht werden, und so begann der Abend mit einem opulenten Mahl, denn Jette wollte sich als perfekte Hausfrau präsentieren. Und dann, ... ja dann gestand sie mir, dass sie, nach Rücksprache mit ihrem Arzt – aus rein medizinischen Gründen – die Pille habe absetzen müssen.

Was nun? Sollte ich den bisher so stimmungs- und gefühlvoll verlaufenen Abend unterbrechen, in die nächste beste Kneipe laufen, dort ein Bier trinken und mich auf der Toilette mit einer ausreichenden Anzahl Kondome versorgen? Sollte ich – Restrisiko hin, Restrisiko her – wie schon so oft der Wirksamkeit des Interruptus vertrauen? Oder sollte ich es darauf ankommen lassen und dem Samen und dem Schicksal freien Lauf lassen? Mir war klar, was der verliebten Jette am liebsten war, nämlich die letzte der drei möglichen Varianten, und ich war leichtsinnig und liebenswürdig genug, so zu verfahren.

Das verlieh der Nacht ein höheres Maß an Glück und Genuss. Jette war hin und weg, ich aber grübelte nebenbei und ging meinen soziologischen Gedanken nach: Die Masse der Menschen, auch in der Demokratie, ist der Macht der Mächtigen unterworfen, die bestimmen, was wir zu tun und zu lassen haben. Nur in den intensivsten Winkeln des Privatlebens, nämlich in der Liebe, scheinen wir frei zu sein. Die Mächtigen überlassen uns hier eine Spielwiese, auf der wir uns vergnügen und verwirklichen, aber Politik und erst recht Kritik an der Politik vergessen. Unser Interesse gilt der Geliebten und der Familie, wenn es denn zu einer solchen kommt, und nun sind wir domestiziert und bewähren uns als angepasste Staatsbürger und Arbeitnehmer. Das Wohl der Familie verlangt, dass wir keinen politischen Ärger machen, die Familie als Zelle des Staates ist eine Einrichtung, in der die Eltern die Kinder genauso disziplinieren wie der Staat seine Untertanen. Und darauf ließ ich mich ein in dieser intimen Nacht und nahm die Folgen in Kauf.

Während ich auf Jettes Tage hoffte, hoffte sie auf gute Hoffnung, wohl wissend, dass ich Ehrenmann genug sei, ihr Ehemann zu werden, ehe sie niederkommen würde. Schließlich konnte sie darauf vertrauen, dass ich, würde sie zunehmen, sie zu nehmen bereit wäre. Als meine und nicht ihre Hoffnung in Erfüllung ging, war sie zwar enttäuscht, aber postwendend mit einer neuen Eheanbahnungsattacke zur Stelle.

Unverdrossen war es ihr Ziel, unserer Beziehung einen offiziellen Charakter zu verleihen. In diesem Sinne hatte sie mich ihrer Mutter vorgestellt, so dass ich schon fast ein bisschen zur Familie gehörte, und Entsprechendes erwartete sie von mir hinsichtlich meines Vaters und half auf diskrete Weise nach. Scheinbar ohne jeden Hintergedanken rückte sie zu Beginn der großen Ferien mit dem Wunsch heraus, Berlin näher kennenzulernen und dabei von mir geführt zu werden. Mit einer preiswerten Pension habe sie bereits telefonischen Kontakt aufgenommen. Doch ohne es ausdrücklich zu äußern, erwartete sie natürlich, dass ich sie in die Reiherbeize einladen und mit meinem Vater bekannt machen würde.

Ich stimmte ihr zu, dass Berlin immer eine Reise wert sei und ich viel von einer gemeinsamen Sightseeingwoche hielte, aber hinsichtlich ihrer Unterbringung war ich alles andere als gastfreundlich. Kein Wort von der Reiherbeize. Stattdessen entwickelte ich ein detailliertes Programm, was wir alles besichtigen könnten. Jeden Winkel Westberlins wollten wir besuchen, nur nicht Zehlendorf. Das blieb tabu. Zwischen dem 1. und dem 6. Juli holte ich sie jeden Morgen in ihrer Pension ab, war mit ihr den ganzen Tag kreuz und quer in Berlin unterwegs, aber die Nächte verbrachten wir getrennt, sie am Kudamm und ich in der Reiherbeize. Als wir wieder in Lübeck und Ratzeburg waren, war alles wie gehabt. Unser Verhältnis blieb ein Verhältnis, nicht mehr und nicht weniger.

Ein Jahr lebte ich jetzt in Ratzeburg und konnte zufrieden sein. Finanziell und erotisch war ich ausreichend versorgt, und in der Schule stimmte die soziale Chemie. Ein Junglehrer, der nicht gerade bösartig autoritär ist, kommt bei den Schülern an, und wenn er dann auch noch ledig und sportlich ist, dann schwärmen einerseits die Mädchen und andererseits die Jungen von ihm. Wenn aus den Klassen keine Klagen kommen und der junge Kollege im Lehrerzimmer freundlich und kontaktfreudig ist, dann wird er allgemein geschätzt. Man unterstützt ihn mit gut gemeinten Ratschlägen, seien sie fachlicher, seien sie pädagogischer Natur. Doktor Bingow zum Beispiel, der in der Weimarer Zeit studiert hatte und in der Nazizeit zum militanten Studienrat ausgebildet worden war, ließ mich wissen, wie man seine Klasse von der ersten Stunde an auf Zucht und Ordnung trimmen kann: *Sie betreten die Klasse. Die Bande erhebt sich. Alle stehen stramm und halten den Mund. Noch wissen sie ja nicht, ob mit dem neuen Lehrer gut Kirschen essen ist und wie streng der durchgreift. Sie mustern die Klasse. Dann verpassen sie den beiden Jungen in der ersten Reihe aus heiterem Himmel eine handfeste Ohrfeige. Der eingeschüchterten Klasse verkünden sie nun: »So, Leute, jetzt habt ihr gesehen, wie es Unschuldigen ergeht. Da könnt ihr euch vorstellen, was Schuldigen passiert! Setzen!«*

Manuelle Pädagogik war damals noch gang und gäbe, vor allem bei den älteren Kollegen. Direktor Drillmann bildete da keine Ausnahme, schließlich war er Napola-Schüler und entsprechend autoritär. Andere Kollegen meinten es auf andere Art gut mit mir. Ein Sportlehrer lud mich zu seiner privaten Party ein, auf der außer mir als ledigem Herrn lediglich eine einzige ledige Dame erschien. Das war von den Gastgebern berechnend abgezählt, blieb aber ohne Wirkung, da ich, weniger aus Treue zu Jette als aus ästhetischen Gründen, passiv blieb. Mit drei Kollegen, die alle zufällig genau ein Dutzend Jahre älter als ich waren, also Jahrgang 1926, freundete ich mich aufgrund ähnlicher Interessen näher an, und mal mit dem einen, mal mit dem anderen unternahm ich so manchen Ausflug, obgleich sie verheiratet und – anders als ich – von Familie, Haus und Garten zeitlich stark in Anspruch genommen waren. Der erste war ein Altphilologe, der mit mir, teils per pedes, teils per pedales die lauenburgischen Lande erkundete. Da er als Liebhaber der Antike zugleich ein Liebhaber der Liebe der Antike zur Nacktheit war, gehörten er und seine Familie einem FKK-Verein an, wohin er mich des Öfteren mitnahm. Auf dem *Gelände*, wie er es verharmlosend nannte, sonnten wir uns, badeten, diskutierten und spielten das obligatorische Ringtennis. Wolf war übrigens der einzige Kollege, der mir noch in den Sechzigerjahren das Du anbot, denn die natürliche Nacktheit und die mit dieser verbundenen Gleichmacherei standen im Widerspruch zum distanzierenden Amts-Sie, das in der Schule verlangt wurde. Selbstverständlich verbrachten Wolf und seine Familie die Ferien auf der textilfreien Insel Sylt, wozu er später auch Christa und mich überredete.

Oberstudienrat Franz war eine Persönlichkeit. Er faszinierte die Menschen. Wenn er sprach, hörte man ihm gespannt und gebannt zu. Im Lehrerzimmer gab er den Ton an und in seinen Klassen führte er die Schüler nicht mit mäeutischem Geschick zu von ihnen selbst erarbeiteten Ergebnissen, sondern – ungeduldig und leidenschaftlich, wie er war – hielt er mitreißende Vorträge. Wenn er seinen Frontalunterricht zugunsten eines Unterrichtsgesprächs unterbrach, dann diskutierte er nur mit den Besten, die breite Masse war ihm zu langsam und zu langweilig auf seinem Weg zu hochgesteckten Zielen. Er war also, was eigentlich unzeitgemäß war und den aktuellen pädagogischen Methoden, die das Studienseminar lehrte, widersprach, ausgesprochen autoritär, aber das ganz unverhohlen im Interesse seiner sozialistischen Ideale. Er unterrichtete die Fächer Deutsch und Geschichte, wobei er aus seinem Herzen keine Mördergrube machte und seine persönliche Meinung als verbindliche Weltanschauung ausgab. Er war nicht reaktionär-autoritär, sondern progressiv-autoritär. Er musste mit dem inneren Widerspruch, der alle Linken umtrieb, zurechtkommen, die sozialistischen und demokratischen Ziele mit undemokratischen Mitteln anzusteuern. Anders gesagt: Der rote Zweck heiligt die schwarzen Mittel. Über den vorgeschriebenen Lehrstoff hinaus beschäftigte er sich intensiv mit den am Rande der klassischen Schulfächer aufblühenden und mehr und mehr in Mode kommenden Wissenschaften wie Soziologie, Psychologie, Linguistik und Kommunikationstheorie. Seine neuen Erkenntnisse brachte er in den Unterricht ein und predigte darüber während der Pausen und Freistunden im Lehrerzimmer. Ich war glücklich, dass ich in Herrn Franz einen Verwandten im Geiste erkannte und er übrigens auch in mir, mehr noch, ich fand in ihm, wenn nicht einen Schutzengel, so doch einen Fürsprecher gegenüber Direktor Drillmann.

Dass ein seiner Napola-Erziehung treu gebliebener Schulleiter und ein von der Freien Universität Berlin geprägter Assessor politisch weit auseinander lagen, lag auf der Hand. Wenn er mich im Unterricht besuchte, wozu er berechtigt und verpflichtet war, merkte er natürlich, wo ich stand. Als er kam, behandelte ich mit meiner Oberstufenklasse gerade das Nibelungenlied. Mein Gast erwartete wahrscheinlich, getreu seiner militanten Gesinnung, dass die germanischen Helden und ihr Todesmut gerühmt und als Vorbild hingestellt werden. Aber dann führte ich die Klasse dahin, die Ursachen der blutigen Kämpfe zu hinterfragen. Der Grund lag nicht darin, dass die Männer Ruhm und Ehre suchten, sondern in der Eitelkeit der himmlischen und irdischen Frauen. Der Schönheitsstreit der drei höchsten Göttinnen führt auf Umwegen zur Entführung der schönsten irdischen Dame und dann zum Trojanischen Krieg. Und der Streit zweier Königinnen um den Vorrang – auch im wörtlichen Sinne beim Kirchgang – führt nach einem Meuchelmord und dem Rachebedürfnis der Witwe zum Krieg zwischen den burgundischen und hunnischen Heerscharen. Dass persönliche Motive und nicht politische und wirtschaftliche Differenzen die Völker in den Tod treiben, ist historisch zwar nicht zutreffend, macht aber deutlich, wie unbegründet und sinnlos Kriege sind und wie verlogen es ist, wenn die Herren an der Spitze der Masse ihrer Gefolgsleute den Untergang mit dem Versprechen schmackhaft machen, dass Ruhm, Ehre, Orden, Titel und Unsterblichkeit auf dem Schlachtfeld so wohlfeil zu erwerben seien wie sonst niemals und nirgendwo. So viel zu meiner pazifistischen Vorführstunde. Die anschließende Besprechung verlief so gut wie wortlos. Drillmann lobte nicht und tadelte nicht, sondern verabschiedete sich. Aber er brachte seinen Unmut und sein Unverständnis Herrn Franz gegenüber zum Ausdruck, glaubte er doch, im Deutschfachleiter einen gleichgesinnten Mitstreiter zu finden. Er schilderte meine unhaltbare Interpretation und erwartete, dass Herr Franz es auf sich nehmen würde, mich zurechtzuweisen. Aber der Oberstudienrat ließ seinen Oberstudiendirektor mit drei lapidaren und lakonischen Worten kurz und bündig abblitzen: *Hartmann hat recht!*

Nun zu Jellinek. Er war unser Kunsterzieher, war wie ich Berliner und verfügte über umfassende und faszinierende kunsthistorische Kenntnisse. Aber er konnte sein Wissen nicht vermitteln. Im Zeichensaal ging es drunter und drüber. Wenn dort oben ohrenbetäubender Lärm zu hören war, wusste man, dass Jellinek Unterricht hatte. Die Disziplinlosigkeit nahm von Klassenstufe zu Klassenstufe zu, denn die älteren Schüler unterrichteten die jüngeren, was im Zeichenunterricht alles möglich sei. Doch im Laufe der Jahre wurde den Schülern ihr eigener Lärm lästig und sie entzogen sich dieser akustischen Belastung, indem sie schwänzten.

Aber immer nur fünf, sechs oder sieben, sonst hätte sogar der an Schule und Schülern völlig uninteressierte Jellinek die allzu großen Lücken bemerkt und die Schulleitung informiert. Eine clevere Unterprima kam jedoch auf die kluge Idee, wie die Klasse als Ganzes ein kollektives Schwänzen zu Wege bringen könnte. Kaum hatte die Doppelstunde begonnen, inszenierte man den üblichen Lärm. Nach 20 Minuten, also mitten in der 5. Stunde, wurde der Krach übertönt durch die unisono vorgebrachte Behauptung: *Es hat zur Pause geläutet, Herr Jellinek.* Da der niemals eine Uhr bei sich trug, glaubte er den Schülern, genau wie einige Minuten später, als es hieß: *Herr Jellinek, es hat zur 6. Stunde geläutet.* Der setzte sofort seinen kunsthistorischen Monolog fort, und die Schüler erledigten, soweit sie durch ihren autogenen Lärm nicht daran gehindert wurden, sich zu konzentrieren, ihre Hausaufgaben. Als das Ende der 5. Stunde nahte, verhielt sich die Klasse, wie vorher verabredet, mucksmäuschenstill, so dass das alsbald einsetzende Klingeln nicht zu überhören war, auch nicht von Jellinek, der es nun nur für folgerichtig hielt, dass die Schüler ihre Sachen packten und verschwanden. Endlich für heute Schluss mit Schule, und das empfand unser unglücklicher Kunsterzieher – mehr noch als die Schüler – als eine Erlösung.

Da er am Nachmittag weder zu korrigieren hatte noch sich vorbereiten musste, verfügte er über mehr Freizeit als jeder Kollege und jeder Schüler. Gerne verabredete er sich deshalb mit mir, der ich als unabhängiger Junggeselle zeitlich ungebunden war, zu Ausflügen nach Lübeck oder Hamburg, wo er mich durch Museen und Galerien führte. Zwar war er absolut unsportlich, verfügte aber über eine verblüffende Wanderkondition. Es machte ihm keine Mühe, stundenlang auf den Beinen zu sein, und so marschierten wir, wenn das Wetter es zuließ, durch die umliegenden Wälder oder besuchten in Mölln den Leiter der Stadtbücherei und den Kunstkollegen der dortigen Realschule, mit denen Jellinek seit Langem befreundet war. Es blieb nicht aus, dass wir einen weiterreichenden Plan verfassten und in der zweiten Hälfte der großen Ferien zu zweit eine Kunst- und Badereise nach Italien unternahmen. Er ließ seine Frau und seine zwei Töchter in Ratzeburg zurück und ich meine Jette. Da ihr Urlaub schon fast abgelaufen war, konnte sie mir zum Glück nicht böse sein.

Der Höhepunkt unserer Fahrt war Rom. Jellinek kannte die Ewige Stadt besser als seine Heimatstadt Berlin. Über eine Woche waren wir tagtäglich unterwegs, und immer nach Plan. Jeden Morgen beim Frühstück besprachen wir – das heißt, Jellinek legte fest – , was wir im Laufe des Tages besichtigen würden. Schon während der Eisenbahnfahrt hatte er den von einem Mönch verfassten Reiseführer erwähnt, der den Titel *Rom im Schatten* trug. Dort war genau festgelegt, wie man jedes Kunstziel auf schattigem Wege erreichen könne, wenn man vormittags die eine Straßenseite mit ihren Kirchen und nachmittags die andere benutzte. Jellinek hatte ein noch komplizierteres System entwickelt, nämlich ein doppeltes Raster: *Zuerst besuchen wir das berühmte Soundso-Museum, denn frühmorgens ist es noch nicht so überfüllt, anschließend nehmen wir uns den gegenüberstehenden Tempel vor. Wenn wir uns beeilen, schaffen wir noch die beiden Kapellen in derselben Straße.* Mittags trat dann Jellineks Ristorante-Raster in Aktion: *Durch einen engen Gang über einen Hinterhof kürzen wir unseren Weg zu der kleinen Piazzetta ab, wo es mehrere preiswerte Pizzerien gibt. Am frühen Nachmittag gehen wir in die nahe*

Hauptkirche Santo Soundso, wo es immer schön kühl ist und wir uns im Sitzen erholen können. Am Abend, wenn die Hitze nachlässt, spazieren wir durchs Forum Romanum, von dem es nicht weit zur Piazza der Kochkunst ist, wo wir den Tag bei einem üppigen Mahl ausklingen lassen. Jellineks Romkarten, die Kunstkarte und die Speisekarte, waren bestens aufeinander abgestimmt.

Aber er war nicht nur darauf aus, alte Bekannte unter den Schätzen der antiken und christlichen Kunst wiederzusehen und mir zu zeigen und zu erläutern, er wollte auch fotografieren. Seit seinem Kunsterzieherstudium hatte er niemals wieder einen Pinsel oder eine Zeichenfeder angefasst (der malende Zeichenlehrer war der Kollege Machnik). Den Umgang mit Farbe und Tinte überließ er seinen Schülern. Sein Interesse an der Kunst konzentrierte sich darauf, eine Diasammlung anzulegen. Was immer in Mittel-, West- und Südeuropa zur Weltkunst gehörte, hatte er fotografiert oder wollte es noch. Gegen Ende seiner Dienstzeit sollte er über 10 000 gerahmte Bildchen zusammengebracht haben, und zwar ordentlich sortiert und katalogisiert. War man an einem bestimmten Motiv interessiert, zum Beispiel der *Verkündigung*, dann konnte Jellinek mit zwei Dutzend Beispielen dienen, ebenso wenn man Dias eines berühmten Malers, einer speziellen Stilrichtung oder einer besonderen Region sehen wollte. Als meine Christa nach der Geburt unserer Kinder nicht mehr als Schul-, sondern als Museumspädagogin arbeitete, brauchte sie nur den Wunsch zu äußern, spätmittelalterliche Altarbilder aus dem hanseatischen Raum zum Thema *Fischfang* zu betrachten, so wurde sie sofort reichlich versorgt.

Das Fotografieren in Rom verlief nicht immer problemlos. Als Jellinek die heilige Marmorcecilie in ihrem Glassarg ablichten wollte, was verboten war, kam es zum Eklat. Das Klicken der Kamera rief den wachhabenden Mönch auf den Plan. Da er das Verbot aber nicht lautstark durch das geräumige Kirchenschiff aussprechen oder gar ausrufen konnte, blieb ihm nichts anderes übrig, als seinen Widerspruch durch dezentes Hüsteln und Zischen zum Ausdruck zu bringen. *Nicht umdrehen!*, befahl mir Jellinek und knipste eifrig weiter. Als der Mönch uns endlich erreicht hatte – die Länge der Kirche und die Länge seines Rockes hatten den Anmarsch sehr in die Länge gezogen – war die optische Beute längst im Kasten. Auf das wiederholt und verärgert geäußerte Verbot *(Vietato, vietato, vietato!)* reagierten wir mit vorgeblicher Unwissenheit *(non capito)*, aber auch mit Reue *(scusa, scusa)* – und stellten unsere rechtswidrige Tätigkeit auf der Stelle ein.

In einer anderen Kirche sahen wir uns einem anderen Problem gegenüber, das finanzieller Natur war. Um die dortigen Fresken – vielleicht waren es auch Mosaike – genau betrachten zu können, musste die Beleuchtung eingeschaltet werden, was nur möglich war, wenn man 100 Lire in einen dafür vorgesehenen Schlitz steckte und dann den zuständigen Knopf drückte. Da Jellinek mehrere Bilder schießen wollte, mussten wir dauernd für finanziellen Nachschub sorgen. Das war nicht nur zeitraubend, sondern auch teuer, so dass Jellinek auf den Gedanken kam, den Knopf ohne vorherige Bezahlung zu drücken. Er murmelte: *Es werde Licht!*, und siehe da: Es ward Licht. Die halb illegale Kameraarbeit kam nun zügig voran, aber wieder, wie in *Santa Cecilia*, eilte ein Mönch herbei, warf uns Betrug, Diebstahl und sogar Sündhaftigkeit vor. Schleunigst verließen wir die Kirche, aber nicht mit schlechtem Gewissen, denn unser sparsamer Trick war ja nur die gerechte Antwort auf den faulen Trick der Kirche, die einen technologischen Zusammenhang vorspielte (nämlich zwischen Zahlung und Erleuchtung), den es gar nicht gab. Wir hatten also auf eine Art Betrug nur mit einem entlarvenden Gegenbetrug geantwortet.

In einem der vielen Museen, in die Jellinek mich führte, war er scharf auf einen ganz bestimmten unbekleideten Gott. Aber leider war der attraktive Marmorapoll auch der Favorit des Publikums, massenweise standen die Leute Jellinek vor der Linse und hinderten ihn an der Arbeit. *Hartmann, bring die Leute weg!*, befahl er mir und duzte mich, wie er es zu tun pflegte, wenn er im Imperativ sprach. Vertreiben konnte ich die Menschen nicht, mit welchem Recht hätte ich sie zum Weitergehen nötigen können, zumal ich dazu ein halbes Dutzend Sprachen nötig gehabt hätte. Ich wählte einen anderen Weg, ging zu einer benachbarten Skulptur, die weniger berühmt war und völlig unbeachtet auf ihrem Sockel stand, simulierte größtes Interesse, sah sie mir von Nahem an, trat zurück, um sie mit Abstand zu bewundern, schritt einmal gravitätisch im Kreis um sie herum, um zu überprüfen, ob sie wirklich rundplastisch gestaltet war, und ließ mich schließlich auf die Knie nieder, wie ein Verehrer, um sie schräg von unten anzuhimmeln. Meine sportliche Betrachtungsweise hatte eine doppelte Wirkung. Zum einen verwandelte sich mein gespieltes Interesse in ein wirkliches und ehrliches, denn die unterschätzte Aphrodite empfand ich plötzlich als künstlerisch gelungen, zum anderen erregte ich die Aufmerksamkeit der Apollo-Fans, immer mehr Menschen kamen herbei, um sich der zu Unrecht ignorierten Göttin der Schönheit und der Liebe zuzuwenden, standen in engem Kreis um das Standbild herum, ließen also den von Jellinek verehrten Apoll im Stich, so dass jener diesen in aller Ruhe und von allen Seiten aufnehmen konnte.

Wieso ich die drei Kunstgeschichten in Erinnerung behalten habe, wird mir erst während des Schreibens klar. Mich hatte es gereizt, aus der Reihe zu tanzen, Verbote zu ignorieren und – im Museum – aufzuwerten, was unterbewertet war wie das links liegen gelassene Standbild. Ich hatte Spaß an der ausgleichenden Gerechtigkeit, denn schließlich schrieben wir das Jahr '68 und die entsprechende Philosophie kam in mir mehr und mehr zum Durchbruch.

Nach dem römischen Kunst-Crashkurs war uns nach Erholung. Wir fuhren an die Adria nach Rimini, wo wir uns im Wechsel in der Sonne und im Wasser aalten, konnten es aber nicht lassen, unsere Badeferien durch Tagestouren nach Ravenna und Venedig zu unterbrechen. Dann ging es heim ins Reich und zurück in den Alltag.

Die Arbeit nahm mich wieder in Anspruch, ebenso die Pflege meiner zwischenmenschlichen Beziehungen. Von denen gibt es diverse Varianten, so die Freundschaft, die Liebe, die Kollegialität und die Kameradschaft. Meine Freunde waren weit weg, die meisten in Berlin, meine Liebe war befristet, mein Verhältnis zu den Kollegen kollegial und das zu meinen Schülern kameradschaftlich. Natürlich ist es für einen Lehrer wichtiger, mit den Klassen gut auszukommen als mit den Kollegen.

Deshalb wird es höchste Zeit, von meinem Umgang mit meinen Schülern zu erzählen. Wir verstanden uns bestens, denn ich war jung und modern, ich erwartete aber dennoch Fleiß, Aufmerksamkeit und gutes Benehmen. So weit gingen meine Toleranz und mein Verständnis nicht, im Geiste der damals in Mode kommenden antiautoritären Erziehung auf jede Autorität zu verzichten, mich von den jungen Leuten duzen zu lassen und auf Hausaufgaben und deren Kontrolle keinen Wert zu legen. Dennoch war ich so fortschrittlich, die Schüler an der Festlegung der Unterrichtsinhalte zu beteiligen. Zwar gab es einen verbindlichen Lehrplan, aber darüber hinaus ließ ich die Schüler darüber abstimmen, welche Bücher wir im Deutschunterricht lesen wollten. Nur durfte der Text, so meine Bedingung, nicht faschistisch, brutal oder pornografisch sein. In kurzen Referaten wurden die Vorschläge vorgestellt, wobei die Problematik des Buches angedeutet werden musste, der halbe Inhalt zu referieren war (das Interesse am Ausgang des Romans musste selbstverständlich erhalten bleiben), und zwei, drei kurze Leseproben der Klasse einen Eindruck von Sprache und Stil des Werkes vermitteln sollten. Durch diese offene Methode lernte ich so manches Buch kennen, von dem die Jugend damals schwärmte, zum Beispiel Salingers *Der Fänger im Roggen,* Kerouacs Tramperroman *Unterwegs* oder Neills Lobeshymne auf die repressionsfreie Internatsschule *Summerhill.* Dass es dabei immer um ein von den bürgerlichen Normen abweichendes Leben ging, entsprach genau dem Geschmack der Schüler.

Gemeinsam löckten wir, die Klasse und ihr Lehrer, wider den bürokratischen Stachel, wenn ich alternative Klassenarbeiten einführte, die sowohl den Schülern als auch mir das Leben erleichterten. Je vier Schüler durften sich zusammensetzen und gemeinsam das Aufsatzthema bearbeiten. Diese soziale Arbeitsweise nahm das später in Mode gekommene Teamwork vorweg, führte zu beachtlichen Ergebnissen und kam mir insofern zugute, als ich nur sieben Hefte zu korrigieren hatte und kaum Fehler anstreichen musste, schließlich hatten die guten Schüler beim Schreiben den Ton angegeben. Die schwachen Schüler hingegen profitierten, weil sie von den starken lernten, und freuten sich über ihre Kollektivnote *gut*, die weit über ihrer üblichen Vier Minus lag. Es ist klar, dass die Kollektivklausur eine Ausnahme bleiben musste, aber auch bei den Individualarbeiten bemühte ich mich um Alternativen. Das Verfassen einer Charakteristik übte ich nicht an literarischen Beispielen wie Wilhelm Tell oder Hauke Haien ein, sondern griff zurück auf das wirkliche Leben und Menschen von Fleisch und Blut. Zwar verlangte ich nicht, dass die eigenen Klassenkameraden Modell stehen – das hätte nur zu Schmeichelei und Verunglimpfung, also Unwahrhaftigkeit geführt – sondern wählte Beispiele aus meinem eigenen Leben, nämlich Maria, Birgit und Edeltraut, ohne aber diese Damen als meine Liebschaften auszugeben. Vielmehr formulierte ich das Thema wie folgt: *Einer meiner Freunde hatte im Laufe der Zeit drei Freundinnen, die ihm einen Kerzenhalter, eine Blumenvase und einen Aschenbecher schenkten. Charakterisieren Sie die Mädchen aufgrund ihrer Geschenke!* Die Klasse entwickelte ein hohes Maß an Fantasie; vor allem die Mädchen erspürten, dass der Kerzenhalter auf Anhänglichkeit, Zärtlichkeit, nächtliche Romantik, Gefühl und Liebe deutete, dass die Vase für Naturverbundenheit, Naturromantik, Häuslichkeit und wiederum Liebe sprach. Dass aber ein Mädchen, das einem Nichtraucher einen Aschenbecher mitbringt, eher oberflächlich, kokett und eitel sowie konsum- und genussorientiert ist, vermuteten die meisten und hatten auch recht. Eine Schülerin vertrat sogar die zutreffende Meinung, dass die Aschenbecherin ihr Haar mit Wasserstoffsuperoxyd superblond gefärbt habe. Die meisten Aufsätze waren faszinierend und unterschieden sich wohltuend von den Tell-Charakteristiken, die ich in Timmendorf schreiben ließ, wo ein Tertianer die Beobachtung gemacht hatte: *Wilhelm Tell spricht fast nur in Sprichwörtern.*

Es ist klar, dass meine Ratzeburger Klasse mir nicht glaubte, meinen Freund für eine Erfindung hielt und die drei Mädchen in meiner eigenen Biografie ansiedelte. Nach dem Abitur haben sie mich zur Rede gestellt und mir ein diplomatisches *Vielleicht* entlockt. Überhaupt waren die Schülerinnen, diese mehr als die Jungen, an meinem Privatleben interessiert. Dass ich mit 30 immer noch Junggeselle war, freute sie einerseits, umso ungestörter konnten sie schwärmen, andererseits hatten sie Mitleid mit mir und meiner vermeintlichen Einsamkeit und versuchten, mein Liebesleben zu beleben. Sie lasen mit Eifer die Pubertätszeitschrift *Bravo*, besonders die Seiten, auf denen es um Kontaktanbahnung ging.

Sie taten der Redaktion gegenüber, als bewürbe ich selber mich, verfassten eine ausführliche Charakteristik – das hatten sie ja bei mir gelernt – machten mich zehn Jahre jünger und ironischerweise zu einem Autoliebhaber, gerade weil ich im Unterricht immer wieder gegen die bundesdeutsche Wirtschaftswunderautobegeisterung gewettert hatte. Die Redaktion der Zeitschrift hielt eine junge Dame aus Bremen aufgrund ähnlicher Interessen für eine geeignete Partnerin. Die meldete sich dann auch postwendend bei mir und wir verabredeten uns brieflich auf halber Strecke, nämlich in Lüneburg. Am festgelegten Sonntag reiste ich mit der Bahn an und sie fuhr in ihrem schnittigen Sportwagen vor dem Bahnhof vor. Wir verbrachten einen angenehmen Tag in der Heide, aber die verkehrstechnischen Differenzen waren doch zu groß, als dass wir auf Dauer Interesse aneinander finden konnten. Wandern und Motorsport vertragen sich eben nicht.

Meine Mädchen konnten ihre Neugierde nicht verbergen.

– Herr Hartmann, haben Sie in letzter Zeit Post bekommen?

– Gewiss doch. Ich bekomme fast jeden Tag Post

– Wir meinen besondere Post.

– Was versteht ihr unter besonderer Post?

– Also keine Reklame oder Behördenbriefe, sondern etwas Privates.

– Ich erhalte auch Privatbriefe, von alten Freunden, von Verwandten.

– Nein, nein, das auch nicht…

Sie stotterten. *Wir meinen …äh … wir meinen weibliche Post.*

– Ja, rief eine andere, *von schönen Frauen.*

Ich blieb stur und verheimlichte mein Miniabenteuer.

Ganz anders Kollege Tiedt, der Mathelehrer. Der war konventionell verheiratet und stand kurz vor der Pensionierung, und mit dem hatten meine Leutchen das gleiche Spiel gespielt wie mit mir. Auch er hatte dank des Kuppeldienstes der *Bravo* einen Anbahnungsbrief erhalten, und als meine Mädchen ihn ausfragten, konnte er nicht an sich halten, sondern reagierte teils verärgert, teils amüsiert und drohte mit dem Zeigefinger: *Was? Ihr steckt dahinter? Ihr Schlimmen! Also sowas! Nicht noch einmal!*

Die Schule machte uns Spaß, gerade weil wir Schule und Leben miteinander verbanden, zumal auf Klassenfesten, Klassenfahrten, Wandertagen. Die jungen Leute gingen davon aus, dass ich ihre Teenagerinteressen teilte und mich genauso für Popmusik begeisterte wie sie.

– Was ist Ihre Lieblingsband, Herr Hartmann?

– The Numbers.

– The Numbers? Kennen wir nicht.
– Ist eine amerikanische Band. Steht diese Woche an 17. Stelle. Ihr Hit ist »Black Hair and Blue Eyes«.
– Kennen wir nicht."
– Solltet ihr aber. Die Gruppe ist im Kommen. Überhaupt müsstet ihr die internationale Musik verfolgen und nicht nur deutsche Schlager hören.
Das sahen sie ein, und sie nahmen mir auch die Existenz meiner Band und ihres Songs ab, als ich die Musik anschaulich beschrieb:
– Die schwarzen Haare werden durch dunkle tiefe Töne und Instrumente symbolisiert, die hellen blauen Augen durch helle hohe Töne, und dieser Kontrast macht den Reiz des geliebten Mädchens aus und auch des Liebesliedes.
Das klang glaubhaft und überzeugte. Aber ein Mädchen wandte ein:
– Dass Sie immer alles interpretieren müssen!
– Interpretieren gehört zum Leben. Es geht doch nicht nur darum, wie etwas scheint, sondern was es bedeutet.
– Aber mit dem Interpretieren machen Sie alle Gedichte kaputt. Alles wird auseinander genommen wie ein Motor und übrig bleiben nur die Einzelteile.
Eine andere ergänzte: *Wenn wir mit dem Verstand herangehen, bleibt das Gefühl auf der Strecke. Nur Jamben, Trochäen, reine Reime und unreine Reime, Symbole und Metaphern, aber kein Gedicht.*
– Aber ich will nicht nur fühlen, dass es schön ist, sondern wissen warum. Und noch etwas: Die Kunst der Interpretation ist lebensnotwendig. Wer interpretieren kann, guckt hinter die Kulissen und kann die oft verschleierte Absicht der Texte erkennen. Im Deutschunterricht interpretieren wir lediglich Gedichte, Dramen und Erzählungen von literarischem Rang, aber meiner Meinung nach ist es ebenso wichtig, auch andere Texte – und zwar kritisch – interpretieren zu lernen, was der Lehrplan uns aber leider nicht vorschreibt. Wollen wir? Habt ihr Lust dazu?

Natürlich wollten sie. Zu groß war die Versuchung, etwas zu behandeln, was außerhalb des Lehrplans lag. Und so interpretierten wir einen Monat lang unsere Lokalzeitung, Werbetexte, mehrere Statistiken, bemühten uns anhand einiger Bibelstellen um eine

Exegese, versuchten uns mithilfe des Strafgesetzbuches an der strafrechtlichen Beurteilung eines Kriminalfalles (und besuchten in diesem Zusammenhang einen Prozess vor dem Lübecker Gericht), nahmen uns einige uns allen bekannte Grimmsche Märchen vor, um sie psychologisch zu deuten, lasen einen Trivialroman und interpretierten ihn dahingehend, Kitsch als Volksverdummung zu entlarven. Es ging nicht ohne methodische Manipulation meinerseits ab, wenn ich den Schülern an den gewählten Beispielen zeigte, wie wir von Wirtschaft und Politik, also von den Mächtigen, mit faulen Tricks beeinflusst, gesteuert, also manipuliert werden.

Den Abschluss der Unterrichtseinheit bildete die kritische Analyse der *Bild*-Zeitung. Das Ergebnis war ein gnadenloser Verriss, und dann zerriss ich das Blatt mit großer Geste, als es zum Ende der Stunde läutete. Das war eine anschauliche pädagogische Maßnahme und die ist den Schülern bis heute in Erinnerung geblieben. Noch Jahrzehnte später sprachen mich einige darauf an. Eine handgreifliche Demonstration ist eben viel einprägsamer als alle graue Theorie. Statt die Kurzgeschichten, die damals groß in Mode waren, nur zu lesen, veranlasste ich die Klasse, selber einige zu verfassen. Die Schüler kannten die typischen Merkmale dieser Textsorte, den Realismus, die Alltagssprache, die fehlende Exposition, das heißt gleich am Anfang den Sprung mitten in das Geschehen, die zunächst unbekannten Personen, die nur durch quasi anonyme Personalpronomen umschrieben werden. Ich legte den Schülern nur den ersten Satz vor, dann mussten sie ihre Fantasie walten lassen, getreu dem Kurzgeschichtenrezept: *Lange hatte er es ihr verheimlicht …*

Ein absolut offener Anfang. Wer ist *er*? Wer ist seine Partnerin? Was ist ihr vorenthalten worden? Wie entwickelt sich die Handlung weiter?

Damit genug vom Deutschunterricht und meiner unerlaubten Entfernung vom Lehrplan und nun zu den methodischen Besonderheiten im Geschichts- und Gegenwartskundeunterricht. Auch hier holten wir das Leben in die Schule. Um die Schüler für das wirtschaftliche Leben zu interessieren, kauften wir eine Klassenaktie, ein Wertpapierchen der Siemens AG. Jeder zahlte ein paar Mark von seinem Taschengeld und bekam zu gegebener Zeit seinen Anteil an der Dividende. Das waren nur Pfennige, aber sie verfolgten die Kursentwicklung und blickten, was sie sonst nie getan hätten, in den Wirtschaftsteil der Zeitung. Das Risiko, so klein es war, trug ich. Wenn, wie geplant, am Ende der Schulzeit die Aktie abgestoßen wurde, partizipierten die Schüler am Kursgewinn, für die eventuellen Verluste musste aber ich aufkommen.

Dass gerade ich meine Schüler an die Gepflogenheiten des Kapitalismus heranführte, mag manchen Leser verwundern, aber wer zur Kritik erzogen werden soll, muss zunächst einmal mit den kritischen Tatsachen vertraut gemacht werden.

Nicht nur im Unterricht, auch durch den Sport hatte ich guten Kontakt zu den Schülern. Ich rief eine Arbeitsgemeinschaft *Laufen* ins Leben, und an zwei Nachmittagen die Woche quälten sich die Schüler unter meiner Anleitung über Waldwege und Aschenbahn, und das freiwillig. Die meisten waren Mitglieder des Ratzeburger und des Möllner Sportvereins, trainierten also doppelt, sowohl im Gymnasium als auch im Verein. Die Erfolge blieben nicht aus, die Talentierten zählten schon bald zu den Besten im Land und 1969 sogar im Bund. Doch davon später. Ich selbst wurde Mitglied des RSV und dann auch Spartenleiter der Leichtathletikabteilung. Mein sportlicher Einsatz führte mich noch häufiger mit unseren Sportlehrern zusammen, vor allem mit Georg, der mit seiner Familie im gleichen Mietblock wohnte wie ich. Im Herbst ’68 verfolgten wir an meinem großformatigen Fernsehgerät die Olympischen Spiele in Mexiko und waren begeistert bei der Sache, drückten wir doch aus persönlichen Gründen zwei Athleten besonders fest die Daumen. Den deutschen Achter steuerte unser Schüler Gunther Thiersch zur Goldmedaille, der spätere ZDF-Wettergott und Sohn meiner Tanz- und Tischdame auf dem weiter oben geschilderten frauenärztlichen Karnevalsfest. Ganz besonders interessierten mich die 1500 Meter, denn hier war mein Z- und C-Freund Bodo Tümmler am Start, weiland Trainingspartner im Zehlendorfer Sportverein und dann im Sportclub Charlottenburg. Erwartungsgemäß erreichte Bodo den Endlauf, und dort erkämpfte er sich den dritten Platz, knapp vor dem anderen Deutschen Harald Norpoth. In einem langen Brief beglückwünschte ich Bodo und bedauerte nicht etwa, dass zwei andere vor ihm ins Ziel gekommen waren, sondern stellte die tröstliche Behauptung auf, dass Bronze viel mehr wert sei als Gold oder Silber, denn die beiden vorderen Medaillen bestünden nur aus jeweils einem Metall, dagegen zähle Bronze als Legierung aus zwei Metallen, Kupfer und Zinn, doppelt. Noch 40 Jahre später erinnerte sich Bodo meines Briefes und sprach mich bei einem Ehemaligentreffen der SCC-Senioren darauf an.

Außer mit Schülern und Lehrern hatte ich es ab und zu auch mit Eltern zu tun. Die kamen nicht nur, um den jungen und neuen Assessor in Augenschein zu nehmen, zum Elternabend, sondern auch um über ihren Nachwuchs Klage zu führen und dann ein gutes Wort einzulegen. In Erinnerung habe ich noch Einschätzungen wie diese: *Hans Peter will per du nicht lernen. Er ist nicht dumm, er ist nur faul. Er kommt ganz nach mir, so war ich auch. Das will ich Ihnen gesagt haben.* So die Mütter, die Väter dagegen plädierten für Härte. Sie machten mir handfeste Vorschläge und waren für Schläge: *Wenn mein Sohn nicht pariert, dann geben sie ihm eins hinter die Ohren! Meine Erlaubnis haben Sie.*

Typisch für unsere Schule und unseren Schulleiter, wahrscheinlich für das Bildungssystem insgesamt, war es, dass mit zweierlei Maß gemessen wurde. Ein Sextaner aus einer angesehenen Familie konnte es sich leisten, dreimal sitzenzubleiben, ohne als untauglich der Schule verwiesen zu werden, weil Anwälte und Psychologen geltend machten, dass der arme Kleine, immer wenn es drauf ankam, unter seelischem Druck gestanden habe. Im ersten Jahr war seine geliebte Großmutter verstorben, an der er mehr als an den Eltern gehangen habe, im zweiten Jahr hatte er grippebedingt einige Tage gefehlt und die entscheidenden Stunden verpasst, und im dritten Jahr geriet er völlig aus dem seelischen Gleichgewicht, weil der Familienhund seinen geliebten Hamster getötet hatte, im vierten Anlauf glückte der Sprung in die Quinta, aber zum Abitur hat es trotz aller Protektion und Nachhilfe doch nicht gereicht.

Weniger Wohlwollen genossen die Kinder der Unterschicht. Ein Schüler meiner Klasse hatte zum Halbjahr ein passables Zeugnis erhalten und legte sich prompt auf die faule Haut. Das hatten die Lehrer zu Ostern noch gar nicht so recht mitbekommen und eine

Warnung, dass die Versetzung gefährdet sei, nicht ausgesprochen. Im Juni enthielt die Liste mit den Noten aber derart viele Fünfen, dass ein Aufstieg in die nächste Klasse ausgeschlossen war. Aber der Knabe war nicht gewarnt worden und durfte von Schulrechts wegen nicht sitzenbleiben. Unter vier Augen besprachen der Schulleiter und ich noch vor der Zeugniskonferenz den kniffligen Fall.
Direktor Drillmann kannte kein Pardon: *Den lassen wir sitzen.*
ICH: *Auch ohne Warnung?*
ER: *Das macht die Sache leider schwierig. Aber, sagen Sie mal, was ist der Vater?*
ICH: *Maurer.*
ER: *Sehr gut. Solche Leute stellen sich nicht auf die Hinterbeine und rennen zum Kadi. Also, die Klasse wird wiederholt.*
ICH kämpfte um meinen Schüler, der (wirklich) zur Kategorie *intelligent, aber faul* gehörte, und warnte den Schulleiter: *Herr Direktor, wir müssen vorsichtig sein, denn die Schule ist nicht im Recht. Wie wird die Öffentlichkeit reagieren, zum Beispiel die Presse, wenn ruchbar wird, dass wir die Kinder aus einfachen Verhältnissen benachteiligen?*
ER: *Leider haben Sie recht mit Ihrer Warnung. Es bleibt mir nichts übrig, als morgen auf der Zeugniskonferenz die Versetzung zu veranlassen.*
Besagter Schüler hat sich übrigens in Zukunft zusammengerissen und ohne eine einzige Wiederholung sein Abitur abgelegt.

Auch mir musste der Herr Oberstudiendirektor ein Zeugnis ausstellen. Anfang Oktober ’68 ließ er mich in sein pompöses Direktorzimmer rufen und las mir, wie dienstrechtlich vorgeschrieben, seinen *Bewährungsbericht über den Studienassessor Bernd Hartmann* mit stolzer Stimme vor.

Da hieß es unter anderem: *Herr Hartmann hat rasch Zugang gefunden zu den Kollegen und vor allem auch zu seinen Schülern, bei denen er nicht zuletzt wegen seines aktiven sportlichen Einsatzes sofort gut ankam. Dabei kam ihm seine kameradschaftliche Einstellung und ein etwas burschikoses Wesen, fast möchte man sagen »Naturburschentum« zustatten; überhaupt ist er in seinem Umgangston frei, offen und forsch … Bei Herrn Hartmann wird lebendig vorgetragen, lebhaft diskutiert, geduldig erklärt. Mit spaßhaften Wendungen, ermunternden Auf-*

forderungen und spannender Darstellung wird das Interesse der Schüler geweckt und ihre Mitarbeit gefördert. Zwischen Lehrer und Schülern besteht ein guter Kontakt ...

Die Einschätzung war derart wohlwollend, dass ich mich kaum wiedererkannte. Etwas überraschend war dann aber die von der Lobeshymne abweichende, fast mit dieser in Widerspruch stehende Abschlussbeurteilung. Die Quintessenz lautete nämlich: *Herr Hartmann ist ein frischer, energiegeladener und einsatzfreudiger Lehrer, dessen Gesamtleistung ich nach meinen bisherigen Erfahrungen und Beobachtungen mit »befriedigend« beurteilen kann.*

Wie richtig der Schulleiter mit seinen Beobachtungen lag, wusste er zum Glück nicht. Dass ich *zu den Schülern Zugang gefunden habe, sofort gut ankam* und zwischen *Lehrer und Schülern ein guter Kontakt besteht,* war nämlich wahrer, als im Bewährungsbericht gemeint.

Denn in einem speziellen Fall war der gute Kontakt konkreter als schulrechtlich statthaft, will sagen: Wie fast alle ledigen Lehrer (und auch einige verheiratete) hatte ich etwas mit einer Schülerin, etwas, aber nicht alles. So weit wollte ich es mit meiner verbotenen Liebe nicht treiben.

Ich hatte Inge, die Unterprimanerin, auf der Abiturfete kennengelernt und mich nach einigen Tänzen mit ihr verabredet. Getrennt verließen wir die Schule und trafen uns in dem Wäldchen hinter der Turnhalle. Sofort fielen wir uns in die Arme und, trotz Anzug und Ballkleid, auf den Waldboden. Inge war recht attraktiv und etwas korpulent, also angenehm griffig. Ein Jahr lang waren wir zusammen, immer heimlich, das heißt, entweder nach Einbruch der Dunkelheit am Rande der Stadt oder auf einer Lichtung in einer Schonung zum unbekleideten Sonnen. Da sie in Hamburg Verwandte hatte, wo sie übernachten konnte, ging ich das Risiko ein, hier in der anonymen Großstadt ein paar Mal mit ihr auszugehen. Das heimliche Ausleben einer nicht ganz rechtmäßigen Beziehung erhöhte natürlich deren Reiz.

Es ist selbstverständlich, dass Inge nichts von Jette wusste und Jette nichts von Inge. Mein Liebesleben bestand in einer Art Arbeitsteilung – mit Jette der routinierte Sex und mit Inge rationierte und rationale Zärtlichkeit. Da beide nicht vollends meinem Traum entsprachen, begnügte ich mich mit zwei befristeten Abenteuern – und wartete geduldig auf die eine endgültige Liebe.

Es waren glückliche Jahre, sowohl beruflich als auch privat. Weltweit wurde das Liebesleben freier und unbeschwerter, ohne Risiken und Nebenwirkungen, denn es gab bereits die Pille, wie ich schon oben geschrieben habe, aber noch nicht AIDS.

48

Das Jahr der fallenden Würfel – politisch

Das Jahr '69 begann damit, dass es auf der Stelle trat. Denn zunächst geschah nichts Entscheidendes, weder hier noch da, weder unten noch oben, weder in meinem bescheidenen Privatleben noch in der großen Politik. Ich blieb ledig und die Große Koalition stagnierte. Man befand sich in Lauerstellung.

Irgendwann musste ich mich für die Frau fürs Leben entscheiden, und im September musste das bundesdeutsche Volk entscheiden, ob es einen Kanzler Kiesinger behalten oder einen Kanzler Brandt bekommen wollte. Die momentanen Bindungen waren – privat und politisch – provisorisch, es waren Vernunftbeziehungen auf Zeit, ihr baldiges Ende war abzusehen und gewollt. Recht und schlecht verwaltete man die bestehende Partnerschaft, aber statt ernsthaft zu lieben oder zu regieren, sah man sich nach etwas Neuem um. Die SPD liebäugelte mit der FDP, und ich war wieder auf Jagd, sei es an der Ostsee, sei es sonstwo.

Die Große Koalition hatte ihre Pläne in die Tat umgesetzt. Schiller und Strauß hatten die Wirtschaft angekurbelt, die Notstandsgesetze waren verabschiedet, in der Bildungs- und Sozialpolitik sowie im Rechtswesen hatte es Reformen gegeben. Doch in der Ostpolitik und auch im Verhältnis zur DDR war man nicht vorangekommen, auch wenn – immerhin! – diplomatische Beziehungen mit Rumänien und Jugoslawien aufgenommen wurden. Man begnügte sich mit theoretischen Friedens-, Versöhnungs- und Gewaltverzichtsbeteuerungen und mit dem Pochen auf Rechtsansprüche. Wo Außenminister Brandt zu gewissen Zugeständnissen als Voraussetzung von Do-et-des-Verhandlungen bereit war, wurde er von Kanzler Kiesinger zurückgepfiffen. Kurz und gut (oder schlecht): 1969 wollte man keinen Ehrgeiz mehr an eine kreative Politik wenden, sondern ruhte sich auf den mehr oder weniger üppigen Lorbeeren aus. Die einzigen Aktivitäten bestanden darin, sich für die Bundestagswahl warmzulaufen und den augenblicklichen Kompagnon als den alsbaldigen Konkurrenten zu attackieren.

Erstmals seit Gründung der Bundesrepublik mussten die Wahlen des Präsidenten und des Parlaments in zeitlicher Nachbarschaft durchgeführt werden. Fünf Legislativperioden von vier Jahren und vier Präsidentschaften von fünf Jahren ergeben jeweils 20 Jahre, so dass sich die Gleichzeitigkeit der Wahlen 1969 hätte wiederholen müssen. Hätte müssen. Aber es kam anders. Denn der amtierende Bundespräsident Heinrich Lübke hielt nicht durch. War er 1959 bei seiner ersten Wahl ein auf Kompromissen beruhender Notbehelf gewesen, so verdankte er seine Wiederwahl von 1964 dem Taktgefühl der politischen Kaste. Als er gegen Ende seiner zweiten Amtszeit zusehends alterte, überredete Kiesinger ihn dazu, zu Beginn des Jahres vorzeitig zurückzutreten – mit Rücksicht auf sein zunehmendes Alter und sein abnehmendes Ansehen, die bundesdeutsche Reputation im Ausland und die taktischen Erwägungen der Union, der Lübke ja entstammte. Wer aber sollte sein Nachfolger werden?

Natürlich wollten die beiden großen Parteien einen der Ihren zum Staatsoberhaupt küren; im Gespräch waren die Minister Heinemann und Leber von der SPD sowie Schröder von der CDU und der politisch bisher kaum hervorgetretene Christdemokrat Richard von Weizsäcker. Die Sozialdemokraten einigten sich auf Heinemann, die Union nominierte erst nach einer Kampfabstimmung den erfahrenen Politprofi Schröder. Völlig offen war, wer sich in der Bundesversammlung durchsetzen würde, die aus sämtlichen Bundestagsabgeordneten und der gleichen Zahl von Landtagsabgeordneten bestand.

Das Zünglein an der Waage war die FDP, nur mit ihren Stimmen konnte die eine oder andere Seite die Mehrheit erringen. Folglich warben die beiden großen Parteien um die kleine. 20 Jahre zuvor hatte Adenauer die Liberalen für seine Kanzlerschaft und eine bürgerliche Koalition gewonnen, indem er deren Vorsitzenden Heuss zur Präsidentschaft verhalf. Jetzt sollte die FDP als Königsmacherin für Schröder dienen. Aber das Verhältnis zwischen den beiden bürgerlichen Parteien war gestört, seit die Union mit dem Gedanken spielte, mithilfe der SPD und einer Zweidrittelmehrheit im Bundestag das Grundgesetz dahingehend zu ändern, das bisherige Verhältniswahlrecht durch ein Mehrheitswahlsystem nach britischem und amerikanischem Vorbild zu ersetzen. Dann hätte es in Zukunft nur zwei Parteien gegeben, und die Liberalen wären von der Bildfläche verschwunden. Die SPD hatte sich in dieser Frage klugerweise bedeckt gehalten und die FDP also nicht vor den Kopf gestoßen.

Noch wichtiger als diese Frage war etwas anderes, das zu einer Annäherung der FDP an die SPD führte. In den drei harten Jahren auf den harten Bänken der Opposition (bisher hatte man ja fast immer mitregiert) hatte die FDP den Mut zu einem Neuanfang gefunden. Sie verabschiedete sich von ihrer nationalliberalen Tradition und rückte nach links beziehungsweise zur Mitte. Man wollte ganz bewusst und gezielt an die freiheitlichen Ideale der Freisinnigen Partei (der Kaiserzeit) und der Deutschen Demokratischen Partei (der Weimarer Zeit) anknüpfen. Vor allem wollte man Bewegung in die Ostpolitik bringen, wie Willy Brandt es ja schon seit Jahren versucht hatte. Solche Veränderungen sind immer mit einem Wechsel an der Parteispitze verbunden, und so wurde Walter Scheel zum neuen Vorsitzenden als Nachfolger von Erich Mende gewählt.

Die Wahlrechtsfrage und die Ostpolitik führten – auch persönlich – zu einer Annäherung der beiden Parteichefs. Die anstehende Wahl des Bundespräsidenten sollte zur Generalprobe für die Bundestagswahl und die anschließenden Koalitionsverhandlungen werden. Da nicht alle in der FDP den radikalen Schwenk der Partei mitmachen wollten, war es bis zuletzt nicht sicher, ob sich genügend Abgeordnete für Heinemann entscheiden würden. Bei mehreren Probeabstimmungen am Vorabend der Präsidentenwahl sprach sich sogar zunächst eine Mehrheit für Schröder aus. Aber dann übermittelte ein reitender Bote Wehners verbindliches Versprechen, dass die Sozialdemokraten nie und nimmer dem Mehrheitswahlsystem und damit dem politischen Tod der Liberalen zustimmen würden. Das gab den Ausschlag. Am nächsten Tag, dem 5. März, wurde Gustav Heinemann im dritten Wahlgang mit den Stimmen der SPD und den meisten der FDP zum dritten deutschen Bundespräsidenten gewählt. Das knappe Ergebnis (512 zu 506) zeigt nicht nur, dass nicht alle Freidemokraten der Parteilinie folgten, sondern ist auch darauf zurückzuführen, dass Schröder (ob ihm das nun angenehm war oder nicht) von den aus den Landtagen entsandten Vertretern der NPD gewählt wurde.

Die Union schmerzte nicht nur Schröders Niederlage als solche; darüber hinaus empfand sie die Wahl Heinemanns als Affront, hatte dieser doch 1950 das Kabinett (er war Innenminister) und dann die CDU unter Protest verlassen, als Adenauer hinter dem Rücken der politischen Freunde und Gegner mit den Amerikanern klammheimlich die bundesdeutsche Wiederbewaffnung in Angriff nahm. Wenig später hatte Heinemann eine eigene Partei gegründet, die aber nicht reüssierte, und sich dann der SPD angeschlossen. In seinem zweimaligen Parteiwechsel sah die Union ein Zeichen von Untreue und Prinzipienlosigkeit, obgleich er sich selber dabei treu geblieben war. Doch für die Schwarzen war der neue Präsident ein rotes Tuch, und dieser farblichen Einschätzung wurde er schon wenige Tage nach seiner Wahl auch gerecht, als er diese in einem Interview als ein *Stück Machtwechsel* bezeichnete, als sei ein der SPD entstammender Präsident ein erster Schritt in Richtung auf einen SPD-Kanzler.

Damit gab er sich als politischer Präsident zu erkennen, obgleich er laut Verfassung eigentlich über den Parteien stehen und nicht Partei ergreifen sollte. Aber er wollte ein Gesinnungspräsident sein, seine eigene Meinung konkret äußern und nicht nur abstrakt repräsentieren. In seiner Antrittsrede am 1. Juli machte er aus seinen Idealen keinen Hehl. Er polemisierte gegen den Obrigkeitsstaat, der schuld am Aufstieg der Nazis und dem deutschen Unglück gewesen sei, er stellte Autorität und Tradition in Frage und zeigte damit Verständnis für die rebellische Jugend, und er erklärte, dass nicht weniger, sondern mehr Demokratie notwendig sei. Ob sein politischer

Mut und seine gezielte Stellungnahme taktisch klug und der angestrebten sozialliberalen Koalition dienlich waren oder nicht eher viele Wähler verschreckten, ist eine offene Frage. Und offen war auch der Ausgang der Bundestagswahl am 28. September 1969, und er blieb offen bis weit in die Nacht.

Als Berliner durfte ich nicht wählen, hatte also den lieben langen Sonntag frei, musste kein Wahllokal besuchen und auch nicht – wozu meist Lehrer herangezogen wurden – beim Auszählen der Stimmen helfen, konnte also den schönen, sonnigen Frühherbsttag auf meinem Rade in der freien Natur verbringen.

Das Wahlrecht der Berliner war eine kuriose Besonderheit, was auf die Abmachungen der Siegermächte zurückzuführen war. Das besiegte Reich war in drei, dann in vier Besatzungszonen aufgeteilt worden, aber Berlin, wo alle Sieger präsent sein wollten und das mitten in der sowjetischen Zone lag, wurde gesondert behandelt und – solange man sich noch vertrug – von den vier Alliierten gemeinsam verwaltet, wobei jeder einen eigenen Sektor erhielt und dort seine Garnison stationierte. Stillschweigend gliederten die Sowjets ihren Ostsektor ihrer Ostzone und dann – als Hauptstadt – der DDR ein, was allerdings den Viermächtevereinbarungen widersprach. Umgekehrt fühlten sich die Westberliner zu Westdeutschland gehörig, erst zu den Westzonen und dann zur Bundesrepublik. Wirtschaftlich, rechtlich, kulturell, sportlich und gefühlsmäßig waren wir Teil des Westens und verteidigten diese Westbindung auch in den Monaten der Blockade und der Luftbrücke. Aber staatsrechtlich war Westberlin nicht Teil der Bundesrepublik, sondern stand immer noch unter alliierter Sonderbehandlung, praktisch natürlich nur unter der Kontrolle der drei westlichen Stadtkommandanten.

Dieser Sonderstatus fand seinen Ausdruck dann darin, dass Westberlin nicht voll und ganz zur Bundesrepublik gehörte. Die Halbstadt war kein vollgültiges Bundesland und durfte sich nicht an den Bundestagswahlen beteiligen, konnte aber immerhin einige Delegierte mit Rede-, jedoch ohne Stimmrecht in die Bonner Volksvertretung schicken. Als die Bundeswehr entstand, wurde Westberlin von der Wehrpflicht ausgenommen. Da die Stadt aufgrund ihrer Insellage nicht existenzfähig war, wurde sie vom Bund Jahr für Jahr mit Millionenbeträgen am Leben gehalten. Westberlin gehörte also teils zum Bund und teils nicht. An der Wahl des Bundeskanzlers war es nicht beteiligt, da die Berliner Abgeordneten des Bundestags ja ohne Stimmrecht waren, wohl aber – paradoxerweise – an der Wahl des Bundespräsidenten durch die Bundesversammlung. Hier nämlich waren die Berliner Delegierten – anders als die *stimmlosen* Abgeordneten im Bundestag – stimmberechtigt. Entsprechend der Sitzverteilung im Berliner Abgeordnetenhaus entsandten SPD und FDP zusammen doppelt so viele Wahlmänner in die Bundesversammlung wie die Berliner CDU, die bei den Stadtwahlen 1967 nur 33% der Wählerstimmen erhalten hatte. Und diese sozialliberale Mehrheit aus Berlin, die sich auf ein ganzes Dutzend belief, gab den Ausschlag für Heinemann, also den Mann, der sich als Präsident für einen sozialdemokratischen Kanzler einsetzte. So wie die NPD Schröder genützt hatte, so hatte Berlin ihm geschadet. Doch vor der Kanzlerwahl musste das Volk entsprechend wählen.

Am Wahlabend – nach meiner Fahrradtour – war ich bei meinen Verwandten zu Besuch. Gemeinsam warteten wir auf das Wahlergebnis, allerdings mit unterschiedlichen Erwartungen. Als bekennende Flüchtlinge und Christen (meine Tante engagierte sich in der Pommerschen Landsmannschaft und in der evangelischen Gemeinde) und als Kleinstädter und Kleinbürger (erst einige Enkel meiner Tante brachten es zu akademischen Meriten) zählten meine Verwandten zur typischen und zuverlässigen CDU-Klientel und freuten sich, wo ich mich ärgerte und umgekehrt.

Wir machten es uns vor dem Fernsehgerät bequem und harrten der Zahlen. Die kamen dann auch bald und waren schlimm. Die erste Hochrechnung war ein Tiefschlag. 47% für Kiesinger, 40% für Brandt und Scheel vor der Fünfprozenthürde, aber noch nicht souverän rüber. Im Laufe des Abends wurden die Ergebnisse aus meiner Sicht etwas besser, aber nicht entscheidend. Kiesinger behielt die absolute Mehrheit, nahm bereits die Glückwünsche aus dem Ausland entgegen, auch die des amerikanischen Präsidenten Nixon, und ließ bereits die Sektkorken knallen.

Als ich spät in der Nacht nach Hause schlich, war mir, als hätte ich eine persönliche Niederlage erlitten. Ich schaltete meinen Fernseher ein, weniger weil ich noch hoffte, sondern nur, um das endgültige Ausmaß der Katastrophe zur Kenntnis zu nehmen. Zwischen dem ersten und dem zweiten Programm zappte ich hin und her, und da stellte sich heraus, dass im ZDF die Auszählungen und Prognosen in eine ganz andere Richtung wiesen, nämlich auf Sieg, wenn auch auf einen ganz knappen, und zwar knapp in dreifacher Hinsicht.

Knapp war der FDP der Sprung über die Hürde geglückt, und knapp lagen Brandt und Scheel in der Summe ihrer Prozente vor Kiesinger. Die SPD hatte zugelegt (von 39,3% auf 42,7%, also um 3,4 Punkte) und die Union etwas eingebüßt und 1,5% verloren, verbuchte also 46,1% statt 47,6%, blieb aber stärkste Partei. Die Verluste der FDP waren so groß (sie sackte um 3,7% von 9,5% auf 5,8% ab), dass SPD und Liberale in Prozenten nur einen hauchdünnen Vorsprung von 2,5 Punkten hatten, nämlich 48,5% gegenüber 46,1%. In Sitzen waren das 254 gegenüber 242. Das war nicht nur knapp, sondern auch gefährlich. Denn es war nicht nur auszuschließen, sondern sogar wahrscheinlich, dass im Laufe der Zeit, wenn sich erst einmal ein Vorwand fand, die nationalliberal orientierten Liberalen von der Fahne gehen, zur CDU überlaufen und Wählerwillen und Wahlergebnis ins Gegenteil verkehren würden.

Denkbar knapp war der sozialliberale Wahlsieg auch aus einem dritten Grund. Die rechtsextreme NPD hatte gegenüber der Wahl von 1965 ihre Stimmen mehr als verdoppelt, nämlich von 2% auf 4,3%, und das, obgleich die Große Koalition die kleine Wirtschaftskrise behoben hatte, die sogenannten Nationaldemokraten also nicht mehr von der Arbeitslosigkeit profitieren konnten. Doch auf ihre patriotischen Parolen fielen immer noch 1,5 Millionen Wählerinnen und vor allem Wähler herein. Die nationalen *Ideale* (neben den christlichen und den marktwirtschaftlichen) hatte bisher die Union vertreten, nun aber fühlten sich ihre rechten Wähler rechts der Union, also bei der NPD, besser aufgehoben und machten sich auf die entsprechende Wählerwanderung. Die Stimmengewinne der NPD entstammten mithin mehrheitlich der CDU-Klientel. Kiesingers knappe Niederlage ging also auf die Untreue der rechten CDU-Wähler zurück – und umgekehrt verdankten Brandt/Scheel ihren Sieg der Annullierung der rechten Stimmen, da die NPD an der Fünfprozenthürde scheiterte. Hätten die rechten Wähler zu Kiesinger gehalten, dann hätte er die absolute Mehrheit erzielt. Hätte die

NPD aber über 5% erhalten, wäre weder eine schwarz-gelbe noch eine rot-gelbe Mehrheitskoalition möglich gewesen (die NPD hätte ja keiner mit ins Boot nehmen wollen). Die Große Koalition hätte also fortgesetzt werden müssen. Wir können von Glück sagen, dass die NPD 4% erhielt und nicht deutlich mehr oder weniger. Nur dadurch konnte es zu dem sozialliberalen Reformjahrzehnt der Siebzigerjahre kommen.

Aber sicher war die Brandt/Scheel-Koalition nach dem 28. September noch lange nicht. Zu knapp war die Mehrheit, so dass viele viel lieber, wie gehabt, eine Große Koalition gehabt hätten. Noch in der Wahlnacht meldete Kiesinger seinen Führungsanspruch an und verwarf eine rot-gelbe Koalition mit dem Argument, dass diese zwar rechnerisch, aber nicht politisch möglich sei. Auch einige führende Köpfe der Sozialdemokratie, zum Beispiel Wehner und Schmidt, waren gegen eine riskante und wackelige Koalition mit den Liberalen und wollten in einer stabilen Großen Koalition unter Kanzler Kiesinger weiterregieren.

Aber Brandt und Scheel hatten sich in den Kopf gesetzt, gemeinsam zu regieren und ihre geplanten Reformen, vor allem in der Außen- und Deutschlandpolitik, durchzusetzen. Kurz vor Mitternacht ließ Brandt das deutsche Fernsehvolk wissen, dass *wir* – die SPD – zu Gesprächen mit *ihr* – der FDP – *bereit sind*. Damit war das Mitte-Links-Bündnis zwar noch nicht beschlossene Sache, aber doch in hohem Maße wahrscheinlich. Nach wie vor saß die FDP im Bundestag ganz rechts und die Union in der Mitte, obgleich die Liberalen nach ihrem Linksruck eigentlich zwischen Union und SPD gehört hätten, ihrer neuen Partnerin. Soviel zur parlamentarischen Sitzgeometrie.

Kiesinger bemühte sich vergeblich um eine schwarz-gelbe Kanzlermehrheit. Aber Scheel und die Seinen gingen auf die Werbung nicht ein, sie wollten der Verlobung mit der SPD eine schnelle Hochzeit folgen lassen. Tempo war die Parole. Angesichts der knappen und sogar unsicheren Mehrheit war eine rasche Regierungsbildung das Gebot der Stunde. Und so einigte man sich in wenigen Tagen auf eine Koalition, ohne sich die Zeit für die Ausarbeitung eines detaillierten Regierungsprogramms zu nehmen. Immerhin aber war man sich zu hundert Prozent einig in der Ost- und Deutschlandpolitik – und die sollte schließlich den Kern der sozialliberalen Ära bilden – mit Brandt, der als Kanzler laut Verfassung die Richtlinien der Politik bestimmte, mit Scheel als reformfreudigem Außenminister und mit Bahr, Brandts Freund und Ideengeber, der für den Posten des Staatssekretärs im Bundeskanzleramt vorgesehen war. Aus seiner Feder stammte das Vier-Seiten-Papier über die neue Ostblockpolitik, um das der Chef seinen Freund gebeten hatte. Das wurde während des ersten Koalitionsgesprächs Walter Scheel vorgelegt, der es sorgfältig studierte. Dann dessen Urteil: *Ist in Ordnung.* Das Einvernehmen in der Außenpolitik war die Voraussetzung für den endgültigen Entschluss für die Koalition. Darüber informierte man den Bundespräsidenten, der es bisher vermieden hatte, den rechnerischen Wahlsieger, der aber keinen Partner fand, mit der Regierungsbildung zu beauftragen. Jetzt aber, als Brandt mit einer – wenn auch knappen – Kanzlermehrheit aufwerten kann, waltet der Präsident seines Amtes, entsprechend dem Artikel 63 des Grundgesetzes: *Der Bundeskanzler wird auf Vorschlag des Bundespräsidenten vom Bundestag ohne Aussprache gewählt.*

Aber wird er wirklich gewählt? Wird die Mehrheit ausreichen oder abbröckeln? Scheels Vorgänger, der rechtsliberale Erich Mende, hat kein Geheimnis daraus gemacht, dass er Willy Brandt keinesfalls wählen werde, und zwei Parteifreunde auf seine Seite gezogen. Am 21. Oktober ist es soweit. Der Bundestag wählt. 496 Abgeordnete sind stimmberechtigt. Die notwendige Mehrheit beträgt 249 Stimmen. Brandt erhält 251, zwei mehr als unbedingt nötig, aber immerhin doppelt so viele notwendige Stimmen mehr als Adenauer bei seiner ersten Wahl, der nur mit einer einzigen Stimme Mehrheit, nämlich seiner eigenen, zum Kanzler bestimmt wurde.

Die deutsche Demokratie hatte ihre erste Bewährungsprobe bestanden, nämlich den verfassungskonformen Machtwechsel. Dennoch: Der neue Kanzler hatte den alten nicht aus der Opposition heraus verdrängt, schließlich war Brandt schon vorher als Außenminister an der Regierung beteiligt. Dass die Opposition ihren Kandidaten zum Kanzler macht, ist in der bundesdeutschen Geschichte die seltene Ausnahme. Zu treu hängt das Wahlvolk am amtierenden

Kanzler und pflegt ihn zu bestätigen. Für diese etwas undemokratische Untertanentreue hat man den sehr beschönigenden Begriff *Kanzlerbonus* geprägt.

Genau einen Monat nach der Bundestagswahl und eine Woche nach der Kanzlerwahl tritt Willy Brandt mit seiner Regierungserklärung vor das gespaltene und alsbald zerstrittene Parlament. Das sozialliberale Programm bedeutete keine Revolution, aber doch einen grundlegenden Neuanfang auf allen Feldern der Politik. Nicht nur mit dem Flaggschiff *Außenpolitik* will man zu neuen Ufern aufbrechen, auch in den Bereichen Wissenschaft, Bildung, Wirtschaft, Soziales, Gesellschaft und Recht werden neue Wege beschritten beziehungsweise die schüchternen Ansätze der Großen Koalition zielstrebig fortgesetzt. Dabei geht es nicht nur um praktische politische Reformen, es soll auch deutlich werden, dass die neue Ära von einem neuen Geist bestimmt ist. Zwar stellt Brandt seine Regierungserklärung unter das Motto *Kontinuität und Erneuerung,* aber das zweite der beiden Ziele ist ihm zweifellos wichtiger. Wie ein roter Faden zieht sich das Vorhaben Modernisierung durch seine Rede. Brandt will *mehr Demokratie wagen,* plädiert für die Mitbestimmung in Politik und Wirtschaft. In einer modernen Demokratie müssen die Menschen stärker an den sie betreffenden Entscheidungen beteiligt werden, gerade auch die Jugend, weshalb der neue Kanzler eine Senkung des Wahlrechts von 21 auf 18 Jahre verspricht (beziehungsweise sich dafür einsetzen will). Er versteht sich als Kanzler einer neuen Zeit. Wenig später äußert er, dass er sich nicht als Kanzler des besiegten, sondern des befreiten Deutschlands sehe, und entsprechend selbstbewusst gestaltet er seine Politik. Ausdrücklich umschreibt er seine Reformbereitschaft mit den Worten *Keine Angst vor Experimenten* und setzt sich damit ganz bewusst von Adenauers Wahlslogan ab *(Keine Experimente!)*.

Mit seiner konservativen Vorsicht rechtfertigte der erste Kanzler der Bundesrepublik seine bedingungslose Westbindung, und mit seiner gegensätzlichen Parole bezog auch Brandt außenpolitisch Position. Hatte der eine nach dem verlorenen Krieg den Schwerpunkt auf die Versöhnung mit dem Westen gelegt und mit der wirtschaftlichen und militärischen Annäherung an die Westalliierten das Misstrauen und die Feindschaft der Sowjets in Kauf genommen, so suchte der andere die Aussöhnung mit unserem östlichen Nachbarn, was jedoch wesentlich schwieriger war. Denn am polnischen, tschechischen und russischen Volk und an den dort lebenden Juden hatte das Hitler-Regime – schon allein rein zahlenmäßig – viel größere Verbrechen verübt. Außerdem war das Verhältnis zum Osten erheblich gestört und belastet durch die gegensätzlichen gesellschaftlichen Systeme – hier demokratischer Kapitalismus, dort autokratischer Sozialismus. Wollten Brandt und sein Team mit dem Osten ins Gespräch kommen, über Entspannung und über Entschärfung des Kalten Krieges verhandeln und für die Deutschen diesseits und jenseits der Mauer menschliche Erleichterungen – und seien sie noch so bescheiden – in die Wege leiten, dann musste man zu Zugeständnissen bereit sein. Die offizielle Staatsillusion, dass die deutschen Lande jenseits von Oder und Neiße nicht endgültig verloren, sondern nur widerrechtlich und vorübergehend verborgt seien, musste in Frage gestellt und korrigiert werden. Und die DDR konnte man nicht länger als Sowjetzone, Ostzone oder kurz als Zone, auch nicht als Gebilde, Phänomen oder als Republik mit Gänsefüßchen bezeichnen, schließlich war das Gebiet zwischen Elbe und Oder — nach staatsrechtlicher Definition — durchaus ein Staat. Denn die DDR verfügte über die drei entscheidenden Kriterien, die das Wesen eines Staates ausmachen. Sie hatte ein Staatsvolk, ein Staatsgebiet und eine Staatsregierung. Dass dieses Staatsvolk mehrheitlich gerne nach Westen ausgewandert wäre, dass das Staatsgebiet durch die brutalste und inhumanste Grenze markiert war und dass die Staatsregierung alles andere als demokratisch zustande gekommen war, änderte nichts daran, dass dieser Staat ein Staat war (*und was für einer!,* wie Bahr einmal einräumte im Blick auf die preußisch-absolutistische Struktur der DDR).

Zwar litt die DDR unter ihren Gänsefüßchen und strampelte sich ab (zum Beispiel im Sport), um weltweit anerkannt zu werden, kam aber kaum voran und wäre deshalb vielleicht bereit, was in Verhandlungen auszutesten wäre, als Preis für die Anerkennung gewisse Zugeständnisse auf dem Felde menschlicher Erleichterungen zu machen. Als Brandt, Scheel und Bahr an den rhetorischen und politischen Feinheiten der Regierungserklärung feilten, wollten Kanzler und Vizekanzler, die Reformidealisten, um mit der DDR ins Gespräch zu kommen, gewisse Anerkennungszugeständnisse machen, während der Verhandlungsfuchs Bahr keinen Trumpf aus der Hand geben wollte, bevor das Spiel so richtig begonnen hatte. In seinen Memoiren erzählt er, dass er dagegen war, *der DDR ausdrücklich die Staatseigenschaft zuzuerkennen; das sollte ein Ergebnis der angestrebten Verhandlungen sein, aber kein Geschenk vorher. Brandt meinte, es sei gut, am Anfang über die Hürde zu gehen. Scheel entschied, wir sollten es so machen, wie der Bundeskanzler es will.*

Und so mussten der Deutsche Bundestag, das deutsche Volk und die Regierungen in Ost und West, teils mit Misstrauen, teils mit Zuversicht, auf jeden Fall jedoch überrascht zur Kenntnis nehmen, dass Bonn Bewegung in die internationale Politik bringen wollte. Was Brandt plante, war ein diplomatischer Drahtseilakt. Er will die DDR anerkennen, als Staat, mit dem man verhandeln will, und zugleich nicht anerkennen. *Eine völkerrechtliche Anerkennung der DDR durch die Bundesregierung kann nicht in Betracht kommen. Auch wenn zwei Staaten in Deutschland existieren, sind sie doch füreinander nicht Ausland; ihre Beziehungen zu einander können nur von besonderer Art sein.* Der Kanzler betonte, *dass die Deutschen ein Recht auf Selbstbestimmung haben wie alle anderen Völker auch. Aufgabe der praktischen Politik in den jetzt vor uns liegenden Jahren ist es, die Einheit der Nation dadurch zu wahren, dass das Verhältnis zwischen den Teilen Deutschlands aus der gegenwärtigen Verkrampfung gelöst wird.*

Brandt geht nicht ausdrücklich auf das Wiedervereinigungsgebot ein, das wir aus der Präambel des Grundgesetzes kennen, damit hätte er die DDR allzu hart vor den Kopf gestoßen: *Das gesamte deutsche Volk bleibt aufgefordert, in freier Selbstbestimmung die Einheit und Freiheit Deutschlands zu vollenden.* Brandt begnügt sich mit kleinen Schritten: *20 Jahre nach Gründung der Bundesrepublik Deutschland und der DDR müssen wir ein weiteres Auseinanderleben der deutschen Nation verhindern, also versuchen, über ein geregeltes Nebeneinander zu einem Miteinander zu kommen.* Dass die Deutschen trotz zweier Staaten sich begegnen können, sich näher kommen und ihre nationalkulturelle Einheit pflegen, ist ein Anfang, und um dieses Minimalziel zu erreichen, müssen die beiden Staaten *beiderseits ohne Diskriminierung* zusammenarbeiten. Der mittelfristige Deal kann nur heißen: Partielle Anerkennung der DDR (staatsrechtlich, aber nicht völkerrechtlich) gegen partielle menschliche Erleichterungen (semipermeable Durchlässigkeit der Mauer in zunächst westöstlicher Richtung). Langfristig bleibt das Ziel bestehen, das Brandt 20 Jahre später mit den Worten umschreiben wird: *Jetzt wächst zusammen, was zusammengehört.*

Die DDR-Politik konnte nur insoweit erfolgreich sein, als die Sowjets mitspielten. Der Weg nach Ostberlin führte über Moskau. Da der Ostblock an den Westen gewisse Wünsche hatte, stand eine Verhandlungsmasse bereit, die ein wechselseitiges Geben und Nehmen möglich machte. Drüben war man an Sicherheit in Form von vertraglich garantiertem Gewaltverzicht interessiert sowie an der Endgültigkeit der nach dem Weltkrieg entstandenen Grenzen einschließlich der der DDR, die zudem als souveräner Staat anerkannt werden sollte. Für die Polen war eine in ihrer Existenz garantierte DDR als Pufferstaat zur BRD hin außerdem die beste Sicherheit für die Oder-Neiße-Linie, hatte man in Ostberlin doch immer wieder von der *Oder-Neiße-Friedensgrenze* gesprochen. Damit stand die DDR im deutlichen Widerspruch zu den Revisionsansprüchen der in Westdeutschland aktiven Vertriebenenverbände. Der Westen, dem Ruhe, Sicherheit und Frieden am *Eisernen Vorhang* nicht minder wichtig war, erwartete von den Sowjets vor allem Zugeständnisse hinsichtlich Westberlins. Die Inselstadt, Symbol für Demokratie und westliches Leben, sollte in ihrer Existenz abgesichert werden. Verhandlungen und ein Abflauen des Kalten Krieges standen auf der internationalen Agenda, und insofern passte Brandts Ostpolitik durchaus in die politische Großwetterlage.

Die Außenpolitik war sein *Hauptgeschäft* –diesen Begriff hatte Goethe übrigens in seinen Tagebüchern für seine Arbeit an seinem Lebenswerk, dem *Faust* benutzt. Aber es gab auch andere Aufgaben, die Arbeit des Kanzlers erschöpfte sich nicht in West- und Ostpolitik (wobei es um die Entwicklung der allzu zögerlich verlaufenden Europaverschmelzung und um die von Misstrauen belastete Annäherung an die Völker des Ostens ging). Auch die inneren Reformen sollten vorangebracht werden. Die Minister wetteiferten darum, in ihren Ressorts Neuerungen durchzusetzen. Da die Mehrheit der Koalition, wie mehrfach erwähnt, nur sehr knapp und deshalb eventuell nicht von Dauer war, war Eile, wenn nicht Hektik geboten, so dass neue Gesetze im Monatstakt verabschiedet wurden. Man nahm sich besonders die Vorhaben vor, die dem Staatsetat nicht allzu sehr zur Last fielen, zum Beispiel Gesetze aus dem Bereich des Rechts und der Rechtsprechung.

Auf die Auseinandersetzungen zwischen der sozialliberalen Koalition und der christlichen Opposition, die sich nur ungerne in die Rolle der Machtlosigkeit finden wollte, und auf die gelegentlichen Meinungsverschiedenheiten der beiden Regierungsparteien können wir nicht im Einzelnen eingehen. Wichtiger ist es, die Grundgedanken der weitgefächerten Reformen bewusst zu machen. Hier nun verbanden sich genuine Ideale der Sozialdemokraten und der Liberalen; traditionell forderte die SPD mehr Gleichheit und Gerechtigkeit, die FDP (beziehungsweise ihre Vorgängerparteien) mehr Freiheit und Entfaltungsmöglichkeiten. Doch Freiheit und Gleichheit bilden keinen Gegensatz, vielmehr können sie sich durchaus ergänzen.

Das wird zum Beispiel an der sozialliberalen Bildungspolitik deutlich. Aus Gründen der Gerechtigkeit sollen im Zuge der Chancengleichheit die Mädchen und Jungen aus den unteren sozialen Schichten – also der Klientel der SPD – stärker gefördert werden, so dass, ganz im Sinne der Liberalen, die Bildungsreserven ausgeschöpft werden und der deutschen Volkswirtschaft zugutekommen. Schul- und Hochschulwesen werden durchgreifend reformiert und die dafür nötigen Ausgaben der öffentlichen Hand vervielfacht.

Immer ging es darum, die Schwächeren zu stärken, so die Arbeitnehmer durch Einführung der betrieblichen Mitbestimmung und die Jugend durch Vorverlegung des Wahl- und Volljährigkeitsalters (von 21 auf 18). Dazu zählten die rechtliche Gleichstellung der unehelichen Kinder mit den ehelichen (zum Beispiel bei der Erbschaft), die Gleichbehandlung von Frauen und Männern im Ehe- und Scheidungsrecht und die Liberalisierung des Abtreibungsparagrafen 218. Besser gestellt werden auch die seit eh und je stiefmütterlich behandelten Rentnerinnen und Rentner. Neben die Förderung der Bildung trat die Vermögensbildung in Form des 624-Mark-Gesetzes. Liberaler und humaner wurde der Strafvollzug, indem das Ziel der Resozialisierung an die Stelle von Vergeltung und Abschreckung trat. Auch gab es hinfort nur noch Gefängnisse und keine Zuchthäuser mehr. Vernachlässigt, bedroht und gefährdet waren als Folge rücksichtsloser Industrialisierung Natur und Umwelt. Sie galt es endlich zu schützen, und damit begann die neue Regierung.

Hilfsbedürftig war auch die Dritte Welt, und so war es nur logisch, dass die Entwicklungshilfe aufgestockt wurde. Besonders benachteiligt und zurückgesetzt – und das in unserer unmittelbaren Nachbarschaft – waren die Menschen in der DDR, die in Sonntagsreden mit bigottem Mitleid als Brüder und Schwestern bezeichnet und die von ihren westdeutschen Verwandten (sofern vorhanden) mit Weihnachtspäckchen scheinbar getröstet wurden, zugleich aber zur Kenntnis nehmen mussten, dass sie Deutsche zweiter Klasse waren, die eigentlichen Verlierer des Weltkrieges. Was half es ihnen, wenn die offizielle Bundesrepublik ihren Staat als Unrechtsstaat und ihr Heimatland als KZ bezeichnete? Das ruinierte nur das Selbstwertgefühl, zeigte aber keine passable Perspektive auf.

Nach 20 Jahren bundesdeutscher Diffamierungspolitik war endlich eine Neubewertung der Lage notwendig. Nicht länger durfte der Stolz auf Demokratie und Wirtschaftswunder im Mittelpunkt stehen, sondern die Menschen hüben und vor allem drüben hatten ins Zentrum der Politik zu rücken. Menschliche Erleichterungen waren angesagt, und der Ex-Bürgermeister von Westberlin wusste aus Erfahrung, wovon er sprach, wenn er genau das in kleinen Schritten anstrebte.

Das war nur auf dem Wege von Verhandlungen mit Moskau und Ostberlin möglich, und diese wiederum nur durch Zugeständnisse in der Grenz- und Anerkennungsfrage. Natürlich konnten Brandt, Scheel und Bahr nicht einfach drauflos verhandeln. Waren Ulbricht und Stoph die Hände durch die Sowjets gefesselt, so waren auch den Bonner Politikern die Hände gebunden durch die westlichen Siegermächte – und inzwischen Wirtschaftspartner und Militärverbündete. Die Siegermächte auf beiden Seiten mussten in die Verhandlungen einbezogen werden – und das machte die Sache höchst kompliziert. Hier wurde nicht einfach, wie sonst üblich nach einem Krieg, von Siegern und Besiegten an einem riesigen runden Tisch ein Frieden ausgehandelt, nein, hier wurde von verschiedenen Akteuren an verschiedenen Orten und zeitlich verschoben über unterschiedliche Probleme konferiert, wobei man aber miteinander in Tuchfühlung blieb und abwog, ob die Zugeständnisse, die die eine Seite an dem einen Konferenztisch machte, auch hinreichend ausgeglichen wurden durch die an einem anderen Tisch errungenen Vorteile. Das Ganze erinnert ein bisschen an den Westfälischen Frieden, wo Kaiser und Reich getrennt in Münster mit den Franzosen und in Osnabrück mit den Schweden verhandelten, beide Konferenzen aber dank reitender Boten miteinander Kontakt hielten.

Seit dem 30. Januar 1970 verhandelten die Bundesrepublik und die Sowjetunion – Staatssekretär Bahr und Außenminister Gromyko – in Moskau über Gewaltverzicht und Normalisierung der Beziehungen. Am 12. August unterzeichnen Bundeskanzler Brandt und Außenminister Scheel sowie ihre Amtskollegen Kossygin und Gromyko den fertigen Vertrag, der aber erst nach seiner Ratifizierung in Kraft treten soll. Die beiden *Hohen Vertragsschließenden Parteien* bekennen sich zu Frieden und Entspannung sowie zu den *Zielen und Grundsätzen, die in der Charta der Vereinten Nationen niedergelegt sind.* Streitfragen werden sie *ausschließlich mit friedlichen Mitteln lösen* und sich *der Drohung mit Gewalt oder der Anwendung von Gewalt* enthalten. Beide Seiten stimmen darin überein, *dass der Frieden in Europa nur erhalten werden kann, wenn niemand die gegenwärtigen Grenzen antastet. Sie betrachten die Grenzen aller Staaten in Europa als unverletzlich ..., einschließlich der Oder-Neiße-Linie, die die Westgrenze der Volksrepublik Polen bildet, und der Grenze zwischen der Bundesrepublik Deutschland und der Deutschen Demokratischen Republik.*

Dass diese Festschreibung der Grenzen Widerspruch und Widerstand bei der Union, den Vertriebenenverbänden und in nationalkonservativen Kreisen wecken musste, liegt auf der Hand. Immerhin aber hatten Bahr und Scheel untereinander und mit den Sowjets abgesprochen, dass im Zusammenhang mit der Unterzeichnung des Moskauer Vertrags der deutsche Außenminister dem sowjetischen einen *Brief zur deutschen Einheit* übermittelt, in dem er das im Grundgesetz vorgeschriebene Einheitsgebot zur Sprache bringt. Wörtlich heißt es dort, *dass dieser Vertrag nicht im Widerspruch zu dem politischen Ziel der Bundesrepublik Deutschland steht, auf einen*

Zustand des Friedens in Europa hinzuwirken, in dem das deutsche Volk in freier Selbstbestimmung seine Einheit wiedererlangt. Dieser Brief war nicht Teil des Vertrags, wurde aber von den Sowjets entgegengenommen und somit akzeptiert.

Wenige Tage nach Beginn der Moskauer Verhandlungen trafen sich Staatssekretär Duckwitz und der Stellvertretende Außenminister Winiewicz in Warschau zu Gesprächen über Grenzfragen und über die Grundlagen der Normalisierung der Beziehungen, die sich vom 4. Februar bis in den Herbst 1970 hinzogen. Am 7. Dezember wird der Vertrag von Brandt und Scheel sowie ihren polnischen Amtskollegen unterzeichnet. Wie im Moskauer Vertrag verpflichten sich die beiden Seiten, Frieden und Sicherheit in Europa zu festigen und die Unverletzlichkeit der Grenzen und die territoriale Integrität aller Staaten Europas zu achten. Beide Seiten stellen übereinstimmend fest, dass die auf der Potsdamer Konferenz festgelegte Oder-Neiße-Grenze die westliche Staatsgrenze Polens bildet. Außerdem wollen beide Staaten ihre Zusammenarbeit im wirtschaftlichen, wissenschaftlichen und kulturellen Bereich erweitern und diplomatische Beziehungen aufnehmen.

Wie der Moskauer Vertrag scheint auch der Warschauer Vertrag (wenn man vom beiderseitigen Vorteil der Friedenssicherung absieht) nur der östlichen Seite Vorteile zu bringen, nämlich das Bekenntnis zur Unverletzlichkeit der bestehenden Grenzen. Immerhin gelten sie aber nur als unverletzlich, nicht als endgültig, schließlich sind die beiden Ostverträge keine Friedensverträge. Zuständig für *Deutschland als Ganzes* und für Berlin bleiben gemäß Potsdamer Abkommen nach wie vor die alliierten Siegermächte. Außerdem wird auch in Warschau, wie in Moskau, der eigentliche Vertrag durch einen schriftlichen Zusatz ergänzt. Den humanitären Wünschen der deutschen Seite hinsichtlich der in Polen lebenden Landsleute wird Rechnung getragen. Als die beiden Außenminister nach kurzen Abschlussverhandlungen den Warschauer Vertrag am 18. November paraphieren, überreicht die polnische Regierung eine *öffentlich verwertbare Information,* in der versprochen wird, *dass Personen, die aufgrund ihrer unbestreitbaren deutschen Volkszugehörigkeit in einen der beiden deutschen Staaten auszureisen wünschen, dies unter Beachtung der in Polen geltenden Gesetze und Rechtsvorschriften tun können.* Leider aber gingen die Schätzungen über die Zahl der betroffenen Personen weit auseinander, was in den folgenden Jahren immer wieder zu Streitigkeiten führte.

Am gleichen Tag, an dem der Warschauer Vertrag feierlich unterzeichnet wurde, legte der deutsche Kanzler einen Kranz für die während des Ghettoaufstandes umgekommenen Juden nieder. Hier nun kniete Willy Brandt nieder. In allen Geschichtsbüchern findet sich der Satz *Das Bild ging um die Welt* – und auch ich will auf ihn nicht verzichten. Das Knien war nicht geplant. Aber auf dem Weg zum Mahnmal war dem deutschen Bundeskanzler klar geworden, dass es nicht ausreichte, die Schleifen am vorher deponierten Kranz geradeziehen und dann eine Minute lang ein langes Gesicht zu machen. *Am Abgrund der deutschen Geschichte und unter der Last der Millionen Ermordeten tat ich, was Menschen tun, wenn die Sprache versagt.* So Brandt in seinen *Erinnerungen*. Das glaubhafte deutsche Schuldeingeständnis als Voraussetzung für Versöhnung beeindruckte die Menschen in Ost und West mehr als die ausgeklügelten Paragrafen der Ostverträge, hat vielleicht auch mehr als diese das Nobelpreiskomitee dazu veranlasst, dem Kanzler ein Jahr später den Friedensnobelpreis zu verleihen. Der einstige Emigrant Willy Brandt, der früher als andere Deutsche die Gefahr des Nazismus erkannte hatte und von den Nazis verfolgt worden war, bekundete hier im Ghetto Schuld und Reue, er, der es am wenigsten nötig hatte, kniete an Stelle derer, die es nötig hatten, aber es als Ewiggestrige und Engstirnige nicht konnten und wollten. Was die Welt beeindruckte, rief im deutschen Vaterland die üblichen Griesgrame auf den Plan, die Brandts symbolstarke Geste als überzogen, würdelos und anbiederisch diffamierten. Wenn man heute das von den Polen respektvoll restaurierte Stettin, Danzig und Breslau besucht, dann kann man traurig sein über den Verlust der von Hitler verspielten ostdeutschen Heimat, aber doch auch getröstet, wenn nicht glücklich darüber, dass es europäische Städte sind und nicht mehr wie früher die begrenzte Nation – begrenzt im wahrsten Sinne des Wortes – unsere Heimat ist, sondern der Kulturkontinent Europa. Und daran hat Willy nicht wenig Anteil.

Parallel zur bundesdeutschen Annäherung an Russen und Polen entwickelte sich das Bemühen, zu einem vernünftigen Miteinander mit den Deutschen zwischen Elbe und Oder zu kommen. Nachdem Brandt in seiner Regierungserklärung als frischgewählter Kanzler sein Interesse an Gesprächen mit der DDR bekundet hatte, witterte Ostberlin Morgenluft und hoffte, endlich die seit Langem angestrebte Anerkennung zu erreichen. Schon am 17. Dezember schickte Walter Ulbricht Präsident Gustav Heinemann den Entwurf seines Vertrags über die Aufnahme gleichberechtigter Beziehungen zwischen der DDR und der BRD. Der Vorschlag sah vor, dass die beiden deutschen Staaten die durch den Weltkrieg entstandenen Grenzen anerkennen, auf Gewalt im Allgemeinen und den Besitz von Kernwaffen im Besonderen verzichten und keine biologischen oder chemischen Waffen herstellen. Sie werden zudem diplomatische Beziehungen aufnehmen, Botschafter austauschen und sich um die Aufnahme in die Vereinten Nationen bewerben. Man sieht, dass es Ulbricht vor allem um Aufwertung und Anerkennung der DDR geht, die ein gleichwertiger und souveräner Staat sein will, während für die Bundesregierung die beiden Staaten nach wie vor einer Nation angehören, sie füreinander also nicht Ausland sind und ihre Beziehungen nur von besonderer Art sein können, wie Brandt schon in seiner ersten Regierungserklärung beteuert hatte. Wenn beide Seiten Normalisierung anstreben, dann versteht die DDR darunter ihre völkerrechtliche Anerkennung als vollgültiger Staat, während Brandt, wie schon in seiner Berliner Bürgermeisterzeit, menschliche Erleichterungen erreichen will, also Kontakte zwischen den getrennten deutschen Staatsbürgern und eine gewisse Durchlässigkeit der Mauer – zumindest zunächst in eine Richtung. Am 22. Januar (noch vor Beginn der Verhandlungen in Moskau und Warschau) regt der Bonner Regierungschef in einem Brief an seinen Ostberliner Amtskollegen Willi Stoph (den Vorsitzenden des Ministerrats) einen Meinungsaustausch über alle *zwischen unseren beiden Staaten anstehenden Fragen* an und zwar *nach dem Grundsatz der Nichtdiskriminierung,* worin die östliche Seite natürlich einen ersten Schritt in Richtung Gleichstellung mit der BRD sieht. Stoph geht in seiner Antwort vom 11. Februar auf den Bonner Vorschlag ein und lädt Brandt zu einem Gespräch nach Ostberlin ein. Wie kompliziert und verfahren das Verhältnis zwischen den beiden Staaten ist, zeigt sich dann aber daran, dass es vor dem vorgesehenen Besuch zu einem kleinkarierten Streit über die Reiseroute kommt. Stoph erwartet, dass Brandt direkt von Bonn nach Schönefeld, dem Flughafen vor den Toren Ostberlins, fliegt, der Kanzler dagegen will mit der Bahn anreisen und in Westberlin Station machen. Darin aber machte die DDR das westliche Bemühen aus, die Zugehörigkeit Westberlins zum Bund zu dokumentieren, während aus ihrer Sicht Westberlin eine *besondere politische Einheit* war. Da beide Seiten gesprächsbereit waren und das Treffen nicht scheitern lassen wollten, musste ein Kompromiss her, und so einigte man sich auf Erfurt als Ort des Rendezvous, wohin Brandt am 19. März von Bonn aus direkt mit einem Sonderzug anreiste. Wo immer der Zug durch Thüringen fuhr, winkten die Menschen dem Kanzler zu, ein Zeichen für deren Hoffnung auf eine deutsch-deutsche Annäherung.

Sicher waren die Erwartungen viel zu hochgesteckt. Mehr als ein höfliches Gespräch zwischen den Regierungschefs war nicht zu erwarten. Abmachungen, die in Moskau und Warschau nach Monaten getroffen wurden, konnten in Erfurt nicht an einem Tag erreicht werden. Entscheidend war ja auch nicht, was hier ausgehandelt wurde, sondern dass man überhaupt miteinander sprach und sich auf ein zweites Treffen in Kassel einigte. Das Protokoll bestimmte die Gespräche, fanden sie nun unter vier Augen oder in Anwesenheit mehrerer Begleiter statt. Dass ein Dolmetscher nicht nötig war, erleichterte die Unterredungen, sie waren aber dennoch eher steif als herzlich. Über die Darlegung der längst bekannten Standpunkte kam man nicht hinaus.

Die vor dem Tagungshotel versammelte Menge rief nach Willy und wurde dann, da »*y*« und »*i*« akustisch nicht zu unterscheiden sind, deutlicher und verlangte: *Willy Brandt ans Fenster!* Der Gerufene zeigte sich denn auch, aber er heizte die Stimmung nicht an, er ergriff nicht das Wort, vielmehr beschwichtigte er die Menschen mit einer Geste, die ihnen klarmachte, dass sie sich keinen falschen Hoffnungen hingeben sollen, sondern Geduld und langen Atem brauchen werden. Dass sie fast 20 Jahre würden warten müssen, bis die Mauer fällt, das ahnte niemand.

Die Erfurter hatten sich höflich und freundlich erwiesen und Willy willkommen geheißen. In Kassel, bei Stophs Gegenbesuch zwei Monate später, war die Atmosphäre eine andere. Da drängten sich rechte Rowdys in den Vordergrund, beleidigten Gastgeber und Gast gleichermaßen. Hatte in Erfurt eine kleine Gruppe dressierter Claqueure die DDR, Walter Ulbricht und Willi Stoph hochleben lassen, so produzierte sich in Kassel eine nazinahe Minderheit mit dem geschmacklosen Reim: *Volksverräter Hand in Hand – Willi Stoph und Willy Brandt.* Die Polizei konnte sie an ihrem Treiben nicht hindern, was dem Gast gegenüber einerseits peinlich war, ihm andererseits aber auch zeigte, was westliche Freiheit bedeutet und welchen Preis sie unter Umständen hat.

ABBILDUNG 10:

Tafelbild: Ostpolitik auf einen Blick
(Das Jahr der fallenden Würfel)

Ostpolitik auf einen Blick

Vier Spalten:
BRD – Sowjetunion
BRD – VR Polen
Die 4 Siegermächte
BRD - DDR

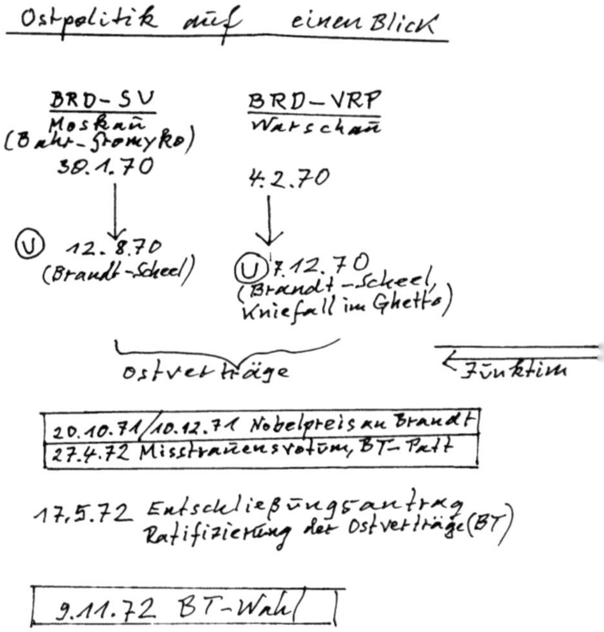

BRD – SU
Moskau
(Bahr-Gromyko)
30.1.70
Ⓤ 12.8.70
(Brandt-Scheel)

BRD – VRP
Warschau
4.2.70
Ⓤ 7.12.70
(Brandt-Scheel, Kniefall im Ghetto)

Ostverträge

← Junktim

20.10.71/10.12.71 Nobelpreis an Brandt
27.4.72 Misstrauensvotum, BT-Patt

17.5.72 Entschließungsantrag Ratifizierung der Ostverträge (BT)

9.11.72 BT-Wahl

U im Kreis = Unterschrift

Da man in Moskau und Warschau nur langsam voran kam, trat man auch in Erfurt und Kassel auf der Stelle, ging ohne Ergebnis auseinander, aber auch ohne den Willen, die Kontakte ganz abzubrechen. Willi Stoph fand die diplomatische Formel, dass man erst einmal eine Denkpause einlegen könnte. Sollten doch vorher auf einer anderen politischen Bühne andere Akteure aktiv werden.

Das verwirrende Geflecht von Gesprächen lässt sich am besten in einer grafischen Darstellung verständlich machen: Wer hat wann wo mit wem worüber verhandelt? Welche Wechselwirkungen, welche Junktims und welche schriftlichen Ergänzungen – über die amtlichen Verträge hinaus – hat es gegeben?

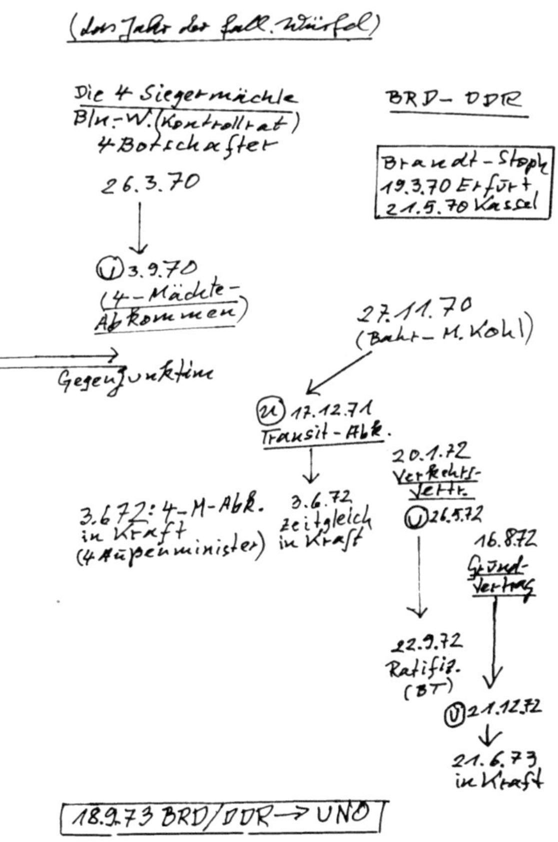

Eine weitere entscheidende Bühne neben Moskau und Warschau war das Kontrollratsgebäude in Berlin-Schöneberg, von dem aus die vier Alliierten – zumindest theoretisch – gemeinsam Berlin verwaltet hatten und in einigen speziellen Bereichen hier noch immer zusammenarbeiteten, zum Beispiel bei der Flugsicherung des Berliner Luftraums. In diesem schlossartigen Palais, um die Jahrhundertwende im ersten Botanischen Garten Berlins errichtet, tagte erst das Kammergericht und dann in der Nazizeit der mörderische Volksgerichtshof. Hier kamen seit dem 26. März 1970 die Bonner Botschafter der drei Westmächte und der sowjetische Botschafter in Ostberlin zusammen und verhandelten. Es ging um Westberlin. Schon als Bürgermeister hatte Willy Brandt die westalliierten Schutzmächte gedrängt, mit den Sowjets über die Sicherheit und Lebensfähigkeit seiner Halbstadt zu verhandeln. Jetzt endlich war es soweit, und die Erfolgsaussichten der Gespräche waren nicht einmal schlecht.

Denn alle vier Mächte waren nach Jahren des Kalten Krieges, in denen mehrfach – nach dem Mauerbau, während der Kubakrise und im gegenwärtigen Vietnamkrieg – ein Dritter Weltkrieg drohte, daran interessiert, zu friedlichen Lösungen zu kommen.

In diesem Zusammenhang spielte die flexible Politik der sozialliberalen Koalition unter Brandt eine wichtige Rolle. Indem sie in den Verhandlungen mit den Sowjets hinsichtlich der Grenzen Zugeständnisse machte, veranlasste sie die Gegenseite auch zur Nachgiebigkeit, und zwar eben in Bezug auf Westberlin. Darüber verhandelten aber natürlich nicht Bahr und Gromyko, sondern die vier Botschafter der vier Mächte. Das Geben und Nehmen vollzog sich also nicht an ein und demselben Konferenztisch, sondern an zwei getrennten. Und das Geben und Nehmen wurde durch ein Junktim miteinander verbunden. In Moskau – und auch in Warschau – hatten die bundesdeutschen Unterhändler keinen Zweifel daran gelassen, dass die beiden unterzeichneten Verträge nur unter der Bedingung ratifiziert und damit rechtskräftig werden könnten, dass die Viermächteverhandlungen in und über Westberlin zu befriedigenden Ergebnissen führen würden. Und das geschah dann auch. Abgesehen davon, dass die Sowjets an einem Abflauen des Kalten Krieges interessiert waren, fühlten sie sich unter Druck, weil die USA sich anschickten, ihre Beziehungen zu Rotchina zu normalisieren.

Am 26. März 1970 hatten die Viermächteverhandlungen begonnen, kamen aber nicht voran, bis Präsident Nixon im Juni verkündete, dass er China besuchen wolle. Nun kam Bewegung in die Gespräche. Förderlich für den Fortschritt war es auch, dass man nicht länger über formal-juristische Begriffe stritt, sondern sich um die Lösung von Sachfragen bemühte. Die Status- und Rechtsfrage wurde einfach ignoriert, ob die Alliierten für ganz Berlin zuständig waren oder die drei Westmächte für Westberlin, ließ man offen, man sprach vielmehr über die Existenzfähigkeit Westberlins, wählte aber für die Halbstadt – sehr diplomatisch – einen unverfänglichen Begriff und der lautete: *das betreffende Gebiet.* Nutznießer dieser Gespräche in und über Berlin war – Berlin.

Der ausgehandelte Vertrag sah geordnete und gesicherte Zustände vor. Der alte Modus vivendi wurde festgeschrieben und zugleich verbessert. In der Präambel, die ich sogar noch etwas gekürzt habe, kann man mit Genuss lesen, in welch komplizierter, ausgefeilter Sprache die Herren Diplomaten sich einigten, und durch ihre geschickte Wortwahl die nach wie vor bestehenden Ost-West-Gegensätze vertuschten: Die Regierungen der vier Alliierten *vertreten durch ihre Botschafter, handelnd auf der Grundlage ihrer Viermächterechte und -verantwortlichkeiten, die nicht berührt werden, unter Berücksichtigung der bestehenden Lage in dem betreffenden Gebiet, von dem Wunsche geleitet, zu praktischen Verbesserungen der Lage beizutragen, unbeschadet ihrer Rechtspositionen, haben folgendes vereinbart ....* Nun folgen die Abmachungen über die *praktischen Verbesserungen der Lage ... in dem betreffenden Gebiet,* womit also Westberlin gemeint ist. Die Sowjets, in deren Besatzungszone, inzwischen DDR, die Insel Westberlin liegt, erklären über den Kopf ihres Satellitenstaates hinweg, dass der *Transitverkehr von zivilen Personen und Gütern zwischen den Westsektoren Berlins und der Bundesrepublik Deutschland auf Straßen, Schienen- und Wasserwegen durch das Territorium der Deutschen Demokratischen Republik ohne Behinderungen sein wird.* Die *konkreten Regelungen ... werden zwischen den zuständigen deutschen Behörden vereinbart.*

Damit sind Bonn und Ostberlin verpflichtet, sich an einen Tisch zu setzen und Einzelheiten auszuhandeln, die sich in dem von den Alliierten festgelegten Rahmen bewegen.

Ein politisches, aber auch sprachliches Problem besteht in der Frage, auf welche Weise Westberlin und die Bundesrepublik zusammenhängen. Die drei Westmächte erklären, *dass die Bindungen zwischen den Westsektoren Berlins und der Bundesrepublik Deutschland aufrechterhalten und entwickelt werden, wobei sie berücksichtigen, dass diese Sektoren so wie bisher kein Bestandteil (konstitutiver Teil) der Bundesrepublik Deutschland sind und auch weiterhin nicht von ihr regiert werden.*

Was aber sind *Bindungen*, wie es in der deutschen Übersetzung heißt? Sind damit Verkehrsverbindungen gemeint oder ein Zusammenwachsen (schließlich sollen die Bindungen ja entwickelt werden) Westberlins mit der BRD auf politischem, wirtschaftlichem und kulturellem Gebiet? Der Begriff in der verbindlichen englischen Fassung des Vertrags lautet *ties*, in der französischen *liens* – und der lässt die Frage offen. Wo aber Fragen offen bleiben, gibt es stets Streit, so auch hier. Immer wieder reagierte die DDR mit Schikanen, wenn sich Westberlin zu westdeutsch gebärdete und zum Beispiel westdeutsche Organisationen (etwa eine Bundestagsfraktion) in der Halbstadt tagten.

Wichtiger jedoch als diese mehr theoretischen beziehungsweise linguistischen Fragen waren die konkreten Zugeständnisse der Sowjets. Sie erklärten – und wieder folgte so ein sprachliches Wunderwerk – , *dass die Kommunikationen zwischen den Westsektoren Berlins und Gebieten, die an diese Sektoren grenzen, sowie denjenigen Gebieten der Deutschen Demokratischen Republik, die nicht an diese Sektoren grenzen, verbessert werden. Personen mit ständigem Wohnsitz in den Westsektoren Berlins werden aus humanitären, familiären, religiösen, kulturellen oder kommerziellen Gründen oder als Touristen in diese Gebiete reisen und sie besuchen können …*

Die Antwort auf die Frage, ob Ostberlin, obgleich inzwischen Hauptstadt der DDR, wirklich Teil der SBZ beziehungsweise der DDR sein darf – was ja den ursprünglichen Viermächteabmachungen widerspricht – wird ausgespart. Gleichviel. Die praktischen Erleichterungen waren viel wichtiger. Endlich, zehn Jahre nach dem Mauerbau, können die Westberliner die Menschen in der DDR besuchen. Der problemlose Verkehr nach Westberlin und die Besuchsregelungen bedeuten einen gewaltigen Fortschritt. Konkrete Einzelheiten, zum Beispiel die Pauschalzahlungen an die DDR für die Benutzung ihrer Verkehrswege, sollten deutsch-deutsche Verhandlungen regeln.

So schön das Viermächteabkommen, abgeschlossen und unterschrieben am 3. September 1971 auch ist, es war zunächst, ebenso wie der Moskauer und Warschauer Vertrag, nur Papier. Hatte die Bundesregierung die Ratifizierung der beiden Ostverträge vom Abschluss eines für Berlin befriedigenden Viermächteabkommens abhängig gemacht, so antworteten die Sowjets auf dieses Junktim mit einem Gegenjunktim. Das Abkommen, in dem sie Zugeständnisse machten, wollen sie erst in Kraft setzen, wenn in Bonn die Verträge von Moskau und Warschau ratifiziert worden sind. Und das war nicht leicht, weil die sozialliberale Parlamentsmehrheit bröckelte und die immer größer und stärker werdende Opposition die gesamte Ostpolitik ablehnte. Trotz dieser kritischen Situation traten die BRD und die DDR auf Staatssekretärsebene in Verhandlungen. Das sah das Viermächteabkommen ja auch vor.

Waren Brandt und Stoph in Erfurt und Kassel ohne Ergebnisse auseinandergegangen, so wurde nun, eine politische Etage tiefer, der Kontakt zwischen den beiden Staaten eingeleitet.

Wieder muss Egon Bahr ran. Noch während die vier Botschafter in Berlin-Schöneberg konferieren, kommt er mit Michael Kohl in Ostberlin im Verlaufe von zwei Jahren in über 70 Sitzungen zusammen. Die beiden Verhandlungsführer waren höchst unterschiedlich geartet. Dem beweglichen und rhetorisch gewandten Bahr sitzt der steife, hölzerne Funktionärstyp Kohl gegenüber, und es dauert Monate, bis die beiden sich menschlich und dann auch in der Sache näherkommen. Als Erstes wird das Transitabkommen geschlossen (17. Dezember '71), das die zügige Abfertigung von Reisenden und Gütern im Verkehr zwischen Westberlin und der Bundesrepublik regelt. Am 20. Januar '72 machen sich Bahr und Kohl an den Verkehrsvertrag, in dem es um die Reisen der Westberliner in die DDR geht. Am 12. Mai '72 wird das Vertragswerk paraphiert und veröffentlicht. Als Staatsvertrag gesteht er der DDR die politische Gleichberechtigung zu, woran Kohl und seiner Regierung vor allem gelegen war, während Bahr im Gegenzug Verbesserungen hinsichtlich der deutsch-deutschen Besuche, also menschliche Fortschritte, herausholt. Daneben verhandeln Vertreter des Berliner Senats mit Mitgliedern der DDR-Regierung über Einzelheiten, die auch Gegenstand des Verkehrsvertrags sind, wobei es der DDR weniger um die Inhalte geht als darum, zu zeigen, dass Westberlin – die angeblich *besondere politische Einheit* – für sich selber verantwortlich ist und nicht durch den Bund vertreten werden kann und darf.

Als Anfang des Jahres 1972 die meisten Verträge abgeschlossen und geschlossen, wenn auch noch nicht ratifiziert und in Kraft gesetzt waren – nur der Grundlagenvertrag war noch Zukunftsmusik – , setzte die Opposition alles daran, die Verträge zu Fall zu bringen und die Regierung zu stürzen, befand sich aber in einer Zwickmühle. Die Zugeständnisse (vor allem in Sachen der Grenzen und der rechtlichen Aufwertung der DDR) wollte sie nicht hinnehmen, konnte aber die ausgehandelten Vorteile für Berlin unmöglich verwerfen, die von der Mehrheit der Deutschen hüben und drüben begrüßt wurden. Dennoch opponierte die Opposition, so gut sie konnte, und zwar auf allen verfassungsrechtlichen Ebenen, im Bundestag, wo sie auf eine baldige Mehrheit durch Abgeordnetenübertritte hoffte, und im Bundesrat, wo sie die Mehrheit bereits hatte. Die CSU baute auf das Bundesverfassungsgericht (Juristen sind ja eher konservativ als an Veränderungen interessiert), und rief dieses um Hilfe an gegen den deutsch-deutschen Grundvertrag. Die Verträge standen also auf Messers Schneide.

Ob geschehen würde, was ich in der Überschrift dieses Kapitels angesprochen habe, dass nämlich die Würfel fallen und entscheidende Veränderungen bevorstehen würden, das war höchst zweifelhaft. Da aber ein routinierter Erzähler die Geschichte unterbricht, wenn sie am spannendsten ist, schließe ich jetzt das politische Kapitel ab und wende mich meinem eigenen Kleine-Leute-Leben zu.

49

Das Jahr der fallenden Würfel – privat

1969/70, im Jahr der fallenden Würfel – politisch und privat –, war ich endgültig in Ratzeburg angekommen. Hier wollte ich bleiben. Auf die Idee, mich woandershin zu bewerben, nach Lübeck, Hamburg oder Berlin, kam ich gar nicht. Wichtig war mir vielmehr, dass ich hier Fuß fasste und vorankam, obgleich die beiden Ausdrücke sich in ihrer Statik und Dynamik doch eigentlich widersprechen. Aber es ist klar, was ich damit sagen will. Ratzeburg sollte meine zweite Heimatstadt und der Ort meines Wirkens werden, und so setzte sich fort, was im Sommer '67 begonnen hatte. Ich fand Anerkennung bei den Schülern, den Kollegen, den Eltern und sogar – cum grano salis – beim Schulleiter.

Als der langjährige Vertrauenslehrer nach heftigem Streit mit dem Direktor sein Amt unter Protest niedergelegt hatte, wurde ich vom *Schülerparlament* zu seinem Nachfolger gewählt. Meine Aufgabe bestand einerseits darin, bei Differenzen zwischen Schülern und Lehrern (meistens ging es um wirkliche oder vermeintliche Ungerechtigkeiten der Kollegen) schlichtend einzugreifen und andererseits darin, die von der Schülermitverwaltung (SMV), also dem gewählten Schülersprecher und seinen *Ministern* veranstalteten Sport-, Kultur- und Tanzfeste mit Rat und Tat zu unterstützen. Bei den bei den älteren Schülerinnen und Schülern beliebten Schulfêten, die alle paar Monate in einem Ratzeburger Gasthaus durchgeführt wurden, musste ich anwesend sein, einen Blick auf die vom *Finanzminister* der SMV erwirtschafteten Einnahmen werfen, für Disziplin sorgen, den Bierverzehr in Grenzen halten und die Einhaltung der Polizeistunde sicherstellen. Um nicht nur als strenger Kontrolleur in Erscheinung zu treten, sondern um bei dem Tanzvergnügen auch selber auf meine Kosten zu kommen, erschien ich stets in wechselnder weiblicher Begleitung, allerdings nicht mit Inge oder Jette, zu denen ich mich in Ratzeburg nicht öffentlich und offiziell bekennen wollte und die ohnehin Auslaufmodelle waren, sondern mit meinen neuen Errungenschaften der Jagdsaison 1969/70. Einmal brachte ich sogar eine von Tante Lieschens Hamburger Enkelinnen mit. Meine Partnerinnen erregten nicht nur Neugierde, sondern auch Bewunderung und waren meinem Ansehen in hohem Maße dienlich.

Eine ähnlich positive Wirkung hatte es, dass ich als SMV-Lehrer nicht nur an der Durchführung der Leichtathletikschulmeisterschaften beteiligt war, sondern auch persönlich an den Start ging. Mein stärkster Gegner war Harald, den ich und mit dem ich seit Monaten in meiner Laufgemeinschaft trainiert hatte. Es sollte ein spannender Wettkampf werden, die Schüler feuerten ihren Mitschüler an, die Kollegen gaben sich neutral, waren aber ebenso am Ausgang dieses ungewöhnlichen Duells interessiert und hatten sogar Wetten abgeschlossen. Ich hatte inzwischen keine brauchbaren Spikes mehr, sondern lief in normalen Turnschuhen, was sich im Endspurt als lähmendes Handicap erwies. Harald und ich waren dem Feld weit enteilt, dann aber, eingangs der Zielgeraden, trat er plötzlich an und beschleunigte, während ich auf meinen untauglichen Sohlen nicht mithalten konnte, sodass Harald zum umjubelten Sieger wurde.

Soviel zu Tanz und Sport. Aber die SMV war auch politisch aktiv. Die Studentenbewegung hatte inzwischen auch die Gymnasien – sogar auch die in der Provinz – erreicht. Angeregt von älteren Geschwistern oder Freunden, hatten die Schüler die Parolen der Uni Hamburg oder gar der FU Berlin kennengelernt, woran ich, was die LG betrifft, nicht ganz unschuldig war. Vor allem das sie persönlich betreffende Thema Bildung trieb die Schüler um und wie überall wurden bessere Lehrmethoden, Lehrpläne und Lehrbücher gefordert und behufs dessen Gelder der öffentlichen Hand. Nicht nur die Studenten, auch die Schüler gingen jetzt auf die Straße, und da wollte *meine* SMV nicht nachstehen und plante die erste Ratzeburger Großdemonstration. Der Schulleiter wagte nicht, sie zu verbieten, und so zog die gesamte Schülerschaft, von Sexta bis Oberprima, eines schönen Schultages quer durch die Stadt von der Schule zum Markt. Der Verkehr wurde von der Polizei aufgehalten, und die an derartige Umtriebe nicht gewöhnten kleinbürgerlichen Kleinstädter wunderten und ärgerten sich. Der Markt wurde zum politischen Forum, der Schülersprecher erhob einige bildungspolitische Forderungen, und dann schlenderten die Schüler zurück in die Schule, schnappten sich ihren Ranzen und fuhren nach Hause. Dass der Ruf nach besserem Unterricht mit einem Tag Unterrichtsausfall erkauft wurde, fiel vor allem den konservativen Kollegen auf, was diese dann auch polemisch und genüsslich ausschlachteten. Gleichviel. Wir hatten der Kleinstadt Ratzeburg erstmals das demokratische Recht auf eine kritische Demonstration vor Augen geführt.

Politisch, pädagogisch und sozial war eine Unternehmung, die *mein* Schulsprecher, sein SMV-*Ministerium* und ich ins Leben riefen, und zwar Nachhilfenachmittage, an denen Primanerinnen und Primaner – freiwillig und unentgeltlich – schwächeren Schülern der Mittel- und Unterstufe bei der Erledigung der Hausaufgaben halfen. Die Sache ließ sich gut an. Die Großen waren engagiert und die Kleinen dankbar. Viele Oberstufenschüler wollten ja eh einmal Lehrer werden und konnten hier schon einmal üben, und von den jüngeren Schülern profitierten besonders die, deren Eltern – aus schichtenspezifischen Gründen – nicht in der Lage waren, ihre Kinder in so anspruchsvollen und aristokratischen Fächern wie Latein und Mathematik mit eigenen Kenntnissen zu unterstützen. Unser Vorhaben hatte also durchaus und gewollt einen sozialpolitischen Beigeschmack. Genau das führte aber leider dazu, dass unserem Idealismus nur eine kurze Dauer vergönnt war, denn die Ratzeburger High Society mutmaßte eine politische, nämlich linke Beeinflussung der unschuldigen Kleinen durch rote Primaner, als ob wir dem Nachwuchs ein kommunistisches Einmaleins und ein marxistisches Alphabet beibringen würden. Man lag dem uns gegenüber ohnehin misstrauischen Schulleiter in den Ohren und das mit Erfolg. Die Aktion Nachhilfe *(Schüler helfen Schülern)* wurde von Direktor Drillmann verboten, und ich trat aus Protest von meinem Amt als Vertrauenslehrer zurück.

Peu à peu wurden nun auch einige Lehrer von der Welle der Politisierung erfasst. Sie wollten nicht länger – frei nach Friedrich Schiller: *Ich hab' hier nur ein Amt und keine Meinung* – als neutrale Staatsdiener erscheinen, sondern Farbe bekennen. Die Schüler sollten nicht rätseln müssen, wo ihr Lehrer stand, denn ein engagierter

Lehrer sollte mit seiner Gesinnung nicht hinter dem Berge halten, auch wenn er natürlich im Unterricht parteipolitische Propaganda zu unterlassen hatte. Die Folge dieser neuen Einstellung war, dass eine kleine Zahl von Kollegen nach der Wahl vom September '69 in eine der demokratischen Parteien eintrat, die meisten in die SPD, darunter diejenigen, mit denen ich freundschaftlich verbunden war, so mein Wanderpartner Wolf, mein Mentor Siegfried Franz und die aus Hamburg an die LG übergewechselte Latein- und Französischlehrerin Karin.

Eine politische Entscheidung war es auch, dass einige von uns Mitglied der Gefangenenhilfsorganisation *Amnesty International* wurden und eine Ratzeburg-Möllner-Ortsgruppe bildeten. Wie üblich wies die Amnesty-International-Zentrale auch unserer Gruppe drei Gefangene zur Betreuung zu, einen aus dem östlichen Lager, einen aus dem westlichen Lager und einen aus der *Dritten Welt*. Unsere Aufgabe war es, von den zuständigen Regierungen und Behörden unter Hinweis auf die Menschenrechtscharta der Vereinten Nationen Recht beziehungsweise Gnade zu fordern beziehungsweise zu erbitten und *unseren* Gefangenen, wenn möglich, Pakete mit Lebensmitteln und Medikamenten zukommen zu lassen sowie ihre Familien zu unterstützen. Die Arbeit teilten wir nach einem sehr einleuchtenden Prinzip unter uns auf. Unsere erklärten Antikommunisten, unter ihnen ein ehemaliger DDR-Häftling, kümmerten sich um den sowjetischen Gefangenen, wir Linken übernahmen einen Gefangenen der von den Amerikanern gestützten und unterstützten südvietnamesischen Diktatur, und der Rest der Gruppe bemühte sich um einen afrikanischen oder südamerikanischen Häftling. Man sieht, wie der Ost-West-Gegensatz beziehungsweise der Kalte Krieg sich in unserer Amnesty-International-Arbeit widerspiegelt. Kurz: Überall war die Politik präsent.

Politisch ging es auch zu, als das Rendsburger Landestheater unser Ratzeburg zum Ziel seiner Tourneesaison machte. Die *Theatertage* fanden den ganzen Winter hindurch – immer am gleichen Wochentag – statt. Das Interesse war rege und das *Burgtheater* gut besucht. Unter anderem wurde der *Gesang vom lusitanischen Popanz* von Peter Weiss gegeben.

Nach der Aufführung versammelte man sich im Foyer. Das Publikum, überwiegend Oberstufenschüler, war neugierig und hoffte, von den Experten, die auf dem Podium Platz genommen hatten, über den Sinn des rätselhaften Stückes aufgeklärt zu werden. Und dann ging die Enttäuschung los. Der Intendant, der Regisseur, drei, vier Schauspieler und der Kulturredakteur der *Lübecker Nachrichten* wagten sich nicht an den Inhalt des Stückes, sondern plauderten über die Inszenierung. Es ging ums Bühnenbild, um die Kostüme, um die Requisiten, um Mimik, Gestik und Sprache der Schauspieler, aber nicht um die Aussageabsicht des Autors. Die Schüler wurden unruhig wie in einer langweiligen Unterrichtsstunde. Mir wurde klar, was jetzt notwendig war.

Ich stand auf, im doppelten Sinne, ergriff unaufgefordert und ungefragt die Initiative und das Wort und sprach den Schülern aus dem Herzen, als ich behauptete: *Ich glaube nicht, dass die jungen Leute hier an den Feinheiten der Inszenierung interessiert sind, sie wollen vielmehr hören, was der Dichter Peter Weiss uns zu sagen hat.* Zustimmender Beifall brandete auf, und dem Podium verschlug es die Sprache. Was ich verlangte, war nicht im Sinne der dort oben versammelten Fachleute. Also versuchten sie, mich mundtot zu machen. Der Leiter der Talkshow, es war wohl der Intendant, gab sich höflich und diplomatisch und sagte: *Wenn Sie meinen, dass wir anders über das Stück sprechen sollten, bitte sehr, dann interpretieren Sie es doch in Ihrem Sinne. Sie haben das Wort.* Der Herr hoffte natürlich, dass ich mit einer Ad-hoc-Deutung überfordert wäre, den Schwanz einziehen und mich kleinlaut hinsetzen würde, so dass das Diskussionsmonopol zurück ans Podium fallen würde. Aber weit gefehlt. Ich interpretierte. Ich wies auf die im Stück angesprochene Kolonialpolitik hin, auf die Ausbeutung Afrikas durch den europäischen Kapitalismus, auf die portugiesische Salazar-Diktatur und auf die Notwendigkeit von Rebellion und Befreiung in Angola und Mozambique. Ich überzog nicht, sondern ich hatte Peter Weiss auf meiner Seite und konnte anhand des Textes belegen, was ich behauptete. Wieder Beifall im Publikum, den jungen Leuten war der politische Inhalt des *Lusitanischen Popanz* bewusst geworden. Das Podium wehrte sich und verkündete, dass es auf der Bühne um Kunst und nur um Kunst gehe und nicht um Propaganda und Politik. *Damit tun Sie Peter Weiss Unrecht,* erwiderte ich, *Sie wissen doch wohl, dass er in der Tradition des Agitproptheaters steht und ein durch und durch politischer Autor ist, der sich unüberhörbar für die Befreiung der Menschheit mit sozialistischen Mitteln einsetzt.* Die Herren ignorierten meine Worte und beendeten mit dem Hinweis auf den fortgeschrittenen Abend die Veranstaltung. Die Schüler aber brannten darauf, eine Woche später abermals ein solches doppeltes Spektakel, erst im Theatersaal und dann im Foyer, geboten zu bekommen.

Zwei Tage später konnten wir in den *Lübecker Nachrichten* eine ausführliche Theaterkritik lesen, verfasst von Herrn Herrchen, dessen Tochter ich übrigens in Timmendorf unterrichtet hatte. Der lobte die Aufführung des Stückes über den grünen Klee, zeigte sich aber empört, dass ein junger Studienrat die Stirn gehabt hätte, die anschließende Podiumsdiskussion mit unhaltbaren Thesen marxistisch umzufunktionieren. Dieser Artikel brachte meinen älteren Freund, Parteifreund und Kollegen Siggi Franz auf die Palme. Er war an besagtem Abend nicht im Burgtheater gewesen, nun aber erschien er nach einer Woche, um mir bei der Foyerdebatte Schützenhilfe zu leisten und Herrn Herrchen gebührend zu attackieren, und war auch an den folgenden Abenden dabei, was mit dazu beitrug, dass die Ratzeburger Theatertage zu einem Ereignis wurden. Noch Jahrzehnte später erinnerten sich inzwischen kahlköpfige oder ergraute Ex-Schüler daran, wie sie damals politisch aufgeweckt und aufgeklärt worden seien.

Im Anschluss an diese Theatertage geschah es übrigens, dass der Ratzeburger Bürgermeister – mein Vorgänger als Untermieter bei Frau Baier – diese darüber warnend in Kenntnis setzte, dass ich offensichtlich marxistisch geschult sei, als ob ich es nötig gehabt hätte, mich durch irgendwelche Institutionen oder Organisationen weltanschaulich anleiten zu lassen.

Trotz der Kritik und des Misstrauens aus dem Munde des ersten Mannes der Stadt fühlte ich mich hier heimisch, zumal ich Freunde und gute Bekannte nicht nur im Kollegium, sondern auch im Ratzeburger Sportverein, in der SPD und bei Amnesty International fand. Außerdem wurde ich Mitglied der sozialdemokratisch ausgerichteten *Gewerkschaft Erziehung und Wissenschaft* (GEW), nachdem ich den konservativen Philologenverband, die Interessenvertretung der Studienräte, verlassen hatte, in den man mich während meiner Seminarzeit hereingelockt hatte.

Aber trotz meiner Sesshaftwerdung – inzwischen hatte ich Ratzeburg auch zu meinem amtlichen Wohnsitz gemacht – packte mich immer wieder das Fernweh und ich meinen Rucksack und unternahm sowohl private Urlaubsreisen als auch die beruflich notwendigen Klassenfahrten. Diese waren bei den jungen Leuten gerade deshalb so beliebt, weil für sie dann ein paar Tage Schule ausfielen. Umso unmutiger waren sie, wenn etwas auf dem Programm stand, was in die Nähe von Unterricht kam, weil es etwas zu lernen gab, was zum Beispiel beim Besuch eines Museums drohte. Auch das Wandern widerte die Mädchen wie die Jungen an, jene, weil es anstrengend war, diese, weil sie viel lieber den ganzen Tag Fußball gespielt hätten. Ich musste mir schon fantasievolle Tricks einfallen lassen, um meinen Klassen Beine zu machen. Als wir im Harz nach dem Besuch der Bergbaustadt Andreasberg zurück in die Harzburger Herberge mussten, wollte kaum einer wandern, sondern lieber den Bus nehmen wie auf dem Hinweg. Sowie ich aber den eventuellen Wanderern versprach, den Heimweg auf abenteuerliche Weise zurückzulegen, nämlich nicht auf den ausgeschilderten und vorgeschriebenen Strecken, sondern querfeldein oder besser querwaldein, stur nach Norden, genau nach Kompass, ohne Rücksicht auf Hindernisse, über felsige Berge und durch tiefe Täler, durch unwegsame Dickungen, über oder durch rauschende Bäche, da waren fast alle bereit, mitzuwandern. Nur wenige nahmen unter Führung der Mutter den bequemen Bus und ärgerten sich beim gemeinsamen Abendbrot darüber, was ihnen entgangen war.

Bei den *normalen* Wanderungen kam ich mir wie ein Hirtenhund vor, lief ohn‘ Unterlass im Kreis um meine Herde herum – über gute Kondition verfügte ich ja – , spornte hinten die wirklich oder angeblich übermüdeten Mädchen an und bremste vorne die eilfertigen Jungen, die so schnell wie möglich zum Fußballspiel auf der Herbergswiese kommen wollten.

Auf wenig Gegenliebe stießen die von mir vorgesehenen Betriebsbesuche. Von Braunschweig, wo unser Stammquartier war, fuhren wir ins VW-Werk nach Wolfsburg und wurden unter fachmännischer Leitung durch die Hallen geführt und sahen, wie die Menschen an ihrem Arbeitsplatz die immer gleichen Griffe vollführten, als seien sie ein Teil der von ihnen bedienten Maschine. Eines meiner Mädchen war entsetzt über die unkreative Monotonie und fragte voll Mitleid: *Müssen die das den ganzen Tag machen? - Nein, nur acht Stunden.* Unsere betriebsblinde Führerin hatte einfach kein Verständnis für die humanen Ideale einer jungen weltfernen Schülerin und diese hatte keine Vorstellungen von den Usancen der kostengünstigen Fließbandproduktion.

Meine privaten Reisen führten mich nach Kreta, Spanien, an den Oberrhein und immer wieder nach Berlin zu meinen Straßen-, Sport- und Studienfreunden sowie zu meiner Moabiter Quartalsgeliebten.

Auf Kreta waren wir in den Osterferien '69 zu dritt unterwegs, mein Referendarfreund Dietmar, ein Schüler aus seiner Mainzer Erwachsenenschule mit Namen Goltz und eben ich. Wir nahmen die Bahn bis Athen und die Fähre bis Chania. Von dort wanderten wir nach Süden in die Berge, übernachteten in unseren Schlafsäcken und erreichten nach zwei, drei Tagen die 1000 Meter hoch gelegene Omolosebene. Dann machten wir uns an den Abstieg durch die wildromantische Samaria-Schlucht, die heute ein überlaufener Renner ist und Tag für Tag von Dutzenden von geführten Touristengruppen frequentiert wird. Damals herrschte hier Einsamkeit, außer uns war nur noch ein kanadischer Einzelwanderer unterwegs, der einen riesigen Rucksack mit sich schleppte, auf dem ein festgeschnalltes rundes Brot thronte. Der Kanadier wollte den Weg zum Hafen an der Südküste offensichtlich an einem Tag bewältigen, legte ein zügiges Tempo vor und war schon bald unseren Blicken entschwunden. Wir dagegen legten immer wieder Pausen ein, nicht etwa aus Erschöpfung, sondern weil das Tal so schön war. Immer wieder setzten wir uns hin, um die Aussicht zu genießen. Der tiefblaue Himmel, die leuchtend weißen Kalkwände, die dunkelgrünen Fichten, die blühenden bunten Wiesen zu unseren Füßen, das tief unten von Wasserfall zu Wasserfall springende Flüsschen – es war wie im Paradies. Wir hatten uns vorgenommen, auf halber Strecke, in dem Dörfchen Samaria, die Nacht zu verbringen und zuvor in einem Gasthof ein üppiges kretisches Mahl einzunehmen. Am späten Nachmittag, kurz vor Erreichung unseres Ziels, gönnten wir uns noch einmal eine Pause, hockten auf einem Felsvorsprung und blickten hinunter auf die ziegelroten Dächer des friedlichen, wie ausgestorben wirkenden Dorfes.

Als wir Samaria erreichten, mussten wir feststellen, dass es eine Wüstung war. Kein Mensch, erst recht kein Gasthof, nur leere Häuser, baufällig und dem Zusammenbruch nahe. Und wir ausgehungerten Wanderer ohne einen einzigen Bissen Brot, hatten wir uns doch auf unsere Landkarte verlassen und in der auf dieser verzeichneten Ortschaft einkehren wollen. *Du bist doch Läufer,* sagte Dietmar, *und ohne Gepäck erst recht schneller als der beladene Kanadier. Renne los, hole ihn ein, kauf ihm das halbe Brot ab. Für ihn ist die verbleibende Hälfte doch allemal ausreichend.*

Ich nahm die Beine in die Hand, lief los und machte Tempo. Kurz vor dem Flecken Roumeli, wo es einen Schiffsanleger gab, verengte sich die Schlucht. Hier traten die zwei senkrechten, über 50 Meter hohen Felswände dicht aneinander, und zwischen ihnen schoss das Wasser mit größter Geschwindigkeit Richtung Meer. *Bis hier und nicht weiter,* sagte ich mir. Die Verfolgung des Kanadiers musste ich abbrechen. In der Klamm mit dem anderthalb Meter tiefen und reißenden Fluss würde ich pitschnass werden – also lieber Hunger leiden und unverrichteter Dinge umkehren. Ich trabte erschöpft und frustriert zurück. Leider war mir der Kanadier entwischt. Eine Hoffnung hatte ich jedoch noch. Vielleicht hatte ich ihn auf einem Parallelpfad überholt, ohne ihn bemerkt zu haben. Und so war es auch. Er hatte seinen Weg hoch über dem Fluss gewählt, während ich möglichst nahe am Wasser gelaufen war. Nun, auf dem Rückweg, entdeckte ich ihn weit über mir, machte mich bemerkbar, kraxelte hoch zu ihm und klagte ihm unsere Hungersnot. Er war aus internationaler Wanderersolidarität sofort bereit, sein Brot mit uns zu teilen und wollte partout kein Geld nehmen. Immerhin aber konnte ich mich wenigstens dergestalt erkenntlich zeigen, dass ich ihn auf die Schwierigkeiten beim Bewältigen der Hochwasser führenden Klamm vorbereitete. Doch er wusste sofort einen Ausweg, er würde sich ausziehen und, sein Gepäck auf dem Kopf balancierend, den Wasserweg mit Erfolg hinter sich bringen.

Als ich Samaria erreichte, wurden ich und das halbe Brot jubelnd empfangen. Die Freunde hatten inzwischen in den verdorrten Orangenbäumen ein paar verschrumpelte Apfelsinen geerntet und aus dem kristallklaren Wasser des Flusses schwarzen Tee bereitet. Wir teilten das geteilte Brot in sechs Teile, drei Happen für diesen Abend und drei für den nächsten Morgen. Immerhin gaben Brot, Orangen und Tee dem Magen etwas zu tun, aber als wir in die Schlafsäcke krochen, war unser Hunger kaum gestillt, sondern lediglich unser Appetit angeregt. Hunger und Morgengrauen weckten uns schon bald, unser karges Frühstück hatte nur symbolischen Charakter und wir eilten, um in Roumeli möglichst bald auf eine Mahlzeit zu stoßen. An der Klamm machten wir uns den Trick des Kanadiers zunutze, zogen uns aus, machten den Rucksack zum Kopfsack und tasteten uns mit den Füßen über die glitschigen Wackersteine Schritt für Schritt durch das eiskalte Schmelzwasser voran, das uns fast bis zum Halse reichte, wobei wir die Felswand als eine Art Geländer nutzten, und kamen alle drei trockenen Hauptes durch. Unser Gepäck, vor allem unsere Fotoapparate, war nicht im Wasser gelandet. Wir ließen uns von der Sonne trocknen, zogen uns an und zogen weiter. Endlich die ersten Gehöfte, eigentlich eher Hütten. Und dann das erste Café.

Mit hängendem Magen kehrten wir ein. Die Auswahl war spartanisch. Es gab trocken Brot und Oliven zu essen, mehr nicht. Bis dato hatte mir der strenge Geschmack der Oliven nie behagt. Sie waren einfach nichts für meinen deutschen Geschmack. Aber jetzt belehrte der Heißhunger mich eines Besseren. Plötzlich empfand ich das weiße Brot und die schwarzen Oliven als eine Delikatesse. Innerhalb weniger Augenblicke hatte ich eine Conversio meines Geschmacks erlebt und wurde für alle Zukunft zum Olivenfan. Damit war ich in meinem geliebten Griechenland wirklich heimisch geworden. Wie konnte ich die symbolträchtige Olive als historisches Phänomen mit Fug und Recht lieben, ohne sie als Speise zu mögen? Jetzt endlich war es soweit.

Der Ölbaum spielt in der griechischen Mythologie und Geschichte eine bedeutende Rolle. Athena hatten den Athenern den veredelten Olivenbaum geschenkt, sie war es auch, die Odysseus zu ihrem Günstling machte, und immer wieder, fast in jedem Gesang meiner geliebten Odyssee, kommt der Ölbaum vor. Mit einem angespitzten und vorgeglühten Olivenknüttel blendet Odysseus den ungeschlachten Polyphem; in einem Olivengebüsch verbringt Odysseus die Nacht, nachdem er nach langem Irrschwimmen endlich bei einer Flussmündung gelandet ist; in Athenas Olivenhain findet er, von Nausikaa eingekleidet, auf dem Weg zu ihrem königlichen Vater die nötige Ruhe, um seiner Göttin im Gebet zu danken.

Das Olivenöl dient der Körperpflege und der Beleuchtung, vor allem aber bilden die Oliven eine nahrhafte Nahrung, eine Nahrung ohne Blutvergießen, eine vegetarische Speise, also eine friedliche Speise – und so wird der Olivenzweig im Christentum zum Symbol des Friedens. Nach ihren friedlichen Wettkämpfen werden die Sieger im alten Griechenland mit einem Kranz aus immergrünem Ölbaumlaub dekoriert, wobei die immergrünen Blätter auf den unvergänglichen Ruhm hinweisen sollen.

Soviel zu meiner Olivenleidenschaft. Nach unser frugalen und zugleich olivenfetten Brotzeit schlenderten wir an die Küste, rasteten auf dem breiten Sandstrand, badeten, aßen in der Hafenkneipe, übernachteten neben den mit monotonem Wellenschlag nach langem Wasserweg endlich zur Ruhe kommenden Wogen und bestiegen am nächsten Morgen das kleine Motorschiff, das uns die Küste entlang zum nächsten Hafen brachte. Von dort wanderten wir hoch über dem Meer, parallel zur Küste, weiter nach Osten. Als ein Unwetter aufzog, verbot es sich, im Freien zu übernachten. Ein Dach über dem Kopf wäre also eine vernünftige Option gewesen. Im nächsten Dorf versuchten wir unser Glück. Es gab zwar kein Hotel hier, aber immerhin eine Gaststätte, und hier lernten wir die kretische Gastfreundschaft kennen.

Zwar durften wir unser Abendessen bezahlen, aber für die Übernachtung wollten die Wirtsleute um keinen Preis auch nur die geringste Summe Drachmen annehmen, mehr noch, sie räumten uns nicht etwa nur eine kleine Kammer ein, nein, sie machten das eheliche Schlafgemach für uns frei, stellten noch ein drittes Bett hinein und waren von ihrer Großzügigkeit nicht abzubringen. Es ist schließlich eine jahrtausendealte Tradition, dem Gast alle nur denkbaren Annehmlichkeiten zu gewähren, es könnte ja ein verkappter Gott sein, gerade wenn er ärmlich und hilflos erscheint. Auch tat man alles Mögliche, um uns zu unterhalten. Zunächst wurde die intellektuelle Elite des Dorfes in Gestalt des Dorfschullehrers herbeizitiert, der im Rahmen seiner kargen Englischkenntnisse für höfliche Konversation sorgen und zugleich durch gezielte Befragung der Fremden die Neugierde der Gastgeber befriedigen sollte. Aus welchem Land kamen wir, was hatten wir auf Kreta bereits gesehen, wohin wollten wir uns noch begeben? Dann die Frage nach unserem Beruf, und als sich herausstellte, dass wir quasi Kollegen unseres Gesprächspartners waren, erweckte das allgemeine Heiterkeit. Nun wollte man wissen, was ein Lehrer in Deutschland verdient. Inzwischen war das halbe Dorf eingetrudelt, denn die Anwesenheit der seltenen und seltsamen Gäste hatte sich in Windeseile herumgesprochen, und alle, fast nur Männer, spitzten die Ohren.

Die finanzielle Frage brachte uns in Verlegenheit. Wir waren hier von bescheidenen Menschen freigiebig und freundlich empfangen worden, wir sprachen mit einem Lehrer, der kaum ein Zehntel von dem verdiente, was uns das Landesbesoldungsamt überwies – sollten wir da mit unserem Einkommen prahlen, würde das nicht diese Kreter am Rande der Zivilisation irgendwie demütigen? Aber lügen wollten wir auch nicht und so zogen wir uns aus der Affäre, indem wir unseren Verdienst nur ein wenig nach unten abrundeten und dem Lehrer vorrechneten, um wie viel höher die Lebenserhaltungskosten in Deutschland seien. Das beruhigte die Griechen und ließ keinen Neid aufkommen. Was zum Beispiel kostet diese Flasche Retsina hier auf dem Tisch? Umgerechnet etwa eine Deutschmark, wir aber müssen zu Hause 10 bis 20 Mark für eine Flasche Rheinwein hinblättern. Na, also. Die Griechen lachten, und der Preisvergleich war dem harmonischen Fortgang des Festes nur dienlich, denn zu einem richtigen Fest hatte sich unser Zusammensein längst fortentwickelt. Retsina und Ouzo flossen in Strömen, und da die Gläser, aus denen man bei so einer Feier getrunken hatte, nie mehr benutzt werden dürfen, warf der Wirt einige der Schnapsgläser an die Wand.

Den Höhepunkt des spontanen Festes bildete der uns zu Ehren vorgeführte Tanz. Einer der Gäste machte Musik, und die Tochter des Wirts und ihr Freund oder Verlobter tanzten Sirtaki. Das Paar bildete eine Zweierreihe (wenn man bei zwei Teilnehmern überhaupt von einer Reihe sprechen kann), sie ergingen sich in den komplizierten Volkstanzschritten und hielten sich bei den Händen. Das aber war dem Wirt zu viel, soviel Körperkontakt widersprach der strengen kretischen Moral. Der besorgte Vater besorgte sich eine Serviette, gab diese den beiden in die Hand, jeder fasste sie an einem Ende, und das Tuch bildete nun eine Brücke zwischen den Händen, die sich nicht länger unsittlich berührten. Der Tanz wurde fortgesetzt, nach wie vor voller Tempo und Leidenschaft, aber ohne unmoralischen Beigeschmack.

Der Rest der Nacht, den Dietmar und ich im Ehebett und Goltz auf der Beistellliege verbrachten, war kurz. Am nächsten Morgen, nach dem üblichen Frühstück mit Weißbrot, Butter und Honig, nahmen wir gefühlvollen Abschied und zogen unseres Weges. Auf der Höhe von Phaistos bogen wir nach Norden ab und durchquerten abermals die Insel. Dabei beeindruckte uns (wie mich schon vor dreieinhalb Jahren) das archäologisch korrekt präsentierte Phaistos mehr als das fragwürdig rekonstruierte Hollywood-Knossos oder Disneyland-Kreta. Das faszinierende Museum in Heraklion war dann unsere letzte Station hier auf Kreta.

Während der Fahrt mit der Fähre hatten wir reichlich Zeit, uns über das Reisen im Allgemeinen und den modernen Tourismus im Besonderen zu unterhalten. Der Begriff *reisen* leitet sich ab von dem indogermanischen Wort für Aufwärtsbewegung (man denke an das englische Verb *to rise* für das Aufgehen der Sonne) und bezeichnete im Mittelalter den Aufbruch zu kriegerischen Unternehmungen. Reisige beziehungsweise Reisläufer hießen in der frühen Neuzeit die Landsknechte und Söldner, die im Dienste ihrer Kriegsherren Europa unsicher machten. Im 18. Jahrhundert aber nahm das Reisen einen friedlichen Charakter an, junge Adlige unternahmen Bildungsreisen, am liebsten nach Italien, und reiche Bürger taten es ihnen gleich, zum Beispiel Goethe. Im 19. Jahrhundert entwickelte sich, von England ausgehend, der Tourismus. Da das englische Imperium die halbe Erde umfasste, wollte jeder Engländer, der es sich leisten konnte, sein Weltreich bereisen und zugleich, in Anlehnung an die adligen Bildungsreisen, das kontinentale Europa kennenlernen. So wie der englische Bürger den europäischen Adel nachahmte, so im

20. Jahrhundert die breite Masse aus den Industrieländern den englischen Tourismus. Reisen wurde eine Prestigeangelegenheit. Wer es nur irgend konnte, unternahm Kur-, Bade-, Bildungs-, Vergnügungs- oder Abenteuerreisen. Der Jugend wurde das Reisen und Wandern schmackhaft gemacht und durch ein flächendeckendes System von preiswerten Jugendherbergen ermöglicht. Dampfschiffe, Eisenbahnen und Autos machten das Reisen erschwinglich, zeitsparend und raumgreifend. Der Ortswechsel war nicht länger allein beruflich bedingt wie bei den reisigen Landsknechten, den Handelsreisenden oder Forschungsreisenden, er war auch nicht mehr ein elitäres Privileg der Bluts- oder Geldaristokratie, nein, im 20. Jahrhundert wurde der Tourismus zunehmend zur Massenmode.

Der gesetzlich festgelegte Urlaub und die Urlaubsreisen förderten sich wechselseitig. Weil man Urlaub bekam, verreiste man, und weil man verreisen wollte, forderte man mehr Urlaub. Und das taten alle, waren sie doch einer unwiderstehlichen Tourismusepidemie unterworfen. Und der Staat und die Wirtschaft spielten mit. Untertanen, Staatsbürger, Arbeitnehmer sollten sich im Urlaub gefälligst erholen und als zufriedene, angepasste und gekräftigte Bürger und Beschäftigte in den Alltag zurückkehren. Auch für Dieter, Goltz und mich war das Reisen und Wandern von Kindesbeinen an etwas Selbstverständliches – Klassenreisen, Sportreisen, Reisen mit den Eltern, Einzelreisen standen jedes Jahr auf der Tagesordnung. Für unsere Reisebegeisterung fanden wir auch gute moralische Gründe. Nicht nur, dass wir unterwegs etwas für unsere Liebe zur Natur, für unsere Bildung, für unsere Gesundheit taten, wir leisteten nach zwei menschenmordenden Weltkriegen auch einen Beitrag zur Völkerversöhnung, freundeten uns mit Engländern, Franzosen, Italienern und Griechen an und kultivierten unsere Toleranz beim Kennenlernen anderer Lebensweisen anderer Nationen.

Ob das Reisen auch eine Kehrseite hat, haben wir uns, da es ja einfach üblich war, nie ernsthaft gefragt, bis zu dieser Nacht auf der Fahrt von Heraklion zum Piräus. Ein Wort gab das andere, und plötzlich hatten wir ein schlechtes Gewissen.

Ist der Tourismus nicht irgendwie destruktiv? Machen wir Gäste aus den reichen Ländern die schönen, natürlichen, naturbelassenen Urlaubsziele nicht rücksichtslos kaputt, wenn wir wie Heuschrecken über sie herfallen? Was einst ein locus amoenus war, ist nun von einem Asphaltnetz überzogen, von Hotelburgen beherrscht, von Badeanlagen entstellt und von Parkplätzen für Autos und Yachten bedeckt. Die Einheimischen verraten ihre kulturelle Herkunft, sie verleugnen ihre Volksmusik, ihre klassischen Trachten, ihre traditionellen Essgewohnheiten und passen sich dem McDonalds-Geschmack an und sie müssen noch dankbar sein, wenn sie als Zimmermädchen und Reinigungsmänner einen Sklavenlohn erhalten. Die Masse der Underdogs aus den Zivilisationsnationen fühlen sich plötzlich als kleine Aristokraten, bedient und hofiert.

Ein Urlaubsort ist wie der andere. Alle sind zum Verwechseln ähnlich. Die Erde und ihre Völker haben ihre Vielfalt und ihren Charakter verloren. Der Skisport ruiniert die Bergwelt, der Badebetrieb die Küsten. Nicht zu vergessen das Kilometerfressen der Autoreisenden, die Vergeudung von Energie und die abgasbedingte Vernichtung der Atmosphäre. Himmel, Wasser und Erde werden zur Müllkippe der reisenden Konsumenten.

Auf die Zukunft wird kaum Rücksicht genommen. Das römische *Carpe diem* wird zum Credo der Massenzivilisation. Genieße den Augenblick und ignoriere die Folgen! Früher orientierten sich die Menschen aufs Jenseits, auf das Leben nach dem Tode, auf die Ewigkeit nach der hiesigen Vergänglichkeit. Heute dagegen besteht der angestrebte Ortswechsel nicht darin, sich durch ein frommes und moralisches Leben den Weg ins himmlische Jenseits zu verdienen, sondern auf Erden so viel wie möglich umherzufahren und alle Kontinente zu bereisen.

An die Stelle der Himmelfahrt tritt die Autofahrt. Das Fahren wird zum Selbstzweck. Wenn der Himmel schon als Reiseziel angesteuert wird, dann nicht der *heaven*, sondern der *sky*, der Verkehrsweg für die Jets, die uns von Kontinent zu Kontinent bringen. Solange wir leben, wollen wir unsere Erde zu Land, zu Wasser und durch die Luft befahren. Soviel Diesseits wie möglich, da wir ans Jenseits nicht glauben. Das Reisen als Surrogat für die verlorene Religion.

Nachdem wir drei uns müde diskutiert hatten, suchten wir uns eine vom Fahrtwind geschützte Stelle, krochen in unsere Schlafsäcke und ließen uns von der Fähre in den Schlaf schaukeln. Am nächsten Morgen bestiegen wir die Bahn nach München, wo wir uns trennten und die Freunde nach Mainz fuhren und ich nach Ratzeburg.

Trotz meiner reisekritischen Einstellung plante ich sogleich für den Sommer eine neue Fahrt. Die Schulzeit empfand ich als eine lästige Unterbrechung der Ferienwochen, sie diente aber nicht nur der pädagogischen Pflichterfüllung, sondern auch dem Sport und der Liebe. Ich trainierte meine Ratzeburger Jungen, und nun wiederholte sich, was ich 13 Jahre zuvor in Berlin erlebt hatte. Hatten wir Zehlendorfer damals mehrere Titel erkämpft, so gewann der RSV im Sommer '69 die Landesmeisterschaft mit der Viermal-100-Meter-Staffel und mit der Olympischen Staffel. *Déja vu, déja couru,* schon mal gesehen, schon mal gelaufen. Die Siegerzeit der Olympischen Staffel war so gut, dass sie sich für die Teilnahme an der Deutschen Jugendmeisterschaft qualifizierte, die Ende der großen Ferien in Saarbücken stattfinden sollte. Ich stattete meine Jungen mit detaillierten Trainingsplänen aus, damit sie in Form blieben, und reiste für ein paar Wochen nach Spanien. In Saarbrücken wollten wir uns dann treffen.

Meine Reise musste ich einsam und alleine antreten, denn alle meine Freunde hatten andere Pläne, und eine weibliche Begleitung stand nicht zur Verfügung. Die Ära Jette war längst Vergangenheit, und meine Beziehung zu Inge stand auf Messers Schneide. Ein Jahr zuvor, auf dem Abiball '68, hatten wir uns kennengelernt, hatten Küsse und flächendeckende Zärtlichkeiten ausgetauscht, aber auf Sex verzichtet. Soweit wollte ich nicht gehen, schließlich waren erotische Beziehungen zu einer Schülerin schulrechtlich streng verboten. Nun aber, im Juni '69, war dieser rechtliche Zustand nicht mehr gegeben. Inge hatte ihre Reifeprüfung abgelegt und konnte in meinen Armen ohne rechtliche Rücksichten vom Mädchen zur Frau reifen. Sie besuchte mich in meiner Wohnung und war – unter den üblichen Bedingungen – zu allem bereit. Diese Bedingung kleidete Inge, als wir bereits unbekleidet im Schlafzimmer standen, in die mir aus früheren Zeiten längst bekannte Gretchenfrage: *Liebst du mich?* Wortwörtlich wiederholte sie, was vor zwei Jahren Gunni und Birgit interessiert hatte. Wieder stand ich am Scheideweg, am

Scheide-Weg im wörtlichen und übertragenen Sinne. Mein *Ja* war reine Formsache, eine Art *Sesam-Öffne-Dich-Zauberwort,* aber war Inge wirklich die Frau fürs Leben? Solle ich nicht endlich mit dem Abenteurerleben aufhören und nur noch ernsthaft lieben, mit dem Ziel, endlich eine endgültige Beziehung einzugehen? Sollte ich Inge anlügen, um ihr und mir zu einem vergänglichen Genuss zu verhelfen? Oder sollte ich ehrlich sein? Ehrlich und moralisch?

Inge nahm die Offenbarung meiner lückenhaften Emotionen relativ gelassen hin. Wahrscheinlich hatte sie längst geahnt, dass mein Interesse an ihr nur sehr begrenzt war – hätte ich mich sonst ein ganzes Jahr lang so kontrolliert zurückgehalten? Wir trennten uns also, gingen aber zum Abschied zwecks platonischer Zärtlichkeit ins Bett, genossen das Vorspiel ohne Endspiel und trennten uns ohne Tränen.

Zu Beginn der großen Ferien war ich also mal wieder ein absoluter Junggeselle. Zunächst stattete ich meinem Vater einen Höflichkeitsbesuch ab und machte mich dann mit dem Nachtzug auf den Weg nach Spanien.

Wie immer, wenn ich alleine mit der Bahn fuhr, suchte ich mir ein Abteil aus, in dem eine ebenfalls allein reisende junge Dame saß, fragte, ob der Platz neben ihr frei sei, und setzte mich neben sie. Ich vermied es erst einmal, mich ihr verbal zu nähern, und wartete, bis es dunkel wurde und wir in den typischen Bahnschlaf fielen, hinten angelehnt und je nach Art der Kurven nach rechts und links schwankend. Ich drängte mich öfter, anhaltender und intensiver an sie heran, als es die Bewegung des Zuges rechtfertigte und konnte zu meiner Zufriedenheit feststellen, dass sie weder pikiert auswich, noch mich kraftvoll von sich stieß.

Ob sie so tief schlief, dass sie meine Annäherungsversuche nicht bemerkte, oder ob sie diese zustimmend hinnahm und guthieß, konnte ich nicht eindeutig klären. Jedenfalls waren wir uns so nahe gekommen und aneinander gewöhnt, dass wir kurz vor Frankfurt ins Gespräch kamen und uns miteinander bekannt machten, uns im Wechsel also alles mitteilten, was im Reisepass geschrieben steht. Und wir verabredeten uns für den 7. Oktober bei ihr Zuhause in Berlin-Moabit.

Aber erst einmal Spanien. Ich besuchte Barcelona und Madrid (natürlich über Stunden den Prado), dann Aranjuez und Toledo, und anschließend fuhr ich per Bahn oder wanderte per pedes nach Granada. Mein nächstes Ziel war die Mittelmeerküste. Früh morgens brach ich auf, hinein in die Sierra Nevada. Als mein Proviant zur Neige ging, füllte ich den Magen mit dem klaren kalten Wasser der Bergbäche. Die Nacht verbrachte ich in einer Ziegenhütte auf dem Kamm des Gebirges in drei Kilometern Höhe, zwischen den sommerlichen Schneeresten der Sierra Nevada. Meinen Hunger stillte ich mit einem letzten Rest Schokolade und dem Wasser aus meiner spanischen Lederflasche.

Bei Sonnenaufgang begann ich den Abstieg. Auf dem gegenüberliegenden Höhenzug, der durch eine tiefe Schlucht von dem von mir benutzten Bergrücken getrennt war, graste friedlich eine Rinderherde. So glaubte ich in meiner romantischen Naturliebe. In Wahrheit waren es Kampftiere, vorgesehen für den Stierkampf, aggressive und gefährliche Kampfmaschinen. Erst später erfuhr ich, wie leicht ich unfreiwillig in die Rolle eines Toreros hätte geraten können. Gegen Abend erreichte ich endlich ein Dorf, den höchsten Ort Spaniens, und konnte mich endlich mal wieder satt essen, wieder an Brot und Oliven wie im Frühling auf Kreta nach der Hungernacht in der Samaria-Schlucht. An der Südküste Andalusiens erholte ich mich ein paar Tage, dann ging es zurück nach Deutschland, nach Saarbrücken, um dort meine Jungen zu coachen.

Vom Bahnhof aus buchte ich per Telefon ein Zimmer in einem einigermaßen anspruchsvollen Hotel und machte aufgrund meiner höflichen und hochdeutschen Sprache einen guten Eindruck, der aber ins Gegenteil umschlug, als ich persönlich erschien.

Unrasiert, ungepflegt, braungebrannt, in abgetragenen Turnschuhen und Wanderklamotten, mit Rucksack statt Koffer entsprach ich nicht dem Outfit der hier üblicherweise absteigenden Gäste. An der Rezeption wurde ich möglichst schnell abgefertigt, man zeigte mir die Treppe, verheimlichte mir den Fahrstuhl und beeilte sich, mich loszuwerden. Ich gab meinen Reisepass ab, in dem ja auch der Beruf verzeichnet ist, und nicht den schlichten Personalausweis. Oben kratzte ich meine Bartstoppeln ab, duschte, zog mich um und bemühte mich um ein halbwegs bürgerliches Aussehen. Dann machte ich mich auf den Weg zur Rezeption, um mich nach einem empfehlenswerten Restaurant zu erkundigen. Eine Welle von Hilfsbereitschaft und Höflichkeit schlug mir entgegen. *Was bevorzugen Sie, Herr Hartmann, möchten der Herr Studienrat ausländisch essen, italienisch, griechisch, jugoslawisch oder ziehen Sie die klassische altdeutsche Küche vor? Einen sehr guten Ruf hat der »Saarbrücker Hof«, berühmt für seine große Auswahl an Angeboten … Im Übrigen, sind Sie mit Ihrem Zimmer zufrieden? Wir hätten auch noch …* Ich wurde an Gottfried Keller erinnert, den ich vor Kurzem mit meiner Klasse gelesen hatte: *Kleider machen Leute.* Oder auch: *Reisepässe wirken Wunder.*

Dann der eigentliche Anlass meiner Reise an die Saar, die Jugendmeisterschaften. Der Vorlauf verlief erwartungsgemäß. Meine Jungen tummelten sich in der Spitzengruppe und erreichten den Endlauf. Und dann ging es um die Wurst. Auf einen Sieg war nicht zu hoffen, Favoriten waren wir nicht. Aber es bedeutete doch schon etwas, mit den Besten Deutschlands in der ersten Hälfte des Feldes um die Plätze zu kämpfen. Am Ende erreichten wir den fünften Platz. Eine Sensation hatten wir nicht geschafft, aber es war doch eine großartige Leistung, dass eine Kleinstadtstaffel mit den großen Vereinen mithielt.

In Ratzeburg wieder Alltag. Irgendwann im September besuchten mein Kunstkollege Jellinek und dessen Möllner Kunstfreund Klimek mit mir zusammen in Hamburg eine Kunstausstellung, wo mir nicht nur die modernen Exponate ins Auge fielen, sondern auch eine große, rassige Blondine. Ich trennte mich von meinen Freunden und nahm eine rätselhafte Installation zum Anlass, mit der germanischen Schönheit ins Gespräch zu kommen. Sie stellte meine jüngste Berliner Bekanntschaft in den Schatten und war nicht abgeneigt, zu interpretieren, zu flirten und sich mit mir zu verabreden. Da sie in Lübeck wohnte und arbeitete, konnten wir uns oft und mühelos treffen und genießen. Ihr einziger Nachteil war der, dass sie mit einem Hamburger Mediziner befreundet war und nicht so recht wusste, für wen sie sich entscheiden sollte. Folglich hielt ich an meiner Berliner Bekannten fest und die Verabredung ein. Am 7. Oktober, dem 20. Geburtstag der DDR, fuhr ich nach Ostberlin, sah mir die demonstrativen Feierlichkeiten an und stand abends bei Bille auf der Matte. Ich lud sie zum Essen ein und verabschiedete mich zu später Stunde vor ihrer Haustür von ihr, schräg gegenüber von Tucholskys Geburtshaus. Am nächsten Abend setzten wir unser Essen, Trinken und Küssen fort und verbrachten die Nacht in ihrer Wohnung. Am nächsten Morgen brach sie zur Arbeit auf und ich fuhr in die Reiherbeize.

Dort empfing mich meine Stiefmutter mit Entsetzen und Empörung. Mein Vater, der gerade zum Einkaufen das Haus verlassen hatte, sei außer sich über mein nächtliches Ausbleiben, und hatte angekündigt, nach seiner Heimkehr bei der Polizei eine Vermisstenanzeige aufzugeben. Ich malte mir im Stillen den Dialog mit dem Beamten aus: *Ihr Sohn ist also verschwunden. - Ja, seit gestern Abend. - Und Sie wissen nicht, wo er sich aufhalten könnte. - Nein, ich habe nicht die geringste Ahnung. - Und Sie machen sich Sorgen? - Ja, allerdings. - Wie heißt denn Ihr Sohn? - Bernd Hartmann, wohnhaft in Zehlendorf, Reiherbeize 59. - Und wie alt ist Ihr Sohn? - 31. - Wie bitte? - 31. - Ist das Ihr Ernst? Ihr Sohn ist 31, und Sie wollen dem jungen Mann nicht zugestehen, eine Nacht außer Haus zu verbringen. Also, mein Herr, da kann ich nur lachen. Wenn wir sämtlichen vergleichbaren Fällen nachgehen wollten, dann hätte die Polizei viel zu tun. Nun, da können wir Ihnen bei Gott nicht helfen. Fassen Sie sich in Geduld. Auf Wiederhören.*

Das Gespräch fand nicht statt, weil mein Vater mich zu Hause antraf, als er vom Einkauf zurückkehrte. Er war nicht erfreut und erleichtert, sondern tobte nur cholerisch, wie er halt war. Ich entzog mich seinem Zorn und reiste, wie ohnehin für diesen Tag vorgesehen, zurück nach Ratzeburg. Um mir einen Sitzplatz, wenn möglich sogar einen Fensterplatz zu sichern, stieg ich nicht auf dem Bahnhof Zoo ein, wo sich die Menschen drängten, sondern nahm die U-Bahn zum Bahnhof Friedrichstraße im Osten der Stadt und wechselte dort, was politisch möglich war, in den Fernzug über, der hier einsetzte und absolut leer war. Ich nahm einen Fensterplatz in Fahrtrichtung ein und widmete mich dem *Neuen Deutschland,* der offiziellen SED-Zeitung, die ich kurz zuvor auf dem Bahnsteig gekauft hatte. Bahnhof Zoo füllte sich der Zug und die Fahrgäste musterten mich scheel ob meiner Reiselektüre, die sich aber schon bald als großer Vorteil erwies. Denn nachdem der Zug Westberlin verlassen hatte und auf der ersten DDR-Station die Kontrollorgane der Nationalen Volksarmee den Zug geentert hatten, begann das schikanöse Filzen mit neugieriger Gepäckuntersuchung und penibler Reisepassbegutachtung. Noch gab es ja keine Ostpolitik und keinen Transit-, Verkehrs- und Grundvertrag. Nur ich, hinter meinem breit entfalteten Parteiblatt, wurde komplizenhaft angelächelt, ja, wir verstehen uns, wir sind politisch einer Meinung, dein Koffer, Genosse, kann zu bleiben und auf deine Reisedokumente werfen wir nur pro forma einen flüchtigen Blick.

Wieder in Ratzeburg freute ich mich auf das Wiedersehen mit der blonden Karin und auf den ersten Besuch der brünetten Bille. Beide waren nicht übel. Wie so oft saß ich in der Zwickmühle. Welche sollte ich wollen und welche wollte mich? Karin war attraktiver und gebildeter, schwankte aber zwischen ihrem Hamburger Assistenzarzt und ihrem Ratzeburger Studienrat. Beide waren eine gute Partie, aber der Mediziner hatte leider ältere Rechte, gehörte zu ihrer Clique, war schon fast mit ihr verlobt, doch hatte die Beziehung etwas Altbackenes und Biederbürgerliches, wie Karin mir gestand, und war ohne das Feuer einer jungen Leidenschaft. Bille war zugänglicher und sinnlicher, und sie sah im regelmäßigen Sex etwas Selbstverständliches. Sie wollte, wie eigentlich auch ich, die Phase der wechselhaften Vielseitigkeit endlich beenden und sich endgültig, also ehelich, binden. Ich schien ihr der Richtige, und so bereitete sie unser gemeinsames Leben in kleinen Schritten vor, indem sie bei ihren Besuchen im Herbst und Winter 1969/70 meine karge Junggesellenwohnung mit ästhetischen Geschenken, hauswirtschaftlichen Gerätschaften, scharfen Gewürzen und so weiter ausstattete und auf ein eheliches Niveau brachte. Dennoch zog ich Karin vor, nicht zuletzt, weil es schwieriger war, sie zu erobern, was mich mehr reizte, als die mühelose Inbesitznahme. Ich bemühte mich um diese also mehr als um jene. Da ich Bille gegenüber mit einem offiziellen Heiratsantrag einfach nicht rausrücken wollte, fühlte sie sich erotisch ausgenutzt und machte nach einem halben Jahr Schluss. Kurz und schmerzlos und konsequent. Gleichzeitig entschied sich Karin gegen mich, folgte ihrem Gewissen, erhörte ihren Arzt und versuchte, mich zu trösten, indem sie mich mit einer Freundin bekannt machte, die mich aber nicht im Geringsten reizte, so dass ich mal wieder einsam und alleine war und auf meiner Liebesjagd ganz von vorne anfangen musste.

Ich kompensierte meine erotische Mangelsituation durch verstärktes Engagement in der Schule, in der SPD, bei Amnesty International und im Sport, hier sogar in dreifacher Hinsicht, als Spartenleiter, Trainer und Aktiver. Indem ich meine Jungen trainierte, trainierte ich mich selber.

Ich brachte mich in Hochform, und bei einem Sportfest, das der RSV durchführte, wuchs ich über mich hinaus und erzielte eine Zeit fast wie in alten Zeiten. Auf der Gegengerade ließ ich die mehr oder weniger berühmten Läufer der Region hinter mir, baute meinen Vorsprung bis ins Ziel aus und siegte in 2:00,2 Minuten, war also minimal, nämlich zwei Zehntelsekunden über zwei Minuten geblieben. Diese 800-Meter-Zeit bedeutete Kreisrekord für alte Herren, denn dieser Altersklasse gehörte ich betagter Junggeselle inzwischen an. Und diesen Rekord halte ich noch heute, fast ein halbes Jahrhundert später.

Der Frühling verging, ich freute mich auf die großen Ferien und schmiedete Reisepläne. Noch während der Schulzeit begann die Reisesaison, nämlich mit einer Klassenreise. Mit meiner Untersekunda besuchte ich Berlin. Für die 16-jährigen Zehntklässler war die Großstadt mit ihren politischen Besonderheiten ein ganz großes Abenteuer. Die modischen Kudammboutiquen, die überfüllten Tanzlokale, die gemütlichen Eckkneipen, in denen die Stammgäste meine Mädchen vom Lande zum Bier einluden, die unbürgerlichen Offtheater, der orientalisch anmutende Türkenmarkt am Landwehrkanal, die Fahrten im Doppeldeckerbus – natürlich oben – , das Obenohne-Baden im Strandbad Wannsee, die – aber nur auf westlicher Seite – mit Zorn und Fantasie bemalte und beschriftete Mauer, und dann Kreuzberg mit seinem alternativen Leben, mit seinen Hausbesetzern, Wehrdienstverweigerern, Kleinkünstlern, Kleinhandwerkern und Kleinhändlern, mit seinen Gammlern, Hippies und Kiffern – das alles sorgte bei meinen Mädchen und Jungen für Ver- und wohl auch Bewunderung.

Einmal beim Abendbrot erzählte eine Schülerin hochbeglückt, was sie erlebt hatte: *Stellt euch vor, ich habe eine längst vergriffene Platte meiner Lieblingsgruppe* – sie nannte den Namen – *gekauft gekriegt. Als ich in so einem Kreuzberger Kellerladen kramte, entdeckte ich sie, nagelneu, mit Originalcover. Der Typ da merkte sofort, dass ich hin und weg war, er hätte natürlich den Preis hochtreiben können, aber als ich ihn fragte, was die LP kostet, sagte er nur: »Wat isse dir denn wert?« Ich war ehrlich und meinte: »Viel mehr als ich von meinem Taschengeld bezahlen kann.« - »Na Mädel, wat kannste denn bezahlen?« - »Vielleicht 3 oder 4 Mark.« - »Okay. Hier haste se. Für 3 Märker jehört se dir.« Ich konnte mein Glück kaum fassen.*

Seht ihr, kommentierte ich ihr Erlebnis, *da habt ihr ein schönes Beispiel für Kreuzberger Sozialismus.* Die Klasse schnatterte durcheinander: *3 Mark nur? - Wo ist der Laden? - Wie kommt man dahin? - Kriegen wir morgen wieder Ausgang, Herr Hartmann?*

Hier in Kreuzberg, in einer Altberliner Jahrhundertwendestraße mit pompösen Stuckfassaden und Kopfsteinpflaster, wurden wir zufällig Zeugen der Dreharbeiten für den Film *Der Eiserne Gustav* (Hartmann), der kurz vor dem Ersten Weltkrieg aus Protest gegen die Konkurrenz der Autotaxen mit seiner Pferdedroschke von Berlin nach Paris gefahren war und damals Aufsehen und Sympathie erregt hatte. Zusammen mit uns sahen Dutzende von Türkenkindern zu und machten einen Heidenlärm. Der Regisseur fühlte sich gestört und schrie wütend in die Menge der Schaulustigen: *Verdammt noch mal, kann mir keiner sagen, was auf Türkisch »Ruhe« heißt?* Als diese endlich hergestellt war, kam die Kutsche mehrfach die Straße herab geholpert, fast ein Dutzend Mal, denn immer wieder entdeckte der Regisseur kleine Mängel, die es zu korrigieren galt, und ließ die Fahrt wiederholen.

Und dann unsere Reise innerhalb unserer Reise, der Ausflug auf die andere Seite der Mauer nach Ostberlin, in eine andere Welt. Das andere Geld, das wir zwangsweise eintauschen mussten und nur mit Mühe ausgeben konnten, in Gaststätten, Buch- oder Musikläden. Das andere Leben im anderen Deutschland. Die anderen Autos mit ihren stotternden Motoren, die blauen Abgasfahnen dieser Trabanten, die zahlreichen Volkspolizisten, die unverkennbaren

Touristen, das Gedränge an den Sehenswürdigkeiten. Auch wir stürmten das Pergamonmuseum, schlenderten über den Alex und dann die berühmten Linden entlang.

Da ich den Ausflug auf einen Mittwoch gelegt hatte, konnten wir der großen Wachablösung vor Schinkels *Neuer Wache* beiwohnen und sahen die NVA mit russischen Helmen und preußischen Stiefeln paradieren und bewunderten den von der Bundeswehr niemals wieder gepflegten Stechschritt. Ich ließ meine Klasse für ein paar Augenblicke allein, um die hinter der Neuen Wache und dem Kastanienwäldchen gelegene *Gesellschaft für deutsch-sowjetische Freundschaft* aufzusuchen, wo allerlei Propagandamaterial angeboten wurde. Von meinem Restostgeld erstand ich ein Poster mit einem lebensechten und lebensgroßen Lenin und kehrte zu meiner Klasse zurück. Die Parade war inzwischen beendet und das Publikum verlief sich. Als ich das Poster entrollte und meiner Klasse meinen Lenin zeigte, kamen zufällig zwei amerikanische Soldaten in Ausgehuniform vorbei – laut Viermächtestatut durften sich alle Alliierten in allen vier Sektoren frei bewegen. Auf der Suche nach einem DDR-Souvenir schien den beiden jungen G.I.s ein Poster mit dem Erzfeind eine ideale Beute und sie wollten von mir wissen: *Where can we buy this?* Ich wies auf das *Haus der deutsch-sowjetischen Freundschaft,* erlaubte mir aber zum Vergnügen meiner Klasse, auf die Bedingung hinzuweisen, unter der allein der Lenin käuflich zu erwerben war. *You can buy him. You have to pay only 3 Marks, but you must become a member of the »Society of German-Russian Friendship«. Thank you, we'll do it,* sagten sie und marschierten los. Wie man dort auf die zwei Amerikaner reagierte, die sich für die deutsch-sowjetische Freundschaft engagierten, hätte ich zu gerne gewusst.

Aber es wird wohl ein ewiges Geheimnis bleiben. Komisch ist der Dialog sicher gewesen.

Meine Klasse hatte schon in Ratzeburg davon gehört, dass Westberlin die Hochburg der Studentenbewegung sei. Als ich meinen Leuten vorschlug, falls in der Zeit unseres Berlinbesuches eine Demonstration stattfinden sollte – und die fanden damals mit schöner Regelmäßigkeit jedes Wochenende statt –, an einer solchen, natürlich auf freiwilliger Basis, teilzunehmen, waren alle Feuer und Flamme. Nur die begleitende Mutter hatte Bedenken und zog es vor, mit ihrer Tochter neben der Demo auf dem Bürgersteig inmitten der verärgerten Bürger mit der Klasse und mir Schritt zu halten. Es ging gegen die Militärdiktatur in Griechenland, der Protest war also legitim, demokratisch und ehrenwert und politisch nichts dagegen einzuwenden. Ziel des Zuges war die griechische Militärmission in Charlottenburg (die eigentliche Botschaft befand sich natürlich in Bonn), und zunächst verlief alles relativ harmlos. Meine Klasse hatte ihren Spaß an den Sprüchen und Spruchbändern der aktiven und gelernten Demonstranten. Wir schlenderten im friedlichen Mittelfeld, während der harte Kern der Revoluzzer die Tete des Zuges bildete und darauf wartete, am Ziel des Marsches sein Mütchen zu kühlen.

Plötzlich entdeckte ich eine Reihe vor uns meine Ex-Freundin Gerti, die Hand in Hand mit ihrem aktuellen Partner ihrer linken Pflicht nachkam und lautstark in die vorne angestimmten Sprechgesänge einfiel, auch wenn die mit Griechenland wenig zu tun hatten, zum Beispiel: *Ho, Ho, Ho Chi Minh,* oder *U-S-A, S-A, S-S.* Ich klopfte Gerti auf die Schulter, wir fielen uns in die Arme, freuten uns über das Wiedersehen und erzählten uns, was wir in den letzten Jahren getrieben hatten. Sie studierte nach wie vor Zoologie, promovierte über Frösche, Kröten, Molche und Lurche und hatte zusammen mit ihrem Freund in der vornehmen Charlottenburger Schlossstraße eine große großbürgerliche Wohnung gemietet und mit einem guten Dutzend befreundeter Studierender eine Wohngemeinschaft ins Leben gerufen. Wenn du in den Sommerferien nach Berlin kommst, kannst du bei uns wohnen, da stehen die meisten Zimmer leer, weil fast alle Genossen verreist sind. Ich nahm die Einladung dankend an, vielleicht würde ich davon Gebrauch machen, und meine Klasse wunderte sich, dass ich unter den Demonstranten so gute Bekannte hatte.

Dann wurde es vorne ernst und aggressiv. Wer Berlin kennt, weiß, dass die Bürgersteige teils aus großen Granitplatten bestehen, teils aus kleinen, grauen Basaltsteinen. Letztere lassen sich leicht aus dem Pflaster lösen und bestens als Wurfgeschosse verwenden, und das geschah, als sich der Zug der Militärmission näherte. Neben dieser befand sich eine Zweigstelle der Deutschen Bank, ein ideales Ziel für einen Probeangriff. Im Vorübergehen wurde das Symbol des Kapitalismus – zumindest rein äußerlich – erledigt, und dann waren die Griechen dran. Zwar wurden Reden gehalten, aber diese gingen im Geklirr der splitternden Fensterscheiben unter.

Nun war der Zeitpunkt gekommen, dass die Polizei, worauf sie nur gewartet hatte, eingreifen musste. Die Demonstranten, Mitläufer und Militante, wurden zusammengedrängt, eingekesselt und ordnungspolitisch bearbeitet. Schlagstöcke kamen in Anwendung, junge Männer und Mädchen brachen mit blutenden Schädeln zusammen, und ich stand mit ausgebreiteten Armen da, um – wie eine Klucke ihre Küken – meine Mädchen zu schützen.

Als eine gewisse Ruhe eingetreten war, die Demonstranten geduldig im Kessel standen und auf eventuelle erkennungsdienstliche Maßnahmen warteten, wandte ich mich an den ersten besten Polizisten und sagte, wir seien eine Schulklasse aus dem Westen und rein zufällig in die Demonstration geraten, hätten im Übrigen Theaterkarten für den heutigen Abend, seien also in Zeitdruck und bäten, den Kessel verlassen zu dürfen. Seine Antwort war eindeutig: *Nee, nee, nee! Is nich! Jeht nich! Mitjefangen, mitjehangen! - Dann möchte ich bitte Ihren Vorgesetzten sprechen. - Mein Vorjesetzter bin ich selba,* herrschte er mich selbstherrlich an. Zum Glück wusste ich, wie man sich gegen autoritäre Beamte zur Wehr setzt: *Dann nennen Sie mir bitte Ihre Dienstnummer, Herr Wachtmeister!* Die Bitte wirkte Wunder. Die Dienstnummer gab er mir zwar nicht preis, aber er gab nach: *Der zuständige Polizeioffizier steht dahinten unter der Linde.* Zu dem führte ich meine Klasse und klagte ihm kleinlaut mein Leid von unserem zufälligen Mitläufertum, dem Theaterabend und dem Wunsch meiner Mädchen, sich zuvor theaterfein zu machen. Wir fanden Gnade und hörten den erlösenden Befehl: *Kette öffnen. Schulklasse abtreten lassen.* Erleichtert verließen wir den Kessel. Als ich über die Schulter einen Blick nach hinten warf, konnte ich zu meinem Vergnügen feststellen, dass meine Klasse immer größer und immer älter wurde.

Am nächsten Tag studierten wir die *Bild*-Zeitung und bekamen einen Einblick in ihre objektive Berichterstattung. Da war die Rede von über 20 verletzten Polizisten, die verletzten Demonstranten wurden nicht erwähnt. Dabei hatten wir mit eigenen Augen gesehen, wie mehrere blutende Studenten in die bereitstehenden Krankenwagen getragen worden waren.

Ich wollte in diesem Kapitel vom Jahr der fallenden Würfel erzählen, bin aber nur bis zu den Vorentscheidungen gekommen, noch nicht zu den entscheidenden Ereignissen in meinem Sommer '70. Die verdienen ihr eigenes Kapitel.

50

Mein Sommer

Die erste Hälfte der großen Ferien hatte ich genau geplant. Zuerst wollte ich mit meinen Kollegen Siggi Franz und Georg Klose im Schwarzwald wandern. Anschließend würden Kalle und Familie in Ratzeburg einen Ostseeurlaub verbringen, das heißt, bei mir wohnen und jeden Tag nach Travemünde zum Baden fahren. Zwischendurch wollten wir Henry in Eckernförde einen kurzen Besuch abstatten.

Georgs Frau stammte aus dem Kaiserstuhl. Dort machte die Familie Urlaub, während Siggi und ich ein Hotel bezogen. Tagsüber wanderten wir, abends sprachen wir dem badischen Wein zu. Aus Faulheit rasierten wir uns nicht und leisteten uns einen Drei-, Vier-, Fünftagebart. Mit diesem unansehnlichen Aussehen marschierten Siggi und ich in Frankreich ein, während Georg bei seiner Familie blieb. Bei den französischen Grenzbeamten stießen wir auf Missgunst und Misstrauen. So verkommene und verarmte Gammler, wie wir es offensichtlich waren, wollten sie nicht einreisen lassen, hatten sie uns doch im Verdacht, dass wir unser Dasein durch Betteln und Dieberei zu fristen vorhatten. *Verfügen Sie über ausreichendes Reisegeld?* Wir blätterten ihnen unsere Franken- und Markscheine vor, was ihnen aber noch nicht genügte. *Was sind Sie von Beruf?* Ich antwortete als Erster: *Studienrat. – Und Sie? – Oberstudienrat.* Sie fühlten sich auf den Arm genommen und studierten unsere Pässe, die unsere Angaben bestätigten. Man wurde freundlicher. *Was haben Sie in Frankreich vor? – Im schönen Elsass wandern. – Dann viel Vergnügen, meine Herren!*

Der Aufforderung folgten wir dann auch. Wir besuchten die Städte von kunsthistorischem Rang wie Straßburg und Colmar, stiegen empor auf die Anhöhen der Vogesen und erfreuten uns der fachwerkschmucken Kleinstädte. Als wir nach Kaisersberg kamen und auf dem Markt das Denkmal eines Mannes sahen, der uns den Rücken zuwandte, prüfte Siggi Franz meine literarische Bildung (ähnlich wie er es auf unserer Fahrt nach Kiel bei dem Ort Rönne getan hatte): *Na, wie heißt der Kerl?* Zum Glück war mir der Humanist bekannt, und ich konnte antworten: *Der Herr trägt den schönen Namen Geiler von Kaisersberg. – Gut, sehr gut, Hartmann.*

Während wir uns unseres historischen Wissens erfreuten, kamen wir auf den Gedanken, unseren Schulleiter zu ärgern und zwar dadurch, dass wir unseren sprießenden Bart stehen ließen. Denn Bärte waren dem Herrn ein Ärgernis, weil ihnen etwas Revolutionäres anhaftete.

Nach den letzten Osterferien war ein Oberprimaner mit Bart in der Schule aufgekreuzt. Kaum hatte der Chef ihn entdeckt, fuhr er ihn an: *In meiner Schule dulde ich keine Bärte. Gehen Sie nach Hause und rasieren Sie sich. Vorher werden Sie in meinem Haus nicht unterrichtet.* Der gemaßregelte Primaner machte sich auf den Heimweg und dann klagte er seinem Vater sein Leid. Vater und Sohn waren selbstbewusst genug, nicht klein beizugeben. *Fahr nach Kiel ins Ministerium und protestiere. Ich werde inzwischen dort anrufen, dich ankündigen und mich über Drillmann beschweren.*

In Kiel schlug man die Hände über dem Kopf zusammen, gab dem Schüler recht und rief den Schulleiter an und zur Ordnung. Im Triumph und mit Bart kehrte der Primaner noch am selben Vormittag in seine Klasse zurück. Dem Mut eines Schülers wollten wir Lehrer nicht nachstehen und bildeten mit Georg, der natürlich mitmachte, eine verschworene bärtige Opposition. Heute vermag man sich kaum vorzustellen, dass ein paar Härchen am Kinn damals ein Politikum waren.

In Ratzeburg beherbergte ich, wie verabredet, Kalle und seinen Sohn Sven, seine Frau Liese und Tochter Beate wollten etwas später nachkommen. In Travemünde sparten wir die Kurtaxe und badeten am freien Strand zwischen den Findlingen unterhalb der Steilküste, spielten Fußball und Boule mit Plastikbällen und Plastikkugeln und genossen das sommerliche Wetter. Zwischendurch besuchten wir Henry in Eckernförde, sprachen über Gott und die Welt und über Frauen und Liebe. Die beiden gestandenen Ehemänner Kalle und Henry warfen mir Untauglichkeit im Umgang mit dem anderen Geschlecht vor, und besonders Kalle kritisierte, dass es mir an Höflichkeit und Einfühlungsvermögen fehle und dass ich mit der von mir praktizierten Ironie jedes Mädchen verprelle. *So wirst du nie landen,* prophezeite er mir, *ich möchte sogar wetten, dass du in den nächsten Jahren keine Frau findest und ledig bleiben wirst.* Ich nahm die Wette an und wir einigten uns auf eine Frist von fünf Jahren und einen Kasten Bier als Streitwert.

Dann kam der 2. August, ein Sonntag und ein Sonnentag. Und es kam, was kommen sollte und kommen musste. Christa kam und wir kamen uns in Windeseile näher und näher und näher. Sie kam an den Strand, legte sich in den Sand, sonnte sich, badete und las – und gefiel mir auf Anhieb. Ein freundliches, offenes, hübsches Gesicht, lange, leuchtende, blonde Haar, eine perfekte Figur – und was sie zusätzlich für mich einnahm, war die Tatsache, dass sie nicht in Illustrierten blätterte, sondern sich in Bölls Roman *Ansichten eines Clowns* vertiefte.

Ich sorgte dafür, dass wir unser Boulespiel in ihre Nähe verlagerten, ohne sie jedoch durch die fliegenden Kugeln in Gefahr zu bringen. Wir kommentierten unsere Würfe lautstark und ironisch, ließen uns sprachlich gehen, berlinerten um die Wette, und ich, aus Freude an Spiel und Verstellung, wollte eher einen proletarischen als einen akademischen Eindruck machen. Dennoch: Die Gelegenheit war günstig, ich wusste, dass ich zugreifen musste, wenn zunächst auch nur im übertragenen Sinne. Zur geglückten Liebe gehört der Kairos, wie die Griechen sagen, der richtige Zeitpunkt, der ideale Augenblick. Und diese Voraussetzung war bei uns beiden gegeben. Christa war Mitte 20, ich Anfang 30, und beide waren wir inzwischen so weit, das ungebundene Wechselleben aufzugeben und endlich mehr Ernst und Verantwortung in unser Dasein zu bringen. Zunächst aber waren wir nichts als erklärte oder erzwungene Junggesellen. Ich war ohne Anhang und sie wollte es sein. In England hatte sie sich zu einer Art erotischen Conversio durchgerungen. Sie hatte den Bruder ihrer besten Freundin nach London begleitet, der dort an einem Juristenkongress teilnahm, sie war dort aber weder mit Harry noch mit dem britischen Wetter warm geworden und reiste nach einer Woche Dauerregen ab. Am Vorabend des folgenreichen 2. August philosophierte sie mit ihrer Freundin – wie meine Freunde und ich in Eckernförde – über Gott und die Welt und die Liebe. Als Grund dafür, dass sie Harry erst Anlass zu Hoffnungen und dann einen Korb gegeben hatte, führte sie an, dass sie während der Reise den Entschluss gefasst habe, neben dem Schulunterricht Jura zu studieren, was natürlich Verzicht auf Zeitvergeudung mit Männern notwendig machen würde. Mit derartigen Zukunftsvorstellungen kam sie also an den Strand, und so trafen wir aufeinander, sie, die sich jüngst zur Junggesellin erklärt hatte, und ich, der von seinem Freund soeben zu einem unverbesserlichen Hagestolz erklärt worden war.

Kalle und ich kreisten um Christa wie die Planeten um die Sonne, wie der Greifvogel um seine Beute. Sie fühlte sich gestört, wusste aber auch, dass, falls sie flüchten und sich auf die Findlinge am Wasser setzen würde, ich ihr folgen und sie in ein Gespräch verwickeln würde, die Störung also ein noch größeres Ausmaß annehmen müsste. Dennoch nahm sie ihr Handtuch, ging ans Wasser, nahm Platz auf dem größten Felsbrocken und blickte in die Ferne, hinüber zur unnahbaren mecklenburgischen Küste.

Nicht lange und ich folgte ihr, entschuldigte mich dafür, dass ich sie ansprach, sprach mit ihr über Heinrich Böll und über Hans Schniers CDU-kritische und BRD-kritische Lebensweise und Weltanschauung und machte aus meiner eigenen politischen Position keinen Hehl, indem ich meinem Wunsche Ausdruck verlieh, dass der Betrieb, in dem ich tätig war, dringend reformiert und modernisiert werden müsste. Christa wunderte sich (wie sie später bekannte) über die politische Aufgeschlossenheit und literarische Bildung eines einfachen Mechanikers, für den sie mich hielt, kam aber meinem Understatement sofort auf die Schliche, als ich an Toni Buddenbrook und Morten Schwarzkopf erinnerte, die wie wir genau hier *auf den Steinen* saßen. Es dauerte nicht lange, dass sie von ihrer Examensarbeit über Ironie und Humor in Thomas Manns *Erwähltem* sprach und ich über meine Examensklausur über Thomas Manns ironische Bearbeitung des deutschen Bildungsromans im *Zauberberg* und im *Felix Krull.*

Am Abend, als ich sie zu ihrem Auto brachte, waren wir bereits bestens miteinander bekannt. Sie war Lehrerin in Hamburg und verbrachte ihre Ferien bei ihren Eltern in Lübeck. Unsere Verabredung für den folgenden Tag am Ort unserer ersten Begegnung war eine Selbstverständlichkeit.

Als ich vom Parkplatz zu Kalle und Sven zurückkehrte, stellte der kleine Neunjährige mir die von Beobachtungsgabe und Menschenkenntnis zeugende Frage: *Willste die etwa heiraten?* Und als sein Vater am Abend mit seiner Frau telefonierte, um mit ihr ihre Bahnfahrt nach Ratzeburg zu besprechen, war die Frage seines Sohnes bei ihm bereits zu einer festen Behauptung geworden: *Bernd heiratet.* Er hatte auch eine Begründung, nämlich Christas Ähnlichkeit mit meiner Mutter.

Die nächsten Tage verlebten wir zu sechst in Travemünde, die vierköpfige Familie Mahlow und die sich anbahnende Familie Hartmann. Abends waren Christa und ich allein unterwegs, schlenderten durch Lübeck, luden uns im Wechsel zum Essen ein und testeten die Zukunftschance unserer Liebe, indem wir das Casino Travemünde aufsuchten, wo wir zum Glück kein Glück im Spiel hatten, also auf eine glückliche Liebe hoffen konnten.

So weit ging Christas Liebe aber – noch – nicht, dass sie mich nachts mit ihrem Wagen nach Ratzeburg fuhr. Bei aller Emanzipation, das Nachhausebringen war nach wie vor Männersache, wenn der Mann denn dazu in der Lage war.

Die Bahn verkehrte um Mitternacht nicht mehr und der letzte Bus in Richtung Ratzeburg fuhr nur bis Krummesse, so dass ich den Rest meines Weges zu Fuß zurückzulegen hatte. Ich zog mich in Christas Auto um, ließ meinen Anzug in ihrem Wagen und stieg in Sportzeug in den Bus. Um außer dem Hausschlüssel nicht auch noch mein Portemonnaie beim Laufen in der Hand zu halten, überließ ich es Christa und betrat mit einem Zehnmarkschein den Bus. Das beim Laufen lästige Wechselgeld verscharrte ich nach absolvierter Fahrt am Ortsschild und trabte eine Stunde lang verliebt durch die warme, sternenklare Sommernacht.

Im Spätherbst, als wir längst verheiratet waren und zufällig durch Krummesse kamen, bat ich Christa am Ortseingang, kurz anzuhalten. Ich stieg aus und scharrte mit einem Stock meine Münzen aus der Erde. Als wir, um ein paar Mark reicher, losfuhren, sahen wir im Rückblick, wie die Dorfkinder, die mich neugierig beobachtet hatten, sich auf die vielversprechende Stelle stürzten und, wenn auch vergeblich, das Erdreich umpflügten.

Nachdem Kalle und Familie nach Berlin zurückgekehrt waren, packte Christa und mich die Reiselust. In den letzten Ferientagen wollten wir in ihrem Wagen noch irgendwohin fahren. Als wir vor einem Lübecker Reisebüro standen, gab ich zu bedenken, ob wir uns schon vor der Tür darüber einig werden sollten, ob wir zwei Einzelzimmer oder ein Doppelzimmer buchen, und darüber nicht erst in dem Laden diskutieren. Christa lachte über meinen lebenspraktischen und alle Peinlichkeiten umgehenden Vorschlag und entschied sich für die preiswertere und liebestauglichere Variante. Die Reiseangebote gefielen uns aber nicht so recht, und so beschlossen wir, mit dem Auto einfach spontan draufloszufahren. Aber dazu kam es nicht, denn das Auto spielte nicht mit. Am Tage vor dem Aufbruch hatte Christa – zum Glück nicht sich, sondern ihrem VW – ein paar Beulen gefahren, die immerhin so gravierend waren, dass unsere Reise zu scheitern drohte.

Daraufhin machte ich den Vorschlag, mit der Bahn nach Berlin zu fahren, wo wir ja in Gertis WG unterkommen konnten. Ich telefonierte mit ihr, dankte noch einmal für ihre Einladung und kündigte unser Kommen an. Wir verabredeten uns für den folgenden Nachmittag im Zoologischen Institut, wo sie als fortgeschrittenes Semester auch in den Ferien experimentierte und forschte. Ich kannte das Institut noch aus meiner biologischen Zeit, und von dort fuhren wir dann gemeinsam nach Charlottenburg in die WG, bekamen unser Zimmer angewiesen und luden unsere Gastgeber als ersten Dank zum Essen ein. Jeden Morgen frühstückten wir gemeinsam in der Gemeinschaftsküche, wo wir mit schöner Regelmäßigkeit einem Eifersuchtsdrama beiwohnten. Gerti und ihr Freund hielten in zwei Käfigen einen Hamster und eine weiße Laborratte. Wenn der Hamster aus seiner Behausung geholt und reichlich mit Streichelrationen bedacht wurde, fühlte sich die Ratte zurückgesetzt und ungerecht behandelt, tobte und schrie nach Kräften in ihrem Käfig, machte so laut wie möglich auf sich aufmerksam, wurde aber dennoch nicht beachtet und gab erst Ruhe, als die Bevorzugung des Hamsters beendet wurde und er zurück in den Käfig kam.

Den Tag über widmeten sich unsere Gastgeber ihrer Wissenschaft und wir beiden Gäste uns dem schönen Berlin, und zwar beiden Hälften. Die Abende verbrachten wir vier meistens gemeinsam, sei es kulturell, sei es kulinarisch. Am dritten oder vierten Morgen, als Christa und ich die Nachtruhe noch gar nicht richtig beendet hatten, stand plötzlich die eigentliche Bewohnerin des Zimmers vor uns, wunderte sich aber nicht sonderlich über die anderweitige Benutzung ihres Bettes, entschuldigte sich vielmehr für die Störung, beeilte sich, ein paar Bücher aus dem Regal zu nehmen, und verschwand. Offenbar verlebte sie die Semesterferien bei ihrem Freund in einer anderen WG, wovon sie Gerti in Kenntnis gesetzt und somit ihren Raum quasi freigegeben hatte. So war das eben damals in Studentenkreisen.

Außer den Berliner Museen stand auch die Mode auf der Tagesordnung, und Christa tat so allerlei zur Förderung ihrer ohnehin beträchtlichen Schönheit. Erinnerlich ist mir der Erwerb eines Maxikleides. Die kapitalistische Variante der marxistischen Dialektik hatte damals gerade auf die These des Minirocks mit weitgehend entblößten Oberschenkeln die Antithese des knöchellangen Maxirocks folgen lassen, und Christa hatte diesem Modediktat gehorsam Folge geleistet. Als wir den Kurfürstendamm kreuzten, begegneten wir auf dem Mittelstreifen der Gattin meines Kunstkollegen Jellinek. Sie erkannte mich aber nicht, denn sie blickte fasziniert auf Christas Kleid, so wie diese auf deren modische Errungenschaft, ein golden-metallic glänzendes Kostüm. Von den Gesichtern nahm man nicht Notiz, denn die Kleider sind bekanntlich wichtiger und machen, siehe Gottfried Keller, die Leute. Wir wären grußlos aneinander vorbeigelaufen, hätte ich nicht im letzten Augenblick einen guten Tag gewünscht. Wir staunten nicht schlecht darüber, wie die Mode den Menschen übertrumpft.

Als Christa und ich uns in Berlin immer näher kamen, geschah ein Gleiches in Moskau, wo Brandt und Scheel die Kremlfürsten Kossygin, Gromyko und Breschnew besuchten und den Moskauer Vertrag unterschrieben. Bonn und Moskau freundeten sich an, so wie Christa und ich uns verliebten. Es war nur noch eine Frage von Tagen, wann auch wir beide unserer Beziehung eine vertragliche Form geben würden. Die Politik ist wie das Leben, dem Dreischritt Paraphieren, Unterschreiben, Ratifizieren entspricht das Verlieben, Verloben, Verheiraten.

Zweimal fuhren wir in diesen hochpolitischen Tagen rüber ins andere Berlin. Das erste Mal verbrachten wir den ganzen Tag in der Hauptstadt der DDR, absolvierten das klassische Besuchsprogramm und erwarben für den kommenden Sonntag zwei Karten für die *Dreigroschenoper* in Brechts Theater am Schiffbauerdamm. Doch einen Tag vorher besuchten wir erst einmal das Olympiastadion. Ich hatte Christa überredet, mit mir das Bundesligaspiel Hertha gegen Kaiserslautern anzuschauen. Einem solchen Spektakel hatte sie noch nie beigewohnt und war durchaus neugierig. Aber als wir Platz genommen hatten und die Partie begann, hielt Christas Interesse am Spiel sich sehr in Grenzen. Was sie wesentlich mehr reizte, war das Verhalten der Fans, ihr Geschrei, ihre Sprüche, ihre Pfiffe, ihre Gesten, so dass Christa dem Spiel den Rücken kehrte und nach oben in die Zuschauerränge blickte und den Zuschauern beim Zuschauen zuschaute. Das und nur das bereitete ihr Vergnügen, Herthas 5:3-Sieg ließ sie dagegen kalt.

Am nächsten Tag stand wieder Ostberlin auf dem Programm. Es war der 16. August, als wir uns am späten Nachmittag auf den Weg ins Theater machten, Christa in ihrem neuen maxilangen Kleid. Beides, der Zeitpunkt unserer Einreise und die Extravaganz der Dame, erregte das Misstrauen der Grenzer und mehr noch der Grenzerinnen. Der normale Besucher aus dem Westen kommt am Vormittag und hat Bananen bei sich für seine Verwandten. Wir aber fielen aus der Rolle und machten uns verdächtig. Was wollten die beiden abends und ohne Gepäck in der Hauptstadt der Republik? Unsere Papiere wurden penibel inspiziert und Christa zur Leibesvisitation in einen Nebenraum gebeten. Das weibliche Personal fahndete danach, ob unter dem verdächtig langen Kleid nicht irgendetwas Verbotenes und Bedrohliches verborgen sei. Da die Untersuchung negativ verlief, musste Christas Handtasche herhalten – und Damenhandtaschen sind ja bekanntlich eine vielversprechende Fundgrube, und prompt wurden die uniformierten Damen auch fündig. Sie entdeckten nämlich die beiden Theaterkarten. Damit aber hatten unsere abendliche Einreise und Christas aufwendige Garderobe plötzlich eine plausible Begründung gefunden, so dass Christas Kontrolle auf der Stelle abgebrochen wurde.

Vom Bahnhof Friedrichstraße waren es nur ein paar Schritte zum Schiffbauer Damm, wo das Berliner Ensemble im Haus des Meisters das frühe Meisterstück des Meisters gab. Als wir nach der Aufführung über die Weidendammer Brücke zurück zum Bahnhof gingen, hielt ich die Zeit für gekommen, mich zu erklären. Später hat Christa immer behauptet, dass ich schon nach einer Woche um sie geworben hätte, es ihr aber gelungen sei, mich noch sieben Tage hinzuhalten, bis zu diesem 16. August auf der Brücke über der Spree. Dieser Ort hat es übrigens in sich. Genau hier, auf der Weidendammer Brücke, hatte sich auch, was ich damals jedoch noch nicht wusste, Theodor Fontane verlobt, allerdings mit anderen Worten. Meine Frage lautete: *Soll unser erstes Kind unehelich oder ehelich geboren werden?* Christa entschied sich für die gutbürgerliche und amtlich sanktionierte Form der Schwangerschaft, und damit waren wir Braut und Bräutigam.

Natürlich nahmen wir unsere Verbindung ernst, genau wie damals Fontane, der immer wieder betont hatte: *Wir sind jetzt aber auch wirklich verlobt.* Aber Christa und ich hatten zugleich unseren Spaß an der Geschwindigkeit der Entscheidung, vor allem daran, dass unsere Familien und Freunde (von Mahlows und Gerti abgesehen) nicht das Geringste von unserer Beziehung ahnten. Noch während der Fahrt zurück nach Charlottenburg machten wir uns ein Vergnügen daraus, den Text der Verlobungsanzeige möglichst skurril zu formulieren. Was uns beide vor allem verband, war schließlich unsere Freude am Humor. Am besten gefiel uns der Satz *Nun haben wir uns doch noch verlobt,* als seien wir schon seit Jahren zusammen, hätten aber nie den Mut gefunden, unsere Zweifel und Bedenken zu überwinden. Stattdessen nun eine Hektikverlobung. Mit Rücksicht auf unsere konservativen Familien begnügten wir uns jedoch mit einer schlichten und konventionellen Anzeige, die nichts als unsere Namen, das Datum und die drei Städte nannte, die uns wichtig waren: Lübeck, Berlin und Ratzeburg. Eine offizielle Verlobungsfeier ersparten wir uns, viel zu schnell hatten wir vollendete Tatsachen geschaffen, wir waren einander versprochen, eher wir für unsere Freunde, die uns ja eh nicht beide kannten, ein großes Fest ausrichten konnten. Nur mit Gerti und ihrem Freund, die über unsere Hektik verblüfft waren, stießen wir auf unsere glückliche Zukunft an.

Am folgenden Tag ging die Hektik weiter. Möglichst schnell sollte unsere Verbindung durch Ringe und Anzeigen einen amtlichen Charakter erhalten. Wir setzten eine kleine, nahegelegene, auf entsprechende Aufträge spezialisierte Druckerei unter Druck, noch am selben Tage die Anzeigen fertigzustellen, und dann eilten wir zum Kurfürstendamm und klapperten die dortigen Juweliere ab, bis wir einen fanden, der passable Ringe parat hatte, nämlich solche, die sofort, ohne Änderung und Zeitverlust passten. Man war über unsere Ungeduld nicht verwundert, wahrscheinlich hielt man uns für Touristen, die in Kürze abreisen mussten, oder für ein Paar, das aus biologischen Gründen kurzfristig heiraten musste.

Am späten Nachmittag saßen wir in einem Biergarten schräg unter Gertis WG und überlegten, an wen wir schreiben müssten, und adressierten und frankierten die Verlobungsbriefe. Am frühen Abend fuhren wir nach Zehlendorf, um erst meinen Vater und seine Frau und dann Kalle und Liese über die jüngste Entwicklung zu unterrichten. Am U-Bahnhof Onkel Toms Hütte kamen Christa Bedenken, dass sie ihre Eltern lediglich mit einer kurzen Karte über ihre Verlobung in Kenntnis setzte, noch dazu mit einem Mann, den sie überhaupt nicht kannten, beziehungsweise von dem sie nur den Anzug kannten, den sie eines Morgens im Wagen ihrer Tochter entdeckt hatten. Zwei Straßenecken vor der Reiherbeize stand eine Telefonzelle, und von dort rief Christa in Lübeck an und kam nach kurzer Einleitung zum Grund ihres Anrufs. *Du wirst morgen eine Verlobungsanzeige im Briefkasten finden,* sagte sie und fuhr fort: *Ich wollte dir nur sagen, es ist ernst gemeint.* Ihre Mutter fiel aus allen Wolken, wenn auch nicht in Ohnmacht, und ihr Vater nahm den Sachverhalt schlichtweg zur Kenntnis, hatte er doch seinen beiden Söhnen gegenüber stets die lebenspraktische Maxime vertreten: *Wenn ihr heiraten wollt, braucht ihr sie mir vorher gar nicht erst vorzustellen. Denn entweder gefällt sie mir, dann ist ja alles gut, oder sie gefällt mir nicht, dann heiratet ihr sie erst recht.*

Meinem Vater, um von diesem zu sprechen, gefiel Christa im Großen und Ganzen, ihr Aussehen, ihr Beruf, ihr Alter (Christa war genauso acht Jahre jünger als ich wie meine Mutter als mein Vater), aber das selbstbewusste Auftreten meiner Braut entsprach nicht den Erwartungen eines Mannes, der noch ganz dem geschlechtsspezifischen Rollenklischee der Kaiser- und Führerzeit verhaftet war. Aber mein Vater fühlte sich nicht nur als Herrenmensch, sondern spielte auch den zuvorkommenden Kavalier, und so lud er Christa und nebenbei mich dazu ein, wozu jeder Berliner einen Nichtberliner einlädt, nämlich zu einer Dampferfahrt auf Spree oder Havel. Für den folgenden Tag verabredeten wir also einen Wasserausflug über den Großen Wannsee zur Pfaueninsel.

Nach dem kurzen Pflichtbesuch in meinem Elternhaus standen Mahlows auf dem Programm. Sie wohnten ein paar Reihenhäuser weiter in der Reiherbeize, und als wir bei ihnen vor der Tür standen, war es bereits stockfinster. Wir klingelten, Kalle öffnete, und obgleich nur wenig Licht aus dem Flur in den Vorgarten fiel, reichten die paar Lichtstrahlen aus, dass Kalle an unseren Fingern die Ringe blitzen sah, so dass er uns gratulierte, bevor wir uns outen konnten. Es gab ein lautes Hallo, Liese kam, die Kinder wurden wach und es folgte eine lange Nacht.

Der Wannseetörn mit meinem Vater verlief halbwegs harmonisch. Als Causeur, wie Fontane Männer seines Types zu nennen pflegte, plauderte er über das alte Berlin und meine Kindheit. Im Restaurant Nikolskoe, hoch über der Pfaueninsel, genossen wir bei Kaffee und Kuchen den Blick über die märkischen Wälder und Gewässer. Es war unser letzter Berlin-Tag, wir mussten zurück in den Norden.

Als Erstes stellte mich Christa ihren Eltern vor. Nach altem Ritus um die Hand meiner Zukünftigen anzuhalten, erübrigte sich, die Entscheidung war ja bereits gefallen und konnte bloß noch zur

Kenntnis genommen werden. Nur pro forma wurden noch ein paar Erkundigungen eingezogen hinsichtlich des Mannes, dem die geliebte Tochter nun anvertraut wurde. Da die Eheanbahnung Männersache ist, also eine Absprache zwischen Schwiegervater und Schwiegersohn, wurden die beiden Damen ins Nebenzimmer geschickt, nämlich Christas Mädchenzimmer, und Herr Mann und ich nahmen am Wohnzimmertisch Platz und konferierten.

Die Mutter eines heiratsfähigen Mädchens ist immer innerlich zerrissen, wenn die Hochzeit vor der Tür steht. Einerseits will sie die Tochter unter der Haube sehen, andererseits will sie ihr Ein und Alles ungerne verlieren – und deshalb ist kein Kandidat ihr gut genug. Auch ich nicht. Kaum waren die beiden Damen unter sich, machte Christas Mutter aus ihrem Misstrauen und ihrer Missgunst keinen Hehl: *Der bleibt dir nicht treu.* Anlass ihrer Einschätzung war vor allem mein aufgrund des Bartes wildes und unbürgerliches Aussehen. Christa war doppelt verärgert, zum einen über die Kritik an ihrem Geschmack, zum anderen an der Unterschätzung ihrer Fähigkeit, einen Mann fesseln und auf immer an sich binden zu können.

Dabei wusste ihre Mutter nur zu gut, dass Christalein seit ihrer Pubertät von Jungen und jungen Männern umschwärmt war und dass kein Einziger sie jemals verlassen hatte, sondern die Körbe immer nur von ihr kamen. Mit Vergnügen erzählte sie später eine Episode, die ihr in dem konkreten Moment allerdings höchst peinlich war. Nach einer durchfeierten Nacht, als Christa am folgenden Vormittag noch ihre Übermüdung ausschlief, klingelte ein Verehrer an der Wohnungstür und fragte bei dem in seiner Zeitungslektüre gestörten Vater an: *Ist Christa da?* Dem wäre es lieber gewesen, wenn seine Tochter sich auf die Schule oder Hochschule konzentriert hätte statt auf das männliche Jungvolk, und so schlug er dem verdutzten Bitt- und Fragesteller mit einem unwirschen *Nein!* die Tür vor der Nase zu. Dann aber besann er sich eines Besseren, öffnete die Tür erneut und rief dem sich trollenden Jüngling hinterher: *Oder sind Sie Herr Wiehmann?* Von dem war nämlich bekannt, dass er auf einen so einträglichen Beruf wie Human- oder Zahnmediziner studierte. Während Mutter und Tochter an diesem irgendwie amtlichen Tag im August ’70 im Mädchenzimmer mein Aussehen und meine Zuverlässigkeit thematisierten, verlief das Parallelgespräch unter Männern weniger emotional, ging es doch allein um rein sachliche Sachverhalte, nämlich um die drei typischen Fragen eines jeden angehenden Schwiegervaters, die Brotfrage und die zwei Gretchenfragen. Dass ich als Akademiker und Beamter seine Tochter ernähren und ihr ein angemessenes Leben ermöglichen konnte, stand außer Zweifel und bedurfte keiner Erläuterung. Anders war es mit meiner weltanschaulichen Einstellung: Wie hältst du es mit der Politik, und wie hältst du es mit dem Glauben? Zwar war ich kein Kirchenchrist und erst recht kein Christdemokrat und musste mein ganzes diplomatisches Geschick aufwenden, um als marxistischer Prüfling den religiösen Prüfer halbwegs zu beruhigen und zufriedenzustellen. Dass die Bergpredigt und überhaupt Jesu Leben, Denken und Wirken nicht ohne kommunistische Anklänge seien, fand zwar keine Zustimmung, aber meine Berufung auf die Bibel, meine im Laufe des Gesprächs ausgespielte Bibelfestigkeit, meine soziale, moralische und idealistische Gesinnung ließen doch immerhin erkennen, dass ich ein seriöser und glaubwürdiger Bräutigam war. Ich war in Gnaden angenommen.

ABBILDUNG 11:

Bernd Hartmann. Selbstporträt mit Bart

Als die großartigen großen Ferien zur Neige gingen, rief uns die schulische Pflicht nach Hamburg und Ratzeburg. Am letzten freien Tag, an dem ich in Lübeck noch einige Besorgungen zu machen hatte, traf ich durch Zufall in der belebten Holstenstraße den Kollegen Karstens. Wir stutzten bei unserem Anblick, genauer gesagt über den Bart des jeweils anderen. Der seine stand auf Messers Schneide, wie ich aus seiner Frage schließen konnte: *Behalten Sie den etwa? Kommen Sie morgen mit Bart zur Schule? – Gewiss doch,* erwiderte ich, *und wenn Sie Ihren stehen lassen, sind wir schon vier.* Er behielt ihn und trägt ihn bis heute.

In der Schule erregte unser couragierter Kopfschmuck ein gewisses Aufsehen, ohne dass der Schulleiter sich jedoch seinen Unmut und Ärger anmerken ließ, und im Lehrerzimmer, wo sie auslag, erweckte unsere Verlobungskarte allgemeine Neugierde. Jeder, der mir der Braut – nicht des Bartes – wegen gratulierte, wollte wissen, ob Christa Mann aus Lübeck etwas zu tun habe mit der gleichnamigen Familie der Heinrich, Thomas, Erika, Klaus, Golo und so weiter, was ich aber zu meinem Bedauern verneinen musste (oder vielleicht auch zu meinem Glück, wenn man an die in dieser Sippe verbreitete Neigung zu Suizid, Homophilie – oder zu beidem zugleich – denkt).

Mein Stundenplan für das neue Schuljahr meinte es gut mit mir. Am Donnerstag musste ich meinen Dienst erst zur vierten Stunde antreten, so dass Christa und ich in jeder Woche – mit einer Ausnahme – jeden Tag zumindest ein paar Stunden zusammen sein konnten. Mittwochmittag fuhr ich mit der Bahn nach Hamburg, wo wir bis zum nächsten Morgen, also bis zu meiner Rückfahrt, die Zeit verbrachten. Da Hamburg damals an den Schulen bereits die Fünftagewoche eingeführt hatte, konnte Christa bereits am Freitag nach Ratzeburg kommen. Den Sonnabend, von meinen vier, fünf Schulstunden abgesehen, hatten wir ganz für uns, und am Sonntag besuchten wir ihre Eltern in Lübeck, von wo Christa am Montag in aller Herrgottsfrühe nach Hamburg und ich nach Ratzeburg fuhr. Nur an dem nach dem römischen beziehungsweise germanischen Kriegsgott benannten Dienstag lagen wir uns nicht verliebt in den Armen.

Christa wollte ihre Lehrtätigkeit so schnell wie möglich nach Ratzeburg verlegen und bemühte sich bei der Hamburger Schulbehörde und dem Kieler Kultusministerium um ihre Versetzung, die ihr auch bereits zum Schulhalbjahr 1971 bewilligt wurde. Da mein Junggesellenquartier für den von uns erhofften und erprobten Zuwachs zu schlicht war, suchten wir in Ratzeburg nach einer angemessenen, also anspruchsvollen und großräumigen Wohnung. Der Makler, den ich von einigen Elternabenden kannte, machte uns zahlreiche Angebote, die uns aber alle aus den unterschiedlichsten Gründen nicht behagten. Als er und wir schon fast verzweifelten, rückte er mit einem letzten Vorschlag heraus, von dem er aber annahm, dass er erst recht nicht unserem Geschmack entspräche – und auf den gingen wir ein. Es handelte sich um ein Haus in einem Siebzig-Seelen-Dorf, das eine Handvoll Kilometer westlich von Ratzeburg lag. Es gehörte dem Bürgermeister, und der hatte es seit einem Jahr – wahrscheinlich schwarz oder grau – restaurieren lassen und bot es nun zur Vermietung an. Auf meinen Wanderungen war ich oft durch Giesensdorf gekommen, vorbei an diesem im Umbau befindlichen Haus, das romantisch neben dem Dorfteich stand: Ich war sofort begeistert und schwärmte Christa von der Lage des Anwesens vor, von der Nähe zum Walde und den vielen Spaziermöglichkeiten. Der Makler rief den Bürgermeister an, vermeldete unser Interesse und wir fuhren sofort hin. Sich abseits auf dem Dorf anzusiedeln, war damals noch nicht Mode, und so war der Bürgermeister froh, so schnell Interessenten für sein Objekt gefunden zu haben. Während uns dieses auf den ersten Blick gefiel, kamen Martin Mahnke erhebliche Bedenken, als er uns von Angesicht sah. *Sie is ja nett,* meinte er am gleichen Abend zu dem Wehrführer des Dorfes, dessen Hof unserem Haus benachbart war und mit dem wir uns schon bald duzten und anfreundeten, *aber er, er sieht ja aus wie son Juso.* Schlimmer aber war, dass das junge Paar nur verlobt war. *Dat geit nich,* sagte er uns und versuchte, Hochdeutsch zu sprechen, *nich auf'm Dorf. Dat hat es hier noch nie gegeben, und dat wird es hier nie geben. Dat würde hier keen een verstan; Dorf is Dorf, da is alens anners, und moralischer, viel moralischer als bi euch inne Stadt. Also, wenn ihr das Haus hebben wullt, dann müsst ihr heiraten.* Eigentlich wollten wir noch ein bisschen verlobt leben, um uns näher kennenzulernen, bevor wir die Ehe eingehen. Und nun sahen wir uns gezwungen, schon einen Monat nach unserem ersten Kuss mit dem Standesamt eine zeitnahe Hochzeit zu vereinbaren.

Der Bürgermeister überließ uns das Haus für acht Jahre, denn dann, so rechnete er, würde seine Tochter 18 und heiratsfähig sein und könnte mit ihrem Mann hier einziehen. Nach einem Zwischenmieterehepaar bewohnte Edith auch wirklich mit ihrem Partner das Haus am Dorfteich, aber der Mann an ihrer Seite war nur ein Mann und nichts als ein Mann und nicht die Spur eines Ehemanns. Und so lebten die beiden über Jahre unehelich zusammen, bis sie sich endlich verheirateten und vermehrten, verheirateten, weil sie sich vermehrten. Warum der sittenstrenge Bürgermeister seine Prinzipien, die er bei uns noch so zwanghaft durchgesetzt hatte, zehn Jahre später außer Acht ließ, weiß ich nicht, vermute aber, dass er seiner über alles geliebten Tochter keinen Wunsch abschlagen konnte und wollte. Hinzu kam sicher auch, dass die liberale Reformatmosphäre der Siebzigerjahre nicht ohne Wirkung auf ihn geblieben war, so dass er nun den Mut hatte, dem Dorf das eigentlich Unmögliche zuzumuten.

Christa und ich nutzten unsere Wochenenden dazu, das gerade erst restaurierte Haus in unserem Sinne zu modernisieren. Die kleinkarierten Blümchentapeten übermalten wir weiß und violett, versahen die Wände mit flächendeckenden Bücherbrettern, wo wir unsere literarischen Bestände unterbrachten. Der größte Raum im Erdgeschoss wurde unser Arbeitszimmer, mit je einem Schreibtisch vor den beiden großen Fenstern. In die Mitte des quadratischen Esszimmers kam der riesige runde Tisch, der fast zwei Meter Durchmesser hatte und den der Vater eines Schülers getischlert hatte. Hier konnten ein Dutzend Gäste Platz finden oder eine gleiche Zahl SPD- oder GEW-Genossen. In die Speisekammer neben der Küche stellten wir eine umfängliche Gefriertruhe, denn eine solche braucht man auf dem Dorf, wo man sehr schnell, ob geschenkt, geerntet oder preiswert gekauft, in den Besitz von Unmengen von Agrarprodukten kommt. Im Obergeschoss richteten wir unseren Salon und das Schlafzimmer ein. Oben befand sich auch das Bad sowie das – hoffentlich bald als solches genutzte – Kinderzimmer. Ging man die Treppe in den ersten Stock hinauf, dann stand dort an der Wand als eine Art Empfangschef, wenn auch nur auf dem Papier, der lebensgroße Lenin, übrigens sehr zum Ärger unserer Väter. An unserem gemeinsamen Hamburg-Mittwoch suchten wir die einschlägigen Einrichtungshäuser auf und erwarben, was zu uns und zu unserem Haus passte.

Die standesamtliche Trauung war für den 6. November vorgesehen, doch wir wollten unsere Ehe nicht nur staatlich, sondern auch kirchlich sanktionieren lassen, und wir waren uns einig: Wenn schon Kirche, dann Dom. Wir nahmen also Kontakt zum Domprobst Groß auf, der im Herrenhaus, dem einstigen Zweitschloss der mecklenburgischen Herzöge, residierte. Seinen Sohn hatte ich im

Unterricht, und in dem großen Saal hinter der Freitreppe hatte so manches Klassenfest stattgefunden. Nun kamen meine Braut und ich als kirchliche Klienten und besprachen Einzelheiten unserer Trauung. Der Domorganist würde *Toccata und Fuge* spielen, etwas anderes kam ja kaum in Frage. Singen wollten wir unter anderem oder besser vor allem als Dank für unser Glück, das Gott uns beschert hat, das altbekannte Kirchenlied *Lobet den Herren.* Was unseren Trauspruch anbelangt, so waren wir so unbescheiden, uns nicht mit einem einzigen Vers zu begnügen, sondern wählten aus dem Johannesevangelium das 1. Kapitel von Vers 1 bis 14 aus. Das Wort, identisch mit Jesus, wovon die Textstelle spricht, war für uns auch im profanen Sinne von größter Bedeutung. Wort, Sprache und Schrift sind unser Leben, angefangen mit meinem Ansprechen Christas am Brodtener Ufer, über unsere Liebe zur Literatur, zum Lesen und Schreiben, bis hin zu unserer späteren Schriftstellerei.

Als Christa gegen Ende des Gesprächs darauf hinwies, dass sie nicht nach alter Sitte mit Kranz und Schleier im Dom erscheinen würde – es war ihr einfach zu altmodisch und konservativ – erwiderte der Gottesmann gnädig: *Ich habe auch schon Hochschwangere getraut.* Dabei wollte Christa durch ihren Verzicht auf die symbolträchtigen Attribute nicht etwa moralische Schuld dokumentieren und auch nicht darauf hindeuten, dass sie heiraten müsse, denn das war ja, wie oben gesagt, nur notwendig, weil unser Haus unterwegs war und noch kein Kind.

Die standesamtliche Eheschließung verlief kurz und sachlich, weil der Beamte, wie es zum Glück üblich ist, wenn er weiß, dass eine kirchliche Trauung folgt, auf eine pastorale und lebenskundliche Moralpredigt verzichtete. Christas Brüder fungierten als Trauzeugen, und dann erholten wir uns ein paar Stunden in Erwartung des wahrscheinlich sehr anstrengenden Polterabends.

Geladen waren unsere Verwandten, unsere besten Freunde und die Kollegen, mit denen ich inzwischen befreundet war. Unser Haus war rammeldicke voll und die Dorfstraße mit Autos vollgestopft, wie es sonst nur bei Feuerwehrfesten der Fall ist. Man tat sich an dem von uns bereitgestellten Büffet gütlich und betrank sich mit Sekt und Bier an der Theke, die meine Sportschüler in der offenen Tür zwischen Speisekammer und Küche installiert hatten. Viele Gäste, die sich lange nicht gesehen hatten, freuten sich über das Wiedersehen, im Übrigen bildete sich in jedem Raum, versammelt um ein rhetorisches Alphatier, eine philosophierende und politisierende Menschentraube. Die Zeit verging wie im Fluge, und der Polterabend zog sich auf Kosten der Hochzeitsnacht in die Länge, bis Christas Brüder ein Machtwort sprachen, auf die morgige Domhochzeit verwiesen und das Haus mit höflicher Gewalt leerten.

Selbstverständlich hatten wir am folgenden Sonnabend schulfrei, aber die armen Kollegen mussten, egal wie kurz ihr Schlaf und wie lang ihre Fahne war, um Punkt 8 Uhr ihren Dienst antreten. Siggi Franz, so erzählte uns eine Primanerin, mit der Christa später befreundet war, schwärmte der Klasse von dem Fest vor, an dem er letzte Nacht teilgenommen habe, schwärmte noch mehr von der Braut – *das ist vielleicht ein Rasseweib!* –, bekannte seine momentane pädagogische Untauglichkeit, veranlasste die Schülerinnen und Schüler zu irgendeiner Form von Selbstbeschäftigung, legte seine Mappe auf den Tisch und sein Haupt auf die Mappe und holte den versäumten Nachtschlaf nach.

Am Sonnabend zur Mittagszeit wurde die Hochzeitszeremonie zelebriert. In Erinnerung ist mir vor allem die Masse der Menschen, die den Dom füllte, Verwandte, Bekannte, Freunde, Schaulustige, Eltern, Schüler – einige sogar aus Christas Hamburger Schule. Das Hochzeitsmahl nahmen wir im ersten Haus am Platze, dem *Seehof,* mit Seeblick und Fasan und bei hellem Herbstwetter ein. Wir waren unter uns, nur die Manns und die Hartmanns sowie Christas Freundin Heidrun und mein Freund Dietmar. Auch am Sonntag machten wir in Familie, schließlich wollte man sich doch näher kennenlernen.

Am Montag begann der Alltag, für meine Frau in Hamburg und für mich in Ratzeburg. In der großen Pause wurde mir offiziell gratuliert und dem frischen Ehepaar alles Gute für die Zukunft gewünscht.

Vom Kollegium bekamen wir, wie gewünscht, Beethovens Symphonien, und im Laufe des Tages zogen die Schüler nach und schenkten uns unter anderem, wofür ich sie im Unterricht begeistert hatte, nämlich eine Langspielplatte von Franz Josef Degenhardt.

Was in der großen Politik geschah, die Normalisierung der Beziehungen zwischen der Bundesrepublik und den Staaten des Warschauer Paktes, diese Normalisierung kennzeichnete auch unser privates Leben. Wir führten eine normale Ehe – wenn auch zeitweise räumlich getrennt – und nicht länger ein wechsel- und flatterhaftes Junggesellendasein. Kurz: Wir waren angekommen im bürgerlichen Normalleben.

51

Normalisierung in kleinen Schritten

1972 waren die diplomatischen Würfel gefallen, aber sie kullerten noch und kamen einfach nicht zur Ruhe. Die Verträge zwischen Bonn auf der einen und Moskau und Warschau auf der anderen Seite waren längst unterzeichnet, aber noch nicht ratifiziert und rechtskräftig. Ebenso war das Viermächteabkommen über Berlin zwar geschlossen, sollte aber erst in Kraft treten, wenn die Ostverträge vom Bundestag ratifiziert waren. Und die Verhandlungen über die Grundlagen der Beziehungen zwischen BRD und DDR – zwischen Egon Bahr und Michael Kohl – zogen sich hin.

Das Gesetz des Handelns lag in Bonn. Hier musste ratifiziert werden, bevor es weiter ging. Ohne Ratifizierung der Ostverträge kein rechtskräftiges Berlinabkommen und keine vertraglich abgesicherte Normalisierung der deutsch-deutschen Beziehungen. Doch die Bonner Politik trat auf der Stelle, denn der Bundestag war inzwischen alles andere als ein Parlament mit sicherer Zustimmungsmehrheit. Von Anfang an musste die sozialliberale Koalition mit Verlusten rechnen, denn einige deutschnational eingestellte Freidemokraten nahmen sich die Freiheit, von der Fahne zu gehen. Zwar hatte die Union die Wahlen von 1969 knapp verloren, aber nun schien ihr dank der Überläufer die Mehrheit nachträglich in den Schoß zu fallen. Es war wie in dem Kinderlied von den zehn kleinen Negerlein. Hatte Brandt ursprünglich eine Mehrheit von zwölf Abgeordneten, so waren es bald nur noch zehn, nur noch acht, nur noch sechs. Und dann lief auch noch ein Sozialdemokrat über, ein gewisser Hupka, der als Vertriebenenfunktionär die Ostpolitik seiner Partei nicht gutheißen mochte. Und da waren es nur noch vier, die dem Kanzler zur Mehrheit bei der Abstimmung über die Versöhnungsverträge verhelfen konnten. Und die kümmerliche Mehrheit schrumpfte weiter. Bald hatte der Bundestag ein Patt erreicht, mit den Stimmen der Koalition waren die Ostverträge nicht mehr durchzubringen.

Aber konnte die Union sie überhaupt ablehnen? Konnte man die geplanten Reiseerleichterungen, die Vorteile für die Westberliner, die ersten Schritte zu einer deutsch-deutschen Normalisierung als Peanuts bezeichnen und sabotieren? Konnte man einem Kanzler, der im Vorjahr für seine Versöhnungspolitik den Friedensnobelpreis erhalten hatte und weltweit verehrt wurde, in den Rücken fallen? Konnte die Union, seit zwei Jahrzehnten den USA treu ergeben, verwerfen, was die verbündeten Freunde im Viermächteabkommen ausgehandelt und erreicht hatten?

Die Union saß in der Zwickmühle. Ein Ja zu den Ostgrenzen war ebenso unmöglich wie ein Nein zum Berlinabkommen, wozu es ja gekommen wäre, wenn der Bundestag die Verträge von Moskau und Warschau nicht ratifizieren würde. Rainer Barzel, der sich zum Fraktions- und Parteivorsitzenden hochgearbeitet hatte, raffte sich zu einer halbherzigen Kritik auf, zu einer Art *Jein (So nicht!)*, fand an den Verträgen das Gute gut und den Preis für das Gute schlecht, und er verlangte, was völlig illusorisch war, Nachverhandlungen und Nachbesserungen.

Da er weder *Ja* noch *Nein* sagen konnte und wollte, kam er auf die Idee, Bundeskanzler Brandt zu stürzen und an seine Stelle zu treten. Aber was hätte ihm das gebracht? Als Regierungschef hätte er sich erst recht entscheiden müssen zwischen Entspannung und dem Festhalten an alten Rechtspositionen (Nichtanerkennung der DDR und der Grenzen im Osten), zwischen politischem Fortschritt und der Unterwerfung unter den Willen der rechten CDU-Wähler. Mit seiner Jein-Taktiererei wäre es dann endgültig vorbei. Aber so weit dachte Barzel nicht, er wollte erst einmal unbedingt ins Kanzleramt. Als Trittleiter sollte ihm das konstruktive Misstrauensvotum dienen. Das war eine Erfindung des Parlamentarischen Rates von 1948/49. In der Zeit der Weimarer Republik wurden die Kanzler fast so schnell und so oft wie die Hemden gewechselt, einen Kanzler zu stürzen war leichter, als mit einem neuen eine stabile Regierung zu bilden, und an dieser Instabilität ging die erste deutsche Republik letztendlich zugrunde. Das Bonner Grundgesetz hat deshalb vorgeschrieben, dass nur die mehrheitliche Wahl eines neuen Kanzlers zum Sturz des alten führen könne. Diesen Weg wollte Barzel gehen, glaubte er doch, dass er genügend Christdemokraten und Überläufer hinter sich hätte, irrte aber. *Er hatte mit 250 Stimmen gerechnet, hätte 249 gebraucht und bekam 247,* schrieb Brandt 1989 lapidar und süffisant in seinen *Erinnerungen*. Der 27. April 1972 war ein schwarzer Tag für Rainer Barzel, aber auch für die deutsche Demokratie. Was hier geschah, ist kein Ruhmesblatt für den bundesdeutschen Parlamentarismus. Wenn Demokratie Transparenz bedeutet, hier spielte sich das Gegenteil ab. Die Entscheidungen fielen hinter den Kulissen, schließlich sind Intrigen eine Sache der Hinterzimmer.

Seit Brandts Wahl zum Kanzler und seinem programmatischen Versprechen, mehr Demokratie wagen zu wollen, ging es in Bonn leider sehr oft sehr undemokratisch zu. Was passierte, ging häufig am Willen des Wählers vorbei. Die knappe Mehrheit der Bundesdeutschen hatte im September 1969 Brandt und Scheel gewählt, weil sie deren Reformvorhaben, zumal in der Außen- und Deutschlandpolitik, bejahten. Wenn die Überläufer genau wegen dieser Politik zur oppositionellen CDU wechselten, dann ignorierten sie in flagranter Weise den Wählerwillen. Und darauf reagierte die Koalition beziehungsweise ihre Parteigänger mit ähnlich dubiosen Methoden, nämlich mit Schmiergeld. Abgeordnete wurden gekauft, seien es potenzielle Überläufer, die man mit finanziellen Argumenten bei der Stange hielt, seien es Christdemokraten, die man gegen klingende Münze oder genauer: gegen knisternde Scheine Barzel abtrünnig machte. Über Summen und Namen wurde viel spekuliert, es hieß sogar, dass Geld aus der DDR geflossen sei, die der Vorteile der

Verträge nicht verlustig gehen wollte. Es lohnt nicht, auf Einzelheiten einzugehen, sofern sie überhaupt bekannt sind. Jedenfalls war Barzel gescheitert, Brandt ohne Mehrheit und die Bundesrepublik unregierbar. Das konstruktive Misstrauensvotum, vom Grundgesetz als Garant einer stabilen Regierung vorgesehen, hatte eine Staatskrise hervorgerufen.

Da die Verfassung eine Selbstauflösung des Bundestags zwecks Abhaltung von Neuwahlen verbietet, wählte Kanzler Brandt den Umweg über die Vertrauensfrage, bei der er absichtlich unterliegt. 248 Abgeordnete stimmen am 22. September gegen, nur 233 für ihn, die Minister aus Brandts Kabinett hatten sich verabredungsmäßig aus taktischen Gründen enthalten. Das Parlament ohne Kanzlermehrheit wird auf Brandts Vorschlag vom Bundespräsidenten aufgelöst. Damit ist der Weg frei für Neuwahlen, die Heinemann auf den 19. November legt.

Die Zeit zwischen dem gescheiterten Misstrauensvotum und den Neuwahlen stand nicht still. Es passierte eine Menge, und man kann dieses halbe Jahr als deutschen Sommer bezeichnen, so wie man fünf Jahre später vom deutschen Herbst sprechen wird. Wichtige politische Entscheidungen fielen, es gab aber auch bedeutende Ereignisse, die mit Politik nur indirekt zu tun hatten. Beginnen wir mit der Politik. Nach der Panne vom 27. April wagte Barzels Union nicht mehr, die Ostverträge im Bonner Patt-Parlament – gegen den Willen der meisten Deutschen – zu Fall zu bringen. Man stimmte also nicht mehr kompromisslos dagegen, sondern wollte sich unter bestimmten Bedingungen der Stimme enthalten. Man glaubte nämlich, das patriotische Gesicht wahren zu können, wenn dem Vertragswerk ein bescheidenes Schönheitspflästerchen verpasst wurde.

Das sah so aus, dass Opposition und Koalition sich auf einen Entschließungsantrag einigten, der zusammen mit der Ratifizierung der Ostverträge den Bundestag passieren sollte. Darin hieß es: *Das unveräußerliche Recht auf Selbstbestimmung wird durch die Verträge nicht berührt. Die Politik der Bundesrepublik Deutschland, die eine friedliche Wiederherstellung der nationalen Einheit im europäischen Rahmen anstrebt, steht nicht im Widerspruch zu den Verträgen, die die Lösung der Deutschen Frage nicht präjudizieren. Mit der Forderung auf*

Verwirklichung des Selbstbestimmungsrechts erhebt die Bundesrepublik Deutschland keinen Gebiets- oder Grenzänderungsanspruch. Also *Ja* zur Selbstbestimmung und Wiedervereinigung und zugleich zu den momentanen Grenzen. Das hatte man ähnlich schon im *Brief zur deutschen Einheit* gelesen, den der deutsche Außenminister im Zusammenhang mit der Unterzeichnung des Moskauer Vertrags den Sowjets überreicht hatte. Damals, vor knapp zwei Jahren, hatte Scheel geschrieben, *dass dieser Vertrag nicht im Widerspruch zu dem politischen Ziel der Bundesrepublik Deutschland steht, auf einen Zustand des Friedens in Europa hinzuwirken, in dem das deutsche Volk in freier Selbstbestimmung seine Einheit wiedererlangt.* Beide Verlautbarungen nahm Moskau kommentarlos zur Kenntnis, akzeptierte sie also. Zugeständnisse der anderen Seite sind mit dem *Brief zur deutschen Einheit* und dem Entschließungsantrag nicht verbunden. Sie halten lediglich das Hoffen offen. Die Polen aber tun – anders als die Sowjets – die beiden nachgeschobenen Verlautbarungen als unverbindlich ab; laut Vertragstext seien die Grenzen endgültig. Am 17. Mai werden die beiden Ostverträge mit jeweils 248 Ja-Stimmen ratifiziert, 238 beziehungsweise 231 Christdemokraten enthalten sich, 10 beziehungsweise 17 Abgeordnete, darunter je ein Freidemokrat, stimmen dagegen. Die *gemeinsame Entschließung* vom gleichen Tag findet eine breite Mehrheit von 491 Abgeordneten, nur 5 enthalten sich, dagegen ist keiner.

Die Verträge haben sehr rasch verbesserte Beziehungen zur Sowjetunion zur Folge. Im Juli wird ein Handelsabkommen geschlossen, dann wird ein zweites Erdgasröhrengeschäft (nach 1970) vereinbart, das heißt, die einen liefern die Großstahlrohre und die anderen das Gas. Im November entstehen die ersten Generalkonsulate in Hamburg und Leningrad.

Mit Polen nimmt Bonn im September zwar diplomatische Beziehungen auf, es kommt aber zu Differenzen hinsichtlich der Aussiedler. Wollen nun 400 000 Deutschstämmige nach Deutschland übersiedeln oder gibt es überhaupt nur einige 10 000, denen Polen die Ausreise gestatten würde?

Die Ratifizierung der Ostverträge bringt Bewegung in die politische Entwicklung auch auf anderen Ebenen. Am 3. Juli tritt endlich das bereits im September des Vorjahres abgeschlossene Viermächteabkommen über Berlin in Kraft, und die Verhandlungen zwischen den Staatsekretären Bahr und Kohl treten nicht länger auf der Stelle. Seit Januar ringen die beiden um einen deutsch-deutschen Verkehrsvertrag, und jetzt plötzlich geht alles ganz schnell. Am 12. Mai wird der Vertrag paraphiert und veröffentlicht, also punktgenau fünf Tage vor der Abstimmung über die Ostverträge. Jeder Bundesbürger und jeder Bundestagsabgeordnete konnte sehen, welche Auswirkungen die Ostpolitik auf die Deutschlandpolitik hatte, was an Reiseerleichterungen zu erreichen war und welche Zugeständnisse im Gegenzug gemacht werden mussten. Da der Verkehrsvertrag ein Staatsvertrag war, standen sich die Staaten BRD und DDR gleichberechtigt gegenüber, so dass die DDR nun staatsrechtlich, wenn auch nicht völkerrechtlich anerkannt wurde. Das war der Preis für die humanitären Zugeständnisse. Die Vorteile wurden auch von Teilen der Opposition gesehen und gewürdigt, und so stimmten sie am 17. Oktober dem Verkehrsvertrag zu, der nun in Kraft trat.

Wesentlich weitreichender war der *Vertrag über die Grundlagen der Beziehungen zwischen der Bundesrepublik Deutschland und der Deutschen Demokratischen Republik* (kurz: *Grundlagenvertrag* oder *Grundvertrag*), mit dessen Ausarbeitung Bahr und Kohl am 15. Juni begannen. Bahr verhandelte also, als die Koalition gar keine Mehrheit mehr hatte und als ab September der Wahlkampf entbrannte, nachdem Heinemann den 19. November zum Wahltag erklärt hatte. Die Verhandlungen standen also unter Zeitdruck.

Wäre der Vertrag vor den Wahlen fertig und wäre aus bundesdeutscher Sicht ein Erfolg, dann käme das der Koalition zugute. Da Ostberlin und auch Moskau an einem Fortbestehen der Regierung Brandt interessiert waren, konnte Bahr auf einige Zugeständnisse seines Gegenübers Kohl hoffen, auch wenn dieser als typischer SED-Funktionär schwerfällig und unbeweglich war. Man kam also zunächst kaum voran. Aber man kam sich in über 60 Verhandlungsrunden und mehr als doppelt so vielen Arbeitsessen Schritt für Schritt – auch persönlich und menschlich – näher. In der ersten Sitzung verlas Kohl seine Maximalziele, Bahr begnügte sich ohne Manuskript damit, ihn mit spontanen Erwiderungen zu bremsen. Der Abstand schien unüberbrückbar. Fortschritte bringt dann aber das Zusammentreffen Honeckers mit Bahr. Das Hauptanliegen des neuen DDR-Chefs, der gerade erst Ulbricht abgelöst hatte, bestand darin, die DDR international aufzuwerten, als kleiner global Player überall diplomatisch vertreten und anerkannt zu sein, weltweit mitzureden, zum Beispiel als Mitglied der UNO und als Teilnehmer an der geplanten *Konferenz über Sicherheit und Zusammenarbeit in Europa* (KSZE). War Honecker vor allem an Zugeständnissen auf dem Felde der Anerkennung und Souveränität interessiert, so ging es Bahr um humanitäre Fortschritte, zum Beispiel den kleinen Grenzverkehr, wobei er bei seinem Gegenüber auf Verständnis und Zustimmung stieß.

Was Honecker und Bahr in groben Zügen entwickelt hatten, wurde dann von den beiden Staatssekretären ins Diplomatendeutsch übersetzt: *Die Hohen Vertragsschließenden Seiten eingedenk ihrer Verantwortung …* Die Präambel bringt den beiderseitigen guten Willen zum Ausdruck, das heißt, man spricht sich aus für die Erhaltung des Friedens, einen Beitrag zur Entspannung und Sicherheit in Europa, die Unverletzlichkeit des Ganzen, die Integrität und Souveränität aller Staaten Europas, den Verzicht auf Androhung und Anwendung von Gewalt, und das alles *unbeschadet der unterschiedlichen Auffassungen der Bundesrepublik Deutschland und der Deutschen Demokratischen Republik zu grundsätzlichen Fragen, darunter zur nationalen Frage.* Die beiden Seiten sind *geleitet von dem Wunsch, zum Wohle der Menschen in den beiden deutschen Staaten die Voraussetzungen für die Zusammenarbeit zwischen der Bundesrepublik Deutschland und der Deutschen Demokratischen Republik zu schaffen.*

Charakteristisch für die auf die Präambel folgenden Einzelartikel ist die grammatische Besonderheit, dass fast nur die Form des Futurs gewählt wird. Man nimmt sich vieles vor und plant eine bessere Zukunft. Die beiden Staaten *werden* sich von den Prinzipien leiten lassen, die in der Charta der Vereinten Nationen niedergelegt sind (Gleichheit aller Staaten, Achtung der Unabhängigkeit, Selbstbestimmungsrecht, Menschenrechte). Sie *werden* ihre Streitfragen ausschließlich mit friedlichen Mitteln lösen. Sie *werden* friedliche Beziehungen zwischen den europäischen Staaten fördern und zur Sicherheit und Zusammenarbeit in Europa beitragen. Sie *werden* Bemühungen um Rüstungsbegrenzung und Abrüstung unterstützen (insbesondere auf dem Gebiet der Kernwaffen). Sie *werden* Abkommen schließen, um auf der Grundlage dieses Vertrags und zum beiderseitigen Vorteil die Zusammenarbeit zu entwickeln und zu fördern (Wirtschaft, Wissenschaft, Technik, Verkehr, Rechtsverkehr, Post- und Fernmeldewesen, Gesundheit, Kultur, Sport, Umweltschutz). Außerdem werden in Bonn und Ostberlin *ständige Vertretungen* des jeweils anderen Staates eingerichtet, aber keine Botschaften, wie sonst zwischen Staaten üblich. Denn aus bundesdeutscher Sicht sind BRD und DDR für einander nicht Ausland. Faktisch ist die DDR in Zukunft diplomatisch in Bonn präsent, was Bahr erreicht hat, ist letztendlich aber lediglich ein Erfolg in der Namensgebung.

Überhaupt scheinen im Grundvertrag die Erfolge beziehungsweise Vorteile der DDR zu überwiegen. Diplomatisch und staatsrechtlich hat sie ihr Ziel, die Anerkennung und die Eingliederung in die Staatengemeinschaft erreicht.

Was Bahr herausgeschlagen hat hinsichtlich der praktischen und humanitären Fragen (Besuchsmöglichkeiten, Reiseerleichterungen, Familienzusammenführung, kleiner Grenzverkehr, menschliche Erleichterungen, verbesserte Arbeitsmöglichkeiten für Journalisten) ist nur in Zusatzprotokollen und verbindlichen Nebenabreden geregelt worden. Nichtsdestoweniger sind es handfeste Ergebnisse und Erfolge. Der Verhandlungsfuchs Bahr überließ Kohl den Erfolg in der Form, wenn er sein Ziel in der Sache erreichte. Der Klügere gibt nach.

Am 8. November wurde der Grundvertrag paraphiert, also von den Unterhändlern in seiner endgültigen Fassung unterschrieben, war aber vor seiner Ratifizierung durch das Parlament noch nicht rechtskräftig. Das konnte erst der neugewählte Bundestag leisten, sofern er über eine sozialliberale Mehrheit verfügen würde. Der paraphierte Vertrag wurde sofort veröffentlicht, genau anderthalb Wochen vor der Bundestagswahl. Natürlich hatten Bahr und Kohl sich in den letzten Wochen beeilt, um termingerecht liefern zu können. Somit konnte am 19. November das bundesdeutsche Volk nicht nur Parteien und Personen wählen, sondern auch abstimmen über den von einer Regierung ohne parlamentarische Mehrheit ausgehandelten Vertrag. Der Wahlkampf tobte, und die Union und ihr Barzel konnten einem leidtun. Die Rolle der Opposition hatte sie weder akzeptiert noch gelernt. Stattdessen hatte sie drei Jahre lang einen Eiertanz vollführt, wollte aus deutschnationalen Gründen (diplomatische Aufwertung und Anerkennung der verhassten DDR und Zustimmung zur Unverletzlichkeit der Grenzen) der Ostpolitik nicht zustimmen, konnte sie aber aus christlichen und moralischen Gründen auch nicht grundsätzlich ablehnen (Entspannung, Verbesserungen zwischen den zwei deutschen Staaten).

Das unsichere Jein, das die Union der Öffentlichkeit bot, war wenig souverän und ebenso dilettantisch wurde das – dann prompt auch scheiternde – Misstrauensvotum gehandhabt. Kandidat Barzel zog dabei nicht nur den Kürzeren, er und seine Partei kamen auch in den Ruch, heimtückische Königsmörder zu sein, indem sie einen vom Volk mit Mehrheit gewünschten Kanzler mithilfe von Überläufern stürzen wollten – einen Friedenskanzler, der für seine Versöhnungs- und Entspannungspolitik gerade erst den Friedensnobelpreis erhalten hatte und weltweit respektiert wurde.

Außerdem stärkten die vier Alliierten im Interesse ihrer Entspannungsbemühungen (Entschärfung des Berlinproblems, Vorbereitung der Konferenz über Sicherheit und Zusammenarbeit in Europa) Willy Brandt den Rücken. Präsident Nixons einflussreicher Sicherheitsberater Henry Kissinger und Egon Bahr waren befreundet, sprachen Deutsch miteinander und duzten sich, Breschnew und Brandt standen in einem regen politischen und persönlichen Briefwechsel, mit Honecker traf sich Bahr im September und mit Breschnew im Oktober und sorgte für atmosphärische Verbesserung im Umfeld der Verhandlungen über den Grundvertrag. Man war also international vernetzt, und die Union war isoliert. Kein Wunder, dass sie die Wahl verlor.

Am Vortag des Wahlsonntags fuhren Christa und ich nach Lübeck, Willys Geburtsstadt, wo die SPD wie üblich ihre Abschlusskundgebung durchführte, und wurden auf dem überfüllten Marktplatz Zeugen, wie Egon Bahr sich zu dem Bonmot hinreißen ließ: *Rainer Barzel muss Kanzlerkandidat bleiben.* Aber hier irrte der gute Egon. Denn lange machte Barzel es nicht mehr, die Union hielt ihrem gescheiterten Chef nicht länger die Treue, schon im nächsten Jahr verlor er seinen doppelten Posten als Fraktions- und Parteivorsitzender.

Das Wahlergebnis war deutlich. Das erste Mal in der Geschichte der Bundesrepublik erhielt die Union nicht die Mehrheit, während die SPD stärkste Fraktion wurde.

In nackten Zahlen: Die Union sank von 46,1% (1969) auf 44,9%, die SPD verbesserte sich von 42,7% auf 45,8%. Die FDP wurde für ihre mutige Modernisierung mit 8,4% (statt 5,8%) belohnt. Die NPD, 1969 knapp an der Fünfprozenthürde gescheitert, fiel auf kümmerliche 0,6% zurück.

Der sozialliberale Wahlerfolg ist sicher auf die hohe Wahlbeteiligung und auf die Jungwähler zurückzuführen, von denen zwei Drittel die Koalition wählten – das Wahlalter war ja gerade erst auf 18 Jahre herabgesetzt worden. Mit 91,1% waren so viele Menschen wie nie zuvor und niemals später an die Urnen gegangen. Nur ein einziges Mal, allerdings bei Landtagswahlen, lag die Wahlbeteiligung höher, nämlich 1958, als die von Chruschtschows Ultimatum bedrohten Westberliner durch ihre Wahlbeteiligung ihre Sympathie und ihr Vertrauen zu den drei westlichen Schutzmächten zum Ausdruck bringen wollten (92,9%).

Die Wahl vom 19. November bedeutet die logische Fortsetzung der sozialliberalen Koalition. Mit 271 Sitzen gegenüber 225 der Union verfügte man über eine komfortable Mehrheit, und das ungeschriebene Gesetz unserer Republik, dass der amtierende Kanzler die Wahl gewinnt *(Kanzlerbonus)* und in seinem Amt bestätigt wird (Ausnahme nur 1969 und dann 1998) wiederholte sich nun zum zehnten Mal.

Einen Tag nach Brandts Wiederwahl im Dezember wird sein neues Kabinett vereidigt. Eine Woche später, am 21. Dezember, wird im Haus der Ministerien in Ostberlin von Kohl und Bahr im Rahmen einer feierlichen Veranstaltung der Grundvertrag unterzeichnet. Die Ratifizierung durch den Bundestag folgt am 11. Mai 1973, mit den Stimmen der Koalition gegen die der Opposition. Bonn verzichte auf nationale Rechte und Ansprüche und habe sich mit vagen menschlichen Erleichterungen abspeisen lassen.

Am 25. Mai stimmt der Bundesrat zu, in dem die von der Union regierten Länder zwar die Mehrheit haben, aber die Christdemokraten bleiben ihrer Jein-Taktik treu, sagen teils Ja (in der Länderkammer), teils Nein (im Bundestag). Nur Bayern ist dagegen. Schon längst hat München das Bundesverfassungsgericht angerufen, um den Vertrag als verfassungswidrig zu Fall zu bringen, scheitert aber. Immerhin schreibt Karlsruhe in seinem Urteil vom 31. Juli vor, dass Bonn auf internationaler Bühne zum Ausdruck bringen muss, dass die staatliche Einheit des deutschen Volkes nach wie vor, wie in der Präambel des Grundgesetzes gefordert, verbindliches Verfassungsziel bleibt.

Wie kompliziert das deutsch-deutsche Verhältnis immer noch war, hatte Bahr am Tag der Vertragsunterzeichnung einem Journalisten gegenüber mit der saloppen Formulierung zum Ausdruck gebracht: *Bisher hatten wir keine Beziehungen, jetzt werden wir schlechte haben, und das ist der Fortschritt.* Etwas moderater liest sich die zusammenfassende Bewertung in seiner ein Vierteljahrhundert später erscheinenden Biografie: *Es hat Stimmen, auch im Ausland, gegeben, die sich nun befreit fühlten von den deutschen Querelen und meinten, die Deutschen hätten sich mit der Teilung abgefunden. Andere fürchteten, dies sei der Anfang der Einheit. In Wirklichkeit war es weder das eine noch das andere, sondern Koexistenz auf Deutsch, die Organisation einer abnormen Normalität ... Der Vertrag von Moskau machte aus einem Feind einen Gegner und minderte die Bedrohung; das Viermächteabkommen machte aus dem Krisenherd Berlin eine Großstadt mit einigen Sonderproblemen; der Grundvertrag machte aus einer absurden SBZ den Staat DDR, der sich wohl auch als solcher, das heißt einigermaßen zivilisiert, verhalten würde.*

Damit sind wir beim Thema dieses Kapitels, bei Normalisierung und Normalität. Aber was ist *normal?*

Wenn man unter *normal* versteht, woran man sich gewöhnt hat, dann war der Weltkrieg normal, dann ist die deutsche Teilung normal, die DDR, die SED, die Mauer und für die BRD, dass sie von der Union regiert wird. Oder muss man *normal* ganz anders definieren? Ist es nicht vielmehr normal, dass die Menschenrechte und das Völkerrecht respektiert werden, dass zum Beispiel ein Volk mit gemeinsamer Sprache und Kultur in einem Staat zusammen lebt? Oder ist es nicht normal, dass ein Staat für soziale Gerechtigkeit und Abrüstung, also inneren und äußeren Frieden, sorgt und seine Bürger aus dem Untertanentum entlässt und über sich selbst bestimmen lässt, also Demokratie wagt? In den fünf Jahren der Ära Brandt, von 1969 bis 1974, stand die Normalisierung im Mittelpunkt der Politik und zwar in dem soeben erläuterten doppelten Sinne, mit Normalität als Gewohnheit und mit Normalität als Verwirklichung sozialer und demokratischer, also sozialdemokratischer Ideale.

In der Außenpolitik ging es eher um die Anpassung an das Gewohnte, um die Akzeptanz der Ergebnisse des Zweiten Weltkrieges. Um des lieben Friedens willen – und etwas Liebes ist der Frieden ja wirklich – erkannten Brandt und seine Gesinnungsgenossen die bestehenden Grenzen an (zumindest als unverletzlich, wenn auch noch nicht als endgültig), und sie nahmen die Existenz der DDR hin, und das vor allem deshalb, weil die diplomatische Anerkennung humanitäre Fortschritte einbrachte. Damit sind wir bei der Normalität als humanem Leben oder wenigstens als Weg zu einem menschenwürdigen Dasein. Bezogen auf uns Deutsche heißt das auch, die Normalität der kulturell-nationalen Einheit Schritt für Schritt zu fördern, von den zwischenmenschlichen Beziehungen in Form von Reiseerleichterungen bis hin zu dem *normalen* Fernziel, auf friedlichem Wege in einem zukünftigen europäischen Haus die deutsche Nation auch politisch zu vereinen. Abgerundet wurde die Versöhnungs- und Normalisierungspolitik im Jahre 1973 durch den mit der ČSSR geschlossenen Prager Vertrag.

Normalisierung im Inneren bedeute, mehr Humanität und Demokratie zu wagen, statt sich ans Gewohnte zu gewöhnen. Auf die Reformen im Sozialwesen und in der Bildung, im Rechtswesen und Umweltschutz und auf die Mitbestimmung der Abreitnehmer sind wir bereits eingegangen und müssen darauf nicht mehr zurückkommen. Zusammenfassend lässt sich feststellen, dass zu der bisher angestrebten Erhöhung des Lebensstandards nun eine Verbesserung der Lebensqualität hinzukam – und eine zunehmende Politisierung.

Die APO, die Studentenbewegung, die sozialliberale Reformpolitik hatten das Volk politisiert. Man wollte aktiv mitmachen und sich einmischen. Massenweise strömten die Menschen, besonders die Jugend, in die politischen Parteien, besonders in die SPD. Man demonstrierte, bildete Bürgerinitiativen und begnügte sich nicht länger mit der passiven Rolle des Wählers, auch wenn die Wahlbeteiligung 1972 so hoch wie nie war. Wählen war schließlich die zählbare Form der Politisierung und die kam allen zugute.

Aber plötzlich bekam der Kanzler Angst vor der eigenen demokratischen Courage, Angst vor den Geistern, die er gerufen hatte und nun nicht mehr loswurde, Angst vor den Folgen seines Demokratieversprechens. Die links orientierte Jugend machte ernst mit ihrer Meinungsfreiheit, engagierte sich marxistisch und antikapitalistisch, stellte sogar das parlamentarische System in Frage und forderte eine direkte Demokratie mit Mitentscheidung des Volkes bei jedem Gesetz, egal, wie das praktisch funktionieren sollte. Die repräsentative, also die parlamentarische Parteiendemokratie galt vielen als undemokratisch. Vor allem die studierende Jugend, die später einmal die Entscheidungsträger stellen sollte, begehrte auf.

Das aber wollte der Staat sich nicht bieten lassen. Das Grundgesetz war sakrosankt. Wer dessen Prinzipien in Frage stellte, den wollte man nicht an die Schalthebel der Macht lassen, der sollte auf keinen Fall als Beamter in den Justiz-, Verwaltungs- oder Schuldienst eintreten. Man gräbt sich doch nicht sein eigenes Grab, man kann doch seine Kinder nicht von linken Lehrern er- und verziehen lassen. Vor allem die von der Union regierten Bundesländer machten sich stark, der angeblichen kommunistischen Unterwanderung Einhalt zu gebieten und der SPD politische Schwäche und ideologische Nähe zu den vermeintlichen Staats- und Verfassungsfeinden vorzuwerfen. Der Parteiführung blieb nichts übrig, als die Unvereinbarkeit zwischen Sozialdemokratie und Kommunismus zu beteuern und zu beweisen. Sogar Willy Brandt, der eigentlich mehr Demokratie wagen wollte, ließ sich darauf ein, die kritische Studentenschaft einzuschüchtern. Jeder Bundesbürger hat zwar das Recht auf Meinungsfreiheit – aber bitte nicht allzu links!

Die Meinungsäußerung ist etwas Subjektives, aber die Mitgliedschaft in einer linken Organisation ist etwas Objektives. Hier liegt ein Tatbestand vor, mit dem sich etwas anfangen lässt. Und so beschlossen der Bundeskanzler und die Ministerpräsidenten der Länder am 28. Januar 1972, *Grundsätze über die Mitgliedschaft von Beamten in extremen Organisationen* festzulegen. Da heißt es dann: *Gehört ein Bewerber einer Organisation an, die verfassungsfeindliche Ziele verfolgt, so begründet diese Mitgliedschaft Zweifel daran, ob er jederzeit für die freiheitliche demokratische Grundordnung eintreten wird. Diese Zweifel rechtfertigen in der Regel eine Ablehnung des Anstellungsantrags.* Und das auch dann, wenn die verdächtige Organisation gar nicht verboten ist. Den kritischen Studenten sollte *der Marsch durch die Institutionen* unmöglich gemacht werden, also der Versuch, den Staat von innen zu verändern. Der sogenannte Radikalenerlass leistete einem Duckmäuserbeamtentum Vorschub, Zivilcourage mit eigener und anderer Meinung, auch wenn von der Verfassung zugestanden, ja eigentlich sogar gewollt, wurde plötzlich strafbar. *Nimm das Grundgesetz nicht wörtlich, sonst verfolgt man dich behördlich!* Die Folge dieser von vielen als Polizeistaatmethoden gebrandmarkten Überprüfungen war, dass fast eine halbe Million Bewerber in die Mühlen der Staatsschützer gerieten, aber nur 430 abgelehnt wurden. Die Zahl erscheint klein und das Ergebnis ineffektiv im Verhältnis zum Aufwand, doch die Angst vor einem Berufsverbot, womit der Staat ja drohte, war für eine ganze Generation von Akademikern eine schwere psychische Belastung. Normal, um auf die Überschrift dieses Kapitels Bezug zu nehmen, normal war der Umgang des Staates mit seinen jungen Staatsbürgern nicht. Die Wahrscheinlichkeit, dass linke Lehrer ihre Schüler durch antiautoritäre Erziehung negativ beeinflussten, war viel geringer als die Gefahr, dass die angehenden Pädagogen aus Angst vor der Überprüfung zu angepassten Befehlsempfängern und Befehlshabern wurden und wilhelminischen Unterricht machten.

Kurz: Der Radikalenerlass erwies der deutschen Demokratie einen Bärendienst. Von Übel war es auch, dass der Erlass in den einzelnen Bundesländern sehr unterschiedlich gehandhabt wurde. Ab 1976 gingen die schwarzen und die roten Länder dann auch offiziell getrennte Wege.

Man sieht: Die äußere und innere Normalisierung hatte es schwer. Zwar wurden die Reformpolitik und überhaupt die Bundesrepublik weltweit anerkannt, wofür auch die Verleihung des Friedensnobelpreises an Willy Brandt und die des Literaturnobelpreises an Heinrich Böll Zeugnis ablegen (1971 und 1972), aber gerade in den von Brandt geprägten Jahren des Optimismus, des Aufbruchs und der Normalisierung kam es zu höchst bedrohlichen Gegenschlägen. Zunächst einmal war es enttäuschend, dass viele der von der sozialliberalen Koalition versprochenen Reformvorhaben aus finanziellen Gründen nicht zu realisieren waren. Der Staatsetat gab einfach nicht her, was die einzelnen Minister bezahlt haben wollten. Die für einen soliden Haushalt, also für Finanzen und Wirtschaft verantwortlichen Minister Möller und Schiller traten 1971 und 1972, noch vor Brandts Wiederwahl, zurück. Seine zweite Amtszeit war dann, teils aus persönlichen, teils aus finanziellen Gründen, gekennzeichnet durch eine gewisse Lustlosigkeit, Erschlaffung und Ermüdung.

Doch das war nicht alles. Schon vorher war es zu höchst bedrohlichen Angriffen auf den deutschen Reformstaat gekommen. Ich meine die Radikalisierung eines kleinen, eines sehr kleinen Teils der kritischen Jugend, der auch vor Gewalt und Terrorismus nicht zurückschreckte, dem Staat den Krieg erklärte und mit allen zur Verfügung stehenden Mitteln führte.

Über die Ursachen dieses irrealen und irrwitzigen Terrorismus ist viel spekuliert worden. Die Anfänge liegen sicher in der kritischen Einstellung, die sich in den Sechzigerjahren an den Universitäten unter einigen der Professoren und der Mehrheit der Studenten fast überall in der westlichen Welt entwickelte. Die als *neue Linke* bezeichnete Bewegung führte zu einer regelrechten Marxismus-Renaissance, wobei die geplanten Veränderungen der Gesellschaft aber nicht vom revolutionären Proletariat erkämpft werden sollten (wie bei Marx), sondern von den linksintellektuellen Akademikern. Denn unter diesen herrschte mehr Unmut als unter den durch ihren peu à peu steigenden Lebensstandard ruhiggestellten Arbeitern und Kleinbürgern. Obgleich persönlich gar nicht betroffen, empörten sich die Studenten über die – aus ihrer Sicht – inhumane, autoritäre und ausbeuterische Praxis der westlichen Gesellschaften, ebenso über die pseudosozialistische Politik und Wirtschaft der Ostblockstaaten. Zielscheibe des Hasses waren insbesondere der brutale und ungerechtfertigte Krieg der Vereinigten Staaten gegen das vietnamesische Volk, der Rassismus in den USA und in Südafrika, die zögerliche Entlassung der Kolonialvölker in die politische Unabhängigkeit durch die europäischen Kolonialherren, die überholten und autoritären Strukturen der Universitäten, die Manipulierung der breiten Massen durch die Massenmedien sowie der sogenannte Konsumterror.

Der technische Fortschritt hatte in den Industrieländern die Produktivität zwar vervielfacht, die Arbeitszeit aber kaum gesenkt, so dass die arbeitenden Massen nicht wesentlich mehr Freizeit hatten als früher und auch nicht über mehr Freiheit verfügten, die ihnen mehr politische und wirtschaftliche Mitbestimmung ermöglicht hätte. Eine anspruchsvolle Bildung, Weiterbildung und Freizeitgestaltung waren nicht drin.

Die Menschen arbeiteten und sparten für die gängigen Konsumgüter, für Möbel, Autos, Modetextilien und Elektrogeräte. Man arbeitete, um kaufen zu können, und das Kaufen, der Konsum, hielt die Wirtschaft in Gang. Die Massen wurden doppelt diszipliniert, durch die angepasste Kaufbereitschaft und durch die Arbeitsdisziplin. Der Mensch bediente Maschinen, Apparate und Geräte. Hören Sie bitte aufs Wort: Wir alle *bedienen* Maschinen, das heißt, die Maschine ist unser Herr und Chef, sprachlich gesehen dient die Maschine nicht den Menschen, sondern wir bedienen sie. Und mit dem sauer verdienten Lohn dienen wir der Wirtschaft, indem wir kaufen, was uns der Trend, die Mode, die Werbung diktieren.

Dass sich der Protest zunächst in den USA artikulierte, ist logisch. Hier waren die jungen Leute nicht nur Zeugen der Rassendiskriminierung, sondern zum Teil auch persönlich betroffen, denn ihr Vaterland führte den mörderischen Krieg in Vietnam, in den viele Jünglinge wider Willen hineingezogen wurden. Man begehrte auf, demonstrierte oder flüchtete aus der abstoßenden Wirklichkeit in die Scheinwelt der Drogen. Im Musical *Hair* kam der allgemeine Bewusstseinszustand treffend zum Ausdruck. Und so wie *Hair* um die Welt ging, strahlten auch die Studentenproteste in Form von Go-ins, Sit-ins und Teach-ins nach Europa aus, vor allem nach Rom, Paris und Berlin.

In Frankreich kam es sogar zu einem Generalstreik, der über die Universitäten hinausreichte, und an dem zuletzt fast 10 Millionen Menschen teilnahmen, mit dem Ergebnis, dass Präsident de Gaulle aus dem Amt flüchtete und Schutz suchte im Hauptquartier der französischen BRD-Truppen in Baden-Baden. Sein Nachfolger wurde George Pompidou, der nach den Maiunruhen von 1968 als Premierminister zwar abgelöst, aber ein Jahr später zum Staatspräsidenten gewählt wurde. Die Revolte von Mai war also keine Revolution, sondern nur eine Wachablösung an der Staatsspitze unter Beibehaltung und kosmetischer Korrektur des Gaullismus.

Ganz anders als in Frankreich entwickelten sich Unmut und Protest in Westdeutschland. In Frankreich eine Massenbewegung, Generalstreik, Sturz des Präsidenten, dann aber eine rasche Rückkehr zu geordneten und stabilen politischen Verhältnissen. In der Bundesrepublik das pure Gegenteil. Der Protest blieb auf die Studenten beschränkt, das Volk empfand die Demonstrationen als lästig und unangebracht, war gegen umwälzende Veränderungen und vor allem (zumal in Westberlin) gegen den akademischen Antiamerikanismus. Nachdem die Notstandsgesetze verabschiedet und an den Hochschulen einige Verbesserungen erreicht worden waren, beruhigten sich die Studenten sehr schnell, kehrten zurück zum Studium, schlossen es ab, traten ins Berufs- und Eheleben ein und lebten den Rest ihrer linken Gesinnung in der SPD oder in Bürgerinitiativen aus, wo sie sich für Frieden, Frauen, Natur, Dritte Welt und andere benachteiligte oder bedrohte Adressaten ihrer Zuneigung einsetzten. Die große Mehrheit der Achtundsechziger mäßigte sich und leistete somit ihren Beitrag zur allgemeinen Normalisierung, wofür die Olympischen Spiele ein überzeugendes Beispiel sein sollten.

Deutschland gab sich gastfreundlich, freundlich, friedlich und zivil, man plante heitere Spiele. München 1972 hob sich ab von Berlin 1936, wo Disziplin, Ordnung und Perfektion dominierten und die Handschrift des Führers unverkennbar war, auch wenn er den geplanten Krieg noch verheimlichen konnte und keiner der Athleten merkte, dass das eigens für die Spiele errichtete olympische Dorf als zukünftige Kaserne konzipiert war. Diente das Athletenquartier von 1936 dem Krieg, so wurde der Krieg 1972 in das olympische Dorf hineingetragen. Am 5. September überfielen acht palästinensische Terroristen die Unterkünfte der israelischen Sportler, ermordeten zwei von ihnen und nahmen neun als Geiseln. Ihr Ziel war es, dem Todfeind Israel vor aller Welt eine blutige Wunde zu schlagen und zugleich 200 in Israel einsitzende Terrorgenossen freizupressen. Der Versuch, die Geiseln zu befreien, scheiterte. Auf dem Flughafen Fürstenfeldbruck verloren die neun Geiseln, ein Polizist und fünf Terroristen ihr Leben. Drei wurden inhaftiert. Aus den heiteren Spielen waren blutige Spiele geworden. Das Versöhnungsland Deutschland war zum Kriegsschauplatz geworden. Vielleicht hat gerade die zivile und großzügige Handhabung der Kontrollen, also das Bemühen, den Eindruck polizeistaatlicher Sicherheitsvorkehrungen auf jeden Fall zu vermeiden, den Mördern ihr Vorhaben erleichtert.

Dass die Spiele nicht abgebrochen, sondern nach einem Trauertag fortgesetzt wurden, war eine selbstbewusste Trotzreaktion der Weltgemeinschaft beziehungsweise des Internationalen Olympischen Komitees. Aber der Terror konnte nicht eingedämmt werden. Schon Ende Oktober bringt ein Al-Fatah-Kommando eine Lufthansa-Maschine in seine Gewalt und erzwingt die Freilassung der drei in Bayern einsitzenden Terroristen von München.

Angesichts dieser palästinensischen Aktivitäten wollen sich die deutschen Terroristen, die ja in arabischen Camps militärisch geschult worden waren, nicht lumpen lassen. Auch wenn die führenden Köpfe (Baader, Meins, Raspe, Ensslin, Meinhof) im Juni ’72 festgenommen wurden, ging der Terror weiter. Eine zweite Generation politischer Fanatiker und Gewalttäter, generalstabsmäßig von den einsitzenden Komplizen angeleitet, versetzt Deutschland durch Überfälle, Raubzüge, Bombenanschläge, Entführungen und Attentate in Angst und Schrecken, obgleich der Normalbürger gar nicht direkt betroffen ist. Das ganze Volk gerät in Panik, nicht zuletzt dadurch, dass die Skrupellosigkeit der Terroristen und die Panikmache der Springerpresse auf die Stimmung der Menschen ähnliche Auswirkungen hatten. Die Bundesrepublik kam nicht zur Ruhe. Der außenpolitischen Normalisierung stand der innere Terror gegenüber.

Aber dann kam es auch zu einer unerwarteten Bedrohung von außen. Im vierten Nahostkrieg, dem Jom-Kippur-Krieg zwischen Israel und seinen arabischen Nachbarn, im Herbst 1973, setzten die arabischen Ölstaaten ihr Rohöl als Waffe gegen die westliche Welt ein, die mehr oder weniger eindeutig auf Israels Seite stand und die islamischen Völker brüskierte. Die Ölaraber drosselten ihre Lieferungen, die erst um 5 %, dann um 25 % zurückgingen, und erhöhten gleichzeitig die Preise. Innerhalb weniger Monate verteuert sich ein

Barrel Rohöl (gleich 159 Liter) von 2,70 US-Dollar auf 11,60. Die Verknappung ihres Lebenssaftes stürzte die westlichen Industriestaaten in eine unerwartete Wirtschaftskrise – die schwerste seit 1929.

Betroffen war vor allem die Bundesrepublik, die bislang 75% ihres Ölbedarfs aus der arabischen Welt bezogen hatte. Zunächst reagierte der Markt, der sensible und zuverlässige Wirtschaftsindikator im kapitalistischen System. Das Bruttosozialprodukt, das 1973 noch um 5,3% gegenüber dem Vorjahr gewachsen war, ging 1974 gegen null (0,4%) und sank 1975 um 3,4%. Die Arbeitslosenquote stieg von 1,2% (1973) auf 4,7% (1975).

Wie der Markt, so reagierte auch der Staat, also die Politik. Man setzte auf die Energie aus heimischer Kohle und auf die Kernkraft und förderte die Atomwirtschaft, indem man 6 Milliarden in die Grundlagenforschung und die Reaktorentwicklung investiert.

Daneben soll durch augenfällige Sofortmaßnahmen Benzin gespart werden und zwar durch Geschwindigkeitsbegrenzung (auf Autobahnen 100, auf Landstraßen 80 km/h) und durch Sonntagsfahrverbote (zweimal im November und zweimal im Dezember). Die Autos wurden ruhiggestellt und auch die Lampen gingen aus, die Weihnachtsbeleuchtung wurde reduziert und Fußballspiele unter Flutlicht gab es vorerst nicht mehr. Die Menschen machten sich einen Spaß daraus, sonntags auf den Autobahnen zu promenieren, und sie erlebten eine neue Form von Freizeitgestaltung und Lebensqualität.

Und diese Erfahrung deckte sich mit dem, was die Wissenschaftler des *Clubs of Rome* im gleichen Jahr prognostiziert und gefordert hatten, nämlich *die Grenzen des Wachstums* (so auch der Titel ihres Bestsellers). Die Ölkrise zwingt zum Nachdenken und trägt nicht wenig dazu bei, dass immer mehr Menschen sich für den Schutz der Umwelt einsetzen, für weniger Energieverbrauch, weniger Konsum und für mehr Rücksicht auf die Natur. Der hemmungslose Fortschritt, die Industrialisierung um ihrer selbst willen, das Herstellen all dessen, was technisch möglich ist, allein deshalb, weil es technisch möglich ist – bisher als normal empfunden – , wird plötzlich in Frage gestellt und nicht mehr als normal empfunden. Auf die industrielle Revolution des 19. Jahrhunderts folgt das industrielle Veto, die antiindustrielle Revolution des späten 20. Jahrhunderts.

Apropos normal. Parallel zu den sozialliberalen Veränderungen in der Bundesrepublik bemüht sich auch die DDR um eine gewisse Normalisierung, das heißt um eine bescheidene Verbesserung der Versorgung und um eine vorsichtige Liberalisierung, was hüben und drüben nur möglich war durch einen Wechsel an der Staatsspitze. Aber was für ein Unterschied bei dieser Prozedur diesseits und jenseits der Elbe!

Im Westen entschied das Volk durch die Bundestagswahlen vom September 1969, im Osten beschloss das Zentralkomitee die Wachablösung. Walter Ulbricht war fällig, fällig im wörtlichen Sinne, das heißt, es war an der Zeit, dass er fiel. Zu starrsinnig hatte er versucht, den Sozialismus rücksichtslos durchzusetzen – gegen jede ökonomische Vernunft und auf Kosten des allgemeinen Lebensstandards, was er mit der schönen Phrase *Neues Ökonomisches System* beschönigte. Das führte zu bedrohlichen Versorgungsengpässen und zu wachsendem Unmut. Darauf mussten Zentralkomitee und Politbüro reagieren. Aber so einfach stürzen konnte man den verdienten Genossen nicht, der seit Kriegsende die SBZ- und DDR-Politik bestimmt hatte. Eine Beteiligung des Volkes, also demokratische Wahlen, war undenkbar. Vielmehr konnte eine so durchgreifende Maßnahme wie der Sturz des Chefs nur in die Tat umgesetzt werden, wenn man den großen Bruder in Moskau zu Rate zog (oder genauer: um Erlaubnis bat).

Der neue starke Mann der DDR ist Erich Honecker, 1912 im Saarland geboren, dann Dachdecker und Kommunist, als solcher von den Nazis fast zehn Jahre inhaftiert, nach dem Krieg Mitbegründer und Vorsitzender der FDJ, 1961 Mitorganisator des Mauerbaus. Und diesem ehrgeizigen Herrn gelingt es, dem Dachdecker, der hoch hinaus will, die Mehrheit der führenden Funktionäre davon zu überzeugen, dass die Ablösung Ulbrichts unumgänglich sei, was gleichbedeutend damit ist, dass er, Honecker, an die Parteispitze rückt. Am 21. Januar 1971 richten 13 Mitglieder des Politbüros (von insgesamt 20) einen entsprechenden Bittbrief an Breschnew und geben sich devot und unterwürfig: *Wir erwarten Ihre Antwort und Hilfe. Mit kommunistischem Gruß.* Dem entscheidenden Satz merkt man an, welche stilistische Mühe sich Honecker und die Genossen Königsmörder gemacht haben: *Deshalb wäre es sehr wichtig und für uns eine unschätzbare Hilfe, wenn Genosse Leonid Iljitsch Breschnew in den nächsten Tagen mit Genosse Walter Ulbricht ein Gespräch führt, in dessen Ergebnis Genosse Walter Ulbricht von sich aus das Zentralkomitee der Sozialistischen Einheitspartei Deutschlands ersucht, ihn aufgrund seines hohen Alters und seines Gesundheitszustandes von der Funktion des Ersten Sekretärs des Zentralkomitees der Sozialistischen Einheitspartei Deutschlands zu entbinden.*

Und genau so kommt es auch. Der Erste Sekretär der KPdSU zitiert den Ersten Sekretär der SED nach Moskau und fordert ihn zu seinem medizinisch motivierten Rücktritt auf, was dieser am 3. Mai 1971 auch tut, wobei er seinen Konkurrenten und Quasiattentäter Erich Honecker zu seinem Nachfolger vorschlägt. Als Gnadenbrot bleiben Ulbricht ein paar Neben- und Ehrenämter. Doppelt geschwächt, nämlich politisch und gesundheitlich, stirbt er zwei Jahre später, am 1. August 1973.

Honecker geht sofort mit Elan an die Arbeit, sichert sich ein paar zusätzliche Ämter, zum Beispiel an Stelle Ulbrichts den Vorsitz im Nationalen Verteidigungsrat, und bemüht sich um Popularität.

In der Kulturpolitik gibt er sich liberal und großzügig, verspricht *Weite und Vielfalt,* erlaubt westliche Beat-Musik und lässt auch DDR-Gruppen singen, was ihnen gefällt, allerdings nur in deutscher Sprache. Es dürfen sogar einige importierte Bluejeans verkauft werden, die bisher als Beispiel kapitalistischer Dekadenz galten. Mehr Freiheit wird auch den Schriftstellern eingeräumt, die in ihren Texten aber nur bornierte Bonzen kritisieren dürfen, nicht aber den Sozialismus als solchen, und außerdem dem programmatischen Konzept des sogenannten sozialistischen Realismus genügen müssen, das heißt, die Arbeitswelt in die Literatur einzubeziehen haben. Den Dichtern wird also eine Gratwanderung abverlangt zwischen kommunistischer Gesinnung und maßvoller (beziehungsweise versteckter) Kritik. Wer nicht pariert, fällt der Zensur zum Opfer. Viele DDR-Autoren werden im Westen mit Interesse gelesen, so Bruno Apitz, Jurek Becher, Wolf Biermann, Johannes Bobrowski, Günter de Bruyn, Peter Hacks, Stefan Heym, Hermann Kant, Günter Kunert, Reiner Kunze, Irmtraud Morgner, Heiner Müller, Ulrich Plenzdorf, Erwin Strittmatter, Christa Wolf. Einige werden sogar von bundesdeutschen Lehrern im Unterricht behandelt. Obgleich

Ulbricht immer wieder von zwei deutschen Staaten und zwei deutschen Literaturen sprach, zeigt das Interesse der westdeutschen Leser, dass es – ganz im Sinne von Willy Brandt – nach wie vor nur eine Kulturnation und eine Nationalliteratur gibt. Ein Zeichen dafür ist es auch, dass die DDR-Autoren sehr lange an den Treffen der renommierten *Gruppe 47* teilnahmen.

Aber Honeckers anfängliche Beliebtheit beruhte nicht so sehr auf seiner – leider nur vorübergehenden – Kulturtoleranz, sondern vor allem auf dem Anstieg des Lebensstandards. Der neue Partei- und Staatschef machte es zu seinem Programm, die alltäglichen Bedürfnisse der DDR-Bürger zu befriedigen. Die Warenproduktion stieg Jahr für Jahr um 5-7%, das Nationaleinkommen um 4-6%. Die Versorgung der Menschen mit industriellen Konsumgütern verbesserte sich erheblich, so dass 1980 fast jeder Haushalt über einen Kühlschrank, eine Waschmaschine und ein Fernsehgerät verfügte. 38% der Haushalte hatten ein Auto, meist den etwas schlichten und reparaturanfälligen Trabant, auf dessen Auslieferung man Jahre zu warten hatte. Die motorisierte Mobilität empfand man zwar nicht als wirkliche Freiheit, aber doch wenigstens als Bewegungsfreihit innerhalb der Mauer. Der DDR-Bürger konnte auch stolz darauf sein, im Ostblock in dem Land mit dem höchsten Lebensstandard zu leben. Immerhin waren die Löhne zwischen 1970 und 1980 um ein Drittel gestiegen, von 750 auf über 1000 Mark.

Doch der Aufschwung hatte seinen Preis. Die Frauen mussten, auch in sogenannten Männerberufen, am Produktionsprozess teilnehmen, was zur Folge hatte, dass die Geburtenrate rapide sank und die DDR auf dem Weg zur Überalterung war. Schon 1972 hatte sich die Volkskammer für die Fristenlösung ausgesprochen, und zwar, anders als sonst üblich, nicht ganz einstimmig. Die Pille gab es jetzt auf Rezept und umsonst.

Die Menschen genossen *Honeckers Wirtschaftswunder,* ohne sich darüber im Klaren zu sein, dass sie über ihre Verhältnisse lebten. Billige Grundnahrungsmittel, preiswerter Wohnraum, kostenlose medizinische Versorgung, niedrige Fahrpreise, jede Form von Kultur (zum Beispiel Bücher und der Besuch von Theatern und Konzerten), die vom FDGB organisierten und vergebenen Urlaubsreisen, Kindergärten, Schulen und Hochschulen – alles, was der Staat für richtig und wichtig hielt, wurde subventioniert. Galt unter Ulbricht die zu Fleiß und Normerfüllung anspornende Parole: *Wie wir heute arbeiten, werden wir morgen leben,* so wurde unter Honecker das Gegenteil praktiziert: *Was wir heute verleben, muss die Zukunft erarbeiten.* Aber noch war die Zukunft nicht da, und so musste die Gegenwart auf Pump finanziert werden, und zwar mithilfe der Kredite aus dem Westen, vor allem aus der Bundesrepublik. Die Brüder von drüben lieferten und ließen anschreiben. Die Verbindlichkeiten gegenüber dem nichtsozialistischen Wirtschaftsgebiet stiegen explosionsartig, von 2 Milliarden Valuta-Mark im Jahre 1970 auf knapp 50 Milliarden im Jahr 1989. Die Zinsen wurden mit neuen Krediten bezahlt, und dieser Teufelskreis der Schulden führte notgedrungen in die Staatspleite.

Die Normalisierung der Lebensverhältnisse über Kredite war natürlich alles andere als normal. Und normal war es auch nicht, wie die DDR-Führung in den Jahren der vermeintlichen Normalisierung mit ihren Verhandlungspartnern und Kreditgebern im Westen umging. Man behandelte das andere Deutschland wie Feindesland und setzte einen Agenten auf den Kanzler an. Der etwas trockene und spießige, aber gerade deshalb als harmlos und zuverlässig geltende Günter Guillaume war 1957 als verkappter Flüchtling aus der DDR in die BRD gekommen, trat in die SPD ein, diente sich langsam hoch und brachte es endlich bis zum persönlichen Referenten Willy Brandts. Viel konnte er nicht nach Ostberlin liefern, denn zum einen kam er kaum an brisante Unterlagen heran und zum anderen werden in einer Demokratie anstehende Entscheidungen ohnehin offen und öffentlich diskutiert, so dass Spionage eigentlich eine brotlose Kunst ist. Dennoch hatte Guillaumes Verhalten schwerwiegende Folgen. Als der Kanzler von dessen Treiben erfuhr, trat er am 6. Mai 1974 zurück und bewies damit Charakter und Größe. Das unschuldige Opfer nahm die Schuld und Verantwortung auf sich, von einer Vertrauensperson hintergangen worden zu sein, und auch für die Fahrlässigkeiten und Pannen der bundesdeutschen Sicherheitsdienste. Ob Brandts Reaktion auf den Fall Guillaume überzogen war, sei dahingestellt. Viele Menschen im In- und Ausland haben ihn nicht verstanden und waren schockiert. Aber Willy wollte einfach nicht mehr. Die außenpolitischen Verträge waren unter

Dach und Fach, aber der innenpolitische Alltag bereitete mehr Verdruss als Erfolge und Freude. Der Kanzler war müde und amtsmüde. Vieles kam zusammen. Die inneren Reformen stagnierten, nicht zuletzt wegen der durch die Ölkrise verschärften Finanzkrise, die Gewerkschaften verlangten – ohne Rücksicht auf die Haushaltslage und die angeschlagene Wirtschaft – Lohnerhöhungen um etwa 10 %, die Jungsozialisten, eigentlich ins Leben gerufen als die handzahme Nachfolgeorganisation des rebellischen SDS, forderten nach dem triumphalen Wahlsieg vom Herbst '72 – ohne Rücksicht auf den Koalitionspartner FDP – eine konsequente sozialistische Politik, und die Führung der Partei kritisierte Brandts Passivität und Führungsschwäche.

Angesichts dieser Angriffe und Forderungen war sein Rücktritt verständlich und die Nominierung des energischen Finanzministers Helmut Schmidt durch die SPD-Fraktion logisch. So standen Mitte Mai zwei Wahlen an. Da Gustav Heinemann keine zweite Amtszeit auf sich nehmen wollte, entschieden sich SPD und FDP für den bisherigen Außenminister Walter Scheel als vierten Bundespräsidenten, wodurch das gute Verhältnis zwischen den beiden Koalitionsparteien zusätzlich gestärkt wurde. Auf die Wahl Scheels am 15. Mai folgt einen Tag später die Wahl Schmidts zum Kanzler. Nachfolger Scheels als Außenminister wird Hans-Dietrich Genscher.

Auf die Ära Brandt, knapp fünf Jahre, folgt die Ära Schmidt, gut acht Jahre. Den sensiblen Lübecker löste der resolute Hamburger ab, den Idealisten der Realpolitiker, den Utopisten der Wirtschaftsexperte, den Weltverbesserer der Pragmatiker, den Planer der Macher.

52
Private Normalisierung (Eine ganz normale Familie)

Kehren wir zurück zu mir. Wie die große Politik so normalisierte sich auch mein persönliches Leben. Endlich war Schluss mit dem unsteten Junggesellendasein, endlich gab es eine verlässliche Lebensperspektive, endlich eine endgültige eheliche Bindung, Familienplanung, Sesshaftigkeit und die Gewissheit, wo's lang geht. Statt des Dahinvegetierens in zwei Rumpelkammern ein angenehmes Wohnen, ja fast schon Residieren in einem Haus mit Garten und Blick auf einen Teich, in dem sich die ziegelroten Bauernhäuser mit dem Himmel um die Wette spiegelten, und mit einem bewaldeten Horizont in allen Richtungen. Den ganzen Tag war die Sonne um uns, wenn die Wolken es denn zuließen, denn auf ihrer Tagesreise umrundete sie das Haus, schien morgens ins Schlafzimmer, um uns zu wecken und dann ins Arbeitszimmer, den Wohnsalon und die Essküche. Es war paradiesisch und wir wussten, dass wir es nicht besser hätten treffen können. Dennoch! So richtig passten die rassige Blondine und der bärtige Juso nicht in das verschlafene Bauerndorf, wir waren einfach anders, wenn auch keine Fremden wie vor 25 Jahren die Flüchtlinge aus dem Osten. Wir waren keine Einheimischen mit Wurzeln im ländlichen Leben, wir kamen aus der Stadt mit ihren bürgerlichen Gepflogenheiten, waren akademisch gebildet, sprachen aber kein Wort Platt und verstanden es kaum. Man begegnete uns zwar nicht mit Ablehnung, aber doch mit Abwarten. Mal sehen, wie die Neuen sich machen. Da es auf den Winter zuging und die Feld- und Gartenarbeit ruhte, setzte kaum jemand einen Fuß vor die Tür, und wenn, dann nur bis zum Auto. So auch wir. Begegnen konnte man so keiner Menschenseele und erst recht nicht ins Gespräch kommen.

Aber dann wurden wir doch sehr schnell heimisch und das durch einen gastronomischen Zufall. Kaum hatten wir die Wohnung ausgestattet und waren eingezogen, kam Giesensdorf in den Genuss eines Kruges, was ein absolutes Novum war. Ein Möllner Kellner hatte den Mut gehabt, sich selbstständig zu machen, einen Kredit aufzunehmen, einen ausgedienten Hof zu erwerben und diesen in eine Gastwirtschaft mit zusätzlicher Kegelbahn umzuwandeln. Zur Eröffnung mit Freibier stellte ganz Giesensdorf sich ein, und die meisten Bauern hielten dem Wirt Heino Förster auch fürderhin die Treue. Gerne kam man nach dem Melken auf ein Bierchen oder auch zwei oder drei vorbei und besprach die Angelegenheiten des Dorfes.

Da Christa und ich seit Studienzeiten den feinen Unterschied zwischen Fassbier und Flaschenbier zu schätzen wussten, konnten wir selten der Versuchung widerstehen, den Tag am Tresen ausklingen zu lassen. Denn natürlich verdrückten wir uns nicht schüchtern in eine Ecke der Gaststube, sondern setzten uns mitten unter die anderen Gäste und suchten und fanden Kontakt zu den Bauern. Mit einem einzigen bescheidenen Glas gaben wir uns nicht zufrieden, und dass Christa so einiges vertrug, nötigte den Landleuten Respekt ab, denn bekanntlich bewundern die meisten Männer am anderen Geschlecht Trinkfestigkeit genauso wie Attraktivität.

Aus geschäftlichen Gründen kamen wir als erstes mit unserem direkten Nachbarn Heinrich Meyer ins Gespräch. Er bot uns ein halbes Schwein zum Verkauf an, versprach, unseren verkrauteten Garten zu pflügen und zu eggen, sodass ich nicht selber graben und harken musste. Auch kamen wir überein, alle drei, vier Tage unsere Milch bei ihm zu kaufen. Da saßen wir dann immer mal wieder in Meyers guter Stube statt in Heinos Gaststube, luden uns wechselseitig zum Essen ein, wobei wir den deftigen Holsteiner Grünkohl samt der fetten Zutaten kennen und lieben lernten und beschlossen, genau diesen Kohl im kommenden Sommer selber in großem Stil anzubauen.

An einem Adventssonnabend kam das versprochene Schwein und mit diesem der von Heinrich Meyer engagierte Schlachter. Der machte sich in unserer Küche an die Arbeit, zerlegte die Sau, teilte das Fleisch in gefriertruhengerechte Portionen, füllte sie in handliche Gefrierbeutel, machte dann Wurst, die er aber zusammen mit dem Schinken erst noch zum Räuchern mitnahm und erst später endgültig lieferte. Christa und ich saßen im Flur und wohnten, durch die offene Küchentür blickend, dem blutigen Schauspiel bei, nicht ohne zwischen den einzelnen Akten mit dem Metzger anzustoßen und einen Korn nach dem anderen zu kippen.

Ein paar Wochen später schnackte Heinrich Meyer mich mit zu dem von Heino Förster durchgeführten Skatturnier. Große Lust hatte ich nicht, denn ich war völlig aus der Übung. Seit den Klassenmeisterschaften mit Ober-, Mittel- und Unterliga sowie Aufstieg und Abstieg hatte ich kein Turnier mehr gespielt, aber dem lieben Nachbarn zuliebe ging ich mit, zahlte die paar Mark Einsatz und hoffte zwar nicht auf einen der Fleischpreise, sondern wollte nur um jeden Preis verhindern, mich zu blamieren. Die Vierertische wurden ausgelost, und dann ging es los. An die 50 Männer waren erschienen, die meisten aus Ratzeburg, Mölln und den umliegenden Dörfern, alte Turnierhasen und Schnäppchenjäger.

Um nicht leichtsinnig und unkonzentriert zu spielen, trank ich den ganzen Abend über nur zwei, drei Bier und nicht einen einzigen Korn. Ich mied jedes Risiko und ging auf Nummer sicher, ich reizte selten und erst recht nicht hoch, gewann folglich nur wenige Spiele, verlor aber auch kein einziges und plötzlich lag ich an meinem Tisch in Führung.

In der Halbzeitpause wurden die Spielgruppen neu zusammengestellt, ich bekam es mit anderen Gegnern zu tun und blieb meiner Taktik treu. Zwar ist das Mauern nicht unbedingt unfair, schließlich widerspricht es nicht den Regeln, aber man macht sich damit keine Freunde. Gleichviel. Außer den paar Spielern aus Giesensdorf kannte ich sowieso niemanden.

Dann war Schluss und die Turnierleitung wertete die Ergebnisse aus. Nur ein einziger Spieler hatte mehr Punkte erreicht als ich, somit hatte ich den zweiten Preis gewonnen, eine Stange Koteletts, und die schleppte ich in Begleitung von Heinrich Meyer, der ebenfalls einen der vorderen Plätze und Preise errungen hatte, im Triumph nach Hause. Christas Begeisterung hielt sich in Grenzen, denn unsere Gefriertruhe war randvoll mit Fleisch gefüllt und meine fette Beute kaum noch unterzubringen.

Seit Anfang des Jahres unterrichtete Christa nicht mehr in Hamburg, sondern in der Dorfschule der 10 Kilometer von Ratzeburg gelegenen Gemeinde Sterley und machte sich sofort bei ihrem Schulleiter unbeliebt, weil sie unter Missachtung des Dienstweges, also seiner Person als Chef, in Kiel direkt um Versetzung nach Ratzeburg einkam. Schon nach einem halben Jahr wurde ihr Wunsch erfüllt und ihr Schulweg halbiert.

In Giesensdorf genossen wir den Frühling, wanderten fast jeden Tag von unserer Haustür auf einem Nebenweg in den nahen Wald, erfreuten uns erst der weißen Buschwindröschen, dann der gelben Schlüsselblumen und in der Hitze des Sommers der schattenspendenden Buchen. Ausgangs des Dorfes wohnte das Ehepaar Stadler, die wir zunächst grüßten und dann näher kennenlernten. Evanthia war Griechin, Wolfgang war Deutscher, und schon bald nach ihrem Erscheinen freundeten sich unsere Kinder an und wir Eltern ebenso. Wolfgang betrieb auf seinem Grundstück eine private und primitive Autoreparaturwerkstatt, war aber sehr geschickt und geschäftstüchtig, machte aus drei Autowracks, die er billig erwarb, zwei fahrtüchtige Fahrzeuge, verkaufte sie für gutes Geld, zahlte aber keine Steuern. Stadlers waren wie wir sozialdemokratisch eingestellt, was die Bauern teils wussten, teils gerne gewusst hätten. Christa und ich machten aus unserem roten Herz kein Geheimnis und verteilten am helllichten Tag in der Woche vor den Landtagswahlen, von Hof zu Hof eilend, unsere Wahlwerbung, wohl wissend, dass die christlich-konservativen Bauern nicht umzustimmen waren. Unsere Zechgenossen aus Heinos Krug reagierten mit Bauernschläue und Bauernhumor, so dass wir zwei Tage nach unserer Propagandaaktion unser gesamtes Material wieder in unserem Briefkasten fanden.

Weniger Spaß hatte Wolfgang Stadler. Als er und Eva am Wahlsonntag, dem 25. April 1971, im Feuerwehrhaus wählen wollten, musste er feststellen, dass sein Stimmzettel, gewollt oder ungewollt, mit einer Currywurst gestempelt, also identifizierbar gemacht worden war. Wolfgang tobte und protestierte, sah das Wahlgeheimnis verletzt und forderte saubere Ersatzunterlagen. Das Wahlgeheimnis war trotzdem nicht garantiert, denn wenn nach dem Zuzug zweier Ehepaare unter den bisher üblichen schwarzen Bauernstimmen vier abweichende Stimmen auftauchten, dann konnten die – außer von Hartmanns – nur von Stadlers stammen.

Als ich im Frühjahr – nach Heinrichs Vorbereitung mit Pflug und Egge – mit der Gartenarbeit begann, erwarb ich sowohl das Wohlwollen der Bauern als auch meiner Schwiegereltern. Wer sich der

Natur widmet, sät, jätet und erntet, der ist mehr als ein lebensfremder Lehrer und linkischer Linker; den kann man für voll nehmen, und der gehört auch zu uns. Christas Vater hatte in Stolp in Pommern Haus und Garten besessen und setzte in Lübeck seine Liebe zur Gartenarbeit in einem angemieteten Schrebergarten fort. Bei ihren regelmäßigen Besuchen standen Christas Eltern uns in Haus und Garten mit Rat und Tat zur Seite, und wenn wir verreisten, wohnten sie in Giesensdorf, hüteten das Haus und gossen Gemüse und Blumen.

So oft der Revierförster in seinem offenen VW vorbeifuhr, grüßte er freundlich, bis er es für nötig hielt, anzuhalten, auszusteigen und dem jungen Paar Glück und Segen zu wünschen, worunter er vor allem Kindessegen verstand. *Ihr seid jung und gesund* – er benutzte wie selbstverständlich das ländliche Plural-Du – *und ihr seid groß und stark und intelligent, und da ist es dem deutschen Volk gegenüber eure Pflicht und Schuldigkeit, begabte Kinder in die Welt zu setzen. Wer sonst, wenn nicht solche wie ihr! Also: Auf die Plätze! Fertig! Los! Wir können die genetische Zukunft doch nicht Plebs und Pöbel überlassen.*

Aber nicht nur der patriotische Förster forderte, dass ich mich als Mann mit aller Kraft in den Dienst der Nation stellte, sondern auch der Staat.

Kaum hatten wir Giesensdorf zu unserem amtlichen Wohnsitz gemacht, kam das Kreiswehrersatzamt Bad Oldesloe dahinter, dass ich Bundesbürger war, ohne bisher bei den Wehrbehörden aktenkundig geworden zu sein, obgleich ich 1969 meinen ersten Wohnsitz ganz offiziell von Berlin nach Ratzeburg verlegt hatte. Aber dieser wehrtechnisch relevante Schritt war seinerzeit keinem Beamten aufgefallen. Nun aber erhielt ich ein in schönstem Beamtendeutsch verfasstes Schreiben, in dem ich auf den Zusammenhang zwischen Wohnsitz und Wehrpflicht hingewiesen wurde. Man merkt dem Brief das Entsetzen und die Empörung an, dass ich bisher dem Heldenhunting entgangen war. Der zuständige Sachbearbeiter forderte mich also eindringlich auf, meiner anonymen Zivilistenexistenz zugunsten einer perfekten Wehrüberwachung ein Ende zu machen. Wörtlich: *Sie haben also Vorsorge zu treffen, dass Mitteilungen der Wehrersatzbehörde sie unverzüglich erreichen.* Die Anrede *sie* war kleingeschrieben, woraus ich schloss, welch geringe Wertschätzung die Wehrpflichtigen genießen. Da ich schon mal am Mäkeln bin, will ich mir das Wort *Wehrersatzbehörde* vorknöpfen. Was heißt denn *Ersatz*? Nach meinem Sprachverständnis ist Ersatz ein Notbehelf, eine Variante von minderer Qualität, weshalb der Zivildienst im Volksmund als Ersatzdienst bezeichnet wird und offenbar weniger wichtig ist als der offizielle Wehrdienst. Oder heißt *Wehrersatzbehörde* umgekehrt, dass der Wehrdienst der Ersatz für den moralisch wertvolleren Zivildienst in Krankenhäusern, Altenheimen und Jugendherbergen ist? Gleichviel. Ich kehre zurück zum Schreiben des Kreiswehrersatzamtes. Das schloss mit drei hochnotpeinlichen Fragen:

1. Bei welchem Kreiswehrersatzamt haben Sie zuletzt in Wehrüberwachung gestanden?
2. Haben Sie den Wehrdienst bereits geleistet?
3. Wo wurden Sie erfasst, befreit oder ausgemustert?

Ich schrieb sofort zurück: *Meine Antworten auf Ihre Fragen möchte ich wie folgt formulieren:*
Zu 1: Ist mir nicht bekannt. Ich wurde nicht, jedenfalls nicht so, dass ich es merkte, überwacht.
Zu 2: Nein.
Zu 3: Nirgends.

Ergänzend fügte ich hinzu, dass ich für den Fall, dass man mir den Wehrdienst abverlangen würde, diesen sofort mit guten Gründen verweigern müsste. Im Übrigen sei ich ein gutes Jahrzehnt als Berliner vom Wehrdienst befreit gewesen und hatte nur deshalb auf dieses wohnsitzbedingte Privileg verzichtet, weil es mir seinerzeit nur als Bundesbürger, nicht aber als Westberliner möglich war, in die Hauptstadt der DDR einzureisen, um dort meine Verwandten zu besuchen und mich vor Ort über das andere Deutschland zu informieren und mich mit der entsprechenden Literatur zu versorgen.

Das Kreiswehrersatzamt ließ mich hinfort in Ruhe und machte keine Ansprüche auf meine Person geltend. Entweder war ich ihnen mit 32 zu alt für einen Primärwehrdienst oder sie hielten einen regelmäßigen Ostberlinbesucher im Falle einer Kasernierung für untauglich, wenn nicht gar schädlich, da ja nicht auszuschließen war, dass er die jungen, unbedarften Kameraden kommunistisch beeinflussen würde. Oder sie hatten ganz einfach kein Interesse an einem verheirateten Studienrat, der bestimmt keinen pflegeleichten Rekrut abgeben würde, sondern eher einen renitenten Besserwisser mit ansteckender Wirkung auf die Kompanie. Ich konnte mich also, unbehelligt von jedem Gestellungsbefehl, meinem Leben als Lehrer und Ehemann hingeben. Dass unsere Ehe etwas Besonderes war, habe ich ja schon mehrfach angedeutet. Die meisten Eheleute haben sich in einem gemeinsamen Kreis kennengelernt, im Kiez, in der Schule, im Studium, im Beruf oder im Sportverein, langsam war aus der platonischen Freundschaft erotische Zuneigung geworden, und auf der dann endlich anberaumten Hochzeit kannte jeder jeden.

Ganz anders bei Christa und mir. Wir gingen schnell und entschlossen aufeinander zu, waren uns nach wenigen Tagen einig, und als wir heirateten, kannten wir uns kaum, und ihre Freunde die meinen und meine die ihren überhaupt nicht.

Unsere kommunikative Aufgabe bestand folglich vordringlich darin, durch Einladungen und Besuche einen deckungsgleichen Freundeskreis aufzubauen, wobei Ratzeburg, Lübeck und Berlin die wichtigsten Schauplätze waren. Nachdem Christa in der Ratzeburger Vorstadtschule Fuß gefasst hatte, freundete sie sich schon bald mit einigen jüngeren Kolleginnen und Kollegen an, und schon bald gingen die Einladungen hin und her. Es blieb nicht beim Essen und Trinken, denn da die beteiligten Männer mehr oder weniger sportlich waren, verbanden wir den sonntäglichen Brunch mit einem gemächlichen Waldlauf, während sich die Damen anspruchsvoll unterhielten.

Gut in Erinnerung ist mir noch eines der Treffen bei uns in Giesensdorf. Während wir Männer im Wald unterwegs waren, führte die örtliche Feuerwehr vor unserer Haustür unter Verwendung des Wassers aus dem Dorfteich ihre zielgerichteten Spritzübungen durch, was damit endete, dass, da es schon längere Zeit nicht geregnet hatte, die hilfsbereiten Blauröcke – sei es auf Anregung des Feuerwehrhauptmanns Heinrich Meyer, sei es auf Christas Bitte hin – unseren Garten mit scharfem Strahl unter Wasser setzen. Aber gut gemeint ist nicht immer gut gelungen. Meine Kartoffeln und Dahlienknollen waren nicht nur bewässert, sondern auch freigespült worden, und ich musste nicht nur den Schaden mit Spaten und

Harke beheben, sondern mich zusätzlich auch noch für das Unheil bedanken. Vier Wochen später, anlässlich der nächsten Wehrübung, die wie üblich im Spritzenhaus bei Bier und Korn ausklang, stattete ich auf Christas Anraten mit einer Flasche Schnaps – als Dank für den Flurschaden– der Versammlung meinen Besuch ab. Mein Präsent und ich wurden begeistert empfangen, doch verursachte mein unerwartetes Erscheinen ein ernstes Problem.

Man saß, konservativ wie man war, in geordneter Hierarchie. An der Spitze der Tafel präsidierte der Wehrführer, halbrechts neben ihm hatte der Bürgermeister seinen festen Platz, dann folgten an den beiden Längsseiten die Bauern, dann deren Söhne, dann die Knechte und ganz am Ende die Söhne der Knechte. Aber wo war ich zu platzieren? Als landloser Dorfbewohner, der *nix unner de Föt hat,* genau wie die Knechte, gehörte ich eigentlich ganz nach hinten, andererseits war ich Akademiker und Ehrengast, was schließlich hinsichtlich der Sitzordnung berücksichtigt werden musste. Und das geschah dann auch. Heinrich holte einen Stuhl herbei, stellte ihn links von sich, dem Bürgermeister gegenüber, an die Tafel, die anderen rückten zusammen, und dann nahm der Umtrunk seinen Fortgang. Auch hier herrschte Ordnung, in regelmäßigem Wechsel wurden Bier und Korn vertilgt, und ich musste mithalten, einerseits um Höflichkeit, andererseits um Männlichkeit zu bekunden, die in Feuerwehrkreisen mit Trinkfestigkeit identisch ist. Aber daran fehlte es mir. Zwar kann ich einige Biere so einigermaßen vertragen, aber das kommentmäßige Wechselspiel der Getränke bekam mir nicht und verursachte einen schweren Kopf und weiche Knie. Als die Sitzung aufgehoben wurde und alles nach Hause strömte, war ich nicht mehr in der Lage, mein Rad zu besteigen, das mir nun als rollende Stütze diente. Auf Umwegen, indem ich nämlich in Form von Sinuskurven die ganze Breite des Weges in Anspruch nahm, kam ich mit Mühe nach Hause, wo mich Christa, die ja nicht ganz unschuldig an meinem Schicksal war, mit liebevollem Mitgefühl tröstete, mich ins Bett steckte und mir die waagerechte Variante der Ausnüchterung nahelegte.

Nicht lange – und sie machte eine sehr ähnliche Erfahrung. Heimgesucht von Schnupfen, Husten, Heiserkeit und Halsschmerzen, war sie nicht davon abzubringen, bei Heino unser obligates

Abendbier zu nehmen. Am Tresen klagte sie den Bauern ihr Leid, die es an Mitleid und guten Ratschlägen nicht fehlen ließen, speziell auf die medizinische Wunderwirkung von *Escorial grün* verwiesen und reihum einen Schnaps nach dem anderen spendierten. Und wirklich: Die Wirkung blieb nicht aus, am nächsten Tag war die Erkältung spurlos verschwunden, aber zunächst machte die Nebenwirkung sich breit. Nach einem halben Dutzend Escorial grün war Christa derart blau, dass sie zwar noch sitzen, aber kaum noch stehen und erst recht nicht gehen konnte. Der Heimweg war mehr als mühsam und am nächsten Tag der Weg zur Schule unmöglich. Ich informierte ihre Konrektorin, verwies auf die Unpässlichkeit meiner Frau, nannte die Erkältung, aber nicht den Kater, verschwieg also die Folgen des alkoholintensiven Heilungsversuchs.

Christas Rausch hatte Folgen. Ihr wurde klar, dass sie mir gegenüber benachteiligt war. Wenn wir auswärts, in Ratzeburg oder Lübeck, mit Freunden feierten, konnte ich nach Herzenslust trinken, sie aber musste sich mit Rücksicht auf die Heimfahrt – und auf ihren Führerschein – zurückhalten. Sie litt zwar nicht gerade unter dieser Quasiabstinenz, empfand unsere verkehrstechnische Arbeitsteilung aber als ungerecht und zog Konsequenzen. Eines schönen Nachmittags sprang sie nach unserem Mittagsschlaf spontan aus dem Bett, rannte zum Telefon, blätterte im Telefonbuch, wählte die Nummer des gewünschten Teilnehmers und sagte kurz und knapp: *Ich möchte meinen Mann bei Ihnen anmelden.* Dem Chef der Fahrschule verschlug es die Sprache. Dass Männer ihre Frauen anmeldeten, war die Regel, das Umgekehrte hatte er noch nie erlebt.

Fortan musste ich also mal wieder die Schulbank drücken und an den Theoriestunden teilnehmen, aber nicht lange, dann sagte der Chef: *Wissen Sie, was Sie wissen müssen, können Sie sich auch selber beibringen. Hier sind die entsprechenden Unterlagen.* Hinsichtlich der praktischen Fahrübungen einigten wir uns auf einen Zeitplan, alle zwei, drei Tage wurde ich in meinen Freistunden von der Schule abgeholt, fuhr kreuz und quer durch Ratzeburg und dann zurück an meinen Arbeitsplatz. Nach ein paar Wochen und nach einer Nacht-, einer Autobahn-, und einer Großstadtfahrt (nach Lübeck) war ich reif für die Prüfung.

An dem vorgesehenen Termin versammelten meine Mitkandidaten und ich uns im Schulungsraum der Fahrschule, erhielten von einem ernst dreinblickenden Prüfungsbeamten unsere Fragebogen und mussten antworten, indem wir an den richtigen Stellen unsere Kreuze machten. Wir Prüflinge bildeten einen repräsentativen Querschnitt durch die bundesdeutsche Bevölkerung, Frauen und Männer, Junge und Alte, Arbeiter und Angestellte. Nach fünf Minuten war ich fertig. Als ich aufblicke, sah ich nur Menschen, die sich mit hängenden Köpfen über ihre Aufgaben beugten, hochkonzentriert, angestrengt, einige schwitzend, andere mit hochrotem Kopf. Ich war verunsichert. Wenn die anderen Aspiranten derart intensiv grübelten, hatte ich die Fragen wohl unterschätzt oder einiges übersehen und zu vorschnell geantwortet. Ich ging die Aufgaben noch einmal durch, kam zu den gleichen Ergebnissen und war nach wie vor als Einziger fertig. Wahrscheinlich mühten sich die anderen nicht nur mit den Aufgaben als solchen ab, sondern auch mit der Entzifferung der Fragen.

Ich gab meinen Fragebogen ab, der Prüfer legte die Schablone an, sagte *Okay* und *Sie können fahren* und überließ mich einem Kollegen zwecks Durchführung der praktischen Fahrprüfung.

Bis heute bin ich ein langsamer, vorsichtiger, ja ängstlicher, also schlechter Autofahrer, ich passe mich nicht dem Verkehrsfluss an, sondern blockiere diesen durch meine Trägheit. Aber an diesem 19. November 1971 war meine Fahrweise das genau Richtige. Es hatte über Nacht den ersten Schnee gegeben, die Straßen waren glatt und matschig und mein träger Fahrstil durchaus zu rechtfertigen. Bei der Übergabe des Führerscheins monierte der Prüfer zwar mein Schleichen, räumte aber ein, dass ich mich heute den Straßenverhältnissen perfekt angepasst hätte und ab sofort mit einem Fahrzeug mit Verbrennungsmotor auf die motorisierte Menschheit losgelassen werden könne. *Das schlechte Wetter hat Ihnen gut getan, aber ein bisschen Glück gehört zu jeder Prüfung.*

Mein Führerschein war, ganz im Sinne dieses Kapitels, ein weiterer Beleg für die Normalisierung meines Lebens. Denn es war nur normal und gerecht, wenn Christa und ich uns in Zukunft auf der Heimfahrt von üppigen Gelagen mit Freunden am Steuer abwechselten, ebenso auf unseren Autoreisen, die wir in unseren Oster-

und Herbstferien unternahmen. Wir machten eine Kulturtour durch Süddeutschland, ins Rheinland oder an die Nordsee, meist mit oder zu dort ansässigen Freunden. Immer wieder zog es uns nach Berlin.

Doch für unsere großen Haupt- und Sommerreisen benutzten wir 1971 und 1972 das Flugzeug. Unser Ziel war beide Male mein geliebtes Kreta. Aber anders als auf den Wanderungen mit meinen Berliner Freunden (1965) und mit meinem Referendarfreund Dietmar (1969), als wir mit Ruck- und Schlafsack unterwegs waren, wählten Christa und ich eine bürgerliche und konventionelle Reisevariante und bezogen ein Hotel in Agios Nikolaos. Die Insel erkundeten wir meist per Bus, wanderten aber auch größere Strecken über Land, nachdem ich Christa für diese sportliche, mühsame und schweißtreibende Art der Fortbewegung begeistert hatte. Wir zogen, damals ein Kreta-Muss, durch die Samaria-Schlucht, besuchten die vermeintliche Geburtshöhle des Gottvaters Zeus, die minoischen Ausgrabungsstätten von Knossos und Phaistos sowie die Kirchen von Kritsa und Kroustas, nicht weit von Agios Nikolaos. Unterwegs erfrischten und stärkten wir uns mit Orangeade und Kaffee, Brot und Salat und wurden immer freundlich und gastfreundlich empfangen.

Da ich von meinen früheren Reisen noch über einen griechischen Wortschatz von knapp 100 Begriffen verfügte, konnte ich den Wirt mit den passenden Höflichkeitsfloskeln begrüßen und meine präzise Bestellung aufgeben. Er war hocherfreut, endlich einmal Gäste zu haben, mit denen er sich in seiner Muttersprache unterhalten konnte, begann mit kretischer Beredsamkeit und Geschwindigkeit ein Gespräch, zu dem es dann aber leider nicht kam. Enttäuscht musste der gute Mann feststellen, dass er bei uns auf taube Ohren stieß und dass ich ihn mit meinem Minivokabular bösartig hinters Licht geführt hatte.

Insgesamt wohnten wir 1971 ganze vier Wochen auf Kreta und beschlossen, zwischendurch als Reise in der Reise mit der Fähre zum Piräus überzusetzen und von dort nach Athen zu fahren. Dort besuchten wir, was jeder Gebildete anstrebt, antike Tempel und orthodoxe Kirchen, Märkte und Museen und natürlich die Akropolis. Schon früh am Morgen, noch vor dem Ansturm der Reisegruppen, stiegen wir hoch zu den Propyläen, machten eine erste Rast und amüsierten uns über die Touristen. Diese sind durch zwei typische Merkmale charakterisiert. Sie sind immer in Eile und Ungeduld, weil sie möglichst viele Ziele erreichen und abhaken wollen und sie fotografieren, was ihnen vor die Linse kommt.

Der heilige Weg auf den Tempelberg schlängelt sich in zahlreichen Kurven nach oben und ist nach einer Benutzung von zweieinhalb Tausend Jahren spiegelglatt. An einer Stelle gibt es eine Abkürzung, die aber besonders abschüssig ist. Nicht weit von dieser tückischen Stelle nahmen Christa und ich auf einem Felsbrocken Platz und warteten. Man konnte vorhersagen, was passieren würde. Näherte sich ein Pärchen, dann wollte der Partner der Partnerin zeigen, wie sportlich und leichtfüßig er ist, wählte die glatte und steile Abkürzung, tänzelte elegant seines Weges, rutschte aus und schlug der Länge nach hin. Die nachfolgenden Herren wurden aus dem Schaden ihrer Vorgänger nicht klug, wollten es besser machen und gingen ebenso in die Knie oder gar k.o.

Ein paar Schritte weiter gab es für uns ein zweites Vergnügen, das ebenfalls mit Nachahmung und Wiederholung zu tun hatte und das wir sogar selbst inszenierten. Dort befand sich eine niedrige und breite Begrenzungsmauer, von der aus man, hatte man sie erstiegen, einen ungehinderten Blick auf einen riesigen Parkplatz hatte.

Ich ging von hinten auf diese etwa 5 Meter lange Mauer, stellte mich vorne hin, hantierte an meinem Fotoapparat und tat, als wollte ich die unten im Tal aufgereihten Busse und Autos aufnehmen. Nun ist zwar ein Parkplatz für Boote – also ein Hafen – ein beliebtes Fotomotiv, und das sicher mit Recht, aber dass man eine Fläche aus Bus- und Autodächern mit der Kamera festhalten will, ist doch eher unwahrscheinlich.

Anders hier auf der Akropolis. Der Mensch ist ein Gewohnheitstier, was einer tut, machen die anderen nach. Mein fotografisches Interesse fand sofort Nachahmer, hinter mir bildete sich eine geduldige Schlange, man wartete, bis ich meine Poleposition aufgab, rückte nach, fotografierte, sprang von der Mauer, machte dem Nächsten Platz und so ad infinitum. Die Schlange erregte allgemeines Interesse, immer neue Fotofans stellten sich hinten an, die Kontinuität der Warteschlange riss einfach nicht ab, bis gegen Mittag der Ansturm der Busladungen nachließ und die Touristen aus Angst vor der Mittagshitze die baum- und schattenlose Akropolis fluchtartig verließen.

Wir blieben und genossen die hellste Zeit des Tages hier oben zwischen den Tempeln, es war die Stunde des Pan, es herrschte absolute Ruhe, nichts und niemand störte uns, als wir die Koren am Erechtheion bewunderten und den Säulenwald des Parthenontempels. Ich erinnerte mich von meinen früheren Athenbesuchen her an die Faszination, die von der menschenleeren Akropolis ausgeht.

Abends saßen wir auf den Stufen des Niketempels und blickten schweigend über den Hafen des Piräus und über das feuerrot wogende Meer hinweg in den Sonnenuntergang.

Unten in Athen, in der staubigen, hektischen Stadt, hatte Christa plötzlich ein typisches Damenproblem. Sie musste. Aber wo? Die öffentlichen Bedürfnisanstalten in südlichen Großstädten sind eher abschreckend als einladend. Eine Ausnahme bilden nur die gepflegten Angebote in Museen und Fünfsternehotels. Und in einem solchen wurde Christa dann auch aktiv.

Ein Bus mit amerikanischen Touristinnen, erkennbar an ihrem Slang und ihren violetten Dauerwellen, hatte gerade vor einer vielversprechenden Edelherberge festgemacht. Die Damen strömten in die Vorhalle und stellten sich brav an – so wie meine Fotografen auf der Akropolis – , um ihre Zimmerschlüssel in Empfang zu nehmen. Christa reihte sich ein und suchte, nach allen Seiten blickend, nach einer Tür, hinter der das Ziel ihrer Bedürfnisse und Wünsche zu vermuten war. Plötzlich hatte sie einen Schlüssel in der Hand, den sie aber sofort an ihre Hintermännin weiterreichte, und verschwand aus der Schlange, denn inzwischen hatte sie herausbekommen, wo sie verschwinden konnte. Mir draußen Wartendem erzählte sie dann von ihrer Toiletten-Odyssee, was uns auf einen sehr vernünftigen Gedanken brachte: Wie wäre es, wenn wir einen Toiletten-Baedeker herausbringen, mit detaillierten Stadtplänen und objektiver Bewertung der zu besuchenden Objekte anhand der bewährten Sternekategorien? Bisher sind wir noch nicht dazu gekommen, obgleich innerhalb der ausufernden Reiseliteratur für ein solches ästhetisches und hygienisches Standardwerk über Bedürfnisanstalten ein begründeter Bedarf besteht.

So gerne wir reisten, so gerne waren wir auch Gastgeber. Wir führten ein offenes Haus, offen für alle, für nahe und entfernte Verwandte, für alte und neue Freunde, für Kollegen aus Christas und meiner Schule, für Parteifreunde und Sportfreunde und – theoretisch sogar für sogenannte Terroristen. Die waren links wie wir, hatten aus dem Scheitern ihrer revolutionären Ideale die Konsequenzen gezogen, Gewalt anzuwenden, waren aus Enttäuschung zu Kriminellen geworden, was uns an Schillers Erzählung vom *Verbrecher aus verlorener Ehre* (hier: aus gescheiterten Idealen) erinnerte. Ihr Tun war nicht gutzuheißen, natürlich nicht, aber doch zu erklären.

Irgendwie hatte man Mitleid mit ihrem Schicksal angesichts der Hetzjagd, der sie auf ihrem Irrweg ausgesetzt waren, in dem Krieg, den, wie Böll sagte, 60 Millionen gegen 6 führten. Bevor sie im Juni 1972 festgenommen wurden, malten Christa und ich uns unter vier Augen aus, wie wir reagieren würden, wenn eines späten Abends Ulrike Meinhof vor der Tür stände, um in abgelegener ländlicher Gegend, also bei uns, ein paar Tage Unterkunft und Unterschlupf zu finden. Unsere Debatten führten zu keinem Ergebnis und blieben reine Theorie, denn zum Glück wurden wir nie auf die Probe gestellt. Aber unser Spekulieren zeigt doch, wie sehr die Bundesbürger in den Siebzigerjahren vom Baader-Meinhof-Komplex berührt waren und höchst unterschiedlich reagierten. Unserem Mitleid und Erklärungsbemühen, auch wenn wir keine Sympathisanten waren, standen bei der Mehrzahl meiner Kollegen Panik, Kriegsstimmung, Hass sowie Straf- und Rachebedürfnis gegenüber. Ich erinnere mich noch genau, wie am 1. Juni 1972, kurz vor Beginn einer Konferenz, ein älterer Kollege erregt ins Lehrerzimmer stürzte und triumphierend seine Stimme erhob: *Haben Sie gehört? Es kam eben in den Nachrichten. Holger Meins ist gefasst!* Er ähnelte dem Boten, der die Siegesmeldung von Marathon nach Athen gebracht hatte, auch wenn er nach seiner stolzen Botschaft nicht wie dieser tot umfiel. Aber etwas Schaum vorm Mund hatte er wohl auch.

Im Großen und Ganzen berührte uns die Baader-Meinhof-Dramatik jedoch herzlich wenig, schließlich zählten wir nicht zu den kapitalistischen Gallionsfiguren der Bundesrepublik, mussten also keine Angst vor Entführung oder Attentat haben. Wir lebten unser supernormales Privatleben, in der Woche mit Schul- und Gartenarbeit, Spazier- und Kneipengängen und am Wochenende mit Christas Eltern oder Freunden. Dann war stets ein Bouletournier angesagt, in dessen Verlauf der Weg vor unserem Haus voller bunter Plastikkugeln lag, die sich je nach Glück und Geschick oder Untauglichkeit der Würfe in großer oder geringer Entfernung um die kleine Zielkugel gruppierten. Kam Heinrich Meyer auf dem Heimweg von der Feldarbeit mit seinem Traktor vorüber, dann demonstrierte er stolz sein fahrerisches Können und fuhr in gezielten Slalomlinien um die farbigen Hindernisse herum.

Aber manchmal gab es auch Ärger, wenn auch nicht mit den Bauern, sondern mit den Jägern. Als unsere Gäste und wir auf einem ausgedehnten Abendspaziergang durch Wald und Moor an eine Lichtung kamen, blieben wir wie angewurzelt stehen und bewunderten wortlos die blühende Waldwiese. Der romantische Eindruck hatte uns die Sprache verschlagen. Aber nach geraumer Zeit begannen wir doch, uns zu unterhalten und philosophierten über das Schöne im Allgemeinen und über das Naturschöne im Besonderen, bis sich plötzlich von hoch oben aus der Krone einer starken Buche eine derbe und erregte Männerstimme vernehmen ließ: *Können Sie nicht ruhig sein? Ich bin extra von Hannover angereist und warte hier auf meinem Hochsitz auf den ersehnten Bock, und den haben Sie jetzt mit Ihrem Geschwätz vertrieben, und ich kann unverrichteter Dinge nach Hause fahren.* Wir entschuldigten uns zwar, waren mit klammheimlicher Schadenfreude jedoch stolz über unsere Rehrettung.

Nicht sehr viel anders verlief unser zweites Jagdabenteuer. Bei meinen Läufen um den Behlendorfer See hatte ich festgestellt, dass eine großflächige Wiese in Ufernähe frisch gemäht und das Heu bereits eingebracht worden war. Ein idealer Fußballplatz, und den wollten meine auswärtigen und Ratzeburger Freunde auf meinen Vorschlag hin zu einem Match nutzen. Zehn Mann hoch, wenn nicht mehr. Schnell waren zwei Teams gebildet, und dann ging es auf in den Kampf, mit Ehrgeiz, Einsatz und Gebrüll und ohne Rücksicht auf blaue Flecken und sonstige Blessuren. Kaum waren die ersten Tore gefallen, da war ein Landrover zur Stelle, dem der örtliche Gutsherr entstieg und der sich empört zeigte über unser Spiel auf seiner Wiese. Ich gab ihm zu bedenken, dass wir uns extra eine gemähte Wiese für unser Match ausgesucht hätten, um nur keinen Flurschaden zu verursachen. Er würdigte zwar unsere Rücksichtnahme, ließ aber in seinem Zorn nicht nach: *Ich habe heute Abend ein paar Freunde zu Gast, aber mit Ihrem Lärm haben Sie meine Rehe eingeschüchtert und in die Dickungen getrieben. Nur mit viel Glück und bei absoluter Ruhe kommen uns die Rehe heute Abend vielleicht doch noch vor die Flinte.* Wir zogen von dannen, wieder als potenzielle Rehretter, und mussten uns vor unserer Tür mit einer Runde Boule begnügen.

Was Pflicht und Neigung sowie den zeitlichen Aufwand anbelangt, spielte die Schule in unserem tagtäglichen Leben natürlich die Hauptrolle. Als junge Lehrkraft engagiert man sich, sucht Erfolg und Anerkennung und will sich von dem konservativen Herkommen und Personal unterscheiden. Und diesem Bestreben kam der Geist der Zeit entgegen. Willy Brandts Reformpolitik hatte auch ins Bildungswesen Bewegung gebracht, und viele Lehrer und Hochschullehrer, vor allem die jüngeren, spielten dabei mit,

Schon bevor es schulrechtlich offiziell festgelegt wurde, konnte an unserer Schule die Mehrheit der Geschichtslehrer durchsetzen, dass wir in der Oberstufe in unserem Fach spezielle Kurse anboten. Die Schüler konnten den Klassenverband verlassen und sich den Kursleiter und das von ihm präsentierte Thema aussuchen. Als Pazifist schlug ich vor, die großen Friedensschlüsse nach den großen Kriegen (vom Westfälischen Frieden bis zum Potsdamer Abkommen) und überhaupt die Möglichkeit von Frieden und Friedenssicherung zu behandeln – einschließlich der philosophisch-politischen Abhandlung *Zum ewigen Frieden* von Immanuel Kant. Meist entschieden sich die jungen Leute bei ihrer Wahl für den Kollegen, der ihnen aus der Mittelstufe vertraut war, so dass sie zu wissen glaubten, woran sie waren. Später gab dann eher das Kursthema den Ausschlag. Als ich mein mehr zeitgeschichtlich als geschichtlich ausgerichtetes Projekt *Verfassung und Verfassungswirklichkeit* anbot, stellten sich vor allem die von der Studentenbewegung beeinflussten sozialistischen und kommunistischen Primanerinnen und Primaner ein. Aber auch Detlev von Gudow auf Gudow. Der stammte aus dem reichsten und einflussreichsten Geschlecht des Herzogtums

Lauenburg, dessen Familienoberhaupt seit Generationen der regionalen Adelsvertretung, also dem Lauenburgischen Oberhaus, vorsaß und bis heute den edlen Titel *Erblandmarschall* führt. Detlev hatte ich in der Mittelstufe zwei Jahre lang unterrichtet, und er war – kein Wunder bei seiner Herkunft – historisch sehr interessiert, genau wie sein hochintelligenter Banknachbar Klaus Schuboll, der Sohn eines Kleinkrämers war. Beide fanden sich nun in meinem politischen Kurs ein, saßen aber nicht mehr nebeneinander, denn die historische Freundschaft hatte sich ins Gegenteil verkehrt, seit Detlev aus seiner erzkonservativen Gesinnung keinen Hehl machte und Klaus erklärter Kapitalismuskritiker geworden war, weil der kleine Lebensmittelladen seines Vaters unter dem Konkurrenzdruck der aufblühenden Supermärkte langsam aber sicher auf seinen Ruin zusteuerte.

Der ideologische Gegensatz der beiden ehemaligen Freunde kam mir und meinem Unterricht sehr zugute. Meine Stunden waren lebendig und spannend, ich musste die Diskussion gar nicht erst durch provozierende Fragen oder gewagte Thesen in Gang bringen, denn es lief alles wie von selbst. Ich brauchte nur einen konkreten oder abstrakten Begriff wie *Käse* oder *Freiheit* in die Arena zu werfen, und schon legten die beiden Kontrahenten los, sprachen über die Probleme der Milchwirtschaft aus Sicht der Großagrarier und über das Zusatzgeschäft mit Milchprodukten aus Sicht des Kleinhandels. Bald waren die beiden bei der freien Marktwirtschaft, ihrer Notwendigkeit und ihren Nachteilen. Dann musste ich nur noch das Thema *Freiheit* im Allgemeinen ansprechen, und schon plädierte der eine für die ungehinderte Freiheit der Starken und der andere, wie im Grundgesetz festgelegt, für soziale Gleichheit und Gerechtigkeit zugunsten der Mehrheit der Menschen. Die Debatte lief wie geschmiert, jeder der beiden Wortführer hatte einen mehr oder weniger großen Anhang von Fans hinter sich, die ihrem Vorreiter mit Argumenten oder wenigstens mit Applaus zu Hilfe kamen, wobei sich, dem Geist der Zeit entsprechend, Klaus und die Seinen dem jungen Herrn von und auf Gudow und seiner Partei sowohl quantitativ als auch qualitativ überlegen erwiesen. Der Kurs genoss den Streit, denn jeder, der wollte, konnte mitmachen, und wer sich drücken wollte, konnte untertauchen und unter der Bank die Mathehausaufgaben abschreiben.

In meinem anderen Fach gab es in den Siebzigerjahren ebenfalls erhebliche Veränderungen, erst unter den progressiven Lehrern und dann ganz offiziell in einigen Landeslehrplänen, zum Beispiel in dem des damals noch roten Landes Hessen. Mit meinem väterlichen Mentor und Freund Siggi Franz war ich mir einig – wie schon in der Bartaffäre. Wir erarbeiteten ohne Wissen der Schulleitung ein eigenes und eigenwilliges Konzept, in dem wir zwar an den überkommenen Balladen, Novellen, Dramen, Romanen und lyrischen Gedichten festhielten, aber die damals übliche werkimmanente Interpretation verwarfen, das heißt, wir hielten es für nötig und zeitgemäß, mit moderneren Methoden an die Texte heranzugehen und sie mit psychologischen, soziologischen, ja, marxistischen Fragestellungen zu erschließen.

Außerdem wollten wir uns nicht länger auf die schöne Literatur beschränken, sondern uns selber und die Schüler mit dem Wesen der Sprache und der Verständigung vertraut machen. Linguistik und Kommunikationstheorie machten sich damals an den Universitäten breit und konkurrierten mit der klassischen Literaturwissenschaft. Hinzu kam ein sozialer und soziologischer Aspekt. Aus politischen Gründen stellte sich gleichzeitig die Frage, wie man die Bildungsreserven besser ausschöpfen könnte, indem man die Kinder der unteren Schichten gezielt förderte und zwar vor allem sprachlich. So entwickelte sich neben der allgemeinen Linguistik als besondere Disziplin die Soziolinguistik. Grundgedanke war die These, dass die Kinder der Arbeiter und Bauern gerade wegen ihrer sprachlichen Defizite in der Schule versagen, dass also das A und O des Schulerfolges die Sprachförderung sei. Schnell kam das Schlagwort von der *kompensatorischen Spracherziehung* in Mode.

Gefordert waren jetzt vor allem die Lehrkräfte an den Grundschulen, so auch Christa, die, nachdem sie von mir soziolinguistisch infiziert war, in ihrer Dorfschule den Deutschunterricht entsprechend umgestaltete. Plötzlich erschien die Tochter des Schulleiters auf der Bildfläche und bat Christa, in ihrer 4. Klasse soziolinguistische Tests und Unterrichtsversuche durchführen zu dürfen. Doris studierte seit Kurzem Deutsch als Hauptfach an der Pädagogischen Hochschule Kiel. Wenn sie sich mit Christa über ihr Projekt absprach, berief sie sich immer wieder auf *Herrn Franz,* der ihr dies oder jenes zu tun vorgeschlagen hatte. Er war ihr Abiturlehrer gewesen, und sie hatte nach Jungmädchenart für ihn geschwärmt – und er als ehemüder Mittvierziger nicht minder für sie. Als Christa mich am letzten Schultag vor den Osterferien, von Sterley kommend, in der Gelehrtenschule abholte, erzählte sie, dass Doris ihr voller Stolz verraten habe, zu einem Osterurlaub auf Sylt eingeladen worden zu sein. *Ach*, sagte ich, *aha, auch Siggi Franz fährt nach Sylt.* Damit wussten wir als Erste und Einzige, was wenig später zu einer offiziellen Ehescheidung und Eheschließung führte.

Christa musste drei Jahre nach ihrem Examen so langsam daran denken, ihre zweite Lehrerprüfung abzulegen. Über das Thema ihrer schriftlichen Arbeit mussten wir nicht lange nachdenken, es musste selbstverständlich mit kompensatorischer Spracherziehung zu tun haben und wurde vom Kreisschulrat anstandslos akzeptiert. Der Zufall wollte es, dass die PH Kiel genau zu diesem Thema eine zweistündige Übung anbot. Allerdings stand der Übungsleiter noch nicht fest, das Vorlesungsverzeichnis nannte nur den anonymen Dozenten *NN*. Dennoch machten Christa und ich uns auf den Weg nach Kiel, um Genaueres zu erfahren, nämlich ob und wenn ja von wem die angekündigte Übung durchgeführt würde. Schließlich passte das Thema wie's Gesäß auf's Gefäß und war eine ideale Ergänzung zu Christas Examensplänen. Gerne wollte sie, in Erinnerung an ihre schöne Studienzeit, einmal pro Woche nach Kiel fahren und noch einmal die Hochschulbank drücken. Aber als Christa im Sekretariat vorsprach, musste sie sich sagen lassen, dass besagte Lehrveranstaltung mangels geeigneten Lehrpersonals ersatzlos gestrichen sei. *Dann kann das doch mein Mann machen,* sagte Christa kess und ironisch. *Was macht denn Ihr Mann?,* wollte die Sekretärin wissen, wohl eher aus weiblicher Neugier denn aus ernstgemeintem Interesse. *Mein Mann hat Germanistik und Geschichte studiert und unterrichtet an der Lauenburgischen Gelehrtenschule Ratzeburg.* Die Sekretärin nahm die knappe Auskunft kommentarlos zur Kenntnis. Da Christa sich jedoch zu Beginn des Gesprächs als ehemalige PH-Studentin und mit Namen vorgestellt hatte, verfügte man in Kiel über einige meiner Personalien – und rief drei Tage später an. Wenn ich bereit sei, die Übung zum Thema *kompensatorische Spracherziehung* durchzuführen, müsste ich mich möglichst bald zu einem Vorstellungs- und Einstellungsgespräch beim Herrn Rektor Braun einfinden. Ich sagte zu und vereinbarte einen Termin.

So kess, wie Christa mich vorgeschlagen hatte, so kess ging ich auf das Angebot ein. Ein paar Tage später war ich schon wieder in Kiel. Ich hatte ein Konzept vorbereitet und erläuterte es Professor Braun, der übrigens auch Germanist war. In den Mittelpunkt stellte ich das soziolinguistische Dreieck, das heißt den Zusammenhang zwischen sozialer Herkunft, Intelligenz und Sprachkompetenz, die in hohem Maße Einfluss auf den Schulerfolg haben beziehungsweise mit diesem korrelieren. In meinem Seminar wollte ich Referate vergeben, in denen die Studierenden die Begriffe *soziale Schicht, Intelligenz* und *Sprachkompetenz* definieren sollten, und zwar anhand von Beruf, Einkommen, Vermögen und Bildungsstand beziehungsweise anhand der mit den üblichen Methoden vorgenommenen Messung des Intelligenzquotienten (IQ) beziehungsweise durch die Überprüfung des Wortschatzes und der syntaktischen Vielfalt. Darüber hinaus sollte der Zusammenhang zwischen Sprachkompetenz und Intelligenz in Verbindung gebracht werden mit dem Wechselspiel von Sprachen und Denken. Ziel meiner Lehrveranstaltung war es aber letztendlich, Methoden zur Sprachförderung und entsprechende Unterrichtsmodelle zu entwickeln. Dazu waren Sprech- und Schreibanlässe zu schaffen, um die sprachlich retardierten und gehemmten Schüler aus ihrer quasi autistischen Reserve zu locken. Der pädagogischen Fantasie war hier keine Grenze gesetzt.

Rektor Braun segnete mein Konzept ab, und so trat ich nach der Genehmigung meines Schulleiters meinen interessanten Nebenjob an.

Als Lehrer war ich gewohnt, Diskussionen anzuregen, und so kam es im Anschluss an die Referate zu lebhaften Auseinandersetzungen. Der Rektor hatte durch Befragen der Studentinnen und Studenten erkundet, dass sie mit meiner Veranstaltung hochzufrieden waren, so dass mein Vertrag von Semester zu Semester verlängert wurde. Das Interesse der Studenten war bald so groß, dass ich den Kurs teilen und jeden Montagnachmittag zwei Übungen hintereinander durchführen musste.

Zu Beginn des Wintersemesters 1972/73 tobte der Wahlkampf im Vorfeld der vorgezogenen Neuwahlen, wobei die Parteien sich nichts schenkten und mit Vorwürfen an die Gegenseite nicht sparten. So zum Beispiel wartete die CDU mit dem Slogan auf: *Die Regierung ist gescheitert.* Ganz Kiel war mit diesem Mauvaismot vollgepflastert. Ich ärgerte mich – und ich sann auf linguistische Gegenwehr. Mir fiel auch etwas ein. Man musste nur den letzten Buchstaben übermalen oder überkleben und dergestalt aus der Diffamierung ein Kompliment machen. Doch meine Idee blieb graue Theorie. Denn meine Ratzeburger Jusofreunde wollten sich nicht zu einer großangelegten landesweiten Aktion hinreißen lassen. Die Plakatkorrektur war aber ohnehin überflüssig, denn die Wahl vom 19. November bestätigte, dass weit über die Hälfte der Deutschen der Meinung waren: *Die Regierung ist gescheiter.*

Zur gleichen Zeit arbeitete Christa an ihrer soziolinguistischen Examensarbeit – und wir teilten uns die Arbeit. Sie erledigte den praktischen Teil, führte in ihrer Klasse Sprachtests und kompensatorische Sprachübungen durch und beschrieb ihren Unterrichtsversuch, während ich den theoretischen Teil übernahm und ihr in unserer Essküche aus dem Stegreif diktierte, was ich mir an wissenschaftlichen Grundlagen angeeignet hatte. Sie profitierte also von dem PH-Seminar, an dem sie ursprünglich hatte teilnehmen wollen, das aber fast ausgefallen wäre, wenn sie es nicht durch ihren dreisten Vorschlag gerettet hätte.

Eine Kollegin von Christa, die Frau eines meiner Kollegen, wollte mit einem ähnlichen Thema ihre zweite Lehrerprüfung bestreiten, schließlich war die Soziolinguistik groß in Mode. Sie wusste von meinem Job in Kiel und bat mich, sie bei Kaffee und Kuchen mit der Thematik tiefschürfend vertraut zu machen. Wenig später sprach mich eine Lehrerin aus unserem Freundeskreis an, die dem Schulrat bei Prüfungen als Assistentin zur Seite stand, und klagte mir ihr pädagogisches Leid: *Die Frau Schole will sich über Soziolinguistik prüfen lassen. Aber ich habe keine Ahnung davon. Kannst du mir nicht ein paar Tipps geben? Was kann man in der Prüfung für Probleme aufwerfen und was für Fragen stellen?* Ich half beiden. Ich versorgte die eine mit Fragen und die andere mit Antworten, was dann konsequenterweise auf beiden Seiten zu einer recht guten Prüfung führte.

Auch Christa stand eine erfolgreiche Prüfung bevor. Von ihrer schriftlichen Arbeit war der Schulrat begeistert und ließ durchblicken, dass eine Eins als Endnote durchaus im Bereich des Möglichen liege. Die Examenskandidatin Hartmann müsse sich in ihren Vorführstunden nur richtig ins Zeug legen und sich auf die abschließende mündliche Prüfung intensiv vorbereiten, dann werde es schon klappen. Christa bekannte aber, dass ihr Ehrgeiz hinsichtlich der Note nicht sonderlich ausgeprägt sei, ihr gehe es eigentlich nur ums Bestehen, denn schließlich sei sie, wie der Schulrat ja sehen könne, schwanger – und die Geburt sei ihr viel wichtiger als die Prüfungsnote. Der Schulbürokrat war ob dieser pädagogischen Gleichgültigkeit enttäuscht, ja entsetzt. Die Eins war damit verspielt, aber eine Zwei war ja auch nicht schlecht.

Dann endlich kam Christas schwere und zugleich glücklichste Stunde. Um sie abzulenken, fuhr ich sie in der Gegend spazieren und, als die Wehen einsetzten, ins Krankenhaus. Dr. Westfal, den Christa durch die Voruntersuchungen und ich seit seinem Karnevalsfest gut kannten, erschien höchstpersönlich, schließlich ist die medizinische Betreuung der Niederkunft einer Privatpatientin nicht Sache der Hebamme, sondern des Chefarztes. Ich bat, was auch Christa wünschte, was aber in Ratzeburg ein absolutes Novum war, den Doktor darum, bei der Geburt anwesend sein zu dürfen. Mein Beistand – wenn denn mein bisschen Händchenhalten als solcher bezeichnet werden kann – war also eine hiesige Premiere, fand aber schon bald Nachahmung.

Philine war da, und wir waren jetzt eine richtige Familie. Unsere Verwandten, Freunde, Schulen und das Dorf gratulierten und auch der Förster. Als er im Vorbeifahren den Kinderwagen entdeckte, verließ er sofort seinen Volkswagen, kam zu uns in den Garten und machte Philine einen Baum zum Geschenk. Wir einigten uns auf eine Kastanie, und die steht noch immer neben dem Giesensdorfer Haus und wächst und gedeiht.

Zu dritt verlief unser Leben anders, aber zugleich normaler. Denn erst mit unserem Nachwuchs fand unsere private Normalisierung ihre Vollendung.

53
Willy will nich, Helmut mutt

Als Willy Brandt nicht mehr Kanzler sein will, muss Helmut Schmidt ran. Brandt hatte sein Ziel erreicht, er hatte die inneren Reformen angeschoben, und vor allem das Verhältnis zu Osteuropa und Ostdeutschland in ein friedliches und vertraglich abgesichertes Miteinander umgewandelt.

Das war weltweit anerkannt worden und hatte ihm den Friedensnobelpreis eingetragen. Nun stand ihm der politische Alltag bevor, das heißt, nach dem großen politischen Wurf mussten kleine Brötchen gebacken werden, jetzt waren konkrete Maßnahmen sowie sichtbare und greifbare Ergebnisse gefragt. Und das würde Mühe machen. Viele Reformutopien waren unbezahlbar, und dann gerieten die deutsche Wirtschaft und die deutschen Staatsfinanzen als Folge der ersten Ölkrise in eine schwere Krise. Kein Wunder, dass Brandt müde und amtsmüde war und zudem kränkelte. Der mutige und geniale Architekt hatte keine Lust, peu à peu und Stein für Stein sein geplantes Bauwerk hochzuziehen. Fast kann man den Eindruck gewinnen, dass ihm die Guillaume-Spionage ein willkommener Anlass war, sein unerbauliches Amt niederzulegen und die anstehende Alltagsarbeit einem anderen zu überlassen.

Dafür kam nur Helmut Schmidt in Frage. Der war ein paar Jahre jünger als Brandt (genau genommen fünf) und hatte in der Zeit seines politischen Aufstiegs Nervenstärke und Willensstärke bewiesen, so als angriffslustiger Debattenredner im Bundestag, was ihm den Doppelnamen *Schmidt-Schnauze* eintrug, so als entschlossener Innensenator während der Hamburger Sturmflut vom Februar 1962, so als selbstbewusster und zugleich diplomatischer Fraktionsvorsitzender in den Jahren der Großen Koalition, so unter Kanzler Brandt als gehorsamer Parteisoldat und Ex-Offizier im Amt des Verteidigungsministers und endlich – nach den Rücktritten von Möller und Schiller in den Jahren 1971/72 – als Superminister für Wirtschaft und Finanzen (beziehungsweise nur für Finanzen).

Gerade angesichts der drohenden Wirtschaftsprobleme war der aus diesen Ministerämtern kommende studierte Volkswirt Helmut Schmidt die ideale Besetzung für den Posten des Kanzlers. Dass die sozialliberale Koalition fortgesetzt werden sollte, stand außer Zweifel, und so wurde Schmidt am 16. Mai 1974 mit 267 gegen 225 Stimmen zum fünften deutschen Bundeskanzler gewählt. Das Kabinett wurde kaum geändert, aber einige Minister, die wie Brandt eher linke Idealisten als Pragmatiker waren, verloren ihre Ämter oder gaben sie auf, so Bahr, Dohnanyi, Ehmke und Eppler, und wurden durch Schmidt-Realisten ersetzt. Die FDP behielt ihre vier Ministerien.

Allerdings rückte Innenminister Genscher zum Vizekanzler und Außenminister auf. Walter Scheel war einen Tag vor Schmidts Wahl zum Kanzler, also am 15. Mai, von der Bundesversammlung zum Bundespräsidenten gekürt worden, und als solcher musste er das Außenamt aufgeben. Gustav Heinemann hatte sich nicht für eine zweite Amtszeit zur Verfügung gestellt. Dass die SPD darauf verzichtete, den Präsidenten zu stellen, diente auch der Freundschaftspflege mit dem – manchmal recht eigenwilligen – Juniorpartner.

Wie jede neue Kanzlerschaft begann Schmidts Regierungszeit mit seiner Regierungserklärung. Sein Motto lautete *Kontinuität und Konzentration*. Er versuchte, den Eindruck zu erwecken, dass die Reformen weitergehen (Kontinuität), machte aber zugleich deutlich, dass er nur das Machbare machen werde (Konzentration).

Der Unterschied zu Brandt liegt auf der Hand. Brandt konnte agieren, Schmidt musste reagieren. Brandt konnte aus dem Vollen schöpfen, denn die Staatskassen waren gefüllt, er konnte seine Vorstellungen durchsetzen oder zumindest auf den Weg bringen.

Schmidt musste, was er an Vorhaben vorfand, fortsetzen, aber in abgespeckter Form und wesentlich langsamer, oder gar ersatzlos streichen. Reagieren musste der neue Kanzler jedoch vor allem auf die Gefahren und Bedrohungen, die sich in der Ära Brandt zwar schon bemerkbar gemacht hatten (so der palästinensische Terror während der Olympischen Spiele und die Ölkrise seit Herbst 1973), die aber nun mit voller Wucht und quasi als aggressiver Dauerzustand die Bundesrepublik heimsuchten. Ob er wollte oder nicht, Helmut Schmidt musste als Krisenmanager das Bestehende in erster Linie retten und es nicht reformfreudig und grundlegend ändern, wie sein Vorgänger es getan hatte. Er war in der Defensive und musste mit dem Terrorismus, der Wirtschaftskrise und der gehässigen Kritik der Opposition fertigwerden. Er war ein echter Sozialdemokrat und alles andere als ein Reaktionär, aber seine Politik bestand notgedrungen aus Reaktionen auf die immer neuen Bedrohungen.

Die jungen Leute, die sich unter dem aggressiven Markennamen *Rote Armee Fraktion* zu einer verschworenen Clique zusammengetan hatten, präsentierten sich im Laufe der Siebzigerjahre als immer brutaler und scheinbar radikaler. Dabei waren sie alles andere als radikal. Der Begriff *radikal* leitet sich ab von dem lateinischen Wort *radix* (=Wurzel). Wer radikal ist, will zu den Wurzeln, zu den Ursprüngen, zu den ursprünglichen Werten und Idealen. Genau das aber leistete die RAF nicht, vielmehr verleugneten und verrieten die Terroristen die Ideale des Sozialismus, des Kommunismus, des Marxismus, der Humanität, der Gerechtigkeit und der Demokratie. Sie übertrieben in ihrer Kritik die zweifellos vorhandenen Mängel der bundesdeutschen Politik- und Wirtschaftsstruktur und leiteten daraus das Recht, ja die Notwendigkeit ab, Staat und Wirtschaft beziehungsweise ihre Entscheidungsträger mit aller Gewalt zu bekämpfen. Dabei war ihnen jedes Mittel recht. Die Unterscheidung zwischen Gewalt gegen Sachen und gegen Personen war schnell vergessen. Mit Sprengstoff und Brandsätzen wollte man die Revolution herbeibomben, die Massen mobilisieren und auf die Barrikaden treiben.

Da Gewalt kein Argument ist, trat das Gegenteil ein. Das deutsche Volk spielte nicht mit, fühlte sich vielmehr wohl im etablierten System, und sogar die Masse der Achtundsechziger, die einstigen Mitstreiter, wandten sich ab und engagierten sich im Studium, im Beruf, in der Familie, im Alltag und häufig auch in der SPD. Zunächst hatten sich viele Intellektuelle, fast alle Studenten, auch Künstler und Wissenschaftler angesprochen gefühlt von der radikalen Kritik (radikal im ursprünglichen Sinne) der Baader, Meinhof und Ensslin. Der brutale Einsatz der USA in Vietnam war nicht zu akzeptieren, die mangelnde Chancengleichheit im deutschen Bildungswesen, die kapitalistischen Spielregeln der sogenannten sozialen Marktwirtschaft, in der die breite Masse der abhängig Beschäftigten wenig mitzubestimmen hatte und sich mit den Brosamen des Wirtschaftswachstums zu begnügen hatte, das durch die Alle-vier-Jahre-Wahlen kaum eingeschränkte Machtmonopol der Machteliten, die rücksichtslose Ausbeutung und Belastung der Natur und Umwelt, die Fortsetzung der Kolonialpolitik mit anderen Mitteln beziehungsweise die Alibivertröstung der Dritten Welt mit ein bisschen sogenannter Entwicklungshilfe (als Investition mit mittelfristigem Profit als kapitalistische Kehrseite) – das alles und vieles mehr konnte den klugen, moralischen und kritischen Teil des deutschen Volkes nur zu Protest und Demonstrationen veranlassen. Und an der Baader-Meinhof-Gruppe akzeptierte, ja bewunderte man die Konsequenzen, die sie aus der Analyse der Missstände zogen.

Wenn Andreas Baader, Gudrun Ensslin und ein paar Genossen zwei Frankfurter Kaufhäuser in Brand setzten, um durch das Abfackeln der Konsumtempel ein anschauliches Beispiel zu geben für die Bedrohung der Menschen Nordvietnams durch die Bombenangriffe der USA, dann war ihre zweifellos kriminelle Handlung dennoch nicht ohne pädagogische Absicht und Wirkung. Viele verstanden die Intention, auch wenn sie die Methode nicht gutheißen mochten. Dass die Brandstifter, als sie nach vorübergehender Festnahme wieder auf freiem Fuß waren, in den Untergrund abtauchten, hielten viele Sympathisanten für logisch.

Dass die Gruppe aus dem Untergrund heraus mit immer brutaleren Methoden agierte, schien zunächst unausweichlich und konsequent, bewirkte aber doch Zweifel, Abscheu und Distanz bei dem bislang wohlwollenden Teil der bundesdeutschen Bevölkerung, zumal sich das Kabinett Brandt mit Erfolg anschickte, viele gerade von den Baader-Meinhof-Leuten kritisierten Mängel der Gesellschaft durch durchgreifende Reformen zu beheben. Dass sich die Untergrundgruppe in der Zeit des – wenn auch abflauenden – Kalten Krieges als *Rote Armee Fraktion* hochspielte, erschien sowohl abstoßend als auch vermessen und trotz aller Brutalität als lächerlicher Etikettenschwindel.

Mehr als ein halbes Tausend Sympathisanten brachte der harte Kern der zwei, drei Dutzend RAF-Aktivisten inzwischen nicht mehr auf seine Seite. Viele Menschen zeigten noch immer Verständnis, waren aber nicht länger hilfsbereite Sympathisanten. Je weniger Fans sie fanden, desto brutaler wurden sie. Die psychologische Kette war logisch. Misserfolge führen zu Komplexen, Komplexe zu Trotzreaktionen, die Trotzreaktionen zu hemmungsloser Gewalt, und das je länger, desto intensiver. Wenn Gewalt nichts einbringt, muss Gewalt verschärft werden. Misserfolg führt nicht zur Umkehr, vielmehr werden die untauglichen Methoden intensiviert. Was 10 Bomben nicht schaffen, sollen 100 schaffen, und wenn 10 Morde Staat und Gesellschaft nicht zum Einsturz bringen, dann müssen es eben 100 sein. Man kennt das aus der Tierwelt. Werden Tiere verfolgt und in die Enge getrieben, dann reagieren sie mit verzweifelter Aggressivität und suchen ihr Heil im Ratteneffekt. Je zielstrebiger der Staat gegen die Terroristen vorging, desto wütender setzten diese sich zur Wehr.

Hatte die Politik gehofft, durch die Inhaftierung der führenden Köpfe der RAF und einen rechtsstaatlichen Prozess mit anschließender Verurteilung dem Terrorismus die Speerspitze abgebrochen zu haben, so erwies sich das als Irrtum. Eine zweite Terroristengeneration machte weiter, wo ihre Vorbilder und Vorgänger haftbedingt hatten aufhören müssen. Sie wollten zeigen, was sie konnten, ließen Gewalt sprechen, wollten die Öffentlichkeit in Angst und Schrecken versetzen, und durch die Entführung prominenter Politiker, Richter und Unternehmer ihre einsitzenden Gesinnungsgenossen freipressen. Dabei machten sie in inhumanster Weise deutlich, welch geringen Wert das menschliche Leben für sie hatte. Während *das Recht auf Leben und körperliche Unversehrtheit* im Artikel II des Grundgesetzes gewährleistet ist, bedeutet für die Terroristen das Leben nichts anderes als ein Spekulationsobjekt, das beliebig eingesetzt werden kann, und zwar sowohl das eigene Leben als auch das anderer Menschen.

So zum Beispiel bei den zahlreichen Entführungen zwecks Freipressung der Komplizen und bei den Erpressungsversuchen, mit denen die Inhaftierten durch Verweigerung der Nahrungsaufnahme und Spekulieren mit dem eigenen Hungertod bestimmte Ziele erzwingen wollten. Die Beispiele für das Spiel mit dem Tod sind zahlreich. Am 9. November 1974 wird Holger Meins trotz der behördlichen Bemühungen um Zwangsernährung Opfer seines Hungerstreiks. Am folgenden Tag erschießt eine Untergruppe der RAF den Berliner Kammergerichtspräsidenten Günter von Drenkmann, als dieser sich seiner Entführung zu widersetzen versucht. In der Woche nach Holger Meins' Tod kommt es in mehreren Städten zu Protestdemonstrationen der immer noch aktiven Sympathisanten, die der Justiz *(Isolationsfolter)* und den verantwortlichen Ärzten Schuld oder doch Mitschuld am Tod des Märtyrers Holger Meins vorwerfen.

Ein Vierteljahr später eine erneute Attacke. Am 27. Februar 1975, drei Tage vor den Wahlen zum Berliner Abgeordnetenhaus, wird der Wagen des Bürgermeisterkandidaten und CDU-Vorsitzenden Peter Lorenz auf dem Weg ins Büro in einer ruhigen Wohngegend (rechts Einfamilienhäuser, links der Grunewald mit der Krummen Lanke) durch einen quergestellten Möbelwagen zum Halten gezwungen. Die Kidnappergruppe, die sich später als *Bewegung 2. Juni* outet (das war der Todestag Benno Ohnesorgs), bemächtigt sich des Politikers und seines Dienstwagens und hält dann das Opfer mehrere Tage im Keller eines Mietshauses gefangen. Ihr Spaß an brutalem Zynismus zeigt sich daran, dass sich das Versteck ausgerechnet gegenüber der Tempelhofer CDU-Geschäftsstelle befindet. Als Gegenleistung für die Freilassung – und Nichtermordung – ihres prominenten Gefangenen verlangen die Entführer, dass fünf in Haft befindliche Gesinnungsgenossen freigelassen und in ein Land ihrer Wahl ausgeflogen werden. Als Bürge für die korrekte Abwicklung des Geschäfts soll der Berliner Ex-Bürgermeister Heinrich Albertz die entlassenen Häftlinge auf ihrem Flug in den Süd-Jemen begleiten.

Das gute Verhältnis der deutschen Terroristen zum Orient hatte sich schon lange bewährt, mehrere Baader-Meinhof-Leute hatten in palästinensischen Ausbildungscamps den Umgang mit Waffen und überhaupt mit Gewalt gelernt. Um das Leben von Peter Lorenz zu retten, ging der in Bonn gebildete Krisenstab unter Vorsitz von Bundeskanzler Schmidt auf die Forderungen der Entführer ein. Und auch Albertz machte dieses riskante Spiel mit. Inzwischen wurde in Berlin gewählt. Die CDU profitierte vom Schicksal ihres Vorsitzenden, verbesserte sich von 38% auf 44% der Stimmen und wurde stärkste Fraktion. Die SPD verlor die absolute Mehrheit und sackte von 50,5% auf 42,5% ab. Dennoch wurde Lorenz nicht zum Regierenden Bürgermeister gewählt. Nach dem geglückten Gefangenenflug in den Orient und Albertz' Rückkehr nach Berlin war Lorenz zwar wieder auf freiem Fuß, aber bei den Verhandlungen zur Bildung des neuen Senats einigten sich SPD und FDP wie auf Bundesebene auf eine sozialliberale Koalition, und Klaus Schütz residierte weiter im Schöneberger Rathaus.

Schon im nächsten Monat, am 24. April, tritt der Terrorismus erneut in Erscheinung. Ein fünfköpfiges *Kommando Holger Meins* startet – diesmal in Stockholm – ein blutiges Kommandounternehmen. Nach der Lorenz-Entführung war man offenbar auf den Geschmack gekommen, glaubte, leichtes Spiel zu haben, besetzte die deutsche Botschaft, nahm 12 Geiseln, erschoss den deutschen Militärattaché, dann eine weitere Geisel, und verlangte als Preis für die Freilassung der übrigen Geiseln die Freiheit von 26, das heißt aller inhaftierten RAF-Kämpfer. Man fühlte sich offenbar so stark, dass man glaubte, in seinen Forderungen immer unbescheidener und unverschämter sein zu können.

Aber sie irrten. Noch einmal ließ sich der Staat auf einen Geisel-Häftlinge-Deal nicht ein. Von einer Handvoll Terroristen konnte und wollte sich Bonn nicht auf der Nase herumtanzen lassen und durch die Entlassung von über zwei Dutzend Terroristen und deren erneute Terroranschläge die öffentliche Sicherheit gefährden. Die Zeit der Kompromisse war vorbei, stattdessen war Ablehnung angesagt. Der blutige Erpressungsversuch war auf dem besten Wege, zu scheitern. Schwedische Sicherheitskräfte stürmten die Botschaft, wobei die Terroristen – eventuell versehentlich – das Gebäude in die Luft sprengten. Die meisten Geiseln konnten befreit werden, eine fand den Tod, ebenso zwei Terroristen. Die Übrigen wurden festgenommen und nach Deutschland gebracht.

Im Gegensatz zu dem aus ideologischen Gründen logischerweise auf Deutschland beschränkten Rechtsextremismus, ist der Linksterrorismus um internationale Zusammenarbeit bemüht sowie um weltweite Terroranschläge. So im Dezember 1975, als die in Wien tagenden OPEC-Minister als Geiseln genommen werden und dann zusammen mit den Terroristen nach Algerien ausgeflogen werden. Das Unternehmen bleibt letztlich ohne Ergebnis, denn Entführer wie Entführte behalten ihre Freiheit und eine Einflussnahme auf die OPEC-Politik wurde nicht erreicht. Als gescheitert muss man auch die Entführung einer Air-France-Maschine durch eine internationale Terrorgruppe bezeichnen. Bei der Befreiung der überwiegend jüdischen Geiseln auf dem Flughafen von Entebbe in Uganda durch ein israelisches Sonderkommando werden die meisten Terroristen erschossen, darunter auch zwei Deutsche.

Nach so spektakulären Unternehmungen wie in Berlin, Stockholm und Wien begnügten sich die Terroristen damit, *kleinere* und für Berufsverbrecher typische Straftaten zu begehen, wie zum Beispiel Banküberfälle und Autodiebstähle, die sie als Grundlage für ihre pure Existenz für notwendig hielten.

Schließlich lebten sie, wenn auch immer in Gefahr und Angst, so doch auf großem Fuß mit großem Wagen und großen Wohnungen, die sie aus Sicherheitsgründen wiederholt wechselten. Es ging ihnen kaum noch um die Veränderung der Gesellschaft und um die Vorbereitung der Revolution, sondern nur noch ums pure Überleben. Die Existenz im Untergrund und die Beschaffungskriminalität waren zum Selbstzweck geworden. An die Stelle der politischen Mission waren der Terror als solcher und die Verunsicherung der Gesellschaft getreten. Und deshalb musste man ab und zu durch ein Großunternehmen von sich reden machen und den einsitzenden Genossen – und dem kleinen Rest der Sympathisanten – beweisen, dass man noch da war.

Eine neue Welle von Aktivitäten gab es dann nach einem relativ ruhigen Jahr 1976 ab 1977. In kurzem Abstand wurden mehrere Persönlichkeiten ermordet, die in der bundesdeutschen Gesellschaft eine bedeutende Position innehatten und in denen die Terroristen Gallionsfiguren des verhassten kapitalistischen und parlamentarischen Systems sahen.

Im April wurden der Generalbundesanwalt Siegfried Buback und zwei seiner Begleiter ermordet, im Juli wurde Jürgen Ponto, der Vorstandssprecher der Dresdener Bank, erschossen, nachdem er sich gegen seine Entführung zur Wehr gesetzt hatte, und im September wurde Hans Martin Schleyer entführt, der in Personalunion der *Bundesvereinigung der Deutschen Arbeitgeberverbände* und dem *Bundesverband der Deutschen Industrie* vorstand. Bei dem Überfall auf offener Straße erschoss das RAF-Kommando Schleyers Fahrer und drei Polizisten und verschwand dann mit seinem Opfer.

Bei der Abwehr des Terrorismus sah sich Bundeskanzler Helmut Schmidt, seit er im Amt war, zwei Problemen gegenüber.

Zum einen mussten die bedrohten Personen des öffentlichen Lebens sowie das deutsche Volk in seiner Gesamtheit mit allen Mitteln vor den terroristischen Gewalttaten geschützt werden, wobei jedoch die jedem Deutschen garantierten Grundrechte vom Staat nicht verletzt werden durften, zum anderen musste im Falle einer Entführung eine Abwägung vorgenommen werden zwischen dem Schutz des menschlichen Lebens und der öffentlichen Sicherheit beziehungsweise der staatlichen Autorität. Der Kanzler hatte den Mut und die Nerven, angesichts beider Probleme bis an die Grenze zu gehen. Zunächst wurden die rechtlichen Möglichkeiten, jedoch immer im Rahmen des Grundgesetzes, durch entsprechende Gesetze erweitert, so zum Beispiel durch die *Lex Baader-Meinhof,* die unter Umständen den Ausschluss von Anwälten vom Strafverfahren ermöglichte und die Verteidigung mehrerer Angeklagter durch den gleichen Anwalt unterband, damit dieser nicht als Kurier zwischen den Mandanten agieren konnte.

Das *Antiterrorgesetz* von 1976, das den Straftatbestand der Bildung einer terroristischen Vereinigung in die Rechtsprechung aufnimmt, ermöglicht eine Haftstrafe von zehn Jahren. Auch wird die Überwachung der Kommunikation zwischen den Angeklagten verschärft und die Verhaftung von Verdächtigen vereinfacht. Das *Kontaktsperregesetz* vom Oktober ’77 erlaubt, dass jede schriftliche und mündliche Verbindung der Angeklagten untereinander, mit der Außenwelt und mit den Verteidigern beliebig eingeschränkt werden kann. Darüber hinaus werden die für die innere Sicherheit zuständigen Einrichtungen wie Bundeskriminalamt, Bundesgrenzschutz und Verfassungsschutz personell und in ihren Möglichkeiten gestärkt.

Aber all das kann die Entführung von Hanns Martin Schleyer nicht verhindern. Der wird an einem unbekannten Ort gefangen gehalten, und die Terroristen stellen ihre Forderung: Freilassung der RAF-Häftlinge. Ein Gefangener wird als Tauschobjekt gegen elf Gefangene angeboten, jedoch mit dem Unterschied, dass diesen *nur* lebenslange Haft, der Geisel Schleyer aber der Tod droht. Wie darf, kann, soll der Staat reagieren? Ist es moralisch und politisch zu verantworten, der Erpressung der Terroristen nachzugeben?

Anders als im Falle Lorenz bleiben der Kanzler und der Krisenstab hart, täuschen aber Verhandlungsbereitschaft vor, um Zeit zur Befreiung Schleyers zu gewinnen. Das Tauziehen zieht sich über einen Monat hin. Die Familie Schleyer fordert vergeblich, zur Sicherung des höchsten Gutes, das die Verfassung kennt – nämlich das Leben – auf die Bedingungen der Erpresser einzugehen, und ruft sogar das Bundesverfassungsgericht an, ohne jedoch in Karlsruhe Zustimmung zu finden.

Der Kanzler steht nicht nur vor der größten Herausforderung seines Lebens, er befindet sich auch in einer tragisch-ausweglosen Situation. Wie immer er entscheidet, er muss sich – so oder so – schuldig machen. Er wird entweder den Tod des von ihm geschätzten und ihm persönlich gut bekannten Arbeitgeberpräsidenten zu verantworten haben oder die Autorität des Staates und das Wohl des Volkes gefährden und aufs Spiel setzen. Er gibt Recht und Gesetz preis oder das Leben eines Menschen und das Glück seiner Familie. Und er weiß genau, dass er – wie in den griechischen oder den klassischen Tragödien – unschuldig schuldig werden muss und sein ganzes Leben unter der Last der Folgen seiner Entscheidung leiden wird.

Da plötzlich verschärft sich die Lage und nimmt ganz andere Dimensionen an, als am 13. Oktober, genau 38 Tage nach der Entführung Schleyers, vier arabische Luftpiraten eine Lufthansamaschine mit über 80 Passagieren und 5 Besatzungsmitgliedern auf dem Flug von Mallorca nach Frankfurt kapern und nach Mogadischu, der Hauptstadt Somalias, umleiten, wobei sie, um zu zeigen, wie ernst sie es meinen, den Kapitän erschießen. Die Araber kommen ihren deutschen RAF-Komplizen zu Hilfe und fordern die Freilassung *aller politischen Häftlinge,* vor allem der in Stuttgart-Stammheim einsitzenden RAF-Führer, für deren Haft und Prozess dort eine spezielle Hochsicherheitsimmobilie geschaffen worden war. Die enge Zusammenarbeit zwischen den deutschen und den arabischen Terroristen zeigt sich in deren auf den 16. Oktober datiertem Ultimatum: Erfüllung ihrer Forderung oder Tod Schleyers und aller Insassen der gekaperten Lufthansamaschine. Jetzt ist nicht nur das Leben einer Einzelperson, eines prominenten Wirtschaftsführers und ehemaligen SS-Mitglieds bedroht, sondern das von fast 100 am politischen und wirtschaftlichen Leben kaum beteiligten Normalbürgern.

Was sollten Schmidt und sein Krisenstab tun? Nachgeben, um einen Massenmord zu verhindern? Dem Prinzip, sich nicht erpressen zu lassen, untreu werden? Nein, Schmidt bleibt konsequent und der kleine Kreis seiner Krisenkollegen, darunter auch Christdemokraten, bleibt es auch. Man wählt einen anderen Weg. Der Kanzler beauftragt die für komplizierte Kommandounternehmen speziell ausgebildete Bundesgrenzschutzgruppe 9 mit der gewaltsamen Befreiung der Flugzeuggeiseln. Nachdem Staatsminister Hans-Jürgen Wischnewski, der gute Kontakte zur arabischen beziehungsweise islamischen Welt hatte (*Ben Wisch* genannt), die Zustimmung des somalischen Präsidenten erreicht hatte, machte sich die GSG9 auf den Luftweg, um dann sofort die Lufthansamaschine zu stürmen.

Über die persönlichen und politischen Konsequenzen seiner Entscheidung war Schmidt sich durchaus im Klaren: *Falls unser riskanter Versuch misslungen wäre, ... die Menschen in Mogadischu zu befreien und wir im Ergebnis viele Tote zu beklagen gehabt hätten, wäre ich anderntags zurückgetreten,* schrieb er 30 Jahre später in seinem bilanzierenden Buch *Außer Dienst.*

Aber er musste nicht zurücktreten. Der Befreiungsüberfall glückte. Die Männer der GSG9 kaperten (von außen und nicht von innen wie die Araber) die Maschine, setzten die vier Terroristen außer Gefecht, indem sie diese durch die Zündung lichtintensiver Explosionskörper kurzzeitig blendeten, während sie selber schützende Brillen trugen, erschossen drei von ihnen, verwundeten eine der beiden beteiligten Frauen schwer und befreiten sämtliche Insassen unversehrt. Mal wieder hat sich deutsche Wertarbeit bewährt, technisch sowie tätlich. Telefonisch informierte Minister Wischnewski sieben Minuten später seinen Chef und Kanzler über diesen Triumph mit den lapidaren Worten: *Die Arbeit ist erledigt.*

Für die deutschen Terroristen von Stammheim, aber auch für Schleyer bedeutete der Erfolg von Mogadischu das Ende aller Hoffnung. Die frustrierten Häftlinge, die trotz strengster Überwachung über Pistolen, ein Transistorradio und Drahtverbindungen untereinander verfügten, begingen wenige Stunden nach der Befreiung der Geiseln Selbstmord, Baader und Raspe durch Erschießen, Ensslin durch Erhängen. Vergeblich haben sie versucht, ihren Freitod als behördlichen Mord hinzustellen. Nur wenige ewig-extremistische Restsympathisanten glaubten ihnen und äußerten sich entsprechend.

Auch die Schleyer-Entführer gaben sich geschlagen und reagierten, wie nicht anders zu erwarten. Sie ermordeten ihr Opfer, dessen Leiche am 19. Oktober im Kofferraum eines in Mülhausen im Elsass abgestellten Autos gefunden wurde. An der Trauerfeier des ermordeten Wirtschaftsführers nahm Helmut Schmidt an der Seite der Familie teil, und man kann sich vorstellen, wie er sich fühlte. Sein zielstrebiges und riskantes Krisenmanagement war notwendig und erfolgreich, der demokratische Staat hatte seine Stärke bewiesen und war vor den Terroristen nicht in die Knie gegangen. Aber der Erfolg hatte einen hohen Preis, den Tod dreier Diplomaten in Stockholm, eines Piloten in Aden und eines Unternehmers in Mülhausen. Der Terrorismus schien besiegt, wenn auch noch nicht endgültig Ruhe einkehrte. Das deutsche Volk war erleichtert und dankte es Schmidt mit Anerkennung, Respekt und Wertschätzung.

Doch der *Macher*, der Spezialist für politische Reparaturen, der Krisenmanager sah sich seine gesamte Amtszeit hindurch immer neuen Problemen gegenüber. Die Weltwirtschaft befand sich in einer Dauerkrise, die teils strukturell, teils konjunkturell bedingt war und durch die wiederholten Ölpreiserhöhungen ebenso verschärft wurde wie durch die aus dem Vietnamkrieg und aus der Vietnamniederlage folgende politische und wirtschaftliche Schwäche der Weltmacht USA.

Der Wert des Dollars hatte sich gegenüber der DM innerhalb von zehn Jahren auf den Pfennig genau halbiert (von 3,65 DM auf 1,82 DM), und die US-Präsidenten Nixon (durch seinen Rücktritt nach der Watergate-Affäre, dem Ausspionieren der Demokratischen Partei), sein Nachfolger Ford als kurzfristiger Ersatzmann und der mit knapper Mehrheit zum Präsidenten gewählte fromme Farmer Carter, der mehr guten Willen als Willensstärke zeigte, alle drei machten eine schwache Figur. Und das angesichts einer schwächelnden Wirtschaft. Helfen konnte da nur eine gemeinsame Finanz- und Wirtschaftspolitik der westlichen Welt. Das wussten vor allem der deutsche Kanzler Helmut Schmidt und der französische

Präsident Valéry Giscard d'Estaing, die fast gleichzeitig innerhalb weniger Tage im Mai 1974 an die Spitze ihres Landes gewählt worden waren, der eine vom deutschen Bundestag und der andere vom französischen Volk. Beide arbeiteten eng zusammen, wurden enge Freunde, setzten den deutsch-französischen Wirtschaftsblock den schwächelnden USA entgegen und konnten die wichtigsten Wirtschaftsmächte von der Notwendigkeit regelmäßiger, jährlich abzuhaltender Gipfelkonferenzen überzeugen.

Die erste fand 1975 in Frankreich statt. 1978 traf man sich in Deutschland, wo die Veranstaltung den für den Gastgeber ehrenvollen Namen *Schmidt-Gipfel* erhielt. Die USA, die Bundesrepublik, Frankreich, Großbritannien, Japan, Italien und später auch Kanada konnten die Weltwirtschaft zwar nicht grundlegend sanieren, die Schwierigkeiten aber doch in Grenzen halten und eine Weltwirtschaftskrise wie 1929/30 verhindern.

Deutschland wurde im internationalen Vergleich eine Insel relativer wirtschaftlicher Gesundheit, auch wenn der Haushalt nur saniert und der Geldwert stabilisiert werden konnten durch Kürzung der Sozialleistungen und ein Sockel von etwa 1 Million Arbeitslosen nicht zu vermeiden war und zu einem Dauerzustand wurde.

Auf europäischer Ebene konnten die Währungen gefestigt werden durch das 1979 geschaffene Europäische Währungssystem (EWS), womit ein erster Schritt getan wurde in Richtung Währungseinheit, die aber erst 20 Jahre später (1999) Wirklichkeit wurde, mit dem Euro als neuem Zahlungsmittel.

In den kritischen Jahren seit den Ölkrisen erwies sich Deutschland trotz allem als Konjunkturlokomotive und der deutsche Kanzler wurde weltweit als der ökonomische Wunderdoktor bewundert. Er selbst sah seine größte Leistung denn auch darin, dass er das ihm anvertraute Staatsschiff unbehelligt durch die Klippen der Wirtschaftsprobleme gesteuert hatte. Er gab sich als Hamburger Hanseat, kenntnisreicher Kaufmann und kundiger Kapitän, der seine Steuerqualitäten auch als Hobbysegler auf einem Holsteiner See trainierte und demonstrierte. Auf internationalem Parkett, wenn andere barhäuptig oder behütet erschienen, strich Schmidt mit seiner nach Prinz Heinrich benannten Schiffermütze seine nautischen Fähigkeiten heraus.

Den wirtschaftlichen Schwierigkeiten und Lösungsversuchen innerhalb der westlichen Welt standen die politischen und militärischen Probleme zwischen den parlamentarisch-marktwirtschaftlich verfassten Staaten und dem planwirtschaftlich-autokratischen Ostblock gegenüber. Immerhin aber gab es zwischen den beiden Supermächten Bemühungen um Entspannung, denn der Fastweltkrieg im Zusammenhang mit der Kubakrise war beiden doch in die Glieder gefahren. Bei allem Misstrauen kamen Friedenssicherung und Abrüstung auf die Tagesordnung der Weltpolitik.

Nur im Rahmen dieses Klimawandels war Willy Brandts persönliche Ostpolitik überhaupt möglich, sie war aber zugleich ein überzeugendes Beispiel für vertraglich abgesicherte Normalisierung und somit der Entspannung insgesamt dienlich. Zwar tat die DDR sich schwer, die deutsch-deutsche Annäherung, der sie doch in den entsprechenden Abkommen zugestimmt hatte, im praktischen Alltag in die Tat umzusetzen, weil sie ihre Eigenstaatlichkeit als besondere und autonome deutsche Republik gefährdet sah. Ostberlin ließ die Muskeln spielen, schikanierte den Grenzverkehr, erhöhte die Visagebühren und den Zwangsumtausch (Besucher aus dem Westen mussten zum Kurs von 1:1 die *Mark der DDR* für ihre wertvolle D-Mark eintauschen). Begründet wurde diese Regelung – nicht ganz zu Unrecht – mit der Tatsache, dass die Westbesucher vorwiegend subventionierte Produkte kauften, zum Beispiel Bücher, Schallplatten und Noten, und zudem in den Gasthäusern bezuschusste Grundnahrungsmittel verzehrten, dass also der Westler von den Steuern der Ostler profitierte. Und das wollte Ostberlin nicht ohne Gegenmaßnahmen hinnehmen.

Ein eher albernes Beispiel für die staatsrechtliche Rechthaberei der DDR war die Ausgestaltung des Medaillenspiegels, ich weiß nicht mehr bei welchen Olympischen Spielen. Da listeten die Medien der DDR die Erfolge wie folgt auf: So und so viel Gold, Silber und Bronze für die DDR, so und so viel für die BRD und einmal Gold für Berlin-West (durch den Segler Willi Kuhweide vom Wannsee). Westberlin galt eben nach wie vor als eine besondere politische Einheit und zählte nicht zur Bundesrepublik. Es erinnert diese Nomenklatur an die einstige Gänsefüßchenpedanterie rechter Medien und Politiker bei uns, die nicht von BRD und DDR sprachen, sondern von der

Bundesrepublik Deutschland und sogenannter DDR beziehungsweise „*DDR*". Auch ideologisch und sprachlich grenzte sich die DDR von der deutschen Nation als ethnischer Einheit ab. In der überarbeiteten Verfassung vom 7. Oktober 1974 erklärt sie sich zum *sozialistischen Staat der Arbeiter und Bauern* und will nicht länger ein *sozialistischer Staat deutscher Nation* sein wie noch in der Verfassung von 1968. Die von Johannes R. Becher gedichtete und von Hanns Eisler vertonte DDR-Hymne mit der Zeile *Deutschland einig Vaterland* als Ziel und Hoffnung darf nur noch gespielt und nicht mehr gesungen werden. Der Text ist tabu. Die sieben Buchstaben DEUTSCH waren zur Silbe ingrata geworden. Bei offiziellen Veranstaltungen war den DDR-Untertanen also der Mund verboten, woran sie ja ohnehin gewöhnt waren. Wahrscheinlich hätte Honecker den ethnischen Hinweis auch gerne aus dem Staatsnamen DDR gestrichen.

Schlimmer als die eben geschilderte Form der Distanzsucht auf Seiten der DDR war der dem Geist der Ostverträge widersprechende Vertrauensbruch durch die Bespitzelung des Kanzlers Willy Brandt. Noch schlimmer war es, dass die militante Mauer weiterhin bestand (und stand) und Fluchtversuche mit dem Tode enden konnten. Von wirklicher Entspannung konnte noch lange nicht die Rede sein.

Aber die Bemühungen gingen weiter, sowohl seitens der Supermächte als auch seitens der Bundesrepublik im Verhältnis zur DDR. Und einiges besserte und normalisierte sich ja wirklich. Aber zu Zugeständnissen war die DDR nur gegen bare Münze bereit. Das Eintrittsgeld (Visagebühren und Zwangsumtausch), das die westlichen Besucher an den Kontrollstellen zu entrichten hatten, war dem stets klammen DDR-Fiskus höchst willkommen. Im Widerspruch dazu sollten diese Gebühren aber gleichzeitig abschreckend wirken und die deutsch-deutschen Begegnungen in Grenzen halten. Dennoch stiegen die Besucherzahlen von Jahr zu Jahr und förderten das Bewusstsein der nationalen Zusammengehörigkeit. Der Besucherstrom nahm noch zu, als im Rahmen des kleinen Grenzverkehrs Bundesbürger aus grenznahen Kreisen die Randkreise der DDR besuchen durften. DDR-Bürger durften dagegen nur in Ausnahmefällen, zum Beispiel in dringenden Familienangelegenheiten, ihren Verwandten im Westen einen Besuch abstatten, und dann auch stets nur ein Ehepartner, der andere musste quasi als Pfand zu Hause bleiben. So wollten die Behörden sicherstellen, dass der Westbesucher als treuer Familienvater zu Frau und Kind zurückkehrt und der DDR-Wirtschaft nicht verloren geht. Großzügig bewilligte man jedoch den Rentnern einen Besuch im *kapitalistischen Ausland,* wie der andere Teil Deutschlands offiziell bezeichnet wurde. Wenn die alten Leute dann drüben blieben (also hier bei uns), dann war das kein fiskalisches Unglück, im Gegenteil, denn dann sparte der Staat die Renten.

Bezahlen ließ sich die DDR auch die Benutzung der Transitwege zwischen Westdeutschland und Westberlin mit einer jährlichen Pauschale von einer knappen Million – natürlich D-Mark. Ein nicht unbedeutendes Zubrot bedeuteten die Strafmandate, mit denen die emsige Volkspolizei westdeutsche Autofahrer bei Geschwindigkeitsübertretungen belastete. 1978 vereinbarten die beiden deutschen Staaten den Bau der Autobahn von Hamburg nach Berlin, die 1982 fertiggestellt und eingeweiht wurde. Bei einem von und in der DDR vorgeschriebenen Tempolimit von 100 km/h war die neue Autobahn eine lukrative Einnahmequelle. Hinter fast jedem Busch oder Brückenpfeiler lauerte ein Radargerät und ein paar Kilometer weiter eine mit zwei Polizisten besetzte Radarkasse. Ich kenne kaum einen Autobahnbenutzer, der nicht mindestens einmal in eine solche Radarfalle tappte.

Auch Kleinvieh macht Mist, beziehungsweise Müll Moneten. Um nicht auf seinen Abfällen sitzenzubleiben, suchte Westberlin nach einer Möglichkeit der Entsorgung und fand in der DDR einen hilfsbereiten Abnehmer. Nach zähen Verhandlungen mit dem Berliner Senat stellten die östlichen Behörden eine größere Fläche auf halbem Wege zwischen Berlin-Spandau und dem ehemaligen Olympischen Dorf zur Verfügung, wo das wohlhabende Westberlin seinen Wohlstandsmüll zum immer höher anwachsenden *Mount Müll* auftürmen konnte. Selbstverständlich gegen üppige Gebühren.

Profitiert hat die DDR auch vom deutsch-deutschen Handel, und das gleich doppelt. Zum einen konnte sie ihren Export ausweiten und wertvolle Westprodukte einführen, zum Beispiel (ab Februar 1978) 22 000 Volkswagen vom Typ *Golf*, zum anderen gewährte die Bundesrepublik dem benachbarten Handelspartner im Rahmen des Warenaustauschs einen zinslosen Überziehungskredit von jährlich einer knappen Milliarde sogenannter Verrechnungseinheiten. Eine ergiebige Einnahmequelle für die DDR in dem einerseits vom Bemühen um menschliche Erleichterungen, andererseits von Geldgier geprägten Geschäft zwischen den beiden deutschen Staaten stellte der Freikauf von politischen Häftlingen dar, die in den Haftanstalten der DDR einsaßen. Zwischen 1962 und 1976 wurden über 600 Millionen DM aufgewendet, wofür 14000 Menschen freikamen. Und dieser Menschenhandel hatte steigende Tendenz.

Man kam also miteinander ins Gespräch, wenn es um Geld und Geschäfte ging, und auch in den politischen Chefetagen pflegte man die – immer noch schwierigen – Kontakte. Im Rahmen internationaler Anlässe – der Beerdigung Titos, der Abschlusskonferenz über Sicherheit und Zusammenarbeit in Europa – begegneten sich die Staatschefs Schmidt und Honecker, konnten sich kaum aus dem Wege gehen und mussten notgedrungen ein bisschen plaudern. In Helsinki erlaubte sich das Alphabet den Spaß, dass der Bundeskanzler und der Staatsratsvorsitzende nebeneinander sitzen mussten hinter den beiden Pappschildern *Republique Democratique Allemande* und *Republique Federale d'Allemagne.* Aus Höflichkeit demonstrierten die beiden Herren dann auch gutnachbarliche Verträglichkeit.

Auf Einladung Honeckers traf man sich nach längeren Vorbereitungen und mehrfacher Verschiebung des Termins im Dezember 1981 in der menschenleeren märkischen Schorfheide, um zwei Tage lang mehr oder weniger offiziell miteinander zu sprechen, und besuchte am dritten Tag auf Wunsch des Kanzler das provinzielle mecklenburgische Städtchen Güstrow, wo der Gast die Werkstatt und einige Werke des von ihm verehrten und von den Nazis verpönten Künstlers Ernst Barlach sehen wollte.

Die Einladung und der Besuch waren mit recht unterschiedlichen Absichten verbunden. Honecker wollte demonstrieren, dass sich der erste Mann der DDR auf Augenhöhe mit dem bedeutenden westlichen Staatsmann unterhalten konnte und Schmidt wollte Zugeständnisse im humanitären Bereich und hinsichtlich der Annäherung der Menschen diesseits und jenseits der Elbe erreichen. Aber mit den Normalbürgern des anderen Viertels des Vaterlandes kam der westdeutsche Kanzler nicht in Kontakt. Die Gespräche fanden am einsamen Werbellinsee und am ebenso abgelegenen Döllnsee statt, und die Straßen, durch die Gastgeber und Gast in Güstrow fuhren, waren wie ausgestorben. Am Straßenrand standen lediglich eine Kette von Volkspolizisten Spalier sowie ein paar handverlesene SED-Genossen, deren Applaus mehr ihrem Chef als dem Gast galt. Was in Erfurt passiert war, wo das Volk vor Brandts Hotelzimmer mit lauten *Willy*-Rufen seiner Begeisterung für das andere Deutschland und seiner Distanz zur DDR Ausdruck verliehen hatte, sollte sich in Güstrow nicht wiederholen. Die Einwohner hatten sich schriftlich dazu verpflichten müssen, am Tage des Schmidt-Besuches zu Hause zu bleiben, so dass Schmidts Fahrt zum Bahnhof zu einer Art Geisterfahrt geriet.

Das Ergebnis der deutsch-deutschen Begegnung war gleich Null, wenn man in dem Treffen als solchem nicht einen sichtbaren Beitrag zur Normalisierung sehen wollte, was denn auch in den schönen und beschönigenden Phrasen des im Diplomatenjargon gehaltenen Schlusskommuniqués deutlich wird, in dem beide Staaten sich dazu bekennen, *im Interesse von Frieden und Sicherheit in Europa und zum Wohle der Menschen in beiden deutschen Staaten die Bemühungen um gutnachbarliche Beziehungen stetig fortzuführen.*

Frieden und Sicherheit standen auch auf der Agenda internationaler Politik. Schon seit 1969 führten die beiden Supermächte *Gespräche über die Begrenzung strategischer Rüstungen (=Strategic Arms Limitation Talks,* abgekürzt SALT), seit 1973 verhandelten 19 Staaten, unter ihnen die beiden Supermächte und die beiden deutschen Staaten, über *beiderseitige Reduzierungen von Streitkräften und Rüstungen und damit zusammenhängende Maßnahmen in Mitteleuropa,* kurz *Mutual and Balanced Force Reductions* (MBFR), und auf Anregung des Ostblocks trafen sich – ebenfalls seit 1973 – 35 europäische Außenminister sowie die der SU, der USA und Kanadas in Helsinki zur *Konferenz über Sicherheit und Zusammenarbeit in Europa* (Deutsch KSZE), die dann in Genf fortgesetzt wird und – wieder in Helsinki – im Sommer 1975 zum Abschluss kommt. Beide Seiten können die Konferenz als Erfolg verbuchen. Der Ostblock sieht sich darin bestätigt, dass der durch den Zweiten Weltkrieg entstandene Status quo allgemein anerkannt wurde, vor allem die Grenzen zum Vorteil der Sowjetunion und Polens und zum Nachteil Deutschlands, die nun als unverletzlich gelten. Den Westen befriedigt es, dass seine Ideale, vor allem die Grundfreiheiten und Menschenrechte, von der Gegenseite akzeptiert werden.

Zwar handelt es sich bei den Verhandlungsergebnissen nicht um verbindliche Abmachungen, sondern nur um Absichtserklärungen, dennoch hat die KSZE tiefgreifende Folgen. Die Menschen im sowjetischen Machtbereich wittern Morgenluft, berufen sich auf die KSZE und pochen auf ihre Rechte. Die DDR ist stolz darauf, dass sie sich in Helsinki als souveräner und gleichberechtigter Staat präsentieren konnte und Honecker seine Unterschrift neben die des Bundeskanzlers setzte, aber dem äußeren Erfolg standen die zunehmenden Schwierigkeiten im Inneren gegenüber. Honecker hatte nach der Entmachtung Ulbrichts eine gewisse Liberalisierung gewährt und einiges für den Lebensstandard der DDR-Bevölkerung getan, doch gerade in Kenntnis der KSZE wurden kritische Stimmen immer lauter und zahlreicher.

Viel mutiger und massiver wurde jedoch die oppositionelle Stimmung in Polen. Die Massen demonstrierten Ende Juli/Anfang August 1981 gegen die schlechte Versorgung mit Lebensmitteln, und Anfang September tagen in Danzig die 896 Delegierten der *Unabhängigen sich selbst verwaltenden Gewerkschaft Solidarność*, die fast 10 Millionen Anhänger hat.

Der Kongress verunsichert Staat und Partei, und Moskau fordert die Wiederherstellung von Ruhe, Ordnung und Disziplin. Ministerpräsident Jaruzelski, ein General, übernimmt im Oktober das Amt des Parteiführers und verhängt am 12. Dezember das Kriegsrecht über sein Land. Über 5000 Mitglieder und Sympathisanten der *Solidarność* werden verhaftet. Polen wird genau in den Tagen zur Militärdiktatur, als Schmidt und Honecker über Annäherung und Normalisierung sprechen. So entsetzt der Kanzler sein musste, so erleichtert war er doch auch, dass die polnische Führung sich für das harmlosere Übel, nämlich Kriegsrecht und Ausnahmezustand, entschied. Zu einem Einmarsch der Truppen des Warschauer Pakts unter sowjetischer Führung wie 1968 bei der Unterdrückung des Prager Frühlings würde es also nicht kommen. Die Entspannungspolitik im Sinne Brandts, die deutsch-deutsche Zusammenarbeit, die internationalen Abrüstungsbemühungen konnten also auch unter dem

Unstern der polnischen Krise fortgesetzt werden. Aber mit der optimistischen Aufbruchsstimmung der Jahre um 1970 war es um 1980 vorbei. Die Geschichte verlief jetzt zweigleisig. Neben den mit insgesamt 12 Buchstaben (SALT, MBFR, KSZE) umschriebenen Entspannungsbemühungen gab es Misstrauen und als Folge des Misstrauens Aufrüstung oder zumindest deren Ankündigung oder Androhung. Und die beiden deutschen Staaten an der Grenze der Machtblöcke waren mittendrin und am meisten gefährdet.

Die beiden Supermächte waren vor allem daran interessiert, ihre eigene Sicherheit sicherzustellen und sich vor den Interkontinentalraketen der jeweils anderen Macht zu schützen. Entsprechende Verhandlungen wurden gepflogen, während ihnen die Sicherheit Mitteleuropas weniger wichtig war, ja, die Verbündeten DDR und BRD wurden eher als Vorfeld militärischer Auseinandersetzungen und als Ersatzkriegsschauplatz an Stelle eines interkontinentalen Weltkrieges angesehen.

Im Rahmen dieser Strategie etablierten die Sowjets dann auch auf ihrem Territorium Mittelstreckenraketen vom Typ SS20 (mit jeweils drei separat zündbaren Atomsprengköpfen und einer Reichweite von 5000 Kilometern), die zwar nicht die USA, aber Deutschland erreichen konnten. Deren Zahl erhöhte sich zwischen 1977 und 1979 von zunächst 10 über 60 auf 140. Für uns Deutsche – hüben wie drüben – war das eine ungemütliche Erkenntnis, und das umso mehr und konkreter, wenn man mitbekam, dass ein amerikanisches Reiseunternehmen Touristen anwarb mit dem zynischen Werbeslogan: *Besuchen Sie Europa, solange es noch existiert!*

Mit einer solchen Situation wollte Helmut Schmidt sich nicht ohne Weiteres und ohne Gegenwehr abfinden. Wiederholt wies er die westlichen Politiker auf die Bedrohung hin, die sich aus dem militärischen Übergewicht der Sowjetunion für das von den USA anscheinend vernachlässigte, wenn nicht gar abgekoppelte Westeuropa ergab. Und er fand bei seinen NATO-Partnern einschließlich der USA Gehör. Im Januar 1979 kam es zu einem Gipfeltreffen der *neuen*, also westlichen großen Vier (USA, Großbritannien, Frankreich, Bundesrepublik). Dass der Kanzler mit den Regierungschefs der drei NATO-Atommächte als Vertreter einer Nichtatommacht an einem Tisch gleichberechtigt verhandeln durfte, war für ihn sicher ein großer persönlicher Erfolg, zumal seine Vorstellungen durchaus auf Gegenliebe stießen. Denn auf diesem Treffen wurde angedacht, was die Außen- und Verteidigungsminister der NATO-Staaten Ende des Jahres vereinbarten.

Der sogenannte NATO-Doppelbeschluss vom 12. Dezember 1979 sah Folgendes vor (O-Ton Schmidt in seinem Rückblick mit dem Titel *Außer Dienst*): *Einerseits bot der Westen der Sowjetunion an, mit ihr über die Beseitigung der Mittelstreckenwaffen zu verhandeln. Andererseits kündigte er an, sofern nach Ablauf von vier Jahren kein Verhandlungsergebnis zustande käme, selbst atomare Mittelstreckenraketen zu installieren, die auf sowjetisches Gebiet zielen und so in Europa ein atomares Gleichgewicht herstellen würden.* Dann sollten 108 amerikanische Pershing-II-Raketen mit einer Reichweite von 1800 Kilometern in der BRD aufgestellt werden, dazu 464 Cruise Missiles (Marschflugkörper mit einer Reichweite von 2500 Kilometern) in der BRD, den Niederlanden, Belgien und Italien. Sämtliche Raketen blieben unter amerikanischer Kontrolle.

Dieser westliche Nachrüstungsplan brachte die Konfliktspirale sofort so richtig in Schwung. Denn schon zwei Wochen später marschierte die Rote Armee in Afghanistan ein, um die anderthalb Jahre zuvor per Revolution beziehungsweise Putsch an die Macht gelangte kommunistische Regierung gegen die islamistische Opposition zu unterstützen, kopierte also in variierter Form, was die USA in den Sechzigerjahren in Vietnam vorexerziert hatten – und scheiterte genauso, nicht zuletzt, weil Amerika die Islamisten großzügig mit Waffen belieferte, wobei sie allerdings auf das falsche (und höchst undankbare) Pferd setzten, wie die Zukunft (zum Beispiel am 11. September 2001) zeigen sollte.

Viele Europäer, besonders Deutsche, zogen aus der sowjetischen Afghanistaninvasion nicht die Konsequenz, dass Frieden mit der Sowjetunion nur durch Rüstung und Abschreckung zu erreichen sei, sondern nur durch vertrauensbildende Maßnahmen, Verhandlungen und Abrüstung. Frieden schaffen ohne Waffen, zumal ohne eigene, mag blauäugig erscheinen. Reizt der Schwache den bösen Nachbarn zu Erpressung und Angriff, allein weil er schwach ist, oder ist Friedfertigkeit ansteckend? Es ist Ansichtssache, ob Friedfertigkeit nichts als Leichtfertigkeit ist oder ob die Handreichung, sofern nur einer den Anfang macht, dem Frieden dient, denn solange man sich die Hand reicht und verhandelt, hat man die Hände nicht frei, um zur Waffe zu greifen.

So jedenfalls glaubte die bundesdeutsche Friedensbewegung, die in allen sozialen Schichten und Gruppen, vor allem jedoch unter Intellektuellen, Anhänger fand. Hunderttausende protestierten und demonstrierten gegen den NATO-Doppelbeschluss. Man wollte keine Atomraketen auf deutschem Boden haben, wollte sie hier weder stationiert noch explodiert sehen. Atombasen, so die Pazifisten, wirken wie Magneten und nicht als Abschreckung.

Die Achtundsechziger waren '79 zu neuem Leben erwacht – viel konkreter in ihrer Zielsetzung (statt Kampf dem Kapitalismus Kampf dem Atomtod), auch viel disziplinierter als damals bei den Straßenschlachten. Vor allem waren die aktiven Neunundsiebziger viel zahlreicher als die Achtundsechziger. 350 000 demonstrierten im Bonner Hofgarten, und von Stuttgart bis Ulm wurde eine friedliche Menschenkette für den Frieden gebildet. Viele der jüngeren Teilnehmer hatten inzwischen den einst von Rudi Dutschke angeregten Marsch durch die Institutionen vollzogen, standen im Berufsleben, fühlten sich verantwortlich für ein strahlenfreies Leben ihrer jungen Familie, engagierten sich als SPD-Genossen gegen die Abschreckungspolitik ihres Kanzlers. Böll und Grass, der Berliner Ex-Bürgermeister Albertz und Ex-Kanzler Brandt erhoben ihre warnende Stimme.

Kanzler Schmidt fühlte sich von seiner Partei im Stich gelassen und konnte – Realist, der er war – den naiven Idealismus nicht fassen. Die militante CDU stand ihm näher als eine pazifistische SPD. Dennoch galt er weltweit nach wie vor als erfolgreicher Staatsmann. Unter seinem maßgeblichen Einfluss kamen die erste Direktwahl zum Europäischen Parlament zustande wie auch der NATO-Doppelbeschluss (sofern man diesen überhaupt als einen Erfolg ansehen will) (am 10.6.1979 beziehungsweise am 12.12.1979). Erfolgreich war er auch als sein eigener Wahlkämpfer. 1976 siegte die sozialliberale Koalition, wenn auch nur knapp gegen die Union mit Helmut Kohl als Kanzlerkandidat (SPD 42,5 %, FDP 7,9 %, CDU 48,6 %), in Sitzen bedeutete das eine Mehrheit von 253 zu 243. Aber bei seiner

Wiederwahl zum Kanzler erhält Schmidt nur 250 Stimmen, eine einzige mehr als erforderlich. Drei Koalitionäre haben *ihrem* Kanzler ihre Zustimmung verweigert. Aber knappe Kanzlerwahlen haben in der Bundesrepublik ja Tradition.

Viel deutlicher fällt die Wahl von 1980 aus. Schuld an ihrem Rückschlag (44,5% statt 48,6%) hat die Union selber, die sich auf den Scharfmacher Strauß als Kanzlerkandidat geeinigt hatte. Mit 42,9% und 10,6% erringt die Koalition eine stabile Mehrheit von 271 gegenüber 226 Sitzen. Das Wahlvolk vertraute der Sicherheitspolitik Schmidts mehr als der antisozialistischen Propaganda des wortgewaltigen Bayern. Mit 266 Ja- zu 222 Nein-Stimmen fällt Schmidts Wiederwahl dann auch sehr eindeutig aus.

Dennoch sind seine Jahre als Kanzler gezählt. Welche Probleme im Oktober '82 zu seiner Ablösung führen, wollen wir im übernächsten Kapitel, dem 55., behandeln.

54

Giesensdorfer Idylle und Ratzeburger Fortsetzung

Seit dem 9. Mai 1973 waren wir, wie bereits erzählt, eine richtige Familie. Wir waren sesshaft, häuslich und glücklich. Die Zeit der großen Mittelmeerreisen war vorerst vorüber, und unsere Fahrten führten uns nur noch nach Berlin, wo wir meinen Vater und meine Freunde besuchten, in den Harz, wo Christas Bruder uns in seiner Ferienwohnung einquartierte, und nach Sylt, wo Philine im Strandsand erst Krabbeln und dann Laufen lernte.

In Ratzeburg gab ich meine vorehelichen Ehrenämter auf, blieb zwar noch Mitglied, engagierte mich aber nicht mehr in der SPD, bei Amnesty International und als Spartenleiter beim RSV. Mein Amt als Vertrauenslehrer hatte ich ja längst nach Differenzen mit Direktor Drillmann aus Protest niedergelegt. Für Christa und mich bildeten unsere Tochter, unser Haus und unsere Schulen den Mittelpunkt des Lebens. Wir spielten mit Philine, schoben mit dem Kinderwagen durch Wald und Feld, gestalteten den Garten kindgerecht um – mit Spielwiese und Buddelkiste – und wir gründeten mit anderen Eltern einen privaten Kindergarten, wo unsere Kleinen am Vormittag gut aufgehoben waren. Die übrige Zeit war Philine immer in unserer Nähe, auch als wir gemeinsam mit dem Dorf in Heinos Krug vor dem Fernsehapparat das Endspiel Deutschland-Holland anschauten. Philine hatte während der WM bereits gelernt, dass man ab und zu in die Hände zu klatschen hatte und *Tor von Müller* rufen musste. Aber als Deutschland den spielentscheidenden Elfmeter zugesprochen bekam, schnappte ich mir den Kinderwagen und flüchtete ins Freie, denn das Jubelgebrüll von gut 20 Patrioten wollte ich meiner zarten Tochter dann doch nicht zumuten. Draußen vor der Tür registrierte ich mit Befriedigung Breitners erfolgreiche Vollstreckung des Strafstoßes und kehrte in die Gaststube zurück, wo inzwischen wieder ein akustisch erträglicher Zustand eingetreten war.

Die Krisen der Ära Schmidt, der ökonomische Ölterror und der rabiate RAF-Terror, spielten sich – aus unserer dörflichen und kleinstädtischen Idylle betrachtet – am fernen Horizont ab. Wir lebten weniger in der Politik als in der Familie und der Schule. Fast jedes Jahr musste ich als Klassenlehrer oder Kursleiter eine Klassen- oder Kursfahrt durchführen. Als die Schulkonferenz beschloss, dass die Primaner den jeweiligen Reiseleiter und das von ihm angebotene Reiseziel aussuchen sollten, entbrannte zwischen den Kollegen ein heftiger Konkurrenzkampf. Um genug Teilnehmer zu bekommen, wurden die Angebote immer verlockender. Da gab es Tauchen an der Costa del Sol, Skilaufen in den Dolomiten, Segeln auf der Zuiderzee und Flüge in die USA.

Ich begnügte mich mit einer Fahrt nach Berlin, die halb so teuer war wie die konkurrierenden Traumreisen und vor allem von denen gewählt wurde, die (oder deren Eltern) sparen wollten oder mussten. In der geteilten Stadt absolvierten wir das übliche Programm, besuchten am Tage politische Pflichtveranstaltungen und abends preiswerte Eckkneipen und Offtheater, es sei denn, ich gewährte meinen Leuten, nachdem sie lange genug gequängelt hatten, zwei, drei Stunden Ausgang. Schon während des Abendessens formierten sich zwei Gruppen, die sich je nach Freizeitvorlieben und weltanschaulichen Interessen von der zentralen Jugendherberge in der Kluckstraße in zwei verschiedene Richtungen auf den Weg machten. Die einen fuhren nach Westen Richtung Kurfürstendamm, die anderen nach Kreuzberg. Am Kudamm gab es massenweise Massendiscos, die das ländlich-sittliche Heimatangebot in jeder Hinsicht in den Schatten stellten und Spaß, Freude, Abwechslung sowie ohrenbetäubenden Lärm und flackernde, wenn auch stark reduzierte Beleuchtung versprachen. Davon fühlte sich die Mehrheit meiner Schutzbefohlenen magnetisch angezogen.

Die kleine radikale Minderheit dagegen war neugierig auf das Kreuzberger Nachtleben; hier sammelte sich jede Art von Aussteigern, Wehrdienstverweigerern, Drogenkonsumenten, Möchtegernkünstlern, arbeitslosen und -scheuen Pazifisten, nur immatrikulierten oder aber auch wirklich studierenden Studenten, türkischen Gastarbeitern und ihren Familien, Lebenskünstlern und Alkoholikern und so weiter und so fort, wobei die meisten jungen Leute sich nicht mit der Zugehörigkeit zu nur einer der genannten Gruppen begnügten. Verlockend an Kreuzberg waren für alle Neukreuzberger das Leben mit Gleichgesinnten und die niedrigen Mieten. Die meisten altberliner Vorderhäuser und erst recht die Hinterhäuser verfügten über keinen Komfort, es gab keine Zentralheizung, keinen Fahrstuhl und keine Toilette in der Wohnung. Wer musste, der musste die *Bequemlichkeit auf halber Treppe* aufsuchen.

Da die Wohnungen in kümmerlichem Zustand waren, warfen sie nur einen kümmerlichen Mietzins ab, und da die Hausbesitzer wenig einnahmen, investierten sie nicht. Eine Schraube ohne Ende. Die Bruchbuden bringen keine Einnahmen, und ohne Einnahmen wird nicht renoviert und die Wohnungen verfallen noch mehr. Die Antworten der Vermieter und Mieter auf diese missliche Lage waren sehr gegensätzlich, aber jeweils auch logisch. Die Hausbesitzer spekulierten auf einen möglichst schnellen Verfall ihrer Immobilie, um diese dann abzureißen und ein neues, modernes, anspruchsvolles Mietshaus und auf dem Hinterhof einen Gewerbebetrieb zu errichten, die sich durch hohe Mieteinnahmen rechneten und rentierten. Die jetzigen Bewohner hätten ihr Leben in Kreuzberg nicht bezahlen können und antworteten auf die Gefahr, entmietet zu werden, auf die aus ihrer Sicht konsequente Art und Weise. Sie erklärten sich den Hausbesitzern gegenüber als Hausbesetzer, und die Verantwortungsbewussten und Geschickten unter ihnen renovierten die Wohnungen auf eigene Faust und eigene Kosten, gaben dem Haus eine menschenwürdige Wohnqualität und bezeichneten ihr eigenmächtiges Vorgehen als *Instandbesetzung*, was sie auf riesigen Transparenten kundtaten. Die jungen Leute bemühten sich um eine intensive Öffentlichkeitsarbeit und Eigenwerbung.

Nicht weit vom Cottbusser Platz kam das progressive Häuflein meiner Gelehrtenschüler mit den Bewohnern eines zum Abbruch verurteilten Altbaus ins Gespräch. Sie erzählten, dass ihnen allen gekündigt worden war, was rechtlich möglich war, weil der noch nicht sehr alte Mietvertrag das zuließ, so dass eine baldige polizeiliche, also gewaltsame Exmittierung zu befürchten war.

Aber in dem gleichen Haus wohnte ein betagter Witwer und Uraltmieter, dessen Wohnrecht Bestandsschutz hatte. Solange der alte Herr hier lebte, konnte das Haus nicht abgerissen und ebenso die Gefahr abgewendet werden, dass auf dem Hinterhof eine Fabrik mit lästigen chemischen und akustischen Nebenwirkungen, wie geplant errichtet wurde. Die Instandbesetzer machten dem alten Mitmieter das Leben so angenehm wie möglich, damit er nur nicht auszog, renovierten seine Wohnung, kauften für ihn ein, schleppten Holz und Kohle hoch in seine Wohnung und verehrten ihn wie ihren eigenen Opa. Gegen eine solche Vorzugsbehandlung durch die Hausbesetzer konnte der Hausbesitzer nicht anstinken und anstänkern, auch wenn er den alten Mieter mit einer Ersatzunterkunft in Zehlendorf zu ködern versuchte. Aber Opa war geborener und gealterter Kreuzberger und in seinem Kiez wollte er bleiben und sterben. Und dann wurde ihm zu Liebe und zu Ehren von seinen Mitmietern auch noch ein großes Hinterhoffest anberaumt, und da sollte an nichts gespart werden, schließlich hing die Wohnexistenz der jungen Leute allein von Opas Sess- und Standhaftigkeit ab. Man war bereits dabei, den Hof zu schmücken und zu möblieren, denn schon am nächsten Tag sollte geschmaust, getrunken, musiziert und getanzt werden. Die ganze Adalbertstraße war eingeladen und auch meine kleine Schülergruppe samt ihren abwesenden Schulkameraden wurden zu dieser Großveranstaltung gebeten – und alle, alle kamen.

Meine angepassten Kudammfans ließen sich von der progressiven Minderheit überreden, denn so eine echte Berliner Hinterhoffete wollte sich keiner entgehen lassen. Wir wurden willkommen geheißen, dem Opa vorgestellt, mit Speis und Trank versorgt und über die wohnpolitische Lage informiert. Meine Mädchen wurden fleißig betanzt und dann führte man uns durch das Haus, wo wir die verschiedensten Wohnvarianten zu Gesicht bekamen, richtig ansprechend renovierte und ausgestattete Wohnungen, aber auch richtig verkommene Löcher, in denen ebenso verkommene Typen auf Matratzen lagen und kifften. Als das Fest am schönsten und noch längst nicht zu Ende war, mussten wir leider aufbrechen, wozu uns der pedantische Zapfenstreich der Jugendherberge gnadenlos zwang.

Das Fest war von Erfolg gekrönt. Opa und die Hausbesetzer hielten sich gegenseitig die Treue. Wenn ich später mal wieder in diese Gegend kam, konnte ich mich darüber freuen, dass dieses Haus, inzwischen professionell restauriert, immer noch stand und hinten keine Fabrik entstanden war.

In Giesensdorf tat sich inzwischen einiges. Zu Beginn des Jahres '75 erwies sich Christa als schwanger und am 6. September kam sie nieder. Florians Geburtsanzeige stellten wir unter das Motto: *Wir sind vier,* schließlich waren wir jetzt eine richtig symmetrische Familie: Mutter, Vater, Tochter, Sohn.

Das Dorf freute sich mit uns, und wir wären gerne in unserem Sonnenhaus wohnen geblieben. Aber es gab ein Aber.

Der Bürgermeister wollte den Mietvertrag nicht verlängern und verkaufen erst recht nicht, denn seine Tochter wurde von Jahr zu Jahr heiratsfähiger und sollte schon bald und gegebenenfalls hier einziehen. Folglich begannen wir, erst langsam und lässig, doch dann immer gezielter, nach einem geeigneten Haus oder Grundstück zu suchen. Da wir Zeit hatten, konnten wir es uns leisten, wählerisch zu sein, und hatten an allen Objekten etwas auszusetzen. Ebenso die Kinder, erst nur Philine, dann auch Florian, die sich in Giesensdorf wohlfühlten und an allen Ratzeburger Objekten etwas zu mäkeln fanden.

Dann aber ging alles sehr schnell. Eine Kollegin machte Christa darauf aufmerksam, dass in der Neubausiedlung am Nordrand der Stadt, wo sie selber seit Kurzem mit ihrer Familie wohnte, zwei Grundstücke, und zwar die attraktivsten, brach lagen und nichts darauf hindeutete, dass hier in absehbarer Zeit gebaut werden sollte. Das Grundstück lag am Ende einer Hufeisenstraße und grenzte an einen Hochwald mit Buchen und Eichen. Bis zum Ratzeburger See und der romantischen Badestelle mit dem schönen Namen Himmelswiese waren es zu Fuß keine fünf Minuten und zur Gelehrtenschule mit dem Rad nicht viel mehr. Von meinen Waldläufen, die ich in meinen Freistunden von der Schule aus unternahm, kannte ich das Grundstück und wusste, idealer geht es nicht.

Aber ich zweifelte daran, dass gerade dieser Bauplatz zu verkaufen war, und sagte zu Christa: *Der ist doch längst weg. Da brauchst du gar nicht erst anzurufen, die 23 Pfennig kannst du sparen.* Aber Christa hörte nicht auf meine kleinlichen Bedenken und setzte sich mit dem Kreis in Verbindung. Der zuständige Beamte war der Vater eines Jungen, den Christa trotz einiger Bedenken fürs Gymnasium empfohlen hatte. Der dankbare Sachbearbeiter reagierte mit Wohlwollen: *Natürlich, Frau Hartmann, können Sie das Grundstück haben. Der bisherige Anwärter hat gerade verzichtet. Kommen Sie mit ihrem Mann vorbei, ich bereite alles vor.* Die Sache war die, dass sich der Ratzeburger Bürgermeister die Doppelimmobilie gesichert hatte, um dort seine Wohnung und Anwaltskanzlei zu errichten, falls er in seinem Amt nicht bestätigt würde. Aber nun war er gerade wiedergewählt worden, behielt seine Dienstvilla und gab den Bauplatz frei. So wie ich vor Jahren als Mieter bei der Frau Baier sein Nachfolger geworden war, so traten wir jetzt die Nachfolge auf dem einen seiner zwei Grundstücke an. Das andere erhielt der neue Leiter der Realschule.

Bauherrin und Bauherr zu sein, ist ein kompliziertes Unterfangen. Man ist absoluter Neuling und Laie und trifft auf lauter versierte Experten. Für was für eine Art Haus wollen wir uns entscheiden und wie kommen wir an die notwendigen Gelder? Das Beamtenheimstättenwerk und die Kreissparkasse kamen uns zu Hilfe oder witterten ein Geschäft, und unser Freund Fritz, mein ehemaliger Schüler aus Timmendorf und inzwischen Bänker, empfahl und erläuterte uns das sogenannte vereinfachte Verfahren bei der Finanzierung, das immer noch kompliziert genug war und uns darüber spekulieren ließ, wie undurchschaubar wohl das normale Verfahren sein müsse. Auch das vereinfachte Verfahren blieb uns ein Brief mit sieben Siegeln, aber wir mussten es ja auch nicht durchschauen, weil wir Fritz vertrauten, und gaben vor, dass wir alles voll und ganz verstanden hätten.

Später erzählte er uns, dass er Kunden, die sich dem vereinfachten Verfahren gegenüber als absolut begriffsstutzig erwiesen, uns als leuchtendes Beispiel gegenüberstellte: *Mein früherer Deutschlehrer hat das » vereinfachte Verfahren « auf Anhieb kapiert, also so schwer kann das doch nicht sein.* Es ist aber schwer, und irgendwann, viel später, klärten wir Fritz darüber auf, dass wir das vereinfachte Verfahren seinerzeit auch überhaupt nicht begriffen hätten. Das war für den guten Fritz eine bittere Enttäuschung, nahm doch sein Glaube an sein finanzpädagogisches Talent schweren Schaden.

Bauen ist Nervensache. Das weiß jeder, der jemals den Mut hatte, ein Eigenheim zu errichten. Wer ohne größere Pannen durchs Leben gekommen ist, beim Bauen lernt er sie endlich kennen. Termine werden nicht eingehalten, Lieferungen bleiben aus, und wenn endlich geliefert wird, kommt das Falsche. Zwischenwände stürzen ein, Fliesen fallen von der Wand, der Anschluss an die Kanalisation macht Probleme, der Kamin zieht nicht, sondern qualmt.

Aber ich will keine lückenlose Mängelliste vorlegen, denn am Ende war alles in Ordnung, nicht zuletzt deshalb, weil Christa fast täglich, während ich in der Schule war, mit den Kindern auf dem Bauplatz erschien und mit Charme und Elan unsere Vorstellungen zur Sprache brachte und durchsetzte.

Und dann war es soweit. Im April 1978 verließen wir mit einem lachenden und einem weinenden Auge das schöne Giesensdorf und zogen aus, um und ein. Unsere Hufeisenstraße führte den Namen des Heiligen Ansverus, der als Abt des nahen Klosters Georgsberg 1066 zusammen mit 18 Brüdern auf dem Weg nach Lübeck von heidnischen Slaven gesteinigt worden war oder gesteinigt worden sein soll. Der spätgotische Gedenkstein steht noch heute, und auf unseren Spaziergängen zieht es uns immer wieder dorthin.

Mit den Nachbarn im Ansverusweg wurden wir schnell bekannt, wobei die Kinder als kommunikative Vorreiter fungierten, schließlich waren hier fast nur Ehepaare mit Kindern eingezogen, und auf der Straße wimmelte es nur so von spielenden Kids. Und dann geschah, was getreu der alten Volksweisheit passieren musste: Neues Haus – neues Kind. Ein Jahr nach unserem Einzug war Julia zur Stelle. Sie wurde hineingeboren in ein soziales Paradies, in ein Kindereldorado oder doch eine Kinderrepublik. In den etwa 30 Einfamilienhäusern des Ansveruswegs lebten gut 60 Kinder, verteilt auf die 20 Jahre zwischen Geburt und Abitur. Im Durchschnitt hatte jeder zwei gleichalte Klassenkameraden und diese Freundschaften blieben bis heute erhalten. Auf der Straße herrschten Hilfsbereitschaft, Rücksichtnahme und Friedfertigkeit, nie kam es zu ernsten Konflikten oder gar Schlägereien. Die Großen kümmerten sich um die Kleinen, und die Kleinen ließen sich von den Großen anleiten. Mehr als die Eltern erzogen die Kinder sich selbst.

Als Julia bereits ein paar Wochen unterwegs war, fuhren Christa und ich für einige Tage nach Dänemark, wo Kalle und Lieselotte in Blåvand an der Nordseeküste ein Ferienhaus gemietet hatten. Philine und Florian waren solange bei Christas Eltern in Lübeck, und wir genossen das Meer, den Strand, die Dünen und die gemütliche Unterkunft. Wir waren so begeistert von der Landschaft, dass wir uns einig waren, in den kommenden Jahren hier die großen Ferien zu verbringen.

Das erste Mal waren wir im Sommer '79 mit der ganzen Familie hier. Julia war gerade ein Vierteljahr alt und ließ es geduldig über sich ergehen, dass sie unbeachtet im Wagen lag, während Kalle, Lieselotte, Sven, Beate, Christa, Philine, Florian und ich Sandburgen bauten, Boule oder Fußball spielten oder uns nur passiv sonnten. War das Wetter ungemütlich und strandfeindlich, dann unternahmen wir Ausflüge nach Ribe oder Oksböl. Hier, im Flüchtlingslager, war Christa geboren worden. Wir besuchten das Lagermuseum und den nahen Friedhof, wo viele Babys bestattet waren. Christa hatte nur überlebt, weil sie erst im November 1945 zur Welt kam, als die

Typhusepidemie schon vorüber war. *Ein Glück, dass du damals nicht gestorben bist, Mama,* sagte Florian nachdenklich und zeigte sowohl Dankbarkeit als auch Mitleid.

In den kleinen Ortschaften bummelten wir durch die Geschäftsstraßen, kauften dies und das und freuten uns über die Höflichkeit der Dänen und über ihre Bemühungen, ein akzentfreies Deutsch zu sprechen. Wie rücksichtsvoll die Dänen sind, wurde uns während einer Strandwanderung klar. Als die Kinder müde wurden, benutzten wir ein umgekipptes Boot als Rastplatz und verzehrten unseren Proviant. Währenddessen ging ein Däne am Ufer auf und ab, 200 Meter nach rechts, 200 Meter nach links, und das mehrere Male. Als wir uns erhoben, um unsere Tour fortzusetzen, warf der Däne sein Boot auf den Kiel, zog es ins Wasser und ruderte davon. Er war gar nicht auf den Gedanken gekommen, uns von seinem Eigentum zu vertreiben, vielmehr bewährte er sich als gastfreundlicher Gastgeber.

An sonnigen Strandtagen wechselten Christa und ich uns ab, die kleine Julia um die Mittagszeit vom Meer ins Haus zu bringen, gaben ihr dort das Fläschchen, wickelten sie und legten sie zum Schlafen hin.

Eines Nachmittags, als Christa Babydienst hatte und auf der Terrasse ein Buch las, hörte sie plötzlich ein lautes Pfeifen in der Luft, das seinen Ausgang von dem nicht allzu fernen Truppenübungsplatz nahm und nicht weit von unserem Haus endete. Eine irregeleitete Granate war auf ein Ferienhaus getroffen und zertrümmerte es.

Christa ließ Julia schlafen und fuhr zu der Unglücksstelle, wo sich auch einige andere Feriengäste einfanden. Zum Glück war das Wetter so schön, dass alle Hausbewohner am Strand waren und es durch den ballistischen Irrläufer keinen Personenschaden gegeben hatte. Die um die Trümmer versammelten Dänen zeigten eine Mischung von Schreck und Erleichterung. In ihrer Angst, dass das Geschoss auch sie und Julia hätte treffen können, wandte Christa sich vorwurfsvoll an eine Dänin mit der Frage: *Kommt so etwas hier etwa öfter vor? – Nicht, seit ihr nicht mehr hier seid.* Die Antwort war ein Volltreffer. So gastfreundlich die Dänen den deutschen Touristen gegenüber sind, so wenig können sie die Besetzung durch die deutsche Wehrmacht vergessen.

Nicht vergessen will ich meine politische Minikarriere. Auch als wir noch im abgelegenen Giesensdorf wohnten, hatte ich meine Mitarbeit im Ratzeburger SPD-Ortsverein nie ganz eingestellt. Und da fragte mich eines Abends der altgediente Kreistagsabgeordnete Schorsch Schnor, ob ich als Vertreter Ratzeburgs seine Nachfolge antreten wolle. Ich hatte Bedenken wegen des vermuteten Zeitaufwands und fragte, wie oft pro Woche man an irgendeiner Veranstaltung teilnehmen müsse. *Einmal, mehr nicht,* beruhigte er mich und ich sagte zu. Nachher war es dann so, dass ich einmal pro Woche keine Verpflichtung hatte.

Da die SPD Ratzeburg dafür sorgte, dass ich einen sicheren Listenplatz erhielt, wurde ich also in der konservativen CDU-Hochburg des Kreises Herzogtum Lauenburg zum Kreistagsabgeordneten gewählt. Als Neuling ist man zunächst Hinterbänkler und muss erst einmal lernen, wie der Hase läuft. Als die Fraktion festlegte, wer in welchem Ausschuss mitarbeitet, musste ich mich bescheiden zurückhalten, erreichte aber immerhin, dass ich meinen Interessen und Kenntnissen entsprechend eingesetzt wurde, also im Kultur-, im Sport- und im Forstausschuss.

Die Plenarsitzungen und die Ausschusssitzungen laufen sehr unterschiedlich ab. Im Kreistag, der öffentlich tagt, wollen die Alphatiere der beiden Volksparteien und das kleine Häuflein der liberalen sich rhetorisch profilieren, was, wie sie meinen, am besten gelingt, wenn man die politischen Gegner heftig attackiert. In den Sitzungen der Ausschüsse dagegen, zu denen damals keine Zuhörer zugelassen waren, wird sachlich und harmonisch gearbeitet. Da treffen sich die jeweiligen Spezialisten der Fraktionen mit den zuständigen Verwaltungsspitzen und versuchen gemeinsam, möglichst viel Geld herauszuschlagen für ihren Bereich, also Zuschüsse für Bauvorhaben, Veranstaltungen und andere Projekte. In den Fraktionssitzungen muss man dann versuchen, die Parteifreunde von der Notwendigkeit der vorgesehenen Ausgaben für eine Sporthalle oder eine Kunstausstellung zu überzeugen, damit das Vorhaben im Kreistag dann eine sichere Mehrheit erhält.

Der einzige Ausschuss, in dem das Geld nicht wie aus einem Füllhorn großzügig ausgeschüttet wurde, war der Forstausschuss, wo nur über die Gewinne aus dem Holzverkauf gesprochen wurde. Zum

Dank für die schwarzen Zahlen lud der Kreis jedes Jahr im März die Ausschussmitglieder, die Kreisförster und einige höhere Beamte zu einem üppigen Wildschweinessen ein. Da saß man dann zwischen den Grünröcken, fachsimpelte, so gut man konnte, und genoss den Braten. Plötzlich hatte jeder einen Korn vor sich und ein Förster erhob sich und sagte laut und stolz: *Aus gegebenem Anlass!* Die Gesellschaft applaudierte, prostete dem Spender zu – und weg war der Korn. Also ex. Schon wurde eine neue Runde ausgegeben, und so ging es weiter mit zunehmender Geschwindigkeit und immer kürzeren Pausen, so dass man kaum so schnell essen konnte, wie man trinken musste. Nur langsam wurde mir klar, worin der *gegebene Anlass* bestand, nämlich in dem in perfektem Jägerlatein vorgetragenen weidmännischen Erfolg in Form eines zur Strecke gebrachten kapitalen Keilers oder Bocks.

Nachhaltigen politischen Einfluss hat man als normaler Kreistagsabgeordneter nicht. Die wichtigen Entscheidungen fielen in Bonn und Kiel seitens der Bundes- und Landesregierung beziehungsweise des Bundes- und Landtags. Dem Kreis bleibt praktisch nur ein kleiner Spielraum bei der Umsetzung dessen, was oben beschlossen war, und diesen Rest von Einfluss sichert sich die Handvoll Herren, die den Fraktionsvorstand bilden. Wir anderen dürfen nur bei der Abstimmung zustimmen und müssen es sogar, um uns nicht unbeliebt und unwiederwählbar zu machen.

In meinen vier Jahren im Kreistag hat es nur einen einzigen Beschluss gegeben, der hauptsächlich auf meinen Einsatz zurückging. Das war die Anschaffung eines Gemäldes für das Kreismuseum.

Es fing damit an, dass der Kulturamtsleiter und Museumsdirektor Dr. Kaack dem Kulturausschuss eines Tages das Porträt einer eleganten und attraktiven Dame – nämlich der Herzogin von Mecklenburg – schmackhaft zu machen versuchte. Über das Konterfei ihres Mannes verfügte das Kreismuseum bereits, und nun bot sich die günstige Gelegenheit, das Ehepaar zusammenzuführen. Ihm, Dr. Kaack, sei das Gemälde von privat angeboten worden, von einer Berlinerin, wohnhaft in Zehlendorf, Beerenstraße. Die Herzogin dürften wir uns auf keinen Fall entgehen lassen, der Museumsleiter warb um die Dame wie ein Liebhaber und machte uns den Erwerb schmackhaft, indem er von einem Schnäppchen sprach. Als wir aber den Preis erfahren hatten, schien uns der Begriff *Schnäppchen* nicht so ganz zutreffend. Die Stimmung tendierte in Richtung Ablehnung, und zwar quer durch die Parteien. Die CDU als Mehrheitsfraktion wollte mit den Kreisfinanzen verantwortungsvoll umgehen, also sparen, und meine Genossen konnten sich nicht für ein Kunstwerk mit aristokratischem Inhalt erwärmen, zumal wir schon längst mehr Bilder als genug hätten, die im Magazin schmorten und gar nicht alle gezeigt werden konnten. Dr. Kaack war drauf und dran, zu resignieren.

Anders ich. Die porträtierte Schönheit war mir von Anfang an sympathisch, schon allein deshalb, weil sie aus Zehlendorf kam, aus der Beerenstraße, wo ein alter Klassenkamerad inzwischen wohnte. Aber auch objektiv betrachtet war das Bild sehr qualitätsvoll, den Maler, den ich nicht kannte, nannte ich einen anerkannten Künstler, und so machte ich mich stark für den Ankauf.

Wir, so begann ich, bezuschussen vieles, was nur von kurzer, ja kürzester Dauer ist, zum Beispiel die Konzerte der Feuerwehrkapellen. Nichts dagegen, aber ihre Musik ist doch kaum gespielt, schon wieder verklungen. Das Bild aber hängt für Jahrzehnte, sogar Jahrhunderte in unserem als Museum genutzten Herrenhaus. Und es passt ideal in das Ensemble unserer Bestände. Entscheidend aber seien der künstlerische Rang und die Aussage des Gemäldes. Sehen Sie denn nicht, dass dieses Porträt sich an der Tradition der Marienbilder orientiert? Die bescheidene und fromme, aber doch selbstbewusste Haltung. Dazu die in den Marienbildern dominierenden Farben, das himmlische Blau und das königliche Rot. Wie Maria oder das Jesuskind hält auch die Herzogin eine Frucht in Händen. Kurz, das Gemälde ist seinen Preis wert, und wir dürfen es uns auf keinen Fall entgehen lassen. Die Christdemokraten ließen sich schließlich von meinen religiösen Argumenten umstimmen, die Sozis waren verblüfft, was man alles in ein Bild hinein- oder hinausinterpretieren kann und unterwarfen sich meiner ästhetischen Autorität.

Einstimmig stimmten wir für den Erwerb. Dr. Kaack war mir dankbar, und noch heute schmückt das Gemälde der Herzogin, zusammen mit dem ihres Mannes, die Empfangshalle des Herrenhauses.

Das Jahr 1982 bedeutete nicht nur wegen der Abwahl Schmidts und der Wahl Kohls einen tiefen Einschnitt in die deutsche Politik, auch privat war 1982 ein schwarzes Jahr. Im Juli starb Christas Vater, im September unser Freund Kalle, im November mein Vater. Unsere Väter waren über 80 Jahre alt geworden, sie hatten ihr Leben gelebt, aber Kalle war 47.

Er hatte gerade erst begonnen, ein auskömmliches und erfülltes Leben zu führen – und dann war es plötzlich zu Ende. Lange hatte er relativ bescheiden leben müssen, denn als Tischlergeselle konnte er keine großen Sprünge machen, und als er heiratete, verdiente Lieselotte als Chefsekretärin mehr als ihr Mann. Die junge Familie mit den Kindern Sven und Beate musste sich einschränken. Große Reisen waren nicht drin, und sie konnten froh sein, dass sie bei mir in Ratzeburg preiswerte Ferien verleben konnten.

Aber dann kam der Aufschwung. Mitte der Siebzigerjahre fassten meine Berliner Freunde Kalle und Konni den mutigen Entschluss, in ihrem Beruf eine Fortbildung vom Gesellen zum Meister zu machen. In Düsseldorf mussten sie sich ein Jahr lang plagen, ein Meisterstück fertigen (Kalle tischlerte eine Tür für sein Haus in der Reiherbeize) und abschließend ihre Meisterprüfung ablegen. Konni nutzte seine Qualifikation hinfort dazu, als Berufsschullehrer zu arbeiten, Kalle machte sich selbstständig und erwarb auf Kredit eine Tischlerei auf dem Wedding. Beide hatten einen Karrieresprung gemacht mit deutlich höherem Lebensstandard.

Jetzt endlich waren auch größere Reisen möglich, und Kalle und Lieselotte gewöhnten es sich an, Sommer für Somme mit ihren Kindern drei Wochen nach Dänemark zu fahren. Aber hier fand ihr Glück schon nach wenigen Jahren sein brutales Ende. Christa und ich waren mit unseren Kindern ebenfalls in Blåvand, mussten aber wegen des Ferienendes eine Woche früher abreisen. Und in dieser Woche geschah das Unglück. Kalle war schon lange infarktgefährdet und hatte Risikofaktoren gesammelt wie andere Leute Briefmarken, er rauchte fast ununterbrochen, trank Bier über Gebühr, aß gut und gerne, regte sich aus geringstem Anlass auf und wurde vom Komiker zum Choleriker. Er trieb keinen Sport mehr, ging kaum noch spazieren, und zum Arzt ging er auch nicht. In Dänemark setzte er sich den ganzen Tag der prallen Sonne aus. In den Dünen hatte er sich einen Stammplatz gesichert, eine windstille Mulde zwischen duftenden Strandrosen. Nur noch selten ließ er sich zum Boulespiel überreden, es war ihm zu aufregend und anstrengend.

Als wir in Ratzeburg waren, erfuhren wir, was passiert war. Während er sich in seiner Düne sonnte, entdeckte er eine Sandviper und wollte sie, wie er es früher an der Krummen Lanke mit Fröschen und Eidechsen gemacht hatte, durch einen blitzartigen Griff in den Nacken in seine Gewalt bringen. Aber die Schlange war schneller, entwischte ihm, biss ihn sogar und verschwand im Strandhafer und in den Rosen. Kalle erkannte sofort die Gefahr und fuhr mit seiner Familie ins Krankenhaus nach Oksböl. Er schilderte den Ärzten sein Abenteuer, bekam ein Serum – und zugleich einen Herzinfarkt. Ob das Schlangengift, die Aufregung, die hektische Autofahrt, die Angst vor der Krankheit oder sein kritischer Allgemeinzustand oder alles zusammen die Ursache für seinen Zusammenbruch waren, spielt heute keine Rolle mehr. Jedenfalls musste er erst mal in der Klinik bleiben. Sein Sohn, der inzwischen einen Führerschein besaß, fuhr mit Mutter und Schwester nach Berlin, und dort nahm man mit Erleichterung zur Kenntnis, dass die Genesung des Patienten gute Fortschritte machte. Schon nach wenigen Wochen konnte Liesellotte ihn abholen oder sollte es doch. Denn dazu kam es nicht. In der Nacht vor seiner Abreise verstarb er. Wahrscheinlich war ihm der Gedanke unerträglich, dass er, der stets kraftvolle Powerkerl, von nun an als angeschlagener Greis würde leben und seine blühende Tischlerei würde aufgeben müssen.

Wenige Tage später reiste ich nach Berlin, um an der Trauerveranstaltung teilzunehmen. Nach Winfried, Konnis Bruder, der am 17. Juni 1958 mit seinem Motorrad tödlich verunglückt war, war Karl-Heinz nun der Zweite aus unserer Straßenclique, der uns verlassen hatte.

55
Kein Kanzler Kohl ohne den Scher-gen Gen-scher

Die Achtzigerjahre waren politisch eine kritische Zeit. Die Entspannung stagnierte und die Wirtschaft auch. Beides hing zusammen. Da die Supermächte sich misstrauten, rüsteten sie auf, rasselten mit ihren Raketen und überforderten ihre Volkswirtschaft. *Wie du mir, so ich dir!,* hieß die kleingeistige und engstirnige Parole der Herren im Kreml und im Weißen Haus, und ihre Vasallen in ihren Militärblöcken beteten nach, was ihnen geboten schien.

Die Ideologie der Sicherheit beruhte auf der Annahme, dass nur ein Gleichgewicht des Schreckens einen Krieg zwischen NATO und Warschauer Pakt verhindern könne. Dass umgekehrt auch eine schrittweise Abrüstung den Frieden sicherstellen würde, war immer nur der B-Plan. Entsprechende Verhandlungen wurden, wenn überhaupt, halbherzig geführt und durch beiderseitiges Misstrauen blockiert.

Eigentlich war es ein ungeschriebenes Gesetz, dass ein Gleichgewicht der konventionellen Waffen einen Krieg ausschließt und es deshalb gar nicht – eine strategische Ebene höher – zum Einsatz von Atomwaffen kommen kann, die ja im Prinzip seit Hiroshima tabu waren. Atomwaffen galten immer nur als letztes Mittel, quasi als Notwehr, seitens der unterlegenen Partei in einem konventionellen Krieg. Aber zu einem Ungleichgewicht der Standardwaffen sollte es ja gar nicht erst kommen. Doch als die Sowjets angesichts der sich hinziehenden und ergebnislosen Abrüstungsverhandlungen ihre konventionelle Überlegenheit in Europa auf ein Verhältnis von 2,5:1 steigerten, war die Krise da.

Der geostrategische Nachteil der Sowjetunion gegenüber den USA lag darin, dass ihr Territorium und Volk von einem europäischen Atomkrieg betroffen wäre, die fernen Amerikaner jenseits des Atlantik aber nicht. Deshalb rüsteten die Sowjets im Interesse ihrer Sicherheit – unter Verletzung des Gleichgewichtscredos – auf allen Waffenebenen. Sie modernisierten ihre Waffensysteme gerade auch im atomaren Bereich und entwickelten Mittelstreckenraketen vom Typ SS20 und SS21, die sie in Osteuropa zu stationieren begannen. Geplant waren 650 Raketen, denen die USA in Westeuropa nur vergleichbares Gerät in der Größenordnung von 100 entgegenstellen konnten. Dabei wollten sie es nicht belassen. Das entsprechende Material – Cruise Missiles und Pershing-Raketen – stand bereit und konnte und sollte kurzfristig in den günstig gelegenen westeuropäischen NATO-Staaten, zum Beispiel in Deutschland, Italien und Holland, installiert werden.

Den möglichen Atomtod vor Augen, bildeten sich, besonders in den betroffenen Ländern, umfangreiche Protestbewegungen. Während der Mut der Friedensbewegung darin bestand, Frieden ohne Waffen zu schaffen, und zwar sogar und zunächst durch einseitige Vorleistungen der eigenen, also der westlichen Seite, sahen die führenden Politiker der NATO-Staaten die Friedensbewegung als blauäugig und irreal an und verharrten im Denkschema des Kalten Krieges. Das bedeutete, Ost und West blieben dabei, sich gegenseitig zu beschuldigen und einzuschüchtern.

Mit von der Partie war der deutsche Kanzler Helmut Schmidt, dem man konsequentes Denken nicht absprechen kann. Unter seinem maßgeblichen Einfluss verabschiedete das westliche Militärbündnis am 12. Dezember 1979 in Brüssel den sogenannten NATO-Doppelbeschluss, der vorsah, dass die USA 572 ihrer soeben erwähnten Mittelstreckenraketen in besagten Staaten aufstellen, wenn die Sowjetunion nicht bereit wäre, eine einseitige Reduzierung ihrer Raketen im Sinne des Gleichgewichts zu garantieren beziehungsweise vorzunehmen.

So also war die Lage Ende der Siebziger- und Anfang der Achtzigerjahre, als es in den vier *Atomstaaten* Großbritannien, USA, Frankreich und Sowjetunion an der Staatsspitze zu einer Wachablösung kam, dazu auch noch in der Bundesrepublik, die – laut NATO-Doppelbeschluss – weltweit zu dem Land mit der größten Atomraketendichte auserkoren war. Im Mai 1979 wird die Konservative Margaret *Thatcher* Ministerpräsidentin, im Januar 1981 der Republikaner Ronald *Reagan* Präsident, im Mai 1981 François *Mitterand* Präsident, im Oktober 1982 der Christdemokrat Helmut *Kohl* Kanzler und im November nach Breschnews Tod der KGB-Chef Juri *Andropow* Generalsekretär des ZK und wenig später auch Staatsoberhaupt. Damit nahm die große Politik endgültig eine konservative Richtung, denn der einzige Sozialist unter den Neuen, der Franzose Mitterand, heulte mit den Wölfen, indem er dem NATO-Doppelbeschluss und der neoliberalen Wirtschaftspolitik Großbritanniens und der USA nur eine vorsichtige Sozialpolitik entgegensetzte. Die neuen Gesichter machten also altmodische Politik, setzten den Kalten Krieg fort und orientierten sich mehr oder weniger rücksichtslos am Manchesterkapitalismus des 19. Jahrhunderts.

In Moskau sah es nicht besser aus, Mut zur Modernisierung hatte man an der Parteispitze zunächst nicht, sondern vertraute zwei alten Männern die Führung der Partei und des Staates an, bis der Tod sie schon nach jeweils einem Jahr aus ihren Ämter abberief (Juri Andropow im Februar 1984, Konstantin Tschernenko im März 1985). Alle genannten Staatschefs waren Rüster, und die Overkillpolitik ging weiter, das heißt, jede Seite verfügte über so viele Atomwaffen, dass in Europa jeder den anderen mehrfach vernichten konnte. Noch weiter zu rüsten, war also überflüssig, denn toter als tot geht nicht.

Aber die Waffen wurden zum irrationalen Selbstzweck – mit der Folge, dass die Überrüstung die Volkswirtschaften überforderte. Da Thatcher und Reagan die Steuern zugunsten der Mittel- und Oberschicht senkten und die Rüstungsausgaben erhöhten, rutschte der Staatsetat tief in die roten Zahlen, und um die Schulden in Grenzen zu halten, wurden die Sozialausgaben drastisch gekürzt. Wie so oft waren die kleinen Leute die Verlierer. In den Siebzigerjahren – man erinnert sich – hatte bereits die von den OPEC-Staaten herbeigeführte Ölpreisexplosion zu einer schweren Wirtschaftskrise im marktwirtschaftlichen Westen geführt.

Die östliche Wirtschaft kränkelte schon lange aufgrund mangelnder Innovationen und Investitionen (außer natürlich im Rüstungssektor), und nun kriselte auch die westliche Wirtschaft in allen Bereichen, die zur Bewertung der ökonomischen Lage statistisch erfasst werden. Hatten die Wirtschaftsweisen früher behauptet, dass bei sinkendem Bruttosozialprodukt und sinkendem Kaufinteresse die Preise automatisch fallen, also ein Indikator sich glücklich gestaltet, wenn der andere stagniert, so kam jetzt alles Schlechte zusammen, so dass findige Journalisten den Begriff *Stagflation* für die Verbindung von Stagnation und Inflation kreierten. Die Politik war gefordert und musste etwas tun. Zunächst wollten die Staaten sparen. Aber wo und wie? Doch nicht etwa bei der Rüstung. Die war eine heilige Kuh. Also bei den kleinen Leuten.

Und die nehmen ihre Armut in Kauf, wenn das Vaterland einen Krieg führen oder fürchten muss. Zu einem solchen kommt es 1982. Als vor den Falklandinseln Ölvorkommen entdeckt werden, besetzt argentinisches Militär die vor der Haustür liegenden, aber von England verwalteten Inseln. Großbritannien schickt seine Flotte und erobert die Inseln zurück, und die bleiben britisch. Ein Krieg, und nun gar ein Sieg, versammelt das Volk hinter seiner Regierung. Dass knapp 1000 Argentinier und Engländer fallen und dass sich die Arbeitslosigkeit in Großbritannien dank Thatchers Wirtschaftspolitik verdreifacht, zählt nicht. Entscheidend ist der Stolz auf den Sieg. Prompt gewinnt die *Eiserne Lady* im folgenden Jahr die Unterhauswahlen mit einem triumphalen Ergebnis. Und so ähnlich ist es überall im Westen. Mitte der Achtzigerjahre werden auch Reagan, Mitterand und Kohl in ihren Ämtern bestätigt. Nach dem revolutionären und progressiven Jahrzehnt der Siebzigerjahre dominiert jetzt die konservative Gesinnung – und konservativ ist das Wahlvolk im doppelten Sinne. Man wählt rechts, also die Republikaner, die Konservativen und die Christdemokraten, und man wählt, was man hat und woran man sich gewöhnt hat, das heißt, man wählt den Kalten Krieg und das Wettrüsten und damit die Staatsverschuldung und den Sozialabbau. Kein Wunder, dass die USA zu den höchst verschuldeten Ländern der Erde werden.

Doch nun zu Deutschland in den Achtzigern. Kanzler Helmut Schmidt war weltweit anerkannt, ja bewundert. Auf ihn hörten auch die westlichen Atommächte und fassten unter seinem Einfluss den NATO-Doppelbeschluss. In der BRD stand die Mehrheit der Bevölkerung hinter ihm. Bei den Bundestagswahlen im Oktober 1980 hatte die sozialliberale Koalition eine deutliche Mehrheit erzielt (53,5% gegen 44,5% der Union). Allerdings war ein Sieg über den bajuwarischen Hardliner Strauß schon fast ein Selbstgänger und erheblich leichter als vorher gegen den jungen Newcomer und schwarzen Hoffnungsträger Kohl (nur knapp 2% der Stimmen beziehungsweise zehn Sitze mehr und gerade eine einzige Stimme mehr bei der Kanzlerwahl). Doch dann wurde die Bundesrepublik unter ihrem ausgewiesenen Wirtschaftskanzler Helmut Schmidt in die weltweite Wirtschaftsschwäche gerissen, denn die Ölinflation, die Rüstung und die erwähnte Stagflation belasteten den Haushalt. Das sogenannte *magische* Quadrat (Geldwertstabilität, Vollbeschäftigung, Wirtschaftswachstum und ausgeglichene Handelsbilanz) war nirgends mehr zu verwirklichen. Auch in Deutschland wurde aus dem angestrebten *magischen* Quadrat ein *tragisches* Quadrat. Das Wirtschaftswachstum stagnierte, ja, das Bruttosozialprodukt sank sogar in den letzten Schmidt-Jahren (zwischen 1979 und 1982) von +4,0 und +1,9 über -0,3 auf -1,1%. Allerdings stieg der Außenhandel immer noch Jahr für Jahr deutlich an und zwar in der Ausfuhr von 314 Milliarden (1979) über 350 Milliarden (1980) und 397 Milliarden (1981) auf 428 Milliarden (1982) und in der Einfuhr von 292 Milliarden über 341 Milliarden und 369 Milliarden auf 376 Milliarden.

Diese erfreuliche Entwicklung der deutschen Wirtschaft, worauf die Bundesregierung nicht ohne Stolz verweisen konnte, hatte ihren Grund darin, dass die ökonomischen Probleme unserer westlichen Partner viel größer waren. Das zeigte sich vor allem an den Arbeitslosen. Während in den USA, in Großbritannien und Frankreich die Arbeitslosenquote bei etwa 7% lag, stand die Bundesrepublik mit 4,5% deutlich günstiger da.

Aber wieso konnten die westlichen Volkswirtschaften ihre Völker nicht in Lohn und Brot bringen? Das Überangebot an Arbeitskräften hatte viele Ursachen, zum Beispiel die Tatsache, dass jetzt die geburtenstarken Jahrgänge der Fünfzigerjahre in die Betriebe drängten. Andererseits hatte die Industrie Probleme, ihre Produkte abzusetzen, weil der bundesdeutsche Markt mit langlebigen Konsumgütern weitgehend gesättigt war. Knapp oder gar über 90% der Haushalte verfügten Anfang der Achtzigerjahre über Telefon, Staubsauger, Kühlschrank, Fernsehgeräte und Waschmaschine, zwei Drittel über ein Auto und eine Gefriertruhe, knapp die Hälfte über Wohneigentum. Nachdem Christa und ich 1970 geheiratet hatten, erwarben wir in den ersten Ehejahren alle soeben genannten Konsumgüter, so dass wir in den Achtzigerjahren nichts Neues mehr brauchten und kauften. Die Preise waren zwischen 1976 und 1978 einigermaßen stabil und pendelten im Bereich von 3% und 4%, erhöhten sich 1980 aber immerhin auf 5,5%. Aber abgesehen von einem Teil der Rentner und den von Arbeitslosigkeit betroffenen Familien konnte die Masse der Bundesbürger ihren Lebensstandard halten, denn Lohn- und Rentenerhöhungen glichen den Preisanstieg annähernd aus, das Kaufkraftminus lag 1981/82 bei gerade mal 1% bis 2%. Den meisten Familien ging es sogar so gut wie noch nie, zumal immer mehr Frauen berufstätig waren und die nachwachsende Generation ins Berufs- und Einkommensalter kam. Da man zudem, wie oben gesagt, mit langlebigen Konsumgütern ausgestattet war, verfügten die meisten Menschen über einen Überschuss an freiem Kapital, das sie für jede Form von Luxus, für Kleidung, Reisen, Unterhaltungselektronik und einen größeren Wagen aufwenden konnten. Der Mehrheit der Deutschen ging es unter Schmidt also nicht schlecht, wenn man von der Atomangst einmal absieht.

Schlecht dagegen ging es dem Staat. Das Geld reichte vorne und hinten nicht. Es war klar, dass ein sozialdemokratischer Kanzler nicht so rücksichtslos an der Sozialschraube drehen konnte wie Herr Reagan und Frau Thatcher. Aber auch moderate Einsparungen bei den Sozialleistungen führten bei den Betroffenen zu Ärger und Unmut, ohne dass der Haushalt saniert werden konnte. Die Bundesanstalt für Arbeit musste 1981 vom Bund mit 8 Milliarden bezuschusst werden, weil die Leistungen für Arbeitslose innerhalb eines Jahres von 10 auf 16 Milliarden angestiegen waren, und das, obgleich die Beiträge zur Arbeitslosen- und Krankenversicherung erhöht wurden. Der Bundeshaushalt schwoll von 216 Milliarden (1980) auf 233 Milliarden (1981) an, und die Nettokreditaufnahme sprang von 27 auf 37 Milliarden. Der Staat machte Schulden, und der Kanzler wurde als *Schuldenschmidt* angeprangert.

Die Schwierigkeiten des Bundes wurden von der Opposition und der rechtskonservativen Presse ausgiebig ausgeschlachtet. Die Freien Demokraten, die als Trittbrettfahrer der Reformpolitik von dem Ansehen und Erfolg der Kanzler Brandt und Schmidt bei den diversen Wahlen profitiert hatten, gingen auf Distanz, als es Probleme gab, allen voran der kalkulierende Vorsitzende Genscher und der berechnende Graf Lambsdorff. Sie wussten, dass Kohl in den Startlöchern kniete, und man begann, hinter Schmidts Rücken Kontakte zu pflegen. Genscher schrieb an sein Parteivolk von einer notwendigen Wende und Wirtschaftsminister Lambsdorff wartete im September ’82 mit einem ganzen Bündel von Patentlösungen auf, als da sind Senkung und spätere Abschaffung der Gewerbesteuer zwecks Förderung der Investitionsbereitschaft, Lockerung des Arbeitsschutzes, Kürzung der Beamtenbesoldung, Erhöhung der Beiträge zur Kranken- und Rentenversicherung, Einsparungen beim BAföG, Mutterschaftsurlaub und Arbeitslosengeld und, und, und. Die Bürger sollten sich nicht im Falle persönlicher Haushaltsprobleme auf öffentliche (also staatliche) Hilfe verlassen, sondern ihr Lebensrisiko durch ein privates System von Selbstvorsorge, Selbstverantwortung und Eigenbeteiligung bewältigen. Fast hatte man den Eindruck, als wolle der Graf den amerikanischen Präsidenten und die britische Ministerpräsidentin rechts überholen. Sozialdemokraten, Gewerkschaften, Linksliberale, die am politischen Horizont auftauchenden Grünen waren entsetzt; zugleich jedoch fiel die Übereinstimmung des gräflichen Programms mit den christdemokratischen Wirtschaftsvorstellungen ins Auge und konnte als Heiratsantrag an die Union und umgekehrt als *Scheidungsbrief* an die SPD – so Helmut Schmidt – verstanden werden.

Die Tage der sozialliberalen Koalition waren gezählt, und die Frage war nur, ob Schmidt die Initiative ergreift und die FDP-Minister entlässt oder ob sich die Liberalen schon vorher von Schmidt und seiner Politik distanzieren und die Regierung verlassen, was sie dann auch tun. Während der Kanzler ohne Mehrheit mit einer Minderheitsregierung weitermacht, einigen sich Union und FDP über eine neue Koalition. Eine saubere Lösung wären Neuwahlen gewesen, aber darauf ließ sich Kohl mit seinem SCHER-GEN GEN-SCHER nicht ein, denn immer noch verfügte Schmidt über den üblichen Kanzlerbonus, während die in Schwarz-gelbe und Rot-gelbe zerstrittene und zudem mit dem Ruch des Verrats belastete FDP fürchten musste, an der Fünfprozenthürde zu scheitern, was sich übrigens bei den Landtagswahlen der folgenden Monate auch überdeutlich zeigte. Erste Meinungsumfragen versprachen den Liberalen gerade noch 2%. Also wählten die schwarz-gelben Königsmörder den Weg des konstruktiven Misstrauensvotums und wählten am 1. Oktober Helmut Schmidt ab und Helmut Kohl zum neuen Kanzler. Aber längst nicht alle Liberalen liefen zu Kohl über, er bekam nur sieben Stimmen mehr als notwendig, obgleich die neue schwarz-gelbe Koalition über 61 satte Sitze mehr im Bundestag verfügte. Damit begann die Ära Kohl, die 16 Jahre, also 2 Jahre länger als die Ära Adenauer, dauern sollte und in deren Mitte der Fall der Mauer fällt und der Anschluss der DDR an die Bundesrepublik.

Kohl machte in seiner Regierungserklärung vom 13. Oktober zunächst einmal große Worte. Er versprach eine *geistig-moralische Wende,* als ob es seinem Vorgänger an Geist und Moral gefehlt hätte. Er stellte eine schnelle Lösung der Wirtschaftsprobleme in Aussicht, wobei er sich am *System Lambsdorff* orientierte und *mehr Markt* und *weniger Staat,* das heißt mehr Marktwirtschaft und weniger Sozialstaat forderte. Dahinter steckte die Ideologie, dass die Wirtschaft floriert, wenn die Wirtschaft, also die Unternehmerschaft, Gewinne macht. Fördert der Staat die Betriebe, zum Beispiel durch Steuererleichterungen, dann sind vermehrte Investitionen, Wachstum und Exportsteigerungen die logische Folge. Und genau so kam es. Allerdings auf Kosten des unteren Drittels der Bevölkerung, bei den Arbeitslosen (Kürzungen), der Jugend (BAföG-Senkungen), den Rentnern, den Müttern (die Einbußen zu erleiden hatten). Es zeichnete sich die Entstehung einer Zweidrittelgesellschaft ab, in der die Großbetriebe und der Mittelstand (vor allem steuerlich) profitierten und das untere Drittel die Zeche für den staatlich verordneten Sparkurs zu zahlen hatte. Auf den ersten Blick scheint Kohls Bilanz brillant, aber doch nur, wenn man die weltwirtschaftlichen Zusammenhänge außer Acht lässt und kein Mitleid mit dem dritten Drittel der sogenannten Solidargemeinschaft hat.

Sehr schnell schon sprang das Wirtschaftswachstum von -1% auf gut +3%. Ursache war aber weniger die Methode Lambsdorff als die Erholung der Weltwirtschaft. Die weltweite Rezession ging zu Ende und die Konjunktur nahm Fahrt auf. Der Welthandel belebte sich, und die Bundesrepublik wurde Mitte der Achtzigerjahre sogar zum Exportweltmeister. Ein weiterer Zufall kam Kohl zugute. Hatten die OPEC-Staaten zwischen 1972 und 1980 die Rohölpreise auf das Fünfzehnfache hochgetrieben, so kam es Anfang und Mitte der Achtzigerjahre zu einem Preisverfall beim Erdöl, so dass die energieabhängige deutsche Wirtschaft preiswerter produzieren und verkaufen konnte. Wirtschaftsexperten sahen in dieser Tatsache einen Kaufkraftschub von 40 Milliarden DM beziehungsweise eine nie zuvor dagewesene Konjunkturspitze. Gleichzeitig konnten durch dieses Quasigeschenk der OPEC-Staaten die deutschen Preise stabil gehalten werden.

Von den vier Traumzielen des magischen Quadrats konnten also drei erreicht werden (nämlich Wirtschaftswachstum, Exportüberschuss und Preisstabilität), aber eines, und zwar das sozial gesehen wichtigste, eben gerade nicht: Die Arbeitslosigkeit konnte nicht abgebaut werden und verharrte über Jahre bei fast 10%. Was das für die betroffenen Familien bedeutete, kann man sich vorstellen. Aber auf die Wahlen der Ära Kohl hatte das zum Nachteil Kohls überhaupt keinen Einfluss. Eine Politik, unter der ein Drittel leidet, von der jedoch zwei Drittel profitieren, beschert dem amtierenden Kanzler vielmehr Wahlsieg um Wahlsieg. Das zeigte sich schon bei den vorgezogenen Neuwahlen vom März 1983. Bereits wenige Wochen nach der durch das Überlaufen der Liberalen erfolgten Bildung der schwarz-gelben Koalition plante Kohl, durch das Votum des deutschen Wahlvolks seine Regierung zu legitimieren und zu festigen. Zwar jagte die Fünfprozenthürde dem SCHER-GEN GEN-SCHER Angst und Schrecken ein, aber er hoffte zugleich, dass die flott verabschiedeten Zweidrittelgesetze zugunsten der Mittel- und Oberschicht diese dazu veranlassen würden, FDP zu wählen. Zwar hatte die Partei sich halbiert, viele Anhänger hatten ihr den Rücken gekehrt und viele Mitglieder traten aus und oft sogar der SPD bei. Dennoch: Von den Wählern von 1980 – immerhin 10,6% – würde vielleicht die gute Hälfte der Partei die Treue halten *(anders als diese dem Kanzler Helmut Schmidt)* und das vor allem aus taktischen Gründen. Schließlich war damit zu rechnen, dass die Bürger der Mitte einige Liberale im Kohlkabinett behalten wollten, um eine christdemokratische Alleinherrschaft zu verhindern.

Für Kohl waren Neuwahlen ohne jedes Risiko. Entweder könnte er schwarz-gelb weiterregieren oder ganz schwarz. Denn mit einem deutlichen Vorsprung der Union vor der SPD war – wie fast immer außer 1972 – mit Sicherheit zu rechnen. Die SPD hatte an Glanz verloren, und sie war auf dem Wege, zum Sammelbecken der Verlierer zu werden, zu einer Loserpartei. Aus dem alten Stamm stolzer und solidarischer Proletarier waren inzwischen frustrierte Arbeitslose oder aber selbstbewusste Facharbeiter geworden, die aus ihrem – wenn auch bescheidenen – Wirtschaftswunderwohlstand heraus der scheinbar wirtschaftskompetenten CDU zuneigten.

Die zweite starke Gruppe, die die SPD in den Siebzigerjahren trägt und prägt, bildet das Bildungsbürgertum, Akademiker und Linksintellektuelle (vor allem Lehrer), die nach ihrer Achtundsechzigerjugend den Weg zu den Sozialdemokraten gefunden hatten, egal ob als Wähler oder Mitglieder. Sie standen hinter der neuen Ostpolitik, der Entspannung und den inneren Reformen. Aber dann müssen sie mit Enttäuschung und Entsetzen zur Kenntnis nehmen, dass *ihr* Kanzler ihre Pazifismus- und Ökologieideale als kühler Realpolitiker nicht ernst nimmt. Als der Kalte Krieg erneut ausbricht und sich verschärft, die Rüstungsschraube sich immer schneller dreht und auch der Westen nicht mehr auf Versöhnung, Vertrauen und Abrüstung setzt, sondern sein Heil und seine Sicherheit in der Nachrüstung sucht und der Realist Schmidt den NATO-Doppelbeschluss initiiert, da sitzen die linksidealistischen Sozis, die Altachtundsechziger und Pazifisten in der Zwickmühle. Sollen sie ihrem Kanzler zähneknirschend – trotz allem – durch dick und dünn folgen oder aus Liebe zum lieben Frieden dem Osten gegenüber in der Außen- und Militärpolitik durch vorauseilende, einseitige und vertrauensbildende Zugeständnisse entgegenkommen (so wie es Gorbatschow fünf Jahre später seinerseits tun wird)? Tatsache jedenfalls ist, dass eine Viertelmillion Menschen im Oktober ’81 und eine Drittelmillion im Juni ’82 in Bonn gegen die atomare Rüstung und Nachrüstung demonstrieren. Denn gerade Deutschland, die beiden Deutschlands, würden durch ihre Lage am Eisernen Vorhang im Falle eines Konflikts von den Raketen beider Seiten betroffen und getroffen werden, während die weit entfernten Supermächte sich im Hintergrund halten könnten. Christen, Künstler, Wissenschaftler, Ärzte gehen auf die Straße, aber die Linken, auch prominente Sozialdemokraten, bilden die breite Mehrheit. Schmidt fühlt sich von seinen politischen Freunden verlassen und die linken Linken von ihm.

Zwar erhält er im Bundestag am 3. Februar 1982 als Antwort auf seine Vertrauensfrage die Stimmen aller Abgeordneten der sozialliberalen Koalition, aber die Parteibasis und die Wähler gehen peu à peu auf Distanz. Der klassische Wählerstamm (Proletariat und Intelligenz) hält nicht mehr zur Partei. Die SPD muss sich, das wird ihre Hauptaufgabe, während der Ära Kohl eine neue Klientel an Sympathisanten suchen und schaffen müssen. Aber wo und wie?

Da sich in den Achtzigerjahren, wie wir noch sehen werden, eine ganz neue Protestkultur bildet, bestehend aus den verschiedensten Interessen- und Idealistengruppen, fehlt der SPD ein breites und geschlossenes Wählerpotential. Ohne herkömmliche Massenbasis wird es anderthalb Jahrzehnte dauern, und zwar bis zum Ende des Jahrhunderts, bis die SPD mal wieder den Kanzler stellt.

Doch noch einmal zurück zu den Neuwahlen von 1983, durch die Kohl seine durch den Misstrauenscoup gewonnene Macht nachträglich rechtfertigen will. Dabei nimmt er weder Rücksicht auf seinen an Ansehen und überhaupt geschrumpften Koalitionspartner noch auf das Grundgesetz. Als Brandt 1972 im dritten Kanzlerjahr – damals auch durch liberale Überläufer – seine Mehrheit im Bundestag verloren hatte, Barzel aber auch keine Mehrheit gewann, weil sein konstruktives Misstrauensvotum scheiterte, gab es keine regierungsfähige, vom Parlament getragene Mehrheit. Da waren Neuwahlen der einzige Ausweg. 1982 jedoch verfügte Kohl mit seiner eigenen Fraktion und der Mehrheit der gespaltenen FDP über eine klare Majorität. Neuwahlen waren also überflüssig und vom Grundgesetz auch nicht vorgesehen.

Die Mütter und Väter des Grundgesetzes hatten 1948/49 alles versucht, die instabilen Verhältnisse der Weimarer Republik mit ihren häufigen Kanzlerstürzen und Neuwahlen zu überwinden und das konstruktive Misstrauensvotum erfunden. Kein Kanzler darf gestürzt werden, wenn die Mehrheit des Parlaments nicht einen neuen wählen kann. So blieb der alte Kanzler entweder im Amt oder der neue regierte mit einer neuen Mehrheit. Neuwahlen waren so oder so überflüssig. Im Artikel 68 des Grundgesetzes heißt es ausdrücklich: *Das Recht zur Auflösung* (nämlich des Bundestags) *erlischt, sobald der Bundestag mit der Mehrheit seiner Mitglieder einen anderen*

Bundeskanzler wählt. Genau das war am 10. Oktober 1982 geschehen. Der Anlass zu Neuwahlen war also nicht gegeben. Nur mit einem Trick kann Kohl den künstlich herbeigeführten Mehrheitsmangel seiner Regierung dazu benutzen, eine Regierungskrise vorzutäuschen und Neuwahlen (mit erwarteter Unionsmehrheit) herbeizuführen. Er stellt die Vertrauensfrage.

Mit den schwarz-gelben Abgeordneten wird ausgeheckt, dass sie, die ihn doch gerade erst gewählt haben, sich der Stimme enthalten. Ohne eigene Mehrheit und mit den Gegenstimmen der SPD wird Kohl also auf eigenen Wunsch am 17. Dezember abgewählt und kann nun den Bundespräsidenten Karl Carstens um die – aus Kohls Sicht optimistisch beurteilten – Neuwahlen bitten. Das Staatsoberhaupt hat zwar Bedenken und ist nur widerwillig bereit, sich auf dies Spielchen mit der Verfassung einzulassen, das nicht aus politischer Notwendigkeit, sondern allein aus Kohls Eitelkeit und Machtstreben resultiert. Er will die Mehrheit des Volkes hinter sich haben. Carstens folgt dem Ersuchen seines (ehemaligen) Parteifreundes und Parteivorsitzenden (als Präsident muss er sich während seiner Amtszeit jeder parteipolitischen Aktivität enthalten) und legt die Neuwahlen auf den 6. März 1983.

Von engagierten Verfassungsfreunden unter den Bundestagsabgeordneten, bei denen Kohls Trick auf Kritik stößt, wird das Bundesverfassungsgericht angerufen und entscheidet am 16. Februar 1983, also gut zwei Wochen vor den Neuwahlen. Zunächst erklärt es Kohls Vorgehen ausdrücklich für verfassungswidrig: *Artikel 68 gestattet dem Bundeskanzler nicht, sich zum geeignet erscheinenden Zeitpunkt die Vertrauensfrage mit dem Ziel negativ beantworten zu lassen, die Auflösung des Bundestags und Neuwahlen zu betreiben … Der Kanzler darf den Weg über Artikel 68 (Auflösung des Bundestags) nur beschreiten, wenn es politisch für ihn nicht mehr gewährleistet ist, mit den im Bundestag bestehenden Kräfteverhältnissen weiter zu regieren.* Dann aber, im Gegensatz zu ihrer eben zitierten Grundsatzerklärung, gibt die Mehrheit der Verfassungsrichter – bei einer Gegenstimme – dem Kanzler doch recht und freie Hand, und zwar mit dem Hinweis darauf, dass die FDP ein allzu wackeliger Koalitionspartner sei. Diese Begründung – eher ein Vorwand – ist jedoch wenig überzeugend, denn die meisten Liberalen standen – schon aus purer Existenzangst

– auf Seiten Kohls und Genschers, so dass mit einem Zurücküberlaufen der FDP-Fraktion überhaupt nicht zu rechnen war, die Regierung also stabil und die Ansetzung von Neuwahlen mithin verfassungswidrig war.

Das Ergebnis vom 6. März entsprach den Erwartungen. Da der in Deutschland und der Welt angesehene Helmut Schmidt nicht wieder kandidierte, stand die Niederlage der SPD von vornherein fest. Mit 38,2% blieb sie deutlich unter der 40%-Grenze und fiel zurück auf das Niveau der Fünfziger- und frühen Sechzigerjahre. Mit 7,0% konnte die FDP ihre Existenz sichern und wird weniger gerupft als bei ihrem Richtungs- und Partnerwechsel von 1969, wo sie es gerade auf 5,8% brachte. Erstmals sind mit 5,6% die Grünen dabei und deuten kaum merklich einen späteren Koalitions- und Politikwechsel an. Und Kohl triumphiert. Mit 48,8% erreicht die Union das zweitbeste Wahlergebnis ihrer Geschichte.

Worin besteht nun das Neue, also das Wesen und das Wesentliche der Politik Helmut Kohls? Zunächst einmal in seinen vollmundigen Versprechungen (geistig-moralische Wende, Arbeitsplätze, Wirtschaftsaufschwung), wobei die ersten beiden Prognosen graue Theorie blieben. Und der zweifellos beeindruckenden Gesundung der bundesdeutschen Wirtschaft kam die Entwicklung der Weltwirtschaft zu Hilfe, vor allem der schwächelnde Ölpreis und der Beginn einer neuen Konjunkturphase. Im Großen und Ganzen setzte Kohl kaum neue Akzente. In der Außen- und Verteidigungspolitik sowie im Umgang mit der DDR setzte er fort, was seine Vorgänger Brandt und Schmidt in die Wege geleitet hatten. So engagierte er sich ohne Wenn und Aber für *Schmidts NATO-Doppelbeschluss* und suchte wie dieser den politischen Kontakt zu Erich Honecker.

Hatte Schmidt nach seiner DDR-Visite Honecker zu einem Gegenbesuch eingeladen, so wird diese Einladung von Kohl erneuert. Allerdings kommt es erst im September 1987 zu diesem Besuch. An einer Normalisierung im Umgang mit dem anderen deutschen Staat ist Kohl ebenso interessiert wie seine Vorgänger und gewährt der DDR im innerdeutschen Handel nicht nur die üblichen Kredite, sondern weitet diese – nach den von Franz Joseph Strauß geführten Verhandlungen – sogar noch aus, was natürlich der bundesdeutschen Exportwirtschaft sehr zugute kommt.

War Helmut Schmidt ein Weltmann und Weltpolitiker, so will auch Kohl als Diplomat der Welt Größe und Bedeutung vorspiegeln. Er sucht Kontakt zu den Großen dieser Welt und begnügt sich dabei nicht mit den üblichen Gesprächen, sondern bemüht sich um symbolische Effekte. Am 22. September 1984 steht er Händchen haltend mit Mitterand vor den Gräbern der in Verdun gefallenen Soldaten und dokumentiert die deutsch-französische Versöhnung. Ein bisschen erinnert die Szene an Willy Brandts Kniefall im Warschauer Ghetto. Als variierte Kopie hat Kohls Auftritt längst nicht die Überzeugungskraft wie Brandts Schuldbekenntnis gegenüber den ermordeten Juden.

Im folgenden Jahr eine erneute Versöhnungsszene, und das wieder auf einem Friedhof. Am 5. Mai 1985 steht Kohl mit Reagan auf dem Soldatenfriedhof von Bitburg und die beiden machen deutlich, dass inzwischen – 40 Jahre nach Kriegsende – aus Feinden Waffenbrüder geworden sind. Dass hier auch Mitglieder der Waffen-SS ehrenvoll bestattet sind, hat dramatische Konsequenzen. Als die Bitburger Pläne bekannt werden, kommt es sowohl in den USA als auch in Deutschland zu heftigen Protesten. Anstatt aber den peinlichen Programmpunkt ersatzlos zu streichen, wird – gleichsam als gerechter Ausgleich – für den gleichen Tag ein Besuch des Präsidenten in Bergen-Belsen organisiert. Aber damit kommt man vom Regen in die Traufe, denn SS und KZ in dieser Weise zeitlich miteinander zu verbinden, macht den Bitburger Fauxpas nur umso deutlicher.

Doch bei dieser einen Panne lässt Kohl es nicht bewenden, vielmehr häufen sich Peinlichkeiten und Skandale in seiner Ära, obgleich er doch seine Politik unter das Motto einer geistig-moralischen Wende gestellt hat. Man kann sagen, dass Kohl Pannen sammelte wie Philatelisten Briefmarken. Zwar war er nicht immer der Hauptschuldige, aber als Chef der bundesdeutschen Politik trug er doch die Verantwortung oder Mitverantwortung für die diversen Affären. 1984 versetzte sein Verteidigungsminister Manfred Wörner den höchsten deutschen NATO-Soldaten – General Günter Kießling – in den Ruhestand, weil der Militärische Abschirmdienst (MAD) ihn der Homosexualität verdächtigt hatte, er also erpressbar sei. Die Unterstellung erweist sich als falsch, der General wird rehabilitiert und mit Großem Zapfenstreich ehrenvoll verabschiedet. Was bleibt, ist der Eindruck von der schluderigen Arbeit des Verteidigungsministeriums, nichtsdestoweniger hält Kohl an seinem blamierten Minister fest. Der nächste Ministerskandal hat mit dem ökonomischen Besserwisser Otto Graf Lambsdorff zu tun. Der war besonders geschickt bei dem Kuhhandel zwischen Parteien und Wirtschaft.

Gegen großzügige Parteispenden seitens der Wirtschaft (zumal des Flick-Konzerns) gewährte die Politik Steuererleichterungen und drückte bei Steuerhinterziehungen beide Augen zu. Aus dem Spendensegen der Siebzigerjahre flossen in die Parteikassen der Union 15 Millionen DM, in die der FDP 6,5 und in die der SPD 4,3. Mit dieser relativ bescheidenen Summe wollte man den Sozis nicht wirklich helfen, sondern sie vor allem zu Komplizen und Mitschuldigen machen. Als die krummen Geschäfte herauskamen, wurden viele der hohen Herren wegen Bestechung oder Bestechlichkeit vor Gericht gestellt. Gegen einige, so gegen Kohl, Strauß und Barzel, wurden die Ermittlungen eingestellt. Wegen des Verdachts der uneidlichen Falschaussage vor dem Parteispendenausschuss des Landtags von Rheinland-Pfalz ermittelt die Koblenzer Staatsanwaltschaft gegen den Kanzler, in gleicher Sache wird die Bonner Staatsanwaltschaft aktiv, aber beide stellen im Mai 1986 das Verfahren ein, weil es keine hinreichenden Beweise für eine Falschaussage gibt. Der Kanzler ist noch mal mit einem blauen Auge davongekommen. Weniger gnädig gehen die Gerichte mit Wirtschaftsminister Otto Graf Lambsdorff und seinem Vorgänger Hans Friderichs (ebenfalls FDP) um, die wegen Steuerhinterziehung zu 180000 beziehungsweise 61500 DM Geldstrafe verurteilt werden. Dem Geschäftspartner Eberhard von Brauchitsch – seinerzeit Flick-Manager – drohen zwei Jahre Freiheitsentzug, der aber gegen ein Bußgeld von 550000 DM zur Bewährung ausgesetzt wird. Lambsdorff und Barzel treten von ihren politischen Ämtern zurück, Kohl aber bleibt ungeschoren, wenn auch nicht ungescholten. Zusammenfassend kann man sagen: Die geistig-moralische Wende entpuppte sich als heimlich-morastige Spende.

Wie wenig Kohl und seine Union vom Geist der Zeit verstanden, zeigt ihre Reaktion auf die Reaktorkatastrophe von Tschernobyl. Am 26. April 1986 kam es in dem ukrainischen Atomkraftwerk zum größten anzunehmenden Unfall, einem sogenannten GAU, als der Reaktorkern schmolz, die Anlage Feuer fing und hochradioaktive Wolken von wechselnden Winden über Hunderte von Kilometern in alle Himmelsrichtungen getrieben wurden. Riesige Regionen der Ukraine, Weißrusslands und Russlands wurden für lange Zeit verseucht. Die Spätfolgen für die betroffenen Menschen sind nicht abzusehen. Das Ausmaß der Gefahr wurde von den sowjetischen Behörden heruntergespielt, wobei es zu einer fast komplizenhaften Übereinstimmung mit der westlichen Kernkraftlobby und Atompolitik kam. Angesichts des steigenden Energiebedarfs und der begrenzten Reserven an Erdöl, Erdgas und Kohle wollte man auf den Atomstrom nicht verzichten. Das beim Verbrennen fossiler Energieträger freigesetzte CO_2 wurde – mit Recht – als *Klimakiller* verteufelt, die atomare Strahlenbelastung durch die Atomindustrie (zumal bei Havarien) sowie die ungelöste Frage der Atommüllentsorgung (Lagerung, Sicherheit, Finanzierung) wurden – zu Unrecht – verdrängt und verharmlost. Wer – wie die Grünen und viele Sozialdemokraten – für den Ausstieg aus der Kernenergie eintrat und auf erneuerbare Energie setzte, nämlich auf Sonne, Wind und fließendes Wasser, wurde als Spinner und Träumer abgetan. Tschernobyl führte in Deutschland zu Demonstrationen, aber nicht zu einem Umdenken und Umsteuern bei den verantwortlichen Politikern. Schon am 12. Mai – zwei Wochen nach dem Reaktorunfall – beruhigte die Bundesregierung die deutsche Bevölkerung mit einer offiziellen Entwarnung. Zwei Tage später erklärte Kohl die Atomenergie für unverzichtbar.

Auch auf dem Atomsektor blieben Skandale nicht aus. Eine auf Atommülltransporte spezialisierte Firma mit Namen *Transnuklear* hatte aus Belgien 2000 Fässer mit hochradioaktivem Abfall nach Deutschland verfrachtet. Einzige Konsequenz: Umweltminister Töpfer entzog der Müllspedition die Transportgenehmigung. Eine weitere Folge des Atomskandals war die am 7. Dezember 1988 durch das Bundeskabinett beschlossene Bildung eines *Bundesamtes für Strahlenschutz*. Der Name ist entlarvend. Man will die Menschen beruhigen, indem man ihnen Schutz vor Strahlen verspricht, womit die Existenz von Strahlen als quasi normal, wenn nicht gar als unvermeidlich und notwendig hingestellt wird. Sinnvoll und human wäre ein *Amt für Strahlenvermeidung* gewesen, das die grundsätzliche Abkehr von Atomkraftwerken sicherstellt und überwacht. Linguistisch gesehen ist aber *Strahlenschutz* nicht nur Schutz vor Strahlen, sondern auch Schutz von Strahlen, die man also pfleglich behandeln und erhalten will.

Zieht man ein Resümee der ersten Amtsperiode Kohls, so fällt Folgendes ins Auge: ERSTENS gab er – in Anlehnung an seinen Wirtschaftsminister Lambsdorff sowie an seine Kumpane Reagan und Thatcher – der Wirtschaft größere Freiheit und schränkte im Gegenzug die Sozialleistungen ein. ZWEITENS kopierte er in der Ost- und Sicherheitspolitik die Maßnahmen seiner Vorgänger Brandt und Schmidt. DRITTENS erwies er sich als Glückspilz, den die Affären und Skandale seiner Kanzlerschaft nicht zu Fall brachten, und VIERTENS profitierte er von der Weltentwicklung: Das Anspringen der Weltkonjunktur und das Sinken der Ölpreise kommen der deutschen Wirtschaft zugute und zugleich dem Ruf des Kanzlers. So ist es nur logisch, dass er aus den Bundestagswahlen vom Januar 1987 als Sieger hervorgeht. Seine größte Leistung – so sieht er es wahrscheinlich auch selbst – ist seine Wiederwahl.

Zwar verliert die Union 4,5% und fällt von 48,8% auf 44,3%, aber mit der FDP, die sich von 7,0% auf 9,1% steigert, behält Kohl eine komfortable Kanzlermehrheit von zusammen 53,4%. Der rot-grünen Opposition mit 45,3% (SPD 37%, Grüne 6,3%) sind Kohl und Genscher nach wie vor deutlich überlegen.

Und wieder kommt Kohl das Glück zu Hilfe. Während die westlichen Mächte in den Achtzigerjahren konservativ auf der Stelle treten und keine neuen Impulse geben, kommt es in der Sowjetunion, seit Michail Gorbatschow Generalsekretär der KPdSU ist, zu völlig unerwarteten Veränderungen und Fortschritten, von denen Kohl und das geteilte deutsche Volk schon bald profitieren werden. Aber davon später.

56

Die konservativen Achtzigerjahre

Unser privates Leben in den Achtzigerjahren war ein getreues Abbild der bürgerlich-konservativen Politik der Westmächte, denen es an Kreativität im Allgemeinen und an Mut zur Abrüstung im Besonderen fehlte. Auch unser Familienleben war frei von dramatischen Veränderungen. Ich will nicht klagen, im Gegenteil, ich bin dankbar, wie normal und glücklich dieses Jahrzehnt verlief. Die Kinder entwickelten sich nach Wunsch, sie wurden eingeschult und umgeschult (nämlich auf *meine* Gelehrtenschule), sie trieben erfolgreich Schul- und Vereinssport (im Ratzeburger SV), sie machten Fortschritte auf der Geige, am Schlagzeug und am Klavier, und Christa, die den Kindern zuliebe den Schuldienst quittiert hatte und ihre Beamtenrechte aufgeben musste, ließ sich zum Ausgleich im Lübecker Sankt-Annen-Museum zur Museumspädagogin ausbilden und fand Freude und Erfüllung an und in ihrer freiberuflichen Tätigkeit.

Unser Reiseradius vergrößerte sich. Statt die großen Ferien immer nur in Blåvand im Süden Jütlands zu verleben, besuchten wir auch die Mitte und den Norden der dänischen Halbinsel und kehrten, wenn ich so sagen darf, endlich wieder nach Griechenland zurück, um unseren Kindern unsere geistige Heimat zu zeigen. In den Osterferien besuchten wir Österreich, Spanien und Italien, die Winterferien dienten dem Wintersport, die Herbstferien der Bildung. Da standen dann Franken, Schwaben und Tirol auf dem Programm sowie die Kulturmetropolen München und Köln, Salzburg und Venedig und – selbstredend – Berlin, schon wegen der vielen Freunde und Sonderausstellungen. Die Kinder gewöhnten sich daran, dass sie in Kirchen und Museen gehen mussten. Ihr ästhetischer Eifer stellte den unseren sogar in den Schatten, wenn sie in vorauseilendem Gehorsam vor uns her rannten und, kaum dass sie das Portal eines Gotteshauses erreicht hatten, hineinschlüpften und am Altar auf uns warteten. Mehrfach, zum Beispiel in München und Venedig, wo es ja nicht nur Kanäle, sondern auch Straßen gibt, mussten wir die Kinder sogar ausdrücklich bremsen: *Nein, die nicht, die wollen wir nicht, die ist nicht echt, die ist nur Neugotik oder Neubarock und noch keine 100 Jahre alt.* Von Julia mussten wir uns in Salzburg den Vorwurf gefallen lassen, dass sie künstlerisch bisher zu kurz gekommen sei. Zwar finanzierten wir ihre Klavierstunden, die sie denn auch mit größtem Fleiß absolvierte, aber nun maulte und mäkelte sie: *Neun Jahre musste ich werden, bis ihr mit mir das erste Mal in Mozarts Geburtsstadt fahrt.*

Als die Kinder 10 (Philine), 7 (Florian) und 4 (Julia) waren, flogen wir nach Griechenland. Von Ostberlin-Schönefeld brachte uns eine ungarische Maschine nach Saloniki und von dort eine Taxe nach Kavala, der Hafenstadt, von der die Fähren zur Insel Thasos starten. Als wir ankamen, war es fast Mitternacht und der Hafen wie ausgestorben. Den Rest der Nacht verbrachten wir unter Palmen in einem Park an der Hafenpromenade. Am nächsten Morgen bestiegen wir das erste Schiff und erfreuten uns der aufgehenden Sonne und der am Horizont immer höher und schärfer emporsteigenden Berge.

Warum aber war gerade Thasos am nördlichen Rande von Hellas unser Ziel? Ganz einfach, es war wegen der Stadlers. Evanthia und Wolfgang, unsere Freunde aus Giesensdorfer Tagen, hatten auf Thasos – auf dem Grundstück ihrer Eltern – ein zweigeschossiges Ferienhaus errichtet und uns als zahlende Gäste eingeladen. Dort, im ersten Stock, mieteten wir uns im August 1983 ein. Das Quartier und die Insel gefielen uns so gut, dass wir die Reise zwei Jahre später wiederholten.

Im Hafen von Thasos, der namensgebenden Hauptstadt der Insel, erwartete uns Wolfgang und fuhr uns in seinem aufnahmebereiten Citroën in das Heimatdorf seiner Frau und seiner Schwiegereltern. Der Ort lag knapp 3 Kilometer vom Meer entfernt auf einem teils bewaldeten, teils von Olivenplantagen bedeckten Höhenzug, dessen Schönheit dem Dorf Kallirachi *(=schöner Rücken)* zu seinem Namen verholfen hatte. Ursprünglich befand das Dorf sich übrigens wirklich auf der Rückseite des Berges, um sich vor den neugierigen und habgierigen Blicken der Seeräuber zu verstecken. Kaum hatten wir unsere Wohnung bezogen, legten Christa und Julia sich zum Vormittagsschlaf nieder, während Philine, Florian und ich, angezogen vom tiefblauen Meer, uns auf den Weg zum Strand machten. Dort erfrischten wir uns im Wasser und dann im Strandrestaurant mit einer Portokalada. Zum Mittagessen, einem quantitativ und qualitativ reichhaltigen Salat, waren wir wieder oben. Und nun nahmen die zweimal 20 Tage von Thasos (1983 und 1985) ihren Anfang.

Schnell spielte sich ein regelmäßiger Rhythmus ein. Abgesehen von ein paar Tagestouren verlief ein Tag wie der andere, ohne dass wir uns jemals langweilten. Morgens ging ich, meist in Begleitung einiger Kinder, hoch ins Dorf und kaufte noch ofenwarmes Brot (*psomi*) sowie Milch, Butter, Honig und Eier. Da ich nicht alle griechischen Vokabeln beherrschte, brummte ich wie eine Kuh und gackerte wie ein Huhn, erweckte Heiterkeit und vor allem Verständnis und erhielt, was ich wollte.

Nach dem Frühstück machten wir uns fertig für den Badetag. Das Gepäck und die Bequemeren unter uns fuhr Wolfgang in seinem bequemen Citroën an den Strand, die Sportlichen machten sich zu Fuß auf den Weg. Am Meer biwakierten die Familie Stadler (mit ihren drei Mädchen), die Familie Hartmann und weitere Feriengäste auf Badelaken und unter Sonnenschirmen. Nur Wolfgang entfernte sich schon bald, bestieg sein Motorboot und fuhr hinaus zum Fischen. *Papou*, der griechische *Opa* der Stadler-Mädchen, saß auf der schattigen Terrasse des Strandrestaurants, betrachtete das Strandtreiben und trank, oder genauer: Er nippte. Er hatte einen Ouzo vor sich, mit dem er sich den ganzen Vormittag lang zufrieden gab und von dem er immer wieder behauptete: *Medizin, Medizin.* Und recht hatte er, denn er war gut zu Fuß und wurde uralt.

Bekamen die Kinder nach Baden, Ballspiel und Buddeln so langsam Hunger, dann setzten wir uns zu Papou und bestellten Salat. Kam die Wirtin unseren Wünschen nicht schnell genug nach, dann stürmte Evanthia ungeduldig, resolut und lautstark in die Küche, ergriff dort die Initiative und das Salatbesteck sowie alles, was zu einem guten Salat dazugehört. Im Nu war sie fertig und bediente und sättigte uns. Zum Abschluss schlachtete sie eine Wassermelone, und wir verschlangen das rote, süße, saftige Fruchtfleisch und spuckten ohne Rücksicht auf gutes Benehmen die Kerne auf den Betonfußboden. Dann kehrten wir zu unseren Rastplätzen zurück, spielten Schach oder Karten, lasen oder schliefen und warteten auf Wolfgang. Der landete dann auch am frühen Nachmittag mit oder am späten Nachmittag ohne Beute und brachte uns – glücklich oder vergrätzt – hoch ins Dorf.

Dann versammelten wir uns auf der Dachterrasse über unserer Wohnung. Da Stadlers Ferienhaus am westlichen Dorfeingang lag, hatten wir einen traumhaften Blick über die blassgrünen Olivenbäume hinweg zum tiefblauen Meer. Wir genossen es, wie sich die Hitze verzog und die Sonne immer röter wurde, bis sie im diesigen Dunst verblasste und, lange bevor sie unterging, von der Bildfläche verschwand. Bei klarer Sicht, aber das war leider ein Indiz für drohendes Regenwetter, konnten wir den östlichsten Chalkidiki-Finger sehen mit seinem 3 Kilometer hohen Athos.

Wenn es zu dämmern begann, machten wir uns stadtfein für einen Dorfbesuch, um bei unserem Lieblingsgriechen einzukehren. Vorher mussten wir noch schnell unter die Dusche, um das Meersalz vom Körper zu spülen.

Aber das Vorhaben stieß auf Schwierigkeiten. Unsere Wohnung verfügte zwar über eine Dusche, diese aber nicht über Wasser. Stadlers hatten keine Fremdenverkehrsabgabe für ihre zahlreichen zahlenden Gäste bezahlt und dem Bürgermeister weisgemacht, dass alle Personen, die bei ihnen wohnten, entweder Verwandte oder Freunde seien und folglich völlig umsonst bei ihnen untergebracht seien. Das klang wenig überzeugend und die geprellte Gemeinde nahm dergestalt Rache, dass sie jegliche Wasserzufuhr sperrte. Wolfgang sann auf Abhilfe und mithilfe eines Schlauches, den er vom öffentlichen Dorfbrunnen auf dem höher gelegenen Marktplatz die Dorfstraße herab zu seinem Anwesen führte, schaffte er das notwendige Wasser für seine Familie und seine Gäste herbei. Aber der Erfolg war nur von kurzer Dauer, denn auf höhere Anordnung hin demolierte der Gemeindediener den Schlauch und sabotierte die Wasserversorgung. Nun sah sich Wolfgang gezwungen, das Brunnenwasser in Fünf-Liter-Lenorflaschen, die er eine nach der anderen füllte, mit seinem Auto heranzukarren. Jeder, ob Gast oder Grieche, bekam seine tägliche Ration zugeteilt, und es kostete schon eine gewisse Geschicklichkeit, mit fünf Litern Wasser die tägliche Körperpflege zu bewerkstelligen.

War Wolfgangs Fischzug, was ab und zu vorkam, von Erfolg gekrönt, dann luden Stadlers ihre Gäste zu einem abendlichen Festmahl ein. Es gab Salat satt und frischen Fisch, soviel man wollte, dazu für die Erwachsenen Retsina und Ouzo. Christa bewunderte Evanthias Kochkünste und Wolfgangs Fanggeschick und erkundigte sich nach den jeweiligen Rezepten: *Wie könnt ihr nur so perfekt fangen und braten? Ich vermute, Wolfgang angelt nicht nur mit Geduld und Geschick, sondern er schießt mit der Schrotflinte. – Wie kommst du denn darauf? – Ich merke das doch beim Essen, immer wieder beiße ich auf Schrotkugeln. – Auf Schrotkugeln? – Ja, Schrotkugeln.* Plötzlich lachte Evanthia auf: *Von wegen Schrotkugeln. Was Christa für Schrotkugeln hält, sind in Wahrheit Fischaugen.* Alle brachen in Gelächter aus und ließen sich die Fische umso besser munden.

Unsere Ferienfreuden erschöpften sich aber nicht im immergleichen Strandleben. Wir unternahmen auch Ausflüge ins Innere der Insel, wanderten durch die schattigen Bergwälder, ließen uns von Wolfgang an einen romantischen Picknickplatz fahren und besuchten entferntere Ortschaften, mal per Auto, mal per Bus. Einmal waren Christa und ich mit Stadlers und mit unseren Kindern unterwegs, und als wir irgendwo ausstiegen, versammelten sich die Dorfbewohner um uns und fragten neugierig, ob wir alle *eine* Familie seien. Da Christa die Frage spaßeshalber bejahte, brachen die griechischen Frauen in Begeisterung und Bewunderung aus und wollten unbedingt das Alter der kleinen Schar erfahren. Mit unseren lückenhaften Zahlenvokabeln und sämtlichen Fingern konnten wir den Wissensdurst der Damen zufriedenstellen. Mit Schulterklopfen und Handschlag wurde Christa von allen Seiten gratuliert und mir Respekt gezollt.

Auf einer anderen Tour gerieten wir an einen uralten MAN – oder Mercedesbus –, der in Deutschland jahrzehntelang seinen Dienst versehen hatte und dann, als er den deutschen Ansprüchen nicht mehr genügte, nach Griechenland verkauft worden war und hier sein Gnadenbenzin erhielt. Man hatte ihn überholt und angestrichen und dann auf die Insulaner losgelassen. Am Anfang gestaltete sich unsere Fahrt absolut problemlos. Der Bus war durchaus funktionstüchtig, wenn auch laut, und wir erfreuten uns der Ausblicke in die Berge und über das Meer. In einem kleinen Bergdorf machte der

Fahrer nicht nur Halt, sondern auch den Motor aus. Dann drehte er sich zu seinen Fahrgästen um und erteilte ihnen einen – uns jedoch unverständlichen – Auftrag. Sofort verließen die Griechen den Bus, nur wir fünf Deutschen verharrten auf unseren Plätzen. Nachdem der Fahrer seine Pflicht erfüllt hatte – er musste mehrere Pakete in der Post abliefern –, nahm er wieder seinen Führersitz ein, und nun, auf sein Kommando, taten die Leute, was sie sollten und woran sie gewöhnt waren, und schoben den Bus – mit uns an Bord – Schritt für Schritt auf die höchste Stelle des Dorfes, die zugleich der Ortsausgang war. Der Fahrer zog die Bremsen an, die Leute stiegen ein, der Fahrer löste die Bremsen, der Bus rollte zu Tal, der Motor sprang an und die Fahrt begann. Im Stehen hätte der Fahrer den Motor nicht in Gang bringen können. Man sieht, wie die Griechen sich zu helfen wissen, wenn veraltete Technik versagt.

Es verstand sich von selbst, dass wir die historischen Sehenswürdigkeiten der Insel besuchten. Auf derartige Unternehmungen zu verzichten, hätte unsere Kinder maßlos verunsichert. Zum Reisen gehörte das Besichtigen. Hier auf Thasos standen alle antiken Stätten beziehungsweise die Reste auf dem Programm. Am beeindruckendsten war die Stadt Thasos selbst mit Theater, Agora und modernem Museum. Aber wir unternahmen nicht nur Ausflüge in die Vergangenheit, sondern widmeten uns auch musischen Aktivitäten. Philine und ich machten uns mit Zeichenblock, Stiften, Pinseln und Tusche, mit Tinte und Feder auf die Suche nach malerischen Zielen, nahmen die gleichen Objekte ins Visier und brachten doch ganz unterschiedliche Ergebnisse zu Papier. Noch heute hängen bei uns die beiden mit schwarzer Tinte gefertigten Skizzen des alten, knorrigen Ölbaums in Stadlers Garten, Philines kraftvoll, kompakt, expressionistisch, genial, meiner pedantisch, zierlich, exakt, ängstlich. Neben den Farbfotos erinnern uns Philines und meine Aquarelle an Thasos, an die verfallenen Steinhütten im Dorf, an die weißgrauen Felsberge im Kontrast zum blauen Himmel und Meer, an die bunten Fischerboote neben den würfelförmigen, leuchtend weißen Fischerkaten. Was ich nicht zeichnete oder aquarellierte, das versuchte ich in kleinen Gedichten festzuhalten. Aber ich will nicht so eitel und unbescheiden sein, die Verse hier vorzustellen. Auch die Musik kam im Rahmen unserer musischen Kreativität zu ihrem

Recht. Auf diesem Gebiet tat sich vor allem Evanthia hervor. Fast jeden Abend begeisterte sie uns mit griechischen Volksliedern und Schlagern.

An einem Sonnabendabend fuhren Stadlers mit uns in ein Nachbardorf, wo ein großer Musikwettbewerb stattfinden sollte. Das Publikum versammelte sich im Halbkreis – nach antikem Vorbild – um eine Bühne und wartete auf die heiße Musik und kaltes Bier. Letzteres gab es aber nicht, denn im Laufe eines warmen Sommertages hatten die Flaschen in den Kästen mindestens Körpertemperatur erreicht. Aber der Grieche weiß sich, wie ein paar Tage zuvor der Busfahrer, zu helfen, wenn sich technische Probleme einstellen. Und so servierten die Kellner *beer on the rocks*, also Warmbier auf Eiswürfeln. Irgendwann konnte man das Bier wirklich als erfrischend bezeichnen, nur war es inzwischen leider zu einem faden Dünnbier degradiert. Ähnlich fade wie das Bier war der Sängerstreit. Die lokalen Jünglinge gaben ihr Bestes, was aber nicht viel war, und erhielten immer nur partiellen Applaus, nämlich von ihren Freunden und Bekannten. Evanthia verzog den Mund, übte erst leise, dann laut Kritik, war auch von Wolfgang nicht zu beruhigen, so dass kam, was kommen musste, sie stürmte – wie wenige Tage zuvor in die Küche des Strandrestaurants – auf die Bühne, obgleich sie sich für den Wettbewerb gar nicht gemeldet hatte, und begann zu singen, sang mit ihrer griechischen Stimme, laut und durchdringend, ein bisschen heiser, aber dennoch melodisch, und vor allem mitreißend. Sie stahl ihren Mitstreitern die Schau und verließ, begleitet von frenetischem Beifall, die Bühne.

So vergnüglich und abwechslungsreich verliefen unsere Tage, und genau zwei Jahre später waren wir wieder zur Stelle. Kurz zuvor war Evas Mutter gestorben, und da nach orthodoxer Vorstellung die Seele erst 40 Tage nach dem Tode gen Himmel fährt, weilt sie vorerst noch unter den Hinterbliebenen und macht sich sogar ab und zu bemerkbar. *Heute Nacht war die Seele meiner Mutter hier,* behauptete Evanthia eines Morgens am Badestrand und widerlegte unsere Skepsis mit einem schlagenden Beweis: *Ihr wisst doch, wie sehr meine Mutter sich zu Lebzeiten ärgerte, wenn wir abends die Gartenpforte aufließen, weil dann die Ziegen der Nachbarn kamen und den Garten ver-*

wüsteten. Wie oft hat sie dann selber für Ordnung gesorgt und die Tür zugeschlagen. Heute Nacht war es mal wieder nötig, weil ihr es gestern Abend versäumt habt, die Pforte zu schließen. Kurz nach Mitternacht hörte ich, wie die Scharniere quietschten und Omas Geist die Tür wutentbrannt zuschlug. Habt ihr das nicht gehört? – Wir haben geschlafen, sagten wir und verzichteten aus Gründen des Takts und der Taktik darauf, Zweifel zu äußern, schließlich wollten wir die gute Badestimmung nicht gefährden.

Wie früher auch saß Papou hinter seinem Ouzo, es sei denn, er hatte zu arbeiten. Er war der halbamtliche Photographos der westlichen Inselhälfte und wurde gerufen, um Passfotos und Hochzeitsbilder zu machen. Auch musste er für die behördliche Kartei sämtliche Boote ablichten, damit man sie, wenn sie nach einem Schiffbruch als Wrack gestrandet waren, identifizieren konnte – und indirekt auch die vermissten Schiffer. Eines Tages sagte Wolfgang zu uns: *Der Papou muss heute eine Taufe dokumentieren. Kommt doch mit in die Kirche, die Zeremonie ist öffentlich.* Frühzeitig machten wir uns auf den Weg ins Nachbardorf, weil Papou und der Pope noch einige organisatorische Einzelheiten zu regeln hatten. Als wir ankamen, war der Pope aber noch gar nicht an seinem Arbeitsplatz, sondern saß in seinem Ornat mit einigen Freunden vor einem Cafeneion und spielte Karten. Erst unser Kommen veranlasste ihn, das Gotteshaus aufzusuchen. Wir folgten ihm, nahmen Platz und beobachteten, wie die Kirche sich füllte. An der Westseite, der Ikonostasis gegenüber, ordneten einige Helfer auf einem Tisch die Einzelteile des Taufgewandes. Dann endlich betrat der Täufling mit Gefolge den heiligen Ort. Ja, er betrat ihn, er musste nicht auf einem seidenen Kissen getragen werden, denn er zählte bereits drei oder vier Jahre. Seine Eltern – sein Vater war ein Erdölingenieur – lebten aus beruflichen Gründen sei Jahren irgendwo in Arabien, doch zur Taufe ihres Sohnes kehrten sie kurz in ihre orthodoxe Heimat zurück. Wie der Knabe hieß, hatten die Eltern geheim gehalten, und die Gemeinde war gespannt, ob er den Namen des einen oder des anderen Großvaters tragen sollte. Beide Herren waren anwesend und konnten unterschiedlicher nicht sein. Der eine war ein reicher Olivenbauer, wusste, dass jeder auf der Insel um seinen Reichtum wusste, legte deshalb auf sein Outfit keinen sonderlichen Wert und trug einen schlichten, altmodischen Anzug. Der andere war ein hochrangiger Inselbeamter und dokumentierte seine politische Bedeutung durch eine aufwendige Eleganz und ein wichtigtuerisches Auftreten, um dadurch zu kompensieren, dass seine Einkünfte nur einen Bruchteil dessen ausmachten, was der konkurrierende Opa Ernte für Ernte an seinen Oliven verdiente. Man war gespannt, wessen Namen der Enkel erhalten würde. Würden die Eltern des Täuflings aus kommerziellen Erwägungen den Bauern oder aus Prestige den Beamten vorziehen?

Die Zeremonie begann. Wenn jedoch die immer gleiche Liturgie inszeniert wird, die ohnehin jeder kennt, hören die wenigsten zu und führen lieber private Gespräche. *Die beiden Dicken in der Reihe vor uns erörtern gerade die momentanen Ölpreise,* flüsterte Wolfgang uns zu und übersetzte uns die Debatte darüber, ob der beste Zeitpunkt zum Verkauf der Oliven bereits erreicht sei, oder ob man lieber noch warten sollte.

Dann endlich der eigentliche Taufakt. Bekanntlich begnügen sich die orthodoxen Christen – anders als Katholiken und Protestanten – nicht damit, ein paar symbolische Wassertröpfchen, die der Geistliche auf die Stirn des neuen Gemeindemitglieds träufelt und dann sogleich wieder abwischt, in Anwendung zu bringen, sondern wie Jesus von Johannes im Jordan wird der Täufling wirklich und im wörtlichen Sinne getauft, nämlich mit ganzem Körper untergetaucht, und das gleich dreimal, erst im Namen des Vaters, dann des Sohnes und schließlich des Heiligen Geistes. Das war bei unserem Dreijährigen aus rein räumlichen Gründen zwar etwas schwierig, aber mithilfe einer Kniebeuge im Taufbecken gelang es. Zuvor hatte der Pope den Namen verkündet: *Der Diener Gottes Dimitrios wird getauft im Namen …* Die weiteren Worte gingen unter in dem lautstarken Geschrei erst innerhalb und dann außerhalb der Kirche: *Dimitrios, Dimitrios, Dimitrios …* Jeder rief wieder und wieder das immergleiche Wort, rief es dem Nachbarn ins Ohr, obgleich der ja längst informiert war und seinerseits *Dimitrios, Dimitrios* schrie. Der Name drang nach draußen, und als man sich in der Kirche langsam beruhigte, war auf den Straßen und Plätzen, einem Echo gleich, der Name *Dimitrios* zu hören und verbreitete sich wie ein Lauffeuer durch den ganzen Ort.

Die Neugierde war befriedigt, der Name *Dimitros* hatte sich durchgesetzt, der Bauer den Beamten besiegt. Nun musste der Täufling vorschriftsmäßig eingekleidet werden, wobei jedes Einzelteil eine bestimmte symbolische Bedeutung hat, die in Form einer langen Liturgie erläutert wird. Wolfgang hielt uns mit seiner Übersetzung auf dem Laufenden, auch hinsichtlich der verbalen Fehltritte des Kirchendieners: *Verflucht, wo ist bloß das verdammte Hemdchen geblieben?*

Die ganze Zeit über sprang Papou wie ein junger Gott durch die Kirche und fotografierte ohn' Unterlass und ohne zu überlegen, ob die Objekte und Motive sich lohnten. Schneller als erwartet ging sein Bestand an Filmen zur Neige. Er kam zu uns und klagte uns sein Leid: *Eva, du musste bitte schnellstens nach Kallirachi rasen und für Nachschub sorgen. Ich sage dir genau, wo die Filme liegen. Beeile dich! Ich werde derweil für Verzögerung des Gottesdienstes sorgen.*

Eva brach umgehend auf, und Papou tuschelte mit dem Popen. Der zog dann auch, wie erbeten, die Liturgie in die Länge, predigte über Sachverhalte, die gar nicht zur Sache gehörten, und hatte genug Autorität, dass die Gemeinde geduldig ausharrte und gar nicht merkte, dass der Geistliche immer weiter vom Thema Taufe abkam und nur noch schwadronierte.

Als Eva zurück war, konnte ihr Vater wieder ohne Rücksicht auf Verluste fotografieren, und zwar auch auf der sich an den Gottesdienst anschließenden Familienfeier. Als wir die Kirche verließen, erwartete uns neben dem Portal die Familie und Eva übersetzte uns deren Anliegen: *Mit Ihrer Teilnahme an der Taufe unseres Sohnes haben Sie uns eine große Ehre erwiesen. Wir möchten Sie deshalb zu uns nach Hause zum Abendessen einladen.* Gerne stimmten wir zu und genossen dann die Vielfalt der griechischen Küche, die griechische Musik und überhaupt die griechische Lebensfreude. Man trank, man tanzte, man unterhielt sich, was mit Stadlers Übersetzungshilfe so einigermaßen glückte. Ein besonderes Vergnügen bereitete uns der kleine Dimitrios. Auf seiner eigenen Taufe tanzte der Täufling, was durchaus nicht alltäglich ist.

Einige Tage später kehrten wir nach Deutschland zurück – mit dankbaren Erinnerungen an die griechischen Menschen sowie an die griechische Natur und Kultur.

Was ist nun noch erzählenswert aus Ratzeburg und aus den Achtzigerjahren?

Als die schon unter Hitler geplante Reichsautobahn Hamburg-Berlin jetzt als Bundesautobahn fertiggestellt wurde, hat unsere Familie davon nicht nur durch die Zeitersparnis bei unseren Fahrten in meine Heimatstadt profitiert, sondern auch konkret und materiell. Die Trasse war an einigen Stellen, so zum Beispiel in unserem Kreis, bereits vor einem halben Jahrhundert aufgeschüttet worden, und wo sie durch Wälder führte, hatte sich ein wilder Baumbestand angesiedelt. Nachdem sich Helmut Schmidt mit der DDR geeinigt hatte, ging es hüben und drüben mit der Arbeit los, und es war nur eine Frage der Zeit, wann man die im Wege stehenden Bäume und Bäumchen niedermachen würde. Bevor es soweit war, wollte ich ein paar kleine Kiefern in unseren Garten umsiedeln. Als Berliner und Märker liebte ich diese Bäume, ihren Duft, ihr dunkelgrünes Nadelkleid, ihre rotbraunen Stämme – so wie Walter Leistikow sie auf seinen Bildern der Grunewaldseen wiedergegeben hat. Sie erinnern mich an meine Kindheit und Heimat, und so kam ich auf den Gedanken, ein bisschen Vergangenheit in meine Gegenwart zu verpflanzen, ein bisschen Grunewald in unseren Ratzeburger Garten.

Mit Eimern und Spaten versehen fuhren Philine, Florian und ich zur Trasse in der Nähe des späteren Grenzübergangs Gudow, gruben ein Dutzend Jungföhren aus, um ihnen bei uns Asyl zu gewähren. Meist pflegt der Mensch die Bäume zu unterschätzen, er ahnt nicht, wie hoch und breit sie einst werden, man setzt sie zu dicht nebeneinander oder zu nahe ans Haus. Schon bald stören sie sich gegenseitig, werfen zu viel Schatten, treten dem Haus zu nahe, legen ihre Zweige aufs Dach und – schlimmer noch – sie ermöglichen es dem Marder, aufs Dach zu klettern und von dort in den Dachboden einzudringen, sich dort heimisch zu fühlen und Lärm und Gestank zu verursachen. Ein höchst ungeliebter Gast. Wir holten bei Freunden und Experten diverse Ratschläge ein, wie man das Tier loswerden könnte, die einfachste Lösung bestand aber darin, die Kiefer am Haus umzulegen und dem Marder seine Aufstiegsmöglichkeit zu nehmen. Auch einige andere inzwischen übergroße Kiefern mussten dran glauben. Heute steht nur noch eine, und die lieben wir, und die bleibt. Sie misst inzwischen fast 20 Meter und in ihre Zweige hinein wachsen die Ranken unseres in der Nähe wurzelnden Weinstocks. Wollen wir im Herbst die Reben ernten, dann gelingt es nur mithilfe eines Apfelpflückers. Was den Marder anbetrifft, so ist unser Rausschmiss voll und ganz und endgültig gelungen. Die Kinder waren glücklich, dass wir ohne Gift, Fallen oder ähnliche Gewaltmethoden unser Ziel erreichten. Überhaupt wurden sie mehr und mehr zu Naturfreunden, was wohl beim Wohnen am Walde kein Wunder war. Sie mussten im Garten zupacken, halfen beim Ernten der Erd- und Johannisbeeren, der Äpfel und Pflaumen, sie kamen gerne mit, wenn ich zum Beeren-Halali blies und wir in den nahen Knicks Him-, Brom- und Holunderbeeren erbeuteten, die dann eingefroren wurden und das ganze Jahr durch zur Umwandlung in Marmelade zur Verfügung standen.

Für Christa und mich bildete – neben Museum, Schule, Stadtvertretung, Reisen, Einladungen und so weiter – die Freude daran, wie die Kinder sich entwickelten, eindeutig den Mittelpunkt unseres Lebens. Spielend machten sie Fortschritte, das heißt, sie lernten, indem sie spielten, und sie hatten ihren Spaß daran, wenn sie ihre Eltern besiegten. Beim Memoryspiel zeigte es sich, wie überlegen das kindliche Gedächtnis dem der Erwachsenen ist. Ich glaube, es gibt kaum jemanden, der diese Erfahrung nicht gemacht hat.

Im Unterschied zu seinen beiden Schwestern begeisterte Florian sich fürs Schachspiel. Damit wir etwa gleich stark waren, verzichtete ich auf meine Dame und die meisten Offiziere. Als er sich nach einiger Zeit angesichts dieses Handicaps als überlegen erwies, reduzierte ich meinen Aderlass, bis Florian mich endlich wiederum besiegte, so dass mir nichts übrig blieb, als mit voller Mannschaft anzutreten. Es dauerte nicht lange, und wieder unterlag ich meinem Sohn. Um ihm erneut einen ebenbürtigen Gegner zu präsentieren, gab es nur eins: Wir mussten ihm zum nächsten Geburtstag einen Mephisto-Schach-Computer mit variablen Schwierigkeitsgraden schenken.

Philine als die Älteste fühlte sich den kleinen Geschwistern überlegen, tanzte gern aus der Reihe und beanspruchte etwas Besonderes. Als sie von der Grundschule zum Gymnasium überwechseln sollte, bot die Gelehrtenschule erstmals Latein als Fremdsprache an. Sofort war Philine Feuer und Flamme, denn Latein war keine Normalkost, sondern irgendwie etwas Elitäres, wie eigens für sie gemacht. Ein paar Jahre später wiederholte sich das Spielchen, als ein Kollege plötzlich Russischunterricht anbot. Wieder etwas Besseres, wieder etwas für Philine. Verlockend war auch die Aussicht, in die Sowjetunion reisen zu können. Zweimal hat sie eine Reise mitgemacht, einmal nach Moskau, einmal nach Jaroslawl. Die Schüler wurden privat untergebracht und die Gastgeber machten ein Jahr später ihren Gegenbesuch. Die jungen Russen durften nicht alleine kommen, sondern mussten, so verlangten es die sowjetischen Vorschriften, von ihren Müttern begleitet werden. Also wohnten Irina und ihre Mutter bei uns und bewunderten oder beneideten den bundesdeutschen Lebensstandard, vor allem die Autos und den Wohnkomfort. In der Gelehrtenschule, wo die jungen Gäste am Unterricht teilnahmen, staunten sie über die mangelnde Disziplin beziehungsweise über den ungezwungenen Umgangston, den die deutschen Lehrer und Schüler für selbstverständlich hielten.

Zwar nicht in Gegenwart der Russen, aber bei anderer Gelegenheit nahm Philine sich nur zu gerne einiges heraus. Als sie einen Erdkundetest mit der Note Fünf zurückbekam, zerriss sie vor den Augen der Lehrerin die Arbeit und demonstrierte damit ihren fehlenden Respekt vor der Lehrkraft und ihrem Lehrfach. Ein Jahr später beurteilte ein anderer Erdkundelehrer ihre Leistung abermals als *mangelhaft*, aber auf unsere ehrliche Kritik reagierte sie mit den Worten: *Der hat es nicht besser verdient.* Die Schuld an der Fünf sei nicht ihr fehlender Fleiß, sondern der mangelhafte Unterricht des Kollegen, der sie nicht für Erdkunde begeistern konnte.

Aber wenn sie wollte, konnte sie auch. Hatte sie Interesse, dann engagierte sie sich, so in ihren geliebten Fächern Latein, Deutsch, Sport, Musik und Kunst. Hier stellten sich denn auch die entsprechenden Erfolge ein. Mitte der Achtzigerjahre schrieb eine Hotelkette einen Malwettbewerb für Kinder in Philines Alter aus. Die Aufgabe bestand darin, ein besonders schönes Motiv aus der Heimatstadt der Kinder zu Papier zu bringen. Sofort fuhren Philine und ich nach Lübeck und setzten uns an die Obertrave mit Blick auf die Türme der Stadt und die Giebel der alten Bürgerhäuser. Unser Plätzchen heißt im Volksmund der *Malerwinkel*, und so – Nomen est Omen – inspirierte der Ort unsere Kreativität. Wir zeichneten zuerst die Skyline von Lübeck mit zarten Bleistiftstrichen vor und ließen dann die Farben zu ihrem Recht kommen: das Ziegelrot der Backsteinkirchen, das Grünspangrün ihrer Dächer, das heitere Blau des Himmels und das leuchtende Weiß der Wolken – und alles gespiegelt in den bewegten Wellen der Trave. Zwei Wochen später wurden die kleinen Künstler aus dem Lübecker Raum zusammen mit ihren Eltern und Geschwistern zur Preisverleihung in das Edelhotel geladen. Philine war stolz über ihren zweiten Platz und zugleich enttäuscht, weil nur die Siegerin zur Endausscheidung nach Karlsruhe fahren durfte. Aber als die Siegerin absagte, konnten wir doch die Reise antreten. Unser Schulleiter gab Philine und mir schulfrei, und Florian und Julia schwänzten einfach. Unsere Familie, quasi von Philine eingeladen, verlebte ein abwechslungsreiches Wochenende, wir gingen vors Bundesverfassungsgericht, aber nur spazierend und nicht prozessierend. Höhepunkt des Ganzen war die Preisverleihung, auch wenn Philine leider nicht unter die ersten Drei kam. Aber alle Werke wurden für immer und ewig in einem Karlsruher Museum ausgestellt, einerseits eine große Ehre, andererseits ein bedauerlicher Verlust. Unsere Familie konnte sich aber damit trösten, dass uns als Erinnerung und quasi als Kopie mein Aquarell erhalten blieb.

Florian und Julia waren aus etwas anderem Holz geschnitzt als ihre große Schwester. Sie waren artig und angepasst, ehrgeizig und fleißig, während Philine zum Halbjahr mehrfach Bekanntschaft mit einem blauen Brief machte. Aber nur zum Halbjahr. Nach kurzem Endspurt wurde sie doch stets versetzt. Am letzten Schultag vor den großen Ferien – nach dem Studium der drei Zeugnisse – luden wir die Kinder Jahr für Jahr zum sogenannten Zeugnisessen ein. Wir hatten die – vielleicht etwas unpädagogische – Regelung getroffen, dass dieser Belohnungsschmaus nur stattfindet, wenn die drei Zeugnisse mindestens ein Dutzend Einsen oder Zweien enthielten. Florian und Julia alleine erfüllten dieses Soll, während Philines Beitrag sich in sehr engen Grenzen hielt, sie sich also auf Kosten der beiden Kleinen satt aß, so wie wir von ihrem Kunsterfolg profitiert hatten.

In jeder Familie wird im Allgemeinen das kleinste Kind, weil es irgendwie hilflos und ungeschickt ist, liebevoll behandelt und bevorzugt, andererseits aber überfordert, weil man sein Können mit den Leistungen der Großen vergleicht. *Die können lesen, schreiben, rechnen – und was kannst du?* Julia sah sich also gezwungen, sich schon vor der Einschulung mit den wichtigsten Kulturtechniken vertraut zu machen. Zahlen und Buchstaben lernte sie in der Kindersendung *Sesamstraße*, und Philine und Florian förderten ihre Fortschritte, wenn auch weniger aus geschwisterlicher Zuneigung und Hilfsbereitschaft, als um ihre Überlegenheit zu demonstrieren. Die Erfolge blieben nicht aus. Eines Abends, als Christa Julia in die Badewanne gesteckt hatte und sie reinigte und eincremte, fragte die Kleine mit Blick auf die Cremedose plötzlich: *Wo muss ich anfangen, beim »N« oder beim »A«? – Beim »N«, war die Antwort, und prompt las Julia: Ni-fe-a. – Du kannst ja lesen!,* schrie Christa und gab ihr dann andere Kosmetika, die sie ebenfalls entzifferte, zum Beispiel: *Pe-na-sol.* Sie war noch keine vier Jahre, benötigte aber zu ihrer Lektüre eine kleine Lesehilfe, weil sie nicht wusste, ob sie von links nach rechts oder von rechts nach links zu lesen hatte.

Im Rechnen war es nicht anders. Ein gutes Jahr später schnappte Julia sich Florians altes Rechenheft und brachte sich anhand der von ihrem Bruder gelösten Aufgaben das Addieren und Subtrahieren bei. Nun haben Lehrer bekanntlich die Angewohnheit, bei schwachen Schülern akribisch nach Fehlern zu fahnden, die Texte und Türme der guten Schüler aber nur zu überfliegen. Anders Julia. Sie rechnete Florians Türme Zeile um Zeile nach und triumphierte, wenn sie einen Fehler entdeckte, den die Mathelehrerin übersehen hatte, weil ihr Vertrauen in Florians Rechenfertigkeit sie dazu verführt hatte, seine Rechentürme unkontrolliert mit dem kleinen *r* (für *richtig*) zu versehen. Stolz präsentierte Julia dann uns und ihrem Bruder ihr knallrotes *f* (für *falsch*) neben dem unrichtigen Ergebnis.

Trotz ihrer Erfolge fühlte Julia sich immer wieder benachteiligt. Im Frühsommer 1984 fuhr ich mit Philine und Florian nach Hamburg ins Volksparkstadion, um den HSV zu bejubeln und gegebenenfalls zu bemitleiden. Letzteres war, wenn ich mich richtig entsinne, leider notwendig. Als wir nach Hause kamen, erzählte uns Christa, dass Julia den ganzen Nachmittag geschmollt hatte, weil sie sich zurückgesetzt fühlte. Sie hielt es für ungerecht, dass ihre Geschwister zum HSV durften und sie nicht. Christa war versucht, mit Argumenten auf sie einzuwirken: *Julia, bedenke doch, wie alt deine Geschwister sind, Florian wird bald neun, und Philine ist sogar schon elf, und du bist erst fünf.* Die Kleine war nicht zu überzeugen und konterte: *Ich bin aber schon länger fünf als Philine elf!* Womit sie im Recht war, denn sie war am 4. April fünf geworden und Philines Geburtstag hatten wir am 9. Mai gefeiert.

Auch wenn Julia, wie geschildert, Florian gern korrigierte, um dadurch ihre Ebenbürtigkeit, ja, Überlegenheit zum Ausdruck zu bringen, bewunderte sie doch ihren großen Bruder. Das hörte sich dann wie folgt an und war nicht ohne ungewollte Arroganz: *Liese,* sagte sie zu ihrer Patentante, als die Mahlows uns ihren traditionellen Adventsbesuch abstatteten, *Liese, der Flori ist vielleicht schlau, der kann ein ganz schweres Gedicht auswendig. Soll ich das mal aufsagen?*

Und dann trug sie sämtliche *Knecht Ruprecht*-Strophen vor: *Von drauß' vom Walde komm' ich her …* und so weiter und so fort.

57
Marathon

Unsere Ferien auf Thasos habe ich dazu genutzt, trotz der griechischen Hitze stundenlang durch die Insel zu laufen. Der Grund war der, dass ich jeweils knapp zwei Monate später einen Marathonlauf bestreiten wollte.

Und das kam so. 1982 war ein neuer Kollege zu uns gestoßen, ein fanatischer Marathonläufer. Dem gelang es schon bald, ein halbes Dutzend Studienräte für seinen Sport zu begeistern. Wir trainierten gemeinsam und meldeten uns für den Berlin-Marathon am letzten Sonntag im September 1983 an, und dann mit schöner Regelmäßigkeit Jahr für Jahr bis in die Neunzigerjahre hinein, insgesamt ein

Dutzend Mal. Für die meisten von uns war der Marathon eine persönliche Premiere. Auch Georg Klose war mit von der Partie und nahm den Kollegen Job, einen Zwei-Zentner-Mann, und mich in seinem Wagen mit nach Berlin. Georg wollte bei seiner Tochter übernachten, die an der Freien Universität studierte. Job hatte ich bei Mahlows untergebracht, und ich bezog natürlich mein Kinderzimmer in meinem Dreiviertelhaus.

Wo wohnt deine Tochter eigentlich?, fragte ich Georg, als wir uns Berlin näherten. *In Zehlendorf*, sagte er, *aber die Straße kennst du auch als geborener Berliner bestimmt nicht. Das ist eine ganz kurze, abseits und schon fast im Grunewald gelegene Gasse. - Wie heißt denn die Gasse? - Ithweg. - Natürlich weiß ich, wo der Ithweg ist und kann dir sogar ganz genau den Weg dahin beschreiben.* Georg staunte über meine Ortskenntnis und wunderte sich noch mehr, als ich auch noch mit historischen Kenntnissen aufwartete: *In der Straße, auf die der Ithweg stößt und die parallel zur Krummen Lanke am Rande des Grunewalds entlangführt, wurde im Februar 1975 der Berliner CDU-Vorsitzende und Spitzenkandidat Peter Lorenz von Terroristen entführt und in Geiselhaft genommen - drei Tage vor den Wahlen zum Berliner Abgeordnetenhaus. Und in einer so gefährlichen Gegend wagt deine Tochter zu wohnen?*

Am frühen Sonnabend fuhren wir in die City, holten unsere Startnummern ab und nahmen an der traditionellen Nudelparty teil – zwecks Auffüllung unserer Kohlenhydratedepots. Wie mir dann am folgenden Tag der Wettkampf bekam, habe ich aus einem ganz kuriosen Anlass ausführlich geschildert. Durch Zufall hatte ich erfahren, dass die Berliner Zeitung *Der Tagesspiegel* einen literarischen Wettbewerb ausgeschrieben hatte, und zwar mit dem Thema *Stadtbeschreibung*. Ein Marathonlauf als eine ganz besondere Art von Sightseeing war meiner Meinung nach ideal geeignet, eine Stadt zu charakterisieren.

Ich verfasste also ein Marathonprotokoll, gab ihm den Titel *Berlin zu Fuß*, reichte meinen Text ein und wartete. Und wartete. Und wartete. Und wartete vergebens.

Wie bei meinem Lauf landete ich auch mit meinem Text unter *Ferner liefen*. Hier ist er:

Weit über 10 000 haben sich vor dem Reichstag versammelt und drehen ihm den Rücken zu. Sie treten nervös auf der Stelle, als ständen sie vor einer besetzten Toilette, und starren auf den Regierenden Bürgermeister, der auf einem eigens zu diesem Zweck errichteten Stahlgerüsttürmchen ein Stelldichein mit einigen Herren hat. Er plaudert staatsmännisch und rühmt die Bedeutung Berlins und seiner Gäste. So gelingt es ihm, die Zeit zu überbrücken, bis er endlich das tun kann, worauf alle warten und weshalb er überhaupt nur hier ist, bis er endlich anfängt, rückwärts zu zählen.

Bei null schießt er.

Der Start!

Denkste! Für die Asse vielleicht, für die Spitze, doch nicht für uns, die vielen kleinen, namenlosen Mitläufer hier hinten am Schwanz. Tatenlos stehen wir herum.

Es ist ungerecht wie immer im Leben, die Schwächsten haben den schlechtesten Startplatz. Unsere Zeit läuft zwar schon, aber unsere Beine noch nicht, 100 Meter trennen uns von der Startlinie und 10 000 Köpfe. Nicht nur, dass wir mehr laufen müssen, die besagten 100 Meter nämlich, wir müssen auch noch warten, bis wir können.

Doch ich weiß mich zu trösten; ich will zwar ankommen, aber wann, ist egal, und je länger ich unterwegs sein werde, desto länger habe ich was von Berlin. Was kriegen die hetzenden Asse schon mit? Nichts als Applaus! Ich dagegen kann mich in aller Ruhe Berlin und den Berlinern zuwenden, kann schon jetzt anfangen, mit Muße den Reichstag zu betrachten. Schön haben sie ihn restauriert, und doch ist er ein Provisorium ohne seine alte Kuppel. Aber warum soll es dem Bau, der *dem deutschen Volke* gewidmet ist, besser ergehen als dem deutschen Volk selbst, dem doch auch die einende Kuppel fehlt?

Ich stelle mir vor, wie dieses Haus brannte, angesteckt von einem chaotischen Wahnsinnigen oder vom organisierten Wahnsinn – also von van der Lubbe oder Göring und seinen Mannen – die Gelehrten streiten bis heute darüber. Jedenfalls war es das Ende der Republik und der Anfang vom Ende Deutschlands. Und dann stand hier einmal ein anderer Regierender vor der Ruine und verlangte von der Welt, auf diese Stadt zu blicken und ihr zu helfen; und die Welt blickte, und die Welt half, und jetzt kommt die Welt und schaut sich in der Stadt um, die Menschen kommen als Touristen oder als Marathoni oder als Marathontouristen.

Endlich geht's langsam voran. Wir haben uns bis zum Start vorgedrängelt. Die Zwischenzeit für 0 Meter ist bereits 5 Minuten, und noch immer wird getrödelt. Erst auf der Dulles-Allee wird etwas forscher zur Sache gegangen.

Noch haben die Läufer Luft und Lust, dumme Witze zu machen. Mit dem Blick auf die kaputte Kongresshalle sagt einer: *Die schwangere Auster ist niedergekommen.*

Kurz vor der Spree-Brücke, dort, wo wir den Bundespräsidenten, sofern er nicht mal wieder Berlin schwänzt, in seinem Schloss links liegen lassen, versuche ich vergeblich, mich rechts einzuordnen. Ich habe die Strecke vorher auf der Karte genau studiert, damit ich bei Kurven und Ecken die Ideallinie laufen kann – in dem Gedränge aber leider eine Utopie.

Ecke Alt-Moabit gebe ich mich sozial und winke zu den vergitterten Häftlingen hoch. Sie schreien und fuchteln genauso begeistert wie die freien Berliner auf dem Bürgersteig. Was mag in einem Menschen vorgehen, der sitzt und so viele laufen sieht?

Aus einer Kirche dröhnt Orgelmusik. Wie beneide ich die Orgel um ihre Luft, die zwitschert, jubelt, brummt aus allen Pfeifen, während ich bald aus dem letzten Loch pfeifen werde. Die hohe Geistlichkeit steht auf dem Rinnstein, vollzählig und in vollem Ornat, sie lässt sich nicht lumpen, uns allen, wenn nicht ihren Segen, so doch ihr Wohlwollen mit auf den Weg zu geben. Ganz Berlin ist auf den Beinen, ob Knast, ob Kirche, jeder läuft oder schreit sich die Lunge aus dem Hals.

Schon ist die erste Verpflegungsstation in Sicht. Stolz laufe ich vorbei, noch habe ich nichts nötig und bin in Eile. Trotzdem eine interessante Abwechslung, Becher klappern, Schwämme spritzen, man muss Slalom um Hürden laufen zwischen und über dem Abfall, doch jede Abwechslung ist willkommen.

Da, schon wieder etwas Interessantes, der kleine Dackel mit der privaten Startnummer 7. Ob der das durchhält mit seinen kurzen Beinen? Aber immerhin hat er vier. Und Herrchen zieht ihn an der Leine hinter sich her.

Der Streckenverlauf ist nicht ohne Ironie; bis auf den einen späteren Sieger laufen unter der Siegessäule nur Besiegte vorbei – oder trösten sich alle mit dem Sieg über sich selbst? So philosophierend trabt man durch den Tiergarten. Und schon stoßen wir in die City vor. Die Nobelhotels in der Budapester Straße verdecken die Käfige des Zoos, Wohnraum sind beide. Auch das neue Aquarium. Nasser als ich können die Viecher darin auch nicht sein, denke ich mir.

Während ich den Kudamm locker rauflaufe, frage ich mich besorgt, ob und wenn wie ich ihn nachher wohl runterlaufen werde. Ich muss an die beiden Türme der Gedächtniskirche denken; noch fühle ich mich wie der neue, stolz, aufrecht und gesund, in drei Stunden werde ich sein wie der alte, werde angeschlagen sein, mich nur mit Mühe aufrecht halten, kurz: kurz vor dem Zusammenbruch.

Blicke ich links in die Querstraßen, dann sehe ich mit Entsetzen in der Lietzenburger Straße die vielen Konkurrenten, die schon die Spitzkehre am Olivaer Platz hinter sich haben, die also alle besser und schneller sind als ich. Mit Entsetzen? Warum mit Entsetzen? Habe ich mir nicht fest vorgenommen, diejenigen nicht zu beneiden, die mich schlagen?

Eine ältere Dame will den Kudamm überqueren. Aber sie hat keine Chance, die Masse der Läufer zu durchdringen. Kaum hat sie einen Schritt vom Rinnstein gewagt, zieht sie sich wieder ängstlich zurück. *Oma, fahr U-Bahn!,* ruft ein mitleidiger Läufer.

Dann die Spitzkehre. 10 Kilometer geschafft. Jetzt erst mal tanken! Möglichst im Laufen. Stillstand heißt Rückschritt. Ich wähle den süßen Salzsaft. Wir Marathoni sind das Salz der Erde. Wer sich im Schweiße seines Angesichts abmüht, braucht Mineralien als Nachschub. Und Zucker als Treibstoff. Schmeckt gut, das Zeug. Mein Versuch, mit der leeren Plastikflasche an einer Bushaltestelle einen (Papier-)Korb zu werfen, misslingt. Hoffentlich ist das kein schlechtes Omen. Nun fängt auch noch der Gaumen zu kleben an, der Salzsaft war wohl doch zu süß. Ein paar Schlucke klares Wasser wären jetzt ganz angebracht. Aber da muss ich noch eine Viertelstunde warten. Also mache ich mir zunächst so meine Gedanken über meine individuelle Speise- und Getränkekarte, das ist abwechslungsreich und bereitet Vorfreude. Bei 15 Kilometern ist Wasser fällig, bei 20 Kilometern könnte ich ein zweites Frühstück vertragen, etwas Banane, etwas Orange.

Am Lützowplatz treffen wir auf den Landwehrkanal, der uns eine gute Strecke Wegs begleiten wird, wenn ich es so nennen darf, denn in Wahrheit liegt er nur träge in seinem Bett, nur wir Frühaufsteher strampeln uns an seinem Ufer ab. Einst bildete er die Grenze Berlins und schützte die Stadt, jetzt kennt Berlin eine ganz andere Grenze, und die heißt offiziell *Schutzwall* auf ihrer unbemalten Seite, wir werden sie noch zu Gesicht bekommen. Rechts und links des Kanals erstreckt sich das Sanierungsgebiet der IBA 87, am anderen Ufer, auf dem Kemperplatz, will man mit viel Beton ein bisschen Kultur zuwege bringen, und weiter vorne, in Kreuzberg, soll die *Kreuzberger Mischung* wieder aufleben, im Vorderhaus wohnen, auf dem Hinterhof arbeiten. Solange ich ans Sanieren denke, quält mein gequälter Körper mich mit der Frage, wie ich ihn zu sanieren denke. Ich tröste mich mit der nächsten Wasserstelle: Was hast du denn: Da ist sie ja schon, ich stopfe dir das Maul mit Wasser, und nun sei ruhig!

Wie eine Stadt ohne Hinterland, so steht die Fassade des Anhalter Bahnhofs ohne ihren Bahnhof mitten auf freiem Feld. Von dem monotonen Gerenne mittlerweile geistig abgestumpft, bin ich anspruchslos genug, Vergnügen an dem uralten und billigen Kalauer vom Anhalter Bahnhof zu finden, der eben deshalb *Anhalter Bahnhof* heiße, weil die Züge dort anhalten. *Bei uns in Recklinghausen halten die Züge doch auch,* erwiderte die Dame aus der Provinz, der ich letztes Jahr Berlin zeigte. *Frollein, da können se anhalten, da müssen se nich anhalten. Aber auf'n Anhalter Bahnhof müssen se anhalten, sonst fahr'n se uf'n Vorplatz. Dit is nämlich 'n Kopfbahnhof. Kapiert?*

Ein paar Meter laufen wir auf der altehrwürdigen Wilhelmstraße, die das Schicksal der Stadt teilt und selbst geteilt wurde. Und wenn schon Teilung, dann richtig. Drüben wurde sie auch noch umbenannt, sie trägt den Namen Otto Grotewohls, des ersten Ministerpräsidenten der DDR. Praktischer wäre es gewesen, sie nach dem ersten Präsidenten zu nennen, nach Wilhelm Pieck, dann wäre durch den Vornamen eine gewisse Kontinuität hergestellt worden, aber für Kontinuität sind die Brüder da drüben bekanntlich nicht.

Meine Vorläufer biegen ab, und plötzlich leuchtet vor mir die Mauer auf. Sie wendet uns ihre Schokoladenseite zu, bunt und redselig wie ein Papagei. Sie gehört längst ins *Guinness-Buch der Rekorde* als längstes Lesewerk der Welt – und das, obgleich nur einseitig beschrieben. Drüben Schussfeld, hüben Meinungsfreiheit. Jeder Berlin-Tourist sollte seine Mauerschau zur Lesesafari ausweiten. Drei, vier Kilometer Lektüre sind zumutbar.

Apropos Meinungsfreiheit. Schon seit geraumer Zeit – seit wir die Friedrichstraße kreuzten und den Checkpoint Charly passierten – laufen wir am Verlagshaus *Springer* entlang. Endlos dehnt sich der Komplex. Schnell biegen wir ab in die Lindenstraße und haben den *Welt-Bild*-Produzenten hinter uns.

Langsam schiebt sich das Berlin-Museum ins Blickfeld, und prompt habe ich ein schlechtes Gewissen. Es geht einem mit Museen wie mit Verwandten, längst wäre ein Besuch fällig gewesen, aber immer ist etwas dazwischen gekommen. Und auch heute wird natürlich nichts daraus.

Nachdem ich die preußischen Generäle geschafft habe (Blücher-, Gneisenau-, Yorkstraße), atme ich auf, so gut das im Laufen geht: Endlich ist Halbzeit: Ich gönne mir ein paar Orangenscheiben und genieße diese praktische Mischung aus Essen und Trinken.

Wenig später das Kontrollratsgebäude, halb Rathaus, halb Schloss, versteckt hinter einem Wald von Säulen. Vier Fahnenmasten stehen stramm, eine Erinnerung an einstige alliierte Eintracht. In stürmischen Zeiten wird auch hier – wie immer und überall – Flagge gezeigt, bei friedlicher Flaute – wie an diesem warmen Septembersonntag – hängen die Fahnen durch.

Ich übrigens auch. Von hier aus sollte Deutschland einmal als *Ganzes* verwaltet werden. Pustekuchen, wie man weiß. Das stolze Haus stand fast immer fast leer, aber den Mut, sich an dieses ehemalige Gerichtsgebäude zu wagen, brachten selbst die verwegensten Hausbesetzer nicht auf.

10 000 Läufer keuchen jetzt hier vorbei und schnappen nach Luft, und kaum einer weiß, dass darin die vier Mächte die Luftsicherheit verwalten.

Zweimal um die Ecke, und wir schauen auf zum sogenannten Schöneberger Rathaus, das längst das Berliner Rathaus ist. Welch glanzvolle Karriere dieses Gebäude dank der Teilung der Stadt gemacht hat! Hier regiert jetzt der Regierende, hier läutet die Freiheitsglocke und wacht über die Marktwirtschaft unten auf dem Vorplatz. An Werktagen gibt's hier Gemüse und Blumen, an großen Tagen große Worte. Kennedy war hier und wechselte seine Staatsbürgerschaft und ließ das versammelte Volk jubeln über den neuen Mitbürger.

Und ich, geliebtes Berlin, ich habe dich verlassen, ich bin dir untreu geworden, betrog dich im goldenen Westen, habe mein Erstgeborenenrecht verschachert für ein Linsengericht, bin dick und fett geworden im Westen, aber jetzt specke ich ab, ich tue dir Abbitte, ich bereue meine Untreue im Schweiße meines Angesichts, ich erleide eine Wallfahrt von 42 Kilometern Länge, und als wär's ein Stück von mir, bleiben zwei, drei Kilo auf der Strecke, zwei, drei Kilo von mir hier bei dir.

Um aber meinen Schwund in Grenzen zu halten, nehme ich am Innsbrucker Platz einen flüssigen Imbiss. Noch schlucke ich und registriere mit Genugtuung die Stärkung, da ereilt mich ein kleiner Schock.

Aus einem Lautsprecher tönt rauschender Beifall, und mir wird klar, dass sich der Sieger jetzt dem Ziele nähert, während ich gerade die Hälfte habe. Und das in der Hauptstraße. Ich habe schon vorher beim Studium der Strecke gewusst, dass hier das elendste Stück sein wird. Fast 6 Kilometer endlos geradeaus, Hauptstraße, Rheinstraße, Schlossstraße, Unter-den-Eichen, keine Kurve, keine Ecke, keine Abwechslung, keine Erfrischung, und das Ziel noch zu weit, als schon hoffen zu dürfen.

Nur mühsam kämpfen wir uns in den bürgerlichen Südwesten vor. Die Gegend wird vornehmer, die Leute auch. Jeder Bezirk hat seinen Charakter und zeigt, was er hat und was er kann. Die Menschen in Kreuzberg haben deutsches Geschrei und türkische Musik gemacht und standen so eng, wie sie wohnen. In Schöneberg, und nun gar erst in Steglitz, applaudiert man dezenter. Man geizt nicht mit Beifall, das nicht, aber man klatscht nicht in die Hände, sondern applaudiert mit den Fingerspitzen. Man lässt sich das Spektakel nicht entgehen, man muss dabei gewesen sein, aber man echauffiert sich nicht. Man verlegt den Sonntagsspaziergang an die Strecke, schließlich muss man vor dem Sonntagsbraten ein bisschen vors Haus, aber man ist nicht aus dem Häuschen. Man begnügt sich in der stolzen Schlossstraße, die dem Kudamm ebenbürtig sein will, damit, den Läufern seine Reverenz in schriftlicher Form zu erweisen – auf einem großen Transparent quer über die Straße.

Langsam werden die Schritte kürzer und die Kilometer länger. Ob die sich hier vermessen haben? Oder haben sie vergessen, das 27-Kilometer-Schild aufzustellen? Na endlich, da ist es ja, hat aber auch lange genug gedauert. Ich schaue nicht mehr vergnügt in der Gegend herum, sondern nur noch stur nach unten auf den Asphalt, ich sehe nur noch schwarz, die Sightseeingtour ist zu Ende, die Quälerei geht los.

Obgleich ich doch Berliner bin, habe ich nie gewusst, wie steil die Straße vom Schlossparktheater zum Botanischen Garten ansteigt. Aber wenigstens ist Unter den Eichen Schatten.

Ich bilde mir ein, mich rühmen zu können, ein liberaler, aufgeschlossener, modern eingestellter Mensch zu sein. Wenn ein Läufer mich frisch und flott überholt, erkenne ich neidlos an, dass er besser ist. Man muss auch verlieren können. Aber wenn eine Frau vorbeischleicht, dann geht doch für den Bruchteil einer Sekunde ein Ruck durch meinen Körper. Das kann doch nicht sein, dass die Weltordnung so einfach auf den Kopf gestellt wird, jetzt heißt es antreten. Doch sehr schnell bekommt mein Verstand die Emotionen wieder unter Kontrolle, ich rufe mich zur Ordnung: Du bist doch kein Chauvi, kein Pascha, lass die Frau laufen! Außerdem würdest du deinen schönen Rhythmus ruinieren, wenn du jetzt anfängst, dich abzustrampeln.

Immer wieder sehe ich große Plakate, die Hans und Heinz, Lutz und Detlev zum Durchhalten auffordern; ganze Städte solidarisieren sich mit ihren Teilnehmern, doch mir hilft das wenig, ich bin nicht Lutz oder Detlev aus Wanne-Eickel oder Bückeburg. Und auch der Herr mit der sonoren Stimme, ein Kavalier und lautstarker Genießer, der seinen Beifall subjektiv dosiert und nur die Mädchen mit einem stereotypen *Bravo die Dame!* anfeuert, kann mir kaum auf die Sprünge helfen,

Da! Dahlem! Eff Uh. Villen im Landhausstil, zweckentfremdet zu Instituten und Studentenheimen für Korporierte. Die schmissigen Herren haben ihre *Bierorgel*, wie sie das Klavier nennen, auf die Straße gebracht, erheben ihre Stimmen und Gläser, sorgen für Marschmusik und animieren uns zum Saufen und Laufen. Ihr professioneller Durst wirkt ansteckend, aber nur jetzt kein Bier! Zu meinen schweren Beinen auch noch einen schweren Kopf, das wäre zu viel.

Wie die Zeit vergeht (drei Stunden bin ich schon unterwegs), und wie die Zeiten sich ändern! Als ich hier zu studieren begann, haben wir die Amerikaner verehrt und bewundert, weil sie uns die Freie Universität und die Luftbrücke gebaut hatten. Wir haben immer dafür gedankt, dass sie in Berlin waren, und als ich Examen machte, haben wir verlangt, dass sie Vietnam verlassen. Im Audimax haben wir Kennedy betrauert, und schon bald seinen Vize und Erben Johnson verflucht. Der Henry-Ford-Bau war nun Hochburg des Marxismus geworden.

Am U-Bahnhof Oskar-Helene-Heim habe ich ein Depot eingerichtet. Da stehen Freunde mit einer Plastiktüte, in der ein Handtuch, Strümpfe, Pflaster und ein zweites Paar Laufschuhe stecken. Zum Glück muss ich von all dem keinen Gebrauch machen. *Reifenwechsel nicht nötig,* rufe ich und laufe, um meine Beteuerung durch die Tat zu beweisen und um den Anfeuerungsrufen gerecht zu werden, einige Schritte ein bisschen schneller – bis zur nächsten Ecke, die freundlicherweise nicht lange auf sich warten lässt ...

Aber da stehen schon wieder Freunde und verlangen ihren Kehlen das Letzte ab, um mir das Letzte abzuverlangen. *Ihr habt gut reden* (oder schreien), *ihr macht das vier Augenblicke lang und ich vier Stunden,* murre ich lautlos, bin aber doch dankbar und gestärkt.

Hier in Zehlendorf bin ich geboren, hier jubeln meine alten Freunde, hier habe ich Heimvorteil. Meine Kinder haben sich hier eingefunden und brüllen mich an wie sonst nur ich sie. Trotzdem summe ich in Gedanken: *Ich hab so Heimweh nach dem Kurfürstendamm* – und denke Sehnsüchtig ans Ziel.

Leider fängt plötzlich die eine Fußsohle an, sich zu melden, erst nur sehr dezent, dann mit Nachdruck. Es ist noch gar nicht lange her, dass ich einen Schuhwechsel schnöde von mir wies, und jetzt brennt der Ballen lichterloh. Der Fuß hat Feuer gefangen. Wahrscheinlich war es doch falsch und leichtsinnig, Marathon mit schlichten 40-Mark-Schuhen zu versuchen. Ich rechne aus, dass ich noch 8000 Schritte vor mir habe, tröste mich aber damit, dass nur jeder zweite wehtut.

Am Wilden Eber, wo die Asse *die Sau rauslassen,* also ihre Reserven ausspielen, ist mal wieder eine Stärkung fällig. Trinken soll gut sein gegen Krämpfe, und meine Waden machen mir einen allzu prallen Eindruck. Ich zwinge mich, im Laufen zu trinken, schließlich heißt der Stand nicht *Stand*, weil die Läufer dort stehen sollen, sondern die Helfer. Viele sehe ich, die das nicht wissen und beachten. Wie kann man nur?

Zum Glück fängt auf einmal mein Knie zu schmerzen an. Schlagartig ist meine Fußsohle vergessen. Bald macht sich die Hüfte bemerkbar, und natürlich ist auch die Achillessehne sofort zur Stelle. Die diversen Zipperlein wandern nun kreuz und quer durch meine Beine wie meine Beine durch Berlin. Mal sticht es hier, mal drückt es dort, es ist richtig spannend, die Ereignisse im eigenen Körper zu verfolgen. Aber eben auch sehr unangenehm. Ob nicht vielleicht doch eine kurze Gehpause ... So viele andere tun es doch auch. Ich bleibe hart.

Der Hohenzollerndamm ist eine typische Autostraße, nie war ich dort zu Fuß unterwegs und bemerke jetzt mit Verblüffung die Unterschiede hinsichtlich Länge, Geschwindigkeit und Anstrengung. Beim Einbiegen in den Kudamm prophezeit ein Zuschauer: *Die letzten paar Zentimeterchen werdeter doch ooch noch schaffen!* Er sollte Recht behalten. Hilfreiche Hände hängen mir die Medaille und eine wärmende Folie um.

Die Türme der Gedächtniskirche schwanken bedenklich, als wollten sie stürzen. Ich glaube, ich muss mich setzten. Berlin hat mich geschafft.

Weder meine mittelmäßige Platzierung im Mittelfeld noch mein literarisches Scheitern konnten mich davon abbringen, weiterhin zu laufen und zu schreiben. Im Laufe der nächsten Jahre bin ich außer in Berlin auch in Bremen und Hamburg Marathon gelaufen.

Und als der Kalte Krieg, die konventionelle Nachrüstung im Allgemeinen und die atomare Nachrüstung im Besonderen immer bedrohlichere Ausmaße annahmen, da habe ich ein pazifistisches Marathongedicht geschrieben.

Hier ist es:

MARATHON – EIN VERMÄCHTNIS

(Der Marathoner beläuft die Bühne. In Sportzeug. Atemlos. Schweißtriefend.)

Ungern laufe ich Marathon,
nicht der Entfernung,
nicht der Strapazen wegen
– geübte Läufer erholen sich schnell – ,
nein,
wegen der Botschaft.
Den Sieg zu verkünden,
ist ein trauriges Geschäft:
Man muss auch Verluste vermelden,
eigne und andre,
diese im Triumph,
jene voll Trauer,
und aus soldatischer Solidarität,
der Feind wird nämlich,
ist er erst tot,
zum Kameraden,
stellt Mitleid sich ein,
auch mit den Toten und Krüppeln der andern.
Das Blut geht nicht spurlos an einem vorbei,
egal welches.
Das alles wusste auch der Mann aus Marathon,
und weil er wusste,
dass er nur einen Sieg
und tausend Tote zu verkünden hatte,
weil er sich scheute,
mit diesem Missverhältnis
auf den Markt zu treten,
weil er sich schämte,
die Weiber erst jubeln
und dann zu Witwen und Waisen zu machen,
zog er es vor,
zuvorzukommen diesem Jammer,
und sagte nur die halbe Wahrheit,

schrie »Sieg!«
und starb.
So elend ist der Sieg.
Viel lieber brächte ich Frieden,
ich meine den wahren,
der nichts mit Kapitulieren,
nichts mit Triumph
und Reparationen zu tun hat,
nein, den,
der endgültig ist,
der den Krieg nicht bloß beurlaubt,
nicht Frieden als Kriegsunterbrechung,
als Atempause zum Wiederaufbau
der Rüstung
und zur Reparatur
der Verwundeten.
Ich möchte verkünden:
Die Schlacht fiel ins Wasser,
der Krieg fiel ins Wasser,
und zwar so tief,
dass er auf ewig unauffindbar bleibt.
Ich möchte verkünden:
Die Soldaten haben überlegt,
und dann haben sie sich's überlegt
und von ihrer Feindschaft
Abstand genommen.
Beide Seiten.
»Wir schlagen doch nicht
mir nichts dir nichts und für nichts und wieder nichts
so einfach
aufeinander ein.
Die Zeiten sind vorbei.
Früher waren die Uniformierten die Uninformierten
und gingen dem Gefasel
von Ehre und Freiheit
leicht auf den Leim.
Aber heute!

Schluss mit der Blödheit!
Der Tod für die Freiheit
als Freitod erster Klasse –
nein, danke!«

Man stelle sich vor,
damals, 490, bei Marathon,
hätte Vernunft gewaltet statt Befehl.
Was dann?
Der rennende Bote hätte den Lauf überlebt.
Statt geschwächt von den Strapazen des Kampfes,
vielleicht gar verwundet,
die 42 Kilometer
unter die Sandalen zu nehmen,
hätte er frisch und ausgeruht den Weg begonnen
und heil und gesund beendet.
Der Ausruf »Sieg!«
hätte nicht das Ende seines Lebens bedeutet,
sondern der Jubelschrei »Friede!«
den Höhepunkt.
Keine Athenerin hätte in ihrer Freude unsicher sein müssen,
unsicher,
ob Vater, ob Sohn,
ob Bruder, ob Gatte
nicht der Preis des Sieges seien.
Denn der Sieg kostet,
nur den Frieden gibt's gratis.
Frauen der Welt,
seid nie wieder daran interessiert,
wie der Krieg ausfällt,
sondern dass er ausfällt!
Worum denn geht es?
Immer und immer um Unsinn.
Ob Marathon, ob Salamis,
ob Issos, ob sonstwo:
Der Krieg ist keinen Schuss Pulver wert.
Gewiss,

Präsidenten und Regenten
machen große Worte,
schlachten die Geschichte aus,
reden von Ehre,
Ost-West-Konflikt,
schon damals aktuell,
von Freiheit,
endgültig letzter Entscheidung,
vom Abendland,
Kultur,
Demokratie, Demokratie,
und noch mal Demokratie
und das im Bund mit der Militärdiktatur
Sparta als Supermacht,
gegen ein Perserreich,
unter dessen Despotie
die geknechteten Griechen
in den Städten Kleinasiens
mehr Mathematik,
mehr Philosophie
und mehr Poesie
produzierten
als die ach so freien Balkangriechen.
Wozu also Krieg?
Die Frage stellen,
heißt sie beantworten,
und die Antwort heißt:
Es gibt keine Antwort.
Der Vernunft ist ein Kriegsgrund undenkbar.

Und wenn der Krieg befohlen wird,
dann,
ja, dann
haut nicht drein, sondern ab,
ergreift nicht die Waffen, sondern die Flucht,
zieht nicht das Schwert, sondern Leine!
Nehmt den Befehl zum Ausrücken

wörtlich und türmt!
Überlasst den Strategen und Generälen
das Feld,
mögen sie,
und nur sie
es zum Felde der Ehre machen
(nach regierungsamtlicher Sprachregelung bringt ja nicht Brot, sondern Blut dem Feld Ehre).

Natürlich haben wir Marathoner gut reden,
wenn wir zum Rennen raten,
wir,
die wir naturgemäß
lieber laufen als raufen und die Flucht dem Sieg vorziehen,
doch diesen ratsamen Rat
hält auch die Grammatik parat,
ist doch »siegen« ein schwaches Verb
und »fliehen« ein starkes.

58

Auf dem Weg zur Wende

Während die westlichen Führer, allen voran Reagan, Thatcher und Kohl, sich gegenseitig in ihrer konservativ-kapitalistischen Politik zu überbieten trachteten, hatte Michail Gorbatschow, seit 1985 Generalsekretär der KPdSU, den Mut zu progressiven Änderungen. *Perestroika* und *Glasnost* waren die programmatischen Schlagworte. Gorbatschow bemühte sich um den Umbau von Staat und Gesellschaft und um Durchsichtigkeit im öffentlichen Leben.

Aber im Westen bekam man den Wandel gar nicht so richtig mit oder nahm ihn zumindest nicht ernst. Zu oft schon hatten sich in der Sowjetunion liberale Reformen angedeutet – zum Beispiel das *Tauwetter* zu Beginn der Ära Chruschtschow – , ohne dass sich wirklich etwas geändert hätte. Die Folge war eine passiv-resignative Grundstimmung, von wenigen oppositionellen Ausnahmen abgesehen, und in Deutschland, diesseits und jenseits der Mauer, fanden sich die Menschen mit den Gegebenheiten ab und nutzten die kümmerlichen Zugeständnisse, die ihnen die Politik gewährte, etwa im Bereich der Reiseerleichterungen. Von Ost nach West war die semipermeable Mauer nach wie vor dicht, aber die Wessis konnten immerhin Ostberlin besuchen und sich dort mit Freunden und Verwandten verabreden und treffen. Und wir Bewohner eines etwa 50 Kilometer breiten Grenzstreifens von Lübeck bis Hof durften im Rahmen des sogenannten kleinen Grenzverkehrs die östlichen Anrainerkreise besuchen und zu deutsch-deutschen Begegnungen nutzen.

Unser Kollege und Religionslehrer Hans Christiansen – Nomen est Omen – hatte Kontakte zum Bischof von Schwerin aufgenommen und einen Kollegiumsausflug vorbereitet. Mit zwei Bussen machten wir uns auf die Reise, natürlich mit einem ansehnlichen Geschenk für unsere armen Brüder und Schwestern. Hans hatte sich zuvor danach erkundigt, womit wir unserem Gastgeber eine Freude machen könnten, und erfahren, dass für die Kirchen großer Bedarf an Papier bestehe. *Wir geben regelmäßig die »Dom-Zeitung« heraus, aber der planwirtschaftlich organisierte Staat gesteht uns nur ein sehr begrenztes Kontingent an Papier zu, nicht zuletzt deshalb, weil – trotz der offiziellen und theoretisch garantierten Religionsfreiheit – die kritische kirchliche Stimme zum Schweigen gebracht werden soll.* Und so stapelten sich in unserem ersten Bus mehrere Pakete jungfräulichen, weißen Papiers. An der Grenze stellte der NVA-Grenzer die obligatorische Frage, welche Waren wir einzuführen vorhätten, Hans wies auf das Papier, und den linientreuen Sachsen (Grenzer wurden ja aus Sicherheitsgründen nie in ihrem Heimatbezirk eingesetzt), den Sachsen also packte das blanke Entsetzen: *Babier? Sehe ich richdig? Wissen Sie nich, dass Sie geine Drugerzeugnisse in die Deudsche Demogradische Rebublig einführen dürwen?* Unser Reiseleiter konterte kleinlaut: *Das ist doch nur unbeschriebenes Papier, nichts Gedrucktes. – Und das soll ich Ihnen glauben? Sie gönnen doch gedruggte Dexde in Ihren Bläddern versteggt haben. Und ich habe nich die Zeid, Dausende von Seiden Seide um Seide durchzubläddern. Nee, nee, mein Gudscher. Das Babier gommt nicht in die Dee-Dee-Ehr. Das bleibd schön hier am Gondrollbungd. Wenn Sie heute Abend ausreisen, gönnen Sie es wieder mitnähmen.*

Und so kamen die reichen Brüder und Schwestern aus dem Westen ohne jedes Gastgeschenk in Schwerin an, ließen sich den Dom zeigen, Kaffee und Kuchen servieren, die politische Lage erläutern und zum gemeinsamen Absingen frommer Lieder animieren. Ob und wenn ja auf welche Weise Hans Christiansen sich später doch noch erkenntlich gezeigt hat, entzieht sich meiner Kenntnis. Das Papier jedenfalls kam zurück in den Westen und landete im Kopierraum unserer Schule. Die DDR aber hatte uns bewiesen, wie pedantisch sie jede Form von Information und Glasnost zu unterbinden wusste, und seien sie auch nur vermutet.

Aber das Regime verlor mehr und mehr an Autorität, man konnte das an Kleinigkeiten ablesen, zum Beispiel an Sabines Jugendweihe. Sabine war die Tochter meines Ostberliner Cousins, und selbstverständlich entschied sich die Familie nicht für eine kirchliche Konfirmation, sondern für die staatliche Jugendweihe. Alles andere wäre ein Affront gegen das System gewesen, und eine solche Opposition konnte ein Museumspädagoge für deutsche Geschichte sich nicht leisten. Außerdem hätte die Verweigerung der Jugendweihe den Besuch der EOS, der erweiterten Oberschule, und damit Abitur und Studium erschwert, wenn nicht verhindert. Also ließ Sabine die staatsbürgerlichen, weltkundlichen und philosophisch-politischen Unterweisungen über sich ergehen und freute sich auf ihre staatliche Einsegnung mit anschließender Familienfeier und Geschenken. Uns hatte sie auch eingeladen und ihre detaillierten Wünsche brieflich wissen lassen, schließlich war sie über westliche Moden und Trends besser informiert als unsere Kinder. Sie erwartete ein ganz bestimmtes Kofferradio einer ganz bestimmten Marke und einen ganz bestimmten Jeansanzug, nannte die Marke und beschrieb genauestens, wo und wie viele Reißverschlüsse das gute Stück haben sollte, während unsere eigenen Kinder mit schlichten C&A-Klamotten abgefunden wurden. Von diesem vernünftigen und sparsamen Prinzip unseren eigenen Kindern gegenüber wichen wir bei der Ostberliner Verwandten natürlich nicht ab und erwarben die preiswertesten, ihren Zweck erfüllenden Produkte. Mein Cousin und seine Frau freuten und bedankten sich, aber Sabine schmollte. Westverwandte zu haben, aber nicht mit westlicher Markenware vor den Freundinnen angeben zu können, war eine peinliche Blamage. Das Festessen fand trotzdem statt, und zwar in einem Gartenlokal in der Wuhlheide, wo es von Jugendweihefamilien nur so wimmelte. Wir aßen à la carte oder wollten es doch, konnten es aber nicht, denn der Kellner konfrontierte uns mit dem planwirtschaftlichen Defizitslogan: *Rosenkohl ist aus, Hähnchenkeulen sind aus, Sie können aber stattdessen …* Dann war zum Leidwesen der Kinder auch noch die Coca Cola aus, obgleich es gar keine echte Coca Cola gewesen wäre, sondern nur ein DDR-Verschnitt, der mit dem westlichen Original lediglich hinsichtlich der braunen Farbe und der penetranten Süße übereinstimmte.

Und da plötzlich platzte Rudi der Kragen. Rudi war der Mann meiner jüngsten Cousine Inge. Er arbeitete auf dem Flughafen Schönefeld, gehörte als Transportarbeiter zum Bodenpersonal und hatte nicht die geringste Aufstiegschance, aber gerade deshalb absolute Narren- und Redefreiheit. Denn entlassen konnte man ihn nicht, weil es in der DDR offiziell keine Arbeitslosen geben durfte. Folglich konnte er sich alles herausnehmen und seine Freiheit nutzte er denn auch in dem vollbesetzten Lokal. Ohne Rücksicht auf die vielen Leute, vielleicht auch gerade wegen der zahlreichen Zuschauer ließ er seinem Unmut freien Lauf: *Typisch Planwirtschaft. Nischt is da. Allet is aus. Keene Cola, keen Kohl, keene Keule. Wie bei uns uff'm Flugplatz. Keen Kerosin, keen Werkzeug, keene Ersatzteile, allet aus. Mit uns is et ooch bald aus …* Er wurde immer lauter. Aber keiner fiel ihm ins Wort, keiner rief ihn zur Ordnung, obgleich bestimmt zahlreiche astreine Genossen Zeugen seiner verbalen Attacken waren. Nur meine andere Cousine, seine Schwägerin, versuchte, seine staatsfeindliche Kritik zu verharmlosen. *Ach, jetzt hat unser Radikalinski mal wieder seine wilden fünf Minuten. Gib langsam Ruhe, Rudi, und trink lieber'n Bier.* Den Rat beherzigte er auch, und der Zwischenfall war vergessen. Nur wir Westbesucher wunderten uns. So viel Meinungsfreiheit hatten wir hier nicht erwartet. Aber offenbar war das DDR-Regime bereit, den kleinen Leuten, aber eben nur diesen, das Meckern zu gestatten. Wer unzufrieden ist und meckert, der kann spontan und individuell Dampf ablassen, ohne dass es zu einer gezielten und organisierten Opposition oder gar Revolution kommt. Aber wie lange würde diese Ventiltaktik noch funktionieren? Zu zahlreich waren die Anzeichen, dass Honeckers System an Zustimmung und Ansehen verlor. Immer mehr Menschen wollten weg in den Westen. Viele empfanden den SED-Staat nicht mehr als ihre Heimat. Je perfekter die Mauer wurde, desto mehr Fantasie verwandte man darauf, auf welche Weise man *rübermachen* könnte in den bewunderten Westen, zum Beispiel mit gefälschten Papieren über benachbarte Ostblockstaaten wie die Tschechoslowakei. Das glückte auch Dieter, dem Sohn von Christas 20 Jahre älterem Cousin Günter. Kaum war der erfolgreiche Republikflüchtling in Westdeutschland angekommen, ließ er sich auf die Insel Westberlin fliegen, den anderen Teil seiner Heimatstadt, machte langsam Karriere und sehr schnell eine gute Partie. Die Hochzeit, auf die auch wir Ratzeburger geladen waren, fand in einem Charlottenburger Edelhotel statt, hatte aber einen bitteren Beigeschmack. Dieters Mutter durfte aus Ostberlin anreisen, dem Vater des Republikflüchtlings hatten die Behörden aber das Verlassen der DDR verweigert, schließlich hätte der kompetente Bauingenieur die Reise zur Flucht missbrauchen können.

Wer nicht raus konnte, ging rein, will sagen: Er konzentrierte sich auf sein Privatleben, seine Familie, seine Datsche, seinen Trabant und seinen Schrebergarten. Wer nicht in der SED war, und das waren die wenigsten, ignorierte die Politik und lebte wie die Menschen der Biedermeierzeit vor anderthalb Jahrhunderten in spießbürgerlicher Zurückgezogenheit. Man richtete sich ein und machte es sich zu Hause im Fernsehsessel bequem, wie es schon den Kleinsten vom DDR-Sandmännchen schmackhaft gemacht wurde: *Zu Hause im Lehnstuhl ist es am schönsten.* Damals erfanden westliche Journalisten die Formulierung, dass die DDR-Bürger in einer *Nischengesellschaft* lebten. Familie und Freizeit waren wichtiger als Politik und Karriere. An die vom Staat erwartete Arbeitsmoral mit ausgeklügeltem Belohnungssystem – es gab so klangvolle Ehrentitel wie *Aktivist* und *Bestarbeiter* samt einer kleinen Gratifikation – an die Stelle der Arbeitsmoral trat so etwas wie Freizeitmoral. Man reiste, wenn auch nur an die Ostsee oder ins Erzgebirge und seltener ins sozialistische Ausland. Man lebte von Wochenende zu Wochenende und achtete darauf, dass man sich nicht überarbeitete. Konnte man sich der Arbeit entziehen, nahm man die Gelegenheit gerne wahr. Wenn ich meinen Cousin in seinem Museum besuchte, schlug er seinem Chef vor, mich, den Oberstudienrat aus der BRD, der qua Amt so etwas wie ein Multiplikator war, durch die Hauptstadt der DDR führen zu dürfen, damit ich im kapitalistischen Ausland meine Kollegen und Schüler über die Errungenschaften des real existierenden Sozialismus, speziell im Baubereich, lobend in Kenntnis setzen könnte. Prompt erhielt Hans-Jürgen nicht nur die Erlaubnis, sondern den offiziellen Auftrag, mir die Berliner Sehenswürdigkeiten zu zeigen. Also spazierten wir die Linden rauf und runter und machen das gemeinsame Mittagsmahl und Kaffeetrinken zur Hauptsache unseres Ausflugs, wobei wir in erster Linie familiäre Neuigkeiten austauschten. Hans-Jürgen genoss seine beruflich legitimierte Freizeit, hatte aber kein schlechtes Gewissen, sondern machte sich im Gegenteil über die angebliche Faulheit der Polen lustig, wozu ihm ein in der DDR umlaufender Witz diente: *Was macht der polnische Arbeiter, wenn die Klingel den Feierabend anzeigt? – Was weiß ich. – Dann nimmt er die Hände aus der Tasche.*

Nicht sehr viel anders verhielt sich Christas Cousin Günter zur Arbeit. Nur zu gerne betätigte er sich innerhalb der Dienstzeit als Cicerone. In den Achtzigerjahren wurde unsere Schule fast jedes Jahr Landesmeister in dem bundesweiten Wettbewerb *Jugend trainiert für Olympia.* Die siegreiche Mannschaft durfte dann zum Endkampf nach Berlin fahren. Obgleich kein examinierter Sportlehrer, war ich am Training der Mannschaft, vor allem der Läufer beteiligt und fuhr als Vizecoach mehrfach mit nach Berlin. An wettkampffreien Tagen führte ich dann die Kollegen und die Schüler durch West- und Ostberlin. Einmal hatte ich mit Günter verabredet, dass er bei sich die Stadtführung übernimmt und anschließend mit uns Lehrern gemütlich Kaffee trinkt, während die Schüler Ausgang erhielten. Er verstand es, anschaulich zu erzählen und konnte uns prächtig unterhalten. Als Bauingenieur war er maßgeblich am Wiederaufbau des Alexanderplatzes beteiligt, wenn auch nicht in alleroberster Position, und zwar allein deshalb, weil er nicht in der SED war. Aber an den entscheidenden Sitzungen hat er stets teilgenommen.

Als die DDR in den Sechzigerjahren kurz nach dem Bau der Mauer durch ein ganz anders geartetes Bauwerk zum Ausdruck bringen wollte, dass der Sozialismus dem Kapitalismus weit überlegen ist, plante sie, in ihrem Teil Berlins einen Fernsehturm zu errichten, der doppelt so hoch ist wie der Westberliner Funkturm in Charlottenburg. Das Machtsymbol sollte eine Höhe von über 300 Metern haben und von einem Panoramarestaurant gekrönt sein, das sich innerhalb einer halben Stunde um 360 Grad dreht, so dass die zukünftigen Gäste das eine und das andere Berlin zu Gesicht bekommen. Der Turm sollte irgendwo am Alex stehen, aber wo genau, war noch nicht entschieden. Als sich die Bauleute um einen riesigen Tisch mit dem Stadtplan der Ostberliner City versammelten, war auch Walter Ulbricht zugegen. Die unschlüssigen Fachleute stellten das einer Pfeffermühle ähnelnde Modell mal hierhin, mal dahin, hatten aber hinsichtlich des Standortes mehr kritische Einwände als triftige Argumente, bis der starke Mann der DDR die Initiative und die Pfeffermühle ergriff und diese unweit der gotischen Marienkirche auf die Karte stellte. *Na dann schdellen wir ihn doch hierhin.* Die Herren Ingenieure gaben sich beflissen, und sofort war ein Stift zur Hand, mit dem der amtlich angesagte Standort markiert wurde. Und genau dort wurde er errichtet und 1968, und zwar genau am 3. Oktober, dem späteren *Tag der Deutschen Einheit,* eingeweiht.

Nur hatte das Prestigeobjekt einen Haken oder genauer: ein Kreuz. Denn bei gutem Wetter spiegelt sich die Sonne in den Fenstern der achtgeschossigen Restaurantkugel in der Weise, dass ein weithin sichtbares Kreuz entsteht. *Petri Rache,* sagt der Volksmund. Während Günter uns noch mit DDR-Anekdoten versorgte, kehrten die Schüler von ihrem Ausgang zurück, und wir mussten aufbrechen und uns verabschieden und bedanken. Günter warf einen Blick auf seine Uhr und begann zu rechnen: *Jetzt ist es fast drei, bis ich im Büro bin, fehlt nicht viel an vier. Um fünf ist sowieso Schluss. Eh ich mich richtig an die Arbeit mache, muss ich schon wieder einpacken. Ich glaube, es ist das Beste, ich fahre direkt nach Hause. Meine Frau wird sich freuen.*

Im November 1987 trafen sich Christas Verwandte zu einem deutsch-deutschen Familientreffen. Eigentlich stammte die Sippe aus Hinterpommern. Dort war Christas Großvater Lokomotivführer und hatte vier Söhne, denen er, dem Geist der Zeit entsprechend, die patriotisch-monarchischen Namen Karl, Otto, Wilhelm und Ernst gab. Diese vier heirateten und hatten insgesamt neun Kinder, die ihrerseits Familien gründeten und es auf zusammen 16 Nachkommen brachten. Nachdem der Krieg und Pommern verloren waren, fanden die Neune teils in den Westzonen (nämlich sechs), teils in der Ostzone (nämlich drei) eine zweite Heimat. Solange die Politik es zuließ, besuchte man sich, aber nach dem Bau der Mauer waren die Kontakte schwierig oder gar unmöglich geworden. Doch dann, als dank der neuen Ostpolitik Verwandtenbesuche, wenn auch nur in westöstliche Richtung, von der DDR genehmigt wurden, nahm Horst aus Rostock die bürokratischen Mühen auf sich, alle seine Cousins und Cousinen, samt Gattinnen, Gatten und Kindern, in das Ostseebad Graal-Müritz einzuladen. Dort hatte er in dem im Sommer stets überbelegten FDGB-Heim einige Zimmer bestellt, die wir im Laufe des Freitagnachmittags bezogen.

Dass gerade Horst diese familienfreundliche Idee hatte und in die Tat umsetzte, hatte gute Gründe. Er war ein ehrgeiziger und umtriebiger Charakter, den Schwierigkeiten eher anspornten als lähmten. Bezeichnend dafür war seine berufliche und sportliche Karriere. Er hatte es zu einem führenden Schiffbauingenieur an der Neptun-Werft gebracht und war, genau wie Günter, so weit nach oben gekommen, wie es ohne Parteibuch möglich war. Und er war mehrfacher DDR-Meister über 400 Meter. 1956 gehörte er zur gesamtdeutschen Olympiamannschaft, konnte aber nicht, wie eigentlich vorgesehen, in der Viermal-400-Meter-Staffel laufen, weil ihm kurz vorher die Achillessehne gerissen war. Mit seinen westdeutschen Staffelkameraden hatte er sich in Melbourne angefreundet und noch jahrelang – auch über den Mauerbau hinaus – in brieflichem Kontakt gestanden. Die Bundesrepublik war für ihn kein Ausland, und er traf sich mit seinen westdeutschen Verwandten, wann und wo es ging, auch mit Christa und mir, seit der kleine Grenzverkehr solche Begegnungen zuließ. Wir fühlten uns nicht als *De-De-Erler* oder *Be-Er-Deler,* sondern als Deutsche, und das sollte sich in Graal-Müritz bestätigen.

Horst hatte gerufen und alle kamen – oder doch fast alle. Nur zwei fehlten, Christas Bruder aus Hannover, weil er mit seinem geliebten Hund nicht einreisen durfte (die DDR-Behörden fürchteten nämlich, dass Pfiffi die westdeutsche Staupe in die sterile DDR einschleppen würde), und Günters Schwester war die Anreise aus Freiburg im Breisgau zu weit und beschwerlich. Horsts Vorhaben wurde ein voller Erfolg. Die meisten von uns, vor allem die *Angeheirateten*, kannten sich nicht oder nur flüchtig, und doch waren wir sofort miteinander vertraut. Wir waren eine Familie und eine Nation, sprachen die gleiche Sprache, hatten ähnliche Erinnerungen und hinsichtlich der Zukunft ähnliche Erwartungen. Zwar glaubte keiner an eine baldige deutsche Wiedervereinigung, aber doch an Normalisierung und Erleichterungen im Bereich des Reisens und Besuchens. Dass wir Staatsbürger zweier Staaten waren, war überhaupt nicht zu spüren. Das jahrzehntelange Bemühen der DDR, als der andere deutsche Staat diplomatisch anerkannt zu werden (Originalton Erich Honecker: *Die DDR – das ist der Fakt!*) blieb ohne Einfluss auf unsere Familieneinheit.

Faszinierend war es, wie gut sich die Kinder verstanden. Kein Fremdeln, sondern von Anfang an ein vertrauter Umgang wie unter alten Schulkameraden. Die Kinder klammerten sich nicht an die Eltern, auch blieben die kleinen Ossis und Wessis nicht unter sich, sondern die Gruppen bildeten sich je nach Alter. Die Pubertierenden erörterten ihre identischen Probleme, und die Jüngeren tobten den Strand rauf und runter und suchten (ohne Erfolg) nach Bernsteinen und (mit Erfolg) nach *Hühnergöttern*, wie an der Ostseeküste die mit einem Loch versehenen Flintsteine heißen. Wir alle waren uns einig, ein solches Familientreffen in wenigen Jahren zu wiederholen und dann zu einer Tradition weiterzuentwickeln, was auch wirklich geschah.

Ich selbst war auf den Geschmack gekommen und wollte meinerseits den Kontakt zu meinen Verwandten intensivieren. Ich lud also meinen Ostberliner Cousin zu meinem 50. Geburtstag im März 1988 ein. Anlässlich bedeutender Familienfeiern wie Hochzeiten oder runden Geburtstagen naher Verwandter gewährte die DDR inzwischen ausnahmsweise kurze Besuche ins kapitalistische Ausland, aber immer nur für eine einzige Person, zum Beispiel einen Bruder oder Cousin, nicht aber für dessen ganze Familie. Seine Frau und seine Kinder musste Hans-Jürgen – quasi als Pfand – in der DDR lassen.

27 Jahre waren vergangen, seit er das letzte Mal kapitalistischen Boden betreten hatte – und nun kam er aus dem Staunen nicht heraus. Zwar hatte er durch das Anschauen westlicher Fernsehfilme einen Einblick in den westdeutschen Wohlstand erhalten, aber der unmittelbare Kontakt mit dem hiesigen Lebensstandard war doch noch beeindruckender.

Unser beruflicher Lebensweg war durchaus vergleichbar, wir hatten beide Germanistik und Geschichte studiert und nach dem Examen pädagogische Berufe ergriffen, er wurde Museumspädagoge, ich Gymnasiallehrer. Aber er hatte sein Leben lang mit seiner Familie in einem Altbau zur Miete gewohnt, während wir uns eine Villa, ein Auto und weitreichende Auslandsreisen in andere Kontinente leisten konnten.

Die Gespräche mit meinen Geburtstagsgästen waren für ihn sicher interessant und lehrreich, ebenso unsere Ausflüge nach Lübeck, Hamburg und Travemünde. Aber das beste Beispiel dafür, wie der ertrag- und erfolgreiche Kapitalismus funktioniert, war der Besuch einer Werbe- und Verkaufsveranstaltung im Gasthof unseres Nachbardorfes. Dort wurden Betten, Matratzen, Heizkissen und ähnliche den Schlafkomfort steigernde Produkte angeboten, wozu auch die Verlosung von kleinen Preisen und sogar Kurzreisen gehörte. Aber aus irgendeinem Grund mussten wir einem der Dorfvereine angehören, der die Veranstaltung mit organisiert hatte, also der Einhäuser Feuerwehr, dem Einhäuser Sportclub oder dem Einhäuser Kyffhäuserbund. Aus Spaß und Ironie entschied ich mich für Letzteren, was nur pro forma geschah und ohne jede Konsequenz blieb. Hans-Jürgen jedoch, als er wenige Tage später abreiste, machte sich doch ernste Sorgen, dass die allwissende DDR Kenntnis davon erhalten könnte, dass ihr bis dato zuverlässiger Berufshistoriker in

Westdeutschland Mitglied des nationalistischen, reaktionären und militaristischen Männerbundes geworden war. Seine Angst war unbegründet, zumal die DDR eilfertig auf ihr Ende zustrebte.

Im gleichen Jahre ’88 verstarb die zweite Frau meines Vaters. Sie hatte nach dessen Tod noch knapp sechs Jahre in der Reiherbeize gelebt, und ich hatte ihr, nicht zuletzt aus Dank dafür, dass sie meinen Vater bis zuletzt gepflegt hatte, das Wohnrecht eingeräumt. Allerdings gehörte ihr ein Viertel des Hauses. Denn erbrechtlich war die Vermögenslage so, dass meine Mutter ihr Haus je zur Hälfte meinem Vater und mir vererbt hatte und er seinen Anteil, also je ein Viertel, seiner zweiten Frau und mir. Ich verfügte also über drei Viertel und konnte über die weitere Verwendung entscheiden. Christa und ich entschlossen uns zum Verkauf, denn eine Vermietung hätte vorher eine kostspielige Renovierung notwendig gemacht, und dazu hatten wir weder Geld noch Lust. Also boten wir, auch wenn es mir schwerfiel, mein Geburtshaus in zwei Zeitungen zum Verkauf an.

Lieselotte Mahlow, in deren Reiherbeizenhaus wir, wie schon so oft, zu Gast waren, hatte uns geraten, 310000 DM zur Verhandlungsbasis zu machen, wenn wir 300000 DM bekommen wollten. Ich hielt mich seit Sonntagvormittag in meinem geliebten Elternhaus auf und wartete auf die ersten Interessenten, während Christa an Lieses Telefon saß, um den Anrufern geordnete Visiten mit halbstündigem Abstand vorzuschlagen. Aber dann konnte sie sich des telefonischen Andrangs nicht erwehren, Dutzende von potenziellen Käufern meldeten sich, erfragten die genaue Adresse, verzichteten auf eine Führung und stürmten die Bude. Einige ließen sich von mir das Haus zeigen, andere stiegen selbstständig die Treppen rauf und runter. Ein selbstbewusster Herr fühlte sich schon wie der neue Eigentümer und erörterte mit seinem Architekten, den er gleich mitgebracht hatte, die möglichen Umbauten. Junge Eltern hatten ihre Kinder an der Hand und träumten davon, im nächsten Sommer mit ihnen im Garten spielen zu können. Aber ihre Utopie musste leider am Kaufpreis scheitern. Von einigen ernsthaften Interessenten hatte ich mir die Telefonnummer geben lassen, um gegebenenfalls in erste Verhandlungen einzutreten. Am späten Nachmittag, als sich das Haus bereits geleert hatte, erschien Herr Nagel, der offensichtlich genau wusste, was er wollte. Als ich mich anschickte, ihn durch das Haus zu führen, sagte er, das sei nicht nötig, er sei Architekt, kenne die Häuser der Onkel-Tom-Siedlung in- und auswendig und sei – wie auch seine Frau – seit Jahren scharf auf ein solches. Ihm als Fachmann wollte ich offen und ehrlich die renovierungsbedürftigen Mängel zeigen und gestand ihm, dass mein Vater seit Jahrzehnten in dem Haus nichts gemacht habe. *Umso besser,* lachte der Architekt, *wo nichts gemacht worden ist, kann auch nichts falsch gemacht worden sein.* Gerade dass das Haus noch in seinem Urzustand war, egal wie verwohnt, das reize ihn. Und dann holte er eine Zigarettenschachtel aus der Tasche, riss den Deckel ab, notierte etwas darauf und gab mir wortlos den Fetzen Pappe. Ich las: *315*. Herr Nagel war also um 5000 DM über die Verhandlungsbasis hinausgegangen. Per Handschlag schlossen wir eine Art Vorvertrag ab und er versprach, in einer guten Stunde mit seinem Anwalt wieder da zu sein, um den Handel perfekt zu machen. Und so geschah es.

Irgendwie ist das Schicksal des Hauses Reiherbeize 59 ein Beispiel dafür, wie die große Politik Einfluss nimmt auf das Leben und Wohnen der kleinen Leute und die damit verbundenen Kosten. Um auch einfachen Menschen eine erschwingliche Existenz im teuren Zehlendorf am Rande des Grunewalds zu ermöglichen, hatte die sozial eingestellte Stadt Berlin, wie bereits erzählt, in den späten Zwanzigerjahren die Reihenhäuser der Onkel-Tom-Siedlung errichtet. Als in den Dreißigerjahren das Hitler-Regime die Juden zu verfolgen begann und ihr Leben bedrohte, kauften meine Eltern von einem jüdischen Ehepaar das Haus in der Reiherbeize und bezahlten, ohne zu handeln, den verlangten Preis. Aber bestimmt haben die beiden, um möglichst schnell an das Geld zu kommen, einen relativ niedrigen Preis angesetzt. Das Haus überlebte den Krieg und diente dann zwei Jahre amerikanischen Besatzungssoldaten als Unterkunft, also als eine Art Kaserne. Kaum waren wir wieder eingezogen, verlangte eine jüdische Wiedergutmachungsorganisation, dass meine Eltern an sie den vollen Kaufpreis des Hauses entrichteten, es also ein zweites Mal kauften, weil ja nicht zu beweisen war, dass die jüdischen Eigentümer mit dem ohnehin zu niedrigen Kaufpreis von 1936 ins Ausland entkommen seien und dort eine adäquate Immobilie erworben hätten. Zwar konnten meine Eltern die Forderung herunterhandeln, dennoch hatte die große Politik uns und unserem Haus finanziell übel mitgespielt. Die abwechslungsreiche Finanzgeschichte unseres Hauses ging in der Folgezeit munter weiter. Nach dem Bau der Mauer fielen die Immobilienpreise im politisch und militärisch unsicheren Westberlin ins Bodenlose, erholten sich jedoch, wenn auch nur langsam, nachdem Brandts Ostpolitik zu einer gewissen Normalisierung geführt hatte. Diese Aufwärtsentwicklung war jedoch längst nicht abgeschlossen, als ich das Haus verkaufte.

Dann aber, nach dem Fall der Mauer, der Wiedervereinigung und der Wiedereinsetzung Berlins als Hauptstadt, schnellten die Preise nach oben, oft auf mehr als das Doppelte. Herr Nagel hatte mit dem Reihenhaus in der Reiherbeize also einen schönen Reibach gemacht (um ein jiddisches Wort zu gebrauchen). Als Architekt wusste er zudem genau, wie er für die Instandsetzung des unter Denkmalschutz stehenden Bauhaus-Hauses Zuschüsse locker machen konnte. Aber ich war nicht einfach der unglückliche Verlierer bei diesem Handel von 1988, denn von dem Erlös des Verkaufs erwarb ich in Zehlendorf-Mitte zwei Mietwohnungen, die die allgemeine Preisentwicklung nach 1989 auch mitmachten. Die eine Wohnung konnte ich sogar wenig später für 200000 DM verkaufen, nachdem die Mieterin in ein Altersheim gezogen war und die Immobilie aus der sogenannten Sozialbindung gefallen war. Innerhalb weniger Jahre war aus 80000 DM das Zweieinhalbfache geworden. Man sieht also, der kleine Mann kann, wenn er Glück hat, aus der großen Politik auch mal seinen Nutzen ziehen.

Während des halben Jahres, bevor sich die Mauer auftat, häuften sich, auch in meinem privaten Umkreis, die Begebenheiten, die den Verfall der DDR-Autorität und den Anfang vom Ende des Honecker-Regimes andeuteten, und das in schöner Regelmäßigkeit Monat für Monat. Für den 7. Mai hatten die DDR-Behörden Kommunalwahlen angesetzt, bei denen es aber wie bei allen DDR-Wahlen für den Wähler nichts zu wählen gab, denn er konnte (und sollte!) lediglich den Kandidaten der Blockparteien zustimmen, deren Sitzverteilung in den *Kommunalparlamenten* bereits im Voraus feststand, also soundsoviel Prozent SED, CDU, LDPD, FDGP, FDJ und so weiter, und so weiter. Wer ein Minimum an Opposition zum Ausdruck bringen wollte, konnte der Wahl fernbleiben oder gar in der Wahlkabine den Stimmzettel ungültig machen beziehungsweise einige Kandidaten streichen. Um das auszuschließen, wurde das Wählen zur moralischen Pflicht erklärt. Das Verschwinden in der Kabine war verpönt, man sollte offen wählen, das heißt, man steckte den Stimmzettel, so wie man ihn erhalten hatte, sofort in die Wahlurne und hatte damit gewählt, also zugestimmt. Um den schönen Schein hoher Wahlbeteiligung zu erwecken, wurden die Bürger vorher durch parteitreue Funktionäre und Helfershelfer persönlich zum Urnengang animiert. Auch bei meinem Cousin und seiner Familie erschien bereits im April ein junges Paar, stellte sich als im Hinterhaus ansässig vor und kam sofort zur Sache. *Sie gehen doch sicher am 7. Mai zur Wahl und wählen die Kandidaten der Nationalen Front,* wandten sie sich zuerst an meinen Cousin, der, ohne zu zögern, mit *Klar, natürlich, selbstverständlich* antwortete. Nicht anders war es mit seiner Frau, und auch ihre Tochter Sabine outete sich als zuverlässige Erstwählerin, obgleich sie ein ausgesprochener West-Fan war, westliche Mode und Lebensart bewunderte und davon träumte, irgendwie rüberzumachen. Sie hatte sich sogar bereits einen taktischen Plan zurechtgelegt, wollte nämlich Stewardess werden und hoffte, wenn sie irgendwann mal ins kapitalistische Ausland fliegen würde, dort die Fliege zu machen. Aber die DDR hatte derartigen Wünschen insofern einen Riegel vorgeschoben, als, wer Pilot oder Luftkellnerin werden wollte, keine Westkontakte haben durfte. Und das teilte uns Sabine kurz nach ihrer Jugendweihe auch mit. In einem längeren Brief informierte sie uns – ohne jedoch ihre republikflüchtige Nebenabsicht zu offenbaren – über ihren Berufswunsch und bat uns, und das hinter dem Rücken ihrer Eltern, dass wir den Kontakt mit ihrer Familie sofort abbrächen. Um bei den beiden Wahlwerbern nicht den geringsten Verdacht zu erwecken und absolute Zuverlässigkeit zu bekunden, versprach sie, schon am frühen Sonntagmorgen zur Wahl zu eilen.

Ganz anders ihr Bruder Roland. Der betrachtete die Wahl nicht von der politischen, sondern von der praktischen Seite. *Ob ick wähle, hängt vom Wetter ab. Wennet regnet, jeh ick hin, hab ja nischt Besseret zu tun. Aber bei jutem Wetter komm ick einfach nich dazu. Dann fahr ich mit meinen Kumpels raus inne Mark, da steht uns ne jroße Datsche zur Verfügung, und da bleiben wa bis Sonntachabend, und wenn wa wiedakommen, sind die Wahllokale zu. Dit is aber nich meene Schuld.* Das junge Paar aus dem Hinterhaus redete auf Roland ein, versuchte, ihn umzustimmen, damit seine Stimme nicht verlorengehe. Aber Roland blieb stur, während sein Vater die peinliche Situation zu retten versuchte, indem er verkündete: *Er wird es sich noch überlegen,* was der Dickkopf aber nicht tat. Schon bald zog das Hinterhauspärchen aus und um. Es hatte eine moderne Wohnung in einem Plattenbau mit Zentralheizung und Fahrstuhl zugewiesen bekommen. Überhaupt, so hatte mein Cousin beobachtet, waren schon vorher immer wieder junge Leute ins Hinterhaus gezogen, um alsbald in eine bessere Wohnung zu wechseln.

Wie war diese bevorzugte Behandlung zu erklären? Ganz einfach. Die Kurzmieter waren vom MfS, dem *Ministerium für Staatssicherheit,* kurz *Stasi*, angeheuert worden. Das Hinterhaus sollte das Vorderhaus observieren.

Das Wahlergebnis vom 7. Mai wurde, da es ja bereits festgelegt war, sehr schnell veröffentlicht und als großer Erfolg bezeichnet. Die Wahlbeteiligung belief sich angeblich auf 98,77%, Ja-Stimmen gab es 98,84%. Auch wenn viele Menschen sich dem politischen Druck gebeugt hatten und zur Wahl gegangen waren, knapp 99% waren es nicht. Die sich inzwischen herausbildende Bürgerrechtsbewegung hatte durch ihre Mitglieder die Wahlen beobachtet und ermittelt, dass die Wahlbeteiligung mindestens 10% niedriger lag als offiziell angegeben. Mutige Bürgerrechtler führen Protestversammlungen durch, zweifeln das offizielle Wahlergebnis an und reichen entsprechende Eingaben bei den zuständigen Wahlkommissionen ein. Diese werden zwar abschlägig beschieden, aber der Staat wagt es auch nicht, strafrechtlich gegen seine Kritiker vorzugehen. Die Opposition erwacht, und die Staatsmacht verliert mehr und mehr an Macht.

Im Juni stattete ich, trotz des Verbots seiner Tochter, meinem Cousin mal wieder einen Besuch ab. Wir schlenderten durch sein Museum und dann die Linden entlang und über den Platz der Akademie (früher Gendarmenmarkt und schon bald wieder), schließlich war Hans-Jürgen beauftragt, mir die baulichen Fortschritte der Hauptstadt der DDR zu präsentieren. Anschließend fuhren wir in die Wuhlheide, um das Spiel Union gegen Erfurt zu sehen. Die Stimmung war gut, denn die Oberschöneweider gewannen 2:1. Nach dem Spiel verließen die Zuschauer aber nicht das Stadion, sondern verharrten geduldig auf ihren Plätzen. Sie warteten auf die Durchsage der Ergebnisse der anderen Oberligaspiele. Endlich war es soweit, und was Rostock, Leipzig, Jena, Dresden und so weiter erreicht hatten, wurde von der Menge mehr oder weniger zustimmend oder enttäuscht zur Kenntnis genommen. Und dann kam es.

Ich weiß nicht mehr, welcher Verein, ob Chemie oder Lokomotive Leipzig, ob Stahl Brandenburg oder Wismut Aue gegen Dynamo Berlin gespielt hatte, aber jedenfalls hatte Dynamo verloren. Sofort brach ein ohrenbetäubender Jubel aus, die Begeisterung kannte keine Grenzen. Man schlug sich auf die Schulter und lag sich in den Armen. Die Berliner Fußballfans waren außer sich vor Freude, dass ein Berliner Verein besiegt worden war. Aus Lokalpatriotismus für Union?

Mitnichten. Der Grund war ein ganz anderer. Dynamo war der Stasiclub. Erich Mielke, der Minister für Staatssicherheit, förderte und finanzierte den Verein. Unterlag Dynamo, dann war es auch eine Schlappe für den unbeliebten Minister. Der vieltausendfache Jubel war ein Politikum, ein anonymer Massenprotest, eine Minirevolution. Deutlicher konnte die Stimmung des Volkes kaum zum Ausdruck gebracht werden.

Nach dem Spiel trafen wir uns mit meinen Cousinen, sprachen über dies und das, bis Inge, die jüngere der beiden, plötzlich fragte: *Wisst ihr, wo die Freunde einkaufen? – Ich glaube, die haben eigene Geschäfte,* mutmaßten ihre Geschwister. Ich wusste nicht, worum es ging, vielleicht war von irgendwelchen privaten Bekannten die Rede, als Hans-Jürgen sagte: *Ich nehme an, die Freunde müssen da auch mit Rubel bezahlen.* Da wurde mir klar, dass mit den *Freunden* die in der DDR stationierten Rotarmisten gemeint waren.

Das war der amtlich verordnete und inzwischen gängige Ausdruck für die Russen, und seit Gorbatschow die russische Politik bestimmte, wurde dieses Wort in einem ganz neuen Sinne zunehmend zutreffender.

Eines schönen Sommertages sprach unser Sportkollege Ulrich Zunker in der großen Pause Wulf Schmidt, der an der Gelehrtenschule die Begeisterung für den Marathon geweckt hatte, und mich an und fragte, ob wir Interesse daran hätten, an dem Schweriner *Drei-Seen-Lauf* über 30 Kilometer teilzunehmen. Wir waren sofort zu diesem sportlichen und irgendwie auch politischen Abenteuer bereit, bezweifelten aber, ob es überhaupt möglich sei.

Deutsch-deutsche Sportbeziehungen gab es inzwischen zwar wieder, aber nur im Rahmen eines ausgehandelten Sportkalenders, der die Einzelheiten der Wettkämpfe regelte und überhaupt nur eine begrenzte Anzahl von Veranstaltungen und Teilnehmern zuließ. Einfach rüberfahren und drüben mitmachen, das ging nun wirklich nicht, auch nicht in die durch den kleinen Grenzverkehr zugänglichen Nachbarkreise. Aber Uli zerstreute unsere Bedenken. Er hatte in Schwerin einen Onkel, der in einem großen Volkseigenen Betrieb (VEB) arbeitete und dort für den Sport zuständig war, und der würde bei der von seiner Firma durchgeführten Veranstaltung dafür sorgen, dass wir an den Start gehen könnten. Wir machten uns also, als es soweit war, frühmorgens auf die Reise ins andere Deutschland, begaben uns ins Wettkampfbüro, nannten unsere Namen, die auf einer alphabetischen Liste vermerkt waren, erhielten unsere Startnummern, hefteten sie an unsere Brust, tauchten in der Masse der Teilnehmer unter, warteten auf den Startschuss und liefen los, quasi schwarz oder doch halbschwarz, also grau, das heißt offiziell angemeldet, aber doch außerhalb des deutsch-deutschen Sportkalenders.

Wir drei Westgäste verloren uns schon bald aus den Augen. Uli war unser Jüngster und Schnellster, er war 1969, vor genau 20 Jahren in der Olympischen Staffel des Ratzeburger SV gelaufen, die ich seinerzeit trainiert hatte und die bei den Deutschen Jugendmeisterschaften Fünfte geworden war. Er war in den Siebzigerjahren einer der besten 400-Meter-Hürdenläufer der Bundesrepublik und immer noch gut in Form. Und Wulf Schmidt, ein Jahr älter als ich, hatte in seinen reiferen Jahren seine Liebe zum Leistungssport entdeckt und es, von Ehrgeiz getrieben, so weit gebracht, dass er die Qualifikation für die deutsche Marathonmeisterschaft schaffte und an dieser teilnahm, aber dann doch nur unter *Ferner liefen* ins Ziel kam. Uli und

Wulf waren in der Mecklenburger Endmoränenlandschaft bald über alle Berge. Ich trabte gemächlich hinterher, quälte mich die Steigungen hoch, erholte mich ein bisschen, wenn es bergab ging und erfreute mich trotz aller schweißtreibenden Strapazen der malerischen Kombination von Hügeln und See, Feldern und Wäldern. Nach dem Zieleinlauf versammelten wir drei uns an dem vereinbarten Treffpunkt in der Nähe des Schweriner Schlosses. Wir tauschten unsere Lauferlebnisse aus, und siehe da, wir hatten alle drei die genau gleichen Erfahrungen gemacht.

Am Ziel wurde jeder Läufer und erst recht jede Läuferin von dem Ansager auf dem Zielturm mit Begeisterung und Bewunderung zum Endspurt animiert: *Jetzt kommt der Sportfreund Emil Schulze aus Leipzig. Los Emil, lauf, mach Tempo, du schaffst es unter zwei Stunden. Und jetzt unser Fiete Hansen aus Schwerin, so weit vorn, wer hätte das gedacht, wir können stolz auf dich sein. Und jetzt Applaus für Silke Meyer. Silke, du bist die Dritte unter den Läuferinnen, also Bronze für die schnelle Rostockerin …* Mithilfe der Teilnehmerliste und der Startnummer war jeder zu identifizieren. Auf der Zielgeraden hörten wir immer neue Namen und Städte, jeder Teilnehmer wurde persönlich begrüßt und willkommen geheißen, nur wir nicht. Wir waren Luft. Ulrich Zunker aus Ratzeburg wurde verschwiegen, ebenso Wulf und ich. Teilnehmer aus dem Westen durfte es ja nicht geben. Wir Wessis waren zwar, eigentlich verbotenerweise, gestartet, aber am Ziel wurden wir ignoriert. Uns gab es einfach nicht. Offiziell hatten sich Ost und West noch nicht angenähert. Die Teilung hatten wir durch unsere Teilnahme ein bisschen überwunden, aber sie bestand doch fort.

Dass der Sohn von Ulis Onkel an dem Sonnabend vor dem Lauf – auf welche Weise, weiß ich nicht – in den Westen geflüchtet war, hätte seinem Vater größte Schwierigkeiten machen und unseren Start in Frage stellen können. Schon Sonntagfrüh hatte der Sohn seine Familie telefonisch über seine geglückte Republikflucht informiert, aber die Stasi hatte davon noch nichts mitbekommen. Die Probleme wuchsen der DDR im Sommer ’89 einfach über den Kopf. Soviel kontrollieren, wie sie es gerne gewollt hätte, konnte sie inzwischen nicht mehr. Der Überwachungsstaat funktionierte nicht mehr wie gewohnt.

Im folgenden Monat, im August, kam es in meinem Umfeld zu einer weiteren Republikflucht, von der ich erzählen muss. Sabine Zwieg, die Tochter meines Cousins aus Oberschöneweide, verbrachte ihren Urlaub mit ihrem Freund in Ungarn. Als sie von dem geplanten *Paneuropäischen Picknick* an der ungarisch-österreichischen Grenze erfahren, gibt es für sie nur eins: Nichts wie hin! Vielleicht eröffnet sich hier eine Möglichkeit zur Flucht. Und wirklich, sie eröffnet sich. Als am 19. August die Grenze für wenige Stunden geöffnet wird, stürmen 661 DDR-Urlauber – mit nichts als ein paar Badeutensilien in Händen – von Ungarn nach Österreich. Und Sabine und ihr Freund mittendrin. Endlich geht ihr Traum, im Westen zu leben, in Erfüllung. Aber was heißt *Westen?* Zum Westen gehört auch Westberlin. Und da eine richtige Berlinerin ihre Heimatstadt über alles liebt, überredet Sabine ihren Freund, dass sie sich nach Westberlin einfliegen lassen, um dort zu wohnen. Hier konnten sie am westlichen Leben teilhaben und waren nach wie vor Berliner. Schon bald fand Sabine Arbeit als Aushilfskellnerin und bedient nun zu ebener Erde und nicht, wie einst geplant, in luftigen Höhen. Aber dieses taktische Manöver hat sie ja nicht mehr nötig, ihr Westwunsch ist ja längst auf anderem Wege Wirklichkeit geworden.

Als die Mauer fiel – ich greife ein paar Wochen voraus –, besuchte Sabine sofort ihre Eltern in Oberschöneweide und sprach voller Stolz die denkwürdigen Worte: *Jetzt haben wir euch die Freiheit gebracht, nun müsst ihr aber auch das Arbeiten lernen!*

Im Oktober – ich kehre zurück zur chronologischen Erzählordnung – führte unsere Schule unmittelbar vor den Herbstferien eine sogenannte Projektwoche durch. Die Kollegen boten mehr oder weniger lehrreiche oder unterhaltsame Programme an, zum Beispiel musikalische, künstlerische, sportliche, biologische oder geografische Projekte, und die Schüler wählten je nach Interessen oder Sympathie zu diesem oder jenem Lehrer.

Ich schlug vor, mit meiner Gruppe Kabaretttexte zu verfassen, zu inszenieren und am letzten Tag in der Aula zur Aufführung zu bringen. Es ist hier nicht der Ort, auf die einzelnen Nummern ausführlich einzugehen, nur die Schlussszene will ich genauer schildern, weil sie hochpolitisch war. Grundlage bildete ein altes Kinderlied, das wir leicht variierten. Die Jungen standen in breiter Reihe militant und angsteinflößend vorne auf der Bühne, und die Mädchen hielten sich hinter ihnen im Hintergrund auf. Und dann wurde gesungen: *Auf der Mauer, auf der Lauer liegt die NVA – seht euch mal die Mauer an, wie die Mauer fallen kann, auf der Mauer, auf der Lauer lag die NVA.* Mit dem letzten Ton fielen die Jungen, die ja Mauer und Grenztruppen darstellten, nach vorne in den Liegestütz. Sofort stürmten die Mädchen, das befreite Volk, über die Jungen hinweg, ins Publikum, also in den Westen. Es gab tosenden Applaus, sowohl für die schauspielerische Leistung als auch für die politisch-utopische Aussage unseres Stückes.

Und alle Zuschauer sagten das Gleiche: *Schön wär's. Ein herrlicher Traum. Die Mauer gefallen. Aber erleben werden wir das leider so bald nicht.*

Was für ein Irrtum! Einen Monat später war es soweit.

EINSCHUB 58A
EIN LOGISCHER DIALOG

Der Präsident machte in Berlin das Übliche.

Er ließ sich samt Gefolge ans Brandenburger Tor fahren und bestieg die Aussichtsplattform. Oben angekommen, blickte er erst mitleidig, dann zornig nach Osten, überlegte, was er sagen sollte, oder versuchte sich zu erinnern, was seine Ratgeber ihm zu sagen vorgeschlagen hatten, und erhob endlich seine geübte Schauspielerstimme, mit der er seinen für die Weltöffentlichkeit gedachten Slogan von sich gab: *Mister Gorbatschow, tear down this wall!* – was dieser dann auch gut zwei Jahre später wenn nicht veranlasste, so doch zuließ.

Wie bei jedem Staatsbesuch gab es auch 1987 in Berlin neben den offiziellen Gesprächen der amtierenden Politiker – trotz des scharf kalkulierten knappen Zeitplans – auch ein paar kurze quasi private Begegnungen, so zum Beispiel zwischen dem Präsidenten und Willy Brandts Freund und einstigem Vordenker Egon Bahr. Die beiden Herren zogen sich mit ihrem Kaffee in eine stille Ecke des Edelhotels zurück, und die Öffentlichkeit, vor allem die meist aufdringlichen Journalisten, waren dezent genug, sich im Hintergrund zu halten und nicht zu stören.

EGON BAHR, der wusste, dass die Minuten des Gesprächs gemessen waren, kam sofort zur Sache und sagte: *Mister President, mit Ihrer Bitte, besser, mit Ihrem Befehl an Gorbatschow, haben Sie mir aus dem Herzen gesprochen.*
REAGAN bedankte sich für die Zustimmung, und BAHR fuhr seinerseits, ganz gelernter Journalist, der er vor seiner politischen Karriere ja war, mit einer neugierigen Frage fort: *Aber wie kann man die Russen zum Umdenken und zu einer humanen Politik veranlassen?*
– *Mit Gewalt,* antwortete REAGAN.
– *Mit Krieg?,* fragte BAHR entsetzt.
– *Aber nicht doch,* beschwichtigte REAGAN, *nicht mit Krieg.*
– *Sondern?,* wollte BAHR wissen.
– *Mit Rüstung.*
– *Aber das ist doch die Vorstufe von Krieg.*
– *Nicht unbedingt. Nicht, wenn man es macht, wie ich es vorhabe. Die USA treiben die Rüstung in die Höhe, egal, was es kostet. Die Russen sehen sich gezwungen, mitzuhalten. Da wir kapitalkräftiger sind als die Sowjets, treiben wir sie in den finanziellen Ruin. Und wenn sie vor dem Staatsbankrott stehen, müssen sie einfach politische Zugeständnisse machen, auch und gerade hinsichtlich ihrer Satellitenstaaten – einschließlich der DDR. Ist der Osten dem Konkurs nahe, kann der Westen ihn gegen ein paar Kredite dazu bringen, entweder die Mauer zu schleifen oder wenigstens durchlässig zu machen.*
– *Das ist aber eine teure und riskante Politik,* gab BAHR zu bedenken.
– *Anders geht es nicht,* erwiderte REAGAN.
– *Doch,* sagte BAHR, *es gibt jetzt einen anderen Weg.*
– *Und welchen?*
– *Den Weg, den ich meine, haben wir doch bereits seit Willy Brandts Ostpolitik eingeschlagen. Wir müssen ihn nur konsequent fortsetzen.*
– *Da bin ich aber neugierig.*
BAHR begann, sein Konzept zu erläutern: *Ich sage nur KSZE. Ost und West haben sich damals 1975 in Helsinki darauf verständigt, die bestehenden Grenzen zu respektieren und den Krieg als Mittel der Politik zu*

unterlassen. Und die sowjetische Führung samt ihren Satellitenpaladinen haben für ihren Machtbereich humane Zugeständnisse versprochen, als da sind unter Punkt 7 Achtung der Menschenrechte und Grundfreiheiten einschließlich der Gedanken-, Gewissens-, Religions- und Überzeugungsfreiheit sowie unter Punkt 8 Gleichberechtigung und Selbstbestimmungsrecht der Völker.
– Aber das steht doch nur auf dem Papier.
– Es hatte auch Wirkung. Die Völker des Ostens wachten doch langsam auf, forderten die Demokratie ein und beriefen sich dabei auf die KSZE-Schlussakte. Seit Helsinki kann Moskau nicht mehr so wie früher unter Stalin.
– Ein bisschen recht haben Sie, gestand REAGAN seinem Gesprächspartner zu.
– Sehen Sie. Und folglich müssen wir zusammenarbeiten und unsere beiden Methoden kombinieren. Sie rüsten und treiben die SU finanziell in die Enge, und mit unserer Methode, also der Ostpolitik Willy Brandts, treiben wir sie moralisch in die Enge.
– Hört sich gut an, gab REAGAN zu.
– Also, zog BAHR das Resümee, *einigen wir uns auf eine gezielte Doppelstrategie. Wir weichen den Ostblock von innen auf, und Sie machen Druck von außen.*
Der amerikanische Präsident überlegte nicht lange, bis er kurz und knapp sagte: *Okay, Mister Bahr, okay.*

Und so, wie verabredet, ist es dann ja auch gekommen.

59
Die sogenannte Wende

Über das Wort *Wende* habe ich mich immer gewundert. Kann man die friedliche Revolution vom Herbst 1989 wirklich als *Wende* bezeichnen? Eine Wende ist doch eine Umkehr, mit der Wende beginnt der Rückweg, es geht zurück in Richtung Ausgangspunkt, zeitlich gesehen zurück in die Vergangenheit. Aber wollten die Menschen, die sich in der Leipziger Nikolaikirche oder in der Berliner Gethsemanekirche zu Friedensgebeten und in Leipzig zu den von Woche zu Woche anschwellenden Montagsdemonstrationen trafen, wirklich zurück in die brutale Nazidiktatur, die unsichere Weimarer Republik oder das autoritäre Kaiserreich? Sie schauten doch nach vorne, was sie wollten, war keine Wende, kein Zurück, sondern ein Aufbruch. Sie skandierten auf dem Leipziger Ring *Wir sind das Volk* und meinten damit eine demokratische Erneuerung, einen politischen Neuanfang. Wenn sie forderten *Wir wollen raus,* machten sie damit deutlich, dass sie die DDR verlassen und in die BRD übersiedeln wollten, also in den deutschen Staat, in dem die Demokratie weiter fortgeschritten war als in ihrer Deutschen angeblich Demokratischen Republik. Ihr Ziel war politischer Fortschritt und nicht Umkehr und Wende. Und wenn sie später beteuerten *Wir bleiben hier,* dann verbanden sie damit den Wunsch, ihren Staat politisch und wirtschaftlich zu modernisieren und nach vorne zu bringen.

Eher hätte die SED-Führung das Wort *Wende* verwenden können. Denn die wollte zurück in die *guten alten Zeiten,* als der Parteiapparat noch funktionierte und es keine bedrohliche Opposition gab (abgesehen von dem ein Vierteljahr nach Stalins Tod aufflammenden Volksaufstand vom Juni 1953). Jetzt zerbrach man sich im Politbüro und Zentralkomitee den Kopf, wie man die Wende rückwärts bewerkstelligen könnte und fasste ein paar halbherzige und unwirksame Beschlüsse. Man ging auf Distanz zu Gorbatschows Reformpolitik, man suchte einen Sündenbock und fand ihn in dem kränkelnden und schwächelnden Partei- und Staatschef Erich Honecker, und man versuchte, die Massenausreise und Massenflucht der DDR-Bewohner zu unterbinden. Aber inzwischen gab es zu viele Schlupflöcher. Zum einen wurde die ungarisch-österreichische Grenze immer poröser, zum anderen wurden die bundesdeutschen Botschaften in Prag, Warschau und Ostberlin (die sogenannte Ständige Vertretung) im Lauf des Sommers zum Fluchtpunkt der DDR-müden DDR-Bürger. Sie hofften, nach Verhandlungen mit dem SED-Staat offiziell in die BRD ausreisen zu dürfen.

Und die Rechnung ging auf. Honecker und die Seinen gaben nach. Sie glaubten, dass, wenn die paar Tausend Querulanten weg wären, denen man, so Honecker, *keine Träne nachweinen würde,* dass dann Ruhe einkehren müsste. Aber sie irrten. Je mehr rauskamen, desto mehr wollten auch raus. Kaum war eine Botschaft geleert und die Republikflüchtlinge in Sonderzügen in die Bundesrepublik gebracht worden, strömten schon wieder weitere Westwillige von vorne durch die Portale oder von hinten über die Zäune in die diplomatischen Vertretungen.

Es war überdeutlich: Die *De-De-Erler* liebten ihre *De-De-Er* nicht mehr (wenn sie sie denn jemals gemocht hatten). Und wer nicht zu flüchten versuchte, der kritisierte, protestierte, demonstrierte. Statt mit der Staatsführung am 7. Oktober den 40. Geburtstag ihres Staates zu feiern, die Parade Unter den Linden zu bewundern und die SED-Bonzen und ihre Gäste aus dem Ostblock zu bejubeln, gaben die Menschen in den Nebenstraßen ihren Unmut zum Ausdruck – auch auf die Gefahr hin, ihrerseits den Unmut der Volkspolizei zu erregen und verprügelt und eingesperrt zu werden.

Die Verantwortlichen führten ein volksfernes Politikerleben, pendelten zwischen der Bonzensiedlung Wandlitz und Ostberlin und wollten nicht wahrhaben, dass sich das Volk – politisch und geografisch – von diesem Staat entfernte. Die meisten verdrängten die eigentlich unübersehbare Tatsache, dass die DDR auf den Staatsbankrott zusteuerte, und sie unterschätzten die Opposition sowohl in ihrem Ausmaß als auch in ihrer Zielstrebigkeit. Man sah in den aufbegehrenden Intellektuellen und Jugendlichen (genau wie es die Bundespolitiker 20 Jahre früher der Studentenbewegung gegenüber getan hatten) eine kleine radikale Minderheit von Querulanten und Rowdys. Man glaubte, das Volk mit Zuckerbrot und Peitsche ruhigstellen und disziplinieren zu können, indem man ihm erstens den höchsten Lebensstandard des Ostblocks bescherte, wenn auch mithilfe westdeutscher Kredite, und zweitens die Allmacht des Staates drohend vor Augen hielt, und zwar in Form der Volkspolizei, der Nationalen Volksarmee, der Betriebskampfgruppen und der Staatssicherheit. Letztere zählte 1989 um die 100000 offizielle und 200000 Inoffizielle Mitarbeiter, sogenannte IM.

Insgesamt kostete der Luxus der Staatssicherheit im letzten Jahr ihres Bestehens genau 22,4 Milliarden Mark, das heißt, jeder DDR-Bewohner – ob Kind, Greis oder berufstätig – musste für seine Überwachung jährlich weit über 1000 Mark bezahlen.

Aus dem Aufstand vom Juni 1953, als die Maurer in der Stalinallee von den Gerüsten stiegen und die Arbeiter die Fabriken verließen, um protestierend in die Ostberliner City zu marschieren, hatte die SED den Schluss gezogen, dass eine Gefahr für den Arbeiter- und Bauernstaat nur von den unzufriedenen Arbeitern ausgehen könnte. Man richtete das Augenmerk also vor allem auf die Volkseigenen Betriebe (VEB), organisierte die Werktätigen in sogenannte Betriebskampfgruppen und kontrollierte sie durch die offiziellen oder inoffiziellen Mitarbeiter der Stasi, oder versuchte es doch.

Sich der Indienststellung als IM zu entziehen, war schwierig, aber doch möglich. Christas Cousin aus Rostock erzählte uns später, wie die Stasi ihn dafür gewinnen wollte, seinen – irgendwie verdächtig gewordenen – Chef zu überwachen. Horst erbat sich einen Tag Bedenkzeit und grübelte die ganze Nacht, wie er einem solchen Vertrauensbruch dem von ihm geschätzten Vorgesetzten gegenüber entgehen könne, und fand einen Ausweg.

Als sich die beiden Stasifunktionäre am nächsten Morgen seiner Zustimmung vergewissern wollten, hatte Horst erst noch eine Gegenfrage auf dem Herzen: *Darf ich meiner Frau davon erzählen?*

– Nein, bloß nicht, auf keinen Fall. Stasimitarbeit muss immer geheim sein. Wie leicht kann Ihre Frau etwas ausplaudern, und dann ist das ganze Vorhaben wirkungslos.

– Geheimhaltung wird aber schwierig, gab Horst zu bedenken, *ich spreche nämlich im Schlaf.*

– Schade, sehr schade, klagten die beiden Herren, *dann müssen wir leider auf Ihre Mitarbeit verzichten.*

Wir sehen, wie der SED-Staat alles tat, die Arbeitswelt unter Kontrolle zu halten, und dabei merkte er gar nicht, dass von einer ganz anderen Seite Gefahr drohte, nämlich von den Kirchen, zumal von der in der DDR wesentlich mitgliederstärkeren protestantischen Kirche. Von Anfang an war das Verhältnis von Staat und Kirche nicht eindeutig. Die Kirchen wurden sowohl angefeindet als auch in begrenztem Umfang geduldet. Einerseits konkurrierten die marxistisch-atheistische Staatsideologie und die christliche Religion, so dass engagierte Christen eingeschüchtert und verfolgt wurden und der Einfluss der Kirchen auf die Jugend nach Möglichkeit unterbunden wurde, indem die kommunistische Jugendweihe die christliche Konfirmation verdrängen sollte und zur Voraussetzung von Abitur und Studium wurde. Andererseits gewährte die staatliche Obrigkeit den Pastoren und ihren – geschrumpften – Gemeinden eine gewisse Narrenfreiheit, weil man sie unterschätzte und zudem den Eindruck von Toleranz, Weltoffenheit und Großzügigkeit erwecken wollte. Außerdem hoffte man, die DDR-Kirchen vor den eigenen politischen Karren spannen zu können und sich deren Kritik am Weltwettrüsten und besonders am westlichen NATO-Doppelbeschluss zu Nutze zu machen. Kurz: Man hielt die Kirchenchristen für *nützliche Idioten*.

Beide Seiten empfanden den Zustand als eine Art Waffenstillstand, und auf der Grundlage dieses Modus vivendi bildeten die Kirche und die Gemeindehäuser einen staatsfreien Raum. Vor allem alternative oder gar oppositionelle Jugendliche konnten hier mit mutigen Pastoren über Gott und die Welt diskutieren, also über Religion und Politik, Moral und Sex, erlaubte und verpönte Musik und vieles mehr. Die Kirche wurde politisch, und alle, die mit dem SED-Regime unzufrieden waren, trafen sich hier mit Gleichgesinnten zu kritischen Gesprächen und Gebeten und am Sonntag zur Predigt.

Hier nahm die friedliche Revolution ihren Anfang, und das gleich im doppelten Sinne. Nach den hochpolitischen Friedensgebeten gingen die Kirchgänger auf die Straße und demonstrierten, gleichzeitig bildeten sich unter Beteiligung meist junger Pastoren mehrere Oppositionsgruppen, alles in den wenigen Wochen vor und nach dem als feierliche Großveranstaltung geplanten DDR-Geburtstag. Der Staat sah sich plötzlich von drei Seiten in Frage gestellt, durch die Unzufriedenen, die in den Westen gingen, durch die Unzufriedenen, die auf die Straße gingen, und durch die Unzufriedenen, die oppositionelle Bündnisse eingingen. Zwischen dem 28. August und dem 7. Oktober wurden der *Demokratische Aufbruch,* das *Neue Forum, Demokratie Jetzt* und die *Sozialdemokratische Partei* gegründet, die beiden Letzteren in der Berliner Bartholomäuskirche beziehungsweise in dem Gemeindehaus von Schwante bei Berlin.

Am Montag, dem 4. September, wagen sich nach einem Friedensgebet in der Leipziger Nikolaikirche 1200 Menschen auf die Straße und demonstrieren für ihre Ausreise. Diese Veranstaltung wird zur Tradition und wiederholt sich Montag für Montag mit steigender Teilnehmerzahl. Am 2. Oktober sind es bereits 25 000. Zu den Parolen der Demonstranten zählt die Forderung (oder Bitte): *Keine Gewalt!* Und wirklich schreckt die Staatsgewalt vor Gewaltanwendung und Waffenrecht zurück, denn inzwischen kommt ein weiteres Problem auf das DDR-Regime zu. Hatte die Sowjetunion im Juni 1953 den Ulbricht-Staat dabei unterstützt, den Aufstand der Arbeiter niederzuschlagen, so versagte Gorbatschow dem Honecker-Staat seine militärische Hilfe. Im Gegenteil. Er nimmt seinen Geburtstagsbesuch zum Anlass, baldige Reformen nach sowjetischem Vorbild zu verlangen und damit – zum eigenen Schaden – bloß nicht zu lange zu warten. Diese mehrfach variierte und wiederholte Weisheit erhielt auf einer Pressekonferenz durch den Dolmetscher die klassische Fassung, die als Bonmot um die ganze Welt ging: *Wer zu spät kommt, den bestraft das Leben.* Die Unruhen auf den Berliner Straßen blieben Gorbatschow nicht verborgen, die Massen riefen immer wieder seinen Namen, und ein polnischer Geburtstagsgast übersetzte ihm, was sie von ihm erwarteten: *Gorbi, rette uns!* Und das war auch nötig. Denn die Demonstranten waren ihres Lebens nicht mehr sicher. Das fürchteten auch die sogenannten Leipziger Sechs, der Leiter des Gewandhausorchesters Kurt Masur, ein Kabarettist, ein Pfarrer und – immerhin! – drei SED-Funktionäre, und forderten in einem Aufruf Verzicht auf Gewalt und dann auch sachliche Gespräche.

Aber als sich am Montag, dem 9. Oktober, zwei Tage nach dem Staatsgeburtstag, an die 70 000 Demonstranten, so viele wie noch nie, auf dem Ring einfanden, wussten sie, dass in der näheren Umgebung Polizei, Armee und Betriebskampfgruppen in Stellung gegangen waren. Mit ihrem Eingreifen war zu rechnen. In den Krankenhäusern waren Betten und Blutkonserven bereitgestellt worden, ein brutales Blutvergießen wurde also einkalkuliert.

Doch dann hielten sich die bewaffneten Kräfte zurück – warum, ist bis heute nicht zweifelsfrei geklärt. Vielleicht war sich die SED-Führung uneins, vielleicht wurden die Befehle von ganz oben von den lokalen Verantwortlichen einfach nicht weitergegeben und in die Tat umgesetzt, vielleicht hatte die Weigerung der Sowjets, militärisch einzugreifen, die DDR von letzten Konsequenzen abgehalten. Jedenfalls bekam das SED-Regime Angst vor der eigenen Courage und begnügte sich mit unklaren Befehlen und schob die Verantwortung auf die mittleren und unteren Ebenen weiter, wie es aus Honeckers schwächlicher und diffuser Weisung hervorgeht: *Es ist damit zu rechnen, dass es zu weiteren Krawallen kommt. Sie sind von vornherein zu unterbinden.* Auf jeden Fall war nach dem 9. Oktober klar, dass der Staat nicht nur seine Autorität im Allgemeinen, sondern auch seine militärische Handlungsfähigkeit verloren hatte. Das Volk aber wurde immer selbstbewusster. Am 16. Oktober demonstrierten 120000 Menschen, eine Woche später 300000.

Da der Staat vor einer konsequenten Militärdiktatur zurückschreckte, begnügte man sich damit, Stasispitzel in die kritischen Gruppen einzuschleusen, die bald die Hälfte der Mitglieder ausmachten und die, um sich nicht verdächtig zu machen, mit Übereifer staatsfeindliche Thesen vertraten. Die verdeckten Ermittler wussten nichts voneinander und informierten getrennt ihre sie *führenden* Vorgesetzten. Da hieß es dann: *Der Herr Sowieso scheint besonders gefährlich zu sein, behauptet er doch zum Beispiel …* Doch dann muss der eifrige Zuträger sich sagen lassen: *Aber das ist doch einer von unsern Leuten.* Die Stasi überwachte sich also selbst und ihr Observierungseifer war eher kontraproduktiv als informativ.

Der Staat war in einer ausweglosen Lage. Ob nun aus Vernunft oder Feigheit, konsequente Gewalt wagte man nicht und konsequente Demokratie wagte man auch nicht, weil das eine Abdankung der Führung bedeutet hätte. So begnügte man sich mit einem halbherzigen Kompromiss und leitete Reformen in die Wege oder tat doch so. Über Reförmchen kam man nicht hinaus. Man suchte nach

Sündenböcken und versuchte, mit ein bisschen Personalpolitik die Situation zu bereinigen. Egon Krenz, Günter Schabowski und andere drängen Mitte Oktober Honecker zum Rücktritt, der dann auch, von der Mehrzahl der Genossen im Politbüro allein gelassen, unter Hinweis auf sein Alter und seinen Gesundheitszustand, seine Ämter in Partei und Staat niederlegt und selber den von ihm aufgebauten Krenz, der sich inzwischen aber vom Kronprinz zum Königsmörder gemausert hat, zu seinem Nachfolger vorschlägt.

Nach dessen Wahl ändert sich an der Spitze des Staates aber nur der Name. Denn glaubwürdig ist Krenz nicht, er ist ein altgedienter Bonze und nur etwas jünger als Honecker. Er hat seine Karriere, genau wie sein politischer Ziehvater, als Chef der FDJ betrieben, er war der Wahlleiter der verfälschten Kommunalwahlen vom Mai 1989, und er hatte sich angesichts der zunehmenden Opposition abwartend zurückgehalten. Und jetzt war er ganz oben angekommen. Nach Honecker legen auch andere Altfunktionäre ihre Ämter nieder, aber mit einem oberflächlichen Revirement gibt sich das Volk inzwischen nicht mehr zufrieden.

Der Zulauf zu den Demonstrationen in fast allen größeren DDR-Städten nimmt zu, und der Flüchtlingsstrom in den Westen – über die ČSSR – schwillt weiter an. Zu der von Berliner Theaterleuten vorbereiteten Demonstration auf dem Alexanderplatz kommen über eine halbe Million Menschen. Das Wort ergreifen an diesem 4. November Prominente der Kulturszene, Bürgerrechtler, aber auch einige reformwillige SED-Politiker. Die Zukunft Deutschlands steht auf der Kippe. Bewegt sich die Entwicklung auf die Wiedervereinigung zu oder kann eine runderneuerte und dann echtsozialistische DDR überleben – als Alternative zur kapitalistischen BRD?

Viele hoffen das. So im Westen die meisten Altachtundsechziger und viele linke Sozialdemokraten. So im Osten diejenigen Demonstranten, die beteuern: *Wir bleiben hier* (nämlich in einer besseren DDR), und so die Redner auf dem Alex, zum Beispiel der Dichter Stephan Heym, der seinen optimistischen Eindruck in die Worte fasst: *Es ist, als habe einer die Fenster aufgestoßen … nach all den Jahren der Dumpfheit und des Miefs, des Phrasengewäschs und bürokratischer Willkür.* Oder die Dichterin Christa Wolf, die regimekritische Sozialistin, die unbeirrt an eine sozialistische Zukunft glaubt und frei nach Brecht *(Stell dir vor, es ist Krieg, und keiner geht hin)* über den Platz ruft: *Stell dir vor, es ist Sozialismus und keiner geht weg.*

Aber sie gehen weg. Vom real existierenden Sozialismus haben sie die Nase voll und im Kapitalismus hoffen sie auf ein besseres Leben. Dem Ausbluten der DDR kann Krenz nicht tatenlos zusehen. Er versucht es mit einer Flucht nach vorne und kündigt Reiseerleichterungen an, als ob die Möglichkeit, jährlich 30 Tage die Bundesrepublik zu besuchen, die Menschen zu treuen DDR-Bürgern umfunktionieren könnte. Die Rechnung ging nicht auf, der Flüchtlingsstrom schwoll weiter an, und wer flüchtete, wollte drüben keinen Besuch machen, sondern den SED-Staat endgültig verlassen. Am 8. November war es soweit, dass in jeder Stunde 500 De-De-Erler *rübermachten.*

Am 8. November beginnt auch die dreitägige Krisenkonferenz des Zentralkomitees, auf der Krenz die Genossen unter anderem über die Pläne erweiterter Reisemöglichkeiten informiert. Am Abend des 9. November sollte Schabowski, seit dem Vortag dafür zuständig, die Medien darüber in Kenntnis setzen. Da er aber an der entscheidenden ZK-Sitzung nur zeitweise teilgenommen hatte, bestand seine einzige Quelle in ein paar Blättern, die Krenz ihm überlassen hatte. Am Ende seiner eher uninteressanten Pressekonferenz nahm er sich plötzlich die besagten Krenz-Papiere vor und verlas gegen 19 Uhr Teile des Textes, mit dem er offenbar Primärberührung hatte und dessen Tragweite ihm zunächst gar nicht bewusst war, während die Zuhörer ihren Ohren nicht trauen konnten: *Privatreisen nach dem Ausland* (wozu ja nach östlicher Sprachregeleung auch Westberlin und Westdeutschland gehörten) *können ohne Vorliegen von Voraussetzungen beantragt werden. Die Genehmigungen werden kurzfristig erteilt.* Als die wissbegierigen Journalisten wissen wollten, wann die Regelung in Kraft treten werde, konnte der für den Bereich Information zuständige ZK-Funktionär nur unsicher antworten ... *nach meiner Kenntnis ... sofort ... unverzüglich ....* Obgleich diese Wortfetzen durch das einschränkende *nach meiner Kenntnis* keine gesicherte Aussage darstellten, wirkten sie wie ein Startschuss zum Run zur Mauer. Die amerikanischen und westdeutschen Fernsehsender hatten in ihren Nachrichten nicht etwa zurückhaltend über die Pressekonferenz berichtet, sondern werteten das geplante Vorhaben zu einer vollendeten Tatsache auf und verkündeten schlankweg, dass die Mauer offen sei. Zwar wollte die DDR erst vom nächsten Tag an den problemlosen Grenzübertritt gestatten, aber so lange wollten die Berliner nicht warten. Unter Berufung auf die Fernsehberichte verlangten sie an den Kontrollstellen den sofortigen Zugang nach Westberlin. Die Grenzer konnten sich des Andrangs nicht erwehren und ließen die Leute durch, zuerst an der Bornholmer Straße, dann an allen anderen Übergängen und noch in der gleichen Nacht an der Grenze zur Bundesrepublik. Die Westberliner ließen sich nicht lumpen und machten sich auf den Weg nach Ostberlin, Ossis und Wessis begegneten sich auf den Zufahrtsstraßen, sie lagen sich in den Armen, sangen, tanzten, feierten und erlebten wenn nicht die politische, so doch die menschliche Wiedervereinigung. Der Regierende Berliner Bürgermeister Walter Momper hat am 10. November in seiner Antrittsrede als neuer Bundesratspräsident die Stimmung treffend umschrieben: *Gestern Nacht war das deutsche Volk das glücklichste Volk der Welt.* Ganz konkret und privat hat mein Jugendfreund Konni dies Glück genossen. Er war nach den Fernsehnachrichten sofort an die Mauer geeilt und durch sie hindurch, hat mitgefeiert und später erzählt: *Noch nie habe ich in einer einzigen Nacht so viele schöne Frauen geküsst.*

Ich glaube, es gibt kaum einen heute über 50-jährigen Deutschen, der sich nicht daran erinnert, was er in der Nacht des 9. November 1989 getan hat und wie und wo er vom Ende der Mauer erfuhr. So auch Christa und ich. Wir waren an diesem Abend beide im Theater, sie mit ihren Literaturfreundinnen in Lübeck und ich mit Schülern im Ratzeburger *Burgtheater*, wo die Landesbühne ein Gastspiel gab. Am späten Abend saß ich zu Hause vor dem Fernseher und wartete auf Christa. Und was sah ich da? Ich sah, wie eine endlose Menschenmenge durch die Berliner Mauer strömte. Der Grenzübergang war geöffnet, die Schranken standen hoch, und die Grenzsoldaten sahen dem Treiben tatenlos zu und ließen die Menschen passieren. *Das ist ja ein toller Film,* sagte ich mir, *das muss ich mir angucken.* Aber dann dämmerte es mir langsam: Das ist ja gar kein Film, das ist die pure Wirklichkeit, die Ostberliner strömen in echt in den Westen und niemand hält sie auf. Die erregte Stimme des Reporters bestätigte meine Vermutung. Ja, ja, ja, die Mauer war auf. Mir wurde ganz anders, ein unbändiges Glücksgefühl überkam mich, und ich war den Freudentränen nahe. Als Christa kam, schrie sie schon im Flur, ich weiß nicht was, aber es war lautstarke Begeisterung. Sie hatte auf der Rückfahrt von Lübeck im Autoradio gehört, was sich in Berlin abspielte. Sie stürzte ins Wohnzimmer und wir lagen uns in den Armen wie so viele Deutsche in dieser Nacht. Wir bändigten jedoch unseren Jubel und hielten ihn auf Zimmerlautstärke, weil wir die Kinder nicht wecken wollten. Vor dem Fernseher prosteten wir uns zu und konnten uns nicht von der Mattscheibe lösen. An Schlaf war nicht zu denken.

Am nächsten Morgen kleidete ich mich zur Feier des Tages so elegant wie möglich. Statt der üblichen Jeans trug ich eine dunkle Bügelfaltenhose, statt des üblichen Pullovers einen schwarzen Blazer, dazu ein weißes Hemd und eine schwarz-rot-gold gestreifte Krawatte. So kannten meine Schüler ihren sonst saloppen Lehrer nicht, musterten mich verwundert und fragten neugierig: *Wie sehen Sie denn aus, Herr Hartmann, was ist los? Haben Sie Geburtstag? - Wisst ihr nicht, was heute Nacht passiert ist?* Einige wenige wussten es und konnten antworten und zogen dann den Schluss: *Also deshalb haben Sie sich so schön gemacht. - Genau deshalb!,* erwiderte ich und fragte: *Ist denn das kein Grund?* Ähnliche Dialoge wiederholten sich im Lehrerzimmer, und einige Kollegen wollten mir, als Berliner, gratulieren, so als hätte ich Geburtstag.

8 Kilometer östlich von Ratzeburg stößt die B 208 auf die Grenze – und endet dort. Einen Übergang gab es bei Mustin nicht, aber jetzt wurde er eingerichtet. An dem vorgesehenen Sonntag stellten sich die Ratzeburger an die Bundesstraße und stellten sich auf zum Spalier. Dann endlich, nach einer gewissen Verzögerung und Wartezeit, rollten die ersten Trabis im Schritttempo über die Grenze und herunter in die Stadt. Ziel der Besucher war die Post, denn hier gab es 100 DM Begrüßungsgeld. Mit diesem finanziellen Polster zogen die Pärchen und Familien sofort in die Textiliengeschäfte und in das einzige Kaufhaus. Die Geschäftsleute waren auf den Andrang vorbereitet, hatten ihre Lager geräumt und Waren auf den Ladentischen aufgetürmt, sowohl angesagte Modeneuheiten als auch Ladenhüter. Stonewashed Jeans waren längst out, aber die Ossis hielten sie für

den letzten Schrei und deckten die ganze Familie damit ein. Es war ein bisschen wie im Schlaraffenland. Alle Organisationen, die auf sich hielten, ob politische Parteien, Sportvereine oder Serviceclubs hatten Kioske errichtet und boten den Gästen – gratis, versteht sich – Suppen, belegte Brote sowie heiße und kalte Getränke an. Und natürlich Südfrüchte.

Die Barbestände der Post waren bald aufgebraucht, und nun begann das knappe Geld im Viereck zu springen. Von der Post ging es in den Besitz der De-De-Erler über, aber in deren Geldbörsen blieb es kaum eine Stunde, da landete es in den Ladenkassen der Textilhändler, und diese eilten mit ihren Einnahmen zur Kreissparkasse, um diese auf ihr Konto einzuzahlen. Von dort fand das Geld den Weg zurück zur Post, deren Beamte bei der Sparkasse im Laufe des Tages mehrfach einen Kredit aufnahmen, um die nachrückenden Brüder und Schwestern aus dem Osten mit dem Begrüßungsgeld zu beglücken. Und die brachten das Geld sofort zurück in den geschilderten Kreislauf. So machte so mancher Hundertmarkschein so manche Runde nicht nur hier, sondern überall in der Bundesrepublik.

Christas Verwandte ließen es sich nicht nehmen, gleich am zweiten oder dritten Wochenende von Rostock nach Ratzeburg zu kommen. Wir saßen gemütlich zusammen, aber dann wurde es ungemütlich, weil unsere Heizung ausfiel. Da es ein Sonnabend- oder Sonntagabend war, uns das thermische Missgeschick also an einem Feiertag und nach Feierabend und folglich außerhalb der normalen Arbeitszeit ereilte, stand unseren Gästen und uns eine kalte Nacht bevor. Was tun? Wir riefen die Heizungsfirma an und klagten dem Meister unser Leid. Eine Stunde später war er zur Stelle und behob den Schaden. Die Rostocker wurden nicht wieder und kamen aus dem Staunen nicht heraus. Ein derart prompter Kundendienst erschien ihnen geradezu als utopisch. In der realsozialistischen Planwirtschaft hätte man ein halbes Jahr auf Hilfe warten müssen. Frühestens im Hochsommer würde die Heizung wieder in Gang gebracht werden und das auch nur unter Verwendung von reichlichem Trink- und Bestechungsgeld und darüber hinaus, da die Mark der DDR kaum Kaufkraft hatte, mit der Lieferung materieller Werte. Nichts hat unsere ostdeutschen Verwandten hier im Westen so sehr beeindruckt wie die Ofenepisode, so dass sie ihre Heimreise als ausgesprochene Fans der kapitalistischen Marktwirtschaft antraten.

In Gadebusch, der gut zwei Dutzend Kilometer östlich von Ratzeburg gelegenen Kleinstadt, kamen einige politisch interessierte Bürger auf den Gedanken, sich politisch zu betätigen und so die sich abzeichnende politische Freiheit der Nachmauerzeit sinnvoll zu nutzen. Sie wollten, wie es überall in der DDR geschah, einen sozialdemokratischen Ortsverein gründen und baten die Ratzeburger Genossen um Geburtshilfe.

Unsere Delegation rückte also kurz vor Weihnachten in Form einer Wagenladung von zukünftigen Parteifreunden an. Was dann über die Bühne ging, erwies sich als schwere Geburt. Die gutwilligen Parteigründer hatten in der alten DDR jahre-, wenn nicht jahrzehntelang an diversen Versammlungen teilgenommen oder teilnehmen müssen, aber allzu demokratisch ging es dabei nicht zu. Wenige Alphatiere beherrschten die Zusammenkunft der Partei-, Gewerkschafts-, Sportvereins- und so weiter -mitglieder und hatten längst festgelegt, welche Beschlüsse das lammfromme Stimmvieh in offener Abstimmung zu fassen hatte. Parlamentarische Umgangsformen waren den Leuten fremd. Wir mussten die Genossen also damit vertraut machen, wie man eine Tagesordnung gestaltet, ein Protokoll führt, einen Sitzungsleiter wählt, Kandidaten für die einzelnen Parteiämter ausguckt, Stimmzettel vorbereitet, eine geheime Wahl durchführt und zum Schluss unter dem Punkt *Verschiedenes* aktuelle Probleme diskutiert, an denen es Ende 1989 ja bei Gott nicht mangelte. Alles in allem ging die Versammlung harmonisch und mit handfesten Ergebnissen zu Ende. Als wir lange nach Mitternacht zurück nach Ratzeburg fuhren, waren wir sowohl amüsiert als auch ein bisschen mitleidig.

Als Kanzler Kohl während eines Staatsbesuches in Polen von der Durchlässigkeit der Mauer erfuhr, verließ er sofort seine Gastgeber und machte sich auf den Weg nach Berlin. Er wollte unbedingt dort sein, wo gerade ein neues Kapitel der deutschen Geschichte begann. Anders als sein Vorbild Adenauer, der seinerzeit sein Desinteresse an Berlin dadurch bekundet hatte, dass er mehr als eine Woche verstreichen ließ, bis er in die geteilte Stadt flog, wollte Kohl pünktlich zur Stelle sein. Als Instinktpolitiker ahnte er, dass sich ihm jetzt die Gelegenheit bot, zum Staatsmann zu avancieren. Bisher hatte er als ökonomischer Technokrat lediglich die bundesdeutsche Wirtschaft in Schwung gebracht, wenn auch nur mithilfe eines herzlosen Sozialabbaus und glücklicher Rahmenbedingungen, zum Bespiel dank der allgemeinen Erholung der Weltwirtschaft. Aber gerade auf dem Felde der Finanzen war seine Koalition auch für eine Reihe von Pannen verantwortlich. Als die rechtswidrigen Methoden der schwarzgelben Parteifinanzierung ruchbar wurden, mussten mehrere führende Köpfe ihren Hut nehmen, aber Kanzler Kohl selber kam mit einem blauen Auge davon und blieb im Amt.

Und jetzt, 1989/90 schenkte ihm das Schicksal die Chance, sich aktiv an der Wiedervereinigung zu beteiligen. Die lag ohnehin in der Luft und war eigentlich kaum zu vermeiden. Schon am Tag nach der Maueröffnung hatte Willy Brandt mehrfach erklärt: *Jetzt wächst zusammen, was zusammen gehört.* Und die Leipziger Demonstranten waren dabei, ihre demokratische Zielsetzung in eine nationale umzuwandeln, wenn sie nicht länger verkündeten: *Wir sind »das« Volk,* sondern: *Wir sind »ein« Volk.* Und was sich unten auf der Straße artikulierte, das konnten die hohen Herren Politiker da oben nicht einfach ignorieren. Sowohl der alteingesessene BRD-Kanzler Kohl als auch der neue DDR-Ministerpräsident Modrow wagten sich mit zustimmenden Worthülsen hervor. Letzterer fabulierte von einer *Vertragsgemeinschaft,* Kohl träumte in seinem Zehn-Punkte-Programm vom 28. November von *konföderativen Strukturen* als erstem Schritt zur *Wiederherstellung der staatlichen Einheit Deutschlands.* Ganz ähnlich äußerte sich Modrow am 1. Februar 1990 (aber erst nach Rücksprache mit Gorbatschow) und plädierte für einen schrittweisen Übergang von einer *Konföderation zu einem einheitlichen Staat.*

Aber so einfach ging das nicht. Nach wie vor waren die Siegermächte zuständig für *Deutschland als Ganzes* und nicht die Deutschen selber. Gorbatschow, Thatcher und Mitterand standen denn auch einem vereinigten Deutschland als neuer wirtschaftlicher und militärischer Großmacht skeptisch oder gar ablehnend gegenüber, ebenso sparten Polen und Israel nicht mit Kritik an der Entstehung eines vergrößerten und folglich bedrohlichen deutschen Einheitsstaats. Lediglich US-Präsident Bush brachte dem deutschen Traum Verständnis, ja Wohlwollen und Unterstützung entgegen, sah er doch in der sich abzeichnenden Entwicklung eine Chance, den Einflussbereich der westlichen Welt, sprich NATO, auf Kosten des zerfallenden Sowjetimperiums und unter Federführung der USA nachhaltig auszudehnen. Gerade die militärische Zukunft Deutschlands und Europas erwies sich folglich als das größte Problem. Es war logisch, dass die Sowjets *ihre* DDR nicht so einfach gratis und franko aus *ihrem* Warschauer Pakt entlassen würden. Man musste also verhandeln. Und so trafen sich die Außenminister der beiden Militärblöcke Mitte Februar 1990 in Ottawa und beschlossen, die Zukunft Deutschlands auf mehreren sogenannten Zwei-plus-Vier-Konferenzen durch die Außenminister der zwei deutschen Staaten und der vier Siegermächte zu regeln.

Aber vorher wurde in der DDR gewählt. Am 18. März, dem Tag der Berliner Revolution von 1848, wurden die ersten (und letzten) wirklich freien Volkskammerwahlen durchgeführt und endeten mit einer Sensation. Noch im Februar hatten die Meinungsforscher der SPD einen deutlichen Wahlsieg vorhergesagt. Aber dann holte die CDU auf. Während die Sozialdemokraten, vor allem im Westen, eine Politik mit Augenmaß befürworteten und für einen schrittweisen Weg zur Einheit plädierten, forderte und versprach Kohl, was *drüben* sehr populär war, eine schnelle Wiedervereinigung und zwar in allen Bereichen, nämlich in der Politik, der Wirtschaft und der Währung. Und genau das wollten die ostdeutschen Wähler, sie wollten so schnell wie möglich von De-De-Erlern zu Bundesbürgern werden – mit der D-Mark als Zahlungsmittel und der Marktwirtschaft als Wohlstandsgarantie. Unmissverständlich drohten sie auf ihren (wenn auch nicht mehr so zahlreich besuchten) Demonstrationen: *Kommt die D-Mark, bleiben wir; kommt sie nicht, gehen wir zu ihr.* Es war auch ganz in ihrem Sinn, wenn sich Kohl für den einfachen Anschluss Mitteldeutschlands an die BRD aussprach. Der Artikel 23 des Grundgesetzes, in dem die westdeutschen Bundesländer aufgezählt sind, sieht diese Möglichkeit schließlich ausdrücklich vor. Da heißt es ganz lapidar über das Grundgesetz: *In anderen Teilen Deutschlands ist es nach deren Beitritt in Kraft zu setzen.* Punkt, fertig, basta. Eine neue gemeinsame Verfassung auszuarbeiten, wäre viel zu langwierig gewesen und barg die Gefahr in sich, dass es sich die vier Siegermächte, vor allem die SU, hinsichtlich der deutschen Einheit vielleicht doch noch anders überlegten. Was der letzte Grundgesetzartikel (146) als zweite Möglichkeit auf dem Weg zur Einheit vorsah und was viele Anhänger der friedlichen Revolution und westdeutscher Sozialdemokraten vorgezogen hätten, wurde von Kohl und den Seinen gar nicht ernsthaft in Betracht gezogen (*Dieses Grundgesetz verliert seine Gültigkeit an dem Tage, an dem eine Verfassung in Kraft tritt, die von dem deutschen Volk in freier Entscheidung beschlossen worden ist.*). Noch populärer war Kohls verlockendes Angebot, den DDR-Bürgern ihre schwache DDR-Mark zum Kurse von 1:1 in die geliebte D-Mark umzutauschen, und das ohne Rücksicht auf die sich daraus ergebenden finanziellen Probleme und die Bedenken bundesdeutscher Wirtschaftsexperten. Aber Kohl wollte eben unbedingt den Wahlsieg und die Einheit (so auch später der Titel seines Buches), und beides erreichte der clevere Taktiker auch.

Nur das 1:1-Versprechen konnte die auf gepackten Koffern sitzenden Ostdeutschen davon abhalten, zu Tausenden in die BRD rüberzumachen. Und so war es doch keine Sensation, wie die Wahl vom 18. März ausging. Die von Kohl im Wahlkampf unterstützte Ost-CDU wurde mit 40,8% die bei weitem stärkste Fraktion und erreichte als AfD (Allianz für Deutschland) im Bündnis mit dem Demokratischen Aufbruch (DA) und der Deutschen Sozialen Union (DSU), einem Ableger der bayerischen CSU, fast die absolute Mehrheit (48,1%). Die SPD, deren Ostpolitik unter Kanzler Willy Brandt überhaupt erst Bewegung in die deutsch-deutschen Beziehungen gebracht hatte, erhielt nicht einmal halb so viele Stimmen wie die AfD, nämlich kümmerliche 21,9%. Die Bürgerinnen und Bürger, die seit dem Sommer '89 den Mut zu friedlichem Protest fanden, auf den Straßen demonstrierten, sich in Parteien und Bürgerinitiativen organisierten und am sogenannten runden Tisch zusammenfanden, um für die Zeit nach der alten DDR eine neue demokratische Deutsche Demokratische Republik zu planen, endeten am 18. März unter *Ferner liefen*. Ihre knapp 3% kann man kaum anders deuten als mit dem deutschen Sprichwort *Undank ist der Welt Lohn*. 16,4% der Wähler hielten der in PDS umbenannten SED die Treue, auf 5,3% kam der Bund der Freien Demokraten, später wie im Westen FDP.

Zum Ministerpäsidenten der absterbenden DDR wurde der Christdemokrat Lothar de Maizière gewählt und bildete mit seiner AfD, der SPD und den Liberalen eine Große Koalition. Eigentlich ging es nur noch um die Abwicklung der DDR, in seiner Regierungserklärung bezeichnet de Maizière die Einigung Deutschlands dann auch als das wichtigste Ziel seiner Regierung.

Aber abgesehen von den USA taten die Siegermächte sich mehr oder weniger schwer damit, dem deutschen Einheitstraum bedingungslos zuzustimmen. Vor allem Gorbatschow wollte *seine* DDR nicht einfach preisgeben. Das hätte er vor seinen Parteigremien, in denen es von Reformkritikern nur so wimmelte, nicht verantworten können. Da die breite Mehrheit der Deutschen um jeden Preis wollte, konnte man ihr auch einen saftigen Preis präsentieren. Wollte Kohl die DDR kaufen, dann musste er gefälligst auch zahlen. Reich genug war Bonn ja.

Eigentlich war es logisch und selbstverständlich, dass man entsprechend dem Selbstbestimmungsrecht der Völker auch dem deutschen Volk seine staatliche Einheit gönnen musste und ebenso seine uneingeschränkte Souveränität. Da es einem souveränen Staat jedoch freisteht, darüber zu entscheiden, welchen Bündnissen er angehören will, egal ob wirtschaftlich oder politisch, war klar, dass die um die DDR vergrößerte Bundesrepublik sich in doppelter Hinsicht dem Westen anschließen würde, also sowohl der EG als auch der NATO. Konkret bedeutete das, dass die Nationale Volksarmee, wenn auch ohne ihre Führungskader, in neuen Uniformen in die Bundeswehr überwechseln würde. Diese Verschiebung der militärischen Machtverhältnisse konnte Moskau unmöglich gutheißen. Der Westen musste also auf den vier Zwei-plus-Vier-Konferenzen (im Mai in Bonn, im Juni in Ostberlin, im Juli in Paris und im September in Moskau) zu Kompromissen und Zugeständnissen vor allem auf militärischem Gebiet bereit sein, und Kohl durfte mit Kohle an die sowjetische Adresse nicht sparen, um die drohende Zahlungsunfähigkeit der Sowjetunion und das politische Ende ihres Präsidenten abzuwenden. Der Westen war daran interessiert, den Reformer Gorbatschow im Amte zu halten, und das war nur möglich, wenn er sein Gesicht wahren konnte. Auf den Zwei-plus-Vier-Konferenzen diskutierte man also darüber, die neue Bundeswehr erheblich zu verkleinern, man einigte sich darauf, dass Deutschland auf ABC-Waffen (atomare, biologische und chemische) verzichtete und dass die Rote Armee noch einige Jahre in der Ex-DDR stationiert bleiben könnte, auch über den Tag der deutschen Wiedervereinigung hinaus. Darüber hinaus war Kohl mit einem 5-Milliarden-Kredit zur Hand, als sein Geschäftspartner einen entsprechenden Bedarf anmeldete. Der Kanzler und der Präsident waren aufeinander angewiesen, der eine brauchte die politische Hilfe des anderen, der andere die finanzielle Hilfe des einen. Die beiden sahen sich also zu einer Zwangsfreundschaft genötigt und suchten ihre persönlichen Kontakte durch die zeitweise Einbeziehung der Gemahlinnen zusätzlich zu verbessern. Mitte Juli, als Kohl und Genscher Moskau und Gorbatschows kaukasische Heimat besuchen, wird man sich endgültig über die Einheit einig und muss später nur noch Details klären, also die genaue Anzahl der Milliarden festlegen, die von Bonn nach Moskau fließen sollen. Nicht anders als die DDR-Menschen war Gorbatschow scharf auf die harte D-Mark, und Kohl war clever und großzügig genug, diese Wünsche zu erfüllen.

Schon zwei Wochen vorher – genau am 1. Juli 1990 – war der von den Finanzministern der beiden deutschen Staaten ausgehandelte *Staatsvertrag zur Währungs-, Wirtschafts- und Sozialunion* rechtskräftig und wirksam geworden, wodurch *drüben* die soziale Marktwirtschaft und die Deutsche Mark eingeführt wurden. Löhne und Renten wurden zum Kurs von 1:1 umgestellt, ebenso Bargeld und Spargeld – dies aber nur bis zu einer Höhe von 4000 Ostmark (für Kinder bis zu 2000, für Senioren bis 6000 Mark). Höhere Guthaben wurden zu einem Wechselkurs von 2:1 umgetauscht.

Man kann sich vorstellen, was für ein Gedränge sich vor den entsprechenden Schaltern abspielte. Im Bewusstsein der De-De-Erler war mit dem 1. Juli die deutsche Wiedervereinigung verwirklicht, denn nichts macht die Zusammengehörigkeit eines Volkes so deutlich wie die gemeinsame Währung. Weitere wichtige Maßnahmen folgten. Am 23. August beschloss die Volkskammer mit großer Mehrheit den Beitritt der 5 ostdeutschen Länder, die kurz zuvor aus den 14 DDR-Bezirken gebildet worden waren, zum Geltungsbereich des Grundgesetzes. Eine gute Woche später, am 31. August, wurde der von Schäuble und Krause ausgehandelte *Vertrag zwischen der Bundesrepublik Deutschland und der Deutschen Demokratischen Republik über die Herstellung der staatlichen Einheit Deutschlands – Einigungsvertrag* in Ostberlin unterzeichnet. Auch wenn er von der Volkskammer erst am 20. September angenommen wurde, waren mit seiner Unterzeichnung vollendete Tatsachen geschaffen.

Deutschland war wieder eins. Die vier Außenminister der Siegermächte konnten auf dem abschließenden Zwei-plus-Vier-Treffen in Moskau nur noch mit dem Kopf nicken und am 12. Dezember den *Vertrag über die abschließende Regelung in Bezug auf Deutschland* artig unterschreiben. Aber vor die deutsche Einheit hatten die Götter die Bezahlung gesetzt. Wohlwollen will erkauft sein. Sowohl Bush als auch Gorbatschow liegen dem Kanzler in den Ohren und halten die Hand auf. Beide sind in Finanznot, die USA führen einen kostspieligen Krieg, und die Sowjetunion steht vor dem Staatsbankrott. Anfang August hatte der irakische Präsident und Diktator Saddam Hussein das benachbarte Ölemirat Kuwait angegriffen, erobert und annektiert, was weltweiten Protest – auch der Vereinten Nationen – auslöste. Die USA sahen sich berechtigt, sofort militärisch einzugreifen, und inszenierten mit britischer und französischer Hilfe das Unternehmen *Wüstensturm*.

Da sich die Bundesrepublik, was verfassungsrechtlich auch gar nicht möglich gewesen wäre, an dem Krieg nicht beteiligte, sollte sie die USA wenigstens finanziell unterstützen, nicht zuletzt aus Dank für Bushs Eintreten für die deutsche Einheit. Kohl lässt sich nicht lumpen, macht ein spendables Hilfsangebot und betont zugleich, dass es ihn persönlich sehr belaste, nach so viel Solidarität der USA wegen der anderen deutschen Ausgaben nicht noch mehr erübrigen zu können. Insgesamt kam uns der Golfkrieg teurer zu stehen als der Erwerb der Einheit.

Während Bonn sich einerseits an den Kosten des Krieges und der Stationierung von 200000 Amerikanern finanziell beteiligte, musste man andererseits für den Abzug von 363000 Rotarmisten aus Ostdeutschland bezahlen. Die Kosten für den Truppen- und Waffentransport in die Sowjetunion, die Errichtung der dort notwendigen Wohnungen und Kasernen, die eventuelle Fortbildung oder Umschulung der Soldaten würde, so Gorbatschow, Milliarden verschlingen. Aber wie viel genau? Einig war man sich über die Einheit als solche, aber über die Kosten kam es mit dem Kanzler zu einem regelrechten Kohl-Kuhhandel. Der Präsident verlangte 36 Milliarden, sein Geschäftspartner bot 6. Das waren natürlich nur erste Pokersummen, und beide Seiten wussten, dass man aufeinander zugehen musste. Würden die Rotarmisten nicht sieben Jahre bleiben, wie anfangs von den Sowjets geplant, sondern nur drei bis vier, dann würde Bonn zu einer deutlichen Aufstockung bereit sein. Aber über das neue Angebot von 8 Milliarden ist Gorbatschow maßlos enttäuscht.

Nun ködert Kohl mit Lebensmittellieferungen (250000 Tonnen Fleisch und 60000 Tonnen Butter). Das ist eine humane Geste und hilft zudem der DDR, ihre Agrarüberschüsse loszuwerden. Aber zwei Tage vor dem Abschluss der letzten Zwei-plus-Vier-Konferenz sind Bonn und Moskau mit 12 gegen 18 Milliarden noch immer 6 Milliarden auseinander. Ein Kompromiss ist nötig und möglich. Jede Seite kommt der anderen 3 Milliarden entgegen. Gorbatschow fordert nur noch 15 Milliarden und Kohl gewährt einen zinslosen Kredit von den 3 Milliarden, um die Gorbatschow seine Forderung reduziert.

Dann endlich, am 12. September, der feierliche Abschluss der Zwei-plus-Vier-Verhandlungen. Das Ergebnis ist eine Art Friedensvertrag. Deutschland ist in verkleinerter Form vereint und akzeptiert seine Ostgrenze mit Polen. Es begnügt sich mit einer Bundeswehr in der Größe von 375000 Mann, und das ohne ABC-Waffen. Die neue Bundeswehr ist also nur noch gut halb so groß wie die alte Bundeswehr und die NVA zusammen (nämlich 475000 + 180000 = 655000). Die vier Siegermächte verzichten auf ihre Rechte über Deutschland als Ganzes und über Berlin. Am 13. September 1990 wird der *Vertrag über gute Nachbarschaft, Partnerschaft und Zusammenarbeit zwischen der Sowjetunion und Deutschland* paraphiert. Drei weitere bilaterale Verträge folgen, zum Beispiel über wirtschaftliche, wissenschaftliche und technische Zusammenarbeit sowie über den Abzug der letzten Einheiten der Roten Armee bis zum Ende des Jahres 1993.

Drei Wochen später soll der offizielle Tag der Einheit erstmals gefeiert werden. Am 2. Oktober versammeln sich Hunderttausende vor dem Reichstag. Kurz vor Mitternacht zeigt sich die politische Prominenz dem Volke. Dann wird die deutsche Fahne gehisst und das Deutschlandlied gesungen. 20 Jahre zuvor – am 19. März 1970 – hatten die Menschen in Erfurt *Willy, Willy!* gerufen, jetzt rufen sie *Helmut, Helmut!*. Beide Männer hatten ihren Anteil daran, dass zusammenwächst, was zusammengehört. Wie es sich für einen neu etablierten Staat mit demokratischer Verfassung gehört, muss das Volk möglichst bald ein Parlament wählen. Das geschieht am 3. Dezember. Union (43,8%) und Liberale (11%) erringen eine deutliche Mehrheit und setzen unter Kohl ihre Regierung fort. Die SPD kommt auf 33,5%. Die kleineren Parteien schwächeln. Da es jedoch ausreicht, in der alten BRD oder der Ex-DDR die Fünfprozenthürde zu nehmen, kommen auch Grüne und PDS mit einigen Abgeordneten in den Bundestag.

Das Grundgesetz hatte die westdeutsche Bundesrepublik als eine Übergangslösung angesehen, das anzustrebende Ziel war die deutsche Einheit. Von Bonn als provisorischer Hauptstadt wurde das Provisorium BRD dann 41 Jahre lang regiert und ist damit gut gefahren, wurde auch in der westlichen und Dritten Welt zunehmend anerkannt und geschätzt. Dass Berlin die eigentliche Hauptstadt Deutschlands sei, verkam mehr und mehr zu einem Lippenbekenntnis. Immerhin gab es ein paar Trostpflästerchen. Die verarmte Halbstadt Westberlin wurde finanziell unterstützt, und der Reichstag wurde renoviert und für partielle Sitzungen, zum Beispiel der einzelnen Bundestagsfraktionen und -ausschüsse genutzt, denn gemäß der Abmachungen aus den Siebzigerjahren durfte das Plenum nicht in Berlin tagen. Und das war der Bonner Politnomenklatur auch ganz lieb. Jetzt aber, nach der Wiederherstellung der deutschen Einheit, musste man Farbe bekennen. Sollten die theoretischen Hauptstadtbeteuerungen praktische Wirklichkeit werden?

Doch vieles sprach dagegen. So die Kosten des Umzugs, die Kosten für die Errichtung neuer Verwaltungsgebäude, der Widerstand der im Bonner Raum ansässigen Bundesbeamten und überhaupt das seit Adenauers Zeiten westlich und katholisch geprägte Bewusstsein der Bundesbürger und deren Aversion gegen eine preußische, protestantische und inzwischen zum Teil sogar atheistische Gesinnung der neuen Länder, und nicht zuletzt die Macht der Gewohnheit.

Für Berlin sprach – neben den gebetsmühlenartig wiederholten Hauptstadtbeteuerungen – die historische Tatsache, dass die Stadt in den Jahrzehnten des Kalten Krieges das Symbol des nationalen Strebens nach Einheit und Freiheit gewesen war. Das Beharrungsvermögen der Westberliner während der Blockade, nach dem gescheiterten Aufstand vom 17. Juni 1953 und dem Bau der Mauer im August 1961 mit dem isolierten Leben wie in einem Gefängnis verdiente jetzt doch im Zuge einer ausgleichenden Gerechtigkeit eine angemessene Belohnung – also die Ehre, wieder Hauptstadt zu sein. Hatten die Westberliner nicht den Außenposten der westlichen Welt im *roten Meer* des Ostens unter persönlichen Opfern, Nachteilen und Unannehmlichkeiten gehalten? Sollte das alles auf einmal vergessen sein?

So fühlten sich die meisten führenden Politiker denn auch verpflichtet, Berlin zu favorisieren. Aber der Mehrheit der Bundesbürger (samt der Volksvertreter) war das regionale Hemd näher als der nationale Rock. Nordrheinwestfalen wollte sein liebes Bonn nicht preisgeben, und die bayerische Abneigung gegen Berlin hatte eh Tradition. Als der Bundestag am 20. Juni 1991 die Entscheidung zu treffen hatte, war der Ausgang der Abstimmung, zumal es keine Fraktionsdisziplin gab, völlig offen, und das Ergebnis dann äußerst knapp. Mit 338:320 Stimmen hatte der *Berlin-Antrag* über den *Bonn-Antrag* gesiegt. Die Anrainerstaaten von Rhein und Donau hatten für Bonn votiert, die nord- und mitteldeutschen Länder (die alte DDR und Hessen) für Berlin. Katholische Volksvertreter sympathisierten mit Bonn, protestantische und konfessionslose mit Berlin. Die kleinen Parteien waren für Berlin (FDP 53:26, PDS 17:1, Bündnis 90/Grüne 4:2), die beiden großen für Bonn (Union 164:154, SPD 126:110). Allerdings gab es zwischen den beiden C-Parteien einen deutlichen Unterschied, in der CDU stimmten 146:124 für Berlin, in der CSU 40:8 für Bonn. Die alten Bundesländer bevorzugten ihre alte Hauptstadt (291:214), die neuen Berlin, das ja zur Hälfte einst ihre Hauptstadt war (124:29). Die ostdeutsche Mehrheit von 95 Stimmen war also größer als die westdeutsche von 77. Man kann also sagen, dass die Entscheidung für Berlin in der Ex-DDR getroffen wurde.

Bonn wurde die Niederlage durch einige Zugeständnisse zu versüßen versucht. Nicht alle Ministerien mussten nach Berlin umziehen, einige blieben – zumindest mit ihrem Hauptsitz – in Bonn. Auch wurden einige internationale Organisationen in Bonn angesiedelt. Als der Umzug von Bundestag, Bundesrat und (mehrheitlich) Bundesregierung 1999 endlich – und viel später als ursprünglich geplant – zum Abschluss gekommen war, blieb der Stadt am Rhein nichtsdestoweniger nichts anderes übrig, als das zu sein, was ihre Autonummer *BN* zum Ausdruck bringt, nämlich *Berlin-Nebenstelle.*

Zum Schluss ein Fazit. Die Wiedervereinigung hatte viele Ursachen beziehungsweise Väter und Mütter. Ich nenne nur die Verantwortlichen der neuen Ostpolitik in den Siebzigerjahren, die osteuropäische Opposition in den Achtzigerjahren, die Bestärkung des Freiheitsstrebens nach den KSZE-Beschlüssen, die wirtschaftlichen Schwierigkeiten der sozialistischen Planwirtschaft, den Unmut der östlichen Völker angesichts der Versorgungsengpässe, den Mut des Reformers Michail Gorbatschow, die friedliche Revolution in der DDR und endlich die entschlussfreudige Schnelligkeit, mit der Helmut Kohl die Gelegenheit beim Schopfe ergriff und die Wiedervereinigung betrieb. *Ich wollte die Einheit,* behauptete er später immer wieder, und die Mehrheit der Deutschen bewunderte seine Tatkraft. Der Preis von knapp 20 Milliarden DM, den Bonn an Moskau bezahlte, schien nicht zu hoch. Und die Ungeduld, mit der Kohl das Geschäft betrieb, schien vom politischen Geschick des Kanzlers zu zeugen. Gorbatschows Macht war höchst unsicher und seine Tage schienen gezählt. Wie lange würde man mit ihm überhaupt noch politische Geschäfte machen können? Was, wenn das Sowjetimperium zusammenbrach? Und dazu kam es ja auch schon bald.

Orthodox-kommunistische Kräfte des Militärs putschten am 19. August 1991 gegen ihren Präsidenten. Zwar konnte Boris Jelzin, der Präsident der russischen Sowjetrepublik, den versuchten Staatsstreich niederschlagen, so dass Gorbatschow seinen Posten retten konnte, aber schon nach einem knappen halben Jahr, am 25. Dezember 1991, trat er von seinem Amt zurück. Der starke Mann war nun Boris Jelzin, aber er herrschte nur noch über die eine Republik Russland. Denn das Sowjetimperium hatte sich unaufhaltsam in seine Einzelteile aufgelöst. Sowohl die Satellitenstaaten (Polen, die ČSSR, Ungarn, Rumänien und Bulgarien) sagten sich von Moskau los als auch die Sowjetrepubliken Weißrussland, die Ukraine, Moldawien sowie die baltischen Länder Litauen, Estland und Lettland und weitere Völker im Süden der Sowjetunion. Es gab kein osteuropäisches Wirtschafts- und Militärbündnis mehr, mit dem Rat für gegenseitige Wirtschaftshilfe und dem Warschauer Pakt war es vorbei. All diese Länder beziehungsweise Völker wurden unabhängige Staaten und konnten sich des Abzugs der Roten Armee erfreuen, ohne dass sie dafür eine einzige Kopeke bezahlten.

Nur die DDR musste ihre Unabhängigkeit teuer bezahlen beziehungsweise von Bonn bezahlen lassen. Hätte Kohl mit etwas Geduld auf den Zusammenbruch und Zerfall des Sowjetimperiums gewartet, wäre auch die DDR wie ganz Osteuropa gratis und franko frei geworden, einschließlich der Freiheit, frei über die Vereinigung mit dem westlichen Deutschland zu entscheiden. Der sogenannte Kanzler der Einheit ist also eigentlich der Kanzler der Ungeduld und der Unkosten.

EINSCHUB 59A
EIN LOGISCHER DIALOG

Kanzler KOHL und sein Außenminister GENSCHER sitzen bei Kaffee und Kuchen zusammen und politisieren.

- *Helmut, du pokerst zu hoch,* sagt Hans-Dietrich und verzieht das Gesicht, als hätte ihm jemand Salz in den Kaffee gestreut.
- *Wie meinst du das?*, fragt sein Chef. *Du weißt ganz genau, wie ich das meine. Du verärgerst alle, auf deren Wohlwollen wir angewiesen sind, hüben und drüben.*
- *Inwiefern denn?*
- *Indem du zu viel verlangst.*
- *Aber wir sind doch alle für die Einheit. Du und ich und unsere Brüder und Schwestern in der Zone, und die meisten Sozis und sogar die drei Westmächte.*
- *Bestenfalls die Amerikaner, Helmut, London und Paris sind eher skeptisch, wenn nicht contra.*
- *Aber Hans-Dietrich, wie kannst du nur so miesepetrig sein. Du warst doch selbst dabei, wenn unsere englischen und französischen Freunde bei jedem Berlinbesuch beteuerten: Die Mauer muss weg!*

- Das sagen sie, aber das meinen sie nicht. Ob Margaret oder François, die kriegen doch Bauchschmerzen beim Gedanken an eine deutsche Großmacht bis zur Oder.

- Vielleicht vorübergehend. Aber letztendlich müssen sie das Selbstbestimmungsrecht akzeptieren.

- Letztendlich, sagst du, und damit hast du recht. Aber du bist zu voreilig und ungeduldig. Wir müssen die Birne - Entschuldigung! - reifen lassen, bevor wir sie pflücken.

- Ja, ja, du zitierst Bismarck. Aber ich, ich will nicht warten, und ich kann nicht warten. Ich will die Einheit jetzt. Noch dieses Jahr.

- Und Gorbi, dessen Thron ohnehin wackelt, soll seinen Segen dazu geben?

- Das muss er. Er kann gar nicht anders. Er ist doch schon auf dem Rückzug. Er hat dem deutschen Volk doch bereits das Recht auf seine nationale Einheit eingeräumt. Nun ziert er sich noch und will nicht, und ich sage noch nicht, dass die vergrößerte Bundesrepublik Mitglied der NATO wird.

- Und wie willst du ihn umstimmen?

- Ganz einfach. Finanziell.

- Du willst ihn also bestechen?

- Aber Hans-Dietrich! Nicht so unschöne Worte!

- Aber darauf läuft es doch hinaus. Erst sollen die Sowjets die DDR preisgeben und sie dann auch noch in die NATO lassen - und das für ein paar lumpige Mark. Aus dem Handel wird nichts.

- Für Geld kriegt man alles. Es ist nur eine Frage des Preises. Kurz: Ich kaufe die Einheit.

- An welche Summe hast du gedacht?

- Wir zahlen so viel, wie die Russen brauchen. Du hast selber gesagt, dass Gorbis Thron wackelt. Also braucht er Hilfe. Und noch wackeliger ist es um die sowjetische Volkswirtschaft bestellt. Die steht doch kurz vor der Pleite. Um zu überleben und die russische Wirtschaft zu retten, braucht Präsident Gorbatschow Geld und nichts als Geld, und zwar keine Rubel, sondern D-Mark. Nur mit unserem Geld kann er seiner Partei und seinem Volk imponieren.

- Ich frage noch mal: Wie viel?

- Und ich antworte noch mal: So viel, wie er braucht. Fehlen ihm 2 Milliarden, dann kriegt er 2 Milliarden, braucht er 3, dann helfen wir ihm

mit 3 Milliarden aus, und wenn er 5 nötig hat, dann erhöhen wir unsere Hilfe auf 5 Milliarden.

– Ich weiß nicht, ich weiß nicht. Unsere Volkswirtschaft und unser Staatsetat sind doch kein unerschöpfliches Füllhorn. Deine Politik überfordert uns.

– Das ist doch nur gut, das ist sogar notwendig. Du weißt doch selbst, dass Margaret und François Angst vor einer deutschen Supermacht haben. Wenn wir uns aber durch den Kauf der DDR und die Finanzhilfe an Moskau wirtschaftlich schwächen und in die roten Zahlen rutschen, wenn wir zudem die marode DDR für teures Geld sanieren müssen, dann können London und Paris aufatmen, und dann ist ihre Angst vor einer Großbundesrepublik ausgeräumt. Nur unter dieser Bedingung werden sie bereit sein, auf den Zwei-plus-Vier-Konferenzen der Einheit, ich sage meiner Einheit, zuzustimmen. Und ich will dir noch etwas sagen. Damit die Sowjets der Verlust der DDR, ihrer Besatzungszone, nicht gar zu sehr schmerzt, werden wir ihnen den Umzug der Roten Armee in ihre Heimat mit 30 Milliarden bezahlen.

– Helmut, ich muss deine Bauernschläue und Cleverness bewundern und werde dir bedingungslos folgen.

– Na endlich, Hans-Dietrich.

60

Das Leben der Deutschen seit dem 9. November

Der 9. November erwies sich im Laufe des 20. Jahrhunderts für die Deutschen mehrfach als ein Schicksalstag. Dank der Revolution vom 9. November 1918 war Schluss mit Krieg und Monarchie, und die erste deutsche Republik wurde angestrebt und alsbald ins Leben gerufen. Fünf Jahre später, am 9. November 1923, unternahm Adolf Hitler mit seiner Gefolgschaft einen dilettantischen Putschversuch, scheiterte, wurde verurteilt, musste einsitzen und hatte während der komfortablen Festungshaft Gelegenheit, sein biografisches Propagandabuch *Mein Kampf* zu verfassen, und wartete – wieder auf freiem Fuß – darauf, mit List und Tücke, Gewaltandrohung und Gewalt sowie mit Unterstützung rechtskonservativer und großkapitalistischer Kreise die Macht zu usurpieren. Am 9. November 1938 inszenierten die Nazis ihre hasserfüllten Pogrome; unter Führung fanatischer SA-Männer wurden jüdische Geschäfte, Kaufhäuser, Arztpraxen und Anwaltskanzleien gestürmt, demoliert und geplündert und Synagogen in Brand gesteckt.

Und nun, im Jahre 1989 wieder ein 9. November mit politischen Ursachen und Konsequenzen. Die Mauer öffnete sich und wurde alsbald – bis auf einige Souvenirreste – auch abgerissen. Die Deutschen konnten Deutsche besuchen, verfügten über die gleichen Zahlungsmittel, bereiteten sich auf die Wiedervereinigung vor, machten mit dieser dann aber sehr unterschiedliche Erfahrungen. Für die Wessis änderte sich so gut wie nichts, für das Leben der Ossis fast alles. Doch davon später.

Zuvor ein paar Episoden aus dem ersten Winter ohne Mauer. Von dem Besuch, den uns Christas Rostocker Verwandte abstatteten und der Ratzeburger SPD-Hilfe bei der Gründung der Gadebuscher SPD hatte ich schon erzählt. Zu erwähnen ist auch, dass unsere Familie es sich nicht nehmen ließ, Silvester in Berlin zu verleben, vom Teufelsberg im Grunewald aus das Raketenspektakel zu begutachten, mit dem die ungeteilte Stadt das neue Jahr begrüßte, und dann, am Neujahrstag, das endlich wieder offene Brandenburger Tor zu durchschreiten. Auch in unserer Schule gab es allerlei grenzübergreifende Aktivitäten, seien sie nun sportlicher oder pädagogischer Natur.

Unser Kollege Wulf Schmidt, der Marathonfan, hatte, seit er in Ratzeburg ansässig war, davon geträumt, um den Großen Ratzeburger See zu laufen und darüber hinaus einen Wettlauf auszuschreiben und durchzuführen, was zunächst jedoch nicht möglich war, befand sich doch der größte Teil des Ostufers fest in kommunistischer Hand. Aber jetzt endlich war die Mauer durchlässig und überall gab es offizielle Übergänge. Man musste, so glaubte Wulf, nur den Vorstand des Ratzeburger Sportvereins dazu veranlassen, Kontakt mit dem Utechter Verein auf der anderen Seite des Sees aufzunehmen und dann gemeinsam den Lauf organisieren. Warum auch nicht? Das Gefühl der deutsch-deutschen Zusammengehörigkeit hatte die Menschen in den ersten Wochen nach dem Mauerende hüben und drüben in patriotische Begeisterung versetzt, und so bereitete unser sportliches Rendezvous keine Schwierigkeiten. So wie in den Weihnachtsferien ein paar Ratzeburger Genossen zwecks der SPD-Gründung nach Gadebusch gefahren waren, so machten sich ein paar Wochen später eine Handvoll Ratzeburger Sportfreunde auf den Weg nach Utecht. Der Empfang im sogenannten Kulturhaus war herzlich und spendabel, es gab Kaffee und Kuchen, belegte Brote und Bier, und das in solchen Massen, als sei der ganze Ratzeburger SV zu Besuch geladen. Wir unterhielten uns wie alte Freunde, von 40 Jahren Trennung war nicht das Geringste zu spüren. Sportlich waren wir uns sofort einig. Die Utechter versprachen uns, ihren Teil zum Gelingen des Laufes beizutragen und waren gerne bereit, in ihrem Dorf einen Stand aufzubauen, der die Läufer mit Getränken, Obst und Müsliriegeln (Letztere dann von einer westdeutschen Firma gespendet) versorgen würde. Wulfs Terminvorschlag, der erste Adventssonntag, fand allgemeine Zustimmung. Seine Argumente überzeugten. Wir hätten bis dahin genügend Zeit für die Vorbereitung und konnten geduldig abwarten, welche politischen Veränderungen und Verbesserungen sich bis dahin noch einstellen würden. Wir hatten zehn Monate zur Verfügung, um für unsere Veranstaltung in Ost und West zu werben – und im Übrigen war das Wort *Advent* nicht ohne symbolische Bedeutung, heißt doch Advent nichts anderes als Ankunft, und auf eine glückliche Ankunft der Läufer nach der anspruchsvollen, weil bergigen Strecke über 26 Kilometer, nämlich von Ratzeburg nach Ratzeburg, wollten wir Hoffnung machen.

Alles schien in Butter, als plötzlich doch noch Probleme auftauchten. Ein höherer Offizier der Nationalen Volksarmee, der bis dahin still und bescheiden, in Begleitung eines Fähnrichs, an einer Art Katzentisch gesessen und emsig dem Kuchen zugesprochen hatte, wollte auf einmal mitreden. So hilfsbereit die Utechter waren, so widerwillig zeigte sich der Leutnant, Major, Hauptmann (oder was immer er war). Er sah Schwierigkeiten und machte welche, indem er darauf hinwies, dass die Läufer zweimal eine Staatsgrenze überqueren würden, erst von der BRD in die DDR (noch gab es sie ja) und dann von der DDR in die BRD. Die doppelte Passkontrolle würde also aufwendig und zeitraubend sein. Nach längerer Debatte ließ der uniformierte Bedenkenträger sich endlich auf das folgende Zugeständnis ein: Die Startnummern der Läufer sollten als Personaldokumente Anerkennung finden, so dass die sonst übliche Ausweiskontrolle bei der Ein- und Ausreise entfallen könnte, das allerdings nur unter der Bedingung, dass die Veranstalter (also wir) eine Liste der Teilnehmer mit ihren Startnummern und den dazugehörigen Daten zur Person, die normalerweise in Perso oder Pässen aufgeführt sind, den DDR-Behörden und Grenzorganen einreichen würden und die Richtigkeit der Angaben garantierten.

Wir wollten gerade aufatmen, da tat sich ein neues Hindernis auf: *Ihre Läufer müssen ja nicht nur eine Staatsgrenze überqueren, sondern auch eine Wirtschaftsgrenze, nämlich aus dem Kapitalismus in den Sozialismus und zurück, so dass wir nicht nur politische Passkontrollen, sondern auch wirtschaftliche Warenkontrollen vornehmen müssen. Das Passproblem haben wir inzwischen mithilfe der Startnummern zwar gelöst, aber wie bekommen wir die Einfuhr und Ausfuhr von Wirtschaftsgütern in den Griff?*, fragte der Offizier. *Das dürfte doch keine Schwierigkeiten bereiten,* antwortete Wulf und begründete seine zuversichtliche Behauptung mit dem Hinweis, dass Läufer doch in leichter Sportkleidung und ohne jedes Gepäck unterwegs seien, es also gar nichts zu kontrollieren gäbe. Der Bedenkenträger schwieg und gönnte sich eine Denkpause, und ich gab dem hartnäckigen Bedenkenträger zu bedenken: *Läufer haben es grundsätzlich eilig und werden es deshalb tunlichst vermeiden, irgendwelche hinderlichen Traglasten mit sich zu führen. Oder glauben Sie, dass die Athleten mit einer Praktika um den Hals und einem Tablett Meißener Porzellan aus der DDR in den Westen überwechseln wollen?* Unsere Utechter Gastgeber schmunzelten, und sogar der Fähnrich konnte sich ein Lächeln nicht verkneifen. Nur der Offizier blickte stur und stumm vor sich hin, bis er endlich doch einlenkte: *Gut,* sagte er, *von meiner Seite keine weiteren Bedenken. Aber was Sie unbedingt brauchen, ist die offizielle Genehmigung Ihrer Veranstaltung durch das zuständige »Ministerium für Abrüstung und Verteidigung«.*

Postwendend, zustimmend und wohlwollend antwortete Minister Rainer Eppelmann auf unsere Anfrage und wünschte unserem deutsch-deutschen Vorhaben vollen Erfolg. Zum Glück kam die Einheit dann aber so schnell, dass sich der pedantische und bürokratische Aufwand im Vorfeld unserer Veranstaltung erübrigte. Wir liefen am 1. Advent 1990 durch ein grenzenloses Deutschland.

Im Frühling '90 nahm unser Gymnasium Fühlung auf mit einigen Schulen in Mecklenburg. Wie der Adventslauf auf Wulf, so ging der pädagogische Kontakt auf meine Initiative zurück. Gegenüber einigen jüngeren beziehungsweise politisch progressiven Kollegen wies ich auf die Tatsache hin, dass unser Herzogtum Lauenburg der einzige Kreis des Landes Schleswig-Holstein sei, der an Mecklenburg grenzt, dass es also auf der Hand liege, dass wir uns mit einigen benachbarten Schulen austauschten: Was sollten die Schüler hüben und drüben lernen, wenn die beiden deutschen Staaten sich annäherten oder gar vereinigten? Müsste man nicht gemeinsam an einem neuen Lehrplan und neuen Schulbüchern arbeiten? Was könnten die von uns und wir von ihnen übernehmen? Wäre es nicht sinnvoll, sich wechselweise zu besuchen und im Unterricht zu hospitieren?

Wir konnten unserem Schulleiter die Zustimmung abringen, ein paar Kollegen aus benachbarten Orten einzuladen, die dann wirklich kamen und ein verlängertes Wochenende in Ratzeburg verlebten. Wir brachten die Lehrerinnen und Lehrer privat bei uns unter und nahmen sie mit in unseren Unterricht, wobei unsere Gäste sich darüber wunderten, dass unsere jungen Leute viel freier (und wohl auch frecher) waren als ihre Klassen. Wir tauschten Schulbücher aus und diskutierten, welche Vor- und Nachteile die einen und die anderen Lehrwerke hätten. Wir waren uns einig, dass auch pädagogisch zusammenwachsen müsse, was zusammengehört Aber wie könnte man das organisatorisch bewerkstelligen?

Einige Tage später unterrichteten wir unser Kieler Kultusministerium über unser Ratzeburger Projekt und regten eine Fortsetzung und Intensivierung der schulischen Zusammenarbeit zwischen den benachbarten Regionen östlich und westlich der ehemaligen Mauer an. Wie würde Kiel reagieren? Es reagierte gar nicht. Eine Antwort blieb aus. Nicht einmal der Eingang unseres Schreibens wurde uns bestätigt. Eine deutsch-deutsche Annäherung und Zusammenarbeit interessierte unsere vorgesetzte Behörde offenbar nicht.

Umso neugieriger waren die meisten Normalbürger hüben und drüben auf das jeweilige Drüben, fuhren rüber, guckten und kauften, besuchten Verwandte und Sehenswürdigkeiten. So auch wir. Fast jedes Wochenende waren wir unterwegs, und zwar so lange, bis unsere Kinder dagegen protestierten. Statt mit ihren Straßen- und Schulfreunden die Zeit zu verbringen, von den Eltern ins Auto gepackt und an fremdbestimmte Ziele gefahren zu werden – das wollten sie auf Dauer nicht hinnehmen. Zum Glück waren sie inzwischen groß genug (17, knapp 15 und 11), so dass wir sie alleine – auch über Nacht – zu Hause lassen konnten. Unsere erste Fahrt ohne Kinder hatte ihre Ursache in der Wirtschafts- und Währungsunion. Eine Tante von Christa war Mitte der Achtzigerjahre in Bernburg verstorben und hatte neben anderen Verwandten auch Christa zu ihrer Erbin eingesetzt. Ihr Anteil belief sich auf 20000 Ostmark, wurde aber auf einem Sperrkonto in der DDR festgehalten und verringerte sich von Jahr zu Jahr, da das Kapital keine Zinsen einbrachte, sondern für seine vertrauensvolle Verwaltung unterschiedliche Gebühren zu entrichten waren. Doch nun war uns das Geld doch zugänglich, doch konnten wir uns das Geld nur zum Kurs von 2:1 auszahlen lassen. Immerhin. Für eine Sauna in unserem Keller würde es reichen.

Unser erstes Ziel war der Bernburger Friedhof, wo wir das Grab der Tante besuchten. Dann nahmen wir auf einem nahen Parkplatz unseren mitgeführten Proviant ein. Auf einmal näherten sich uns zwei Russen und wollten mit uns offenbar in geschäftlichen Kontakt treten, auch wenn sie weder unserer noch wir ihrer Sprache mächtig waren. Aber die Zeichensprache half uns doch weiter. Die Russen traten nahe an uns heran, öffneten ihre Reisetasche, und während der eine mehrfach auf die dort verstaute Uniform wies und dann auf mich zeigte, als könnte ich Interesse daran haben, mich wie ein Rotarmist zu kleiden, rieb der andere Daumen und Zeigefinger aneinander, um auf die Notwendigkeit einer angemessenen Bezahlung – in D-Mark natürlich – hinzuweisen. Nachdem ich mein Desinteresse durch hektisches Kopfschütteln zeichensprachlich zum

Ausdruck gebracht hatte, gaben sich die Russen nicht etwa geschlagen, sondern steigerten ihr Angebot, indem sie durch leichtes Lüften der Uniformjacke deutlich werden ließen, dass sie noch ganz andere Sachen in petto hätten. In der Tiefe der Tasche offenbarte sich nämlich eine Kalaschnikow. Wieder signalisierten die beiden geschäftstüchtigen Russen, dass auch die sowjetische Maschinenpistole den Besitzer gegen gute Bezahlung wechseln könnte. Aber auch diesen Handel lehnten wir nicht nur ab, sondern brachten mit allen uns zur Verfügung stehenden Gesten Abneigung und Entsetzen zum Ausdruck. Zudem erinnerte ich mich plötzlich der von den Sowjets bei diplomatischen Verhandlungen immer wieder gebrauchten Ablehnungsfloskel und benutzte nun dieses Wort wieder und wieder und auch lauter und lauter: *Njet, njet, njet!* Das verstanden die beiden Soldaten und zogen sich unverrichteter Dinge zurück, ein trauriges Abbild einer einst glorreichen Armee, die Europa von den Nazis befreit hatte und deren Soldaten 1990 fast fahnenflüchtig wurden und ihre Ausrüstung im militärischen Sommerschlussverkauf zu Markte trugen.

Ihr Geld musste sich Christa in Halle in der dafür zuständigen Bank auszahlen lassen. In einer prallgefüllten Plastiktüte trugen wir unseren Schatz aus Sicherheitsgründen immer bei uns, egal, wohin unserer Weg uns führte, seien es Kirchen, seien es Kneipen. Am Abend kehrten wir in einen Gasthof ein und saßen quasi auf unserem Geld. Am gleichen Tisch wie wir hatten zwei junge Damen Platz genommen, und so bekamen wir nolens volens mit, worüber sie sich unterhielten, nämlich über das mehr oder weniger zufriedenstellende Leben in der DDR. Die eine offenbarte der anderen, was für ein unerwartetes Glück ihr kürzlich beschert worden sei: *Stell dir vor, ich habe für meinen Trabi eine Garage bekommen.* Neidlos beglückwünschte die Freundin die Freundin, aber diese schränkte ihren Erfolg doch etwas ein, indem sie sagte: *Leider hat die Garage aber einen Nachteil. – Wieso? Regnet es rein? – Nein, das nicht. Aber der Weg von meiner Wohnung zur Garage ist viel weiter als der zur Arbeit.*

Überhaupt bereiteten Immobilien im anderen Deutschland immer wieder Probleme und Ärger, auch und gerade nach der sogenannten Wende. Als Christa und ich während einer unserer vielen Mecklenburgausflüge die Residenzstadt Schwerin besuchten und durch die Altstadt bummelten, entdeckten wir an einem beeindruckenden, wenn auch inzwischen baufälligen und altersschwachen Jugendstilhaus eine mit großen Pinselstrichen an die Wand gemalte Parole: *Spekulanten verpisst euch!* Offenbar hatte man im Osten die bittere Erfahrung gemacht, dass westliche Makler und Privatinteressenten auf der Jagd nach alten Häusern waren, um diese billig zu erwerben, schwarz sanieren zu lassen und dann teuer zu vermieten oder selber als Wochenendquartier zu nutzen.

Immer wieder konnten wir auf unseren Fahrten über Land, ob im Auto oder auf dem Rad, beobachten, wie vor einem Bauernhaus oder einer Stadtvilla ein Hamburger Mercedes parkte und der Hanseat im eleganten Trench mit den Bewohnern des Gebäudes verhandelte – worüber, das kann man sich denken.

Auch Christa und ich waren nicht frei vom Immobilienfieber. In den *Lübecker Nachrichten* hatten wir gelesen, dass ein findiger Makler aus Schwartau an die 100 Grundstücke anbot, auf denen man Ferienhäuser errichten konnte. Das Areal lag wenige Kilometer östlich der Travemündung und der Stadt Travemünde und war von der Ostsee nur durch einen schmalen Waldstreifen und den ehemaligen Kolonnenweg der NVA getrennt. Das Projekt war verlockend. Für wenig Geld hätte man sich hier auf eigenem Grund und Boden ein Sommerhaus errichten lassen können. In einer Stunde wäre man von Ratzeburg in seine Datsche gelangt und in einer Minute von dort an und in die Ostsee. Das Bauland hatte der Makler von einer Bauernwitwe erworben oder stand doch kurz davor. Ihr Mann war vor Jahrzehnten in die LPG gezwungen worden, war aber offiziell Eigentümer seines Hofes sowie seiner Feldmark geblieben. Und die ostseenahe Weide war die alte Bäuerin nun bereit zu veräußern. Wir hatten uns bereits für ein Claim von etwa 200 Quadratmetern entschieden, fuhren mit den Kindern dorthin, nahmen von unserem zukünftigen Eigenbesitz symbolisch Besitz, indem wir dort lagerten und picknickten und von unserem zweiten Zuhause träumten. In den nächsten Wochen unterschrieben wir ein paar Verträge, aber dann platzte der schöne Plan. Denn der Makler hatte den Handel ohne den Naturschutz gemacht. Er konnte der Bäuerin zwar die Wiese abkaufen, aber als Bauparzellen weiterverkaufen konnte er sie nicht. In den letzten Monaten der DDR war es einer örtlichen Bürgerbewegung gelungen, einen ostseenahen Randstreifen unter Naturschutz stellen zu lassen. Und wer genau hinguckte, konnte am Rande *unserer* Wiese die Schilder sehen mit der schwarzen Eule auf gelbem Grund.

Aus unserer Ostseedatsche wurde nichts und wir mussten uns, wie seinerzeit in Schwerin gelesen, unverrichteter Dinge verpissen.

Als Deutschland in den späten Achtziger- und frühen Neunzigerjahren in die Wechseljahre kam und sich drüben vieles und hüben einiges änderte, da sah sich Christa, nachdem sie als gute Mutter der Kinder wegen den staatlichen Schuldienst quittiert hatte, dazu veranlasst, auch ihrerseits überzuwechseln in eine anspruchsvolle, wenn auch nicht allzu zeitraubende Beschäftigung beziehungsweise Nebentätigkeit. Und sie wurde fündig. Und wurde Journalistin. Und das kam so. Der Parteifreund und Filmemacher Matthias Esche war mit einem Verleger aus dem Südkreis gut bekannt und erfuhr von dessen Traum, in seiner Druckerei einen Kulturalmanach zu produzieren, der über die Kunstszene im Herzogtum Lauenburg informierte. Kurz entschlossen schlug Matthias dem Unternehmer Herbert Kröger seine Frau Doris und meine Christa als redaktionelle Mitarbeiterinnen vor. Schnell wurde man sich einig (sich zu einigen war 1989/90 ja ohnehin in), und schon bereisten die beiden Damen den Kreis, berichteten über Museen und Ausstellungen sowie über geplante Konzerte, Aufführungen und Lesungen. Sie interviewten Künstler und fotografierten Kunstwerke, und schon im September 1989 konnte die erste Ausgabe mit einer Auflage von 3000 Exemplaren erscheinen. Da Herbert Kröger hoffte, seine Monatszeitschrift durch Anzeigenkunden finanzieren zu können, wurden die Hefte in Buchhandlungen, Apotheken und so weiter kostenlos abgegeben. Aber Herbert hatte die Rechnung ohne die Wirtschaft gemacht, die Zahl der Anzeigen hielt sich in Grenzen und die Söhne (und Kompagnons) protestierten gegen das verlustreiche editorische Steckenpferd ihres Vaters, so dass der an sich erfolgreiche und beliebte Kulturalmanach nach anderthalb Jahren zum Bedauern der Leserschaft sein Erscheinen einstellen musste. Die Zeit seines Erscheinens war zugleich die Zeit der friedlichen Revolution und der deutsch-deutschen Annäherung, und obgleich der Kulturalmanach keine politische Publikation war, konnte er die politische Entwicklung nicht ignorieren. Sowie es möglich war, besuchten Doris und Christa das westliche Mecklenburg und unterrichteten ihre Leser aus dem Kreis über das Kulturleben des angrenzenden Bezirks. Hatte Christa in den ersten Ausgaben den Altar des Ratzeburger Doms und die Glasfenster der Breitenfelder Kirche besprochen, so wurde den Lesern nun das Schweriner Museum nahegebracht und in einer späteren Nummer der in Schwerin ausgestellte Gadebuscher Annenaltar behandelt. Bei der Darlegung sakraler Themen fühlte sich Christa in ihrem Element, denn seit Anfang der Achtzigerjahre war sie nach einer Ausbildung zur Museumspädagogin einmal wöchentlich freiberuflich im Lübecker Sankt-Annen-Museum tätig.

Ab und zu durfte ich, um Christa etwas Arbeit abzunehmen, einen Artikel für den Almanach schreiben, allerdings unter falschem Namen. Ich nannte mich *M. Jeder,* was, wenn man das *J* als *I* liest, das Wort *Mieder* ergibt, also den Begriff *BH* und damit mein Monogramm. In der Maiausgabe gab ich mein anonymes Debut. Der Artikel spiegelt die politische Stimmung der Zeit und weil er relativ kurz ist, will ich ihn ungekürzt wiedergeben:

KARL UND OTTO

Zwei kerndeutsche Namen, kurz und knapp, vier Buchstaben. Ihre berühmtesten Träger waren vor gut 1000 Jahren derart gute Kaiser, dass man sie mit dem Ehrentitel »der Große« dekorierte, ihr gutes Verhältnis zur römisch-katholischen Kirche war für den Rest des Mittelalters richtungsweisend.

Eine Neuauflage der beiden kurzen und großen Namen gab es im 19. Jahrhundert, wieder machten ein Otto und ein Karl Geschichte. Der eine war von Adel, der andere von Trier. Beide standen mit der Kirche auf Kriegsfuß. Der eine legte sich mit dem Katholizismus an und nannte das »Kulturkampf«, der andere verdammte die Religion in Bausch und Bogen und sprach von »Rauschgift«. Beide waren für Einheit, der eine für die deutsche, der andere für die Proletarier aller Länder. Otto hatte schon zu Lebzeiten Erfolg, Karl musste warten. Aber Ottos Lebenswerk war kein Jahrhundertwerk, nach einem Lebensalter war die Einheit schon wieder verspielt. Waren drei Kriege nötig gewesen, Deutschland zu einen, so genügte einer, es wieder zu teilen. Als dem Reich des einen die Stunde schlug, war die große Stunde des anderen gekommen. Nun konnten Karls Ideen rücksichtslos verwirklicht werden, wenn auch nur in einem Stück des Vaterlandes – und Stückwerk blieb es. Man kam einfach nicht vorwärts. Die Politik der Funktionäre war schlichtweg behämmert und drehte sich im Kreise, was durch die Staatssymbole auch deutlich zum Ausdruck gebracht wurde. Der missionarische Glaube, Karls Ideen auf ganz Deutschland auszuweiten, musste Illusion bleiben. Die in Friedrichsruh und Umgebung hinter vorgehaltener Hand heimlich geflüsterte Parole (»Hier herrschen die Bismarcks, bis Marx hier herrscht.«) blieb ein Wortspiel. Das Gegenteil geschieht. Der Theoretiker Karl hat verloren, und der Praktiker Otto ist posthum im Vormarsch. Die deutsche Einheit steht vor der Tür!

Kurz nach dem Erscheinen der Maiausgabe kam nach dem Unterricht ein Schüler zu mir und fragte mich im Auftrag seiner Mutter, ob der Artikel über Karl und Otto von mir stamme. Sie kannte mich zwar nur flüchtig, wusste aber um meine kabarettistischen Ambitionen und hat deshalb meine Urheberschaft mit richtigem Gespür erkannt. Es sollte übrigens nur zwei Jahre dauern, bis wir uns mit einem Dutzend links-ökologischer Freunde zu den kritisch-satirischen *Kabarettichen* zusammenfanden.

Christas und meine Liebe zum Kabarett kam auch dadurch zum Ausdruck, dass wir, so oft wir in Berlin waren, stets die Ostberliner *Distel* aufsuchten. In DDR-Zeiten genossen wir ihre vorsichtige und verschlüsselte Kritik, danach verfolgten wir mit Interesse ihr Bemühen um eine neue politische Standortbestimmung. Gut erinnerlich ist uns eine Aufführung aus dem Jahr 1 der erweiterten BRD und da besonders eine Nummer: Der Vorhang hebt sich. Auf der Bühne befinden sich lediglich zwei Männer, beide mit Vollbart. Der eine sitzt, der andere steht. Beide blicken starr vor sich hin und schweigen. Die Zuschauer, die meisten jedenfalls, brechen in Gelächter aus, schreien, klatschen und sind außer sich vor Vergnügen. Etwa ein Drittel des Publikums wundert sich nur, ist völlig verunsichert und blickt hilfesuchend um sich. Es sind dies die Besucher aus dem Westen. Sie können einfach nicht begreifen, warum zwei stumme Männer einen solchen Sturm der Heiterkeit auslösen können. Offenbar hat der Osten in 40 Jahren DDR-Geschichte eine ganz andere Art von Humor entwickelt. Umgekehrt bleibt es den Ossis ein Rätsel, warum den Wessis der Sinn für Humor so gänzlich abgeht. Der Widerspruch ist schnell aufgeklärt. Jeder DDR-Bürger kannte das Marx-Engels-Denkmal zwischen Spree und Fernsehturm. Dort sind die Schulklassen hingeführt worden und dort hat man sich mit den Vätern des Sozialismus fotografieren lassen. Und nun hat man sein Aha-Erlebnis, als sich das Abbild der beiden hohen Herren auf der Bühne zeigt, und lacht und lacht, und findet nur langsam ein Ende. Als die Heiterkeit abgeflaut ist, erwacht die Denkmalkopie zum Leben und Marx und Engels beginnen, darüber zu diskutieren, warum sich der Sozialismus in der DDR nicht verwirklichen ließ. Und nun applaudierten Ossis und Wessis an den gleichen Stellen und kamen sich in ihrem Humor doch näher.

Zum Schluss des Kapitels möchte ich noch einmal auf die Verflechtung von Sport und Politik eingehen. Unvergessen sind mir die zwei Marathonläufe direkt vor und direkt nach dem Fall der Mauer. Im Herbst 1989 wurde nicht wie bisher üblich vor dem Reichstag gestartet, sondern auf der Straße des 17. Juni, mit der Mauer und dem Brandenburger Tor im Rücken.

Der Lindwurm setzte sich Punkt 9 Uhr langsam in Richtung Westen in Bewegung. Auf beiden Seiten erhoben sich die stattlichen Bäume des Tiergartens, und schon nach wenigen Metern kam rechter Hand das sowjetische Ehrendenkmal ins Blickfeld. Auch in den Jahren des Kalten Krieges hatte diese pompöse Erinnerungsanlage auf Westberliner Gebiet Bestandsgarantie gehabt und für alle Zukunft behalten, auch über die Wiedervereinigung hinaus. Auf zwei Sockeln stehen bis heute die beiden Panzer, die 1945 angeblich als erste Berlin erreicht hatten. Daneben posierten damals zwei Rotarmisten, und den beiden Soldaten wurde plötzlich ein unerwarteter Jubel zuteil. Hinter uns Läufern lag Ostberlin mit dem reaktionären SED-Regime, aber die beiden Soldaten neben uns symbolisierten das neue Russland und die neue Zeit. Die 20000 Läuferinnen und Läufer sparten nicht mit ihrer Sympathiebekundung. Ohne Rücksicht auf ihre rhythmische Armarbeit klatschten sie vor der Brust und über dem Kopf in die Hände, und über diesen Applaus hinaus schrien sie, obgleich sie ja eigentlich mit ihrer Luft haushalten mussten, ununterbrochen aus vollem Hals: *Gorbi, Gorbi, Gorbi!* Es war diese eine der vielen beeindruckenden Demonstrationen, die Berlin erlebt hat.

Ein Jahr später ein ganz anderer Marathon. Jetzt war die Einheit beschlossene Sache, und nun liefen wir die Straße des 17. Juni nach Osten, vom Charlottenburger Tor in der Nähe des Ernst-Reuter-Platzes zum Brandenburger Tor, und weiter noch, durchs Brandenburger Tor hindurch und nach Ostberlin hinein. Die Mauer gab es nicht mehr, wir hatten freien Lauf. Man hätte rechts oder links am Tor vorbeieilen können, aber jeder wollte durch eine der Durchfahrten laufen, egal ob es zu einem kleinen Stau und einer unvermeidlichen Zeitvergeudung kam. Es war eine vaterländische Pflicht, die Wiedervereinigung persönlich zu erleben und zu vollziehen durch das Passieren dieses Symbols der Trennung und jetzt der Einheit. Ich hatte ein Glücksgefühl wie vor einem knappen Jahr, als ich am 9. November 1989 vor dem Fernseher saß. Wie damals brach ich zwar nicht in Freudentränen aus, war ihnen aber nahe.

Hatte die Strecke früher kreuz und quer durch Westberlin geführt, so lernten wir jetzt große Teile Ostberlins kennen, bevor wir, wie üblich, das Ziel am Kudamm erreichten. Drüben und hüben applaudierten die wiedervereinigten Berliner.

Doch damit nicht genug des Sports. Ein wichtiger Wettkampf stand 1990 noch auf dem Programm, unser Adventslauf. Den Herbst durch waren wir noch mit letzten Vorbereitungen beschäftigt. An einem sonnigen Nachmittag radelten Wulf und sein Team, ausgerüstet mit Farbe und Pinsel, um den See, um an der mit unseren Kilometerzählern vermessenen Strecke an dicken Bäumen oder auffälligen Findlingen die durchnummerierten Kilometer zu markieren. Die Läufer sollten schließlich erkennen, wie viel sie schon hinter sich hatten und was ihnen noch bevorstand.

Auch sahen wir uns veranlasst, den Läufern eine läuferfreundliche Piste zu präsentieren. Das war vor allem auf einem Teilstück in der Nähe von Utecht vonnöten. Dort war die Strecke identisch mit dem ehemaligen Kolonnenweg, auf dem seinerzeit die Militärfahrzeuge unterwegs waren. Der Fahrweg bestand aus zwei parallelen Streifen von länglichen Betonplatten, die aus Gründen der Materialersparnis zwischen den Längs- und Querrippen quadratische Löcher von der Größe eines Handtellers aufwiesen. Nur zu leicht konnte man hier stolpern und stürzen, und um das zu vermeiden, mussten die Löcher irgendwie gefüllt und so der Weg geebnet werden. Die LPG Utecht leistete dabei großzügige Hilfe, indem sie mehrere Hänger Sand aus ihrer Kiesgrube zur Verfügung stellte. An dem anberaumten Subbotnik (in den sozialistischen Staaten war das der an Samstagen geleistete unbezahlte Arbeitseinsatz) versammelten sich drei Dutzend Sportfreunde aus Ost und West zu einträchtiger Arbeit. Ein Traktor zog die Hänger über den Kolonnenweg, alle 10 Meter wurde eine Ladung Füllmasse abgekippt und dann mit Schaufeln und Spaten in die Löcher bugsiert und anschließend mit dicken Knüppeln festgestampft. Und so haben wir schätzungsweise 50000 potentielle Stolperstellen entschärft.

Der deutschlandweit ausgeschriebene Lauf fand sowohl in den alten als auch in den neuen Bundesländern großen Anklang. Ich hatte meine Ratzeburger Anschrift als Meldeadresse zur Verfügung gestellt, und so trafen denn täglich zig Briefe bei mir ein, die ich unserem Computerteam weiterreichte, das dann die Teilnehmerliste erstellte und den Läufern ihre Startnummern zuordnete. Auf einer unserer vorbereitenden Sitzungen äußerte ich meine Kritik an der bei Volksläufen üblichen inflationären Verteilung von Metallmedaillen am bunten Band, die sich zu Dutzenden bei den Finishern (den das Ziel erreichenden Läufern) ansammeln und in deren Wohnungen als Staubfänger rumhängen und rumliegen.

Ich schlug stattdessen als Alternative vor, die Läufer am Ziel mit einem praktisch verwertbaren Erinnerungsstück zu belohnen. Und so gab es 1990 einen Trinkbecher mit Ratzeburgaufdruck und in den folgenden Jahren – gespendet von unseren Sponsoren – Pudelmützen, Handschuhe, Socken und so weiter, so dass wir regelmäßige Teilnehmer teilweise einkleideten. Auch diese Besonderheit führte dazu, dass sich unser Lauf von Jahr zu Jahr größerer Beliebtheit erfreute. Wer sich nicht rechtzeitig meldete, bekam keinen Startplatz mehr, denn über 800 Läufer konnten wir nicht auf die an manchen Stellen sehr engen Wege loslassen.

Unsere Adresse als Meldestelle hatte kuriose Folgen. Am Sonnabend vor dem großen Lauf klingelte und klopfte es in aller Herrgottsfrühe bei uns an der Tür. Ich stürzte im Bademantel die Treppe nach unten, öffnete neugierig und sah mich einer mit Gepäck beladenen zehnköpfigen Reisegruppe gegenüber. Sie hatte, von Leipzig kommend, die Nacht in der Bahn verbracht, hatte mit dem frühesten Zug Ratzeburg erreicht und sich zu Fuß auf den Weg vom Bahnhof zur Meldeadresse gemacht. *Da sind wir also,* sagte der Reiseleiter. Er war ein athletisch gebauter Mann in den besten Jahren und gab sich zugleich bescheiden und selbstbewusst: *Nein, nein, keine Bange, wir wollen bei euch nicht übernachten, uns ist ja aus der Ausschreibung bekannt, dass die Veranstalter für uns Athleten aus der Ex-DDR im Sporttrakt des Gymnasiums für unsere Unterbringung gesorgt haben, wo ausreichend Turnmatten zur Verfügung stehen und sanitäre Anlagen sowieso. Wir wollen euch keine Mühe machen und sobald wie möglich wieder aufbrechen.*

Nur sollte ich so nett sein, sie zu ihren beiden angestrebten Zielen zu führen, nämlich zur Schule, ihrem Quartier, und zu Aldi. Gegen ein vorher eingenommenes Frühstück hätten sie aber nichts einzuwenden, da Aldi ja ohnehin bestimmt noch zu wäre. Und so versorgten Christa, die sich inzwischen erhoben hatte, und ich unsere Gäste mit allem, was wir hatten, mit Brot und Butter, Müsli und Milch, Käse, Konfitüre und Kaffee.

Während des frühen Frühstücks stellte sich heraus, dass es sich bei den Leipzigern um eine Art Patchworkfamilie handelte, in der jeder mit jedem mehr oder weniger verwandt oder verbunden war. Das Alphatier hatte offensichtlich nicht nur seine Frau und seine Kinder mitgebracht, sondern auch seine Geliebte, der die Großfamilie aber nicht etwa mit Abneigung und Eifersucht begegnete, ihr vielmehr Bewunderung entgegenbrachte. Sie war nämlich die Sportlichste der ganzen Gruppe, und man konnte hoffen, dass sie eine der für die siegenden Damen und Herren ausgeschriebenen Geldprämien erkämpfen würde.

Vorerst aber gaben die Sachsen erst noch Geld aus, deckten sich bei Aldi nach Herzenslust ein, bevor sie sich ins Gymnasium zurückzogen und dort den verpassten Nachtschlaf nachholten, um am nächsten Morgen ausgeruht und fit an den Start zu gehen.

Der Wettkampf beginnt auf dem Marktplatz. Erst einmal steht man dumm rum, friert und wartet auf den Knall. Der Countdown läuft, man selber in Kürze auch, aber nicht kurz, sondern lang. Zwei Stunden werden kaum ausreichen, die 26 Kilometer um den Großen Ratzeburger See zu bewältigen. Endlich der Startschuss. Zügig geht es vom Markthügel bergab zum See, schon ist man auf dem Königsdamm, der die Stadtinsel mit dem Ostufer verbindet. Rechts und links könnte man zwei Seen sehen, ja, wenn man sie sehen könnte, denn der Nebel ist so dicht wie das Feld der Läufer. Der Durchschnitt einigt sich, ohne sich abzusprechen, auf ein Tempo von 12 Kilometern pro Stunde, also 5 Minuten für einen Kilometer. Das bringt uns gut voran und macht uns nicht kaputt.

Schon haben wir den zweiten, den dritten Kilometer geschafft, wir verlassen das Weichbild der Stadt, die letzten Villen liegen hinter uns, jetzt geht es im Wechsel durch Wald und Feld. Die kahlen Bäume winken uns mit ihren schwarzen Ästen zu und treiben uns an, wir geben auch alle unser Bestes, aber mit Vorsicht. Nur keine voreilige Eile! Die meisten von uns kennen die Strecke, trotzdem wundert man sich immer wieder von neuem, was für schikanöse Berge die Eiszeit hier hinterlassen hat. Manch ein Läufer geht und schont sich hier. Lieber anderthalb Minuten verlieren und ein Dutzend Gegner passieren lassen, als den Rest der Strecke mit dicken Waden in der Milchsäure zu waten. Die Endmoränen sollen nicht mein Ende werden. Schon nähern wir uns der früheren DDR. Wo einst zwei Staaten feindlich aneinander grenzten, wechseln wir jetzt ungebremst von einem Bundesland ins andere, von Holstein nach Mecklenburg.

Man sieht kaum noch, was hier einst war. Die Mauer, die hier ein Metallzaun war – aber was für einer! – ist endgültig verschwunden. Und aus dem Plattenweg der NVA ist dank unserer Vorarbeit eine planierte Piste geworden. Bei Kilometer 10 stelle ich mit Befriedigung fest, dass ich gut in der Zeit bin. 50 Minuten. Vor dem Utechter Gasthof, dem einstigen Haus der Kultur, gibt es allerlei Erfrischungsgetränke und Stärkungen. Hier hatten wir vor einem Dreivierteljahr getagt und getafelt und unserem Traum vom Adventslauf zur konkreten Planung verholfen. Doch genug der Erinnerung und ran an den Stand, Tee gefasst, im Laufen getrunken, lieber Tee als

Zeit verplempern, das zahlt sich aus, an die 20 Gegner werden abgehängt, die am Stand rumhängen.

Beim Überqueren der Wakenitz, die den Ratzeburger See mit der Lübecker Trave verbindet, stampfen wir über eine Brücke, die jahrzehntelang keine war, sind wieder im Westen und haben Halbzeit. Man fängt an, die Kilometer zu zählen, noch 13, noch 12, noch 11. Der Weg verläuft angenehm eben, immer am Schilf entlang, und dennoch: Von Kilometer zu Kilometer wird jeder Kilometer länger. Dabei war ich doch dabei, als wir die Strecke vermessen haben, und weiß ganz genau, wie korrekt die 26 Kilometer markiert sind. Eigentlich laufen Läufer zwar gerne und genießen die Fortbewegung, aber am Ende eines jeden Langlaufs quält man sich dem Ziel entgegen.

Der letzte Stand befindet sich dort, wo die Strecke unser Grundstück berührt, und dort erwarten mich meine Familie und meine Freunde, feuern mich an und veranlassen mich, gute Miene zu machen und meine Erschöpfung zu vertuschen. Zum Glück geht es auf den letzten drei Kilometern zur Stadtinsel fast nur noch bergab. Auf der Zielgeraden gehe ich mit mir zu Rate, ob ich zum Endspurt ansetzen soll, verwerfe diese Möglichkeit aber als allzu kleinkariert, lieber lasse ich mich von zwei Übereifrigen überholen. Im Mittelfeld kommt es auf einige Plätze besser oder schlechter nicht an. Hauptsache, angekommen. Das gelang auch unserem Mädchen aus Leipzig, die in ihrer Klasse sogar Erste wurde und sich über die Prämie von 100 DM freuen durfte.

Apropos Mittelfeld. Ein paar Jahre später konnte ich einen Aufsatz mit dem Titel *Mitteilungen aus dem Mittelfeld* in dem Laufmagazin *Spiridon* unterbringen. Ich erhielt zwar kein Honorar, aber Wulf Schmidt, der die Veröffentlichung vermittelt hatte, freute sich, dass unser Lauf durch meinen Artikel bundesweit populär wurde.

Insgesamt bin ich dreizehnmal um den Großen See gelaufen, wenn auch Jahr für Jahr etwas gemächlicher. Doch das Marathonlaufen wollte ich Anfang der Neunzigerjahre einstellen. Es kam anders. So wie ich mich 1990 dazu aufgerafft hatte, den ersten Gesamtberliner Marathon – durchs Brandenburger Tor – zu bestreiten, so machte ich mich 1993 noch einmal auf die Socken, weil mein Sohn Florian in diesem Jahr 18 und damit startberechtigt wurde.

Wir wollten also gegeneinander antreten. Die Teilnehmer wurden wie üblich entsprechend ihrer vorher erbrachten Marathonzeit in Startgruppen eingeteilt. Mein Sohn als Neuling ohne persönliche Bestzeit musste ganz hinten starten, ich begann im Mittelfeld. Doch schon nach wenigen Kilometern trabte er leichtfüßig an mir vorbei, grüßte mich freundlich und ironisch – und weg war er. Wenig später eine erneute familiäre Begegnung. Vor der Humboldt-Universität, wo unsere Tochter Philine seit Kurzem Theologie studierte und in Claudia aus Potsdam eine gute Freundin gefunden hatte, standen die beiden Schlachtenbummlerinnen auf dem Bürgersteig und jubelten mir schon von weitem zu: *Papa, Papa! Herr Hartmann, Herr Hartmann! Papa, Papa! ...* Viel geholfen hat das Anfeuern nicht.

Zwar gab ich nicht auf und erreichte in dreieinhalb Stunden das Ziel, aber der arme und ungeduldige Florian musste dort eine gute halbe Stunde auf mich warten.

Damit genug vom Sport und zurück zur Politik.

61

Von großer und kleiner Politik

In den Neunzigerjahren konnte Europa aufatmen. Der Kalte Krieg war vorbei, und der Zerfall der *Union der sozialistischen Sowjetrepubliken* sowie des *Warschauer Paktes* hatte zur Folge, dass ein Dutzend europäische Völker mehr oder weniger demokratisch organisierte Nationalstaaten bildeten. Dabei blieben Startschwierigkeiten nicht aus. Am glücklichsten konnte sich das deutsche Volk schätzen, das zwar endgültig die Oder-Neiße-Grenze anerkennen musste und seine Ostgebiete verlor, sich aber durch den Beitritt der DDR zur BRD zu einem stabilen Staat zusammenfand, und zwar zu dem – nach Russland – zweitgrößten des Kontinents. Parallel zur deutschen Wiedervereinigung vollzog sich die Vereinigung von 12 westlich orientierten Staaten zur Europäischen Union mit gemeinsamen – also grenzübergreifenden – Organen, die für einen politischen, rechtlichen und wirtschaftlichen Zusammenhalt sorgten. Vorläufig krönender Abschluss war die Einführung der Euro-Währung im Jahr 2002. Trotz gewisser Kinderkrankheiten erwies sich die Europäische Union als durchaus lebensfähig und veranlasste andere europäische Staaten dazu, der Union beizutreten, so dass die Zahl der Mitglieder auf 28 anwuchs.

Aber so richtig beliebt waren die Vereinigten Staaten von Europa bei ihren Völkern dennoch nicht. Während wir Deutschen *unsere* Einheit als ein Jahrhundertwerk ansahen, nahmen die meisten Europäer die europäische Einheit nur am Rande wahr. Auch für uns Deutsche waren zwei Einheiten auf einen Schlag zu viel des Guten, zumal auch die eigene Einheit erhebliche soziale und wirtschaftliche Probleme nach sich zog. Mit knapp 5 Millionen Arbeitslosen im Januar 1998 wurde eine Rekordhöhe erreicht. Das Kabinett Kohl hatte abgewirtschaftet, so dass die Union bei den Bundestagswahlen vom 28. September vernichtend geschlagen wurde und auf 35,2% absackte. Weniger Stimmen hatte sie nur bei den ersten Bundestagswahlen von 1949 erzielt. Dagegen wurde die SPD zum ersten Mal nach der *Willy-Wahl* von 1972 wieder stärkste Partei und kam auf 40,9%. Vor allem in den neuen Ländern musste der *Kanzler der Einheit* empfindliche Verluste hinnehmen.

Bestätigte sich hier das Sprichwort *Undank ist der Welt Lohn,* oder waren die Ostdeutschen mit Recht enttäuscht, weil sie sich nun zwar der Einheit, Freiheit und Demokratie erfreuen durften, das wirtschaftliche Leben und der Lebensstandard aber hinter den Erwartungen zurückblieben? Zu den von Kohl versprochenen *blühenden Landschaften* war es nicht gekommen, und die Arbeitslosigkeit machte sich vor allem im Osten breit. Kein Wunder! Denn durch die von Kohl betriebene unrealistische Umwandlung und Aufwertung der Ostmark im Verhältnis 1:1 waren die ostdeutschen Waren den alten Stammkunden im Ostblock viel zu teuer geworden, mussten sie doch praktisch zum alten Preis, aber nun in DM-Wert bezahlt werden. Und da kauften Polen, Tschechen und Ungarn doch lieber gleich westdeutsche Markenprodukte. Aufträge blieben aus, und die alten volkseigenen Betriebe machten reihenweise pleite, und ihre Beschäftigten lagen auf der Straße.

Als meine Ostberliner Verwandten uns Anfang der Neunzigerjahre in Ratzeburg besuchten, da konfrontierten sie uns mit einer kleinen Privatstatistik. Kürzlich, so erzählten sie, hätten sie sich darüber unterhalten, wie viele von ihren insgesamt 30 Freunden und Bekannten nach der Wende ihren alten Arbeitsplatz behalten durften. Es waren sage und schreibe gerade einmal drei, also 10%. Alle anderen waren arbeitslos oder wurden irgendwie umgeschult – und das mit geringer Chance auf eine anschließende Einstellung.

Hans-Jürgen konnte von Glück sagen, dass er nur seinen Arbeitsplatz verlor, aber in seinem Beruf bleiben konnte. Als Museumspädagoge wechselte er vom Historischen Museum im Zeughaus über zum 200 Meter entfernten Berliner Dom mit der dortigen Grablege der Hohenzollern. Statt gegen deutsche Fürsten und Kapitalisten zu polemisieren, musste er nun seinen Zuhörern mit Wohlwollen und Bewunderung das Leben und Wirken der mächtigsten deutschen Dynastie anschaulich schildern.

Das Zeughaus behielt zwar seine Exponate, wurde aber, unter dem maßgeblichen Einfluss von Helmut Kohl, ideologisch und pädagogisch völlig umgestaltet und verwestlicht. Meiner Meinung nach ein großer Fehler. Es wäre ehrlicher und lehrreicher gewesen, das alte DDR-Museum unverändert zu erhalten und als Beispiel für die ostdeutsche Methode, die Vergangenheit zu interpretieren, ja, umzufunktionieren, der Nachwelt und besonders der Jugend zu überliefern. Das Zeughaus wäre eine ideale Quelle dafür gewesen, wie in der DDR Geschichte gemacht wurde. Aber den Marxismus für sich selbst sprechen zu lassen und den Besuchern ein eigenes Urteil zu gestatten, dazu fehlte dem siegreichen Westen offenbar der Mut.

Noch schlechter als dem Zeughaus erging es dem unter Honecker auf dem Gelände des gesprengten Berliner Schlosses errichteten *Palast der Republik*. Hier sollte sich seinerzeit das DDR-Volk zu Hause fühlen, hier verabredeten sich die ostdeutschen Berlinbesucher, bewunderten das Glitzern unzähliger Lampen und wussten, dass hier die Volkskammer tagt. Wo einst die Hohenzollern residierten, tummelten sich nun Millionen von De-De-Erlern und machten Erinnerungsfotos. Doch nach dem Fall der Mauer sollte auch dieses bauliche DDR-Symbol verschwinden, genauso wie die Kommunisten das Hohenzollernsymbol entfernen wollten und sprengten. Ein Vernichtungsvorwand war damals wie jetzt schnell gefunden. Das Schloss galt als irreparabel baufällig (was nicht der Wahrheit entsprach) und der Palast der Republik galt als asbestverseucht (was zu korrigieren gewesen wäre). Aber die ungeliebte Vergangenheit sollte so oder so von der Bildfläche verschwinden, und damit basta. Doch damit noch nicht genug. Das ideologische Wechselspiel von aristokratischem Schloss und sozialistischem Palast findet inzwischen seine Fortsetzung, denn jetzt wird das alte Schloss an alter Stelle erneut zum Leben erweckt, allerdings nur als Fassadenkopie. Die Innenräume werden nicht wieder dem Hochadel eingeräumt, sondern sollen kulturellen und wissenschaftlichen Zwecken vorbehalten bleiben.

Auf Helmut Kohl folgte 1998 als neuer Kanzler Gerhard Schröder. Jetzt wehte ein frischer Wind, zumal erstmals auch die Grünen im Bund mitregierten und mit Joschka Fischer einen geschickten Außenminister stellten.

Aber steigen wir nun von den Höhen der Bundesrepublik herab in die Niederungen der Kommunalpolitik. Ich blieb zwar auch in den Neunzigerjahren aktiv, aber ich vertauschte den Kreistag mit der Ratzeburger Stadtvertretung. Von den endlosen Autofahrten zu den Ausschusssitzungen im Südkreis hatte ich endgültig genug, in Ratzeburg dagegen konnte ich meine politischen Ziele mit dem Fahrrad erreichen. Die CDU als stärkste Fraktion stellte den Bürgervorsteher, also den *Parlamentspräsidenten,* der die Sitzungen der Stadtvertretung leitete und darüber hinaus neben dem Bürgermeister bei öffentlichen Veranstaltungen die Stadt repräsentierte. Mich machte die SPD zum Stellvertretenden Bürgervorsteher. Da der umtriebige Herr Koslowski nur sehr ungerne und folglich selten auf seine Führungsposition verzichtete, kam ich als Vize nur zum Zuge, wenn mein Kollege abwesend war oder die Stadt auf einem Gebiet vertreten sollte, das ihm völlig fremd war. So zum Beispiel durfte und musste ich die alljährlich im Dezember im Rathaus stattfindende Kunstausstellung eröffnen, wo ein halbwegs bekannter Künstler seine Werke vorstellte und zum Verkauf anbot. Ich war immer auch zugegen, wenn gehängt wurde, machte mir ein Bild von den Bildern und begnügte mich dann auf der gut besuchten Vernissage nicht damit, den Künstler zu begrüßen und vorzustellen, sondern interpretierte und bewunderte auch einige der Exponate, spielte mich also als Kenner und Fachmann auf. Jedes Mal waren die Künstler mir so dankbar, dass sie mir eine Grafik oder ein Ölbild überließen, so dass sich unser Wohnzimmer im Laufe der Zeit zu einer gut sortierten Galerie entwickelte.

Überhaupt war die Kunst das einzige Sachgebiet, auf dem ich eine über die Zeit meiner Abgeordnetentätigkeit hinausreichende Wirkung erzielte. Hatte ich im Kreistag den Ankauf eines Porträts maßgeblich beeinflusst, so veranlasste ich jetzt die Verschönerung des Ratssaales. Dieser war einst die Aula der alten Gelehrtenschule, des jetzigen Rathauses, und nach wie vor an der Seitenwand mit den Köpfen antiker Philosophen und Redner geschmückt. Aber dort, wo sich früher die Bühne befunden hatte, war die Wand nur renoviert worden und wies quasi eine kahle Lücke auf. Und das ärgerte mich. Und so stellte ich zusammen mit dem CDU-Kollegen Nickel, der hier sein Abitur abgelegt hatte, den Antrag, die Reihe der Köpfe zu vervollständigen, und zwar um den bisher fehlenden Platon. Der Antrag wurde einstimmig angenommen und mit dem Auftrag die Kunsterzieherin und Künstlerin Ilse Harms-Lipski betraut. Seitdem verfolgt ein großer antiker Geist mehr das kommunale Wirken der Stadtvertreter.

Meine politischen und parlamentarischen Erfahrungen machte sich unser Schulleiter insofern zunutze, als er mich zum Sitzungsleiter der Lehrerkonferenz vorschlug, wozu ich auch prompt gewählt wurde. Eine knappe Tagesordnung und eine straffe Diskussionsleitung wurden von den meisten Kollegen als sehr angenehm empfunden, da sie schon nach anderthalb Stunden wieder nach Hause gehen konnten, während die Gerne- und Vielredner es schmollend hinnehmen mussten, dass ich die für viele Konferenzen typische Eigenheit zu unterbinden versuchte, dass zwar schon alles gesagt sei, aber noch nicht von allen.

So sozialdemokratisch ich nach wie vor eingestellt war, dem Geist der Zeit entsprechend, interessierte ich mich mehr und mehr für ökologische Probleme und Lösungen, machte auch aus meiner grünen Gesinnung im Kreise der Genossen keinen Hehl. Auf einer öffentlichen Parteiversammlung trug ich meine radikalen Gedanken vor und polemisierte vor allem gegen das Automobil und seine Vergötterung. Ich wies auf die Luftverpestung hin, die Benzin- und Geldverschwendung, die Gefahren für Leib und Leben im Straßenverkehr, die Kosten für den Straßenbau, den Zeitverlust in den Staus und so weiter und so weiter. Ich machte auf das irrationale Missverhältnis aufmerksam, wenn zwecks der Beförderung einer einzigen Person (also von 1,5 Zentners Fleisch und Knochen) eine Maschine aus Metall und Kunststoff von 10 Zentnern Gewicht in Bewegung gesetzt werden müsse. Das individuelle Autofahren müsse folglich radikal reduziert werden, Bahnen und Busse seien zu fördern durch staatliche Zuschüsse und umgekehrt müsse der Benzinpreis zwecks abschreckender Wirkung auf 5 DM pro Liter angehoben werden. Im Gegenzug müsse das Radfahren mit allen erdenklichen Methoden unterstützt werden.

Unter anderem schlug ich vor, der Jugend das Radeln (zur Schule, zur Arbeit, zur Uni und in der Freizeit) schmackhaft zu machen, indem man jedem jungen Menschen zu seinem 18. Geburtstag 500 DM zum Erwerb eines guten Rades in die Hand gibt, wenn er sich verpflichtet, bis zur Erreichung seines 25. Lebensjahres keinen Führerschein zu machen. Das würde den Straßenverkehr entlasten, der Gesundheit dienen und der Atmosphäre zugutekommen. Meine Kinder sind übrigens bis heute nicht im Besitz einer Fahrerlaubnis – und können damit gut leben und zurechtkommen.

Bei meinen Parteifreunden stießen meine Ideen auf absolutes Unverständnis. Für die meisten Menschen ist Umdenken unbequem und folglich unvorstellbar. Es kam dann auch zu keiner Diskussion, sondern nur zu einer strikten Ablehnung, und der Lokalredakteur der *Lübecker Nachrichten* fand für seinen ausführlichen Bericht die schlagende Schlagzeile: *Bernd Hartmanns grüne Ideen wurden den roten Genossen zu bunt.*

Nahe Freunde und entfernte Bekannte, die der Natur nahestanden, sparten dagegen nicht mit Zustimmung, und als sich unter ihnen ein grünes Politikum anbahnte, war unsere Familie selbstverständlich mit von der Partie. Ich meine die Gründung der Rindergilde. Auf Initiative einiger unternehmungslustiger Natur- und Gesundheitsfans gründeten wir einen eingetragenen Verein, kauften im Frühling vier Färsen (also Jungrinder), stellten sie auf eine angemietete Weide, zäunten sie ein und sorgten für eine Wasserstelle zum Saufen. In relativer Freiheit wuchsen die Tiere auf, hatten reichlich grünes Gras zur Verfügung, bewegten sich viel und gerne und wurden muskulös, aber nicht fett. Jede Familie unseres Vereins hatte den Sommer durch eine Woche Kuhdienst, das heißt, man radelte oder joggte Tag für Tag an den Elbe-Lübeck-Kanal, wo unsere Weide gelegen war, guckte nach dem Rechten, kontrollierte den Elektrozaun und die Pumpe und freundete sich mit den Kühen an, die nun quasi zur Familie gehörten. Als meine Stiefschwester, Veterinärin an einem Berliner Schlachthof, bei uns zu Besuch war, führten wir ihr unsere Rinder vor, von denen unsere Kinder nur zu gern gewusst hätten, ob es sich um Männchen oder Weibchen handelte. Das könne man auf die Entfernung nicht feststellen, antwortete unsere Expertin, da müsse man ein bisschen warten. *Wie lange denn,* fragten die ungeduldigen Kinder, *bis sie ganz groß und erwachsen sind? – Nein, nein, das kriegen wir heute noch raus. Wir müssen nur warten, bis sie müssen. Dann kann man es sehen. Die Bullen lassen ihr Wasser unten und die Kühe hinten.* Nicht lange und unsere Neugierde wurde gestillt.

So glücklich der Frühling, der Sommer, der Frühherbst für die Tiere verlief, so traurig endete ihr kurzes Leben. Im November mussten sie dran glauben, wurden von einem Schlachter geschlachtet und dann die diversen Fleischrationen gerecht auf die Mitglieder der Rindergilde verteilt. Wenn wir dann im Winter das gesunde Biofleisch aus der Gefriertruhe holten und uns den Braten schmecken ließen, erkundigten sich die mitleidigen Kinder: *Aber das ist doch nicht etwa von unserer Kuh? – Nein, nein,* beruhigten wir sie, *das ist Schweinefleisch.* Als ob das Schlachten eines Schweins humaner ist als das einer Kuh.

Nach etwa zehn Jahren musste die Rindergilde notgedrungen aufgelöst werden. Die Familien der Mitglieder hatten sich erheblich verkleinert, weil deren Kinder inzwischen ihr Abitur abgelegt hatten und irgendwo in weiter Ferne studierten. Hinzu kam, dass einige Gildner ihre grüne Gesinnung dergestalt auf die Spitze getrieben hatten, dass sie sich rein vegetarisch ernährten. Der Fleischbedarf der Rindergilde ging kontinuierlich zurück und tendierte endlich gegen null. Auch unsere drei Kinder begannen im Laufe der Neunzigerjahre mit ihrem Studium, und zwar politisch sehr vielseitig in den drei Hauptstädten der Nachkriegszeit. Philine studierte an der Humboldt-Universität in Ostberlin, der einstigen Hauptstadt der DDR, Florian in Bonn, das über vier Jahrzehnte Hauptstadt der Bundesrepublik sein durfte, und Julia an der Universität der Künste in Charlottenburg. Ihre Hochschule lag also in Westberlin, wo die erweiterte Bundesrepublik jetzt ihren Regierungssitz hat.

Nachdem die Kinder aus dem Haus waren, änderten sich naturgemäß unsere Reisegepflogenheiten. Dass wir alle fünf gemeinsam unterwegs waren, wurde immer seltener, und immer häufiger machten Christa und ich uns zu zweit oder mit Freunden auf den Weg.

Dass unsere Familie nach den Thasos-Besuchen 1988 nach Kreta fuhr, hatte persönliche Gründe. Christas Onkel Ernst aus Hamburg war befreundet mit der kretischen Familie Pyrovolakis. Er war während des Krieges zuständig für die Versorgung der deutschen Besatzungstruppen und hatte beim Ankauf der Fourage den einheimischen Bauern einen fairen Preis gezahlt. Obgleich die Wehrmacht im Allgemeinen nicht sehr beliebt war – sie hatte als Strafe für einen Aufstand sogar ein ganzes Dorf niedergebrannt – kam Ernst Mann mit dem alten Pyrovolakis bestens aus und ebenso mit dessen Sohn. Als dieser in den Achtzigerjahren auf seinem Grundstück am Nordstrand der Insel ein Gästehaus mit etwa 20 Ferienwohnungen plante, hatte ihn Christas Onkel mit einem großzügigen Kredit unterstützt. Und hier machten wir 1988, 1990 und 1994 Urlaub und nahmen gleich vier oder fünf befreundete Familien mit. Die 10 Kilometer westlich der Hafenstadt Chania errichtete Anlage war ein idealer Ferienort. Zum Wasser waren es keine 20 Meter, und in dem heißen Strandsand tummelten wir uns den Tag über, spielten und lasen, badeten und flanierten am Strand. Über Mittag genossen wir den schattigen Nordbalkon, unseren selbstgemachten Salat und den Blick übers Meer mit der vorgelagerten Ziegeninsel. Abends tafelten wir oben im Dorf bei unserem Lieblingsgriechen. Alle drei, vier Tage machten wir einen Ausflug nach Chania, Heraklion oder Knossos oder erkundeten das Innere der Insel. Als Christa und ich einmal allein unterwegs waren, kamen wir in einem Gasthof mit dem Wirt in ein radebrechendes Gespräch. Da er vor Jahren mal Gastarbeiter im Ruhrgebiet gewesen war, konnte er besser Deutsch als wir Griechisch und überschüttete Deutschland mit einer Fülle von Komplimenten: *Deutschland prima. Mercedes. Und Einheit. Und Weltmeister.*

Ich kam schon während der ersten Reise nach Agia Marina auf die sportliche Idee, die etwa 70 Kilometer breite Insel an einem Tag zu Fuß zu durchqueren. Mit dem Linienbus fuhr ich an die Südküste und dann ging es auf nach Norden. War die Strecke eben, dann trabte ich, bergauf – ich musste immerhin den 1000 Meter hohen Kamm überwinden – marschierte ich, und bergab rannte ich und machte Strecke. Als eiserne Wasserration hatte ich eine saftige Gurke bei mir, zum Glück traf ich darüber hinaus ab und zu auf ein Dorf, wo ich mich erfrischen und sättigen konnte. Als es gegen Abend kühler wurde, setzte ich zum Endspurt an und erreichte bei einbrechender Nacht meine ungeduldig wartende Familie. Zwei Jahre später wiederholte ich den Lauf zusammen mit Florian. 1994 waren wir dann sogar zu dritt, als auch Rainer, mein Schüler aus alten Timmendorfer Zeiten, mit von der Partie war.

Natürlich unternahm unsere Gästegruppe auch eine organisierte Tour durch die Samaria-Schlucht. Per Bus auf die Omalos-Hochebene, dann zu Fuß durch die romantische Schlucht bis Agia Roumeli am Lybischen Meer, dann mit einem Schiff zu dem kleinen Hafen von Chora Sfakion, wo uns ein Bus erwartete und zurück an die Nordküste brachte. Alles perfekt geplant und durchgeführt. Aber was für ein Unterschied zwischen den Neunzigerjahren und den Sechzigerjahren. Jetzt Massentourismus, während damals, als wir zu viert (1965) und zu dritt (1969) unterwegs waren, über Stunden keine Menschenseele trafen und im Schlafsack unter freiem Himmel übernachteten, alles viel urtümlicher war.

Auf Griechenland folgte die Türkei. Aber unsere Fahrten in die Türkei waren eigentlich auch Griechenlandreisen, denn wir besuchten stets nur die West- und die Südküste Kleinasiens, wo sich die Hochburgen der griechischen Kultur wie bei einer Perlenkette aneinanderreihen. Unser erstes Ziel war Kusadasi südlich von Izmir. Wir erlebten eine für uns völlig neue Welt. Das erste Mal waren wir außerhalb Europas und wurden Zeugen der islamischen Lebensart. Aber die Türken gaben sich alle Mühe, den europäischen Touristen, und zwar besonders den deutschen, ihren Aufenthalt durch westliche Angebote vertraut und angenehm zu machen. Als wir gleich am ersten Tag von dem abseits gelegenen Luxushotel in die Stadt spazierten, verspürten wir irgendwann einen kleinen Hunger. Ein Happen Kebab wäre jetzt nicht übel. Ein kleiner Stand bietet sich an. Der Türke spricht sogar Deutsch: *Nix Kebab – nur Hamburger.* Unserem Kaffeewunsch ergeht es ähnlich. Eine Kneipe am Hafen wirkt einladend. Das türkisblaue Meer vor uns, der himmelblaue Himmel über uns. Der türkische Wirt spricht Deutsch: *Nix Kaffeetürk, nur Neskaffee.*

Wenn wir beim Flanieren durch die Gassen als Deutsche erkannt werden, werden wir sofort angesprochen: *Welche Stadt?* Wir antworten mit *Hamburg* und kriegen postwendend zu hören: *Mein Bruder Hamburg. Ich Dortmund. Gute Zeit – gutes Geld.*

In Efes, dem alten Ephesos, kommen wir ein paar Tage später mit einem vornehmen und gebildeten Türken ins Gespräch. Er schwärmt von dem örtlichen Museum und präsentiert Kenntnisse. Er habe nach dem Abitur Archäologie studiert, sich dann aber der Ökonomie zugewandt. Jetzt sei er Unternehmer, denn von der Vergangenheit könne man nicht leben. Als wir unser Interesse am Museum äußern, bietet er uns an, uns in seinem Wagen dorthin zu fahren, einem Mercedes, wie sich herausstellt, neuestes Modell.

Doch vor den Museumsbesuch hat Allah den Apfeltee gesetzt. Und so macht unser Freund erst einmal einen Umweg und lädt uns auf einen Tee in sein Büro ein. Das können und dürfen wir nicht ausschlagen, Höflichkeit, Dankbarkeit und Durst zählen mehr als kulturelle Pflichten. Das angebliche Büro verfügt zwar gleich am Eingang über einen Schreibtisch, aber ein Blick in die Tiefe des Raumes verrät den eigentlichen Charakter des Büros: Wir sind in einem Teppichladen gelandet. An beiden Seiten des langgestreckten Raumes stehen Teppichrollen, und eine nach der anderen und eine über der anderen breitet der Chef vor uns aus. Er spricht nicht wie ein Verkäufer, sondern wie ein Museumsführer, erläutert Ornamente und Bilder, dann die Technik des Knüpfens und Knotens und kommt endlich auf Alter und Herkunft zu sprechen. Auch wir sind bemüht, dem Gespräch jeden ökonomischen Eindruck zu nehmen, fragen rein platonisch und zeigen rein ideelles Interesse, was wir ja auch wirklich haben. Er antwortet ausführlich, ja ausschweifend, immer höflich, immer geduldig, als Kunstkenner, nicht als Kaufmann. Kein Wort über Geld. Der Preis ist tabu. Vorerst.

Der Tee kommt, man trinkt, man hat ein gutes Gewissen, weil man aufgeschlossen fragt, ehrlich interessiert ist, die Kunstfertigkeit zu schätzen weiß – und man hat ein schlechtes Gewissen, weil man den Türken eine Stunde lang aufhält, ihn also schädigt und weder kaufen will noch wird. Aber er nimmt es nicht übel, er wird immer freundlicher, je länger wir ihn von einem wirklichen Geschäft abhalten.

Das Gespräch wird zum Selbstzweck und wird mit zunehmender Dauer immer herzlicher, das Gespräch dient nicht dem Teppichgeschäft, sondern der Teppich dem Gespräch. Ziel des Ganzen ist es – so scheint es – , dass wir Freunde werden. Dass die Teppiche verkäuflich sind, wird verschwiegen und verheimlicht.

Nichtsdestoweniger werden neue Teppiche ausgebreitet, jeder von uns wird gefragt, welcher Teppich ihm der liebste sei; schon bilden sich zwei Haufen, hier die Favoriten, dort die Aussortierten. Nebenbei erfährt man, wie lange eine Frau im fernen Ostanatolien an einem Teppich zu knüpfen hat, nämlich 16 Monate. Man lernt, dass die Farben natürlich sind und deshalb nicht ausbleichen, dass die vielen Rot- und Brauntöne Tabakfarben seien, dass Tabak überhaupt eine Pflanze des Lebens sei und immer und überall als Symbol auf den Teppichen erscheine, dass er mit das wichtigste Agrarprodukt der Türkei sei, diene er doch sowohl dem Rauchen als auch dem Färben, habe also mit Genuss und Schönheit zu tun.

Schon ist der zweite Tee da und wir inzwischen bei den Gebetsteppichen. Deren Dreiteilung symbolisiere Geburt, Leben und Tod. Die Kamelfüße (eine Gabel mit drei Zinken gleich Zehen) verweisen darauf, wo der Betende, wenn er in Richtung Mekka kniet, seine Hände aufzusetzen hat. Den Kindern werden die Tiere auf dem Teppich gezeigt, Kamele und Hasen, Adler und Pfauen und viele mehr. Warum dem Teppich die Bilder erlaubt sind, die der bildlose, bilderfeindliche Islam an sich doch verbietet, weiß unser Spezialist nicht oder will es nicht wissen.

Auf Dauer ist es nicht zu vermeiden, dass unser Gespräch geschäftlich wird. Um von einem möglichen Teppichkauf, den unser Gastgeber erhofft und den wir vermeiden wollen, abzulenken, bringe ich das Thema auf das Handeln im Allgemeinen und frage, ob es im Orient noch immer üblich sei, zu feilschen und stundenlang um den Preis zu streiten, wie wir in Europa es glauben. Rein theoretisch lasse ich mich über Sinn und Zweck des Feilschens aus, das ich in den höchsten Tönen lobe. Nicht um einen günstigen Preis zu kämpfen, sei doch Ausdruck von Arroganz und Geringschätzung der Ware und auch des Händlers. Den ersten genannten Preis sofort zu bezahlen, die Scheine eilig hinzublättern, als sei das Geschäft etwas Unangenehmes und Ekliges, das es schnell zu erledigen gelte, statt um die Ware, die man liebt, zu ringen – das sei ausgesprochen kulturlos. Man muss zum Kaufen Geduld und Zeit mitbringen, der Handel ist schließlich ein mühsamer, aber beglückender kommunikativer Prozess, dem Besitz geht das intensive Bemühen voraus wie das Vorspiel der Liebe. Das alles sei zwar richtig, bestätigt unser Türke, richtig gewesen, ergänzt er, aber inzwischen sei alles ganz anders. Man trinkt zwar noch Tee beim Kauf und unterhält sich, aber man handelt nicht mehr, denn die Preise sind festgelegt (auch wenn, was uns auffällt, kein einziger seiner Teppiche mit einem Preisschild versehen ist).

Mit dem dritten Tee ist die Stunde der Wahrheit gekommen. Höflichkeit und Interesse verlangen nun doch, nachdem unser liebstes Stück ermittelt ist, nach dessen Preis zu fragen.

875 Deutschmark. Das ist viel. Das äußern wir auch. *Dafür muss ich lange arbeiten,* stellt Christa fest und geht auf Distanz. Der Türke führt dagegen die 16 Monate der anatolischen Teppichwirkerin ins Feld. Wir verschweigen unsere Vermutung, dass die stattliche Höhe des Preises sich wohl in erster Linie aus der üppigen Handelsspanne erkläre, und der Händler gibt auch genau dies indirekt zu, indem er den Preis sprunghaft auf 600 Mark senkt. Verbunden ist sein scheinbar ach so großes Zugeständnis mit dem Argument und Kompliment, dass die *Schwester*, wie er die mögliche Kundin inzwischen nennt, so sympathisch sei, dass der korrigierte Preis also eigentlich unangemessen sei. Außerdem – und nun stellt er eine Bedingung und flüstert in seinen eigenen vier Wänden – müssten wir versprechen, den Freundschafts- und Vorzugspreis niemandem zu verraten. Aber wir trennen uns ergebnislos, ohne Handel und ohne Händel. Unser Gastgeber verbirgt seine Enttäuschung, vielmehr äußert er Mitleid mit uns, dass wir uns ein so vorteilhaftes Schnäppchen entgehen lassen. Er ist nicht beleidigt und bleibt bis zuletzt höflich. Zwar fährt er uns nicht, wie einst versprochen, zum Museum, aber er schickt uns immerhin seinen Laufjungen als Begleiter mit, damit wir den Weg nicht verfehlen.

Auf unseren Wanderungen durch die bergige Natur entdecken wir mit großer Freude immer wieder freilebende Schildkröten. Dabei kommen unsere Kinder auf die Idee, unsere deutschen Igel mit den hiesigen Schildkröten zu vergleichen. Diese wie jene schieben langsam und furchtlos ihres Weges, halten inne, wenn sie Ungewöhnliches bemerken, was ja vielleicht eine Gefahr bedeuten könnte. Aber von Angst keine Spur. Sie fühlen sich sicher dank ihrer Geduld und ihrer Rüstung. Beide sind Halbkugeln, Kopf und Beine sind kaum zu erkennen, zumindest nicht aus unserer Menschenperspektive von oben herab. Die Anatomie ist lediglich zu erschließen. Der Kopf sollte vorne sein, und vorne ist, wo es langgeht, wenn auch langsam, und unten müssten die Beine sein, denn schließlich geht es Schritt für Schritt voran. Entscheidend ist nicht die Eile, sondern die Sicherheit. Die ganze Anatomie ist versteckt unter Stacheln oder einem Panzer.

Jahrtausende, vielleicht Jahrmillionen, war dieses Sicherheitskonzept aus Geduld und Harnisch eine verlässliche Überlebensgarantie. Aber dann kam der Mensch, baute Wege, ja Straßen aus Asphalt oder Beton, und Autos oder gar Laster. Auf Fahrzeuge ist der Instinkt der Igel und Schildkröten nicht eingestellt. Kreuzen ihre Wege die der motorisierten Menschen, dann sind sie so konservativ und dumm, bei drohender Gefahr einfach anzuhalten, halten sie sich doch in ihrem Panzer für unverletzlich und unbesiegbar – und werden prompt von der Tonnengewalt der Technik platt gemacht. Meine Kinder und ich wurden angesichts des Asphaltfriedhofs jedenfalls in unserer Autoaversion bestärkt und grübelten darüber, wie wir rasenden Menschen unserem Tempowahn Einheit gebieten könnten und ob wir die wehrlosen Igel und Schildkröten zum Symbol der Rücksichtnahme kreieren sollten.

Dieser Mentalität uneingedenk, leisteten wir uns mehrfach einen Mietwagen, um kulturelle Ziele anzusteuern. So zum Beispiel machten wir uns am Freitag, dem 29. März 1991 auf den Weg nach Didyma, einst ein Appollonheiligtum und Orakel, heute ein Ruinenfeld. Das ganze Ambiente passte gut zu dem Dunkel, das über der Zukunft liegt. Das Wetter ist unsicher, der Himmel grau und verhangen, grau sind die Säulenstümpfe und die Säulentrommeln, die liederlich und unordentlich rings um den Tempel herum herumliegen. Schwarze Krähen kreisen und kreischen, voller Symbolik, je unmelodischer das Krähen, desto verschlüsselter. Die einst glatten, sauber gefugten Mauern und Säulen wurden durch Erdbeben und Verwitterung wieder zu schartigen Felsen mit Spalten und Höhlen zum Nisten. Wenn das Orakel eine Wahrheit verkünden kann, dann diese, dass alles vergeht, Stein und Bein und überhaupt alles Sein.

Was bleibt uns zu tun, wenn alles doch kommt, wie es kommen muss, wie es prophezeit ist, mit unserem Zutun und ohne unser Zutun? *Zukunft* kommt von *kommen*, und was kommt, ist schon da, wenn auch noch nicht hier, aber doch fern und unterwegs zu uns. Zukunft ist was auf uns zukommt und was uns zukommt. Sie kann ein unverschuldetes Schicksal sein, aber auch Lohn oder Strafe, auf jeden Fall kommt Zukunft zwangsläufig. Wer davon nichts weiß, fühlt sich frei, wer Bescheid weiß, fühlt sich als Opfer und Objekt.

Dass die Menschen immer wieder Orakel aufsuchen, hat seinen Grund darin, dass es zwei Sorten von Antworten gibt: Das Fatum, das unausweichliche Schicksal, oder die Alternative (wenn – dann, wenn nicht – dann nicht). Ödipus ereilte das erste Schicksal: *Du wirst Vater töten und Mutter heiraten – ohne jede Chance zur Vermeidung.* Krösus bekam eine Alternative zu hören: *Wenn du angreifst, zerstörst du ein großes Reich.* Er hatte die Wahl, also die Freiheit, es zu tun oder zu lassen. Dass die Prognose doppeldeutig war (er konnte durch seinen Krieg das feindliche Reich zerstören, aber auch das eigene), übersah er, schließlich setzen die eitlen Kriegsherren immer auf Sieg.

Vor diesem einst unversehrten Säulenwald standen die Klienten, fragten – und warteten auf ihr Urteil. Im hinteren Teil des Tempels, im Tempelhof, stand ein zweiter, kleinerer Tempel für den Orakelsprecher, der über einer Quelle saß, die wohl schweflig war und die

Sinne verwirrte – als könnten wirre Sprüche die Zukunft erhellen. Aber zwischen das dunkle Orakel und das verbindliche Urteil war die Kaste der Priester geschaltet, interpretierte und manipulierte und deutete den rätselhaften Spruch, wie sie wollte und wie es ihr in den eigenen politischen Kram passte. Irgendwann stieß der Erderschütterer Poseidon Appolons Tempel um, er ließ die Erde sich in Wellen bewegen, wie er das sonst mit dem Meere tat. So unsicher gebaut ist das Orakel gewesen.

Wir verlassen die heilige Stätte und rasten mit unserem mitgebrachten Fladenbrot auf den Grundmauern der verödeten Stadt, die Füße auf den Marmorplatten der heiligen Straße nach Milet, unserem nächsten Ziel. Dort sofort ins Theater. Im Bereich des Szenariums allerlei Schutt, zu unbedeutend und zu zweitranging und ruinös fürs Museum, dennoch anregend und auf seine Weise schön. Zum Beispiel ein Relief, das zwei Köpfe im Profil zeigt, beide Gestalten halten etwas in der Hand, blicken darauf und zeigen es der anderen Figur. Links eine Lyra, rechts eine Pflanze. Und oben auf den Rängen, wo wir uns setzen, setzt sich dieser Eindruck fort. Die Orchestra ist ein blühender Halbkreis von Wildblumen. Der heutige Zuschauer blickt nicht auf Action und Blutvergießen, auf tragische Ausweglosigkeit des Orakels, sondern auf ein Blütenmeer, auf Pflanzen in der Blüte ihres Lebens. Welche Ruhe, welche Geduld, welche Muße, welche Liebe bewirken dieses ästhetische Schauspiel.

Hier, denke ich mir, saß Thales, und nicht nur auf diesem Platz, sondern auch auf jenem, dort oben und da unten ebenfalls, mal mehr in der Mitte, mal weiter außen, kurz: überall. Und was tat er, bevor Chor und Schauspieler auftraten? Er schaute sich um, er musterte die Zuschauer und blickte in die schöne, bergige Landschaft, durch die sich der keuchende Bote seinen Weg sucht, bevor er nachher auf der Bühne die Mitspieler und somit auch die Zuschauer über das Neueste informiert.

Und dann beobachtete Thales die Leute, die durch die Außentore das Halbrund betraten. Manchmal entdeckte er Bekannte, die er seinem Begleiter unbedingt zeigen wollte, manchmal sogar zwei an beiden Eingängen zugleich, so dass er beide Arme ausstreckte, um auf beide zu zeigen: *Sieh da, sieh da, Timotheus, links Anaximander und rechts Anaxagoras!* Und wenig später: *Sieh nur, dort kommt Phi-*

lon und dahinten Timon. Und so ähnlich immer wieder. Und was bemerkte Thales dabei? Immer das Gleiche, dass nämlich, wo immer er saß, die Arme beim Zeigen einen rechten Winkel bildeten. Und da, was stets und immer ist, nicht Zufall sein kann, sondern ein Gesetz, war der Thalessatz geboren: Die von einem beliebigen Punkt auf einem Halbkreis auf die beiden Wurzeln dieses Halbkreises gerichteten Linien bilden stets einen rechten Winkel.

Dann im alten Milet unsere Suche nach dem, was war. Das Wasser irritiert. Der Hafen ist verlandet und die Hafenanlagen sind unter Wasser gesetzt. Das Denkmal zu Ehren des Seeräuberbesiegers Pompeius erhebt sich aus einem dürftigen Tümpel inmitten beweideter Schafwiesen, die Agora steht unter Wasser, wenn auch nur vorübergehend nach dem ausgiebigen Winterregen, die Hinweisschilder sind unerreichbar inmitten eines leuchtenden Sees, der weiße Säulen und Wölkchen spiegelt.

Beeindruckend die riesigen römischen Thermen mit ihrem ausgeklügelten Hygienesystem – eine raffinierte Zivilisation. Aber wo die Körperpflege zum Selbstzweck wird, wird der Geist zur Nebensache und verkommt. Das unterscheidet Rom von Griechenland und Amerika von Europa: Technik statt Poesie, Kriegskunst statt Kunst, Gladiatoren im Amphitheater mit blutenden Brutalos statt Tragödien mit ihrer tiefgründigen Moral und Lehre.

Noch heute, wenn ich in meinen Tagebüchern blättere, wundere ich mich, wie viele Ziele wir anstrebten, was alles wir bewundert und den Kindern gezeigt und erläutert haben. Eine unserer vielen Tagestouren führte uns nach Priene. Einst eine blühende Stadt, jetzt ein blühender Steingarten. Überall stehen stolz und hoch aufragend die leuchtend gelben Kerzen der Sisalagaven, groß wie Menschen und größer, sie stehen wie Wächter, wie Skulpturen, wie Laternen.

Wo einst Menschen wohnten, sind jetzt verwilderte Gärten, die Grundmauern der Häuser stehen noch, graue Einfriedungen um ein Chaos aus Schutt und Gras und Blumen. In die einstigen Zimmer ist die Natur eingezogen. Die Städtegründer und Stadtarchitekten hatten ihren Stadtplan wie ein Netz über den Stadthügel geworfen, alle Straßen schnitten sich im rechten Winkel, und so akkurat wie der Grundriss war das Pflaster, noch heute bewunderungswürdig und vorbildlich die Präzision der Plattenwege. Genauso exakt verfugt wie die Riesensteine im Mauerwerk der Häuser, ob Gymnasion, Tempel oder Theater. Rund sind nur die Ränge und die Orchestra im Theater und die Straßen insofern, als sie sich im großen Bogen über den Buckel des Berges ziehen. Der Weg zum ganz oben gelegenen Theater ist mühsam, umso gemütlicher ist die Rast auf den Rängen. Unter uns erstrecken sich die Stadt und die Mäanderebene, das tragische Heldenschicksal und das fruchtbare Land. Wir lümmeln uns in den bequemen, gesäßkompatiblen Steinsesseln längst verblichener Honoratioren und warten, dass zwischen den Säulen des Szenengebäudes die Mimen und der Chor erscheinen, es kommt aber nur ein Führer mit einem stummen Chor folgsamer Touristen. Der Protagonist spielt seine Rolle, redet und redet, aber der Chor singt nicht, wird zum Publikum, flüchtet auf die Ränge, sinkt auf die Sitze und fotografiert.

Zuletzt suchen wir das Bouleuterion auf. Hier wurde prozessiert und politisiert. Das soziale Leben war öffentlich, viele (im Prinzip alle) durften teilnehmen als Akteure und Zuhörer, ähnlich wie im Theater. Aber Voraussetzung war gutes Wetter, die demokratische Polis ist eine Schönwettergesellschaft, Demokratie findet im Freien statt, sie braucht Licht in mehrfacher Hinsicht: Die Erleuchtung des Himmels, die öffentliche Kontrolle (also Transparenz), das grundsätzliche Bekenntnis zur Aufklärung und strahlenden Optimismus. Entscheidungen fallen nicht hinter verschlossenen Türen, die gibt es gar nicht, sondern unter freiem Himmel, angesichts der Götter und des versammelten Volkes. Dieses Volk der Polis war überschaubar und durfte nicht zu groß sein. Demokratie reichte so weit, wie die menschliche Stimme reichte, die Größe der Volksversammlung orientierte sich an der natürlichen Stärke der Stimme. Wo Massenmedien nötig werden, wird Volk zur manipulierbaren Masse und der Politik überdrüssig.

In der Polis ist Politik eine Art Theater, ein rhetorisches Vergnügen, jeder kann jederzeit in ein Amt gewählt, ja, gelost werden, die da oben können nicht machen, was sie wollen, streng genommen gibt es die da oben gar nicht, denn die Polis ist eine große Familie, nur in der Polis kann es wirkliche Politik geben.

Das Verlosen der Ämter hatte übrigens den Vorteil, dass die Kandidaten ihre Wähler nicht bestechen konnten und dass der Zufall ab und zu anstelle eitler Angeber bescheidene und fähige Männer zu einer politischen Funktion verhalf.

Am nächsten Tag fuhren wir ins Landesinnere nach Pamukkale. Man muss zwar dagewesen sein, aber man muss kein zweites Mal hin. Der Eindruck ist beeindruckend und bleibend, etwas für die Erinnerung, aber nichts für die Sehnsucht. Zu viel Sensation, zu viel Rummel, zu viele Menschen. Das Ganze sieht aus wie ein Skihang in der Hochsaison, auf blendend weißem Hang ein buntes Gewimmel von Menschen.

Seit Jahrtausenden rieselt das heiße und kalkhaltige Wasser den Berg herunter, das Kalziumbikarbonat $Ca(HCO_3)_2$ zerfällt an der Luft, Wasserdampf (H_2O) und Kohlendioxid (CO_2) entweichen, der unlösliche Kalk ($CaCO_3$) fällt aus, baut Terrassen auf, so dass eine Vielzahl kleiner Becken entstanden ist von der Größe einer Badewanne bis zu der eines kleinen Swimmingpools. Das Wasser läuft langsam über die Ränder, festigt und erhöht sie. In den oberen Becken ist das Wasser heiß, weiter unten immer noch angenehm warm.

Die heiße Quelle ist inzwischen von einem Hotel vereinnahmt und umgebaut worden, der Pool im Hof des Hotels ist ausschließlich den Gästen vorbehalten, an die breite Öffentlichkeit tritt das Wasser erst, nachdem die Elite darin ihr Bad genommen hat, und dann wird es über ein Grabensystem mal zu diesem, mal zu jenem Terrassenbecken geleitet, und hier tummeln sich die Massen, klettern vorsichtig die glatten Steilhänge hoch und liegen in den knietiefen Wannen. Am Rande des Areals, im kühlen Schatten unter Oleanderbüschen und Ölbäumen sitzen die warm angezogenen und feiertäglich gekleideten Türken und begutachten das freigiebig feilgebotene Fleisch der Ungläubigen.

Schon in der Antike war der Ort ein Treffpunkt für allerlei vermögende Bresthaftigkeit, Sieche und Alte, aber auch Playboys und Playgirls. Pamukkale war unter den Seniorenresidenzen des Imperium Romanum eine der ersten Adressen, über den von der Natur zur Verfügung gestellten Kurmitteln bildete sich eine Stadt mit allem Komfort und der Infrastruktur, die man damals verlangen konnte, als da sind Theater und Tempel, Gymnasien und Bibliotheken.

Wir besuchen die Ruinen, und wieder bietet das Theater den besten Blick. Etwas abseits erstreckt sich der Friedhof, Tausende von Sarkophagen sind hier gelagert. In einer Stadt, die Kurort, Hospital und Altenstift war, wird mehr gestorben als an jeder anderen Stelle der Welt – von Schlachtfeldern abgesehen – und folglich ist das Gräberfeld hier besonders groß und großartig. Riesige Steinkisten stehen herum, mit gewaltigen, durch Menschenkraft kaum zu bewegenden Steindeckeln und mit verwitterten und unlesbaren Inschriften sowie unkenntlichen Bildern und Ornamenten.

Nach einem Tag Badepause fahren wir mit dem Linienbus nach Selcuk, der Stadt, die den Namen des großen – aber was heißt schon *groß?* – Eroberers aus dem 10. Jahrhundert trägt. Vorbei am geplünderten und verstümmelten Weltwunder, dem Artemistempel mit nur noch einer einzigen Alibisäule, vorbei am türkischen Dampfbad mit seinen vielen Kuppeln und Abzügen, führt unser Weg hoch zur El-Bei-Moschee und zur Johannesbasilika. Im Vorhof der Moschee die Möglichkeit und Notwendigkeit zum Füßewaschen, im Gotteshaus selbst nur ein einziger amtlicher Gottesmann, der zugleich Muezzin ist und die Devotionalien betreut und uns bereitwillig und eifrig informiert. Nein, der Muezzin rufe nicht per Tonband zum Gebet, sondern live, wenn auch mithilfe eines Lautsprechers. Gerne dürften wir kommen und ihm zuhören. Nach einem Blick auf die Gezeitentabelle sagt er uns auf die Minute genau, wann es soweit ist, denn jeden Tag verschiebe sich schließlich der Gottesdienst.

Islam lernen, Islam leben – so heißt das Büchlein für deutsche Türken, das er uns verkauft, sehr selbstbewusst, sehr sendungsbewusst wirkend, mit stechendem Blick, fanatisch und freundlich zugleich, Mund und Augen, Worte und Blicke im Widerstreit, ja Widerspruch. Religiös gibt er sich in Kleinigkeiten. *Ashalam*, sagt er, als wir unser pünktliches Wiederkommen in anderthalb Stunden ankündigen: *so Allah will,* übersetzt er, legt die Handfläche der Rechten aufs Herz und verneigt sich lächelnd.

Die Zeit bis zu unserer Rückkehr überbrücken wir bei Johannes. Die Basilika ist gesichert durch riesige Mauern aus Steinen des Stadions von Ephesos. Verhasst war den Christen dieser Ort, hier wurden sie den Römern zum Spaß wilden Tieren zum Fraß vorgeworfen. Später drehten sie den Spieß um, das Stadion wurde zum Steinbruch für die neue Zeit und die neuen Herren. So geht Geschichte. In den christlichen Mauern stehen Säulen und mächtige Marmorwürfel mit Ornamenten, Reliefs und Inschriften aus heidnischer Zeit. Das Tor zu der Anlage wirkt wie ein historisches Puzzlespiel, wie ein steinerner Flickenteppich.

In der gewaltigen Basilika aus fünf Schiffen, von der nur noch halbe Mauern und Säulen stehen, so dass dies aufgelassene Gotteshaus sonnig und offen ist, wurde Johannes bestattet, aber beim Öffnen des Grabes verflüchtigten sich seine staubigen Reste, und dank dieser Himmelfahrt ließ er wie Christus keine anatomischen Reliquien zurück (nicht einmal wie der Herr ein gutes Dutzend angeblicher Vorhäute).

Dann zum Date beim Muezzin. Er ruft zum Gebet, laut dank Lautsprecher. Es klingt ein bisschen marktschreierisch, nach Sonderangebot, nach Superqualität zu Superpreisen, aber nur zwei alte Männer leisten dem Singsang Folge, knien auf dem Gebetsteppich und beten, in Socken, ohne Schuhe und mit gewaschenen Füßen.

Über der Stadt das angebliche Grab der heiligen Jungfrau. Nichts gegen Maria. Ihre Bescheidenheit ist sprichwörtlich und ihre Demut vorbildlich. Sie entsagt und verzichtet, wo immer es geht. Sie wird schwanger, ohne je die Freuden der Liebe genossen zu haben und sie gebiert in Heu und Stroh (wo sich die Landjugend eher heimlich vergnügt). Statt in Ruhe zu stillen, flüchtet sie auf unbequemem Esel, und ihr großer Sohn, der andere Mütter eitel und eingebildet machen würde, bereitet ihr nur Leid und Sorgen. Bescheiden ist auch ihr Sterben. Fern der Heimat, nahe Ephesos, erwartet sie den Tod in einer kümmerlichen Kammer, einsam und verlassen, eine hilflose Asylantin. Schlicht auch die kleine Kapelle, an die ihr Kämmerlein anschließt. Noch dürftiger dürfte ihr Grab gewesen sein. Aber auf diese letzte Bescheidenheit sollte man nicht allzu viel Verehrung verschwenden, schließlich konnte die angehende Himmelskönigin damit rechnen, dass ihr Aufenthalt in der wenig kommoden Gruft nur von kurzer Dauer sein würde, war doch die baldige Himmelfahrt fahrplanmäßig vorprogrammiert.

Der Ort, der immerhin so wichtige Ereignisse wie Sterben, Betten ins Grab und Starten ins Himmelreich vereint, enttäuscht. Die Kirche ist eine Steinhütte ohne jedes Kunstwerk von Rang, die Sterbekammer kleiner als eine Garage. Grab und Startrampe konnte kein Archäologe orten. Wie aber konnte die *Stigma-Kati,* die an Händen und Füßen blessierte Katharina Emmerich aus Dülmen in Westfalen, ausgerechnet diesem Ort zu seiner heiligen Ehre verhelfen? Diese ihre Wahl ist Wunder genug.

Immerhin gibt es hier eine Quelle, und wenn schon Quelle, dann natürlich heilend. In zierlichen Flaschen, garantiert Originalabfüllung, wird das Wunderwasser vertrieben. Die jungen Japaner, die mit Pilgerpedanterie und preußischem Pflichtbewusstsein nichts auslassen, was den Touristen geboten wird, halten die Gefäße mit toleranter Ehrfurcht und skeptischer Unsicherheit in Händen, grinsen verlegen und albern und wissen nicht recht, ob trinken oder einreiben vorzuziehen sei, und entscheiden sich dafür, ihre Beute als unverbrauchtes Souvenir nach Nippon mitzunehmen.

Dann auf den Berg gegenüber. Gewaltig, beeindruckend, einschüchternd die äußere Stadtmauer um Ephesos herum, die sich über Kilometer über den Kamm des Bergmassivs hinzieht. Riesige graue Quader, exakt verfugt, teilweise herabgestürzt vom Erderschütterer Poseidon oder vom Zahn der Zeit. Dazwischen ein paar Türme. Blühende Wiesen, satt grün und bunt, zu unseren Füßen, und in der Ferne das antike Ephesos. Man weiß nicht, wohin mit den Augen. Die Mauer führt bis zum Meer und schützte einst den Hafen. So stelle ich mir die langen Mauern von Athen zum Piräus vor.

Ein Ausflug liegt noch vor uns, der nach Metropolis. Man wusste immer, dass dort oben auf dem Berg eine antike Stadt gelegen hatte und in verkleinerter Form innerhalb der alten Mauern ein byzantinisches Städtchen. Es gab Reste von Bauwerken und mündlichen Überlieferungen und seit Kurzem aktive Archäologen. Wir stolpern durch natürliche Felder und zerfallende Bausteine und beobachten die weidenden Schafe. Uralte Hirten und agile Köter halten die Herde zusammen. Und dann begegnen wir dem Professor, der die Grabungen leitet, der unser Interesse erkennt, gut Deutsch spricht und uns informiert. Keine altgriechische Stadt ohne Theater, und das grub man gerade aus. Irgendwann im letzten Herbst hatte der Professor zu suchen begonnen, die Zuschauerränge und die Bühne waren längst verschüttet und von Gebüsch überwachsen. Aber wer sich auskennt, weiß, dass er nach einer halbrunden Mulde von circa 100 Metern Durchmesser suchen muss, von der aus man einen weiten Blick in die Landschaft hat, und wo diese beiden Bedingungen (Mulde und Blick) vorliegen, hat sich garantiert das Theater befunden. Zuerst wurde die Mitte der halbrunden Mulde ermittelt und dann, halb mit Ratio, halb mit Raten, zu graben begonnen und der Suchgraben gelegt. Man war auf die perfekt verlegten Platten der Orchestra gestoßen, hatte den Graben nach oben in die Sitzränge hinein verlängert, genau den Treppenaufgang getroffen und die Stufen freigelegt. Was längst untergegangen war, seit zwei Jahrtausenden der Unterwelt gehört und unter der Erde ruht, wird jetzt von der Wissenschaft wieder ans Tageslicht befördert. Wir blicken in diesen Graben von 2 Metern Breite und 5 Metern Tiefe und sehen ganz unten den unversehrten Ehrensessel aus Marmor mit Seitenlehnen und Gesäßmulde. Die Treppenbegrenzungen sind verziert mit Löwenklauen, diesen Symbolen von Angst und Schrecken, die zu jeder Tragödie gehören: Furcht und Mitleid in Stein. Jederzeit kann jedermann die Pranke des Schicksals treffen, so wie es dies Theater als Ganzes traf. Aber nur, weil es unterging, unterging in Lehm und Geröll und Erosion, überlebte es Verwitterung und Zerstörung. In der Unterwelt wird die Vergangenheit konserviert und lebt weiter, und die Archäologen sind die Führer in diese Unterwelt, so wie Vergil einst Dante führte.

Man wird weiter suchen und graben. Die meisten Schätze birgt sicher das Szenenhaus: Säulen, Kapitelle, Reliefs und bestimmt auch Skulpturen. In einem Jahr sollen die Arbeiten abgeschlossen sein, und dann kommen wir gerade richtig, wenn wir denn wiederkommen. Aber wir sind nicht wiedergekommen. Statt an die Westküste reisten wir an die Südküste. Unser Freund Ekkehart, einst mein Mitreferendar und jetzt Kollege, hatte eine Studienreise nach Antalya, Myra, Aspendos, Termessos, Phaselis und zu anderen historischen Stätten mitgemacht und begeisterte und überredete uns zu einem Besuch dieser kulturträchtigen Weltgegend. Bis ins folgende Jahrtausend hinein fuhren wir immer wieder nach Tekirova, Kemer, Belek und Side, mal im Frühling, mal im Herbst, zusammen mindestens zehnmal, und genossen die Mischung von Komfort und Kultur, edlen Hotels und anregenden Exkursionen. In den Sommerferien bereisten wir die ehemalige DDR, Polen und Frankreich, Tschechien und Österreich, Italien und Spanien. Ich will nicht alles aus den Neunzigerjahren aufzählen und erzählen, schließlich möchte ich keinen privaten Baedeker verfassen. Mir liegt vielmehr daran, im nächsten Kapitel auf etwas ganz anderes einzugehen, nämlich auf das, was mir nach der Familie das Wichtigste ist: die Literatur.

62

Das literarische Jahrzehnt

Das letzte Jahrzehnt des 20. Jahrhunderts und des zweiten Jahrtausends stand zunehmend im Zeichen der Literatur. Neben meinen Pflichten als Familienvater und Oberstudienrat widmete ich mich mehr und mehr dem Lesen und Schreiben. Und Christa tat es mir gleich. Wir wurden, wenn auch getrennt, Mitglied eines Lesekreises, wobei ich den meinen sogar gründete und leitete. Auch schrieben und veröffentlichten wir ab und zu. Von Christas journalistischer Arbeit für den Lauenburgischen Kulturalmanach in den Monaten vor und nach der sogenannten Wende sowie meinen gelegentlichen Beiträgen hatte ich bereits berichtet. Dann engagierte sich Christa immer eifriger im Lübecker Sankt-Annen-Museum und arbeitete sich in die Geschichte der Hanse und ins späte Mittelalter ein. Zusammen mit einer Kollegin verfasste sie museumspädagogische Arbeitsblätter.

Dass ich meine Laufleidenschaft literarisch verwertete und meine Marathon- und Adventsläufe dokumentierte, habe ich schon erwähnt. Und ab 1992 wurde ich literarisch noch aktiver. Einige unserer grünen Freunde aus dem BUND und der Rindergilde kamen auf den Gedanken, ihre ökologischen Vorstellungen mithilfe eines Kabaretts publik zu machen. Sie wussten aus jahrelanger Erfahrung, dass moralinsaure Propaganda die Öffentlichkeit eher verprellte als ansprach, und hofften, dass man mit Scherz, Satire und Ironie mehr erreichen könnte. Da sie meinen Berliner Humor kannten und schätzten, bauten sie auf meine Mitarbeit, und zwar weniger als Mitspieler denn als Texter. Wir trafen uns mehrfach in privatem Kreise und überlegten, welche politischen, wirtschaftlichen und technologischen Missstände wir attackieren sollten. Schnell waren wir uns über unsere Zielscheiben einig, so den westlichen *Wissenschaftsaberglauben* (Karl Jaspers) und Fortschrittswahn, das hemmungslose Wirtschaftswachstum, den kritiklosen Wegwerfkonsum, die mörderische Agrarchemie sowie die bundesdeutsche Auto- und Autobahnbegeisterung. Natürliche zogen wir auch – aus eigener Erfahrung – über die Schulen und ihre Defizite her. Von Anfang an waren wir ein großes Ensemble. Wir wollten nicht so viel auswendig lernen, wollten die Arbeit auf viele Schultern verteilen und in der Lage sein, auf der Bühne möglichst viele unterschiedliche Typen zu verkörpern. Jeder konnte machen, was er am besten konnte.

Ich schrieb, Gwendolin Fähser führte Regie, Edgar Borkowski war für die Musik verantwortlich, komponierte, improvisierte, dirigierte und brachte Nichtsängern das Singen bei. Unser Vollblutschauspieler war Dr. Eckard Fischer, dessen Berufswunsch die Schauspielerei gewesen war, den seine Mutter aber in die Medizin gedrängt hatte. Sein Spiel machte den Texter überflüssig. Er konnte sagen, was er wollte, das Haus war aus dem Häuschen. Wen immer er parodierte, er wirkte echter als das Original. In unserer Elf überwogen die Pädagogen (Gwen, Vera, Christa, Maren, Edgar und ich), die meisten Männer übten höchst praktische Berufe aus, Dr. Lutz Fähser war Förster und inzwischen Forstdirektor in Lübeck, Dr. Eckard Fischer war Arzt, Peter Schumacher Steuerberater, Ulrich Seibt Werbegrafiker. Einige von uns traten als Doppel auf, nämlich Vera Sauerwein und ihre Tochter Hanne, Gwen und ihr Ehemann Lutz, Christa und ich. Schon bald verpasste ich unserer Gruppe den Namen *Kabarettiche* – und erfuhr einige Jahre später, dass es kurz nach dem Krieg in München ein Kabarett gleichen Namens gegeben hatte.

Nachdem ich die ersten Texte geschrieben hatte, probten wir reihum in unseren Häusern und ließen uns spontan zusätzliche Gags einfallen. Immer, auch in den folgenden Programmen, legten wir auf Abwechslung Wert. Neue – von Edgar vertonte – Songs und satirisch abgewandelte Volkslieder und Schlager sowie Dialoge und Monologe (zum Beispiel pastorale Predigten) wechselten sich ab. Da sich unsere Vorbereitungen über ein halbes Jahr hinzogen, konnten wir nicht brandaktuell sein und mussten uns mit allgemeiner Kritik begnügen. Mit einer Ausnahme. In unserer satirischen Tagesschau konnte Christa das Neueste vom Neuen kommentieren und ironisieren.

Es ist hier nicht der Ort, das im Sommer und Herbst 1992 auf 18 Nummern angewachsene Programm vollständig zu veröffentlichen, obgleich es das verdient hätte. Genauer eingehen will ich nur auf die *Staunummer*, die wir jedoch fast aus dem Programm gestrichen hätten. In einem Restaurant sitzen eine vornehme Dame und ein eher schlichter Mann am gleichen Tisch und kommen ins Gespräch. Die Rollen hatten Gwen und ich übernommen. Während der Proben tat ich mich schwer. Was ich sagte, wirkte schwerfällig und auswendig gelernt, bis ich während eines einsamen Waldspaziergangs auf den rettenden Gedanken kam, meiner Rolle zu Leben und Lebensechtheit zu verhelfen, indem ich mich zu einem schnoddrigen Berliner machte und selbstbewusst drauflos berlinerte. Und nun klappte es.

In diesem Kapitel will ich nur erzählen, *dass* ich schrieb, nicht *was* ich schrieb. Die jeweiligen Texte sind im Anhang, dem 63. Kapitel, nachzulesen. So auch die *Staunummer*. Nach dem Anhören der Verkehrsnachrichten beginnt der Dialog.

Am 29. Januar 1993 im *Werkhof* in Lübeck, einem von alternativ und ökologisch eingestellten jungen Leuten geführten Restaurant mit großem Saal. Das von unserem Grafiker Ulrich Seibt gestaltete Plakat mit dem Titel *Autosuggestion* (schließlich ging es in vielen Nummern um Kritik am Automobil) hatte über 100 Leute neugierig gemacht, und die warteten nun darauf, was wir ihnen bieten würden. Schon die ersten Nummern kamen gut an – und dann waren Gwen und ich dran. Unsere Mitspieler saßen hinter der Bühne und waren immer noch skeptisch hinsichtlich der *Staunummer*. Doch dann gab es den ersten Lacher, den ersten Applaus und gespanntes Warten auf die nächste Pointe. Christa erzählte mir nachher, wie sie mit den anderen ängstlich auf die Reaktionen im Publikum lauschte und wie sie und Maren sich immer wieder verwundert zuflüsterten: *Die lachen ja, die lachen ja,* als hätten sie das partout nicht für möglich gehalten. Der Bann war gebrochen, der Abend gelungen.

Zwei Tage später spielten wir in der Vorhalle des Ratzeburger Burgtheaters. Unser Erfolg hatte sich herumgesprochen, der Andrang war so groß, viele Interessenten bekamen keine Karte mehr und mussten auf eine spätere Aufführung vertröstet werden. Die Kabaretticher riefen, und alle, alle kamen. Und das zu immer neuen Programmen, insgesamt zehn, und das fast zehn Jahre lang.

Unsere Kinder, die damals fast alle im Gymnasiastenalter waren, saßen an der Kasse und verkauften die vorbestellten Karten und wurden beschimpft, wenn es keine freien Karten mehr gab. Nachher hockten sie zwischen Bühne und Publikum auf dem Fußboden, lachten als Erste, da sie die Pointen ja bereits kannten, und fungierten folglich als Initialzündung der um sich greifenden Heiterkeit. Außer in Lübeck und Ratzeburg traten wir in Mölln, Schwarzenbek und Lauenburg auf, aber auch in einigen Dörfern unseres Kreises, und sogar – über persönliche Beziehungen – in Hessen, Baden-Württemberg und Mecklenburg-Vorpommern.

Es scheint ein bisschen paradox, dass unsere Fans fast alle im Auto anreisten und die Straßen rund um unsere Spielstätten blockierten, sich aber dennoch gerade über unsere Automobilkritik amüsierten, so zum Beispiel über den Song vom *Mobilen Wochenende;* abgedruckt im Anhang.

Im November 1995 folgte unser zweites Programm *(Eia popeia politeia)*. Satirisch setzten wir uns auseinander mit Kernkraft, Umweltvernichtung und Militarismus. Dazu drei im Anhang abgedruckte Beispiele: *Ural und Uran, Der Lindenbaum,* der *Pazifistenwalzer.* Auch wenn das Publikum sich amüsierte und applaudierte, viele Gäste warfen uns Übertreibung und sogar Vaterlandsverrat vor.

Aber so ist Kabarett eben und so soll es sein.

Wenn auch nicht beabsichtigt, hatten unsere Stücke so nebenbei auch eine familienfreundliche Wirkung. Ein Freund aus der Rindergilde, der mit seinem Vater seit Jahren nicht mehr gesprochen hatte, besuchte mit diesem gemeinsam – die Einladung war als eine Art Friedensangebot gedacht – eine unserer Aufführungen, und da kamen beide von links und rechts in eine heftige Debatte und sprachen endlich wieder miteinander, lautstark und gestenreich, aber immerhin. Man nahm Notiz voneinander.

Ein Jahr später waren wir mit einem weiteren Programm auf der Bühne, das wir einfach *No. 3* nannten. Relativ lang, aber recht kurzweilig waren die *Schulnummer* und die *Dudennummer*. In dem ersten Sketch geht es darum, dass ein Elternpaar seine Tochter im Gymnasium anmelden will, in dem zweiten setzen wir uns mit der in den Neunzigerjahren diskutierten Rechtschreibreform auseinander. Aktuell bis heute ist der Dialog *Zwei alte Nazis* (Anhang).

Das regelmäßige Proben und Spielen machte uns Kabaretticher aus Gesinnungsgenossen zu richtigen Freunden. Wir feierten reihum unsere Geburtstage und wir gingen gemeinsam auf Reisen. Jahr für Jahr waren die Männer eine Woche lang auf ihren Rädern unterwegs, immer in Richtung Ost und Südost, nach Mecklenburg-Vorpommern, Sachsen-Anhalt, Brandenburg und Berlin. Wir buchten ein festes Quartier und unternahmen von dort aus Sternfahrten in die Umgebung.

Lutz erläuterte uns das Wesen der Wälder, schwärmte vom Mischwald und verdammte die Monokulturen mit ihren monotonen Fichten- und Föhrenplantagen, und ich versuchte mich an und in Gottes-, Herren- und Rathäusern als Historiker und Kunsthistoriker. Als wir von Ratzeburg nach Kratzeburg (nahe Neustrelitz) mit der Bahn fuhren, um dort mit dem Radeln zu beginnen, verlangte Lutz, dass wir zuerst das dortige Waldmuseum besichtigten. Unter anderem war hier ein heftiger Waldbrand dokumentiert, der zu Kaiser Wilhelms Zeiten in dieser Region gewütet hatte, und diese Katastrophe versetzte den Lübecker Forstdirektor in helle Begeisterung. Er jubelte und wollte seine Freunde an seiner Freude unbedingt teilhaben lassen. *Da seht ihr's, die Kiefern brennen wie Zunder, die Monokultur ist ein wahrer Sprengsatz. Das Feuer greift um sich wie eine Epidemie.* Die zum Löschen abkommandierten Regimenter aus Berlin konnten nicht anreisen, weil die vom Feuer eingeschlossenen Bahnstrecken unbefahrbar waren. Die Verwüstung nahm erst ein Ende, als der Wald zu Müll und Asche geworden war. Lutz hob den pädagogischen Zeigefinger und predigte: *Mischwälder und Laubwälder sind nicht derart anfällig – und das sollten wir uns zu Herzen nehmen.*

Quer durchs Alphabet machten wir Kabarettiche Station in der alten Zone, in *Anklam* und *Angermünde*, in *Berlin*, *Beelitz* und *Belzig*, in *Chorin* und *Caputh* (bei Einstein), in *Carwitz* (bei Fallada), in *Doberan* und *Demmin*, in *Eberswalde* und *Erkner* (bei Gerhard Hauptmann), in *Frankfurt* (bei Kleist) und in *Fürstenberg* (mit dem nahen Frauen-KZ Ravensbrück), in *Güstrow* (bei A. Paul Weber) und *Greifswald* (bei Casper David Friedrich), in *Havelberg* und *Heringsdorf*, im *Ivenacker Wald* (mit seinen uralten Eichen), in *Joachimsthal* und *Jerichow* (mit der Vorform des Ratzeburger Doms), in *Kühlungsborn* und *Küstrin*, in *Lübz* (mit seinem Bier) und *Lehnin*, in *Malchow* und *Malchin*, in *Neustrelitz* und *Neuruppin* (bei Fontane), in *Oderberg* und *Ostberlin*, in *Potsdam* und *Plau am See*, in *Quitzübel* bei *Rühstedt* (mit seinen Störchen), in *Ribbeck* (bei seinem gleichnamigen Herrn), in *Rostock* und *Rheinsberg* (mit Prinz Friedrich, dem späteren Großen), in Sternberg, *Stendal* (bei Winckelmann) und *Stavenhagen* (bei Fritz Reuter), in *Tangermünde* (mit Grete Minde) und in *Templin*, in *Ueckermünde* und *Usedom*, in *Wittenberg* (bei Luther, Melanchthon und Cranach) und *Wittenberge*, in *Werder* und *Waren-Müritz*, und last but not least in *Zechlin* und *Zinnowitz*.

Orte, deren Namen mit *X, Y* oder *V* beginnen, fehlen in unserer Reiseliste, wenn man von *Hohen-VIETZ* absieht, das eigentlich *Friedersdorf* heißt. Der Name *Hohen-Vietz* ist eine Erfindung Fontanes, der in seinem Roman *Vor dem Sturm,* womit die Befreiungskriege von 1812/13 gemeint sind, von der Familie von Marwitz erzählt, die er in *Vitzewitz* umbenennt.

Nachdem unsere Gruppe durch das fruchtbare Oderbruch geradelt war, wo Friedrich der Große, wie er sagte, durch Trockenlegung eine ganze Provinz auf friedlichem Wege gewann, schoben wir unsere Räder hoch auf die Seelower Höhen, in deren Umfeld zwischen der Roten Armee und der Wehrmacht im April 1945 die letzte blutige Schlacht des Weltkrieges tobte. 33000 sowjetische, 12000 deutsche und 5000 polnische Soldaten sind hier noch gefallen, als der Krieg eigentlich bereits entschieden war. Wir wanderten durch die russischen Stellungen, und dann statteten wir auf meinen Vorschlag dem Dorf Friedersdorf einen Besuch ab. Als wir an der Kirchentür einen Hinweis fanden, dass man sich den Schlüssel zur Kirche bei der Küsterin besorgen könne, machten wir uns auf den Weg zu ihrem Haus. Dabei entdeckten wir auf dem Kirchhof eine Dame mittleren Alters und glaubten uns am Ziel unserer Wünsche. *Sind Sie die Küsterin?,* fragte Lutz und erfuhr mit einem einsilbigen *Nein,* dass nicht. *Dann können Sie nur Frau von der Marwitz sein,* mutmaßte ich, und jetzt reagierte sie mit einem knappen *Ja* und fuhr fort: *Wenn Sie die Kirche besichtigen wollen, begeben Sie sich bitte zum Portal, ich mache Ihnen von innen auf.*

So geschah es dann auch, und es entwickelte sich in dem Gotteshaus anschließend ein Gespräch oder besser eine hochadlige Privatführung von einer guten Stunde, denn unsere Gastgeberin ließ es sich nicht nehmen, auf unsere Fragen und speziell auf meine historischen Vorkenntnisse mit freigiebigen Informationen zu reagieren. Ich ließ sie wissen, dass ich im ersten Semester meines Geschichtsstudiums eine Pro-Seminararbeit über Friedrich August Ludwig von der Marwitz verfasst hatte, den wir ja unter dem Namen *von Vitzewitz* aus Fontanes Roman schon kennen. Frau von der Marwitz zeigte uns den Grabstein ihres berühmten Ururschwiegervaters, der ein Verehrer Friedrichs des Großen, ein hasserfüllter Feind Napoleons und ein fanatischer Gegner Hardenbergs und seiner Reformen war. Wir fachsimpelten über das Für und Wider sozialer und politischer Reformen und kamen auf die Moral in der Politik zu sprechen. Und schon waren wir bei einem anderen Marwitz, nämlich Johann Friedrich Adolf. Den hatte König Friedrich im Siebenjährigen Krieg, um sich an den Sachsen für die Ausraubung von Schloss Charlottenburg zu rächen, mit der Plünderung und Zerstörung von Schloss Hubertusburg beauftragt. Aber der Oberst kam dem Befehl nicht nach, weil, wie er dem König ins Gesicht sagte, sich dies allenfalls für Offiziere eines Freibataillons schicken würde, nicht aber für den Kommandeur von seiner Majestät Gendarm. Ein anderer Offizier gehorchte und plünderte, aber das Schloss selber blieb stehen und war später Ort des Friedensschlusses. Doch von der Marwitz musste die Armee verlassen. Stolz zeigte unsere Gastgeberin auf das Grabmal dieses selbstbewussten Preußen, wo sich die Worte finden: *Wählte Ungnade, wo Gehorsam nicht Ehre brachte.*

Bevor wir uns verabschiedeten, sprachen wir noch über das eigene Jahrhundert. 1945 hatten die Marwitz ihr Gut verlassen oder verlassen müssen, es aber nach der sogenannten Wende zurückerworben. Inzwischen bewirtschaftetet der Sohn unserer Führerin die Familienlatifundien und profitiert von den Meliorationen Friedrichs des Großen.

Später, wenn wir zu Hause von unseren Fahrradtouren erzählten, behaupteten meine Mitfahrer immer wieder, dass ich Frau von der Marwitz mehrfach mit *Gnädige Frau* angeredet hätte, obgleich ich dem hartnäckig widersprach und betonte, eine solche Höflichkeitswortwahl entspreche nicht meinem Sprachgebrauch. Aber die *Gnädige Frau* hängt mir bis heute an.

Doch zurück zum Kabarett. Nachdem wir drei Programme auf die Bühne gebracht hatten, hielten wir eine schöpferische Pause für angebracht. Dem Texter fiel nicht mehr viel Neues ein, und die meisten Spieler waren bühnenmüde. Aber die Katze lässt das Mausen nicht. Als die Bundestagswahl 1998 nahte, sah ich mich erneut literarisch gefordert und ging auf die Jagd nach Pointen. Meine Idee war, Volkslieder und Schlager umzudichten, aber ohne dass zunächst meine Kabaretticheé davon Wind bekamen.

Natürlich stand auch im Sommer ’98 unsere traditionelle Radtour auf dem Programm, doch waren leider bis auf Edgar und mich alle verhindert. Wir fuhren also zu zweit, um nur die Tradition nicht abreißen zu lassen, trafen uns auf der Wakenitzbrücke von Rothenhusen und radelten über Gadebusch und Schwerin nach Sternberg, wo wir übernachteten. Nach einem üppigen Abendessen machten wir uns über das Bier her, und da sah ich den Zeitpunkt für gekommen, die Katze aus dem Sack zu lassen und unserem Musikus meine Wahlschlager vorzutragen. Wir hatten uns in eine abgelegene Ecke zurückgezogen, und als ich dort still und leise meine Texte vorlas (und nicht etwa vorsang), sprang der Funke über. Edgar blickte in mein Manuskript, begann erst zu lachen, ging dann zum Summen und Singen über, bald wurden wir im Duett aktiv und zugleich immer lauter, so dass die übrigen Gäste teils verwundert, teils gestört und empört zu uns herüberblickten. *Das müssen wir unbedingt bringen, darauf können wir unmöglich verzichten,* beteuerte Edgar. *Nichts mit Kunstpause, das gehört auf die Bühne. Bis zur Wahl sind noch zwei Monate Zeit. Das reicht, das schaffen wir.* Damit war unser viertes Programm mit dem Titel *Hamse schon gewählt?* beschlossene Sache.

Der Titel hat eine doppelte Bedeutung, eine gastronomische und eine politische. Der Gast muss sich für ein bestimmtes Gericht entscheiden und der Wähler für eine bestimmte Partei – und dabei fungiert der Kellner als zweifacher Wahlhelfer und wendet sich an seine einerseits und andererseits unentschlossenen Zuhörer. *Hamse schon gewählt?*, fragt unser Mitspieler Dr. Fischer, *was, haben Sie noch nich mal die Wahlunterlagen?* Und dabei wedelt er mit der Speisekarte. *Oder hamse vielleicht Briefwahl ...?* Und so geht das Gespräch weiter – (nachzulesen im Anhang).

In unseren Liedern kritisierten wir vor allem, dass die Wahlen dem Wahlvolk keine wirklichen Alternativen bieten: *Weil ich jetzt 18 Jahre zähl, frag ich die Mutter, wen ich wohl wähl ....* Oder: *Heut gibt's kein Bier in meinem Stammlokal, in meinem Stammlokal ist heute Wahl ....* Oder: *Am Tag, als der Schröder kam.* Neben den Wahlen beschäftigten uns die Menschen auf der Schattenseite des Lebens, so die Asylanten und die neuen Bundesbürger in den neuen Bundesländern. Christa sang: *Muss i denn, muss i denn aus der Bundesrepublik ....* Und Gwen deklamierte: *Ich hab meine Jugend verloren und meine Identität ....*

Ende 1998 machte unser Grafiker Ulrich Seibt den Vorschlag, unsere bisher vier Programme zu veröffentlichen. Wir sammelten und redigierten unsere Rollentexte, sammelten die eindrucksvollsten Fotos, Uli übernahm die grafische Gestaltung und machte eine geeignete Druckerei ausfindig. Ich gab meinem ersten Buch den Titel *Schadenfreude*, die ich in der Einleitung moralisch rechtfertigte:

> *Wäre die Welt perfekt, gäbe es kein Kabarett, denn im Paradies hat man nichts zu lachen. Zumindest Schadenfreude, und die ist – Hand aufs Herz – doch die schönste Freude, kennt das Paradies nicht.*
> *Schließlich schließen Vollkommenheit und Schadenfreude sich aus, das Paradies kennt keine Parodie. Parodie und Satire gedeihen nur auf dem Mistbeet der Missstände. Und davon hat die reale Welt reichlich, so reichlich, dass sie jeden denkenden Menschen zu permanenter Kritik herausfordert. Um aber nicht am eigenen Missmut zu ersticken, bleibt uns nur die Schadenfreude, das Kabarett. Aber aufgemerkt. Wir Kabarettiche lachen über den Schaden, nicht über den Geschädigten. Letzteres wäre Sadismus, die Freude am Schaden dagegen ist human*

und moralisch, weil optimistisch. Wer sich des Schadens freut, hält ihn – trotz allem – für reparabel. Noch sind die Pole nicht verloren und schmelzen dahin, noch wachsen die Wälder, noch lässt die Atmosphäre uns atmen. Noch wehrt sich die Natur gegen ihre Hinrichtung, und wir stehen auf ihrer Seite. Aus der Arbeit im BUND sind die »Kabarettiche« hervorgegangen, wir haben den Sprung auf die Bühne gewagt – als Fortsetzung der Umweltpolitik mit anderen Mitteln.

Rechtzeitig in der Vorweihnachtszeit kam das Buch auf den Markt. Es wurde kein Bestseller, war aber über Jahre – bis heute – ein willkommenes Gastgeschenk. Neben den vier in meinem Buch *Schadenfreude* veröffentlichen Programmen brachten wir noch sechs weitere auf die Bühne, vier im bewährten Kabarettstil und zwei unpolitische aus aktuellem Anlass.

Im Sommer 1995 wurde der Berliner Reichstag verhüllt, und in das Jahr 1999 fiel Goethes 250. Geburtstag. Das Ehepaar Christo hatte sich schon lange einen Namen als Verpackungskünstler gemacht, aber die Verhüllung des Parlamentsgebäudes war doch etwas Besonderes, weil zugleich von politischer Symbolik. Das Verbergen des Reichstags unter 10 000 Quadratmetern Folie und das anschließende Entfernen der Hülle lässt daran denken, dass Politik und Politiker immer schwanken zwischen Vertuschen und Aufklären. In der unserem Programm vorangestellten Einleitung habe ich denn auch die Dialektik von Verhüllen und Enthüllen zur Sprache gebracht, und der Sinn dieses Gegensatzes liegt auf der Hand. Auch *im* Reichstag wird verhüllt und enthüllt. Die Regierung verkündet lauthals und legt offen, was sie weiß und was sie will, aber sie verhüllt, was sie *dem deutschen Volk* (ihm ist ja das Parlament laut *Giebel-Logo* verpflichtet) lieber nicht sagen will. Politik ist schließlich die Kunst der dosierten Information. Texte und Textilien verhüllen schamvoll, wo Scham im Spiel ist, also Peinlichkeiten. Die Pflicht zur Aufklärung findet ihre Grenze, wo es Ärger geben könnte. Wahrheiten, die das Vertrauen in die Regierung erschüttern, sollten nicht enthüllt werden, auch wenn Transparenz zum Wesen der Demokratie gehört. Wem nützt eine Enthüllung, die dem Staat schadet? Die Antwort auf die Frage *Wie sag ich's meinen Kindern* (also dem Volk)? kann nur lauten: *Gar nicht.* Da aber, wer sich in Schweigen hüllt, Misstrauen erregt, muss im Parlament möglichst viel parliert werden. Worte werden gemacht, große und viele, und leere, und dann auch noch gedruckt, Texte ohne Ende. Und diese Texte verhüllen nicht weniger perfekt als Textilien. Der verhüllte Reichstag offenbart, wie transparent die Politik ist – oder eben gerade auch nicht. Und wenn ein findiger Journalist einmal die Hülle ein bisschen lüften kann, weil ein frustrierter Hinterbänkler seinem Unmut andeutungsweise Ausdruck verlieh und aus dem Nähkästchen plauderte, dann wird die Enthüllung sofort in Abrede gestellt, dann wird erneut verhüllt. *Dementi* heißt die offizielle Verhüllung und *Pressesprecher* der offizielle Verhüller.

Aber der verhüllte Reichstag wird nach zwei Wochen enthüllt. Und diese Enthüllung offenbart, was wir nicht aufhören sollten zu fordern und zu hoffen, dass nämlich das Parlament so unverhüllt und transparent ist, wie es dem Ideal der Demokratie entspricht.

Verhüllen und Enthüllen zieht sich als Motiv durch unser Programm. Insgesamt habe ich über zwei Dutzend Essays beziehungsweise Gedichte verfasst, die meine Kabarettiche dann vortrugen. Da geht es zum Beispiel um die Verhüllung des Reichstags durch Feuer und Rauch, als die Nazis das verhasste Parlament ansteckten (denn wer soll es sonst wohl gewesen sein, da nur sie von der Brandstiftung profitierten?). Da geht es um die Taktik des Verhüllens, wenn der Kriegstreiber Adolf Hitler als Wolf im Schafspelz die Welt hinters Licht führt und sein Volk verführt und in den Krieg führt. Und nach dem Krieg geht es darum, wie schwer sich das deutsche Volk beim Enthüllen seiner Vergangenheit tut und seine Schuld und Mitschuld an den Naziverbrechen nicht wahrhaben will.

Im Verhüllen steckt die Anklage, dass wir alle alles allzu lange verheimlicht, verharmlost, vergessen und verdrängt haben. Die Enthüllung des Reichstags nach kurzen zwei Wochen wird somit zum Symbol für das moralische Gebot zur unverhüllten Bewältigung unserer Vergangenheit. Da geht es dann noch um eine weitere historische Anspielung, nämlich hinsichtlich der Größe, um den Vergleich des verhüllten Reichstags mit einem überdimensionalen Geschenkpaket, mit dessen Hilfe die Berliner die Blockade überlebten. An einem letzten Beispiel wird deutlich, dass zu keiner Stadt das Motiv des

Verhüllens so genau passt wie zu Berlin, denn wie keine andere Stadt hat Berlin Erfahrungen mit verwickelten Situationen. Eingewickelt wurde die Stadt (genauer gesagt: die westliche Hälfte) und abgeschnitten von der Welt während des Blockadejahres, und dann wurde sie regelrecht eingemauert, für fast drei Jahrzehnte. Aber als die Lage der Sowjets immer verwickelter wurde, als Gorbatschow endlich Vernunft entwickelte, da musste die DDR einpacken, da waren die Tage der Mauer gezählt, da wurde die brutale Hülle aus Stein geschleift und die DDR abgewickelt. Da konnten die Deutschen endlich ihre Einheit feiern – und wo wohl? Vor dem Reichstag natürlich.

Wie bereits erwähnt, nahmen wir im Jahre 1999 Goethes 250. Geburtstag zum Anlass, den Dichterfürsten auf unsere Weise zu ehren. Der große Deutsche Dramatiker wurde nun selber von uns auf die Bühne gebracht. *Lieben Sie Goethe?* war der Titel unseres Programms. Nach bewährtem Kabarettmuster warteten wir mit den verschiedensten Textsorten auf. Wir parodierten und aktualisierten die beiden berühmten Sturm-und-Drang-Gedichte *Ganymed* und *Prometheus* sowie die allen Deutschen im Gedächtnis verankerten Balladen *Der Fischer, Der Erlkönig* und *Der Zauberlehrling,* wobei wir bei Letzterem die bedrohlichen Folgen des technischen Fortschritts thematisierten. Ich schreckte auch nicht davor zurück, den staatstreuen Minister und Vertrauten des Großherzogs im Dienste der Staatssicherheit (Stasi) seinen revolutionären Freund Schiller observieren zu lassen. Das Zitat aus dieser Nummer *(I.M. Poet)* findet sich im Anhang.

Dass Goethe so akribisch wie kein anderer deutscher Dichter von der Literaturwissenschaft analysiert wurde, zeigen auch die Arbeiten über die Funktion der Interjektionen und der Präpositionen in seinen Werken. Ein anderer Text widmet sich dem intensiven Liebesleben des großen Goethe. Da geht es zum Beispiel um einen fingierten Brief Charlottes an Friederike, in dem das Verhältnis der beiden jungen Damen zu ihrem Johann Wolfgang behandelt wird (Anhang).

Von seiner Liebe zu seiner Ehefrau Christiane Vulpius erzählt unser Gedicht, mit dem wir unseren Bericht über das Goethe-Programm abschließen:

Es war ein Dichter in Weimar,
der einsam war und schrieb,
bis einmal, als es Mai war,
Christiane kam und blieb.

Sie kam für ihren Bruder
um eine Stelle ein.
Der Dichter nickt, dann lud er
sie ein zum Stelldichein.

Sie ging bei ihm in Stellung,
denn er stellte sie an;
sie probten jede Stellung,
sie stellte sich nicht an,

Es liebt der Herr Geheimrat
geheim in heikler Nacht
und nie spricht er von Heirat,
wenn sie ihn high gemacht.

Im Gartenhause schwang er
sich auf sie tausend Mal,
und davon ward sie schwanger,
und das war ein Skandal.

Der Hof und auch das Städtchen
sind unerhört empört,
sie neiden es dem Mädchen,
dass sie Goethe gehört.

Die Stein, die lange Jahre
kalt war und hart wie Stein,
die rauft sich jetzt die Haare
ob ihrer Prüdereien.

Das Glück auch der Genialen,
so lautet die Moral,
kommt von den Genitalien
und von der Unmoral.

Sie werden sicher gemerkt haben, dass dem Gedicht die Melodie von Goethes *Es war ein König in Thule* zugrundeliegt.

Getreu dem ersten Vers unseres Trauspruches *(Am Anfang war das Wort, und das Wort war bei Gott, und Gott war das Wort)* entwickelten Christa und ich eine zunehmende Liebe zur Sprache und zum Sprechen, zum Lesen und zum Schreiben. Christa kam – als gelernte Museumspädagogin – auf den Gedanken, einen *Wegbegleiter durch den Ratzeburger Dom für Kinder und Jugendliche* zu verfassen, und mit meiner Unterstützung machte sie sich ans Werk. Ich stellte meiner lieben Frau das historische Hintergrundwissen bereit, und sie schuf auf der Grundlage ihrer Kenntnisse und Erfahrungen ein museumspädagogisches Meisterwerk. In zehn Kapiteln ließ sie die slawische Göttin Siwa, den Abt des Klosters Sankt Georgsberg, Ansverus, den Herzog Heinrich den Löwen, den ersten Ratzeburger Bischof Evermod, die Dombaumeister, einen Domherren, die Künstler, den ersten evangelischen Pastor Georg Usler, einen Restaurator und sogar die Orgel zu Wort kommen. Sie alle erzählen von sich selbst und veranlassen die jungen Besucher durch ihre Fragen zum genauen Hinschauen. Der von unserem Kabarettfreund Ulrich Seibt grafisch gestalteten Broschüre hat Christa das folgende Vorwort vorangestellt:

DIE LANGSAM-RALLYE – EIN WEGBEGLEITER DURCH DEN RATZEBURGER DOM

Du weißt, was eine Rallye ist.
Man rast von einem vorgeschriebenen Punkt zum nächsten, und wer zuerst alle Punkte abgehakt hat, der hat gewonnen. Doch hier im Dom ist alles ganz anders. Du musst nicht gleich jede Sehenswürdigkeit aufsuchen, die dein Wegbegleiter erwähnt. Du kannst auswählen, du kannst dir Zeit nehmen und du kannst wiederkommen. Du bist in einem Dom, und dort hat man Zeit. Denn das Haus Gottes hat ja etwas mit Ewigkeit zu tun.
In deinem Wegbegleiter wirst du von vielen Seiten angesprochen. Mal wird dir etwas erzählt, mal wirst du gebeten, auf deinem Weg durch den Dom an einer bestimmten Stelle innezuhalten. Und dann erwartet dich eine Aufgabe oder Frage. Wo, das zeigt dir der Grundrissplan, den du am Anfang eines jeden Kapitels findest.

Bevor du deinen Gang durch den Dom beginnst, blättere ein bisschen in deinem Wegbegleiter und mache dir dein eigenes Programm für den Besuch im Dom.
Und dann viel Freude dabei!

Parallel zu meiner Tätigkeit als Texter der Kabaretticche arbeitete ich über Jahre an meinem – wenn ich es so vermessen sagen darf – Opus Magnum. Es war eine fingierte Autobiografie über Heinrich den Löwen, für den ich seit dem Studium ein wohlwollendes Interesse hegte. Nun mich das Schicksal nach Ratzeburg geschickt hatte, vertiefte ich hier meine Kenntnisse, bewegte ich mich doch in der Domstadt auf Schritt und Tritt auf den Spuren des Löwen und musste ihn zudem im Unterricht meinen Schülern nahebringen. Wichtigste Ursache meiner Sympathie für Herzog Heinrich war jedoch die Tatsache, dass Christa und ich in dem von ihm erbauten Dom geheiratet hatten.

Dem letztendlich auf 400 Seiten anwachsenden Werk gab ich den Titel *Ich, Heinrich, ein Löwenleben.* In 18 Kapiteln schildert der Welfe sein bewegtes Leben von der Geburt bis zum Tod. Der moderne Leser wird Zeuge der großen Politik, des normalen Alltags und des religiösen und kulturellen Geschehens des hohen Mittelalters.

Meine Familie hat es rücksichtsvoll hingenommen, sowohl Christa als auch Philine, Florian und Julia, dass der Gatte und Vater sich allzu oft rarmachte und hinter seinem Schreibtisch verkroch. Getippt hat den Text die Sekretärin des Lübecker Forstdirektors Dr. Lutz Fähser, unseres Kabarettmitspielers, für die Bilder und Karten hat Klaus Rybitzka gesorgt, Mitarbeiter am Husumer Storm-Museum, der Schwarzenbeker Viebranz-Verlag hat das Buch gedruckt und veröffentlicht, nachdem die Kreissparkasse Ratzeburg dem Projekt eine großzügige Unterstützung zugesagt hatte, nämlich den Ankauf von 500 Exemplaren zwecks späterer Verwendung als Geschenk für verdiente Geschäftsfreunde. Das Vorwort hat der Möllner Christian Lopau geschrieben, einst mein Geschichtsschüler und inzwischen beamteter Stadtarchivar, der den Autor lobte und den Leser neugierig machte: *Auf der Basis der vorhandenen Quellen und der umfangreichen Forschungsliteratur bietet diese Autobiografie eine ungewöhnliche neue Sichtweise, die obendrein noch amüsant zu lesen ist.*

2001 war das Buch fertig und konnte der Öffentlichkeit vorgestellt werden. Der Rokokosaal des Herrenhauses war mit über 150 Zuhörern bis auf den letzten Platz besetzt, als meine Kabarettiche sich anschickten, mehrere Episoden aus dem Roman vorzutragen. Das Buch und ihr Vortrag kamen gut an. Die Bücher gingen weg wie warme Semmeln, und ich musste ohn' Unterlass Widmungen und Autogramme schreiben. Die lokale Presse zeigte sich begeistert: *Seine pädagogische Laufbahn hat der Oberstudienrat Bernd Hartmann gerade beendet. Als Buchautor und Verfasser von Kabaretttexten bleibt der Ratzeburger aktiv.* Oder: *Die Lesung einzelner Buchpassagen durch Mitglieder der »Kabarettiche« wurde zu einem literarischen Hochgenuss.* Oder: *Ein gelungenes Werk auch für Nichthistoriker.*

Nach meinem literarischen Erfolg mit dem Löwenbuch wollte Christa sich nicht lumpen lassen und ihrerseits mit ihrem verbalen Talent reüssieren. Wofür ich ein ganzes Buch brauchte, reichte ihr ein einziges Wort. Als neben der Ratzeburger Petri-Kirche ein Gebäude mit einer Vielzahl von Funktionsräumen errichtet wurde, suchte man nach einem Namen, wozu ein Preisausschreiben dienen sollte. Das Ergebnis des Wettbewerbs war dann aus der Zeitung zu erfahren: *»Petri-Forum« soll das neue Haus am Markt in Ratzeburg heißen. Auf diesen Vorschlag von Christa Hartmann aus Ratzeburg hat sich der Kirchenkreisvorstand geeinigt. Die Gewinnerin kann sich auf eine Übernachtung in der Farchauer Mühle freuen.*

Wenn ich in der Stadt zu tun habe und über den Markt gehe, freue ich mich jedes Mal über die zehn Buchstaben an der Fassade des Neubaus: Christas Idee.

Dann zur Abwechslung mal wieder ein Verb-Werk von mir, und das geht auf meinen Parteifreund Heinz-Werner zurück. Der war nicht nur Sonderschullehrer, sondern auch besonders vielseitig hinsichtlich seiner Nebentätigkeiten und Steckenpferde. Für die SPD saß er in der Stadtvertretung, für den RSV spielte er Tischtennis, für den Sängerchor *Feierabend* sang er, und für die *Inselspringer* spielte er Schach. Als diese ein Turnier oder gar die Landesmeisterschaften ausrichteten, beteiligte sich Heinz selbstverständlich an der Gestaltung des mehrtägigen Programms und kam auf die Idee, mich als Texter der Kabarettiche um einen unterhaltsamen Beitrag zu bitten, der etwas Abwechslung in den – der Natur der Sache entsprechenden – sachlich-trockenen Programmtext bringen sollte. Ich war also mal wieder publizistisch gefordert und ließ mir etwas einfallen. Mir kam in Erinnerung, dass ich früher mit meinem Sohn Florian gerne am Schachbrett gesessen hatte und er mir im Laufe der Zeit erst ebenbürtig und dann überlegen wurde. Mir war aber auch in Erinnerung, wie wir damals nicht nur Schach entsprechend der Regeln spielten, sondern auch mit dem Gedanken – dem kritischen Geist der Zeit gemäß – , dass die schwarzen und weißen Bauern sich solidarisieren und gemeinsam den Aufstand gegen die aristokratische Obrigkeit wagen. Genau diese Revolution machte ich nun zum Thema für die Schachbroschüre. Abgedruckt ist die dort veröffentlichte Kurzgeschichte im Anhang.

Liebe Leserin, lieber Leser, du siehst, dass ich nach meiner Pensionierung – im Jahre 2002 – vor allem schreibe. Zwar reisten Christa und ich nach wie vor und das lieber mit dem Rad als mit dem Auto, pflegten den Kontakt zu Freunden und Verwandten und hier so oft wie möglich mit den Kindern und den sich peu à peu einstellenden Enkeln, interessierten uns für das politische und kulturelle Leben, aber meistens saß ich doch am Schreibtisch, widmete mich meiner Biografie und ließ mein Leben Revue passieren. Je älter man wird, desto mehr häufen sich – logischerweise – die Erinnerungen, während die Erwartungen immer dürftiger werden, beziehungsweise sich verlagern, und zwar von der eigenen kargen Zukunft auf das Wachsen und Gedeihen, das Glück und die Erfolge der Enkel. Und genau an die sind meine Memoiren in erster Linie gerichtet, an Titus, Cosimo, Sarah, Hannah und Philon. Mögen sie, genau wie ihr Leserinnen und Leser, Freude an meinen privaten Erlebnissen haben und Gewinn an meinem kritischen Geschichtsbuch. Adieu.

Anhang A. Kabaretttexte aus dem Buch »Schadenfreude«

STAUNUMMER

Verkehrsnachrichten: Eine Dame mit Buch, ein Herr mit der Zeitung an einem Tisch. Die Kellnerin kommt und bedient mit einer Tasse und einer Flasche. Aus dem Hintergrund kommt Radiomusik. Dann die Stimme:

Wir unterbrechen unser Musikprogramm für die regionalen Verkehrsnachrichten. Zwischen Ratzeburg und Mustin Stau, 14 Kilometer, zwischen Ratzeburg und Schmilau Stau, 16 Kilometer, steigende Tendenz. Harmsdorfer Kreuz: Stau in allen vier Richtungen wegen eines auf der Kreuzung liegengebliebenen Lasters. Der Fahrer ist flüchtig, und zwar zu Fuß und deshalb von der Polizei nicht zu fassen. – St. Georgsberg-Dermin 13 Kilometer Stau. Eine Umleitung kann nicht empfohlen werden. Ortskundigen wird geraten, den geplanten Besuch durch ein Telefonat zu ersetzen. Ratzeburg-Lübeck 35 Kilometer Stau wegen Autobahnbau. Ortskundigen wird ein Ausweichausflug nach Klein-Disnack empfohlen. Dort stehen noch drei Parkplätze zur Verfügung. Ratzeburg-Mölln. Freie Fahrt zwischen Fredeburg und Marienwohlde, sonst Stau. Das war der Verkehrsfunk. Wir wünschen weiterhin gute Fahrt. – *(Musik)*

FRAU: Ist es nicht furchtbar?!
MANN: Ich find's schön.
FRAU: Wie bitte?!
MANN: Ich sagte, ich find's schön.
FRAU: Aber das können Sie doch nicht sagen!
MANN: Ich sag's aber. Und ich find's sogar sehr schön.
FRAU: Aber die armen Menschen!
MANN: Die finden's auch schön, sonst würden sie doch nicht hinfahren. Sie kennen doch den schönen Spruch: Stell dir vor, es ist Stau, und keiner fährt hin.
FRAU: Ach Sie! Mit Ihnen kann man nicht diskutieren. Sie haben eine andere Meinung.
MANN: Aber ich werde sie überzeugen. Zum Beispiel meine Familie:

Früher, da gab's jeden Sonntag Streit. Der eine wollte zur Ostsee, der andere in den Harz, und meine Frau stereotyp: Ich will mal wieder mit dem kleinen Grenzverkehr in die DDR! Und heute? Ich frage nur: Leute, wohin? Und da schreien alle im Chor: Zum Stau! Und spätestens nach 10 Kilometern sind wir am Ziel. Motor aus, Benzin gespart, Umwelt geschont. – Ökostau!

FRAU: Und das macht Ihnen Spaß?

MANN: Und wie! Die reine Erholung! Oben kreisen die Hubschrauber der Polizei, und unten steht man stundenlang unfallfrei auf der Stelle.

FRAU: Das ist ja wie im Gefängnis!

MANN: Im Gegenteil! Hat man erst einmal seinen Platz im Stau eingenommen, dann ist man für den Rest des Tages jeder Entscheidung enthoben. *(zufrieden)* Und das ist die wahre Freiheit.

FRAU: Aber Ihre Familie, die armen Kinder!

MANN: Liebe Frau, Sie haben bestimmt keine Familie – und erst recht keine Fantasie. Sonst wüssten Sie: nichts ist so familienfreundlich wie der Stau! Nirgends rückt die Familie so eng und so lange zusammen wie im Auto im Stau.

FRAU: Ich kann mir nicht vorstellen, dass Ihrer Frau das gefällt. Ein Stau ist nichts für eine Frau!

MANN: Das sagen Sie – und irren. Es ist Mutter, die vom Wochenendstau am meisten profitiert. Sie muss nicht den ganzen Tag in der Küche stehen, sondern höchstens mal den Picknickkorb herumreichen. Und sie ist die Angst los, dass der Mann sonntags ans Saufen kommt *(trinkt)*, denn das darf er nicht am Steuer. Das Schönste aber ist, dass Vater manchmal so großzügig ist, mit Mutter den Platz zu tauschen. Dann sitzt sie mal eine Stunde hinterm Steuer, hält es fest in beiden Händen, und ich sage pädagogisch: Damit du nicht die Fahrpraxis verlierst!

FRAU: Und unterwegs halten Sie nie an?

MANN: Wir halten doch dauernd! Aber aussteigen tun wir nie. Für die Kinder und meine Frau haben wir einen Nachttopf mit – also eine Ente – und ich als Mann beherrsche mich.

FRAU: Dann verlaufen Ihre Wochenenden aber sehr billig!

MANN: Genau, zumal ich im Stau auch noch umsonst parke. Und wissen Sie, was ich mit dem gesparten Geld machen werde?

FRAU: Vielleicht eine Flugreise mit ihrer Familie?

MANN: Falsch! Grundverkehrt! Sie haben überhaupt kein Einfühlungsvermögen! Wir kaufen uns natürlich ein neues Auto! Silbermetallic, 200 Spitze und viel Stauraum.

FRAU: Ich könnte mir aber vorstellen, dass man sich im Stau wie auf einem toten Gleis vorkommt, abgehängt vom Leben sozusagen.

MANN *(freudig)*: Sie haben keine Ahnung! Man hat doch Kontakt zu den Nachbarn! Man dreht die Scheiben runter, und es kommt zu Gesprächen; manchmal werden Klappstullen ausgetauscht, und das Obst aus dem eigenen Garten wird begutachtet!

FRAU: Wirklich? Das ist ja eine regelrechte Party!

MANN: Zwar eine Stehparty, aber im Sitzen. *(lacht)* – Das Beste kommt aber noch: Der Stau ist die Schule der Nation. Was man früher im Wehrdienst lernte, das bringt einem jetzt der Stau bei: In Reih und Glied einordnen, auf Nebenmann und Vordermann achten, Geduld, Gehorsam – na, Sie haben nicht gedient, Sie können das nicht würdigen. – Aber etwas anderes: Der Stau ist gelebte Demokratie.

FRAU: Demokratie? Bei der Unfreiheit?

MANN: Im Stau sind alle Menschen gleich! Über Stunden hält der Kleinwagen mit dem Mercedes Schritt, der Generaldirektor unterhält sich mit dem Hilfsarbeiter! Es soll sogar schon vorgekommen sein, dass sie sich duzen! Und was sie verbindet, ist auch der berechtigte Stolz, Deutscher zu sein, denn gerade der Stau ist ein Beweis für die Leistungsfähigkeit der deutschen Autoindustrie.

FRAU: Das verstehe ich nicht.

MANN: Je mehr Fahrzeuge, desto weniger Fahrt! Und wenn alles steht, wenn das Automobil zur Immobilie geworden ist, dann haben wir, was wir wollen: Ruhe. Und Ruhe ist die erste Bürgerpflicht.

FRAU: So langsam überzeugen Sie mich!

MANN: Sehen Sie, ich hab's Ihnen doch versprochen! Und so harmonisch, wie der Tag verlief, so endet er. Während ich den Wagen in die Garage bringe, bringt meine Frau den Abfall in die Mülltonne, die Kinder ins Bett und die Glotze in Gang. Und schon schreit sie: Hansheinrich, Hansheinrich – das bin nämlich ich – schnell, wir sind im Fernsehen, sie zeigen unseren Stau!

FRAU: Im Fernsehen? Wissen Sie was? Ich kauf' mir auch ein Auto!

URAL UND URAN

Ein SA-Mann (im Braunhemd, mit Sturmmütze, Armbinde) tritt militant auf, hebt die Hand zum deutschen Gruß. Ein eleganter Herr, Managertyp, kommt von der anderen Seite und verneigt sich höflich.

SA *(u.U. im Hitlersound, das »R« rollend)*: Wir sind ein Volk ohne Raum.
HERR: Wir sind ein Volk ohne Energie.
SA: Ein Volk ohne Raum ist dem Untergang geweiht.
HERR: Ein Volk ohne Energie ist dem Untergang geweiht.
SA: Darum brauchen wir Raum.
HERR: Darum brauchen wir Energie.
BEIDE: Koste es, was es wolle.
SA: Unser Ziel heißt: Raum bis zum Ural.
HERR: Unser Ziel heißt: Energie aus Uran.
SA: Nur mehr Wehrkraft kann uns retten.
HERR: Nur mehr Kernkraft kann uns retten.
SA: Wir müssen Milliarden in die Wehrkraft investieren.
HERR: Wir müssen Milliarden in die Kernkraft investieren.
SA: Gleichschritt ist alles.
HERR: Fortschritt ist alles.
BEIDE: Koste es, was es wolle.
SA: Die Gefahr für Leib und Leben wird als Heldentum ausgegeben.
HERR: Die Gefahr für Leib und Leben wird einfach nicht zugegeben.
BEIDE: Und wer nicht mitmacht, wird fertiggemacht. Darum brauchen wir mehr Staat.
SA: Den Armeestaat.
HERR: Den Atomstaat.
BEIDE: Und eine Atomarmee.

LAUTSPRECHER *(Sirene)*: ACHTUNG, ACHTUNG!
Die Kernschmelze ist außer Kontrolle,
das Kühlwasser kocht,
der größte anzunehmende Unfall droht,
der für den GAU Zuständige muss verständigt werden.

BEIDE (an die Rampe tretend):
Der Gauleiter bin ich,
meine Anordnung: Das Weite suchen! Raum gewinnen!
(in entgegengesetzter Richtung ab.)

DER LINDENBAUM

Am Rande der A20,
da steht ein Lindenbaum,
der Baum wirft keinen Schatten,
denn Blätter hat er kaum.
Es schnitt in seine Wurzeln
ein Baggerfahrer rein,
und auch das viele Streusalz
soll nicht bekömmlich sein.

Verkehr vernichtet Wälder,
er rollt bei Tag und Nacht.
Man hat vor der Zerstörung
die Augen zugemacht.
Es blies der kalte Fahrtwind
mir grad ins Angesicht,
der Sturzhelm flog vom Kopfe,
ich wendete mich nicht.

Die Linde, die verdorrt ist,
die gilt als Risiko,
deshalb muss man sie fällen,
mal stirbt sie sowieso.
Die kahlen Zweige rauschen,
als riefen sie uns zu,
macht ihr genauso weiter,
dann geht die Welt zur Ruh.

MOBILES WOCHENENDE

Je gleicher die Städte sich werden,
je weiter fahren wir.
Wir kommen in Horden und Herden.
Am Ziel ist's genauso wie hier.

Der gleiche McDonald und Karstadt,
im Kino das gleiche Programm,
nur Ketten, die man auch hier hat,
am Bahnhof »Cherchez la femme«.

Das gleiche Benzin zum Tanken,
zum Trinken das gleiche Bier,
im Kopf die gleichen Gedanken,
im Klo das gleiche Papier.

Die Fahrt kostet Zeit und ist teuer,
doch Spaß hat es trotzdem gemacht.
Das schönste Abenteuer
war um den Parkplatz die Schlacht.

Wir haben zwei Frauen gezügelt,
die hatten mit uns konkurriert,
die haben wir etwas verprügelt
und von ihrem Parkwunsch kuriert.

Knapp passt in die Lücke das Auto,
zur Tür kam keiner mehr raus.
So blieb man drin und hört Radio,
und abends ging es nach Haus.

Refrain Strophe 1

MUSS I DENN

Muss i denn, muss i denn
aus der Bundesrepublik, Bundesrepublik
und zurück in die Türkei,
lauert dort, lauert dort,
mein grausames Geschick, grausames Geschick:
Militär und Polizei.
Blieb ich hier und wär ein Asylant,
blieb ich Mensch und wäre frei.
Deutschland wär, Deutschland wäre
dann mein neues Vaterland, neues Vaterland
ohne Folterpolizei.

PAZIFISTENWALZER

(nach »Mariechen saß weinend« zu singen)

Sie wischen den Arsch ab mit Steinen,
sie waschen die Hände mit Sand,
sie kämmen das Haar mit den Fingern,
sie brauchen zur Liebe die Hand.

> *Refrain:*
> *Denk stets and die Verfassung,*
> *Artikel 4, Strich 3:*
> *Du brauchst nicht mitzumachen,*
> *es steht dir wirklich frei.*

Sie lernen gehorsam zu töten,
sie nehmen das Sterben in Kauf.
Sie fall'n auf dem Felde der Ehre,
wer dort fällt, steht nie wieder auf.

Die Aussicht ist reichlich beschissen,
sie sehen nur Kimme und Korn,

befohlen wird viel weiter hinten
gefall'n und gestorben wird vorn.
Refrain

Es prahlen die Führer so gerne,
dass sie doch hinter euch stehn,
denn dort, wo kein Schuss und kein Mann fällt,
dort hinten, dort sind sie zu seh'n.

Es leben die Herrn Generale,
sehr angenehm hinten im Stab,
jedoch der Schützengraben
wird meist zum Schützengrab.
Refrain

Nimm dir deine Fahne zum Vorbild
und drehe dich nach dem Wind.
Dein Vorteil, das ist der Rückzug,
denn nur, wer abhaut, gewinnt.

Mensch, schüttel den Eid aus dem Ärmel
und wirf deine Flinte ins Korn
und nimm in die Hand deine Beine
und blase zum Rückzug das Horn.
Refrain

Mensch, lass deinen Feind deinen Freund sein
und scheiß auf den General
und scheiß auf den Krieg und die Waffen,
auf Siegen und Kampfmoral.

Und geh'n auch die Kriege verloren,
was kümmert's den kleinen Mann,
er möchte den Krieg nicht behalten,
wer dient, der verdient nicht daran.
Refrain

Und ruft die Trompete zum Streite,
dann pisse das Pulver nass,
es ist der Mensch kein Ochse,
er beißt nicht freiwillig ins Gras.
Refrain

… du kannst den Krieg verweigern,
es steht dir wirklich frei …

ZWEI ALTE NAZIS

Zwei Herren in einem Restaurant, Kaffee trinkend, der eine eher schlicht, der andere sehr elegant gekleidet.

SCHLICHT *(erfreut)*: Wat, Sie ooch?
ELEGANT *(kühl)*: Ja, ich auch. *(aber doch stolz und selbstbewusst)*
SCHLICHT: Donnerwetter. Also daruff müssen wa een nehm'n uf unse alten Tage. Zwei Braunbier, Frau Wirtshaus.
ELEGANT: Es blieb einem damals ja auch kaum etwas anderes übrig.
SCHLICHT: Ebent. Man musste eenfach rin, man wurde ja regelrecht mitjerissen, Sajen Se mal, seit wann war'n Se denn Pg.?
ELEGANT: Ich habe erst noch etwas abgewartet, wie sich die Partei entwickelt.
SCHLICHT: Aber icke, ick war von Anfang an inne Bewegung. Bin 'n janz alter Kämpfer, janz niedrige Mitgliedsnummer, dreistellig, doll, wat? War die schönste Zeit in meinem janzen Leben. Schade, dit die Jugend heute sowat nich mehr hat. Na, vielleicht …
ELEGANT: Die historische Forschung sieht den Hitlerfaschismus inzwischen aber sehr kritisch.
SCHLICHT: Is aber falsch. Grundverkehrt. War Deutschlands aktivste Zeit. Mensch, wat hat der Führer nich alles aus Deutschland jemacht.
ELEGANT: Das kann man wohl sagen.
SCHLICHT: Nischt als Erfolge. Es war wie'n Rausch.
ELEGANT: Ich weiß nicht recht. Eigentlich war das Dritte Reich doch die Diktatur eines Unmenschen mit Unrecht, mit Mord, mit Krieg …

SCHLICHT: Nee, nee, wie können Se als Pg. nur so'n falschet Fehlurteil haben. Der Adolf war doch'n janz großer Führer und'n juter Mensch. Er wollte das Beste für Deutschland – und für Europa. Der Führer jedenfalls war jederzeit bereit, Europa uf friedlichem Wege zu jewinnen. Wo bleibt denn dit Braunbier?

ELEGANT: Eine solche Politik ist doch nichts als Drohung, Nötigung, Erpressung, Gewaltandrohung und Gewaltanwendung. Und im Inneren herrschte grausamste Diktatur.

SCHLICHT: Nee, nee, nee. Inne Innenpolitik war Adolf vielleicht sogar noch besser als inne Außenpolitik. Erstens: Er verbot die Arbeitslosigkeit, und zweitens: Er baute die Autobahn.

ELEGANT: Aber die Verfolgung Andersdenkender, die Judenvernichtung ...

SCHLICHT: Allet Jeschichtsfälschungen. Immer wieder versuchen interessierte Elemente, dem Führer im Zusammenhang mit dem Schlagwort KZ einiges anzulasten. Diesen Nestbeschmutzern sei aber jesagt: Der Führer hat von den Konzentrationslagern, sofern et überhaupt welche jab, jar nischt jewusst. Die sogenannten KZs sind bestenfalls von einigen übereifrigen, fanatischen Unterbeamten errichtet worden, oder, wat wahrscheinlicher is, dit war'n Kommunisten, die sich inne Partei einjeschlichen hatten, um dem Ruf des Führers und Deutschlands zu schaden. Hätte der Führer aber von den Lagern jewusst, dann hätte er wat dajegen unternommen. Dat er nischt unternommen hat, beweist, dat er nischt jewusst hat. Nu aber'n bisschen Dalli mit dem Braunbier!

ELEGANT: Ich sehe Hitler kritischer. Ich verurteile seine Politik. Er war brutal und fanatisch, er war von krankhaftem Ehrgeiz besessen, bereit, über Leichen zu gehen, ein Mörder und Kriegsverbrecher.

SCHLICHT: Nu is aber jenuch. Wie können Se nur so reden, wenn Se doch selber ooch inne Partei waren.

ELEGANT: Aber aus anderen Motiven als Sie.

SCHLICHT: Nu bin ich aber neugierig. Rin inne NSDAP, aber jegen Hitler, wie jeht dann dit zusammen?

ELEGANT: Das will ich Ihnen sagen. Das deutsche Volk hatte Hitler sehr schnell durchschaut. Kaum ein Deutscher ist ihm in seinem dunklen Streben gefolgt. Der Führer war fast völlig isoliert. Die Tatsache, dass Millionen in die NSDAP strömten, bedeutet nicht Zustimmung, nein, sie besagt vielmehr, dass alle diese tapferen Männer unter dem Mantel der Mittäterschaft Schlimmeres verhindern wollten.

SCHLICHT: Hallo, Wirtschaft, een Braunbier bloß noch.

ELEGANT: Mitgliedschaft in der NSDAP bedeutete also Widerstand auf höchster moralischer und intellektueller Ebene. Viele scheuten dieses ethische Doppelspiel, gingen nicht in die Partei und ließen sich stattdessen im Ausland als Emigranten feiern. Ich sage nur: Herbert Frahm. Dabei waren sie Feiglinge in der Stunde der Not, kleine Drückeberger, die sich heute von wahren Patrioten die Frage gefallen lassen müssen: Warum bist du nicht den Weg so tapferer Ehrenmänner gegangen wie Kiesinger, Filbinger, Lübcke, Globke? Warum?

(Beide gehen zur Rampe.)

SCHLICHT: Entweder ist Faschismus eine feine Sache. Dann ist es moralisch, ein Nazi zu sein.

ELEGANT: Oder der Faschismus ist eine böse Sache. Dann ist es auch moralisch, ein Nazi zu sein.

BEIDE: Merke also: Es ist immer richtig, Nazi zu sein.

DDR

Ich hab' meine Jugend verloren
und meine Identität.
Meine Vita ist wertlos geworden
wie ein altes Fernsehgerät.
Mein Trabi ist lange verschrottet,
meine Datsche hab' ich nicht mehr,
und wenn ich mal Broiler bestelle,
dann hört die Bedienung schwer.

Konkurrenz und Konkurs sind Geschwister:
Der VEB Bau machte dicht.
Die Treuhand, die ihn betreute,
sanierte ihn leider nicht.

Sozialdarwinismus statt Sozialismus!
Der freie Markt hält Gericht.
Honoriert werden Ellenbogen,
das Herz dagegen nicht.

Der Realsozialismus zeigte
vor der Wende sein wahres Gesicht,
und nach der Wende verstellte
der Kapitalismus sich nicht.

Wir hören die uralte Gleichung:
NS gleich DDR,
als ob der Holocaust
ein belangloser Unterschied wär.

Wer diese Gleichung aufstellt,
ist Antisemit und Rassist,
auch wenn er den Anschein erweckt,
dass er christdemokratisch ist.

Was ist von früher geblieben?
Ein Blauhemd, das ich nicht trage,
ein Album mit grauen Bildern
der Ernteeinsatztage.

Die Highlights meines Lebens,
Jugendweihe und Spartakiade,
Aktivist, dann Hochzeit und Kinder,
biografischer Müll – wie schade.

Nur eines ist uns geblieben,
und das ist der grüne Pfeil.
»Rechts rum!« statt auf Rot zu achten –
darin liegt Deutschlands Heil.

Mein Sohn ohne Lehre verzweifelt,
er lässt an sich selber kein gutes Haar,

er lässt sich 'ne Glatze schneiden
und liebt Baseballkeulen, na klar.

Was ist im Gedächtnis geblieben?
Nicht einmal die Hymne ohne Gedicht.
Die Vergangenheit darf ich nicht lieben,
und die Zukunft liebt mich nicht.

Anhang B. Kabaretttexte zur Reichstagsverhüllung

EINGEHÜLLT DER REICHSTAG IN RAUCH

Eingehüllt der Reichstag in Rauch.
Rauchfahnen gehisst von Werweißwem.
Vier Wochen nach der Machtergreifung
und eine vor den Reichstagswahlen
steht der Reichstag in Flammen.
In einer Nacht verbrennt das Parlament.
Die Machtergreifer haben im Handumdrehen einen Verdächtigen zur Hand,
einen Holländer, der früher einmal ein bisschen Kommunist war.
Prompt ist klar, dass der nächtliche Brand
das Morgenrot der Weltrevolution bedeutet.
Der Wirrkopf verwickelt sich in Widersprüche,
und die Ermittlungsbehörden hüllen sich in Schweigen.
Die braunen Nutznießer tragen weiße Westen zur Schau
und sorgen sofort mit einer Notverordnung
für Ordnung, für ihre Ordnung.
Der Polizeiminister lässt die Falschen verfolgen und foltern.
Wenige merken es, noch weniger stört es.
Wo viele verhaftet werden, so glauben viele,
wird viel für die Gerechtigkeit getan.
Der neue Weg: Aus der Not eine Ordnung machen.
Als Ordensträger – er war Flieger im Weltkrieg – ,

als Ordensträger und Bauchträger
– das wirkt so jovial und gemütlich –
ist der aufgeblasene Luftminister
der Populärste unter den Völkischen.
Als Parlamentspräsident,
dessen Residenz
fast an den Reichstag grenzt
(nur durch eine Straße getrennt),
hat er durch einen Heizungsschacht
Zugang zum Reichstag.
Leicht hätte eine Handvoll Braunhemden,
die ja im Umgang mit Fackeln nie lange fackeln,
dem Reichstag sein letztes Stündchen bereiten können.
Jedenfalls prahlte oder gestand der Reichsmarschall
neun Jahre später auf Führers Geburtstag:
»Der Einzige, der den Reichstag wirklich kennt, bin ich;
ich habe ihn ja angezündet.«
Der Doktor mit dem Pferdefuß heißt alles gut.
Der Doppelspielminister sagt Aufklärung macht Propaganda.
Sein akademischer Titel täuscht die Leute
über seinen teuflischen Charakter.
Kaum einer will wahrhaben,
dass seine Lügen seine kurzen Beine haben und hinken.
Als zuständiger Minister verkauft er das Volk für dumm.
Noch dümmer jedoch als das Volk
sind die Volksvertreter,
die, dem verkohlten Reichstag gegenüber,
im Theater sitzen und sich einwickeln lassen
von nachtschwarzen und kotbraunen Hemden,
die Heil schreien, bis alles in Scherben fällt,
und nach dem Gesetz rufen, ihrem Gesetz,
mit dem alle Gesetzlichkeit enden wird.
Ein Scharlatan führt Deutschland an,
das deutsche Volk und die deutschen Volksvertreter,
diese erst recht,
denn während weit weniger als die Hälfte des Volkes
den Führer wählten,

wollten weit mehr als zwei Drittel der Volksvertreter
sein Diktaturgesetz.
Ein guter Grund, im Grundgesetz
dem Parlament mehr Rechte zu geben
und das Volk zu entmündigen.
Die Lehre der Vergangenheit:
Eine Demokratie ohne Volksentscheid.
Eingehüllt in Nebel,
wenn nicht benebelt,
die Väter der Verfassung.

VERHÜLLTE GESCHICHTE?

Geschichte in Hülle und Fülle.
Der Reichstag als Brennpunkt,
auch im wörtlichen Sinne.
Vergangenheit satt.
Und viele haben sie satt, die Vergangenheit,
und wollen sie am liebsten verhüllen.

Je weniger sie wissen –
desto besser fürs Gewissen.
Die Geschichte, so wie Christo Christo
es mit dem Reichstag tut,
zugedeckt mit dem Mantel christlicher Nächstenliebe.
Aber Achtung!
Die Idylle der Hülle
währt nur zwei Wochen,
dann wird enthüllt,
unaufhaltsam und rücksichtslos.
Denn auf Dauer lässt Geschichte sich nicht verstecken.

Das Spektakel am Reichstag
ist ein pädagogischer Prozess.
Das Verhüllen soll Neugierde wecken

aufs Enthüllen,
ja, die Notwendigkeit des Enthüllens erweisen.

Mehr noch: Im Verhüllen steckt die Anklage,
dass wir alle alles allzu lange
verheimlicht, vergessen, verharmlost
und verdrängt haben,
und im Enthüllen die Aufforderung,
die Bloßstellung nicht zu fürchten
und endlich die Wahrheit zu suchen
und offenzulegen, die ganze Wahrheit,
egal ob Nazi oder Stasi.

DER WOLF IM SCHAFSPELZ

Wölfe pflegen sich zu verhüllen,
sie kommen im Schafspelz,
ihr Leitwolf bellt vom Frieden mit Kreidenstimme.
Fallen einige aus dem Rudel aus der Rolle,
dann – so der Führer –
waren es Ausnahmen oder Außenseiter
oder Antworten auf Angriffe anderer
oder Missverständnisse oder
Anfangs- und Übergangsschwierigkeiten.
Schuld jedenfalls
kennen und bekennen Wölfe nicht.

Verkleidet in Frack und Zylinder
macht der Leitwolf, zahm wie ein Hund,
Männchen und Diener
vor dem Präsidenten der Republik,
dieser seinerseits im Kostüm
des kaiserlichen Generalfeldmarschalls.
Brav kuschen die Rüden
und vertuschen ihren rüden Charakter,

unterdrücken ihr Bellen und beten,
devot den Schwanz eingeklemmt,
in der Garnisonkirche.

Obwohl ihnen fast alles zuzutrauen ist,
trauen ihnen fast alle,
die Schafe wählen die Wölfe und heulen mit ihnen,
das Trauern werden sie noch lernen.
Noch nehmen sie den politischen Karneval
für bare Münze.
Die blutrünstige Rotte gelobt vegetarisches Leben.
Der Leitwolf schließt mit der Beute,
bevor seine Meute zupackt,
einen Nichtangriffspakt.

Im kleinen Kreis der Vertrauten
lässt sich der Führer gern Wolf nennen,
vom Chauffeur und vom Diener,
vom Leibarzt und von der braunen Eva,
von den Günstlingen
unter seinen Ministern und Generälen.
Er umgibt sich mit Wolfshunden,
die wortlos gehorchen,
er verspricht dem Volk Volkswagen
und lässt Wolfswagen bauen in Wolfsburg,
um der Welt seine Wolfsordnung aufzuzwingen.
Der Mensch ist dem Mensch ein Wolf.
Er selber sucht Schutz in der Wolfsschanze.
Doch dann, als er das Reich in den Abgrund geführt hat,
entleibt er sich im Keller der Reichskanzlei,
keine drei Steinwürfe weit vom Reichstag,
und verendet endlich wie ein Hund.
Nichts blieb von seiner sterblichen Hülle.

EIN PAKET FÜR BERLIN

Das Paket für Berlin ist so groß
wie der eingepackte Reichstag.
Knapp 150 mal 100 Meter
und ungefähr 50 hoch,
macht über den Daumen 750 000 Kubikmeter,
also eine Dreiviertelmillion.
Das Paket enthält alles,
was eine Stadt zum Leben braucht,
Nahrung und Kleidung und Medikamente,
auch Arbeit, auch Rohstoffe,
und zum Heizen im Winter auch Kohlen,
ein Viertel Zentnerlein für jeden.
Und ein ganzes Kraftwerk,
Stahl und Beton und Maschinen,
damit die Stadt Strom hat
und hell bleibt und helle.
Nichts Leichtes und Leichtfertiges,
nur Waren von Wert,
nur Wichtiges und Gewichtiges,
mit einer Wichte von – sagen wir – drei,
also insgesamt – leicht zu errechnen –
gut zwei Millionen Tonnen.
Für jeden Berliner, für jeden Westberliner,
wohlgemerkt, im statistischen Schnitt eine Tonne.
Für ein Jahr, ein knappes Jahr,
knapp im doppelten Sinne,
von Juni '48 bis Mai '49.
Sparsam, bescheiden, geduldig
lebten die Leute von Trockenkartoffeln,
von Trockenmohrrüben, Trockenmilch,
Trockenobst, Trockenkohl,
lebten und überlebten.
Nur mit trockenem Humor
war die Trockenheit zu genießen.
Dieses Paket nun, kunstvoll verpackt,

anschaulich vor unseren Augen,
kam über die Luft nach Berlin
in 200 000 Portionen und Flügen.
Drei Jahre nach Ende des Krieges,
mit Leben an Bord,
nicht mehr mit Bomben.

VERWICKELTE SITUATIONEN

Berlin hat Erfahrung mit verwickelten Situationen.
Zweimal wurden die zwei Millionen Menschen
im Westen der Stadt von der Weltgeschichte
eingewickelt – und abgeschnitten von der Welt,
einmal direkt und einmal indirekt,
was aber aufs Gleiche hinauslief, will sagen:
Einmal wurde die Halbstadt eingeschlossen
und dichtgemacht und blockiert,
und dann wurde die Sog-DDR eingemauert,
wobei der Begriff Sog-DDR völlig unpassend war,
denn einen Sog übte die DDR nicht aus,
im Gegenteil, die Leute wollten weg,
genau deshalb errichtete Erich doch die Mauer.
Und da jede Mauer zwei Seiten hat,
waren die Westberliner auf ihrer Insel
ebenso eingemauert wie ihre Brüder und Schwestern
in der Zone. Obgleich also die Mauer der DDR galt,
hat sie Berlin zur Insel gemacht
mit Inselkoller und Klaustrophobie.
Das erste Mal dauerte das Ganze ein Jahr,
die Stadt wurde aus der Luft gerettet,
Deus ex machina:
Skymaster.
Das zweite Mal währte eine Generation,
das Ende der Mauer schien unabsehbar.
Als aber die Lage der Sowjetunion

immer verwickelter wurde,
politisch und wirtschaftlich,
ökonomisch und ökologisch,
da waren die Tage der Mauer gezählt.
Die Geschichte entwickelte sich schneller,
als die Politiker wahrhaben wollten.
Die DDR musste einpacken,
die Mauer wurde geschleift,
die De-Mark trat ihre Herrschaft an,
die Einheitsfeier am Reichstag
war nur noch Formsache.

Anhang C.
Kabaretttexte zu Goethes 250. Geburtstag

I.M. POET

Bei Durchsicht der Stasi-Unterlagen des ehemaligen Bezirks Erfurt, zu dem auch die Stadt Weimar gehörte, entdeckten Mitarbeiter der Gauck-Behörde mehrere Aktenordner mit Berichten eines gewissen I.M. Poet.

Um wen es sich bei diesem I.M. Poet handelt, war unschwer zu ermitteln. Der Deckname gehörte dem Poeten Goethe. Von besonderem Interesse innerhalb dieser umfangreichen Sammlung personenbezogener Einschätzungen prominenter Persönlichkeiten durch den Poeten Goethe ist, zumal aus literaturwissenschaftlicher Sicht, die Charakterisierung seines Kollegen und Freundes Friedrich Schiller.

Menschlich gesehen ist Goethes Bereitschaft zu derartigen Auskünften zweifellos als sehr zweifelhaft einzuschätzen, ja, als eine Art Verrat anzusehen. Mit einem guten Freund vertrauliche Kontakte zu pflegen und in einem schriftlichen und mündlichen Meinungsaustausch zu stehen – und zugleich hinter dessen Rücken dem Ministerium für Staatssicherheit diskrete Details zuzuspielen – das macht man nicht, das gehört sich einfach nicht. Igitt, Igitt und Pfui! In der

Sache sind Goethes Einlassungen über Schillers Weltanschauung im Allgemeinen und seine politische Position im Besonderen eher entlastend gewesen, keinesfalls haben sie Schiller geschadet, wahrscheinlich sogar genützt. Zu berücksichtigen ist aber, dass, wenn nicht Goethe Schiller observiert hätte, ein anderer es getan hätte, der dann gewiss weniger jovial mit Schiller umgegangen wäre. Goethes Kollaboration hat also Schlimmeres verhindert.

Doch genug der Einleitung. Bilden Sie sich selbst ein Urteil! Hier Goethes Bericht im Wortlaut:

Ich, endesunterzeichneter Berichterstatter – geführt als I.M. Poet – bin mir der Bedeutung und Notwendigkeit meiner Aufgabe bewusst, meine Zeit, meine Kräfte und meine Beziehungen in den Dienst des Gemeinwohls und das heißt der Staatssicherheit zu stellen. Ich weiß um die Schwierigkeiten, mit denen das MfS bei der Beschattung des Verfassungsschädlings Schiller zu kämpfen hat, seit dieser seinen Wohnsitz von Jena nach Weimar verlegt hat. Solange er dort seinen Verpflichtungen als Professor der Geschichte nachkam, war er mühelos zu überwachen. Es reichte, einen jüngeren Stasi-Mitarbeiter – und zwar möglichst ohne Ledermantel – in seine Vorlesungen zu setzen. Und auch als er nicht mehr las, waren dem MfS seine geheimsten Gedanken bekannt, weil er, Schiller, mit mir, dem I.M. Poet, regelmäßig und ausführlich korrespondierte und dabei aus seiner gesellschaftskritischen Gesinnung keinen Hehl machte. Dass seine Briefe von der Staatssicherheit, bevor sie mir zugestellt wurden, geöffnet und gelesen wurden, darf als gesichert gelten. Diese zuverlässige Quelle ist aber versiegt, seit Schiller in die Residenzstadt übersiedelte und unser Meinungsaustausch nicht mehr brieflich, sondern unter vier Augen stattfand. Dass ich als devoter Untertan und staatstreuer Staatsbürger die Staatssicherheit durch meine Berichte an unseren Gesprächen teilhaben lasse und aus diesen somit – ohne Schillers Wissen – Sechsaugengespräche mache, versteht sich von selbst.

Zur Sache! Oder besser: Zur Person! Ich kenne Schiller gut und lange, so gut und so lange, dass ich seine wenn nicht staatsfeindliche, so doch staatskritische Grundeinstellung als gegeben unterstellen kann. Er war Revolutionär, er ist es, und er wird es bleiben. Immer nimmt er in seinen Dramen die öffentliche Ordnung und die Obrigkeit aufs Korn. Die herrschenden Autoritäten werden kritisiert, attackiert, diffamiert. Macht wird, allein weil sie Macht ist, madig gemacht. Throne sind wurmstichig, und blaues Blut ist nicht nur das verbrauchte Blut, es soll auch fließen – wenn es nach Schiller ginge. In den *Räubern* wird an der Weltordnung gerüttelt, *Fiesco* lässt sich zu einer Verschwörung hinreißen, in Kabale und Liebe wird die bewährte Ständeordnung zur Ursache allen Unglücks gemacht, in der *Geschichte des Abfalls der Niederlande* wird eben diese Rebellion gerechtfertigt und gefeiert und im *Don Carlos* populär gemacht. Wallenstein will den Kaiser stürzen, und in *Maria Stuart* bringt eine Königin die andere um. Kein Autor, der Autorität so gezielt in Frage stellt wie Schiller. Und dann hat er noch, was die Stasi nicht weiß, aber wissen sollte, ein Projekt in petto, das den Aufstand der Schweizer gegen die habsburgische Herrschaft und den Mord am landesherrlichen Landvogt zum Thema hat. Ein Zivilist schießt da auf Obst und Obrigkeit.

Wen wundert es da, dass die rebellischen Gallier Herrn Friedrich Schiller zum *Ehrenbürger der Französischen Revolution* erklärten, eine Ehrung, die mir nicht zuteilwurde, wofür ich ihnen allerdings sehr dankbar bin. Dennoch ist Schiller nicht so gefährlich, wie er scheint. Nichts wird so heiß gegessen, wie es gekocht wird. Ein blindwütiger Fürstenfresser jedenfalls ist Schiller nicht – oder nicht mehr. Als Historiker ist er lernfähig. Er weiß, dass Revolutionen in Blut und Terror enden, und gerade auch die, deren Ehrenbürger er ist. Langsam und vorsichtig geht er auf Distanz. Nach wie vor steht er für Veränderung, aber er ändert seine Taktik. Irgendwann wird auch der Wildeste weise. Gewalt ist für ihn nicht länger ein Mittel der Politik oder höchstens als ultima ratio der letzte Ausweg. Nur wenn Gespräche und Verhandlungen zu keinem Kompromiss führen, wenn der Marquis Posa den König Philipp verbal nicht überzeugen kann, wenn sich Elisabeth und Maria bei ihrem Gipfelgespräch nicht versöhnen, kommt es zum Kampf bis aufs Blut. Tragik besteht für den reifen Schiller im Triumph der Gewalt über das Wort, der Borniertheit über die Vernunft.

Wie Schiller sich selbst sieht, schildert er in seiner autobiografischen Ballade *Die Bürgschaft.* Mit jugendlichem Sturm-und-Drang-

Elan will er Unrecht mit Unrecht vergelten. Das einzige Mittel gegen die Tyrannen, so sein Credo, ist ein Attentat. *Zu Dionys, dem Tyrannen schlich Damon, den Dolch im Gewande.* Aber er scheitert. Palastwache, Leibstandarte, Staatssicherheit sind viel zu gut ausgebildet und ausgerüstet, als dass ein gewaltbereiter Idealist auch nur den Hauch einer Chance hätte. *Ihn schlugen die Häscher in Bande.* Und was Damon passiert, passiert auch Schiller. Seine Verherrlichung der Gewalt im Kampf gegen Unrecht und Absolutismus, wie er sie in den *Räubern* unverblümt vornimmt, trägt ihm, wie Damon, das Todesurteil ein, ihm, Schiller, allerdings nur das literarische Todesurteil, das Schreibverbot durch seinen Herzog Karl Eugen. Dem Dichter bleibt nur die Flucht, will er als Dichter überleben.

DIE FUNKTION DER PRÄPOSITION BEI GOETHE

Inauguraldissertation zur Erlangung der Doktorwürde an der philosophischen Fakultät der Universität zu Eichstädt

Von keinem Menschen sind Leben und Werk so ausführlich, ja lückenlos erforscht worden wie von Goethe. Die Dissertationen sind Legion. Kein Schritt seines Lebens, der nicht dokumentiert, keine Zeile seines Werkes, die nicht interpretiert worden ist, und das jeweils mehrfach. Die Frage mochte noch so speziell und abgelegen sein, sie wurde gestellt und wissenschaftlich, das heißt kontrovers erörtert.

Zum Beispiel Goethes aktiver Wortschatz. Sowohl seine Wortwahl als auch seine Wortschöpfungen sind der dankbaren Öffentlichkeit von der nimmermüden Goethe-Forschung in einer mehrbändigen Konkordanz präsentiert und zusätzlich kommentiert worden. So wissen wir heute, dass Goethe das Adjektiv *morgenschön* erfunden und nur ein einziges Mal, nämlich im *Heideröslein*, gebraucht hat. Auch wissen wir inzwischen, dass das Supersubstantiv *Knabenmorgenblütenträume*, dies viergliedrige Kompositum – von Goethe im Überschwang seiner jugendlichen Sturm-und-Drang-

Kreativität geschaffen – lediglich im *Prometheus* vorkommt. Alle Wortarten, Substantive, Adjektive, Verben, ja sogar die Interjektionen sind abschließend untersucht. Letztere durch meinen hochverehrten Doktorvater Professor Doktor Egmont-Wilhelm Meister, den Großmeister der zeitgenössischen Goethe-Forschung. Er hatte promoviert über das Thema: *Die Bedeutung des Ausrufes »Ach!« in Goethes »Faust«*. Sie alle erinnern sich der emotionalen Verunsicherung Gretchens, als sie in ihrer Kammer den vom Teufel entwendeten und ihr von Faust verehrten Schmuck entdeckt: *Nach Golde drängt, am Golde hängt doch alles. Ach wir Armen!* Im Moment ihrer Bereicherung nennt sie sich arm, natürlich auch und vor allem im übertragenen Sinne: abhängig, schwach, wehrlos, ausgeliefert – und all ihr Fühlen legt sie in diesen einen Seufzer *Ach*. Oder ihr *Ach* in Bezug auf Faust: *Und seiner Rede Zauberfluss, sein Händedruck, und ach sein Kuss!* Oder ihre Klage, mit der sie sich schwanger an die Heilige Jungfrau wendet: *Ach neige, du Schmerzensreich, dein Antlitz gnädig meiner Not*. Und Faust? Er ächzt bereits im ersten Satz: *Habe nun, ach! Philosophie, Juristerei und Medizin und leider auch Theologie durchaus studiert mit heißem Bemühn*. Der Satz ist ohne Subjekt, das Wörtchen *Ich* fehlt, stattdessen steht dort die Interjektion *Ach*. Es heißt nicht: *Ich habe nun ...*, sondern: *Habe nun, ach!* Die Verzweiflung in dem Ausruf *Ach* verdrängt das *Ich*, das heißt Faust hat jedes Selbstbewusstsein, jedes Ich-Bewusstsein verloren, das *Ich* ist zum *Ach* der absoluten Resignation und Depression geworden. Und so ist es nur konsequent, dass dies *Ach* vom Anfang der Szene am Ende derselben in Fausts Entschluss zum Selbstmord seine konkrete Ausprägung findet.

Seine Dissertation über das *Ach* im *Faust* hat Egmont-Wilhelm Meister dann ausgebaut zu seiner großangelegten Habilitationsschrift *Die Funktion der Interjektion im Gesamtwerk Johann Wolfgang von Goethes*. Kein Ausruf, den Meister nicht aufspürt und interpretiert: *Ach wüsstest Du, wie's Fischlein ist* im *Fischer* oder in *Willkommen und Abschied: Doch ach, schon mit der Morgensonne verengt der Abschied mir das Herz ...*

Doch ich will nicht über den Fortschritt der Forschung im Allgemeinen sprechen, sondern über meinen eigenen bescheidenen Beitrag, der nicht mehr, aber auch nicht weniger sein kann als ein Mosaiksteinchen im Gesamtbild unseres Dichterfürsten. Während meines Literaturstudiums ist mir schon sehr früh aufgefallen, dass die quasi flächendeckende Goethe-Forschung ein Problem sträflich vernachlässigt hat, nämlich Goethes Gebrauch der Präpositionen. Diese Ignoranz empfand ich als Herausforderung. Diese blamable Lücke zu schließen, darin sehe ich meine Lebensaufgabe. Dass die Literaturwissenschaft bisher so achtlos an Goethes Präpositionen vorbeiging, ist umso verwunderlicher, als er gerade zu dieser Wortart ein ganz besonderes Verhältnis hatte und haben musste.

Denn für einen Mann, der – wie Goethe – unzählige Verhältnisse hatte, zählt das *Verhältniswort*, wie die Präposition auf Deutsch heißt, natürlich und notwendig zu den wichtigsten Wortarten. Das Verhältniswort konkretisiert und präzisiert Beziehungen, seien sie persönlich-erotischer, seien sie allgemeiner Natur. So die Beziehung zur Welt schlechthin. Und Goethes Beziehung war nicht nur gut, wie man aus seinem naturwissenschaftlichen Forscherdrang mutmaßen könnte, sie war auch schlecht. Goethes Verhältnis zur Welt war nicht ohne Spannung. Da haben wir einerseits das dankbare Bekenntnis des Türmer: *Ihr glücklichen Augen, was je ihr gesehen, es sei, wie es wolle, es war doch so schön!* Aber da ist andererseits auch die Tatsache, dass die Welt, als Goethe zur Welt kommen sollte, ihn gar nicht haben wollte. *Ich kam für tot auf die Welt,* schreibt er in seiner Autobiografie *Dichtung und Wahrheit. Für tot,* schreibt er, *für.* Würden Sie so reden, diese Präposition benutzen? Nein, natürlich nicht, aber Goethe tut es, er drückt sich absichtlich ein bisschen abartig aus, um seine gespannte Beziehung zur Welt durch die Wortwahl zu unterstreichen und von der Norm und Erwartung abzuweichen.

Oder denken Sie an Goethes geniales Frühwerk *Die Leiden des jungen Werthers,* in dem der liebeskümmerte Dichter sich seinen Schmerz von der Seele schreibt und seinen Helden durch Selbstmord sterben lässt, wodurch er selber sich aber vor dem Freitod bewahrt. Der Gedanke an den Tod aus Liebe, mit dem er ganz ernsthaft gespielt hatte, den lässt er den armen Werther verwirklichen. In jeder Hinsicht und bis in jedes Detail entspricht das Dreieckverhältnis Christian Kestner – Charlotte Buff – Johann Wolfgang Goethe dem literarischen von Albert – Lotte – und Werther. Wörtlich und rücksichtslos verwertet Goethe im *Werther* intimste Briefe. Nur den letzten Schritt lässt der Dichter seinen Helden dann alleine gehen, statt seiner gehen. Werther erschießt sich und Goethe schreibt. Er greift zur Feder statt zur Pistole. Und wie beschreibt er das Stellvertretersterben seines Werther, ich meine: Mit welcher Präposition beschreibt er den Tod?

Nun, mit der gleichen, die Kestner, Goethes siegreicher Nebenbuhler, Charlottes Bräutigam und dann Mann, in seinem von Goethe erbetenen Bericht über den Freitod eines anderen verschmähten Liebhabers, eines gewissen Jerusalem, eines gemeinsamen Bekannten aus Goethes Wetzlarer Zeit, benutzt hat: Durch. Kestner gebraucht die Präposition *durch*. Er schreibt, Jerusalem habe sich *über das rechte Auge hinein durch den Kopf geschossen*. Und Goethe hat in seinem Roman diese Formulierung unverändert übernommen, und vor allem das *durch*. Wir lesen: *Über dem rechten Auge hatte er sich durch den Kopf geschossen*. Aber so steht es nur in der Urfassung, in späteren Überarbeitungen hat Goethe sich von dem *durch* distanziert, da heißt es dann, der liebestolle und lebensmüde Werther habe sich die Kugel an den Kopf geschossen. An! Begreifen Sie den Unterschied?

In genau dem Moment, wo es brutal und unappetitlich wird, bricht der Dichter ab. In der Beschränkung zeigt sich erst der Meister. Das ist Klassik! Der Klassiker deutet an und verzichtet auf realistische Details. Igittigitt! Hier soll nicht Blut und Brägen spritzen, hier geht es um die abstrakte Idee des Tragischen, um seelische Vorgänge und nicht um einen handfesten Brutalo. Das ist Sache der unausgewogenen Sturm-und-Drang-Leidenschaft, so schreibt man mit Anfang 20, und so schrieb Goethe mit Anfang 20, zum Beispiel seinen *Goetz von Berlichingen*. Da geht es kräftig und deftig zu, da wird ohne Rücksicht und Respekt geredet. Da lässt Goethe seinen Helden die Worte ausrufen: *Er kann mich im Arsch lecken!* Er sagt wahrhaftig *im*. *Am* wäre ja schon unästhetisch genug, aber das reichte Goethe noch nicht, Den Weg der Kugel aus Werthers Pistole lässt der Klassiker Goethe am Kopf enden und bleibt damit gleichsam an der abstrakten Oberfläche, der junge Sturm-und-Drang-Goethe aber geht mit Goetzens analem Imperative in die Tiefe, indiskret und abstoßend zugleich.

Sie sehen, wie sich am Beispiel der Präpositionen Goethes künstlerischer Reifungsprozess, sein Weg vom unbändigen Literaturrevolutionär zum maßvoll-gemäßigten Klassiker ablesen lässt. Vom *im* zum *am*. Das ist alles.

Den Höhepunkt in Goethes Beziehung zu den Präpositionen bildet das Jahr 1782. Denn da ging er ein besonders enges Verhältnis zum Verhältniswort ein, er verband sich von nun an für immer und ewig mit einer ganz speziellen Präposition, und zwar mit dem Wörtchen *von*. Denn 1782 wurde Goethe geadelt.

DER BRIEF

Liebe Friederike!
Du nimmst es mir hoffentlich nicht übel, dass ich Dich duze, obgleich wir uns gar nicht kennen. Doch ich nehme mir die Freiheit, weil wir verwandt sind, zwar nicht blutsverwandt, aber wesensverwandt. Irgendetwas muss es geben, was wir gemeinsam haben und was uns verbindet. Denn, und jetzt folgt meine Begründung, hinter uns beiden war der gute Goethe her wie der Teufel hinter der Seele. Was er an uns fand, bleibt mir ein Rätsel. Wir sind zwar nicht hässlich, wir sind (oder waren) jung und charmant, und auch erzählsam und mitteilsam, aber so schön (ich hoffe, Du verzeihst mir meine Mutmaßung), so schön, dass ein Mann uns zuliebe die bedingungslose Forderung erheben müsste: *Die oder keine!,* so schön sind wir beide doch nun wohl auch wieder nicht.

Und auch die Lili Schönemann aus Frankfurt, mit der er sogar kurz verlobt gewesen ist, soll, wie man hört, keine Aphrodite oder Helena sein. Höhere Töchter gibt's Tausende, warum fiel sein Auge, sein samtbrauner Blick gerade auf uns? Unser Aussehen kann es nicht gewesen sein, vom Typ her sind wir völlig unterschiedlich, Du zum Beispiel bist blond und blauäugig und ich brünett. Was also reizte ihn an uns? Ich glaube, ihn fesselte nicht, was wir sind, sondern was *er* aus uns machte. Er ist ein Dichter, ein Fantast, ein Schöpfer, und so schuf er uns zu Idealgestalten, zu Mädchen oder Frauen nach seinem Bild. Er wollte über die Wirklichkeit triumphieren, indem er uns zum platonischen Urbild des Weiblichen an sich umgestaltete. Wenn Du den *Werther* gelesen hast, wirst Du Dich der Stelle erinnern, wo er schildert, wie er mich kennenlernt und, ohne mich wirklich zu kennen, charakterisiert und – idealisiert. Weil ich meinen Geschwistern ein paar Butterstullen schmiere, bin ich für ihn das Idealbild einer Mutter, weil ich sportlich-flott mit ihm Walzer tanze, das Ideal der feurigen Geliebten, weil ich während des Gewitters die ängstliche Runde bei Laune halte, die perfekte Gesellschaftsdame. So ähnlich wird es bei Dir und Lili auch gewesen sein. Du warst ihm, allein weil Du auf dem Dorfe lebst, das Naturmädchen schlechthin, unverfälscht und unverbildet. Und Lili, als kontrapunktisches Pendant, war die Großbürgerin par excellence, fast eine Adlige, das Ideal des Weiblichen auf hohem sozialen Niveau (übrigens hat sie inzwischen auch prompt einen Adligen geheiratet).

Apropos Männer und Frauen. Männer wollen immer nur das eine, und das, so sagt man, immer mit einer anderen. Anders der gute Goethe. So eloquent er ist, so schüchtern ist er. Zwar führt er gern das große Wort und unterhält eine ganze Gesellschaft, aber er zieht keinen Nutzen daraus. Im Gegenteil. Wenn für den Normalmann das Wort das Mittel zum Zweck ist und das Wort zur Tat führt, bei Goethe *ersetzt* das Wort die Tat. Nicht etwa aus Ehrfurcht vor unserer Tugend, beileibe nein, sondern einfach – Verklemmtheit. Der Arme kommt aus einem frigiden Haus; Liebe, ich meine Eros, konnte er da nicht lernen. Als der kaiserliche Rat Johann Kaspar Goethe die kleine Katharina Elisabeth Textor heiratete, war er mehr als doppelt so alt, und Ruheständler ohnehin.

Andererseits beschäftigt nichts unseren lieben Goethe so sehr wie die Liebe. Wahrscheinlich ist das Wort *Liebe* das häufigste, bestimmt aber das heiligste in seinen Werken. Aber bellende Hunde beißen nicht. Diese Art Liebhaber träumen, fühlen, schreiben – und damit genug. Wehe, wenn es ernst wird. Sie fürchten das Bett wie der Teufel das Weihwasser. Liebe wird durch Verzicht erst schön. Goethes Liebe ist platonisch im doppelten Sinne. An der Wirklichkeit vorbei macht er seine Geliebte zur platonischen Uridee des Weiblichen, und um dieses Ideal nicht zu beflecken, übt er sich in platonischer Entsagung. Wie oft mag er mit Dir, mit mir, mit Lili Gelegenheit gehabt haben – er nutzte sie nicht. Ja, er war von vornherein darauf bedacht, nur solche Beziehungen anzuknüpfen, die ein erotisches und erst recht ein eheliches Ergebnis ausschlossen. Liebe ist nur Liebe, wenn sie zum Scheitern verurteilt ist. Liebe kann nur dann Poesie sein, wenn ihr nicht die Prosa der Ehe droht.

Du, Friederike, hattest von uns allen die besten Chancen, denn Du warst frei und er war frei, aber der Haken war, dass er frei *bleiben* wollte.

Und Lili? Lilis Herkunft war viel zu kapitalistisch. In dieser Welt der Wirtschaft hätte das Genie Goethe nie und nimmer Fuß fassen können. Lili, die Bankierstochter, dieses kokette Schickeria-Playgirl der Frankfurter Jeunesse dorée, passte weder vorne noch hinten zu ihm, genau das aber reizte ihn, und er interessierte sich für sie, weil er – junger aufstrebender Anwalt, der er war – mit ihrer Hilfe Zugang zu der Bankfurter High Society finden wollte. Dass Lilis Brüder nach Kräften gegen den intellektuellen Außenseiter intrigierten, gab ihm die Garantie, dass er lieben und werben konnte, ohne die Konsequenzen fürchten zu müssen.

Dass er um *mich* warb, war beschlossene Sache, als er erfuhr, dass ich verlobt sei. Und da er von meiner Verlobung wusste, bevor er mich kennenlernte, liebte er mich schon, bevor er mich kannte. Und als er mich dann sah, zog er alle Register seines Charmes, wohl wissend, dass ihm nichts passieren konnte. Als ich aber zu schwanken begann und die Zukunft mit einem soliden Beamten gegen die an der Seite eines Genies abzuwägen wagte und seinen zärtlichen Attacken kleine Zugeständnisse machte, da packte ihn die Panik, und er tat, was er in einer solchen Situation immer tut: Er packte, er floh, er reiste. Das war bei Dir so, das war bei Lili so, das war bei mir so.

Ich will nicht sagen, dass er ein Zyniker ist. Er litt. Bestimmt litt er. Aber er litt gerne. Liebesleid ist immer auch Liebe zum Leid. Seine Angst vor Nähe ist geradezu manisch, genau wie seine Angst vor endgültigen Entscheidungen. Immer unterwegs und nie am Ziel, Suchen ist ihm lieber als Finden.

Nie könnte er zum Augenblicke sagen: *Verweile doch, du bist so schön!* Denn er kann nicht verweilen. Er lebt aus dem Koffer, immer steht er mit einem Bein auf dem Trittbrett der Postkutsche. Es treibt ihn weiter. Das gilt für sein Dichten, sein Forschen, sein Lieben. Kein Kuss, der nicht auch schon nach Abschied schmeckt.

In Weimar ist er, wie ich höre, ganz der Alte geblieben. Wieder liebt er in dem sicheren Gefühl der Vergeblichkeit. Nur ist die Dame, um die es geht, noch unerreichbarer, als wir es waren. Charlotte von Stein vereint alles in sich, was wir nur andeutungsweise hatten oder waren. Wir sind naive oder kokette junge Mädchen gewesen, sie ist eine Dame, formvollendet in jeder Form, geistvoll, gebildet, anbetungswürdig und zugleich von einer perfekten Unerreichbarkeit. Sie ist verheiratet, hat Kinder, und zählt wie ihr Mann zum Weimarer Hof. Ein Abenteuer verbietet sich, und eine Scheidung wäre eine Katastrophe.

Trotzdem: Zu gerne würde ich ihn einmal wiedersehen, nur einfach sehen. Honi soit qui mal y pense. Meine einzige Begierde ist Neugierde! Aber Kestner ist heute nicht minder eifersüchtig als damals. Wenn wir allerdings als Kleeblatt vorsprächen, Lili, Du und ich, und wir uns gegenseitig bewachten und keine der anderen eine stille Stunde mit ihm allein gönnte, dann hätte Kestner nichts dagegen, ja, von ihm stammt diese Idee sogar. Wie also wär's, Friederike? Überleg es Dir! Wir drei in Weimar! Ich werde sogleich auch an Lili schreiben.

P.S.: Inzwischen sind zwei Tage verstrichen, und es kam allerlei dazwischen, so dass ich meinen Brief an Lili noch gar nicht beginnen konnte. Und nun erfahre ich, dass Goethe nach Italien ist. Für wie lange, weiß keiner. Wieder, wie immer fluchtartig, und wieder, wie immer, eine Flucht auf Umwegen. Er brach nicht direkt von Weimar auf, sondern fuhr erst – scheinkrank und scheinheilig – zur Kur nach Karlsbad. Von dort machte er sich dann auf den Weg zu seinen antiken Göttern.

Wahrscheinlich ist ihm das Weimarer Pflaster zu heiß geworden. Unseren Plan können wir also begraben. Aber weil mein Brief nun einmal geschrieben ist, sollst Du ihn auch haben.

Ich verbleibe Deine Freundin im Geiste Charlotte Kestner, geborene Buff, im Herbst 1786.

Anhang D.
Eine Schachgeschichte

Zu Weihnachten schenkte er seinem Sohn ein Schachspiel und zwischen den Jahren lehrte er ihn die Regeln. Sehr bald war der Kleine ehrgeizig, mutig, ja vermessen genug, seinen Vater zum Kampf herauszufordern. Es war jedoch klar, dass ein Sextaner oder Quintaner gegen einen gestandenen Mann keine Chancen hatte. Um gleiche Wettbewerbsbedingungen und einen offen Ausgang des Duells zu gewährleisten, nahm der Vater einige Handicaps auf sich und verzichtete auf seine Dame und die Hälfte seiner Offiziere und Bauern.

Das Ergebnis war, wie zu erwarten: Mal siegte der Sohn, mal siegte der Vater. Im Laufe der Zeit aber gewann nur noch der Sohn, er war einfach besser geworden und hatte sich gewisse Feinheiten und Tricks angeeignet. Nun wurden dem Vater etwas günstigere Startbedingungen eingeräumt, er durfte alle seine Bauern behalten, später auch alle Offiziere und endlich, als der Sohn immer wieder siegte, sogar seine Dame.

Das Ganze zog sich über Jahre hin, oft spielten die beiden monatelang nicht mehr gegeneinander und holten das Schachspiel nur noch in den Ferien hervor. Als sich herausstellte, dass der Vater keine Siegesaussichten mehr hatte und nur noch verlor, schenkte er seinem Sohn einen Schachcomputer, so dass er einen ebenbürtigen Gegner hatte.

Inzwischen war der Sohn zu einem kritischen Primaner geworden und eines Abends setzte er seinem Vater das Schachspiel vor die Nase. Zunächst wollte er aber gar nicht spielen, sondern philosophieren und politisieren: *Schach ist ein Abbild des Krieges, die Bauern, also die einfachen Soldaten, müssen ihre Haut zu Markte tragen, wie selbstverständlich spricht man von Bauernopfern, sie dürfen nur nach vorne marschieren, sich durch Flucht nach hinten in Sicherheit zu bringen, ist ihnen untersagt. Die Offiziere dagegen, die viel beweglicher sind und weite Strecken überwinden können, dürfen in brenzligen Situationen – wider alle Heldenmoral – den Rückzug antreten und die Flucht ergreifen. Während sie außerdem zu Beginn des Krieges geschützt in der zweiten Reihe stehen, werden die Bauern als Kanonenfutter der Vorwärtsstrategie geopfert. Dieser Todesmarsch wird ihnen allerdings dadurch schmack-*

haft gemacht, dass man ihnen Ehre, Auszeichnungen und Beförderung in Aussicht stellt, denn wenn es einem von ihnen gelingt, die feindlichen Linien zu durchbrechen und bis in den ursprünglichen Standort der Offiziere vorzustoßen, also an die Grundlinie der feindlichen Farben, dann, ja dann, so unwahrscheinlich es ist, wird der Bauer in den Kreis der Eliten aufgenommen.

Das mag wohl sein, stimmte der Vater den Ausführungen seines Sohnes zu, und dieser, der sich in dem Alter befand, in welchem man sowohl entwicklungspsychologisch als auch politisch renitent, wenn nicht revolutionär ist, fuhr fort: *Warum muss das aber so sein? Warum unterwerfen sich die Bauern den Regeln und Gesetzen des Krieges, warum lassen sie sich in den Kampf gegen die proletarischen Brüder auf der anderen Seite hetzen und schlachten sich gegenseitig ab? Warum opfern sie sich für ihre Offiziere und deren Krieg? Warum wenden sie sich nicht nach hinten, gegen ihre Herren und Vorgesetzten? Warum nicht Revolution statt Krieg?*

Da ist was dran, sagte der Vater und nickte bedächtig mit dem Kopf.

Also dann!, schlug der Sohn vor, *spielen wir Schach nach revolutionären Regeln. Mir gehören alle Bauern, die sich in proletarischer Solidarität vereinigen, dir gehört die Elite hüben und drüben. Alle behalten ihre ursprünglichen Bewegungsmöglichkeiten, schräg, gerade oder Rösselsprung, aber meine Bauern, aufgeklärt, wie sie es nun sind, dürfen auch nach hinten ziehen, schräg, wenn sie schlagen, und gerade, wenn sie sich nur bewegen. Wer zuletzt eine oder mehrere Figuren zurückbehält, der hat gewonnen!*

Also los!, sagte der Vater, *spielen wir Revolution auf dem Schachbrett. Aber wer fängt an?*

Ich natürlich, antwortete der Sohn, *wenn es zur Revolution kommt, fängt immer das Volk an.*

Der Sohn führte den ersten Schlag. Der schräg vor der weißen Dame stehende Bauer machte diese – mit einem Zug nach hinten – zunichte, so dass die Allzweckwaffe der herrschenden Klasse nicht mehr in den Kampf eingreifen konnte. Der König rächte sich und erledigte den neben ihm stehenden Attentäter. Nun aber machte der Bauer vor dem Springer den schräg hinter ihm stehenden Turm unschädlich, und so setzte sich das Blutvergießen fort, Schlag auf

Schlag, auch drüben auf der anderen Seite, denn Revolutionen sind ansteckend. Steht ein Volk auf, dann lässt ein anderes sich nicht lumpen und wagt ein Gleiches. Wie das Duell zwischen Vater und Sohn ausging, sei dahingestellt, wie ja auch der Ausgang eines jeden Aufstandes offen ist.

Aber ihr Schachfans und Turnierfreunde könnt es ja selber einmal probieren.

BAND 1: Kindheit und Jugend im Weltkrieg und im Kalten Krieg

BAND 2: Politische Allmacht und privater Alltag

Beschreibung der Bilder auf dem Buchumschlag:

BAND 1:

1: Churchill, Truman und Stalin während der Potsdamer Konferenz im Schloss Cecilienhof, Juli 1945.
2: Finale FU-Meisterschaft über 800m 1960 in Zehlendorf.
3: Karte: Das in Ost und West geteilte Berlin.
4: Ich mit meinem Vater im Garten ca. 1952.
5+6: Zoobesuch mit meiner Mutter ca. 1942 im Zoo Berlin.
7: Mit meinen Freunden Henry, Winfried und Konrad ca. 1949 vor dem Jagdschloss Grunewald.
8: Ich spiele mit einem Holzwagen, ca. 1941.
9: Die Reiherbeizenclique ca. 1948.

RÜCKSEITE: Luftbild Westberlin ca. 1950, unten am Bildrand Tauentzien und Kaiser-Wilhelm-Gedächtniskirche.

BAND 2:

1: Honecker und Kohl, Staatsbesuch im September 1987 in Bonn.
2: Die Kabarettiche ums Klavier versammelt.
3: Ich als junger Student ca. 1958.
4: Karte Norddeutschland: Von Berlin nach Ratzeburg.
5: Mit meinen Freunden Henry, Winfried und Konrad ca. 1949 vor dem Jagdschloss Grunewald.
6: Vier Kollegen beim Vermessen der Laufstrecke um den Ratzburger See 1990.
7: Die Zehlendorfer Jens, Uwe, Peter und Bernd, Deutsche Jugendmeister in der olympischen Staffel 1956 in Paderborn.
8: Im Ziel nach dem Adventslauf um den Ratzeburger See 1990.
9: Deutsche Hochschulmeisterschaften 1500m 1958 in Karlsruhe.

RÜCKSEITE: Berlin. Mauerfall 1989.